03/2018

Peter Henrici

Philosophie aus Glaubenserfahrung

VERLAG KARL ALBER

Christlicher Glaube und aufgeklärtes, kritisches Denken werden oft als unvereinbar wahrgenommen. Das Beispiel Maurice Blondels, des wohl wirkmächtigsten katholischen Philosophen der letzten zwei Jahrhunderte, kann eines Besseren belehren. Blondels Philosophie ist eine Philosophie kritisch durchdachter Erfahrung. Sie geht von einer menschlichen Grunderfahrung aus, der Unausweichlichkeit des eigenen Tuns, und führt von da zielstrebig durch alle Dimensionen menschlicher Erfahrung in die Tiefen metaphysischer, ja religiöser Erfahrung. Peter Henrici ordnet Blondels Werk philosophie- und geistesgeschichtlich ein und zeigt seine unverminderte Aktualität.

Der Autor:

Peter Henrici, geb. 1928 in Zürich; seit 1947 Jesuit, Studien in Pulbach b. München, Rom, Löwen, Paris, 1960–1993 Professor für neuere Philosophiegeschichte an der Päpstlichen Universität Gregoriana in Rom, 1993–2007 Weihbischof des Bistums Chur in Zürich.

Peter Henrici

Philosophie aus Glaubenserfahrung

Studien zum Frühwerk Maurice Blondels

Verlag Karl Alber Freiburg/München

Originalausgabe

© VERLAG KARL ALBER
in der Verlag Herder GmbH, Freiburg im Breisgau 2012
Alle Rechte vorbehalten
www.verlag-alber.de

Satz: SatzWeise, Föhren
Herstellung: AZ Druck und Datentechnik GmbH, Kempten

Gedruckt auf alterungsbeständigem Papier (säurefrei)
Printed on acid-free paper
Printed in Germany

ISBN 978-3-495-48479-1

Inhalt

5

Inhalt

Zum Geleit

Christlicher Glaube und aufgeklärtes, kritisches Denken werden oft als unvereinbar wahrgenommen. Das Beispiel Maurice Blondels, des wohl wirkmächtigsten katholischen Philosophen der letzten zwei Jahrhunderte, kann eines Besseren belehren. Er stellte sich als gläubiger Katholik den Herausforderungen des laizistischen Denkens seiner Zeit und machte die Philosophie zu seiner Lebensaufgabe. Dabei leitete ihn die Überzeugung, dass auch ein dem christlichen Glauben fremdes Denken zur Wahrheit des Glaubens hinführen kann.

In seinem Erstlings- und Hauptwerk, *L'Action. Essai d'une critique de la vie et d'une science de la pratique*, das er 1893 veröffentlichte, ging er von einem neuen philosophischen Ansatz aus, dem gelebten Leben, wie es sich im Tun des Menschen äußert. Das Tun scheint sich in seiner freien Vielfalt zunächst jeder philosophischen Systematik zu entziehen; es weist jedoch Konstanten auf, die eine »Wissenschaft vom Tun« ermöglichen. Blondel entwarf eine solche Philosophie des menschlichen Tuns und wurde damit zu einem Anreger der Daseinsanalyse des frühen Heidegger. Konsequent und kritisch zu Ende gedacht, so Blondel, stellt das Tun jeden Menschen vor die Entscheidungsfrage, ob er sich zufrieden geben will mit dem, was er aus eigener Kraft erreichen kann und was ihn doch nie ganz zu befriedigen vermag, oder ob er bereit ist, sich von Gott eine menschlich nicht erreichbare Vollendung seines Tuns schenken zu lassen.

Die persönliche Antwort, die Blondel schon in jungen Jahren auf diese Frage gegeben hat, weckte in ihm den Mut, auch philosophisch-kritisch zu dieser Frage vorzustoßen. Die erfahrene Glaubenssicherheit erlaubte ihm bei diesem Unternehmen, sich vorurteilslos mit den neuesten Ergebnissen der Wissenschaftstheorie, der Psychologie und Soziologie auseinanderzusetzen und in seinem Denken von der größtmöglichen Negation jeder metaphysischen Antwort auszugehen. Denn der christliche Glaube war für Blondel nicht eine Reihe von unver-

9

ändert festzuhaltenden Lehren, sondern eine gelebte Erfahrung – heute würde man sagen eine Spiritualität – und daraus schöpfte er seine unbefangene denkerische Freiheit. Blondels Philosophie ist eine Philosophie kritisch durchdachter Erfahrung. Sie geht von einer menschlichen Grunderfahrung aus, der Unausweichlichkeit des eigenen Tuns, und führt von da aus durch alle Dimensionen möglicher menschlicher Erfahrung bis in die Tiefen metaphysischer, religiöser, ja christlicher Erfahrung. Diese letzte Erfahrung lässt sich zwar rein denkerisch weder erreichen noch nachvollziehen; sie ergibt sich jedoch im tatsächlichen, dem christlichen Glauben entsprechenden Tun.

Dieser ungewohnte Ansatz der Philosophie Blondels und ihr noch unerwarteteres Endergebnis gaben gleich nach Veröffentlichung der *Action* Anlass zu heftigen Auseinandersetzungen, namentlich seitens katholischer Theologen. Blondel hat mit mehreren klärenden Aufsätzen in diese Kontroversen eingegriffen. Er hat damit eine ganze Generation katholischer Theologen direkt oder indirekt beeinflusst und sie zu Wegbereitern des II. Vatikanischen Konzils gemacht.

Es wäre jedoch verfehlt, angesichts der theologischen Wirkungsgeschichte Blondels die philosophische Relevanz seines Frühwerks zu übersehen. Er hat den damals vorherrschenden Szientismus im Blick und lässt sich auf die neuesten wissenschaftlichen Ergebnisse ein, betrachtet sie jedoch nicht als unhinterfragbar. Das geschieht in einer methodisch sauberen Auseinandersetzung mit dem französischen Neukantianismus, dessen Phänomenismus er sich zu eigen macht. Durch das Prisma des französischen Denkens im 19. Jahrhundert setzt er sich auch mit der klassischen deutschen Philosophie von Leibniz bis Schelling auseinander. So könnte er Anregung geben für ein nachneuzeitliches christliches Denken, das nicht mehr auf mittelalterliche Denkanstöße zu rekurrieren braucht.

Es schien deshalb sinnvoll, nicht nur Absicht und Grundstruktur der Philosophie Blondels nachzuzeichnen, sondern in historischer Kärrnerarbeit auch seine Anreger und Gesprächspartner aufzusuchen. Erst eine solche Klärung erlaubt, Blondels Werk philosophiegeschichtlich einzuordnen und es als Antwort auf genau umschriebene Fragen seiner Zeit lesen. Diese sind wenigstens teilweise auch noch die unsern. In dieser historischen Perspektive kann auch die Kontinuität der späteren Entfaltung, die Blondels Denken nahm, einsichtig werden. Blondel ist bei seinem Erstlingswerk nicht stehen geblieben. Je nach den Bedürfnissen der Zeit hat er das darin Ungesagte oder nur Angedeutete weiter entfaltet, und andere christliche Denker wie Pierre Rousselot, Henri de Lubac, Joseph Maréchal und Karl Rahner haben die Anregungen Blondels aufgenommen und weitergeführt.

Die hier gesammelten Aufsätze sind in mehr als sechzigjähriger Beschäftigung mit dem Frühwerk Blondels entstanden. Sie wollen in erster Linie die geistesgeschichtliche Einordnung Blondels aufzeigen und die Entwicklungslinien zum Spätwerk Blondels zumindest andeuten. Sie wurden zunächst als selbstständige Artikel oder als Vorträge für Blondel-Tagungen ausgearbeitet. Es sind zumeist Gelegenheitsarbeiten, die zum Teil an abgelegenen Orten oder nur auf Französisch oder Italienisch erschienen sind. Ich habe sie hier im wesentlichen unverändert übernommen und nur gelegentliche leichte Verbesserungen eingefügt und die Literaturangaben auf den neuesten Stand gebracht. So ist eine Art Mosaik entstanden, genauer gesagt ein *Opus sectile* aus zurechtgeschnittenen bunten Steinen. Das hat zwar den Vorteil, dass jeder Beitrag einzeln für sich und in beliebiger Reihenfolge gelesen werden kann, doch müssen dafür auch einige Wiederholungen in kauf genommen werden. Wer zuerst eine einfache Einführung in Blondels Denken sucht, sei auf den Beitrag über *Maurice Blondels Philosophie der Liebe* verwiesen und für eine etwas erweiterte Darstellung auf *Struktur und Anliegen der* Action.

Für diese Neuausgabe habe ich meine zunächst französisch oder italienisch abgefassten Texte ins Deutsche übertragen und alle bisher nicht übersetzten Texte Blondels übersetzt. Dabei habe ich mir die Freiheit genommen, auch bereits bestehende Übersetzungen gegebenenfalls leicht abzuändern. Wo der französische Urtext nicht gedruckt vorliegt, führe ich ihn in den Fußnoten an. Bezüglich der Zitierweise sei auf das Literaturverzeichnis verwiesen.

*   *   *   *

Für das Zustandekommen dieses Sammelbandes habe ich in vielfacher Weise zu danken. Ein erster Dank geht an die Familie Maurice Blondels, namentlich an Mme. Elisabeth Flory-Blondel, die mir 1967 die Einsichtnahme in zahlreiche, damals noch nicht allgemein zugängliche Dokumente Blondels erlaubte, namentlich in den ungekürzten Originaltext der *Carnets intimes,* die sich als eine Hauptquelle der *Action* erwiesen haben, und in die Briefwechsel Blondels mit seinen Studienfreunden von der École Normale Supérieure. Besonders hilfreich waren

Blondels philosophische Notizzettel, die *Notes-Semaille*, die Blondel bei der Arbeit an seiner These als Lesefrüchte sammelte, und die mir Mme. Flory zur Ordnung und Veröffentlichung übergab – eine Arbeit, deren Vollendung leider immer noch aussteht.

Es waren vor allem diese Notizzettel, die mir zahlreiche bis dahin unbekannte Anreger und Quellen Blondels zu entdecken erlaubten. Wenn diese Entdeckungen die meisten der nun folgenden Aufsätze überhaupt erst möglich gemacht haben, so geschah das nicht in erster Linie aus historischem Interesse. Meine Arbeit möchte vor allem dazu anregen, Blondels Ansätze selbstständig und kreativ weiterzudenken.

Ein ganz besonderer Dank gilt Kardinal Prof. DDr. Karl Lehmann und dem Direktor des Erbacher Hofs in Mainz, Prof. Dr. Peter Reifenberg, die diese Aufsatzsammlung angeregt und ihre Fertigstellung mit großer Geduld abgewartet haben, um dann auch ihren Druck finanziell zu ermöglichen. Zu danken habe ich auch Prof. Dr. Albert Raffelt; der durch die Digitalisierung meiner Aufsätze ihre Neuausgabe allererst ermöglicht hat.

Bad Schönbrunn (Zug), Weihnachten 2011
+ Peter Henrici SJ

A. Ortsbestimmung

Glaubensleben und kritische Vernunft als Grundkräfte der Metaphysik des jungen Blondel (1964)

»In jedem wirklich durchstrukturierten System gibt es zwei lebendig miteinander verbundene Elemente, die sich gegenseitig bedingen und deren eines das andere zu einer unverwechselbaren Synthese durchformt und belebt: auf der einen Seite eine Reihe begrifflicher Inhalte, die sich analytisch ausdrücken lassen und mit Mitteln des Diskurses von einem Denker zum anderen weitergegeben werden können, ähnlich wie etwas Materielles, das man von Hand zu Hand weiterreicht; auf der anderen Seite eine Grundhaltung des ganzen geistigen Wesens, eine zugleich angeborene und erworbene geistige Struktur, welche die grundlegende Persönlichkeit des Philosophen ausmacht [...]. Das entscheidende Element einer philosophischen Lehre ist dort zu suchen, wo das unbewusste Geheimnis des Herzens zum Ausdruck kommt, das innerliche Leben des Geistes und sozusagen die Seele der Seele. Weil die Philosophie nicht nur ein intellektuelles Geschäft ist, sondern ›Sache der Seele‹, bestimmt diese spirituelle Ausrichtung den Sinn der intellektuellen Elemente viel entscheidender, als dass sie von ihnen mitgeprägt wird – so wirksam diese durch die ihnen innewohnende logische Kraft auch sein mögen [...]«

Maurice BLONDEL[1]

Wenn wir uns hier um das als dunkel verschriene letzte Kapitel der *Action* Blondels bemühen, dann geschieht das aus der Überzeugung, dass in diesem nie zur vollen Reife gelangten Text der Knotenpunkt des ganzen Denkens Blondels liegt. Dieses Kapitel stellt nicht nur den Torweg dar, wo sich vom phänomenologischen Denken der *Action* aus ein Ausblick eröffnet auf das ontologische Denken der *Trilogie:* hier werden auch zum ersten und einzigen Mal in der *Action* die Hinter-

---

[1] MAURICE BLONDEL, *L'anti-cartésianisme de Malebranche,* jetzt in: *Dialogues avec les philosophes* (ed. HENRI GOUHIER). Paris: Aubier, 1966, S. 62–63. Im folgenden werden in den Anmerkungen alle Werke nur mit dem in der Bibliographie angegebenen Autorenname und/oder einem Kurztitel zitiert.

gedanken Blondels namhaft gemacht, die nie ganz zur Austragung gekommen sind – und die vielleicht auch nicht zur Austragung kommen
konnten, weil in ihnen mehr ansichtig wurde, als was sich denkerisch
reflex machen ließ. Darin liegt nicht zuletzt der Grund, weshalb dieses
Kapitel dunkel blieb und wohl auch dunkel bleiben musste. Was in der
ganzen *Action* ungesagt im Hintergrund stand, und was jetzt, nach der
Veröffentlichung vieler privater Aufzeichnungen und Briefe Blondels
als die ständig durchgetragenen Kristallisationspunkte seines Denkens
bekannt geworden ist, das trat schon auf den letzten Seiten des Schlusskapitels ans Licht: das *vinculum substantiale* und der *Panchristismus*.
Das Vinculum war »eine der Keimzellen meines Denkens«, gesteht
Blondel[2], und der Panchristismus war der immer wieder angegangene
Zielpunkt seiner Philosophie. Was Vinculum und Panchristismus im
Zusammenhang mit den beiden aus dem Corpus der *Action* in das
Schlusskapitel übernommenen Themen der phänomenistischen Epochè und der realisierenden Wahlentscheidung (Option) zu bedeuten
haben: diese Frage wird eine Deutung des letzten Kapitels der *Action*
vor allem zu erhellen haben.

Die so eindringlichen und kenntnisreichen Analysen Henri
Bouillards haben manchen Zugang zu dieser Frage geebnet.[3] Wir
setzen sie hier stillschweigend und dankbar voraus, und möchten uns
der bei ihm offen gebliebenen Frage nach dem ontologisch-metaphysisch(-theologischen) Schlussstein[4] der blondelschen Philosophie zuwenden.

Nicht als ob ich mich anheischig machte, in einem kurzen Artikel
diese vielschichtige Frage endgültig zu lösen; ich will nicht einmal alle
Elemente zu ihrer Lösung aus dem Text des Kapitels erheben. Was ich
hier beisteuern möchte, sind bestenfalls die Prolegomena zu einer Lösung, indem ich mich zunächst an die *Fragestellung* Blondes heranzutasten suche. Das soll geschehen in einer Umrisszeichnung der Ursprünge des blondelschen Denkens und in einer knappen Skizze der in
ihm wirksam werdenden Grundkräfte, damit so eine Art Kraftlinienfeld entsteht, innerhalb dessen wir die Struktur des letzten Kapitels der *Action* zu verstehen suchen müssen. So sollen ein erster und
ein zweiter Teil mehr aufsuchend den Antagonismus dieser Grund-

---

[2] *Itinéraire*, S. 57/30/39.
[3] Bouillard, *Christianisme*.
[4] Das Bild stammt von Blondel: *Itinéraire*, S. 263/149/151; vgl. auch *Être*, S. 215.

kräfte ins Licht rücken, während ein dritter Teil mehr deutend auf ihr Wirksamwerden im Schlusskapitel hinzuweisen versucht.

I. Gründung im Glaubensleben

»Es schien mir, dass ich das *lebte*. Es auch wissenschaftlich zu denken, es auch andern verständlich und annehmbar zu machen, ist eine andere Sache: *it is a long way,* wie es in jenem Kriegslied heißt«, so definiert Blondel seine Ausgangssituation[5], nachdem er den Plan gefasst hatte, eine Philosophie zu entwerfen, »die ihrem Wesen nach, und nicht bloß zufällig, zusätzlich oder aus Voreingenommenheit religiös ist, und die doch in unserem Denken wie schon in unserem Leben ganz spontan ineins geht mit der unerschrockensten Kritik und mit echtestem Katholizismus«.[6]

Wir wissen heute, dass die Hauptquelle für Blondels *Action* sein geistliches Tagebuch war. Ihm hat Blondel nicht in erster Linie Geistesblitze und Lesefrüchte anvertraut, sondern den getreuen Niederschlag seines im Glauben vor Gott gelebten Lebens. In meiner Besprechung der *Carnets Intimes*[7] habe ich einige der Verbindungslinien zwischen Blondels geistlichem Leben und seiner Philosophie nachzuziehen versucht. Hier interessiert zunächst nur die grundlegende Tatsache, dass das Material der Philosophie Blondels in seinem wirklich gelebten Leben zu suchen ist. »Ich will, dass mir diese geheime Niederschrift im Verkehr mit allen mir lieben Menschen als unversehrte Hinterlage diene, wie ich auch, falls ich die Pflicht wahrnähme, eines Tages zur Welt zu reden, darin meine Kraft schöpfen und mich selber nehmen will, um mich zu verschenken.«[8] Diese Selbstdefinition des blondelschen Tagebuches liegt zunächst ganz auf der Linie des französischen Philosophierens, das von Montaigne und Descartes, über Pascal und Maine de Biran, bis zu Blondels Lehrer Ollé-Laprune autobiographische Züge trägt und eine rationale Auswertung der persönlichen Lebenserfahrung des Philosophen ist. Blondel aber geht noch einen Schritt weiter: Nicht nur *was* er erfährt, sondern sein Erfahren selbst,

5 *Itinéraire*, S. 46/22/33.
6 *Itinéraire*, S. 45/22/32 f.
7 Vgl. den nachstehenden Beitrag *Die Tagebücher* (Carnets intimes) *Maurice Bondels*.
8 *C.I.*, I, S. 18/34.

nicht nur das Erlebte, sondern sein Leben als konkret sich vollziehende Ganzheit wird Anfang und Grundwahrheit seines Philosophierens. Gegenstand seines Denkens ist der Denkende selbst, der sich in Frage stellt, um seine vorgegebene Grundgewissheit zur denkend nachvollzogenen Wahrheit zu erheben.

Das wird in der Zusammenschau mit einer zweiten Vorgegebenheit der Philosophie Blondels besonders bedeutsam. Blondels Selbstzeugnisse lassen nicht den geringsten Zweifel darüber aufkommen, dass als Apriori vor und über all seinem Denken die Wahrheit des katholischen Glaubens steht. Sein Früh- und Meisterwerk ist als rationale Umsetzung dieser seiner Glaubensgewissheit gedacht. Blondel wollte zuerst nur »die Wahrheiten des Katechismus der Reihe nach hernehmen und den Philosophen zeigen, dass nichts Schöneres und Besseres erdacht werden kann; dass sie über den Menschen und Menschendenken hinausgehen.«[9] Bouillard hat gezeigt, welch tiefgreifenden Umbau diese Übersetzung der katholischen Lehre in philosophische Sprache im Laufe der Ausarbeitung der *Action* durchmachen musste, bis Blondel schließlich durch methodische Negation seiner Voraussetzungen zu einer autonomen und dennoch unter dem Leitentwurf des Christentums stehenden Philosophie gelangen konnte.[10]

Wenn so das methodische Vergehen Blondels geklärt ist, bleibt doch noch zu fragen, was dieses Vorgehen, das radikale Infragestellen der eigenen Voraussetzungen ohne sie zu verleugnen, möglich gemacht hat. Es ist die Tatsache, dass nicht primär die Glaubens*wahrheit*, sondern das Glaubens*leben* als Apriori über Blondels Denken stand. »Ich nehme nicht zunächst eine Philosophie an oder entwickle selbst eine, um dann zuzusehen, wie ich mich darin einrichten kann oder wie ich die christliche Lösung darin unterbringe. Ich lebe vielmehr als Christ und frage mich dann, wie ich als Philosoph denken muss.«[11] Der Katechismus, den Blondel in seinem ersten Eifer ins Philosophische übersetzen wollte, war für ihn nicht eine Sammlung wahrer Aussagen; er fasste ihn als eine erste, mangels eines Besseren zunächst heranzuziehende Objektivation dessen auf, was er mit allen Fasern seines Wesens schon lebte. Dass sich eine philosophische Objektivierung seines christlichen Lebens nicht durch die Vermittlung einer theologi-

---

[9] *Notes*, nr. 120 (Cahier х, S. 46) zit. bei Bouillard, *Christianisme*, S. 202/238 Anm.
[10] Bouillard, *Christianisme*, S. 198–221/233–261.
[11] Brief Blondels an Paul Archambault, zitiert bei Archambault, S. 40 Anm.

schen Objektivation finden ließ, das kam Blondel erst nach und nach zum Bewusstsein. Es ergibt sich jedoch folgerichtig aus seinem Grundansatz.

In der Tat entfaltete sich das Apriori des Lebens aus dem Glauben in eine ganze Reihe von Folgerungen für die Philosophie Blondels, die hier thesenartig vorgelegt seien.

1. *Die Glaubensgehalte, welche als Apriori über dem Denken Blondels stehen, sind nicht so sehr die Dogmen als vielmehr die Spiritualität des Christentums.* Es fällt auf, dass die christlichen Quellen, aus denen Blondel bei der Ausarbeitung der Action schöpfte, nicht dogmatische Traktate sind[12], sondern die aszetisch-mystische Literatur in der ganzen Breite ihrer Überlieferung.[13] Blondel liest und verwertet Therese von Ávila[14], Franz von Sales[15], Rodríguez[16], Guilloré, Scupoli, Schram, Scaramelli[17], vor allem aber Augustinus[18], Ignatius von Loyola[19] und seine burgundischen Landsleute Bernhard von Clairvaux[20] und Bossuet[21]. Ferner Bérulle[22], Vinzenz von Paul[23], Fénelon[24], Caus-

---

[12] Außer dem soeben genannten, aber nie ausdrücklich zitierten Katechismus finden sich nur kurze Hinweise auf Thomas v. Aquin und auf die Konstitution *De Fide* des Vaticanum I. Belege bei BOUILLARD, *Christianisme*, S. 216/255.
[13] Vgl. dazu vor allem MAHAMÉ. Die in *Spiritualité*, S. 31 f., aufgeführte »Bibliothèque de Piété« listet jedoch nicht Blondels eigene Bücher auf, sondern ist von einem Studienkameraden (André Pératé?) übernommen.
[14] *Notes*, nr. 158 (Cahier x, S. 89).
[15] Ebd., nr. 123 (Cahier x, S. 47), 125, 126, 138 (Cahier x, S. 57), 158 (ebd., S. 89), 315, 439, 546, 560.
[16] Ebd., nr. 236, 237, 238, 239, 701, 704, 706, 708, 715, 720; C. 16, f. 9, P nr. 343, 722.
[17] Beleg bei BOUILLARD, *Christianisme*, S. 214/253.
[18] *Notes*, nr. 160 (Cahier x, S. 92), 238, 288, 701, 708, 743, 829, 831, 832, 846, und *C.I.*, I, S. 89/106, 227/246.
[19] *Notes*, nr. 280, 647, 103, 159 und *C.I.*, I, S. 238/257, 393/416, 396/418, 402/425, 407/431, vgl. auch die Angaben im nachstehenden Beitrag *Blondels Option und die ignatianische Wahl* und bei BOUILLARD, *Christianisme*, S. 215/254 f.
[20] Vgl. die generellen Angaben über Bernhard als Quelle seines Philosophierens in: *Itinéraire*, S. 42/20. Einzelheiten bei MAHAME, *Spiritualité*, S. 61–70, und LECLERCQ, S. 125–163, 263–307.
[21] *Notes*, nr. 3, 10, 227, 281, 286, 546, 684, 694, 721, 737, 744, 831, 832, 833, 834, 835, 846, 850; *C.I.*, S. 123/144, 280/299 und *Lettres philosophiques*, S. 48, 58, 109.
[22] *Notes*, C. 14, f. 41, P nr. 921, 923.
[23] Ebd., nr. 356.
[24] Ebd., nr. 227.

sade[25], Lacordaire[26], Gratry[27], Gay[28], sowie Gregor den Großen[29], Franz von Assisi[30] und natürlich die Nachfolge Christi[31]. Auch die Heilige Schrift, die Blondel selbst als Hauptquelle seines Denkens nennt[32], ist ihm nicht so sehr ein Lehr- als ein Lebensbuch. »Die heiligen Texte sind kein ein Beweismaterial für den Geist (man findet darin alles, was man darin suchen will), sondern eine Nahrung für das Herz, und für das bekehrte Denken. Ganz zu recht: sie sind nicht Ergebnis wissenschaftlichen Forschens.«[33]

Infolge dieser Herkunft lauten die philosophischen Fragen, die sich Blondel von seinem Glauben her stellen, nicht theoretisch, sondern praktisch. Die spekulativ ergiebigeren Themen der Glaubenslehre, Trinität, Schöpfung, Sündenfall und Erlösung, werden erst im Spätwerk Blondels herangezogen. In der *Action* geht es um die philosophische Denkbarkeit des geistlichen Lebens[34] oder theologisch gewendet: Es geht um die anthropologische Möglichkeit oder Notwendigkeit einer übernatürlichen Vollendung des menschlichen Tuns.

Man mag sich hier fragen, ob der Ausgang nicht primär vom Dogma, sondern von einer christlichen Spiritualität nicht ganz allgemein als Vorbedingung für das Zustandekommen einer christlichen Philosophie zu betrachten sei. Es gibt jedenfalls zu denken, dass die deutschen Idealisten, die als Theologen das Dogma zum Ausgangspunkt ihres Denkens nahmen, keineswegs eine christliche, sondern eine gnostische

---

[25] *Lettres philosophiques,* S. 59.
[26] *Notes,* nr. 227, C. 15, f. 41, P nr. 4, 245, 559.
[27] Ebd., nr. 227, 253, 438, 846 **??,**.
[28] Vgl. dazu Cavaliere, S. 195–208.
[29] *Notes,* nr. 236.
[30] Ebd., nr. 546.
[31] *Lettres philosophiques,* S. 26 f.
[32] *Itinéraire,* S. 42/20/31 und Archambault, S. 51, Anm.
[33] »La littérature sacré n'est pas une preuve pour l'esprit (on y trouve tout ce qu'on veut y chercher), mais une nourriture pour le cœur, et pour la pensée convertie. Et c'est juste: non œuvre de science.« (Aufzeichnung von 1889)
[34] Blondel definiert sich als einen Philosophen »den [...] eine systematisch kritische Haltung, die innere Kohärenz seines Denkens und das Nachdenken über das Zustandekommen menschlichen Bewusstseins dazu geführt haben, eine Haltung einzunehmen, die nicht nur mit den Lehrsätzen des christlichen Dogmas in Übereinstimmung steht, sondern vor allem mit einer Spiritualität und einer geistlichen Atmosphäre, in der der Katholizismus seinem Denken erlaubt, sich voll zu entfalten.« (*Philosophie catholique,* S. 154 f.)

Philosophie geschaffen haben. Der Schluss liegt nahe, dass nur ein christliches Leben und nicht die Lehre allein den philosophischen Gehalt des Christentums zu vermitteln vermag. Wenn der Glaubensinhalt in Absehung vom Glaubensvollzug zum Gegenstand philosophischen Denkens gemacht wird, wird er leicht nur so aufgefasst, wie er menschlich denkbar ist. Man macht aus dem Glauben eine Gnosis. Umgekehrt liegt jeder, auch der nicht spezifisch christlichen Philosophie eine bestimmte Grundhaltung, eine Spiritualität zugrunde, von der sie geprägt wird – wofür gerade Blondel besonders hellhörig war.[35] Ist diese Spiritualität genuin christlich, dann ist damit der Grund für das Zustandekommen einer christlichen Philosophie gelegt.

2. *In der Philosophie begründet Blondels Herkunft aus dem Glaubensleben seine besondere Hellhörigkeit für metaphysische Sachverhalte.* Dass die christlichen Glaubensgehalte ganz allgemein für die Metaphysik befruchtend wirken können, bedarf keiner Erörterung; es genügt an die Vervollkommnung des Platonismus und des Aristotelismus bei ihrer Rezeption durch christliche Philosophen zu denken, oder an die spekulativen Impulse, die der deutsche Idealismus aus der Betrachtung der christlichen Dogmen empfangen hat. Dies ist nicht weiter verwunderlich; alles Theologische ist schließlich metaphysisch, und vielleicht ist alle Metaphysik nur anonym gebliebene Theologie. Bei Blondel wirkt sich die Herkunft aus dem gelebten christlichen Glauben im gleichen Sinne aus. Solange seine frühen Entwürfe zur *Action* noch unbedenklich einfachhin Glaubensgehalte übersetzen, beginnen sie ebenso unbedenklich mit metaphysischen, mit Seinsaussagen. Der philosophischen Sauberkeit seiner Methode zuliebe musste sich Blondel im Lauf der weiteren Ausarbeitung seiner These in die phänomenistische Epochè begeben. Die Seinsaussagen werden zurückgedrängt und für das letzte Kapitel aufgehoben. Aber aus den wenigen Andeutungen, die stehen geblieben sind, etwa aus dem, was einleitend über das Sein[36], und was über den Unterschied zwischen konträr und kontradiktorisch[37] gesagt wird, ersieht man, dass Blondel schon damals ein Me-

---

[35] Vgl. *Lettres philosophiques,* S. 261 f., 155, 163, sowie die Aufsätze über *Descartes* (1896) und über *Malebranche* (1916), dem das Motto dieses Beitrags entnommen ist. Blondels Kritik an Leibniz geht in die gleiche Richtung: *Énigme,* S. 76, 78, 91, 124, 130. *Action,* S. XXIII/21 f.; vgl. Marlé, 1960, S. 40.

[36] *Action,* S. XXIII/21 f.; vgl. Marlé, S. 40.

[37] *Action,* S. 122/149, 321/347, 370/395, 470/495, 472 f./496–498.

taphysiker von Rasse war.[38] Er war es dank seiner Herkunft aus dem Glaubensleben. Diese Herkunft vermag vielleicht auch ein weiteres Rätsel zu Ilösen, das uns die *Action* aufgibt. Blondel spricht an mehreren Stellen von einer *expérimentation métaphysique*, einer metaphysischen Erfahrung, wie sie vor allem die Abtötung *(mortification)* vermitteln soll. Die Vermutung liegt nahe, dass Erfahrung des Seins für Blondel tatsächlich ein geistliches Erfahren der Wirklichkeit der Gnadenordnung bedeutet – jenes erlebte, wenn auch nicht eigentlich mystische Wissen um Gott, das der Glaube dem Glaubenden schenken kann. Die *Carnets Intimes* zeigen, dass es im Leben Blondels Augenblicke solch lebendiger Gotteserfahrung gegeben hat, während sich anderseits in den gleichen *Carnets* manche Sentenzen als Schlussfolgerungen aus geistlicher Erfahrung finden, die später fast wörtlich, aber mit rein philosophischer Sinngebung in die *Action* übernommen wurden. Diesem Erfahrungshintergrund verdanken die Ausführungen Blondels Fülle, Tiefe und Sicherheit.

3. *Der Vollzug des Glaubens im Leben gibt der Ausarbeitung einer auf den Glauben hin geöffneten Philosophie besondere Dringlichkeit.* Das gilt zunächst hypothetisch, insofern der Glaubende Philosoph ist und sein will. Soll er sich nicht in einen heillosen Widerspruch verwickeln, wo Leben und Denken sich wechselseitig Lügen strafen, so muss er eine Philosophie ausarbeiten, in der sein Glaube mindestens als möglich erscheint. Je eindeutiger sich die Philosophie als Selbstverständnis des Menschen versteht, umso weniger vermag eine bloße Nichtwidersprüchlichkeit zwischen Glauben und philosophischem Denken zu genügen. Ein Christ, der Philosoph ist, muss philosophisch von seinem Christsein Rechenschaft geben können. Wäre sein Christsein nur eine Sammlung von Lehrsätzen, könnte er es allenfalls mit Schweigen übergehen – genau so wie keiner verpflichtet ist, in seinem Denken von seinen mathematischen Kenntnissen Gebrauch zu machen. Hier jedoch, wo das Christentum als gelebtes zum tragenden Grund der Existenz gehört, muss es auch im Denken thematisch werden. Blondel hatte in seinem Leben ein Problem gelöst, und der philosophische Anstand forderte von ihm, dass er es auch spekulativ bewältige.

Diese von der Philosophie aus gesehen hypothetische Notwendig-

---

[38] Vgl. auch CORNATI.

keit wird vom Blickpunkt des Christentums aus zu einer absoluten. Denn das Christentum gibt nicht nur Richtlinien für einen Christen, der Philosoph sein will; es verlangt aus seinem innersten Wesen auch, dass es Christen gibt, die Philosophen sind. Das Glaubensleben Blondels war katholisch, das heißt, es beanspruchte in seinen Grundzügen Allgemeingültigkeit: Es musste grundsätzlich möglich sein, diese Grunderfahrungen auch andern, (noch) nicht Glaubenden zugänglich zu machen. Blondels erfahrene Glaubensgewissheit war keine unmitteilbare Privatfrömmigkeit; sie war lebendiger Vollzug der objektiven Wahrheit. Der Weg, sie anderen nahe zu bringen (genauer gesagt: andere in ihre Nähe zu führen), konnte und musste darum über das allgemein menschliche Forum der denkenden Vernunft führen[39]. Blondels Plan einer rationalen Umsetzung seiner Glaubensgewissheit entsprach somit einer Wesensforderung des Christentums, und er hat dies in der *Lettre* von 1896, die seine philosophische Methode in den Augen der Theologen rechtfertigen sollte, ausdrücklich dargelegt.

Blondel geht bei dieser Darlegung von der meist wenig beachteten negativen Notwendigkeit des Übernatürlichen aus. Wer als erwachsener Mensch nicht zur übernatürlichen Vollendung gelangt, begibt sich nicht nur einer zusätzlichen, fakultativen Seligkeit; er verfehlt sein Ziel als Mensch schlechthin – er wird verdammt. Folglich besteht ein Notwendigkeitsbezug zwischen dem Menschen als solchem (und nicht nur als Glaubendem) und den Glaubenswahrheiten, und dieser Bezug kann und muss in einer auch von Nichtglaubenden nachvollziehbaren Weise, d. h. in einem eigenständigen philosophischen Diskurs dargelegt werden: »Wenn die Forderungen der Offenbarung wirklich begründet sind, dann kann man nicht sagen, dass wir bei uns völlig im Eigenen weilten. Und von dieser Unzulänglichkeit, dieser Unfähigkeit, diesem Angefordertsein muss es im Menschen eine Spur geben und einen Widerhall noch in der autonomsten Philosophie.«[40] Die scheinbar herz-

---

[39] Blondel hat diesen Zusammenhang später selbst ausgesprochen: »Die Kirche wendet sich ebensosehr an die Intelligenz wie an die Bereitschaft, auf sie zu hören, indem sie sich auf die Vernunft beruft, weil sie eine mitteilbare Wahrheit lehren will.« (*Histoire et dogme*, S. 209/438/76); vgl. schon *C.I.*, I, S. 228/247: »Um diesen Erfahrungswahrheiten eine Art von wissenschaftlicher Universalität und Objektivität zu verleihen, [sollten] alle persönlichen Einsichten und praktischen Überlegungen [...] durch eine hinreichende Reflexion so verdaut sein, dass sie lehrbar werden.«

[40] *Lettre*, S. 37/127/141 f., mit dem Kommentar bei BOUILLARD, *Christianisme*, S. 74 f./ 85 f. Die gleiche Problemsicht noch ausdrücklicher in *Lettres philosophiques*, S. 116–

lose Härte des *ita ut sint inexcusabiles* aus dem Römerbrief[41] stellte dem Glauben Blondels ein Problem, das er nur durch die Ausarbeitung einer eigenständigen Philosophie lösen konnte.[42]

4. *Die Gründung im Glaubensleben ermöglicht die eigenständige Vernunfthaftigkeit des Philosophierens.* Blondel hat den Ausgangspunkt seines Denkens in einer rückläufigen Bewegung erreicht. Er stellte nicht nur den Inhalt, sondern auch den Akt seines Glaubens und dessen Begründungen in Frage und bemühte sich Schritt für Schritt, jeweils die größtmögliche Leugnung seiner jeweiligen Gewissheit mitzuvollziehen. »Entsprechend den Anforderungen einer wissenschaftlichen, kritischen und philosophischen Haltung bin ich von der Einleitung an durch das ganze Werk stets auf indirekte und negative Weise vorgegangen, indem ich jeweils alle möglichen Lösungen geprüft habe und sie erst unter dem Druck einer unerbittlichen Logik und einer Anforderung des gelebten Lebens verwarf. Ich habe mich so stets gegen die Folgerungen gestemmt, die ich schließlich zu ziehen gezwungen war.«[43] Bei diesem Vorgehen folgt Blondel dem Weg, den jedes Denken zu nehmen hat, wenn es zu radikaler Eigenständigkeit gelangen will: Das philosophische Fragen muss je und je die gegebenen Voraussetzungen und Antworten in Frage stellen, um so zur Urfrage zurückzufinden: »Warum ist überhaupt Seiendes und nicht vielmehr nichts?« Wird die Urfrage ernst genommen, dann stellt sie den Fragenden selbst in Frage; sie hebt jedoch damit seine faktische Vorhandenheit nicht auf. So ergibt sich aus der Urfrage als erstes die Frage: »Ja oder nein, hat das menschliche Leben einen Sinn, hat der Mensch eine Bestimmung?«[44]

Für das Denken Blondels ist es nun bedeutsam, dass dieses radika-

---

115: »Gerne würde ich alle, die mein Denken kritisieren, fragen, ob […] die Verdammnis so vieler Menschen, die das Evangelium nicht kannten, nicht ein erschreckendes Problem beinhaltet […]. Die Hölle setzt eine Antwort auf eine Entscheidung von übernatürlicher Tragweite voraus; folglich muss das *ergo erravimus* der Verdammten ein Schluss aus Prämissen sein, über die sie als Lebende und im Irrtum Befangene schon verfügten […].«

41 Röm. 1, 20 zitiert in *Lettres philosophiques*, S. 115 u. ö.
42 Vgl. Blondel bei ARCHAMBAULT, S. 51, Anm. u. ö.
43 Blondel in: *Revue de métaphysique et de morale* 38 (1931), S. 604, abgedruckt und kommentiert bei ROMEYER, S. 115–121. Vgl. auch die ausführliche Darlegung dieser Methodologie: *Action*, S. XVIII–XXII/18–21 und *Ét. Blond.* I, S. 82 f. Das *raidir contre* hat Blondel PASCAL entlehnt (*Pensées*, Br. 615, Laf. 817).
44 *Action*, S. VII/9.

le sich selbst Infragestellen von seinem Glaubensleben zwar nicht allererst ermöglicht, aber doch wesentlich erleichtert und gefördert wurde.

Denn wenn ein Denker nur aus sich selbst, aus den Gewissheiten seines Denkens lebt, dann bedeutet für ihn die Notwendigkeit, sich selbst in Frage zu stellen, höchste Tragik. Es liegt dann nahe, dass er sich entweder gar nicht bis zur Radikalität der Urfrage durchringt oder dass er sich einer vorschnellen Antwort in die Arme wirft – es wäre denn, die Tragik seiner Situation würde ihn zu einem Narzissmus ständigen, aber unbeantwortbaren Fragens verleiten. Damit wäre der Sinn der Urfrage grundlegend verfälscht; denn diese zielt eindeutig auf eine Antwort ab. Der Glaubende dagegen lebt aus einer Gewissheit, die in ihm ist, ohne von ihm selbst zu stammen; so kann er sich mit allem, was er aus sich selbst ist, in Frage stellen, ohne seine Geborgenheit in einem Anderen zu verlieren. Als derart Geborgener findet er leichter die Gelassenheit, sich auf das Beunruhigende der Urfrage einzulassen, aber auch die Geduld, diese Frage bis zu ihrer letzten Antwort zu Ende zu denken. Zugleich verbietet ihm die Geborgenheit in Gott, die nicht nur Gabe, sondern auch Anspruch durch einen Größeren ist, sich im Ungeborgenen der Urfrage selbstisch zu gefallen. So ist der Glaubende von seinem Glaubensleben her mehr als ein Anderer auf das rechte Verhältnis zur philosophischen Urfrage eingeübt. Es dürfte kaum einen Denker gegeben haben, der das Sein und sich selbst so sehr in Frage gestellt hat, wie sich der Glaubende als Sünder vor Gott in Frage gestellt sieht.

Auch von seinem Inhalt her tut das Glaubensleben der Radikalität des philosophischen Fragens keinen Abbruch. Der gelebte Glaube ist nicht eine Weltanschauung, die mit einer bestimmten Lehre über diesen oder jenen Sinn der Welt und des Menschen steht oder fällt; er hält nur unerschütterlich daran fest, dass Welt und Mensch ihren Sinn und ihr Sein in und aus Gott haben. Folglich kann der Glaube es zulassen, ja er fordert es sogar in gewisser Hinsicht, dass der Sinn und das Sein alles Endlichen hinterfragbar werden. Nur der apriorischen Leugnung eines jeglichen Sinnes muss der Glaube sich versagen; doch eine solche Leugnung darf auch ein vorurteilsfreies Denken nicht zulassen.

Diese grundsätzlichen Überlegungen zur Rechtfertigung der Philosophie Blondels gingen von einer bestimmten Auffassung vom Wesen der philosophischen Aufgabe aus. Ihr steht eine andere Auffassung gegenüber, für die nicht das Sein und die Existenz des Denkenden, sondern der Denkinhalt, die Idee, Gegenstand des Denkens ist. Diese, die cartesianische Auffassung entzieht sich von vorne herein der Tragik des Fragens; an die Stelle der Urfrage tritt der Zweifel, das Infragestellen aller bisherigen Denkinhalte, während das Sein und das Leben des Denkenden nicht in Frage gestellt werden – weshalb der Denkende auch nicht der Geborgenheit im Glauben bedarf. Für diese Art des Denkens könnten nur die Inhalte des Glaubens bedeutsam werden; doch diese würden entweder bloß im Maß ihrer Denkbarkeit aufgenommen und so ihres eigentlichen, nicht mehr denkbaren, weil übernatürlichen Gehaltes entkleidet, oder sie bildeten, wenn man sie ausdrücklich als geglaubte aufnähme, einen Fremdkörper im rationalen Gerüst einer solchen Philosophie; denn der Zweifel muss vor ihnen halt machen, sonst zerstört er den Glauben.[45] Von einer Gründung des Denkens im Glaubensleben kann bei dieser Art von Philosophie nicht eigentlich die Rede sein. Eine letzte These muss deshalb lauten:

5. *Gegenstand der im Glaubensleben gründenden Philosophie Blondels sind nicht irgendwelche Ideen, sondern das wirkliche Leben in seiner Ganzheit.* Als Blondel bei der Verteidigung seiner These vom radikalen Infragestellen seiner Voraussetzungen sprach, lehnte er auch die cartesianische Form des Philosophierens ab:»Wie Descartes neue Gründe zu zweifeln erfand, so habe ich versucht, neue sittliche Haltungen und noch wenig geklärte Einstellungen gegenüber unserer menschlichen Letztbestimmung in den philosophischen Diskurs aufzunehmen [...]. Ich wollte von weiter weg und von tiefer unten ausgehen, um zu einem fernerliegenden und höheren Ziel zu gelangen. [...] Der methodische Zweifel beschränkte sich auf ein intellektuelles, partielles, künstliches Problem; hier geht es um die lebensentscheidende Frage, es geht um das Ganze. Den methodischen Zweifel ließ man hinter sich; denn er war nur eine künstliche Annahme. Am Tun muss man bleiben; es ist die Wirklichkeit. So wird das, was nur ein Erkennt-

---

[45] Als Beispiel kann die Haltung René Descartes' gegenüber der katholischen Theologie gelten:»Ich verehrte unsere Theologie und mochte ebenso gut wie jeder andere den Himmel gewinnen; da man es mir aber als etwas höchst Gewisses dargestellt hatte, dass der Weg dorthin den Unwissendsten wie den Gelehrtesten in gleicher Weise offensteht, und dass die dahin führenden offenbarten Wahrheiten über unsern Verstand erhaben sind, so hätte ich es nicht gewagt, sie der Schwäche meiner Vernunfterwägungen zu unterwerfen. Ich dachte daher, man bedürfe, um das Wagnis ihrer Untersuchung zu unternehmen und dabei Erfolg zu haben, eines außerordentlichen Beistandes vom Himmel und müsste mehr als ein Mensch sein.« (*Discours de la méthode*, I, 11, A.–T., VI, S. 8, 8–17; übers. A. Bachmann, Leipzig: Meiner, 1905).

nisproblem war, zugleich zu einem Problem des Wollens, des Seins, des Heils.«[46] Dieser anticartesianische, im besten Sinn existenzphilosophische Ansatz des Denkens Blondels ergibt sich aus seiner Ausgangssituation. Vorgegeben sind ihm nicht so sehr die Dogmen seines Glaubens, als vielmehr sein Leben aus dem Glauben. In seinem Leben ist ein Problem, das Problem der übernatürlichen Bestimmung des Menschen, faktisch gelöst. Als Philosoph muss er diese faktische Lösung spekulativ rechtfertigen, indem er ihre vorgängige Möglichkeit aufweist. Er muss zeigen, dass der Mensch als solcher in einem Bezug zum Übernatürlichen, zum menschlich Unerreichbaren stehen kann oder gar notwendig immer schon in einem solchen Bezug steht. Diesen Bezug findet Blondel in seinem Lebensvollzug gegeben vor; deshalb befragt er den Lebensvollzug als solchen (die *action*) auf seine Möglichkeiten und Implikationen. Hier oder nirgends wird sich ein übernatürlicher Bezug des Menschen als möglich oder gar als notwendig erweisen.

Dieses Materialobjekt seines Denkens hat Blondel nur nach und nach richtig in den Blick bekommen. Wie er anfänglich bloß die Katechismuswahrheiten ins Philosophische übersetzen wollte, so versuchte er auch den Lebensvollzug zunächst dort zu fassen, wo sich dieser unmittelbar als Äußerung des Glaubenslebens kundgibt. Er wollte zunächst nur die *pratique littérale*, das religiöse Tun eines praktizierenden Katholiken philosophisch rechtfertigen,[47] eine Rechtfertigung, die im Rahmen einer Untersuchung über das Tun als solchem erfolgen sollte; denn nur so war sie überhaupt möglich. Erst später erfolgte das, was wir die eigentliche philosophische Konversion Blondels nennen könnten: Dass er seinen Blick nicht mehr primär auf die Glaubensgehalte und auf deren Ausdruck im Lebensvollzug richtete, um von da aus rücklaufend deren Möglichkeitsgrund zu erforschen, sondern umgekehrt den Lebensvollzug in seiner Ursprünglichkeit ins Auge fasste, um von ihm aus (vorwärtsschreitend und dem Gefälle des Tuns selbst folgend) seinen Bezugs zum Übernatürlichen in den Blick zu bekommen. Mit dieser Konversion von einer Apologetik zu eigenständiger

---

[46] Antwort Blondels an Boutroux bei der Verteidigung seiner These (*Ét. blond.* I, S. 83/ *Œuvres,* I, S. 702–705).

[47] 1887 schrieb Blondel seine These an der Sorbonne unter dem Titel ein:»L'Action. Étude sur la nature de l'opération *ad extra* et sur la valeur de la pratique littérale.« (*Lettres philosophiques,* S. 11).

Spekulation wurde Blondels Denken erst wirklich philosophisch, und es vollzog damit auf seine Weise die kopernikanische Wende vom Bedenken des Objekts zum Bedenken des Subjekts. Nun wird nicht mehr das im Glauben Gegebene bedacht, sondern der Glaubende selbst, der Lebende, ja der Mensch schlechthin, der der Glaubende ist.

Diese philosophische Konversion Blondels war auch eine Revolution in der Geschichte der französischen Philosophie. Seit Descartes galt es als selbstverständlich, dass sich die Philosophie primär mit ›Ideen‹, mit Denkinhalten zu befassen habe. Blondel dagegen geht hinter alle Inhalte in die Ursprünglichkeit des Vollzugs zurück und betont, dass er nicht über die Idee des Tuns, sondern über das wirkliche Tun selbst nachdenke und dieses philosophisch analysiere.[48] Diese neue Perspektive, dieser neue Gegenstand des Philosophierens wurde Blondel von seinem Glaubensleben aufgegeben. Erst die Unmittelbarkeit des wirklichen Vollzugs, den jeder je persönlich lebt und erlebt, ist der Grund, der sich einerseits ungebrochen in den Glauben hinein erstrecken kann,[49] während er anderseits als unmittelbare Urgegebenheit jedem Denkenden, mag dieser nun ein Glaubender sein oder nicht, unmittelbar zugänglich ist.[50] Über diese Urgegebenheit können sich Glaubender und Nichtglaubender philosophisch verständigen, indem sie diese einer kritischen Prüfung durch die Vernunft unterwerfen.

---

[48] Am schärfsten kommt dies in der Unterscheidung zwischen *science pratique* und *science de la pratique* zum Ausdruck, wobei Blondel die Überwertigkeit der ersteren betont (*Action*, S. 463/476).

[49] *C.I.*, I, S. 85/102: »Ich nehme mir vor, über das Tun zu arbeiten, weil mir scheint, dass im Evangelium dem Tun allein die Macht eingeräumt wird, die Liebe auszudrücken und Gott zu gewinnen.« Aufschlussreich wäre auch die (von Blondel freilich nie ausdrücklich angezogene) Parallele der These von der Überwertigkeit des Tuns mit der Theologie des Glaubensaktes. Auch dort wird betont, dass der Glaubensinhalt als *Glaubens*inhalt nichts sei ohne den Glaubens*vollzug*. Alles dogmatische Wissen kann keinen Glaubensakt ersetzen, während umgekehrt ein einfacher Glaubensakt sehr viel Glaubenswissen zu ersetzen vermag, weil er alles Wissen einschlussweise mitenthält. Diesen Sachverhalt betrachtet Blondel als ein allgemeines, auch in der natürlichen Ordnung geltendes Gesetz.

[50] Vgl. *Lettres philosophiques*, S. 204: »Nein, man darf nicht von einer intellektuellen Definition ausgehen; man muss von der *konkreten Tatsache* des bewussten Lebens in jedem Menschen ausgehen (das ist für die Philosophie das Gegebene) und von der *konkreten Tatsache* des darin eingeschlossenen Gottesgeschenks und der zuvorkommenden Gnade [...].«

II. Begegnung mit der kritischen Vernunft

Blondel wollte, vom Glauben herkommend, eine mit diesem harmonierende Philosophie entwerfen. Das setzte voraus, dass er bereit war, den Ansprüchen philosophierenden Denkens zu genügen, und das heißt, sein Vorgehen allein von der Vernunft und von ihren Gesetzen bestimmen zu lassen. Da er selbst sein Denken einmal als »Panlogismus« bezeichnet hat,[51] und in wiederholten Ansätzen eine *Logik des sittlichen Lebens* ausarbeitete, konnte er sich aus innerer Geistesverwandtschaft diesen Gesetzen der Vernunft willig fügen.[52] Er hat sich stets gegen alle irrationalistischen Missdeutungen seiner Philosophie auf Grund ihres Gegenstands, dem Tun, verwahrt: »*Action* hieß für mich konkrete Wirklichkeit und klares Denken im Vollzug *(en acte)*. Ἐν τῷ ἔργῳ τὸ τέλειον, sagt Aristoteles. Man hat daraus heute einen blinden Antrieb gemacht.«[53]

Doch die Philosophie, die Blondel ausarbeiten wollte, konnte nicht eine Philosophie im allgemeinen sein; sie ist unter ganz bestimmten geschichtlichen Voraussetzungen zustande gekommen. Schon Blondels apologetische Absicht verpflichtete ihn zu größtmöglicher Zeitgemäßheit. Seine Apologie antwortet nicht auf Vernunftansprüche im allgemeinen, sondern auf die historisch konkreten Ansprüche an die Vernunft, wie sie am Ende des 19. Jahrhunderts in Frankreich an einen Philosophen herangetragen wurden. Daher bemühte sich Blondel, seinen Ort in der Philosophiegeschichte aufzuzeigen, indem er den Anspruch erhebt, mit seiner Philosophie die ideengeschichtlichen Entwicklungslinien des neuzeitlichen Denkens fortzuführen, ja zum Abschluss zu bringen. In der *Action* tritt dieses Bemühen zwar nur selten zutage. Eine kurze Andeutung zu Beginn des Dritten Teiles lässt

---

[51] LALANDE, S. 1232.

[52] Sein Freund Bazaillas warf Blondel sogar einen »übertriebenen Rationalismus *(rationalisme outré)*« vor *(Lettres philosophiques,* S. 110). Vgl. ebd. S. 69, 162: »[…] rationalistischer als jene, die mir Fideismus oder Mystizismus vorwerfen«.

[53] ›L'*action* signifiait pour moi réalité concrète et pensée claire en acte: Ἐν τῷ ἔργῳ τὸ τέλειον dit Aristote. On lui a fait signifier, depuis, poussée amorphe.« (Unveröffentlichter Brief an Paul Archambault, April 1925). Vgl. auch *Lettres philosophiques,* S. 290: »Als ich gegen 1890 von *action* sprach, wollte ich der gemeinsamen Wurzel der Vernunftgewissheit und des katholischen Glaubens dienen«, und *Ét. blond.,* II, S. 17: »Die *action* – das ist etwas zugleich […] Genaueres und Reichhaltigeres als ›das Leben‹.«

jedoch erahnen, wie sehr Blondels Dialektik in der Kette der Philosophiegeschichte gewoben ist.[54] Deutlicher lässt sich dieses Grundgewebe in den Vorarbeiten für die *Action* und für deren Neuausgabe fassen. Blondel nennt dort seine Dialektik »eine geschichtliche, implizite, lebendige Dialektik – nicht im logischen und abstrakten Sinn wie bei Hegel, sondern in einem ganz konkreten, einbeziehenden *(assimilateur)* und dynamischen Sinn.«[55] Sie soll aufzeigen, wie die gegensätzlichen philosophischen Systeme in der Wirklichkeit gegeneinander vermittelt sind. Einmal taucht sogar der Plan auf, die philosophiegeschichtliche Ortsbestimmung der *Action* in einem eigenen Band zu entwickeln.[56] Das Zettelmaterial der *Notes-Semaille* erlaubt nun, unter die zahlreichen in die *Action* eingeflochtenen anonymen Zitate jene Namen zu setzen, die Blondel auf autorisierten Rat hin verschwiegen hat.[57] So kann er von seinem Werk mit gutem Recht sagen: »Der Verfasser hat Wert darauf gelegt, den wichtigsten Entwicklungen der Gegenwartsphilosophie auf ihren verschlungenen Umwegen zu folgen. Wie das Tun unvermeidlich alle künstlichen Grenzen überschreitet, in die man es einschließen möchte, so geht die Kritik Professor Blondels nach und nach alle jene Lehren prüfend durch, die denkbar weit von den Schlussfolgerungen entfernt sind, zu denen er sie führen will. Wenn man bedenkt, welch weites Problemfeld dieses Werk bestreicht, und wie komplex die Lehren sind, deren Kenntnis es voraussetzt, wird man über die Schwierigkeiten nicht erstaunt sein, die es dem Leser bietet.«[58]

---

[54] »Unterwegs wird man somit den verschiedensten Geistern begegnen, und wenn sie auf dem Weg vorzeitig stehen geblieben sind, wird man versuchen, sie bis zum Ende ihres geheimen Strebens fortschreiten zu lassen.« *(Action,* S. 42/66).

[55] »[...] une dialectique historique, implicite, vivante – non pas au sens logique et abstrait de Hegel, mais en un sens tout concret, assimilateur et dynamique« *(Ét. blond.,* II, S. 17); vgl. die philosophiegeschichtliche Antinomientafel in *Notes,* nr. 517, und das Schema der Aufhebung aller -ismen in der Philosophie des Tuns in *Ét. blond.,* II, S. 25 f.

[56] *Ét. blond.,* II, S. 16.

[57] *Itinéraire,* S. 65/35/44. Die Zitate bleiben auch deshalb anonym, weil Blondel nicht die persönliche Meinung der verschiedenen Philosophen anzielt, sondern die von ihnen vertretene allgemeine Wahrheit, die Blondel sich zu eigen macht oder kritisiert. (vgl. *Ét. blond.,* I, S. 89).

[58] Entwurf einer Vorbemerkung, die in einen Neudruck der *Action* einzufügen wäre, in: *Ét. blond.,* I, S. 78.

1. Eine Auseinandersetzung mit Kant

Es ist hier nicht möglich, alle Einflüsse namhaft zu machen, die zwar entscheidend auf die Gestaltung der *Action*, aber nicht unmittelbar auf die Struktur der Metaphysik Blondels eingewirkt haben. Pascal, bei dem Blondel die Grundgedanken seiner Apologetik und viele ihrer entscheidenden Formulierungen vorgebildet fand, ließ es jedoch gerade an einer metaphysischen Begründung seiner Gedanken fehlen. Man könnte ohne Übertreibung sagen, Blondel habe beabsichtigt, einen philosophischen Kommentar zu Pascals Apologie zu schreiben.[59] Ebenso wenig ist Blondels Metaphysik Augustin, Descartes, Spinoza, Maine de Biran oder Ollé-Laprune verpflichtet, denen er im übrigen wichtige Anregungen verdankt, und auch Bernhard von Clairvaux hat nur bestätigende Formulierungen für eine grundsätzlich schon erarbeitete Sicht der Dinge beigesteuert. Die Metaphysik des Franzosen Blondel ist vielmehr entscheidend von zwei deutschen Philosophen geprägt, Kant und Leibniz.

Ganz unerwartet ist diese Abhängigkeit nicht. Zur Zeit der Studien Blondels stand die französische Universitätsphilosophie unter der Vorherrschaft von Jules Lachelier, »dem ersten eigenständigen Kantianer in der Geschichte der französischen Philosophie«[60] und von Charles Renouvier, der in seinem Neokritizismus Kant phänomenistisch interpretierte. Dieser Einfluss hatte einerseits ein großes Interesse für die deutsche Transzendentalphilosophie zur Folge – es genügt an die Arbeiten von Victor Delbos, dem Freund und philosophischen Gewissen Blondels zu erinnern – und er rief anderseits auf katholischer Seite eine Art Kantophobie hervor, deren Argwohn auch Blondels Werk überschatten sollte.[61] Wenn sich Blondel auf das Denken seiner philosophierenden Zeitgenossen einlassen wollte, sah er sich deshalb gezwungen, sich in erster Linie mit dem Kritizismus auseinanderzuset-

---

[59] Vgl. *Itinéraire*, S. 45 f./22/33: »[...] mein lieber Pascal, dem ich es nicht verzeihen konnte, dass er nicht nachgeforscht hat, weshalb wir ›eingeschifft‹ sind, und dass er als harte *Tatsache* auf sich nimmt, was doch als erfreuliche *Wahrheit* zu den einfühlsamen Erfindungen der Liebe gehört.« Ähnlich *Action*, S. 326/352: »Es genügt in der Tat nicht, dass die Überfahrt glückt, warum bin ich eingeschifft? Liegt da nicht ein unerklärlicher Zwang, der jedes menschliche Tun, selbst das glückendste, bis in die Wurzel hinein verdirbt?« Im gleichen Sinn *Lettres philosophiques*, S. 158.

[60] J. Pautry, art. *Jules Lachelier*, in: *Dictionnaire des auteurs*, II, S. 41.

[61] Vgl. z. B. Blondel-Valensin, Bd. 1, S. 60–65; Bd. 2, S. 106–108 u. ö.

zen. »Als ich die *Action* schrieb, habe ich nicht ein einziges Mal daran gedacht, den Intellektualismus oder die Scholastik zu bekämpfen. Ich hatte die verschiedenen Formen der ungläubigen und rationalistischen Universitätsphilosophie vor Augen [...]. Ich nahm mir insbesondere vor, Kant und Renan zu widerlegen; denn das waren die beiden Idole ersten Ranges, die ich an der École Normale angebetet sah.«[62]

Blondels Stellung zu Kant, die sich hieraus ergibt, ist nuanciert, um nicht zu sagen zwiespältig. Auf der einen Seite ist Kant der beständige, wenn auch nur selten genannte Bezugspunkt für Blondels Denken. Das zeigt sich schon bei den Vorarbeiten zur *Action*, wo Kants Name weitaus häufiger aufscheint als der anderer Philosophen;[63] es wird dann diskret, aber unüberhörbar im Untertitel der *Action* angekündigt, der diese als »Kritik des Lebens« Kants Vernunftkritiken gegenüberstellt.[64] Dieser Einfluss ließe sich bis in gewisse Manieriertheiten der philosophischen Terminologie hinein verfolgen.[65] Tiefer als solche Äußerlichkeiten führt der öfters ausgesprochene Wille Blondels, eine eindeutig nachkantische Philosophie zu schaffen. Er erhebt gegen die damalige Neuscholastik und selbst gegen seinen Lehrer Ollé-Laprune den Vorwurf anachronistischen Philosophierens, weil sie den Forderungen der kantischen Kritik nicht Rechnung trügen.[66] Der Kritizismus sei ein unaufhebbares Moment in der Entwicklung des Den-

---

[62] Blondel bei Marlé, S. 293.

[63] Irrtümer vorbehalten, habe ich in den *Notes-Semaille* 25 Erwähnungen Kants gezählt (Leibniz 21, Spinoza 14, Pascal und Carlyle je 13, Taine und Secrétan je 12) und in den *Carnets intimes* deren 14 (Pascal 11, Descartes 7, Aristoteles und Leibniz je 6). Dazu wären in den *Notes* auch die 10 Bezugnahmen auf Renouvier zu zählen, ganz zu schweigen vom Einfluss Lacheliers. Auch in den *Lettres philosophiques* treten Kant und der Kritizismus immer wieder als Bezugspunkte auf.

[64] Für die Gezieltheit dieser Titelsetzung vgl. *Action*, S. 366 und *Ollé*, S. 58. Ob dagegen der zweite Teil des Untertitels (»und einer Wissenschaft der Praktik«) Hegels *Wissenschaft der Logik* oder ganz einfach den zeitgenössischen Szientismus im Auge hatte, ist nicht auszumachen. Dass Blondel auch mit dem Titel der *Prolegomena* spielte, zeigen *Ét. blond.*, I, S. 91 und Marlé, S. 112.

[65] Duméry hat den kantischen Einfluss öfters gut hervorgehoben (*Raison*, S. 132 f., 137, 186 f., 191 ff., 444 ff.). Er übersieht dabei jedoch, dass Blondel Kant überwindet im Gefolge von Leibniz und im Sinne seiner eigenen Grundposition. So mag z. B. die Terminologie *série-système* (op. cit. S. 186) von Kant (und Lachelier) übernommen sein; der Sache nach aber stammt die Unterscheidung aus Blondels Leibnizstudium (vgl. unten und *Vinculum*, S. 57 ff./648 ff.)

[66] Für die Neuscholastik vgl. *Lettres philosophiques*, S. 105, 111 f., und *Lettre*, S. 31/121/103; für Ollé-Laprune vgl. *Notes*, nr. 393.

kens,[67] das nicht geschichtlichen Zufälligkeiten entspringe, sondern einen notwendigen, ja entscheidenden Schritt im Zusichkommen der Vernunft darstelle[68] und so allererst die Bedingungen für ein technisch sauberes Philosophieren schaffe.[69] Um in die Philosophie einzutreten, werde man deshalb künftig »den Brückenzoll der transzendentalen Kritik« entrichten müssen[70] – wie ihn Blondel bereitwillig entrichtet hat, indem er versuchte, nicht hinter Kant zurückzubleiben, sondern über ihm hinauszugehen.[71]

Von Kant übernimmt Blondel den Standpunkt des Philosophierens, die transzendentale Ausgangsstellung, die er allerdings in der Linie der französisch-cartesianischen Tradition nicht so sehr logisch als psychologisch versteht. So gesehen, entfaltet sich der transzendentale Standpunkt in die beiden sich bedingenden Aspekte der *Immanenz* und des *Phänomenismus.* ›Immanenz‹ bezeichnete dabei das ungeschiedene Ineins von Subjekt und Objekt, wie es im Bewusstsein aufscheint und eine Welt von Bewusstseinszuständen formt,[72] während »Phänomen« das darin aufscheinende inhaltliche Moment, den Gegenstand als Gegenstand meint.[73] Blondels Immanenzmethode,[74] die für ihn die Me-

---

[67] *C.I.*, S. 324/345: *Lettres philosophiques*, S. 93 f.; *Ét. blond.*, II, S. 13. Es ist bemerkenswert, dass Blondel dies aus spontaner Abneigung gegen die kantische Geistesart erst gar nicht wahr haben wollte (*C.I.*, S. 105/121).

[68] *Lettres philosophiques*, S. 128.

[69] *Lettres philosophiques*, S. 105 f., 117 f.

[70] *Ollé*, S. 80 Anm.; vgl. *C.I.*, S. 84/102 und *Notes*, nr. 392 f.

[71] *Lettres philosophiques*, S. 40 f., 111.

[72] Vgl. z. B. *Illusion*, S. 104/202/48: »In Wirklichkeit gibt es in der Einheit des Bewusstseins nur eine Kette solidarischer Momente, deren verbundene und systematische Vielfalt nun eben die eine Wahrheit konstituiert. Es ist gleichermaßen unmöglich, ein bestimmtes Moment dieser Kette isoliert zu affirmieren wie es zu widerlegen. Man muss sie alle gleichzeitig affirmieren oder widerlegen.« Ebenso *Lettre*, S. 63/147/173, mit der dialektisch-historischen Ableitung dieser These ebd. S. 59 ff./144 ff./168 ff. Kürzer noch, aber erst als Arbeitsprogramm: »So tun, als ereignete sich alles in uns selbst, das Objektive und das Subjektive. Subjektivistischer noch als Kant und Fichte, indem ich das ontologische Problem unterdrücke.« (*Notes*, C. 15, f. 38, P nr. 987: »Feindre que tout se passe en nous, objectif et subjectif. Plus subjectiviste que Kant et Fichte en supprimant le problème ontologique«) Für den Begriff der »Welt« vgl. *C.I.*, S. 329/550; *Lettres philosophiques*, S. 41, 297; *Ét. blond.*, I, S. 86 u. ö.

[73] Neben der Definition in der *Action* (S. 114/141 Anm.) vgl. besonders *Lettres philosophiques*, S. 227.

[74] Es verdient angemerkt zu werden, dass die Terminologie *phénomène, phénoménisme* und *phénoménisme scientifique* (*Lettres philosophiques*, S. 40) – die vermutlich von Renouvier angeregt ist – oder einfach *science* älter und grundlegender ist als jene der

thode der Philosophie schlechthin ist, legt nun dieses Ineins nicht in die Zweiheit von Denken und (transzendentem) Sein aus; sie begnügt sich vielmehr, transzendental den vollständigen Notwendigkeitszusammenhang *(déterminisme)* aller Phänomene und deren Möglichkeitsbedingungen dadurch aufzuzeigen, dass sie die im Gegenstand als Gegenstand, d. h. im Denkinhalt als Denkinhalt, stets latente Zweiheit[75] dialektisch zur Einheit *(adéquation)* hin zu vermitteln sucht.[76]

Wie das geschieht, ist hier unwesentlich. Bedeutsam ist nur die Feststellung, dass Blondel sowohl beim Begriff der Immanenz wie bei dem des Phänomens die Sichtweise Kants verschärft und damit überwunden hat. Er wirft Kant vor, er schaue die Immanenz, das Ineins von Subjekt und Objekt, nur von außen an,[77] und er will auch die kantischen Noumena unter die *phénomènes* gezählt wissen.[78] In beidem zeigt sich das Bestreben Blondels, über die Zweiheiten und Unterscheidungen Kants hinaus zu einer tieferen Einheit vorzudringen, bzw. ihre ursprüngliche Einheit nicht aus den Augen zu verlieren: Sein immer wiederkehrender Vorwurf gegen Kant, der auch Blondels tiefe Antipathie gegen diesen Denker begründet,[79] lautet, Kant reiße die Wirklichkeit in eine künstliche Zweiheit von Idealität und Realität,[80] Noumena und Phänomena,[81] Sein und Gegenstand,[82] Glauben und Wissen[83] auseinander und er verkenne ganz allgemein die Einheit des Tuns.[84] Den

---

immanence und der *méthode d'immanence.* Letztere wurde Blondel erst von der Besprechung der *Action* durch BRUNSCHVICG nahegelegt, wenn sie auch früher schon gelegentlich aufscheint (vgl. *C.I.,* S. 329/550 mit der zugehörigen *Note,* nr. 307). Da das Korrelat zum Phänomen das Sein, zur Immanenz dagegen die Transzendenz ist, lässt sich die Folge dieser terminologischen Verschiebung leicht absehen; denn eine *affirmation immanente du transcendant* ist zwar möglich (*Ét. blond.,* I, S. 103; *Lettre,* S. 40/129/145), eine immanente Begegnung mit dem Sein jedoch nicht.

[75] *Illusion,* S. 106/204/50, und *Lettres philosophiques,* S. 185.

[76] *Lettre,* S. 39/128/143 f.; *Illusion* passim.

[77] *Action,* S. 457/483.

[78] *Action,* S. 452 f./478 f.

[79] BLONDEL-VALENSIN, Bd. 2, S. 106; vgl. Bd. 1, S. 64.

[80] *C.I.,* S. 160/177 f.; *Notes,* nr. 502.

[81] *Lettres philosophiques,* S. 160 f.

[82] *Illusion,* S. 105/203/49; *Notes,* nr. 660.

[83] *Lettres philosophiques,* S. 218; für den Zusammenhang dieser Lehre mit dem Protestantismus Kants vgl. ebd. S. 35 und *Lettre,* S. 58–62/143–146/167–172.

[84] *Lettres philosophiques,* S. 10, 12, 52, 217 f. und *C.I.,* S. 223 f./242, 330/350. Auch der Formalismus der Ethik Kants entspringe diesem Auseinanderreißen von reiner und wirklicher Vernunft, (*Notes,* nr. 204, 440, 442, 447, 455, 585).

Grund dafür findet Blondel in Kants intellektualistischer, abstrahie-
render Geistesart, welche ihn zwar die Mängel des Rationalismus
erkennen und *ad absurdum* führen, aber nicht eigentlich überwinden
lasse.[85] »In dem, was er leugnet, ist der Kritizismus wahr; in dem, was
er positiv aussagt, ist er falsch«, so lautet das bündige Urteil über
Kant[86]: Er habe richtig gesehen, wo ein Problem zu lösen wäre, aber
er habe dieses Problem weder richtig gestellt und noch viel weniger
gelöst.
So erklärt sich Blondels zwiespältige Stellung zur Philosophie
Kants. Er bejaht sie und macht sie sich zu eigen als den unerlässlichen
ersten Schritt über den rationalistischen Dogmatismus hinaus; doch
zugleich ist er zutiefst überzeugt, dass Kants Problemansatz und erst
recht sein Lösungsversuch verfehlt sind. Darum muss Kants Problem
auf einer neuen, nicht mehr intellektualistisch-abstrakten Frageebene
wieder aufgenommen werden, um es von der ursprünglichen Einheit
des bei Kant auseinander Gerissenen aus einer Lösung entgegenzufüh-
ren. Die Vernunftkritiken sind durch eine die ganzheitliche Kritik des
Lebens zu ersetzen.[87]

2. Im Gefolge von Leibniz

Diese Kritik des Lebens geschieht zunächst durch eine Läuterung des
Tuns von allen Illusionen,[88] durch Abtötung und Opfer.[89] Albert
CARTIER hat gezeigt, wie in der *Action* die »empirische Analyse a posteriori« notwendige Vorbedingung für das Vorankommen der »regressiven Analyse a priori« ist.[90] Dennoch bleibt für den Philosophen, der
eine *science de la pratique*[91] entwerfen will, die Aufgabe, das Ganzheitliche des Tuns und des Lebens zu denken und es in einer begrifflichen, nicht dichterisch-symbolhaften Sprache auszusagen. Er muss

---

[85] *Lettres philosophiques,* S. 160, 218, 233; *Ét. blond.,* I, S. 17; II, S. 15.
[86] *Action,* S. 452/475. Blondel kehrt damit eine Formel um, die er bei Leibniz gefunden
hat (GERHARDT, Bd. 3, S. 607). Vgl. auch *Énigme,* S. 59, 95 Anm.
[87] Vgl. *Ét. blond.,* I, S. 102; *Lettres philosophiques,* S. 35 f., 218 und *Ollé,* S. 58.
[88] *Ollé,* ebd.
[89] *Action,* S. XIX/14 u. ö.
[90] CARTIER, S. 65 ff.; vgl. auch BOUILLARD, *Christianisme,* S. 229 ff./270 ff.
[91] *Action,* S. XV ff/16 ff.

deshalb nach einer Denkkategorie für das Ganzheitlich-Wirkliche suchen.

Blondel ist bei dieser Suche ein Stück weit Weggefährte des Deutschen Idealismus geworden, und er hat in seiner Besprechung des Spinozabuches seines Kommilitonen Victor Delbos über dieses Wegstück Rechenschaft abgelegt.[92] Es war ein Weg auf eine neue, allumfassende, panlogistische Logik zu,[93] die unter dem Leitsatz Hegels steht: »Das Wahre ist das Ganze«. Hegel, der im bloßen Erkenntnisbereich verblieb, vermochte allerdings seinem eigenen Leitsatz nicht gerecht zu werden. Er umgreift in seiner Philosophie zwar *omnia*, aber nicht mehr *singula*, und hebt damit die unaufhebbare Originalität des Tuns auf.[94] Auch der Deutsche Idealismus bleibt *contrarium in eodem genere* zu Kant[95] und muss gleich ihm überwunden werden.

Zu dieser doppelten Überwindung Kants und der Idealisten glaubte Blondel schon früh Hilfe bei Leibniz finden zu können,[96] und zwar in dessen Hypothese von einem *vinculum substantiale*. Diese auch von den Philosophiehistorikern weitgehend vergessene Theorie, die Leibniz nur im Briefwechsel mit dem Jesuiten Des Bosses zur Erklärung der Transsubstantiation und der zusammengesetzten (materiellen) Substanzen entwickelt hat, wurde für Blondel zum Mutterkristall, der die übersättigte Lösung seiner mehr gelebten als gedachten philosophischen Einsichten zum Auskristallisieren brachte.[97] Er sah in ihr »nicht eine theologische und auf einen Aspekt des Eucharistiedogmas eingeschränkte Hypothese, sondern die Rechtfertigung der ›inkarnierten‹ Wahrheiten‹; – die Ehrenrettung des Buchstabens ›der religiösen Praxis; – den Primat des Späteren, Verwirklichten, Einen gegenüber dem analytisch Zergliederten, auf seine früheren Bestandteile oder auf Abstraktionen Zurückgeführten; – die positive Wirksamkeit der

---

[92] *Spinozisme*, S. 330–341/31–40/79–88/28–39; zu vergleichen mit *Lettres philosophiques*, S. 18. Siehe auch Blondel-Valensin, Bd. 1, S. 60: »Blondel beklagt sich, dass man ihn als Kantianer oder Neukantianer bezeichnet […]. Mein Freund Bazaillas, ein Lieblingsschüler Lacheliers, behauptet, dass Blondel eher ein Hegelianer ist […]«.

[93] Lalande, S. 1231; *Lettres philosophiques*, S. 17 f.; *Logique*, S. 124, 128, 147/368, 370 f., 385 f./525, 526 f., 537. In *Lettres philosophiques*, S. 155, wird ein Grundgedanke dieser panlogistischen Logik ausdrücklich mit einem im Sinne des deutschen Idealismus verstandenen Pascal (!) in Verbindung gebracht.

[94] *Lettres philosophiques*, S. 52; *Notes*, C. 15, f. 21, P nr. 998).

[95] *C.I.*, S. 339/36.

[96] *C.I.*, S. 47/64.

[97] Vgl. ebd. und *Itinéraire*, S. 57/30/39; *Énigme*, S. V f.

Zielursache und den einzigartigen Wert des Tuns, das Natur und Denken zusammenbindet; – die wirkliche Einheit der *Geister*, die so etwas wie einen *Leib* bilden, eine Art ›neue Substanz‹, ein Kompositum, das mehr *eins* und *substanzieller* ist als seine Elemente, die es überherrscht und zu seiner höheren Einheit emporhebt: *unum corpus multi sumus.*[98] Und indem ich weiter über den Text nachdachte, der mir im Gedächtnis geblieben war: *ex pluribus substantiis oritur una nova*, kam mir der Gedanke, dass der richtige Einstieg in die Metaphysik, die Moral, die Sozial- und Religionsphilosophie vielleicht darin besteht, die übliche Vorgehensweise umzukehren; denn diese beruht zu ausschließlich auf künstlichen Analysen und unterwirft so das Leben in seiner Tiefe und die Vorgehensweise des Tuns und des Glaubens unberechtigterweise den Gesetzen des diskursiven Denkens, das in Abstraktion und Retrospektion im Gegensinn zur Natur und zum Seelenleben vorgeht.«[99] Mit einem Wort: Der Begriff des Vinculum eröffnete Blondel die Perspektive eines synthetischen und prospektiven Philosophierens.

Was aber bedeutete das Vinculum für Leibniz selbst, und wie konnte es zu so reichen Entfaltungen Anlass geben?[100] Leibniz hatte gegenüber der cartesianischen Lehre von der ausgedehnten Substanz, der *Res extensa*, alle Seinswirklichkeit in die geistartigen, unausgedehnten, nur intellektuell erfassbaren Monaden verlegt und die erfahrbare, quantitative Ausdehnung und Masse zu *phaenomena bene fundata* erklärt. Ihren Grund haben diese Phänomene in der noumenalen Ordnung der Monaden eines Körpers. Diese ergibt sich jedoch nicht aus einer realen Wechselwirkung zwischen den Monaden, weil Leibniz jede solche Wechselwirkung ausgeschlossen hatte, sondern aus einem rein idealen Grund-Folge-Verhältnis, demzufolge die Monaden eines beseelten Körpers (und jeder Körper muss nach Leibniz beseelt sein) in prästabilierter Harmonie die Zuständlichkeiten der Seelenmonade *(monas dominans)* widerspiegeln. So ist selbst für die Einheit der Lebewesen innerweltlich nur ein Idealgrund anzugeben. Sie bilden ein

---

[98] Paulus, 1 Kor. 10,17.
[99] *Énigme*, S. VII f.
[100] Vgl. zum folgenden außer *Vinculum* und *Énigme* auch Blondels Bemerkungen bei Lalande S. 1161 f., 1209. Ferner Régis Jolivet, *La notion de substance*. Paris: Beauchesne, 1929, S. 153–171; Anton Boehm, *Le ›vinculum substantiale‹ chez Leibniz, ses origines historiques*. Paris: Vrin, 1938; und vor allem die sorgfältigen Analysen von Vittorio Mathieu, *Leibniz e Des Bosses*. Torino: Università, 1960. Für Blondel namentlich De Montcheuil, Brun und Leclerc.

bloßes Aggregat auf einander abgestimmter Monaden, nicht aber eine eigentliche Substanz.[101] Zwar werden diese Monaden kraft ihrem Harmonieren als Eines erkannt, auch von Gott, so dass sie *phaenomena vera* sind;[102] aber sie sind nicht Eines. Folglich hat das Lebewesen als solches kein Sein; denn »was nicht eins ist, ist nicht«.[103] A fortiori gilt dies von einem unbeseelten Körper, der nicht einmal ein Idealzentrum in einer *monas dominans* hat. Damit wird jedoch die Ausdehnung, der Realgrund der Mathematik, zum bloßen Phänomen verflüchtigt und auch die katholische Transsubstantiationslehre unmöglich gemacht.

Leibniz unternahm deshalb den Versuch, diese Lücke in seinem System durch die Theorie des *vinculum substantiale* zu schließen. Wo immer ein *unum per se* gegeben ist – und das ist wenigstens (Leibniz sagt: nur) dort der Fall, wo sich eine *monas dominans* findet[104] –, da muss neben und über den Monaden ein Vinculum angenommen werden, d.h. *quiddam phaenomena extra animas realizans.*[105] Da dieses Vinculum nicht aus einer Aggregation von Monaden resultieren kann,[106] noch den Monaden selbst inhäriert,[107] vielmehr *substantiae compositae basis erit,*[108] ist es nichts Akzidentelles (wie etwa das scholastische *accidens absolutum* der Quantität), sondern *substantiale aliquid, quod sit subiectum communium, seu coniungentium praedicatorum et modificationum*[109]: ein in sich stehendes, wirkliches Substrat für das, was im Ganzen als Ganzem geschieht und von ihm ausgesagt werden kann.

Über das Wesen und die Herkunft dieses *vinculum* finden sich bei Leibniz nur noch verworrene Andeutungen. Es wird beschrieben als die grundlegende, metaphysisch-reale *(primitiva)* Gesamtkraft und Gesamtpassivität des Ganzen;[110] denn jede Substanz besteht für Leibniz aus aktiver Kraft und aus Passivität, d.h. Materie. Das *vinculum* ent-

---

[101] GERHARDT, Bd. 2, S. 444, 451 u.ö.

[102] »quae nempe ipse Deus in iis per scientiam visionis percipit, itemque Angeli et Beati, quibus res vere videre datum est« (Ebd., Bd. 2, S. 474). Diese göttliche Perzeption ist nicht perspektivisch wie jene der endlichen Monaden (Ebd., Bd. 2, S. 438).

[103] Ebd., Bd. 2, S. 97 u.ö.

[104] Ebd., Bd. 2, S. 496.

[105] Ebd., Bd. 2, S. 451.

[106] Ebd., Bd. 2, S. 435, 438, 517.

[107] Ebd., Bd. 2, S. 458.

[108] Ebd., Bd. 2, S. 515.

[109] Ebd., Bd. 2, S. 517.

[110] Ebd., Bd. 2, S. 516, 519.

spricht somit einerseits genau der Summe der am Phänomen eines Körpers wahrgenommenen einzelnen Aktivitäten und Passivitäten, und es erscheint anderseits als Abspiegelung *(Echo)* der Summe der Zuständlichkeiten der von ihm zusammengehaltenen eingegliederten Monaden,[111] ohne jedoch von diesen abhängig zu sein.[112] Als neue Wirklichkeit sei das *vinculum* nicht allein vom Erkennen Gottes abzuleiten, das die Harmonie der vielen Monaden mit ihrer *monas dominans* wahrnimmt; es sei vielmehr auf den göttlichen Willen zurückzuführen, der diese Einheit als existent setzt.[113] Mehr erfahren wir von Leibniz nicht.

Hier setzt Blondel mit seiner weiterführenden Deutung ein, indem er die nur halb zur Auszeugung gekommene Theorie des Leibniz in ihre größeren ideengeschichtlichen Zusammenhänge einreiht. Er versteht zunächst die Schwierigkeit, auf die das Vinculum eine Antwort geben sollte, im Sinne Kants, d. h im Sinn des kantischen Auseinanderfallens von *mundus sensibilis* und *mundus intelligibilis,* das sich schon in Leibnizens *Monadologie* anbahnte und das dann zur Grundlage der Kritiken Kants wurde[114]: »Wissen und Glauben, Denken und Sein, Erkennen und Wollen widersprechen sich zwar vielleicht nicht; doch sie scheinen durch einen Abgrund von einander getrennt zu sein.«[115] Die Hypothese eines *vinculum* vermag diesen Riss im Welt-

---

111 Ebd., Bd. 2, S. 414. 495. 503. 517.

112 »Est Echo monadum, ex sua constitutione, qua semel posita exigit monades; sed non ab iis pendet. Etiam anima est Echo externorum, et tamen ab externis est independens« (Ebd., Bd. 2, S. 517). »Nil prohibet quin Echo possit esse fundamentum aliorum, praesertim si sit Echo originaria« (Ebd. 519). Der Unterschied zwischen den Seelen, d. h. den *monades dominantes* und den *vincula,* ist darin zu sehen, dass jene einfach sind und als solche die Vielheit nur idealiter in sich enthalten, diese dagegen als *realitates unionales* die Vielheit realiter umfassen.

113 Ebd., Bd. 2, S. 438, von Blondel bei LALANDE, S. 1209 und in *Énigme,* S. 90 zitiert.

114 Falls keine *vincula* angenommen würden, »wäre eines von beiden notwendig: Entweder würde nichts existieren außer der Harmonie der Monaden, oder das wirklich Existierende hätte nichts mit den Vorstellungen und Wahrnehmungen der Monaden zu tun, sodass entweder die ursprüngliche Wirklichkeit der Existenz aufgehoben wäre, oder es keine Verbindung gäbe zwischen den Phänomena und Noumena; es sähe so aus, dass es auf der einen Seite nur Einheit ohne Verschiedenheit und auf der andern Seite nur Zweiheit ohne wechselseitige Beziehung gäbe, und dass in Gott entweder nur der Intellekt oder ein vom Intellekt völlig geschiedener Wille existierte.« (*Vinculum,* S. 67/ 668; vgl. 57/648, 68/670, 71/676 und *Énigme,* S. 50, 87).

115 *Vinculum,* S. 63/660, als Schlussfolgerung, die ohne die Einführung des Vinculum aus der Philosophie des Leibniz zu ziehen wäre.

bild zu heilen, indem es – ohne die radikale Phänomenisierung der Erscheinungswelt aufzuheben, die eine Voraussetzung für deren wissenschaftlich-kritische Durchforschung zu sein scheint[116] – den Erscheinungen eine ihnen genau entsprechende metaphysisch-intelligible Wirklichkeit zuordnet, so dass Wissen und Glauben, Denken und Sein, Erkennen und Wollen zwar ihren je eigenen Gegenstand haben, dem jedoch auf der andern Seite ein genau entsprechendes und von ihm unabtrennbares Gegenstück gegenübersteht.[117] Hätte Leibniz diese Hypothese durchgehalten, wäre er schon zwei Menschenalter vor Kant zum Überwinder des Kritizismus geworden.[118]

Tatsächlich war es Leibniz jedoch nicht möglich, seine Vinculumtheorie durchzuhalten. Blondel hat in seiner zweiten Schrift über das Vinculum unter teilweisem Widerruf seiner eigenen früheren Interpretation gezeigt, dass die Hypothese des Leibniz nur »eine Symmetrie aus gemalten Fenstern *(une symmétrie de fausses fenêtres)*« zwischen Idealität und Realität zu schaffen vermochte,[119] in der einer der beiden Pole letztlich doch geopfert werden musste. In seiner ersten Vinculum-Schrift hatte Blondel dagegen, mit halbwegs gutem Gewissen, die Vinculumtheorie über die ausdrücklichen Aussagen des Leibniz hinaus verlängert[120] und war damit ins Vorfeld seiner eigenen Ontologie gekommen. Er erklärte einerseits, Leibniz habe die Ordnung des Wollens, d. h. der nicht ableitbaren Zielursachen, der originalen Synthesen, die

---

[116] »Die Wahrheit ist nur in den Phänomenen und in der Harmonie der Phänomene zu finden.« *(Vinculum, S. 70/674).*

[117] *Vinculum, S. 71/676.*

[118] »Das Vinculum öffnet das vielleicht einzige Tor, durch das Leibniz angesichts der Kritik Kants hätte gehen können, um Leibnizianer zu bleiben.« (»Le Vinculum ouvre peut-être la seule porte où, en présence de la Critique de Kant, Leibniz eut pu s'engager pour demeurer leibnizien.« Unveröffentlicher Brief an F. Pillon, 25. VI. 1893). »[…] Ich sah darin auch eine Möglichkeit, dem Kantianismus und dem Idealismus zu entkommen, so wie es auch eine Möglichkeit bietet, über Bergson und Einstein hinaus zu gehen.« (»[…] je voyais là aussi un moyen de sortir du kantisme et de l'idéalisme des formes de l'intuition comme il y a là un moyen de transcender Bergson et Einstein.« Unveröffentlichter Brief an P. Archambault, April 1925). Vgl. auch *C.I.,* S. 47/64 und *Énigme,* S. XVII.

[119] *Énigme,* S. 91; die ganze Kritik ebd. 87–93.

[120] »Meine Deutung jener umstrittenen Lehre habe ich durch eine weitere Erklärung vermehrt, und zwar mit Leibniz' eigenen Worten und in einer Absicht, die ihm vielleicht nicht allzu untreu ist.« *(Vinculum, S. 66)* Blondel stützte sich für seine Ausdeutung vor allem und vielleicht zu vertrauensvoll auf den (von Leibniz nicht abgesandten) Textentwurf bei GERHARDT, Bd. 2, S. 438.

als Ganze vor ihren Teilen sind, obwohl sie nur a posteriori erkannt werden können,[121] scharf von der analytischen Ordnung des Erkennens geschieden, die sich a priori mit dem Möglichen befasse und nie zum konkreten Ganzen vordringen könne, und er schreibe infolgedessen, voluntaristisch, nur der ersteren einen echten Bezug zur Wirklichkeit zu.[122] Diese Sicht begründe und sichere er anderseits theologisch, indem er die Ordnung des Wollens und der Wirklichkeit in der *ratio optimi*, dem *decretum caritatis* Gottes verankere[123] und ihre Übereinstimmung mit der Ordnung des Erkennens auf die (trinitarische) Einheit von Erkennen und Wollen in Gott zurückführe.[124]

Was Blondel bei Leibniz vorgebildet findet, kann abschließend in drei Thesen zusammengefasst werden: 1. Das Ganze, Konkrete lässt sich nicht als Resultat aus seinen Teilen (analytisch) fassen; es besitzt seine eigene unrückführbare Ursprünglichkeit. 2. Dieses dem analysierenden Erkennen unfassbare Ganze stellt sich dem Wollen als wirkliche, unauflösbare (synthetische) Zielursache dar und wird so von ihm erfasst. 3. Die Realität der Ganzheit als solcher gründet unmittelbar in Gott und in dessen *decretum caritatis*.

---

[121] »Unter dem Gesichtspunkt seiner Existenz betrachtet, geht alles, was wir erkennen, aus einer Art metaphysischer Einigung und einem synthetischen Vinculum hervor; und [seine Existenz] wurde a posteriori nach der Ordnung der Zielursachen im Blick auf das jeweils Beste beschlossen, indem das Ganze vor seinen Teilen in Betracht gezogen wurde. In dem Sinne, dass sich die σύνθεσις keineswegs aus ihren Bestandteilen ableiten lässt, und das Ganze von der Summe seiner Teile grundlegend verschieden ist […].« (*Vinculum*, S. 65/664).

[122] »Daraus lässt sich entnehmen, dass die eigentliche Substanz und das etwas bewirkende Tun eher zur Ordnung des Willens und des Guten gehören als zu jener des Erkennens und des Wahren, unbeschadet dessen, dass beide vollkommen übereinstimmen und zusammengehören.« (*Vinculum*, S. 66/666).

[123] »[…] diesen Blick auf das jeweils Beste, diese moralische Notwendigkeit, diesen Beschluss der Liebe drücken die *vincula substantialia* aus und verwirklichen sie.« (*Vinculum*,S. 66/666) Vgl. auch *C.I.*, S. 92/109 und die Studie von DE MONTCHEUIL. Blondel hat später seine Gleichsetzung der *ratio optimi* des Leibniz mit dem christlichen *decretum caritatis* ausdrücklich widerrufen (*Énigme*, S. 91).

[124] »Was in Gott *Osculum* [Kuss] genannt werden kann, wird in den Geschöpfen ein Vinculum, so als würde durch diese Verbindung die Zweiheit der Ordnungen im Wirklichen gleichsam überwunden und darin das in seiner Dreiheit einfache Wirken der Gottheit abgebildet.« (*Vinculum*, S. 64/662; vgl. ebd. S. 65/664: »[…] so dass zwischen dem, was untereinander völlig unvereinbar ist, eine vollkommene Übereinstimmung besteht, welche zwar das menschliche Verstehen übersteigt, doch auf höherer Ebene μυστηριωδῶς begründet ist im absoluten Übereinstimmen zwischen dem göttlichen Sosein und Dasein.«

Die Verwandtschaft dieser Thesen mit dem, was Blondel aus seinem Glaubensleben in sein Denken mitbrachte, ist unschwer zu sehen. Hier wie dort geht es um ein Konkret-Ganzheitliches (den »Buchstaben«, das Sakrament, letztlich die Inkarnation), das aus Gott stammt und das mehr als im theoretischen Erkennen vor allem im wirklichen Leben erfasst wird.[125] Diese Geistesverwandtschaft war Blondel bei seiner ersten Begegnung mit der Vinculumtheorie schon dadurch zum Bewusstsein gekommen, dass Leibniz sie im Zusammenhang mit der Eucharistielehre entwickelt hatte. Diese bildete ihrerseits die Mitte der Spiritualität Blondels, und sie sollte als *Vinculum vinculorum*[126] auch zur Mitte seines Weltverständnisses werden.[127] So braucht es nicht zu erstaunen, dass Blondel die Hypothese des Leibniz alsbald aufgriff und sie so lebendig weiterentwickelte, dass er bald nicht mehr genau zu unterscheiden wusste, was auf seinem eigenen Boden und was auf dem seines Lehrmeisters gewachsen war.[128] Die Vinculumtheorie wurde ihm zum philosophischen Ausdruck seines eigenen Lebens, und es ist wohl nicht von ungefähr, dass Blondel im gleichen November 1882 sowohl an einem Referat über das Vinculum arbeitete[129] und ein erstes Projekt einer These über die *Action* entwarf.[130]

Wir können demnach im Werden der Metaphysik Blondels drei Stadien unterscheiden. Die Urgegebenheit war seine gelebte Glaubensüberzeugung, die zu einer zur vernunftgemäßen Entfaltung in einer Philosophie der Tat drängte, doch ohne selbst ein philosophisches Begriffssystem anzubieten. Auf dem Lyzeum begegnete Blondel dann der leibnizschen Hypothese des Vinculum,[131] die in einer sozusagen prästabilierten Harmonie seinen eigenen Überzeugungen und Bestrebungen zu entsprechen schien. Er vertiefte sich deshalb in diese Hypothese

---

[125] *C.I.*, S. 45/61: »Was setzt das Vermögen der Vernunft voraus, im Erkennen des Mysteriums sich selbst zu übersteigen? Das *Vinculum* (mit diesem Wort bezeichne ich die mich stets beschäftigende Idee der Überlegenheit des Determinierten, der Notwendigkeit und des Vorrechts des Buchstabens. Der Buchstabe, das Wort Gottes, unterstützt und übersteigt den menschlichen Geist).«

[126] *Énigme*, S. 103. 123 u. ö.

[127] Vgl. dazu vor allem Antonelli und Tilliette, *Philosophies eucharistiques.*

[128] *C.I.*, S. 47 f./64.

[129] *Énigme*, S. X.

[130] Bouillard, *Christianisme*, S. 198/233. Den Text dieses Projekts, in dem auch das Wort *vinculum* zu lesen ist, hat D'Agostino, S. 15–40, 440–445, mit einem ausführlichen Kommentar versehen.

[131] Im Winter 1879, vgl. *Énigme*, S. VII.

und entwickelte sie weiter, wobei der Beitrag des Leibniz und das Eigene Blondels nur noch schwer von einander zu scheiden waren. Blondel nimmt zwei Vincula an: das Tun des Menschen und die Menschwerdung Gottes.[132] Aus der Entfaltung des einen entsteht die *Action*, während die Darstellung des anderen, der Panchristismus, nicht über Andeutungen hinauskommt. Erst später begegnet Blondel dem Kritizismus Kants,[133]; und da erlaubt ihm der Rückgriff auf den Idealismus des Leibniz die Absichten und Problemstellungen Kants ernst zu nehmen und ihnen weitgehend Rechnung zu tragen, indem er das Vinculum als echte Überwindung (und nicht bloß als Abweisung) des Kritizismus darstellte.[134] Dank der Vinculumhypothese konnte Blondel die ganze Erfahrungswelt als bloße Phänomene betrachten, ohne dem Realismus entsagen zu müssen. Damit sind die wichtigsten Elemente genannt für ein geschichtliches Verständnis der Metaphysik des jungen Blondel, wie er sie im letzten Kapitel der *Action* darstellt.

III. Eine Metaphysik eigener Prägung

Wie schon der Titel des Kapitels zeigt, geht es darin um das Vinculum: »Das Band des Erkennens und des Tuns im Sein«.[135] Noch in der vor-

---

[132] *Notes*, nr. 811: »Die Wirklichkeit der Gegenstände unserer Erfahrung mit dem Primat des Geistes in Übereinstimmung bringen, die Substanz der Welt mit der Wirklichkeit des Denkens, das Objekt mit dem Subjekt: das geschieht im Tun – und in der Inkarnation. – Jedes Tun ist eine Inkarnation und eine Erlösung, eine Rückkehr des Absoluten zum Absoluten durch die Zeit und das Relative hindurch.« (»Concilier la réalité des objets de l'expérience avec la primauté de l'esprit, la substance du monde avec la réalité de 1a pensée, l'objet avec le sujet: c'est dans l'action – et dans l'incarnation. – Toute action est une incarnation et une rédemption, un retour de l'absolu à l'absolu à travers le temps et le relatif«) Die ersten Worte sind ein Zitat aus Boutroux, *Boehme*, S. 787–788. Für das Tun vgl. auch *Itinéraire*, S. 66 f./36/45.

[133] Eine erste Erwähnung Kants (»[…] will ich mich an Kant machen«) findet sich in den *Carnets intimes* am 9. Januar 1886, als Blondel sich auf seinen zweiten Versuch, die Aggregation zu bestehen, vorbereitete (*C.I.*, S. 71/87); doch schon während seines Studiums an der École Normale Supérieure hatte er sich mit Kant beschäftigen müssen. Es fällt auf, dass sich die Hinweise auf Kant in den *Carnets intimes* zwischen November 1888 und Februar 1890 häufen, d. h. in jenen Monaten, als Blondel am *Premier Brouillon* arbeitete.

[134] Vgl. *Énigme*, S. 95, Anm.

[135] *Action*, S. 424/450. In dieser synthetischen Darstellung der Metaphysik Blondels

letzten Redaktion seines Textes[136] hatte sich Blondel nur damit befasst, im liebenden Tun und letztlich im Gottmenschen das substanzschaffende Vinculum aller Phänomene aufzuzeigen. Dann aber hatte Victor Delbos (anscheinend ohne diesen Entwurf zu kennen) darauf gedrängt, in einer Metaphysik das Tun vom bloßen Faktum zur Wahrheit zu erheben.[137] Blondel muss darob ziemlich in Verlegenheit gekommen sein. Einerseits war er, nicht zuletzt aus theologischen Erwägungen, gerne bereit,[138] Delbos' Forderung als berechtigt anzuerkennen und ihr nachzukommen; anderseits aber konnte er (aus Gründen, die gleich noch zu erörtern sind) unmöglich zugeben, dass das Erkennen, die Vernunft, mehr als nur Phänomene erfasst. Das vertiefte Studium Lacheliers[139] hat ihm offensichtlich gerade damals die Rückführung alles Erkannten auf bloße Phänomene erneut nahegelegt.

Darum baut Blondel jetzt seine Vinculumlehre in ein größeres Ganzes ein, in welchem auch die beiden anderen Grundkräfte seines Denkens, das Glaubensleben und der Bezug auf Kant[140] wieder zum Zug kommen, und das sich, schematisierend gesprochen, in einer Kurve von der allgemeinen Phänomenisierung (selbst der Seinsidee) über die Glaubenszustimmung (in der Option) zur abschließenden Vinculumlehre bewegt. Bildhaft ließe sich der neue Sachverhalt etwa so ausdrücken, dass mit der Forderung eines erkenntnismäßigen Zugangs zum Sein die Wasser des Phänomenismus auch das in der religiösen Praxis (Fünfter Teil, Kapitel 1–2) schon ansichtig gewordene Land wieder überflutet haben, und dass nur der Fels der Option, der wirklichen (religiösen) Entscheidung, diesen Fluten standhielt. In seinem Schutz konnte sich dann das neue Festland der neu überprüften Vinculumlehre ausbreiten. Doch kehren wir vom Bild zum Text zurück.

---

setze ich die Analysen BOUILLARDS (*Christianisme*, S. 135–195/157–229) dankbar voraus.

[136] Im *Manuscrit-Boutroux*; veröffentlicht in: *Ed. critique*, S. 41–58.

[137] *Ed. critique*, S. 60 f.

[138] Vgl. *Lettres philosophiques*, S. 69 mit *Action*, S. 429/454 Anm., 465/491.

[139] Vgl. *Ed. critique*, S. 65.

[140] Im Text von 1892 hatte Blondel Kant nur einmal und in zustimmendem Sinn, mit der Formel des kategorischen Imperativs zitiert (*Ed. critique*, S. 46).

A. Ortsbestimmung

1. *Erscheinung und Sein*

Grundlage der Metaphysik Blondels ist die durchgängige Reduktion der Welt auf bloße Erscheinungen *(phénomènes)*. Diese Einsicht setzte sich bei der Ausarbeitung der *Action* erst relativ spät durch. Der *Premier Brouillon* legte zunächst eine Ontologie leibnizianischer Prägung vor und beschrieb das Tun des Menschen im Rahmen dieser Ontologie. Dann breitete sich die Phänomenisierung wie eine Flutwelle immer weiter aus. In der *Dictée*, dem zweiten Entwurf,[141] findet sich als erster Punkt der »Übergang von der wissenschaftlichen Phänomenologie zur Metaphysik«,[142] worauf sich die Untersuchung auf ontologischer Ebene weiterbewegt. Das der Sorbonne vorgelegte *Manuscrit-Boutroux* und die endgültige Redaktion betrachten im Dritten Teil »Das Phänomen des Tuns«,[143] im Vierten dagegen »Das notwendige Sein des Tuns«.[144] Das erst nach der Verteidigung der These ausgearbeitete und eingefügte letzte Kapitel, das wir hier besprechen, erklärt in seinen ältesten Schichten alles Vorangehende (also auch »Das notwendige Sein des Tuns«) zu bloßen Phänomenen und präzisiert in letzten redaktionellen Einschüben, dass auch das Schlusskapitel selbst noch phänomenologisch bleibe.[145] Dabei erklärt Blondel ausdrücklich, diese Reduktion auf bloße Phänomene sei »weder als phänomenistisch noch als kritizistisch, […] sondern als wissenschaftlich« zu verstehen;[146] er nehme also weder die Erscheinungen als das einzig Wirkliche an, noch baue er sein System auf der Unterscheidung zwischen Phänomena und Noumena auf. Er versuche vielmehr unter vorläufigem Absehen von jeder weiteren (ontologischen) Frage einen vollständigen Überblick über alles Gegebene zu gewinnen. In dieser Sicht vereinen sich die einzelnen Schichten des Gegebenen ›heterogen und solidarisch‹ zu einem einheitlichen, aber gegliederten Ganzen. »Heterogen und solidarisch«, dieses Kennwort der Phänomenologie Blondels, schreibt jeder einzelnen Schicht der Erscheinungen ihre eigene, von keinem anderen

---

141 Bouillard, *Christianisme*, S. 203/240.

142 *Dictée*, S. 22, zitiert bei Saint-Jean, *Genèse*, S. 96.

143 *Action*, S. 43–322/67–348, wobei Blondel die traditionelle Metaphysik ebenfalls als ein Phänomen betrachtet (ebd. S. 290–297/315–323).

144 *Action*, S. 323–388/349–414. Im *Manuscrit-Boutroux* war dieser Teil noch mit »Partie décisive« überschrieben.

145 *Éd. critique*, S. 39f.

146 *Éd. critique*, S. 64.

Phänomen auszulöschende oder zu ersetzende Geltung zu;[147] es lässt jedoch die einzelnen Schichten in einem unauflösbaren Zusammenhang von Bedingtsein und Bedingen so auf einander verwiesen sein, dass jede erst in diesem allgemeinen Bedingungszusammenhang *(déterminisme)* Bestand und Geltung hat.[148] An diesem Ganzheitszusammenhang aller Erscheinungen setzt die Dialektik der »Metaphysik zweiter Potenz« an,[149] die zum Erfassen des wirklichen Seins führen soll. Die durchgängige Phänomenisierung hat dazu wenigstens negativ den Weg bereitet, indem sie es verbot, das Sein vorschnell dort zu suchen, wo es sich nicht finden lässt. Das scheinbar anti-ontologische Vorgehen Blondels zeigt somit mehr Hochachtung vor der Metaphysik als manche vorschnelle Seinsphilosophie. Es weigert sich, das nächstbeste Faktum schon als seiend zu bezeichnen, und hebt damit das Sein als solches eindeutig vom Faktum, dem sinnlich oder intellektuell Gegebenen ab. Blondel nimmt so ein Grundanliegen Kants, die Polizeifunktion seiner *Kritik der reinen Vernunft*[150] positiv auf; doch zugleich ist er mit der Phänomenisierung auch der Noumena über Kant hinausgegangen[151] und bewegt sich auf die Ganzheitsbetrachtung des deutschen Idealismus zu.[152] Der Ganzheitszusammenhang des blondelschen *déterminisme* ist der Vieleinheit der hegelschen Dialektik nicht unähnlich. Hier wie dort kann das wirkliche Sein nur allen Teilen zugleich zugeschrieben werden – sofern in einer Dialektik nach Art Hegels von wirklichem Sein überhaupt die Rede sein kann.

---

[147] Vgl. *Lettres philosophiques,* S. 66: »[…] auf jeder Stufe kann sich jede Synthese, die durch ihre Einbettung in den Gesamtzusammenhang definiert zu scheint, unbegrenzt entwickeln (so z.B. die positiven Wissenschaften), ohne dass durch diese Entfaltung anderer Art der Übergang zu einer höheren Synthese auf dem Spiel stünde.« Vgl. auch *Ét. blond.,* II, S. 44.

[148] Vgl. zum Ganzen BOUILLARD, *Christianisme,* S. 190–192/224–227, während Blondel in *Notes,* NS nr. 1013 notiert:»Jedes Kapitel errichtet eine Art Transzendentalität: die Bedingungen und Erfordernisse, die ihm zugrunde liegen und die sich aus ihm ergeben.« (»Chaque chapitre établit une sorte de trancendentalité: conditions et exigences préalables et subséquentes.«)

[149] *Action,* S. 464/490; *Lettres philosophiques,* S. 126f.; *Ét. blond.,* II, S. 43.

[150] *Kritik der reinen Vernunft,* B XXV.

[151] *Action,* S. 451–452/477–478: vgl. 481/506. So die Darstellung Blondels. Kant selbst scheint jedoch die Noumena, die er dem Tun und der intuitiven (und somit unitiven) Vernunft zuordnet, ähnlich verstanden zu haben wie Blondel das Sein versteht. Blondel hat dagegen das damals gängige Verständnis der Noumena im Auge.

[152] Vgl. hierzu und zum folgenden *Spinozisme,* S. 31 ff./79 ff./28 ff.

Blondel verneint zunächst diese Möglichkeit und verlängert Hegel auf Hippolyte Taine hin: »Das Phänomen, das ist, wenn man darüber nachdenkt, der eigentliche Gegenstand, für den die hegelsche Dialektik letztlich gilt, das ist der eigentlich wissenschaftliche Begriff, den diese Philosophie des Absoluten ausgearbeitet hat«;[153] denn nur »vom Phänomen, vom wissenschaftlichen Gesetz lässt sich in Wahrheit sagen, dass Sein und Erkennen zusammenfallen; da wird das a posteriori Gegebene von der Initiative der Vernunft, die es verstehbar macht, durchformt und gleichsam rekonstruiert.«[154]

Hier zeigt sich der tiefere Sinn des blondelschen Phänomenismus. Er ist eine Vereinheitlichung, die Subjekt und Objekt, Erkennen und Sein, und schließlich jegliche Zweiheit im Erkennen zum Ineinsfall zu bringen versucht. Diese Bemühungen hat Blondel in L'illusion idéaliste (einer historisch ausführlicher begründeten Neufassung des hier kommentierten Kapitels) dramatisch beschrieben, und dabei auch ihr notwendiges Scheitern aufgezeigt.[155] Damit lässt Blondel Hegel und Taine hinter sich und erfüllt das Programm, das er sich für die Action gesetzt hatte: »Bei Hegel hat die Vernunft eine Form angenommen, die weit genug ist, um alles verstehend zu umfassen, ohne irgend etwas auszuschließen – und indem sie alles verstehen will, gelingt es ihr, alles zu rechtfertigen. (Darüber hinaus gehen und mir wieder das Recht nehmen, auszuschließen und zu verurteilen)«[156] Es ist dieses Recht, auszuschließen, das Blondel zur Entdeckung des Seins im vollen Sinne führen wird. Wo sich von den Phänomenen aus ein kontradiktorischer Gegensatze aufdecken lässt, dort haben wir es mit dem Sein zu tun haben; denn »im Bereich der Phänomene gibt es keine Kontradiktion und Ausschließlichkeit [...]; es gibt bloß bestimmte Fakten«.[157] Wo aber kann es im Bereich der Erscheinungswelt zu einem derartigen kontradiktorischen Gegensatz kommen, der über den positivistischen Phänomenismus hinaus zu einer Metaphysik des Seins führen kann?

---

[153] *Spinozisme,* S. 31/80/28.–29.
[154] Ebd., S. 32/81/30.
[155] *Illusion,* S. 103–107/202–205/47–52.
[156] *Notes,* C. 15, f. 21, NS nr. 998.
[157] *Action,* S. 321/347; vgl. ebd. S. 122/149, 370/395, 470/495, 472 f./497 f.

2. Sein und Entscheidung

In der *Action* weist Blondel zur Antwort auf die Notwendigkeit einer Grundentscheidung, einer Option hin. Sie sei im Gesamtzusammenhang der Erscheinungen als deren Einheit stiftendes Prinzip mitenthalten[158] und stelle uns vor ein unausweichliches Entweder-Oder. Diese Auskunft hat den Vorteil – und den Nachteil – die Überwindung des Phänomenismus und den Zugang zum Sein an einen Akt von religiöser Tragweite zu binden, womit Blondel seinen Gegnern Anlass zu endloser Kritik gegeben hat und seinen Verteidigern Gelegenheit zu scharfsinnigen Interpretationskünsten.

Nun ist es zwar Blondels Meinung, dass wirkliches Erfassen des wahren Seins und religiös richtige Haltung Hand in Hand gehen, und eben dies will seine Ontologie aufweisen. Doch weil sie es erst aufweisen muss, ergibt sich das religiöse Verständnis der Option erst aus seiner Seinslehre; es ist nicht schon ihre Grundlage. Die Grundlagen seiner Ontologie sind anonymer, allgemein-philosophischer als die Lehre von der Option, die in der Redaktionsgeschichte der *Action* erst spät in Erscheinung tritt. Die Selbstüberwindung des Phänomenismus ergibt sich schon aus dem Gegenstand der Philosophie Blondels, dem menschlichen Tun. »Als stets frische Nahrung der spekulativen Dialektik ist also nicht – mit Spinoza, Kant, Fichte Schelling oder Hegel – die Substanz oder das Ding an sich, das Subjekt oder die reine Vernunft, das Subjekt-Objekt in der Identität der Gegensätze, ja nicht einmal das Phänomen zu betrachten, es ist vielmehr das Tun; denn im Geheimnis des Tuns ist das Geheimnis der Wirklichkeit unmittelbar gegenwärtig; es ist wir selbst; und indem wir, wie die rationalistische Kritik fordert, das entdecken, was in uns immanent ist, werden wir unausweichlich dazu geführt, die Notwendigkeit der transzendenten Wahrheiten anzuerkennen, die im Tun immanent sind.«[159]. Hier ist »das Geheimnis der Wirklichkeit« und sind auch die »transzendenten Wahrheiten« zunächst in dem ganz schlichten Sinn zu verstehen, dass unser eigenes Tun sich als unwiderruflich und ausschließlich erweist.[160] Es führt einen kontradiktorischen Widerspruch in den Phänomenzusammen-

---

[158] Ebd., S. 432/458, 434–436/459–462.
[159] *Spinozisme*, S. 40/87 f./39.
[160] *Action*, S. 330/356, 370/394.

hang unseres Lebens ein[161] und durchbricht eben dadurch den Phänomenzusammenhang auf etwas Absolutes, auf das Sein hin.[162] Doch all dies, das Tun mit seinen notwendigen Eigenschaften und Folgen, kann Blondels Philosophie dialektisch-reflektierend ans Licht bringen. So bleibt dies alles selbst noch im Bereich der Phänomene. Deshalb konnte Blondel den Vierten Teil der *Action* zwar mit »Das notwendige Sein des Tuns« überschreiben, aber zugleich erklären, es handle sich nur um Phänomene.[163] Dennoch sprengt das Phänomen des Tuns den Phänomenismus, weil es ein absolutes Entweder-Oder mit sich bringt – denn was getan ist, kann nicht mehr ungetan gemacht werden – und mit diesem kontradiktorischen Widerspruch das Sein erreicht. All dies ist dem Menschen mit dem Aufscheinen des Phänomens des Tuns je schon unausgesprochen, aber nicht weniger unausweichlich aufgegeben. Mit dem Auftreten des Phänomens des Tuns verändert sich *ipso facto* der ontologische Koeffizient des Erkennens, weil das Tun gegenüber der Ordnung des bloßen Erkennens absolut transzendent erscheint. Wer sich mit dem bloßen Erkennen zufrieden geben will, hat eben dadurch schon eine Entscheidung, eine negative Option getroffen.

Diese negative Entscheidung, aus der sich das »privative Erkennen« ergibt, enthält somit nichts Neues, keine neue, veränderte Haltung; sie besteht vielmehr im Festhalten am Bisherigen, obwohl im Phänomen des Tuns etwas transzendent Neues in Erscheinung getreten ist: das »Eine Notwendige« und die Idee der objektiven Existenz. Deshalb behandelt Blondel die negative Entscheidung vor der positiven. Der Mensch tritt sozusagen ebenerdig in sie ein, indem er es einfach beim bisher Erreichten bewenden lässt. Aber auch die positive Entscheidung besagt zunächst nur, dass man sich den Forderungen des Tuns stellt, d. h. dem Gesetz des Liebens und der Abtötung, zu dem die Phänomenologie des Tuns hingeführt hat. Aufgabe einer Wissenschaft vom Tun ist es, diese Forderungen *(exigences)* zu begründen und in ihrem vollen Umfang nachzuzeichnen. »Vom Gesichtspunkt der Metaphysik in zweiter Potenz aus entzieht ein rein intellektuelles und

---

[161] *Logique*, S. 131 f./373/528 f.

[162] Dies zu entfalten ist der Sinn des Abschnitts, der mit »Das Eine Notwendige« überschrieben ist (*Action*, S. 339–356/365–381). Im *Projet de Thèse* zielte dieser noch anonymer »Das Sein« an (SAINT-JEAN, *Genèse*, S. 158).

[163] *Action*, S. 426/452; vgl. ebd., S. 436/462, wo selbst die Option noch als ein Phänomen vorgestellt wird.

spekulatives Erkennen der reinen Vernunft, das nicht zum Tun und zum Lieben übergeht, uns eben dieses Sein, das es uns aufzeigt (das ist die Situation der Verdammten), während ein wirklicher Besitz des lebendigen Wahren ein Zusammenspiel von reiner und praktischer Vernunft voraussetzt, die als sich ergänzende Seelenvermögen zu betrachten sind und die sich wechselseitig als Ziel und Mittel dienen.«[164] Was hier zur Wahl gestellt wird, ist entweder das Stehenbleiben bei der bloßen Philosophie oder der Überschritt über die Philosophie hinaus zu einer praktischen Stellungnahme – eine Stellungnahme, die in letzter Instanz als Glaubensakt zu verstehen ist.

Hier liegt das eigentliche Herzstück der blondelschen Philosophie. Man könnte sie nicht unpassend als ›Philosophie in zweiter Potenz‹ bezeichnen; denn es geht in ihr darum, die Tragweite der Philosophie selbst einzuschränken.[165]. Eben dadurch ist sie im vollen kantischen Sinne kritisch, d. h. mit den dem Denken je schon gesetzten Grenzen befasst.[166] Hier wird auch die Herkunft aus dem Glaubensleben unmittelbar für Zielsetzung und Inhalt dieser Philosophie wirksam. Blondel konnte die Philosophie im herkömmlichen Sinne, und damit das theoretische Erkennen überhaupt, nur deshalb so radikal relativieren, weil er schon vorgängig um einen wegsameren Zugang zum transzendenten Sein wusste. Andernfalls wäre seine Selbstbeschränkung des Denkens schlicht Skepsis und das Erkennen würde entwertet, was Blondel jedoch vermeiden will.[167] Aus seinem Glaubensleben kennt Blondel einen mehr als erkenntnismäßigen Zugang zum Transzendenten, der

---

[164] *Lettres philosophiques,* S. 127. Man beachte die Einschränkung, die Blondel anderswo macht: »*Im Grenzfall* wird dies entweder der Besitz von Angesicht zu Angesicht oder die Verdammnis sein« (*Lettres philosophiques,* S. 225; Hervorhebung von mir).

[165] Bouillard, *Christianisme,* S. 150–153/176–180, hat das im Anschluss an die *Lettre* ausgezeichnet formuliert. Außer den dort angeführten Texten wären zu vergleichen *Lettre,* S. 70 f./152–154/181; *Lettres philosophiques,* S. 52, 105 f., 201; *Ét. blond.,* II, S. 17; *Spinozisme,* S. 37–40/85–88/35–39; *Illusion,* S. 120–122/215–216/65–67. Ein Vergleich mit der Spätphilosophie Schellings drängt sich auf.

[166] *Ét. blond.,* II, S. 20: »Verstehen lassen, dass der Kritizismus nicht darin besteht, das Denken gegenüber seinem Gegenstand einzuschränken, sondern seine Aufgabe und seine Tragweite angesichts des Seins und des Lebens.« Vgl. auch *Spinozisme,* S. 34–37/ 82–84/32–35.

[167] Vgl. z. B. *Lettres philosophiques,* S. 109, 120, 124, 212–224; *Ét. blond.,* II, S. 17, oder kürzer *Notes,* nr. 231: »Das Erkennen ist gut, sofern es eine Frucht aus der Praxis und ein Same für diese ist.« (»La connaissance est bonne à condition d'être le fruit et la semence de la pratique.«)

dennoch das Erkennen voraussetzt, ja es geradezu herausfordert. Blondels Leben ist getragen von etwas, das sich nicht aus vorhergehenden Erkenntnisinhalten (Phänomenen) ableiten, noch sich gänzlich als Erkenntnisinhalt objektivieren lässt; das sich jedoch in eine Reihe genau umschriebener Taten und in eine ganze Lebenshaltung auslegt. In diesen macht der Glaubende eine Erfahrung des schlechthin Transzendenten, die ihre eigene Gewissheit in sich trägt. Das ontologisch Gültige dieser ursprünglich übernatürlichen Erfahrung hat Blondel in seiner Lehre von der Option in philosophische Aussagen umgesetzt. Das gleiche Begriffspaar *vie-vue* (»Leben« und »Sicht«) kann die Selbstbeschränkung der Philosophie zum Ausdruck bringen und zur Aussage übernatürlicher Sachverhalte dienen.[168]

Die Abkunft aus dem Glaubensleben erklärt nun auch die Einzelzüge im Gesicht der blondelschen Option.[169] Zunächst, weshalb am Eingang zur Ontologie eine Wahlsituation stehen soll. Auf ersten Blick mag es seltsam scheinen, dass der Übergang zum wirklichen Tun, der sich im Phänomen des Tuns als notwendig, weil je schon geschehen erweist, überhaupt noch einer freien Entscheidung unterliegen soll – dass also das Widersinnige einer negativen Entscheidung überhaupt als Möglichkeit aufscheint. In der Tat hatte Blondel in den ersten Entwürfen zur *Action* dem logischen Trend nachgegeben und war von der Phänomenologie des Tuns bruchlos zur Ontologie der positiven Entscheidung und ihrer Implikationen übergegangen. Noch im *Projet de Thèse* von 1890/91 hat er die Möglichkeit einer negativen Entscheidung nur eben angetönt, um dann gleich den natürlichen und übernatürlichen Gottesbezug des Tuns zu erörtern.[170] Die Erfahrung seines eigenen geistlichen Lebens und wohl noch mehr der Blick auf seine ungläubigen Zeitgenossen straften jedoch diese Stringenz des logischen Fortschreitens Lügen. Es ist nur allzu leicht möglich, den Schritt

---

[168] Das Begriffspaar ist der von Blondel öfters angezogenen biblischen Trias *via, veritas et vita* entnommen (*Action*, S. 399/425; vgl. *C.I.*, S. 85/102; *Ét. blond.*, II, S. 46). Es wird einmal ausdrücklich für den Unterschied zwischen Glauben und Schauen gebraucht (*Lettres philosophiques*, S. 179), für die Selbstbeschränkung der Philosophie dagegen in *Illusion*, S. 117/213/62, und *Lettres philosophiques*, S. 202.

[169] Sie *erklärt* diese Züge, aber sie *begründet* sie nicht. Ihre Begründung findet sich erst in der eigenständig philosophischen Dialektik der *Action*.

[170] Vgl. Saint-Jean, *Genèse*, S. 158–161. Die Möglichkeit einer Wahl wird hier also noch vor der Gottesbegegnung angetönt; es geht um die Frage, ab einer sich mit dem Endlichen zufriedengeben will (und sich dabei verliert) oder ob er zur Gottesbegegnung fortschreitet.

zur Gottesbegegnung nicht zu tun oder sich dem begegnenden Gott zu versagen. Die unausbleibliche Folge dieser negativen Entscheidung wäre die Verdammnis, die Selbstzerstörung des Menschen.[171] So hat Blondel auf den letzten Seiten seines *Projet de Thèse* diese negative Möglichkeit als ein *De Novissimis* gezeichnet. Das Material für die Lehre von der Option war damit bereitgestellt, die Lehre aber noch nicht ausdrücklich entwickelt – ein Beweis dafür, dass sie ihre Entstehung nicht dialektischer Konsequenzmacherei verdankt, sondern den Notwendigkeiten des im Glauben gelebten Tuns.

In dem der Sorbonne eingereichten *Manuscrit-Boutroux* wurden dann die beiden Elemente zusammengerückt und die Lehre von der Option ausdrücklich entwickelt.[172] Dies hatte zur Folge, dass Blondel ausdrücklich erklären und rechtfertigen musste, dass und warum wir wählen können und müssen. Für diese Erklärung stützt er sich zunächst auf eine religiöse Erfahrung, die Erfahrung der notwendigen Selbstverleugnung in der Gottesbegegnung, die er dialektisch rechtfertigt. Weil das Transzendente, dem sich mein Tun schließlich hingeben muss, als das mir gegenüber Ganz-Andere erscheint, und weil es deshalb von mir eine Verleugnung meiner selbst verlangt, sehe ich mich vor die Entscheidung gestellt zwischen verschlossener Selbstbehauptung oder Offenheit für jenes Ganz-Andere. Diese dialektische Ableitung der Option, die Blondel vorlegt, ist unanfechtbar. Sie ist jedoch aus seiner doppelten religiösen Erfahrung erwachsen, dass ihm in jedem anderen der Ganz-Andere, Gott, gegenübertrat, und dass die Begegnung mit diesen andern Selbstverleugnung, Abtötung und Leiden erforderte. Die Spiritualität der *Carnets Intimes* lässt sich unschwer auf diese beiden Grundlinien zurückführen.[173] Sie wurde für Blondel

---

[171] Die Glaubenswahrheit einer möglichen Verdammnis in der Hölle war eine der wichtigsten Triebfedern für die Ausarbeitung der Philosophie Blondels. Sie wies ihn darauf hin, dass es schon ein natürliches Wissen um die übernatürliche Berufung des Menschen geben müsse (vgl. das Zitat von Röm.1,20, oben Anm. 41), während andererseits das Skandalon der Hölle gerechtfertigt werden musste. Blondel wollte »die unerbittlichen Anforderungen des Christentums und die Einheit des göttlichen Heilsplans rechtfertigen, in denen es nichts Willkürliches, Launisches, Ungerechtes gibt. Und alles (selbst die Hölle, wie Dante) auf den ›Plan der Ersten Liebe‹ zurückführen.« (»justifier les rigoureuses exigences du christianisme et l'unité du plan divin, qui n'a rien d'arbitraire, de capricieux, d'injuste. Et tout ramener (même l'enfer comme Dante) au ›dessein du Premier Amour‹« (Brief an Paul Archambault, April 1925).

[172] Vgl. Saint-Jean, *Genèse*, S. 221–224.

[173] Vgl. dazu den nachstehenden Beitrag über *Die Tagebücher Maurice Blondels*.

zum Leitbild für sein philosophisches Denken, und sie gab ihm zugleich den Mut, seine Dialektik bis zu ihren letzten Konsequenzen durchzuziehen. Diese besagen, dass jedes relativ Transzendente und Andere nur durch die Anwesenheit des absolut Transzendenten, d. h. Gottes, wirklich transzendent ist.[174] Der Weg zur Begegnung mit *diesem* Anderen führt notwendigerweise über die Selbstverleugnung und das Leiden, und das ist auch der Weg der Liebe.[175] Die positive Entscheidung ist somit eine Entscheidung zu selbstverleugnender Liebe; denn nur die Liebe kann den Andern als andern anerkennen und ihm dadurch in seiner Transzendenz begegnen.[176] Der Umweg über die christliche Spiritualität hat wieder zu jenem Primat des Wollens und der Liebe zurückgeführt, den schon die leibnizsche Vinculumlehre nahegelegt hatte.

3. Christus und das Sein der Welt

Auf Leibniz verweist auch ein letzter Zug der Ontologie Blondels: die Vinculum-Struktur des in der positiven Entscheidung erreichbaren Seins der Phänomene. Auch hier war die Darstellung in der vorletzten, dogmatisch gehaltenen Redaktion unseres Kapitels durchsichtiger. Sie kann zum besseren Verständnis des endgültigen Textes helfen. Blondel

---

[174] *Action*, S. 432–436/458–463, 441–443/484–489: Der Besitz des wirklichen Seins, ja selbst die ›Idee einer objektiven Realität‹ sind nur im Blick auf den Gesamtzusammenhang aller Phänomene zu gewinnen und dieser Gesamtzusammenhang schließt die Entscheidung vor dem Einen Notwendigen ein. Der gleiche Gedanke kam im *Manuscrit-Boutroux* noch deutlicher zum Ausdruck. Dort wurde zuerst die Begegnung des Einzelnen mit Gott dargestellt und erst dann der Gemeinschafts- und Weltbezug dieser Begegnung. (*Éd. critique.*, S. 45–52).

[175] »Das Leiden ist der irdische Name der Liebe.« (*C.I.*, S. 142/158; im Manuskript steht *nom* und nicht *mot* wie in *C.I.*).

[176] Das erklärt die langen Ausführungen über die Liebe als Weg zur vollen Erkenntnis (*Action*, S. 441–446/467–472), die zunächst wie ein Fremdkörper wirken. Sie waren im *Manuscrit-Boutroux* besser an ihrem Platz (*Éd. critique*, S. 46–50) und hatten dort auch das Schlaglichtartige ihrer Quellen (*Carnets intimes* und *Notes-Semailles*) besser bewahrt. So die prägnante Formulierung, die alles hier Gesagte zusammenfasst:»Jeder ist nur ein Phänomen für den Andern; für sich selbst ist er mehr als das, und auch die Andern sind für sich selbst mehr als das. Nur die Liebe, die sich in das Herz eines Jeden versetzt, erhebt sich über den Anschein, schafft Gemeinschaft bis ins Innerste der Substanzen und löst das Problem des Erkennens und des Seins ganz und gar.« (*Éd. critique*, S. 47; vgl. *Action*, S. 443 f./469 f.).

nahm dort die positive Entscheidung und die daraus sich ergebende
Vereinigung des Menschen mit Gott als gegeben an und fragte rückblickend nach den ontologischen Voraussetzungen einer solchen übernatürlichen Vollendung des Menschen.

Als erstes zeigte sich da die Notwendigkeit des ›Buchstabens‹[177]
und der Materie als einem zugleich trennenden und vereinenden Vinculum zwischen Mensch und Gott. Dieses Vinculum wird dabei kurz,
aber vielsagend, parallel zur Rolle des ›Mittlers‹ dargestellt: »So sind
der belebende Buchstabe und das sakramentale Symbol zwar einerseits
das Band des Bundes, aber zugleich ein Schutz für die Unabhängigkeit
der Personen, und der Mittler, der die Seelen aneinander annähert und
verschmilzt, ist zugleich jener, der die Eigenständigkeit der Gewissen
wahrt.«[178] Als zweites sind in die Begegnung zwischen Mensch und
Gott notwendig die Mitmenschen eingeschlossen, weil nur in der Liebe
(charité) zu allen Andern die Gottesbegegnung möglich ist.[179] Die Liebe, welche die konkrete Individualität des Andern erduldend ertragen
(pâtir) muss,[180] anerkennt in diesem duldenden Ertragen das Eigensein
des Andern und konstituiert so die Gesamtmenschheit.[181] Auch hier
bildet wieder die konkrete, leibhafte Individualität das Vinculum zwischen Anerkennendem und Anerkanntem,[182] und als Vinculum der

---

[177] Der ›Buchstabe‹ (lettre) bezeichnet buchstäblich festgelegte Glaubenssätze und Gebote, die in ihrem Wortlaut ohne Abstrich anzunehmen und zu befolgen sind. Sie gelten
absolut, weil sich in ihnen eine höhere Autorität ausspricht. Der Begriff wäre zu vergleichen mit der Rolle der machine bei Pascal und dem Begriff des Positiven im Deutschen Idealismus.
[178] Éd. critique, S. 44. Die theologische Linie, die hier angerissen wird (Gründung der
Sakramente und des Buchstabens in Christus) hat Blondel an dieser Stelle nicht weiter
ausgezogen.
[179] Diese Verknüpfung ist im Manuscrit-Boutroux nicht allzu klar begründet; immerhin besser als in der endgültigen Redaktion, wo sich Action, S. 443/469, Mitte, und
S. 446/472, Anfang, zwei deutliche Bruchstellen finden. Auch die nun folgende Dialektik der Anerkennung ist trotz ihrer etwas gewundenen Linienführung im Manuscrit-
Boutroux besser verkettet als in der Action (vgl. Éd. critique, S. 51 mit Action, S. 446/
472).
[180] Diese Forderung erscheint wie ein Kehrreim in Éd. critique, S. 47, 48, 49.
[181] Ebd., S. 44: »[…] jeder, der in seiner Liebe allen das Almosen des Seins gibt, trägt
mediante infinito mit seinem Tun zum Aufbau des ganzen Leibes der Menschheit
bei […].«
[182] Die Anerkennung geschieht bei Blondel, anders als bei Hegel, nicht wechselseitig
und sie ist für den Anerkannten auch nicht konstitutiv. Es ist vielmehr eine selbstver-
gessene Bewegung der Liebe, die den Andern, so wie er (von Gott her) in sich ist, als für
mich seiend setzt.

menschlichen Gemeinschaft denkt Blondel an die *pratique littérale,* das buchstäbliche Tun, wo das Tun eines jeden Gliedes der Gemeinschaft mit dem Tun aller Andern übereinkommt.[183] Als drittes ist auch das ganze sichtbare Universum in die Gottesbegegnung einbezogen; denn es ist, wie die Dialektik des Tuns gezeigt hat, als ganzes in jedem Tun mit eingeschlossen. Zudem haben wir das Konkret-Materielle als notwendiges Vinculum zwischen Gott und dem Menschen und in den zwischenmenschlichen Beziehungen erkannt. So stellt sich die letzte Frage: Wie kann das Sinnenfällige *sein,* da es nach dem eben Gesagten sein *muss?*

Diese Frage, die einem naiven Realismus müßig scheinen mag, birgt für ein von Plato und Kant erzogenes Denken das rätselvollste Problem, das sich der Philosophie stellt. Ein solches Denken unterliegt ständig der Versuchung, die Sinnendinge fahren zu lassen, χαίρειν ἐᾶν, weil sie für das Denken unfassbar sind. Was Blondel bisher erarbeitet hat, verbietet jedoch diese Drückebergerei,[184] und es verschärft zugleich die Schwierigkeit. Wie Blondel gezeigt hat, kann das Sein der Sinnendinge nicht in etwas hinter oder über ihnen Liegendem gesucht werden, sonst sind es keine Sinnendinge mehr. Sinnendinge gibt es nur in ihrem Erfahrenwerden. Sinnesqualitäten, gleichgültig ob primäre oder sekundäre, lassen sich nur im Bezug auf eine Sinnlichkeit definieren.[185] Von den Sinnendingen gilt, wie Blondel in der Analyse der Sinneserkenntnis gezeigt hat, das untrennbare Zusammen von zwei auf einander unrückführbaren Sätzen: Das sinnlich Wahrgenommene »ist doch nur, insofern es unmittelbar empfunden wird; und es wird nur empfunden, insofern es nicht nur vorhanden ist, sondern zugleich auch vorgestellt, bildlich ausgestaltet und erlitten wird.«[186] Die an dieser Antinomie ansetzende kritische Prüfung der Naturwissenschaften hatte dann deren Gegenstand, das Sinnending, als eine von einer Analyse nie wieder einzuholende ursprüngliche Synthese aufgewiesen – wobei die Analyse ein Werk der objektivierenden Vernunft wäre, während die Synthese der subjektivierenden Sinneserfahrung zu danken ist und somit nur in mir existiert.[187]

---

[183] *Éd. critique,* S. 51.

[184] Vgl. ebd., S. 52.

[185] Vgl. BLONDEL-VALENSIN, Bd. 1, S. 42.

[186] *Action,* S. 46/70.

[187] Ebd., S. 79–95/104–121; vgl. BLONDEL-VALENSIN, Bd. 1, S. 53 f. und *Lettres philosophiques,* S. 220: »Die Farbe, so wie ich sie wahrnehme, und die Bewegung, wie ich sie

Die Frage lautet nun, wie eine solche ihrer Natur nach subjektive Gegebenheit (als Beispiel führt Blondel neben den Sinnesqualitäten auch Raum und Zeit an[188]) dennoch objektiv gültig, absolut seiend sein können. Die gewöhnlich erteilte Auskunft, welche das Sein der Welt auf einen Willensakt Gottes zurückführt, genügt hier nicht; denn es gilt, nicht nur die äußere, sondern die innere Möglichkeit des Seins dessen zu erklären, was nur in einem sinnlichen Erkennen so sein kann, wie es ist. Ebenso wenig genügt es, mit Bossuet und der ganzen Tradition zu sagen, die Dinge seien, »weil Gott sie sieht«;[189] denn Gottes intellektuelle Schau vermag die Dinge nur nach der Seite ihrer Intelligibilität zu erklären, d. h. so, wie die *Monadologie* sie aufgefasst hat, d. h. »als mögliche, ja sogar als wirkliche, aber nur in ihrer so zu sagen analytischen Wirklichkeit.«[190] Die *Monadologie* versteht die Dinge als bloße Wirkvermögen, nicht als tatsächlich Wirkende; sie lassen sich zwar in intelligible Bestimmungen auflösen, doch diese Analyse kommt nie an ein Ende und vermag die konkrete Einmaligkeit eines Sinnendings nicht zu rekonstruieren. Beides, Wirken und je einmalige Konkretheit des Sinnendings, finden sich nur in einer rezeptiven Sinnlichkeit; folglich kann ihr ontologischer Grund nicht allein im entwerfenden Erkennen Gottes bestehen; er muss vielmehr in der vernunftdurchsetzten Sinnlichkeit des Menschen gesucht werden.[191] Eine bloß animalische Sinnlichkeit würde zur Seinsbegründung nicht genügen, weil die Sinnendinge in unauflösbarer Einheit beides sind: vernunftgemäß und sinnenfällig, von der Vernunft entworfen und er-

---

sehe, indem ich sie mir in der Einheit ihrer aufeinanderfolgenden Phasen vorstelle, können in keiner Weise so in sich existieren, wie sie in mir sind – in mir, einem Wesen, das die gegebene gleichzeitige oder sukzessive Vielheit zur synthetischen Einheit eines Bewusstsein zurückzuführen vermag, wobei dieses Gegebene seinerseits eine Vorbedingung für dieses Bewusstsein ist.« Im gleichen Sinne ebd., S. 229.

[188] *Éd. critique*, S. 55 f. Die gleichen drei Beispiele finden sich *C.I.*, S. 327/348 in einem Text, der der vorliegenden Redaktion zugrunde liegt.

[189] *Éd. critique*, S. 53; *Lettres philosophiques*, S. 221; u. ö. ohne auf Bossuet zu verweisen.

[190] *Projet de Thèse*, S. 184: »[...] en tant que possibles, en tant que réelles même, mais de leur réalité analytique, si l'on peut dire.« Der *réalité analytique* stellt Blondel dort die *réalité synthétique, esthétique, morale, complète, finale* gegenüber. Vgl. *Éd. critique*, S. 53: »eine abstrakte und fakultative Möglichkeit«, »ihre idelle Virtualität«; ebd., S. 55: »eine abstrakte und nicht intelligible Möglichkeit von Sinneswahrnehmungen«.

[191] *Éd. critique*, S. 54: Wo »die Vernunft der Sinnlichkeit immanent und das Sinnliche der Vernunft immanent ist, in der Einheit des einen und gleichen Lebens und der einen und gleichen vernunftbegabten Sinnlichkeit.«

wirkt[192] und ihrerseits auf die Sinne wirkend. Die Einheit eines Bewusstseins muss deshalb als Vinculum diese auseinanderfallenden Aspekte zusammenschließen und so ihr zweieinheitliches Sein begründen. »Mit anderen Worten, die Dinge sind, weil die Sinne und die Vernunft sie sehen, und zwar gemeinsam, ohne dass diese beiden Blicke, von denen jeder sie ganz durchdringt, in ihnen ineins fallen.«[193]

Damit sind die Prämissen für die letzten Folgerungen Blondels gesetzt. Das im Vinculum des Bewusstseins begründete Sein ist absolut; denn jedes Sein als solches hat Absolutheitscharakter. Eben dadurch unterscheidet es sich von der bloßen Erscheinung. Doch die Intelligibilität und die Wirkmacht der Dinge kann nur von der göttlichen, nicht aber von einer menschlichen Vernunft grundgelegt werden. Folglich genügt das Vinculum irgendeines kontingenten menschlichen Bewusstseins zur Stiftung des Seins der Sinnendinge nicht; es braucht dazu das Ineins des Erkennens Gottes mit menschlichem Erfahren und Erleiden, das eben so zu absoluter Gültigkeit erhoben würde. Ein solches Ineins ist in der übernatürlichen Vereinigung des Menschen mit Gott wenigstens anfanghaft gegeben, und der Text des *Manuscrit-Boutroux* entfaltet ihre Implikationen. In vollendeter Gestalt findet sich ein solches Ineins jedoch erst im Erkennen des Gottmenschen. Dieses ist jene absolute Sinnlichkeit, die wir fordern müssen, wenn wir dem Sinnlichen Sein zuschreiben wollen und dabei zugleich um die Kontingenz unserer eigenen und einer jeden anderen bloß menschlichen Sinnlichkeit wissen. Das menschliche Bewusstsein des Gottmenschen ist somit das Perspektivzentrum, das alle menschlich-sinnliche Weltschau auf eine absolute Perspektive zurückführt[194] und so die Sinnenwelt als solche absolut begründet.

So weit die Fassung unseres Kapitels im *Manuscrit-Boutroux*; sehen wir nun, was der endgültige Text an Neuem hinzufügt. Dabei

---

[192] Im *Manuscrit-Boutroux* spricht Blondel noch so, als verleihe die Sicht der Vernunft (auch der menschlichen Vernunft) als absolute der Erscheinung das Sein; im endgültigen Text sagt er vorsichtiger nur noch, dass unsere menschliche Vernunft Einblick in die innere Seinskonstitution der Dinge habe. Er schreibt jetzt: »das vernünftige Erkennen, das [...] ihre Beziehungen im Sinne der intelligiblen Bedingungen ihres Entstehens definiert« (*Action*, S. 456/481 f.) statt: »[...] ihnen das Sein zurückgibt« (*Éd. critique*, S. 55).

[193] *Éd. critique*, S. 54 (= *Action*, S. 454/480).

[194] Diesen Gedanken führt Blondel erst nach der *Action*, anlässlich der modernistischen Kontroversen um das Bewusstsein Christi, ausdrücklich aus (MARLÉ, passim; *Lettres philosophiques*, S. 229); er findet sich jedoch schon in *C.I.*, S. 89.

ist zu beachten, dass zwischen den beiden Fassungen nicht nur die in der *Édition critique* (S. 59–70) veröffentlichten Dokumente liegen, sondern auch die Abfassung der *Vinculum*-Schrift.

Die grundlegende Neuerung besteht darin, dass die Neufassung nicht mehr dogmatisch das in der Gottvereinigung des Menschen Impliziert ausfaltet, sondern durch die kritische Reduktion alles Gegebenen auf Phänomene eine neue Problembasis gewonnen hat. Das Problem des Vinculum wird nicht mehr vorwiegend theologisch, d. h. von der vorgegebenen Vereinigung zwischen Mensch und Gott her aufgerollt, und Blondels Panchristismus wird aus der Verengung befreit, in die ihn die Deduktionen des *Manuscrit-Boutroux* hineingeführt hatten.

Zunächst zwang das Verlassen des dogmatischen Standpunktes Blondel, dem Text des *Manuscrit-Boutroux*, der, durcheinandergerüttelt und mannigfach verbessert, das Grundgerüst für die zweite Hälfte des letzten Kapitels abgibt, eine neue erste Hälfte des Kapitels vorzubauen. Darin weist er die Notwendigkeit auf, die objektive Realität, d. h. das Sein der Erscheinungen anzunehmen, und er zeigt weiter, dass diese Annahme nur in einer praktischen Grundentscheidung, der Option geschehen kann.

Die Tragweite der nachfolgend entfalteten Vinculumlehre ist damit in doppelter Hinsicht genauer umgrenzt. Der Panchristismus als Lösung des Problems der Seinswirklichkeit der Sinnenwelt wird einerseits nicht als gegeben aufgezeigt, sondern nur als von der Philosophie gefordert dargestellt;[195] er ist eine dem Denken stets unerreichbar vorausliegende Lösung, zu deren Erkenntnis die Philosophie nur insofern beiträgt, als sie die Eckpunkte des zu lösenden Problems genau definiert. »Es wird uns jedoch nie gelingen, mit unserem natürlichen Verstehen die Verbindung all dieser Kettenglieder zu begreifen, und das verbindende Zwischenstück in all seinen Bezügen und in all seinen Doppelaspekten. Deshalb konnte keine reine *(séparée)* Philosophie den Wirklichkeitsbezug unseres Erkennens je vollständig erklären, und sie wird dies auch in Zukunft nicht können.«[196] Blondel stellt deshalb seinen Panchristismus nie als eine philosophisch gesicherte Wahr-

---

[195] Es handelt sich um eine Art transzendentaler Methode, die »nachforscht, unter welchen Bedingungen diese Wahrheiten, die wir weder *de jure* noch *de facto* als bloß subjektiv betrachten können, unabhängig von unserem Denken wirklich sein können, absolut wirklich.« (*Lettres philosophiques,* S. 126).

[196] BLONDEL-VALENSIN, Bd. 1, S. 54; vgl. auch *Lettres philosophiques,* S. 60 f., 119, 167.

heit vor, sondern nur als »dieses überragende Postulat der der philosophischen Vernunft«.[197]. Wir stoßen hier nochmals auf das gleiche Ungenügen der bloßen Philosophie zur Lösung der philosophischen Fragen, das wir schon bei der Lehre von der Option angetroffen haben. Und in der Tat – dies ist die zweite Präzisierung, welche der endgültige Text bringt – sind Option und Panchristismus aufs engste miteinander verknüpft. Wenn der Seinsbesitz *(possession de l'être)* nur durch eine Entscheidung von religiöser Tragweite und in der Durchformung der Erkenntnis mit selbstvergessener Liebe erreicht werden kann, dann hat dies seinen letzten, dem bloßen Philosophieren unzugänglichen Grund darin, dass der Seinsbesitz implizit immer schon eine Erkenntnis Christi beinhaltet.[198] Umgekehrt ermöglicht die Option, als eine nur allgemein religiöse, nur moralische Entscheidung, die nur eine natürliche Großherzigkeit voraussetzt, auch eine völlig anonyme Begegnung mit Christus. »Ich will in keiner Weise sagen, dass wir nichts wirklich erkennen, nichts bejahen können, ohne zuerst den Logos zu erkennen und zu bejahen. Wir brauchen die grundlegende Bedeutung des menschgewordenen Logos nicht ausdrücklich zu kennen, und doch kann Er das Licht sein, das unser Tun erhellt, und in den tiefen und mittleren Zonen, in denen sich das Leben und das Denken der Menschen für gewöhnlich abspielt, kann die Option, von der unser Schicksal abhängt, doch mit genügender Kenntnis erfolgen.«[199]

Bis hierher hat die endgültige Redaktion nur das schon im *Manuscrit-Boutroux* Gesagte deutlicher herausgestellt. Darüber hinaus führt die neue kritische Grundhaltung des endgültigen Textes auch zu jener umfassenden Weite der Problemsicht zurück, in der Blondel seinen Panchristismus ursprünglich gesehen hatte. Die einlinige Deduktionskette

---

[197] *Lettre*, S. 91/169/206.

[198] Der hier angedeutete Zusammenhang wäre für die Theologie bedenkenswert. Er weist vielleicht einen Weg, wie eine *fides implicita in Christum incarnatum* gedacht werden könnte, während Blondels Panchristismus anderseits eine christozentrische Wertung der sichtbaren, kultisch-sozialen Elemente in den nichtchristlichen Religionen erlauben würde. Blondel war diese Fragestellung nicht fremd; seine Apologetik zielte nie auf Religion überhaupt oder auf das Christentum im allgemeinen ab, sondern auf Jesus Christus und auf die konkrete, kultisch-soziale (katholische) Religionsübung. Vgl. dazu ANTONELLI.

[199] BLONDEL-VALENSIN, Bd. 1, S. 54; vgl. auch *Lettres philosophiques*, S. 167 f., 175 f., 220 f. Den Zusammenhang zwischen Option und Panchristismus hat WOLINSKI gut herausgearbeitet.

der vorletzten Redaktion hatte sie etwas verdunkelt, weil sich dort alles auf die Frage zugespitzt hatte, wie das Sinnenfällige wirklich sein könne. Das Seinsproblem war damit, halb idealistisch, auf ein Problem der Erkenntniskritik reduziert. Hier dagegen geht es wieder um die letzte Begründung des Seins alles Gegebenen, nicht nur des Sinnenfälligen, sondern der Welt im umfassendsten Sinne des Wortes.[200] Die kritische Reduktion hat ja alles, selbst das Denken,[201] gleicherweise zu Phänomenen erklärt. So wird nun einerseits deutlich, dass das Vinculum nicht nur für die besondere subjektgebundene Struktur der Sinnendinge erfordert ist, sondern für das Sein des Welthaften schlechthin. Es erweist sich so als das schlechthin Seinsbegründende. Anderseits kann dieses Vinculum nicht mehr ausschließlich oder vorwiegend in einem menschlichen Bewusstsein gesucht werden, weil das innerweltliche Bewusstsein selbst einer Seinsbegründung bedarf. Zudem ist schon im innerweltlichen Bereich nicht allein das Bewusstsein des Menschen das konstituierende Korrelat für die Phänomene, sondern der menschliche Weltbezug als ganzer. Blondel trägt dieser neuen Problemlage Rechnung, indem er den Doppelbezug des Vinculum zu den Phänomen (oder, spiegelbildlich, das Doppelgesicht der Phänomene, das ihr Eigensein darstellt) nicht mehr als Vernunft-Sinnlichkeit verdolmetscht, sondern umfassender als Aktivität-Passivität. In der Tat sind Aktivität und Passivität die beiden nicht rückführbaren Komponenten eines jeden endlichen Tuns;[202] die Phänomene aber, die Welt als solche, sind ihrem Wesen nach Bezugspunkt des Tuns.[203]

Von solchen Überlegungen geleitet, machte Blondel den Versuch, die Rolle des Vinculum dem Leiden Christi zu übertragen: »Vielleicht brauchte es einen Mittler, der sich dieser ganzen Wirklichkeit leidend unterzog und der gleichsam das *Amen* der Welt wäre […]. Vielleicht musste er selbst Fleisch werden und durch ein ebenso notwendiges wie

---

[200] *Action*, S. 457/483: »Es handelt sich somit nicht mehr einfach um die Sinnerscheinung, sondern um alle Phänomene.« Das Sinnending erscheint jetzt nur noch als ein Beispiel für die Phänomene überhaupt, allerdings das grundlegende Beispiel; denn wenn dieses erste Glied der Kette nicht standhält, ist der Gesamtzusammenhang der Erscheinungswelt hinfällig (BLONDEL-VALENSIN, Bd. 1, S. 54; *Lettre*, S. 90/169/206 Anm.)

[201] *Action*, S. 456/482.

[202] Ebd., S. 461/486 f.

[203] Das Tun des Menschen, und nicht sein Erkennen, ist denn auch das erste Vinculum. Dies war schon *Action*, S. 88–91/114–117 deutlich ausgesprochen. Die Redaktion des letzten Kapitels im *Manuscrit-Boutroux* bedeutete dem gegenüber einen Rückschritt.

freiwilliges Leiden dem Wirklichkeit geben, was sich als Determinismus der Natur und unvermeidbare Erkenntnis der Phänomene gezeigt hat: dem freiwilligen Versagen und seiner Bestrafung, der sich versagenden Seinserkenntnis, dem religiösen Tun und der erhabenen Bestimmung, die einem Menschen zuteil wird, der seinem eigenen Wollen ganz treu bleibt.«[204]

Dieser Versuch ist allerdings kaum geglückt. Blondel hatte den Panchristismus als vom Glauben angebotene Lösung philosophischer Aporien aufgenommen. Dabei konnte er sich auf die begründete theologische Meinung berufen, welche in der Menschwerdung des Logos die Finalursache der Schöpfung sieht; doch er wird kaum einen Theologen finden, der das gleiche auch von der Passion Christi behauptet.[205] Richtiger und fruchtbarer wäre hier zweifellos ein Rückgriff auf die zweite Gestalt des Panchristismus gewesen, die Blondel während der Vorbereitung auf die *Action* stets neben der bisher einzig entwickelten Bewusstseinsgestalt nennt, und die noch grundlegender zu sein scheint: die Lehre von der Assimilation.[206] Ihr zufolge ist das Sein der Materie und das der ganzen geschaffenen Welt letztlich darin begründet, dass Christus in der hypostatischen Union und noch universaler in der Transsubstantiation sich die geschaffene Welt zu eigen gemacht, assimiliert hat.»Wo findet sich die Lösung des Problems der Immanenz und der Transzendenz? Sie liegt in der Inkarnation und der Kommunion. Die monistische Vermengung von Endlichem und Unendlichem ist nur ein misslungener Versuch, ein entferntes Nachäffen der Einheit. Das Ideal der Einheit findet sich in der Hostie, die in sich die ganze Natur zusammenfasst, Fett des Erdreichs, Tau des Himmels, Sonnenstrahlen, bevor sie durch eine Art vollkommener Nahrungsauf-

---

[204] *Action*, S. 461/487.

[205] TILLIETTE hat diese meine Kritik wiederholt kritisiert und sich für ein angemesseneres Verständnis des schwierigen Textes eingesetzt:»Die Inkarnation als ganze ist ›eine Einheit von willentlichem Tun und Leiden‹, das ›willentliche Leiden‹ ist eine Herablassung. Der ›die gesamte Wirklichkeit erleidende‹ Vermittler wartet nicht bis zur Kreuzigung, um sich als ›wahrer und treuer Zeuge‹ zu erweisen. Dennoch ist es wohl die Passion als solche, die die Prüfung bedeutet und die Wirklichkeit willentlichen Versagens und die privative Erkenntnis als dessen natürliche Folge auf sich nimmt.« (*Christologie*, S. 140; vgl. auch die weiteren Ausführungen S. 141–146.) Dieses Verständnis des Leidens Christi, dem ich nur zustimmen kann, hängt, wie ANTONELLI, S. 182–203, gezeigt hat, mit Blondels Eucharistieverständnis zusammen.

[206] Der Begriff Assimilation scheint erst später aufzutreten (*Lettres philosophiques*, S. 74); der Sache nach war er Blondel schon von Anfang an gegenwärtig.

nahme zur Menschheit, ja zur Gottheit wurde, um in uns den neuen
Menschen zu bilden, eine sozusagen mehr als göttliche Wirklichkeit,
eine wahrhaft universelle Synthese. Es wäre seltsam, wenn man irgend
etwas erklären könnte in Absehung von Dem, ohne den nichts geworden ist, oder, wie ich gerne übersetzen möchte, ohne den alles, was
geworden ist, wie zu Nichts würde.«[207] In den *Carnets Intimes* werden
entsprechend den beiden Gestalten des Panchristismus ›Blick‹ *(regard)*
und ›Gegenwart‹ *(présence)* Christi parallel gesetzt,[208] während später,
nach der *Action,* auch die Vinculum-Funktion des Menschen in der
Gestalt der Assimilation gesehen wird.[209].

Von hier aus können wir schließlich auch in der für die Publikation absichtlich vereinfachten Vinculumlehre der *Action* noch Spuren
der Assimilationstheorie finden. Sie sind (abgesehen von einer kurzen
Anspielung auf die Eucharistie[210]) in der mehrmals betonten Aussage
zu suchen, das Sein komme den Phänomenen nur in ihrem Gesamtzusammenhang zu. Was dieses Ganze der Erscheinungswelt zusammenhält und von wo aus ihr Sein zugeschrieben werden kann, ist die
Option vor der übernatürlichen Vollendung des Tuns durch Gott. Diese
übernatürliche Vollendung aber ist, wie Blondel darlegt, die Vollendung in Christus durch das sakramentale und liebende Tun. Die Aussagen Blondels über den notwendigen Zusammenhang zwischen der
Ordnung der Natur und der Ordnung des Übernatürlichen sind in dieser Perspektive zu verstehen und im Blick auf die skotistische Lehre
über das Motiv der Inkarnation. Wenn Blondel rekapituliert: »So ist
es unmöglich, dass die natürliche Ordnung ist, und unmöglich, dass
sie nicht ist: das ist die große Qual für den Menschen, der zwar unendlich will, aber oft möchte, dass das Unendliche nicht sei. So ist es umgekehrt unmöglich, dass die übernatürliche Ordnung ist, ohne die natürliche Ordnung, für die sie notwendig ist, und ebenso unmöglich, dass
sie nicht ist; denn die ganze natürliche Ordnung bürgt dafür, indem sie
nach ihr verlangt«[211] – dann ist hier das ›ist‹, das diesen beiden Ord-

---

[207] *Lettres philosophiques,* S. 19 (mit Bezugnahme auf Joh. 1, 3).In *C.I.,* S. 294/313 wird
der gleiche Gedanke mit den gleichen, aber lateinisch gefassten Schlussworten (die dann
auf französisch in die *Action,* S. 465/491 übernommen wurden) von der Inkarnation
ausgesagt. Noch schärfer formuliert (aber erst nach der *Action): C.I.,* S. 524/552 f.

[208] *C.I.,* S. 335/356; vgl. auch ebd. S. 88 f./105 f.

[209] *Lettres philosophiques,* S. 58 und S. 74 f.

[210] *Action,* S. 449/475.

[211] Ebd., S. 462/488.

nungen zugeschrieben wird, in seinem vollen Sinn als letztverständliche, sinnträchtige Bejahbarkeit, als Sein im Vollsinn zu verstehen.

All das, was das Tun als seine Gegenstände vor sich entworfen hat (die natürliche Ordnung), hat seine letzte Gültigkeit und Verständlichkeit nur dadurch, dass es von der Ordnung des Übernatürlichen als deren Voraussetzung erfordert ist. Erst das Zusammen der beiden Ordnungen ist der Ort des »göttliche[n] Vermittler[s], der ihr Band und ihren festen Bestand ausmacht«.[212] Durch Ihn und erst durch Ihn erhalten die beiden Ordnungen Sein und damit Wahrheit, d. h. letzte sinnhafte Gültigkeit: »In dieser Kette wissenschaftlicher Erfordernisse drückt sich ein System wirklicher Wahrheiten aus.«[213]

Wenn wir so die Aussagen Blondels vom Hintergedanken des Panchristismus aus erhellen, dann wird auch der Blick auf einen anderen Hintergedanken frei, den Blondel ebenfalls mit einem Neologismus benennt: den »Charitismus«. Charitismus will sagen, dass die von der Philosophie gesuchte letzte Verständlichkeit des Seins und des Menschen erst dann richtig erkannt wird, wenn der Mensch sich selbst und die ganze Wirklichkeit als den Ausfluss einer freien Liebesinitiative Gottes versteht.[214] Schon in seiner Leibnizdeutung hatte Blondel das Vinculum als Ergebnis des Liebeswillens Gottes *(caritatis decretum)* verstanden,[215] und auf einer der letzten Seiten unseres Kapitels nimmt er das gleiche Thema, etwas reicher orchestriert, wieder auf: »Dazu berufen, alle Dinge in der Einheit des göttlichen Planes und mit den Augen des Mittlers zu sehen, dazu berufen, sich selbst im beständigen Akt der [göttlichen] Freigebigkeit zu sehen und sich selbst zu lieben, indem er die ewige Liebe liebt, von der er das Sein hat, ist [der Mensch] eben dieser Akt seines Schöpfers, und er bringt diesen eben so sehr in sich hervor, wie er in ihm das Sein hat.«[216]

---

[212] Ebd., S. 463/489.
[213] Ebd., S. 462/488.
[214] Vgl. die ausführliche Darstellung dieses Themas in: *Exigences,* S. 70 ff./91 ff. Allerdings scheint dort nur die Religionsphilosophie im Blick zu stehen, während der Charitismus eine Aussage über den Sinn des Seins im ganzen machen will – entsprechend der vollen Bedeutung, die »Sein« für Blondel hat, indem es Freiheit, Eigeninitiative und Sinnhaftigkeit in sich schließt (vgl. z. B. *Action,* S. XXIII/22 und 465/491). Vgl. dazu auch den nachstehenden Beitrag über *Maurice Blondels Philosophie der Liebe.*
[215] *Vinculum,* S. 66/666.
[216] *Action,* S. 464/490. Der ganze Absatz könnte als christliche Umsetzung der letzten Seiten der *Ethik* Spinozas verstanden werden.

Zum Schluss

Auch hier geht der Text der *Action* nicht über Andeutungen hinaus, die wir kaum zu entziffern vermöchten, hätten wir nicht die späteren Werke Blondels und seine unveröffentlichten Manuskripte und Briefe. Im privaten Verkehr und in seinen persönlichen Aufzeichnungen konnte Blondel seine Intuitionen, die eine ganz neue Sicht der Philosophie vorlegen, quasi thesenartig formulieren, ohne sich allzu sehr um die überkommene Begrifflichkeit[217] und um eine diskursiv beweisende Darstellung zu kümmern. Blondel war ein intuitiver und deshalb originaler Denker. Der philosophische Diskurs seiner Werke ist als ein angestrengtes und doch nie ganz gelungenes Bemühen zu verstehen, die gegebene Intuition in ihrem Reichtum und in ihrer Tiefe einzuholen und sie auszusprechen. Für den Interpreten ergibt sich daraus die Aufgabe, jene Perspektivpunkte ausfindig zu machen, die den Blick auf Blondels Intuition öffnen. Von ihnen aus ordnet sich sein philosophischer Diskurs sich zu einem verstehbaren Ganzen. Wer sie nicht aus dem oft ungesagten Ganzen interpretiert, sondern um Einzelheiten feilscht, wird den Sinn der Philosophie Blondels verfehlen.

Ich meine, mit dem Panchristismus, in dem die Idee des Vinculum ihren höchsten Ausdruck findet, einen solchen Perspektivpunkt, wenn nicht gar *den* Perspektivpunkt des blondelschen Denkens gefunden zu haben, von dem aus das Ganze der Metaphysik Blondels ansichtig wird.[218] Wir haben gesehen, dass der tiefere Sinn, ja sogar die Notwendigkeit einer Option erst in der Perspektive des Panchristismus verstehbar wird. Das gleiche ist auch von Blondels Phänomenismus zu sagen. Die (methodisch vorläufige) Reduktion nicht nur der Sinnendinge, sondern der ganzen Weltwirklichkeit auf bloße Phänomene ist darin begründet, dass vom Sein der Erscheinungswelt erst im Blick ihr *(auf)* Erlittenwerden durch den inkarnierten Logos gesprochen werden kann, weil sie erst darin letzten Bestand hat. Der Phänomenismus besagt zunächst eine durchgängige Bezogenheit aller Gegebenheiten auf den sie erfahrenden Menschen, der deshalb zum Mittelpunkt des Philosophie-

---

[217] Das mag auch die vielen Neologismen in Blondels privaten Aufzeichnungen erklären, die nur zum Teil in die veröffentlichten Werke übernommen wurden.

[218] Blondel selbst vergleicht das Vinculum mit einem Stern *(rond point)* im Forst, von dem aus die verschiedenen auf ihn zulaufenden Alleen sichtbar werden (*Énigme*, S. 131).

rens wird. Die Berechtigung dieser Anthropozentrik wird auch hier nachträglich und theologisch durch die zentrale Rolle des Gottmenschen erhellt. Das Bewusstsein Christi gibt der kopernikanischen Wende Kants eine metaphysische Grundlage.

Vorausschauend eröffnen sich vom Panchristismus der *Action* aus Ausblicke auf andere Kernfragen der Philosophie Blondels, die hier nicht ausdrücklich zur Sprache kamen. So wäre z. B. das Problem des Verhältnisses von Zeit und Ewigkeit, das in den *Carnets Intimes* einen breiten Raum einnimmt, von hier aus zu deuten.[219] Das philosophisch-theologische Problem des gottmenschlichen Bewusstseins Christi, zu dessen Klärung Blondel wichtige, noch weitgehend unausgeschöpfte Anregungen beigesteuert hat,[220] setzt selbstverständlich auch hier an. Auch für jenes Problem, für das Blondel sozusagen emblematisch steht, die Frage nach der übernatürlichen Berufung des Menschen, spielt der Panchristismus die entscheidende Rolle. Aus dem Panchristismus erhellt, dass Blondel zunächst nicht von der Ergänzungsbedürftigkeit der menschlichen Natur ausging, sondern umgekehrt die menschliche Natur (und das in ihr eingeschriebene Gesetz der Abtötung) in der Berufung des Menschen zur Vereinigung mit Gott in Christus ontologisch begründet sah. Der Primat Gottes und seines Heilsplans wurde damit philosophisch festgeschrieben und damit auch die Gratuität und die Übernatürlichkeit der Bestimmung des Menschen. In den Briefwechseln mit Laberthonnière[221] und mit Teilhard de Chardin[222] wird Blondel seinen Panchristismus in diesem Sinne auswerten.

Der Ursprung dieser philosophisch wie theologisch so weittragenden Lehre ist im geistlichen Leben Blondels zu suchen. Blondel selbst erklärt, dass er seine Deutung der Inkarnation nicht für eine Glaubenswahrheit, sondern für eine freie theologische Lehrmeinung hält.[223] Wenn er sich ihr dennoch mit solch unerschütterlicher Überzeugung

---

[219] Vgl. dazu den nachstehenden Beitrag über *Die Tagebücher Maurice Blondels* und *Éd. critique*, S. 56; *Action*, S. 464/489; *Lettres philosophiques*, S. 277 f.

[220] Vgl. dazu *Lettres philosophiques*, S. 227–240; *Histoire et dogme*, S. 225 f./450 f./95–97; sowie MARLÉ, *passim*, und vor allem TILLIETTE, *Christologie*, S. 141–150, mit der dort angegebenen Literatur

[221] BLONDEL – LABERTHONNIÈRE, S. 127, 140, 168, 338.

[222] BLONDEL –TEILHARD, S. 131, 145–150/43–49, 67–69. Für den Zusammenhang zwischen Panchristismus und Abtötung vgl. auch *Lettres philosophiques*, S. 53.

[223] *Lettres philosophiques*, S. 118 und *Lettre*, S. 89/168/205; beide Texte erst von 1896.

angeschlossen hat,[224] dann kann das nur auf seiner persönlichen Erfahrung in einem von der Gegenwart Jesu geprägten geistlichen Lebens beruhen. Sein Leben aus den Glauben hat ihm das Problem der Rechtfertigung der Materie, der Sakramente und des Buchstabens nahegebracht, aber auch die Lösung dieses Problems, die dann seine ganze Ontologie prägt. Deshalb musste hier zunächst aufgezeigt werden, dass die Herkunft einer Philosophie aus dem Glaubensleben auch philosophisch gesehen ihre Berechtigung hat; denn nur so lässt sich Blondels Ontologie letztlich verstehen und rechtfertigen.

Jetzt, am Ende dieser Darlegungen zeigt sich auch, wie viel diese vom Glaubensleben auf den Weg gebrachte Ontologie für die Philosophie als solche abtragen kann. Blondels Überlegungen über das Sein der Phänomene setzen genau dort an, wo der überkommene Realismus in unlösbare Aporien gerät,[225] d. h. wo sichtbar wird, dass die Konstitution des *Unum* als konkret-einmaliges nur von der Sinnlichkeit und nicht vom Intellekt her zu verstehen ist. Es genügt nicht, mit der Abstraktionslehre eine Antwort zu geben auf die platonische Frage: »Wie finde ich vom Einmaligen zum Allgemeingültigen?«; die Philosophie muss auch zeigen können, wie und warum das Allgemeingültige nur im je-Einmaligen seine Vollendung, ja sein Sein findet. Weshalb, so lautet die für die traditionelle Philosophie absurde Frage, ist die Vollendung gerade im Unvollkommenen des Sinnenfälligen und der Materie (und nur in diesem) zu suchen und zu finden?[226].

Blondel geht diese oft übersehene Frage an jenem Punkt an, wo sie sich am schärfsten stellt und von wo aus sie auch früher schon in die Philosophie eingebracht wurde (beispielsweise mit Hegels ›konkretem Begriff‹ und mit dem ›Einzelnen‹ bei Kierkegaard), d. h. bei der gottmenschlichen Person Jesu Christi und bei der Heilsträchtigkeit der materiellen Sakramente. Mit seinem Panchristismus will Blondel aufwei-

---

[224] *Carnets intimes*, S. 524/552, in eucharistischem Kontext: »[…] dann gilt es, mit unverbrüchlicher Gewissheit festzuhalten: nichts ist, es sei denn aufgehängt an Deinem fleischgewordenen und verborgenen Leben […].«

[225] Daher auch Blondels Kritik am Intellektualismus (Plato, Aristoteles, Maritain): Dieser vermöge zwar sehr leicht zu den Ideen und zum Allgemeinen aufzusteigen, finde aber nicht wieder mehr zum Konkreten zurück (Blondel bei ARCHAMBAULT, S. 201 f.).

[226] Der Hinweis auf die *Materia prima* als Individuationsprinzip genügt nicht. Worin gründet diese? Eine christliche (Schöpfungs-)Philosophie kann sie nicht mit Aristoteles als einfach vorgegeben annehmen, und sie muss ihr dennoch ein irgendwie positives Statut zuweisen; denn eben dies besagt *pura potentia subiectiva*.

sen, dass sich, thomistisch gewendet, das Exitus-Reditus-Schema des ersten und zweiten Teils der *Summa Theologiae* erst auf Grund der im dritten Teil behandelten inkarnatorischen Ordnung denkerisch rechtfertigen lässt. Er beantwortet dadurch auf seine Weise die heute oft besprochene Frage des Verhältnisses zwischen Wahrheit und Historie,[227] und er weist einen Weg zu jener Konversion des Denkens, die der christlichen Theologie (und in deren Gefolge auch einer am Christentum orientierten Philosophie) abgefordert ist: dass sie alle Wahrheit der Welt vom Konkret-Geschichtlichen, vom Faktum Jesu Christi her begründet denkt.[228]

---

[227] Vgl. die kurze Andeutung in *Lettre*, S. 90 f./168 f./206 und vor allem *Histoire et dogme*.

[228] Vgl. *Gaudium et spes*, nr. 10, letzter Absatz.

Das philosophische Projekt Maurice Blondels und seine Aktualität (1975)

Seit Anfang der sechziger Jahre hat sich die Situation für Studien über die Philosophie Maurice Blondels grundlegend geändert. Die Manuskripte Blondels und seine Briefwechsel sind zugänglich gemacht und teilweise auch veröffentlicht worden. Diese Archivmaterialien haben zwar keine esoterische Lehre Blondels zutage gebracht; doch sie haben die zentrale Bedeutung einiger bisher eher vernachlässigter Themen erkennen lassen, z. B. die Themen des Vinculum und des Panchristismus. In den veröffentlichten Texten erscheinen diese eher als marginal, und doch ist ihnen die innere Kohärenz und die zeitliche Kontinuität des blondelschen Denkens zu danken – eine Kohärenz und Kontinuität, die noch größer ist als es sich die eifrigsten Verteidiger der Einheit der blondelschen Philosophie vorgestellt hatten.[1] Wer von diesem Archivmaterial, wie von jenem Husserls, den Beleg für eine Wende oder eine unerwartete Weiterentwicklung im Denken Blondels erwartet hatte, musste enttäuscht sein. Blondels philosophische Notizzettel (die *Notes-Semaille*), die Entwürfe seiner Werke, seine Korrespondenzen, die sein philosophisches Schaffen begleiten und kommentieren, vor allem aber die wertvollen *Carnets Intimes* zwingen dazu, Blondels Hauptwerke, aber auch seine zahlreichen Artikel, die oft Gelegenheitsarbeiten sind, als Etappen in der Ausführung eines einzigen und einheitlichen philosophischen Projekts zu lesen.

Es ist erstaunlich, wie früh Blondel dieses Projekt ins Auge gefasst hat, schon vor seinem Eintritt in die *École Normale Supérieure*. Schon seit längerem ist die »Erste Notiz« für die *Action* bekannt, die auf den 5. November 1882 datiert ist[2], sowie die ersten Aufzeichnungen in den

---

[1] Als erste Beispiele für eine Blondeldeutung auf diesen neuen Grundlagen seien BOUILLARD, MCNEILL, SCANNONE, FLAMAND, JOUHAUD und HOMMES genannt, sowie meine hier gesammelten Artikel.

[2] Erstmals veröffentlicht von HAYEN, S. 354; vgl. SAINT-JEAN, *Genèse*, S. 53–55, und mit ausführlichem Kommentar bei D'AGOSTINO, S. 15–47, 439–445.

Carnets Intimes, aus ungefähr der gleichen Zeit.[3] Doch schon am 27. April 1881 (Blondel war damals 19 Jahre alt und studierte an der Universität Dijon Recht und Naturwissenschaften) hatte er an einer andern, bisher nicht veröffentlichter Stelle im ersten der *Carnets* eine lange Liste von zu bearbeitenden Themen, geradezu Titel geplanter Werke aufgezeichnet: »Geplante Werke: Geschichte einer Berufung. Einführung in das Studium der Philosophie. Der philosophische Geist. Der Animismus (1880). – Die Erziehung, von einem Animisten. – Widerlegung des Spinozismus. – Über eingeborene Ideen. – Leibniz und Kant. – Philosophie der Philosophien. – Über Amphibologien (Freiheit, Glaube, Gnade, Sinnesempfindung) als Ursache der philosophischen Auseinandersetzungen. – Über ein neues Kriterium der Gewissheit, über die Rolle der Willensfreiheit für die Gewissheit und die konkrete Entwicklung unseres denkenden Wesens. – Spencer, Ravaisson und Büchner: Idealismus und Realismus; über die Materie, die negative Seite, Passivität und Unvollkommenheit. – Die Freiheit, ein vorübergehender Zustand: sie hat die Vielheit zur Voraussetzung; unvereinbar mit dem cartesianischen Mechanizismus. – Die physischen und chemischen Veränderungen bei der Verpuppung der Raupe. – Das vinculum substantiale. – Pro Bacone. – Gegen die formale Logik; die Wirklichkeit ist auf Seite der Finalursachen zu suchen (siehe Ravaisson). – Paraphrase des *Discours de la méthode.* – Gott als Zentralmonade und die Welt, Unterordnung von Monaden (Materia prima und bekleidete Materie). – Gegen das allgemeine Wahlrecht und den falschen Liberalismus. – Über die Erkenntnis der Seele durch die Seele. – Vieles von dem ist miteinander zu verschmelzen (27. April 1881).«[4] Von diesen

---

3 *C.I.,* S. 23/39, 36/52, 39/55, etc.
4 »Ouvrages projetés: Histoire d'une vocation. Introduction à l'Étude de la Philosophie. De l'esprit philosophique. L'animisme (1880). – L'éducation, par un animiste. – Réfutation du Spinozisme. – De l'Innéité. – Leibniz et Kant. – Philosophie des philosophies. – Des amphibologies (liberté, croyance, grâce, sensation), causes des discussions philosophiques. – D'un nouveau critérium de la Certitude, de la part du libre arbitre dans la certitude, et du développement concret de notre être pensant. – Spencer, Ravaisson et Büchner: Idéalisme et réalisme: de la matière, côté négatif, passivité et imperfection. – La liberté, état transitoire: elle a pour condition la multiplicité; incompatible avec le mécanisme Cartésien. – Des transformations physiques et chimiques dans la chrysalide. – Le vinculum substantiale. – Pro Bacone. – Contre la logique formelle; c'est du côté des causes finales, qu'est à envisager la réalité (v. Ravaisson). – Paraphrase du discours de la méthode. – Dieu monade centrale et le monde, subordination de monades (matière première et matière vêtue). – Contre le Suffrage universel, et le faux libéralisme. – De la

21 Titeln wird ein einziger *(Le vinculum substantiale)* für ein späteres Werk verwendet werden, und das Schlüsselwort *action* fehlt in dieser Aufzählung noch ganz. Es wäre jedoch leicht, unter jeden der aufgeführten Titel das eine oder andere Kapitel oder die eine oder andere Seite der späteren Werke zu setzen und von der Liste von 1881 aus die Hauptthesen der Philosophie Blondels zu erschließen. So gibt beispielsweise der »Animismus«, der in der Geistseele das Prinzip für die Einheit des Körpers sieht[5], die Matrix ab für das, was Blondel in der *Action* über den *corps de l'action* (den »Leib des Tuns«)[6] und über die Bedeutung der *pratique littérale* (Buchstabentreue)[7] sagen wird. »Über eingeborene Ideen« benennt das Thema des Apriori in der Erkenntnis, über das noch zu reden sein wird; »Leibniz und Kant« zielt auf das Vinculum ab, als christliche Antwort auf den Kantianismus.[8] »Über ein neues Kriterium der Gewissheit« war ein Thema, über das Blondel in jenem Jahr tatsächlich eine Arbeit geschrieben hat, die auch veröffentlicht wurde, allerdings unter dem Namen seines Freundes Henri Ricard.[9] Es weist schon auf das Thema der Option als Quelle voller Erkenntnis hin. Das Thema »Die Freiheit, ein vorübergehender Zustand« hat wohl Ausführungen im Auge, wie sie sich im Dritten Teil der *Action* finden.[10]. »Die Verpuppung der Raupe« wird zu einer der beliebtesten Metaphern Blondels für das Hineinsterben in das übernatürliche Leben. Die Polemik »Gegen die formale Logik« nimmt nicht nur die späteren Studien im Hinblick auf eine konkrete Logik vorweg, sondern auch die Ontologie im letzten Kapitel der *Action*, die sich in überarbeiteter Gestalt in *L'Etre et les êtres* wiederfindet.

Bemerkenswert und unerwartet angesichts der gängigen Auffassung von Blondel als einem Philosophen der Innerlichkeit und des Verlangens nach dem Übernatürlichen, wie sie beispielsweise die italienischen Spiritualisten vertreten, ist das betont methodologische Interesse in diesen Aufzeichnungen. Unter den vorgesehenen Schrif-

---

connaissance de l'âme par l'âme. – Beaucoup de cela à fondre ensemble (27 avril 1881)«
Mit bibliographischen Angaben veröffentlicht in: *Notes*, nr. 10.

[5] Vgl. Ravaisson, *XIXe siècle*, S. 179–186.

[6] *Action*, S. 150–163/177–190.

[7] Ebd., S. 405–423/431–449.

[8] Vgl. dazu den vorstehenden Beitrag über *Glaubensleben und kritische Vernunft*.

[9] Henri Ricard, *De la place du libre arbitre dans la certitude*. Châtillon-sur-Seine, 1882.

[10] *Action*, S. 116–143/143–170.

ten findet sich sogar ein »Pro Bacone«. Es wäre reizvoll, das Drama des blondelschen Denkens von seinem methodologischen Anspruch aus zu rekonstruieren. Blondel war zweifellos ein intuitiver Denker; schon die Frühreife, die diese ersten Aufzeichnungen zeigen, weist in diese Richtung. Er wollte jedoch nicht einfach seine persönlichen Ansichten und Intuitionen veröffentlichen, sondern einen philosophischen Diskurs, der methodologisch so gut ausgearbeitet sein sollte, dass er auch für jene Kollegen annehmbar und nachvollziehbar wäre, die Blondels Ansichten nicht teilten. Hier beginnt Blondels doppeltes Drama: das persönliche Drama der immer wiederholten Anstrengung, seine ursprüngliche komplexe Intuition in einen stimmigen dialektischen Diskurs umzuschreiben, und das öffentliche Drama der Rezeption seines Werkes, das seiner Form nach für laizistische Fachphilosophen bestimmt war, das aber seinem Inhalt nach vor allem von traditionell denkenden katholischen Theologen wahrgenommen und missverstanden wurde.

Das persönliche Drama spielte sich bei Niederschrift der *Action* und der *Trilogie* ab. Die auf einander folgenden Entwürfe der *Action* zeigen, dass Blondel erst in vorletzter Minute (im *Manuscrit-Boutroux*) seinem philosophischen Diskurs jene technische Perfektion zu geben vermochte, die er immer angestrebt hatte[11], und die er nur erreichen konnte, indem er zahlreiche nicht unwesentliche Aspekte seiner ursprünglichen Intuition beiseite ließ. Nach der Veröffentlichung der *Action* wird Blondel versuchen, diese Aspekte in verschiedenen Artikeln und vor allem in der seit langem geplanten doppelten Trilogie wieder aufzunehmen. Doch als er endlich an die Ausarbeitung der beiden Trilogien (einer philosophischen und einer apologetischen) gehen konnte, war es dem inzwischen erblindeten Philosophen nicht mehr möglich, ihnen die gleiche methodisch stringente Form zu geben, die er in der *Action* erreicht hatte.

Besser als opportunistische Überlegungen kann dieser Sachverhalt erklären, weshalb Blondel sich stets geweigert hat, die *Action* neu drucken zu lassen, und weshalb er so energisch gegen die von ihm nicht autorisierte, im übrigen aber ausgezeichnete italienische Übersetzung protestiert hat. Er war sich der Lückenhaftigkeit seines Erstlingswerks gegenüber dem Reichtum seiner ursprünglichen Intuition nur allzu bewusst. Diese Überlegungen könnten auch zu einer gerechteren Be-

---

[11] Saint-Jean: *Genèse*, S. 164–174, 216–219

urteilung der Trilogien führen. Ungeachtet ihrer allzu evidenten Schwächen müssen sie nicht so sehr als eine Neuausrichtung denn als eine Fortsetzung und notwendige Ergänzung des frühen Blondel gesehen werden. Die Aufgabe der Blondeldeutung würde folglich nicht allein darin bestehen, die Lehre Blondels darzulegen – es fällt auf, dass es nie eine Blondelschule gegeben hat und (mit Ausnahme von Jacques Paliard) auch keine Schüler Blondels im eigentlichen Sinne[12] –; es gälte darüber hinaus, sein philosophisches Projekt weiterzuführen und zu sehen, was eine solche Weiterentwicklung in der heutigen philosophischen Situation zu bedeuten hat. Eine Philosophie ist nur dann wirklich wahr, wenn sie auch aktuell ist und bleibt.

Im Sinne einer solchen Weiterführung, nicht aber als historische Suche nach heute noch aktuellen Elementen, sollen hier drei kennzeichnende und grundlegende Züge des philosophischen Projekts Blondels hervorgehoben werden.

I. Eine Methodologie der Erfahrung.

Blondels Methode ist dadurch bestimmt, dass er in erster Linie eine Philosophie der Erfahrung vorlegen wollte. Das war einerseits als Antwort auf das positivistisch-szientistische Klima seiner Umgebung gedacht, vor allem aber vom Gegenstand seines Nachdenkens erfordert. Blondel wollte seine persönliche Erfahrung eines christlichen Lebens in einen philosophisch verständlichen und für jeden Denker nachprüfbaren Diskurs umsetzen. Seit die *Carnets Intimes*, die geistlich-philosophischen Tagebücher des jungen Blondel wenigstens großenteils veröffentlicht sind, lässt sich nachprüfen, in welch weitem Ausmaß sie die Hauptquelle für die *Action* bilden. Sie sind nicht nur eine Sammlung philosophischer oder erbaulicher Gedanken, und auch kein Protokoll vergangener geistlicher Erfahrungen; vielmehr war das Schreiben seines Tagebuches für Blondel selbst schon eine geistliche Erfahrung, die er jahrelang Tag für Tag wiederholte, seine »Briefe an den Lieben Gott«.[13] Zur Umsetzung dieses literarischen Sediments seiner geistlichen Erfahrung in einen philosophischen Diskurs bediente

---

[12] Doch vgl. den nachstehenden Beitrag über *Die Nachkommenschaft Blondels bei den französischen Jesuiten.*
[13] *C.I.*, S. 239/257, vgl. auch S. 537/566.

71

sich Blondel nun unerwarteterweise einer vom Positivismus übernommenen Methode.

Das erstaunt weniger angesichts des positivistischen Klimas, in dem sich auch der französische Spiritualismus entwickelt hat, angefangen vom Präpositivismus Maine de Birans bis zum *positivisme spiritualiste* Ravaissons. Schon im Lyzeum in Dijon hatte Alexis Bertrand seine Schüler im Geist des Biranismus in die Philosophie eingeführt, und an der École Normale Supérieure kam Blondel durch Emile Boutroux mit den szientistischen Strömungen seiner Zeit in Berührung. Die Auseinandersetzung zwischen dem Biranismus und der physiologischen Psychologie eines Wundt und Ribot hat Blondel dann dazu geführt hat, den entscheidenden Schritt zu seiner Logik des Tuns zu tun.[14] Denn während Maine de Biran noch von der direkten introspektiven Beobachtung der psychologischen Fakten ausgegangen war, leugnete die Schule der Psychophysik die Möglichkeit einer solchen Beobachtung und beschränkte unsere Wahrnehmung auf die äußeren, »efferenten« Wirkungen unserer psychischen Akte. Gegenüber dieser neueren Auffassung mussten die Überlegungen Maine de Birans zumindest vertieft werden, und es war zu erklären, unter welchen Voraussetzungen eine Wahrnehmung des »inneren Faktums« überhaupt möglich ist.

Die entsprechende Erklärung findet sich in der *Action* in ihrem Dritten, zentralen Teil, der »Phänomenologie des Tuns«, und zwar im Kapitel »Der Leib der Aktion und die Physiologie des Subjektiven«.[15] Dort setzt nach der regressiven Analyse, die zur Entdeckung der unvermeidlichen Freiheit unseres Tuns führt, die progressive Dialektik der ebenso unvermeidlichen Ausbreitung unseres Wollens ein. Blondel zeigt auf, dass jede Erfahrung nur unter der Voraussetzung eines Apriori möglich ist. Es kann keine einfachhin gegebene Erfahrung geben. Eine Erfahrung kommt nur zustande, wenn ein Datum oder Faktum als Antwort auf eine voraufgehende Erwartung oder Initiative des Subjekts verstanden werden kann. »Was in der realen Wahrnehmung afferent ist, wird als solches nur infolge einer noch unbestimmten Initiative und dank dem Willkommgruss *a priori* für das erwartete *Aposteriori* wahrgenommen. Je nachdem, ob man die Form oder den Inhalt

---

[14] Vgl. dazu den nachstehenden Beitrag über *Blondels philosophische Notizzettel* namentlich den dort angeführten Artikel von FOUILLÉE, *Sentiment de l'effort*.
[15] *Action*, S. 150–163/177–190.

der Organwahrnehmung in Betracht zieht, kann man mit gleichem Recht sagen, dass alles eine Auswirkung der subjektiven Initiative ist und dass alles den passiven Eindruck der körperlichen Reaktion wiedergibt.«[16] So wird deutlich, dass die Anstrengung, der *effort* Maine de Birans, zunächst nicht einfach Ausdruck eines organischen Widerstandes ist, sondern sich aus einem Widerstreit im Wollen ergibt:»Die große Schwierigkeit der Anstrengung liegt nicht in einem mehr oder weniger vollständigen Sieg über die Trägheit der Materie, sondern im Einklang der Strebungen, in der Harmonie und in der erkämpften Befriedung der innersten Wünsche. Der organische Widerstand ist lediglich ein Symbol und ein Ausdruck von Widersprüchen psychologischer Natur. Ein Leiden wird nur insofern wahrgenommen, als ein Missverhältnis zwischen dem Wahrgenommenen und dem Gewollten besteht, zwischen dem Tatsächlichen und dem Ideal, das man sich vorgestellt hat. Das ist die eigentliche Ursache auch der physiologischen Schmerzempfindungen.«[17]

Aus diesem Text erhellt, dass Blondels Apriori ursprünglich ethischer Natur ist. Selbst die grundlegende psychische Erfahrung des *effort* wird nur kraft einer letztlich ethischen Initiative des Wollens gemacht. Eine Philosophie des Tuns lässt sich somit nur unter der Voraussetzung eines ethischen Apriori entwerfen; sie entfaltet sich in einer Dialektik zwischen Wollen und tatsächlichem Tun oder, wie Blondel sagt, zwischen»Wollendem« *(volonté voulante)* und»Gewolltem« *(volonté voulue).* Das erklärt die auf ersten Blick unverständliche Ungereimtheit, dass Blondel unter dem Titel einer Philosophie des Tuns *(L'Action)* auf weite Strecken eine Philosophie des Wollens entfaltet.

Anderseits ist zu bemerken, dass Blondel sein Verständnis von Erfahrung nicht von Aristoteles bezogen hat, für den sich die ἐμπειρία aus der Wiederholung von (ärztlichen) Wahrnehmungen ergibt, sondern von Kant, der die Erfahrung, im Einklang mit den neuzeitlichen Wissenschaft, als Synthese aus apriorischem Begriff und Sinnesgegebenheit auffasste. Blondel unterscheidet sich jedoch darin von Kant, dass für Kant das Apriori die reine Form einer begrifflichen Synthese war, während es für Blondel ein Projekt für das Tun darstellt. Dieses ist zwar auf dieser Stufe noch nicht bis ins letzte determiniert, aber doch

---

[16] Ebd., S. 156/183.
[17] Ebd., S. 158/184 f.

schon bestimmt genug, um als Vergleichspunkt für eine Nachprüfung in der Praxis zu dienen. Die Dialektik zwischen Initiative a priori und a posteriori Gegebenem kann so auch als Vergleich zwischen Hypothese und praktischer Verifizierung verstanden werden –womit sich Blondel der positivistischen Methode noch weiter annähert. Die Erfahrung wird zum Experiment, einer vorhergesehenen und absichtlich herbeigeführten Erfahrung. Blondel hat seine Methode denn auch als experimentelle Methode verstanden und dargestellt. Der Ausdruck *méthode des résidus*, mit dem er sie kennzeichnet[18], stammt von Stuart Mill und das »Pro Bacone« in seiner jugendlichen Werkplanung war vermutlich in ähnlichem Sinne gemeint. Weil es sich dabei nicht um einfache Feststellungen handelt, sondern um eine systematisch vorhergesehene und nachgeprüfte Erfahrung, setzt der reinen »Empirismus der Pflicht«[19], der allen aufgegeben ist, in eine philosophisch tragfähige »Wissenschaft der Praxis« um.

Doch gerade hier, am Punkt seiner größten Annäherung an den Positivismus, zeigt sich auch Blondels ausdrückliche Absetzung von ihm. Blondel bezeichnet seine Methode nicht nur als »ethisches Experimentieren« *(expérimentation morale)*, sondern gerne auch als »metaphysisches Experimentieren«. Wie ist dieser scheinbar paradoxe Ausdruck zu verstehen? Man stellt, so Blondel, ein ständiges Nicht-Zusammenfallen von Hypothese (Projekt für das Tun) und Nachprüfung (tatsächliches Resultat) fest. Hypothese und Verifizierung übertreffen sich gegenseitig je und je und fallen nie vollständig ineins: »In unserem Denken und Tun besteht ein ständiges Missverhältnis zwischen dem Gegenstand und dem Denken, zwischen dem Werk und dem Wollen. Immerfort wird das gedachte Ideal durch die tatsächliche Ausführung überholt, und immerfort bleibt die erlangte Wirklichkeit hinter einem immer neu erstehenden Ideal zurück. Abwechselnd kommt das Denken dem Tun zuvor und das Tun dem Denken; also müssen Wirklichkeit und Ideal zusammenfallen, da uns diese Identität tatsächlich gegeben ist; sie ist uns jedoch nur gegeben, um uns alsbald wieder zu entgehen. […] Wie zwei Bewegungen von periodisch wechselnder Geschwindigkeit sich abwechselnd fliehen und nahe kommen, um schließlich in einem Punkt zusammenzutreffen, so scheinen auch alle unsere Unternehmungen um einen Treffpunkt zu schwingen, in

---

18 Ebd., S. 332/357.
19 Ebd., S. XIV/15.

dem sie sich nie halten können, obwohl sie unaufhörlich durch ihn hindurchgehen.«[20] Nicht nur in den jeweils einzelnen Erfahrungen lässt sich somit kein Zusammenfallen erzielen; vielmehr ist die Unmöglichkeit eines Zusammenfallens eine Grunderfahrung, sozusagen die Globalerfahrung unserer Existenz. In unserem ganzen aktiven Leben bleibt stets ein unüberbrückbarer Graben zwischen dem, was wir tatsächlich sind und tun, und dem, was wir sein und tun wollen oder möchten. Wir sind nie genau das, was wir sein wollen, und wir wollen nie ganz das sein, was wir sind. Damit scheint am Horizont unseres Erfahrens eine grundlegend andere, für uns unerreichbare Möglichkeit, etwas Transzendentes auf.

Daraus ergibt sich Blondels Lehre von der Option. Diese ist eine ethisch-religiöse Grundentscheidung zwischen zwei existenziellen Grundhaltungen angesichts des unerreichbaren Zusammenfallens von Wollen und Tun: Ob man sich unter Verzicht auf jede weitere Suche nach dem vollkommenen Ineinsfall mit den flüchtigen, vorübergehenden Identitätserlebnissen zufrieden geben will, wie sie sich in Einzelerfahrungen gelegentlich ergeben oder ergeben könnten, oder ob man sich dem Problem der Nicht-Identität in allem Tun ernsthaft stellt und über jeden Teilerfolg hinaus nach dem vollkommenen, menschlich unerreichbaren Ineinsfall sucht. Das aber schließt die Bereitschaft in sich, auf jeden Anspruch der Selbstgenügsamkeit zu verzichten, wenn dies der einzige Weg zum Heil sein sollte. Diese Grundentscheidung für oder gegen ein weiteres existenzielles Suchen stellt deshalb eine Hypothese zweiten Grades oder, wie Blondel sagen würde, in zweiter Potenz dar. Sie gibt Anlass zu einem Experiment zweiter Potenz, und das ist dann das bereits genannte metaphysische Experimentieren.

Die Hypothese, die dabei zu verifizieren ist, das Projekt, das das Tun realisieren soll, ist nichts weniger als das Heil des Menschen: die Frage, ob volle Selbstverwirklichung möglich sei, zumindest als ein ungeschuldetes Gnadengeschenk, und ob es folglich einen umfassenden, transzendenten Sinn des Lebens gibt, der allen Einzelerfahrungen ihren letzten Sinn verleiht. Diese Hypothese lässt sich in keiner Einzelerfahrung verifizieren. Eine Nachprüfung kann nur in einer gewissen Qualität aller Einzelerfahrungen insgesamt bestehen. Man könnte das als eine grundlegende existenzielle Erfahrung bezeichnen: ein Mehr an Reichtum, Tiefe, Schlüssigkeit und Verständlichkeit der ein-

---

[20] Ebd., S. 344 f./370.

zelnen Erfahrungen im Gesamtzusammenhang des Lebens. Diese sinngebende Qualität aller Einzelerfahrungen könnte man in Anlehnung an den Sprachgebrauch Karl Rahners als ›transzendentale Erfahrung‹ bezeichnen.

Dabei wird zwar eine metaphysische, bzw. religiöse Hypothese in echtem, empiristischem Sinne nachgeprüft; doch diese Nachprüfung lässt sich nicht mehr objektivieren wie die Nachprüfungen ersten Grades, und sie kann folglich auch nicht direkt mitgeteilt werden. Man könnte von einer nicht objektiv nachprüfbaren und folglich nicht mehr wissenschaftlichen Nachprüfung sprechen. Mitteilbar ist auf dieser Ebene allenfalls die Falsifizierung unangemessener oder falscher Hypothesen. In diesem Sinne ist Blondel der Meinung, es lasse sich theoretisch vorhersagen, dass diese oder jene praktische Einstellung nie zu einer umfassenden Erfülltheit des Lebens führen kann. Deshalb führt die *Action* durch eine Reihe fortschreitender Falsifizierungen zur Erkenntnis der wahren Dimension der Hypothese zweiter Potenz, womit sie sich einer geradezu neopositivistischen Methodologie annähert.

Dieses Zusammenspiel von Hypothese und Nachprüfung, bzw. Falsifizierung, das Blondels Methode ausmacht, zeigt sich auch die Aktualität dieser Methode. Sie könnte erlauben, mit dem Neopositivismus in ein konstruktives Gespräch zu kommen über die Möglichkeit der Erkenntnis von etwas Erfahrungsjenseitigem, Transzendentem. Von Blondel ließe sich lernen, dass das Problem nicht in der Nicht-Verifizierbarkeit metaphysischer und religiöser Hypothesen oder Aussagen zu suchen ist, sondern in der Möglichkeit (und Notwendigkeit), verschiedene Arten von Verifizierung, bzw. Falsifizierung anzunehmen. Auch Aussagen metaphysischer oder theologischer Art lassen sich verifizieren, bzw. falsifizieren, wenn auch nur auf nicht objektivierbare Art, nämlich in ihrer Auswirkung auf das persönliche Tun: Ob ein Leben nach dieser oder jener metaphysisch-religiösen Hypothese sich schlussendlich als schlüssig, befriedigend und sinngebend erweist oder ob es inkohärent und unbefriedigend, weil letztlich sinnlos bleibt. So trägt das wirkliche Tun, für Außenstehende nicht nachprüfbar, seine Rechtfertigung oder Verurteilung in sich.

Das Wechselspiel zwischen Hypothese und Verifizierung kann aber auch vor einem gewissen ›Immediatismus‹ der religiösen Erfahrung warnen, wie man ihn in fideistischen und pietistischen Glaubenshaltungen antrifft. Von den theoretischen Schwierigkeiten und der praktischen Unwirksamkeit der traditionellen apologetischen Beweise beeindruckt, stellen manche Theologen lieber die persönliche Erfahrung und das gelebte Zeugnis als Glaubensbegründung in den Vordergrund. In der Sicht Blondels ist jedoch die metaphysische und religiöse Erfahrung nicht unmittelbar gegeben; sie kann somit auch nicht Ausgangspunkt für die Glaubensbegründung sein. Sie ist ganz im Gegenteil ein Zielpunkt: jene persönliche Gewissheit, die einer Lebens- und Glaubenspraxis zuteil wird, welche den Weisungen des Gewissens, wie die Vernunft sie uns vermittelt, treu geblieben ist. Ein Immediatismus, der das spürbare religiöse Erfahren zur Grundlage des Glaubens machte, gäbe den Gegenstand der Religion in die Verfügung des Individuums, wie das im Modernismus und vorher schon bei Schleiermacher der Fall war. Blondels ganzes Bemühen war dagegen darauf ausgerichtet, die Transzendenz und die Unverfügbarkeit der Religion zu wahren. Dies gelang ihm dadurch, dass er sich auf die vermittelnde Größe der Praxis, des menschlichen Tuns in seiner Gesamtheit berief. Diese Methodologie, die Blondel vor einer philosophischen Schizophrenie zwischen Neopositivismus und Fideismus bewahrt hat, hat sich in seinem eigenem Leben als Übereinstimmung zwischen Denken und praktiziertem christlichem Glauben bewährt.

II. Eine Philosophie der Praxis?

Die Philosophie der *Action* deswegen als eine Philosophie der Praxis zu bezeichnen, könnte als Konzession an das marxistische und neomarxistische Denken erscheinen. Der Untertitel der *Action* stellt diese zwar als »Wissenschaft der Praxis« vor[21]; doch diese Praxis meint letztlich das praktizierte Christentum. Es ist somit in erster Linie eine persönliche, ethische und religiöse Praxis, die ihren Blick auf das Ewige richtet. Damit steht sie in direktem Gegensatz zur marxistischen, kollektiven, politischen und gesellschaftlichen und somit immer innergeschichtlichen Praxis. Von marxistischer Seite wurde Blondel denn auch immer wieder der Vorwurf des ›Intimismus‹ gemacht, der im Licht einer spiritualistischen, aber nicht immer sachgerechten Blondeldeutung als berechtigt erscheinen konnte. Doch dieser Vorwurf trägt nicht; denn Blondel legt auch auf die materielle und gesellschaftliche Seite des

---

[21] Die deutsche Übersetzung »Wissenschaft der Praktik« wollte offensichtlich das damals kompromittierende Wort »Praxis« vermeiden.

Tuns großen Nachdruck,weil sich jedes Wollen in der Leiblichkeit des Menschen, in der Welt und in der Gesellschaft äußern und verwirklichen muss. Dennoch kann die blondelsche *action* nicht einfach mit der marxistisch verstandenen Praxis gleichgesetzt werden. In Blondels Werk lässt sich zwar eine Philosophie der Praxis finden, und zwar nicht nur im Ansatz, aber als ganzes ist es keine Philosophie der Praxis.

Welche Elemente einer Philosophie der Praxis finden sich in Blondels Frühwerk? Allem voran bilden »Einfluss und Kooperation«[22] und die gesellschaftliche Praxis[23] (hier ist diese Übersetzung von *action* angebracht) zwei unersetzliche Momente in der Dialektik des menschlichen Tuns. Sie sind unersetzlich, weil nur darin, im gemeinschaftlichen und folglich öffentlichen Tun »Die gestuften Formen der natürlichen Sittlichkeit«[24] und damit auch die Metaphysik als deren letztes Fundament konstituiert werden. Es wäre nicht abwegig, aus diesen Kapiteln der *Action* eine vollständigere und ausdrücklichere Philosophie der Praxis herauszulesen, als jene die Blondel tatsächlich vorgelegt hat.

Noch weniger abwegig wäre es, eine Philosophie der öffentlichen, kollektiven und geschichtlichen Praxis aus den Seiten über die religiöse Praxis herauszulesen, auf die Blondels Ausführungen schließlich abzielten; denn auch die kirchliche Praxis ist öffentlich, gemeinschaftlich und geschichtlich: »Dank ihrer Einheit in der Praxis binden sich die Menschen, weil sie ihre Gewissheiten und ihre Zuneigungen aus einem ihnen selbst unbekannten Grund gewinnen, durch ein so starkes und so zartes Band aneinander, dass sie nur noch ein Geist und ein Leib sind. Ja, die Praxis allein kann dieses Wunder wirken, aus der Verschiedenheit der *Geister* einen einzigen *Leib* zu bilden, weil sie das ins Werk setzt und gestaltet, wodurch die Geister mit einander verbunden sind. Einheit in der Lehre gibt es darum nur auf Grund einer gemeinsamen Disziplin und Lebensordnung. Deshalb sind die Dogmen und die Glaubenssätze nur dazu ein Licht für die Vernunft, dass sie Leitsätze für die Praxis werden können. Bis dahin muss man gehen, um zur Einsicht zu kommen, dass sich die intellektuelle Einheit der Menschen untereinander, welche sie als eine freie und umfassende Einheit anstreben, solange nicht verwirklichen lässt, als man sie in Absehung von Disziplin und Tradition zuwege bringen will. Tradition und Disziplin sind die immer

---

[22] *Action*, S. 226–244/253–270.
[23] Ebd., S. 245–278/271–304.
[24] Ebd., S. 279–304/305–330.

neue Interpretation des Denkens durch das Tun. Ihre heilig-geregelte Praxis gibt jedem die Möglichkeit einer vorweggenommenen Kontrolle, einer authentischen Auslegung und einer Art unpersönlicher Nachprüfung jener Wahrheit, die jeder in sich wieder aufleben lassen muss, wenn er zu den Verständigen gehören und in ihrer Versammlung Platz nehmen will. Wir müssen mit uns selbst, mit der Menschheit und mit dem Kosmos in Einklang stehen, und dieser Einklang kann nur durch eine buchstäblich festgelegte Praxis zustande kommen. Sie ist gleichsam das Denken dieses geistigen Organismus und der Beitrag eines jeden Gliedes dieses großen Leibes zu dessen geistigem Leben.«[25]

In diesen Zeilen zeigt Blondel in religiös gefärbter Sprache das erste der drei Kennzeichen auf, die nach seiner Ansicht die Praxis definieren: ihre sozialisierende Funktion. Das Problem, das gelöst werden muss, ist nicht nur das erkenntnistheoretische Problem, wie zwischenmenschliche Kommunikation möglich ist; vielmehr ist in einer umfassenderen Perspektive nach der integrierenden Kraft zu fragen, die die Individuen zu einer Gemeinschaft oder Gesellschaft zusammenzufügen vermag. Blondel findet diese Kraft in der gemeinschaftlichen Praxis und nur in ihr. Erst das gemeinsame Tun im Hinblick auf ein gemeinsames Ziel »verwendet und gestaltet das, wodurch diese Geister miteinander verbunden sind.«[26] Dieses grundlegend Verbindende ist für Blondel sowohl die gemeinsame Verhaftetheit aller Menschen in der Materie wie auch ihre gemeinsame Letztbestimmung, die die Willen aller ausrichtet. Diese Sichtweise kann auch den Marxismus verständlicher machen, der eine Philosophie der Praxis ausgearbeitet hat, weil er sich für den gesellschaftlich eingebundenen Menschen interessiert. Das heißt noch nicht, dass auch die Engführung des Marxismus gutgeheißen werden muss, die sich aus seinem Materialismus ergibt.

Als zweites ist der Traditionscharakter der religiösen Praxis zu unterstreichen. Religiöse Praxis geschieht kraft ihrer Buchstäblichkeit immer in einer Tradition und unter den Bedingungen dieser Tradition. Hier muss dieser vielleicht fruchtbarste Aspekt der Überlegungen Blondels nicht weiter ausgeführt werden; Blondel selbst hat ihn ausführlich erörtert im dritten Teil seiner Abhandlung *Histoire et Dogme*[27], der zu

---

[25] Ebd., S. 413/439.
[26] Ebd.
[27] *Histoire et Dogme*, S. 200–218/431–444/85–105.

einem *locus classicus* für den Traditionsbegriff geworden ist. Denn mit seinem praxeologischen Verständnis der Tradition hat Blondel hinter dem seinerzeit gängigen Traditionsbegriff als mündlicher Überlieferung wieder den ursprünglichen Sinn des Konzils von Trient entdeckt, das offenbar unter den »*traditiones*« offenbar vor allem die sakramentale und disziplinarische Praxis der Kirche verstand.[28]

Schließlich ist als drittes die geschichtliche und Geschichte schaffende Dimension der Praxis hervorzuheben – nicht nur weil die Praxis durch ihren Traditionsbezug geschichtlich ist, sondern auch in dem tieferen Sinn, dass das Tun, wenn es zur Praxis wird (und eigentlich erst dann), die logisch-ontologische Differenz konstituiert, welche das Vergangene vom Zukünftigen unterscheidet und so die Grundstruktur jedes geschichtlichen Seins bildet. Diese Differenz war eine fruchtbarsten Intuitionen Blondels, die er wiederholt dargelegt hat[29], die jedoch bisher wenig Beachtung gefunden hat. Am ausführlichsten und in ihrer ausgereiftesten Form findet sich diese Lehre im Artikel von 1906 über den *Ausgangspunkt der Philosophie*, der lange Zeit fast unauffindbar blieb, der aber heute im zweiten Band der Werke Blondels und in einer deutschen Übersetzung wieder zugänglich ist.[30] Dort weist Blondel auf die grundlegende Verschiedenheit hin zwischen der »Prospektion«, die in die Zukunft und somit in die gleiche Richtung wie das Tun blickt, und der »Reflexion«, die in die Vergangenheit zurückblickt und sich für das Resultat der geschehenen Tat interessiert. Wir erfassen folglich die künftige und die vergangene Praxis in je verschiedener Weise, d. h. in zwei verschiedenen Intentionalitäten, ja sogar mit zwei verschiedenen Arten von Logik. Wenn dem so ist, folgt daraus, dass die Praxis immer nur in der Differenz zwischen Vergangenheit und Zukunft, und d. h. geschichtlich, erfasst und verstanden werden kann. Das könnte einiges Licht in die Diskussion über das Verhältnis von Theorie und Praxis bringen, und es müsste vor allem bei allen Aussagen über Zukünftiges beachtet werden. Dabei galt Blondels Interesse hauptsächlich der Prospektion – ganz im Gegensatz zur üblichen Sichtweise der Philosophen. Die Prospektion ist seine Entdeckung, und im Nachdenken darüber hat er mit der Zeit auch das für seine Spät-

---

[28] Denzinger-Hünermann, *Enchiridion symbolorum*, no. 1501.
[29] Vgl. z. B. *Action*, S. 470–474/495–499; und *Logique*.
[30] *Point de départ;* vgl. auch Henrici, *Philosophie der Praxis.*

philosophie kennzeichnende »pneumatische« Denken entdeckt, das jedoch nicht mit der Prospektion gleichgesetzt werden darf.[31]

Diese wenigen Hinweise auf die aus Blondels Werk herauszulesende Philosophie der Praxis können nochmals zeigen, wie sehr sein philosophisches Projekt mit dem allgemeinen Gang der spätneuzeitlichen Philosophie in Einklang steht. Nach dem Tode Hegels – d. h. mit dem Niedergang des deutschen Idealismus – hat sich im europäischen Denken eine Wende ereignet, wie sie zuvor in zweitausend Jahren Philosophiegeschichte nie gesehen wurde. Man verlor das Interesse an der Theorie, d. h. an der Betrachtung des Ewigen oder zumindest der Notwendigkeit des Vergangenen (wie bei Hegel in seiner *Philosophie der Geschichte*[32]), indem man sich für die Praxis und damit für die Zukunft zu interessieren begann. Das einzig Interessante für die Praxis ist die Zukunft. Diese Wende zeichnet sich nicht nur bei Karl Marx ab; die gleiche Grundeinstellung findet sich in verschiedener Abschattung auch bei Auguste Comte, Sören Kierkegaard, Friedrich Nietzsche, und beim frühen Heidegger. Blondel hat sich dieser Wende angeschlossen, und darin besteht seine vielleicht bedeutsamste Aktualität. Seine Philosophie der (religiösen, zukunftsgestaltenden) Praxis kann als eine besondere Art nachhegelianischen Philosophierens betrachtet werden, und zum Vergleich, aber auch zur Kritik, bzw. zur Ergänzung der andern nachhegelianischen Philosophien dienen.

Im Vergleich mit Kierkegaard könnte Blondels Denken aufzeigen, dass sich die religiöse Entscheidung – die Gegenstand der blondelschen Option wie des kierkegaardschen Sprunges ist – nie ausschließlich vertikal *coram Deo* vollzieht, sondern immer im Kontext einer konkreten, gesellschaftlichen Praxis, die unter den Bedingungen einer Tradition steht, welche sie wiederum umformt.

Im Vergleich mit Marx kann das Beispiel Blondels dazu führen, die Tragweite der Praxis einzuschränken. Die Praxis ist nichts Ursprüngliches; sie erweist sich vielmehr als abkünftig und vom Zusammenwirken persönlicher Willensentscheidungen nicht weniger als von ihren materiellen Voraussetzungen bedingt, von ihrem Sitz in einer Tradition und in einer gemeinsamen Geschichte und einem Geschick,

---

[31] Vgl. dazu den nachstehenden Beitrag über: *Blondels Überlegungen zum Erkenntnisproblem in ihrer Entwicklung.*
[32] Vgl. auch die Vorrede zu den *Grundlinien der Philosophie des Rechts.*

das die Willen zusammenbindet. Folglich ist es illusorisch, sich ausgerechnet von der Praxis eine grundstürzende, revolutionäre Veränderung des gesellschaftlichen Seins zu erhoffen. Die Praxis geschieht im Verständnis Blondels zwar in einer lebendigen, sich ständig erneuernden und deshalb auch erneuerungsträchtigen Tradition; doch eben deshalb hat sie wenig mit einer utopistisch revolutionären Ideologie zu tun, die eher der Theorie zuzuordnen wäre. Die Praxis gestaltet zwar das gesellschaftliche Sein; doch sie vermag es nicht grundlegend umzugestalten und ihm gleichsam einen neuen Ursprung zu geben. Vom marxistischen Revolutionsglauben unterscheidet sich Blondels Verständnis der Praxis auch dadurch, dass es keinen geschichtsimmanenten Automatismus der Erfüllung seiner Hoffnungen kennt. Praxis geschieht in der Sicht Blondels immer im Zusammenwirken persönlicher (und personalisierender) Entscheidungen. Sie ergibt sich nicht aus einem geschichtlichen Determinismus; sie ist im Gegenteil der bevorzugte Ort der Freiheit und der Begegnung verschiedener Freiheiten miteinander.

Im Vergleich mit Nietzsche wäre ein grundverschiedenes Verständnis des Willens hervorzuheben. Der Wille kann im Sinne Blondels nie uneingeschränkter Wille zur Macht sein; er bleibt immer objektbezogen, bis hin zu seiner grundlegenden Bezogenheit auf das Eine Notwendige. Diese letzte Bezogenheit macht auch deutlich, dass der Wille seinen Objektbezug nicht selbst konstituiert, sondern umgekehrt von ihm konstituiert wird. Erst so erklärt sich die Option, vor die sich das menschliche Wollen gestellt findet.

III. Eine Metaphysik der Sinnkonstitution

In der Option, der existenziellen Grundentscheidung, begegnet die menschliche, bedingte Freiheit einer anderen, sie begründenden Freiheit, und darin zeigt sich die metaphysische Dimension des blondelschen Projekts. Der Blondel der *Action* wurde von ihren katholischen Kritikern, ja sogar von seinem Freund Victor Delbos zunächst verdächtigt, wenig Sinn und Interesse für die Metaphysik zu haben. Er selbst hat Anlass zu dieser Verdächtigung gegeben, weil er in der *Action* immer wieder hervorhob, dass sich sein ganzer philosophischer Diskurs auf der Ebene der Phänomene abspiele und die metaphysische Frage ausklammere. Er hat sich sogar bemüht, »die Metaphysik auf ihren Platz zu verweisen«[33], indem er ihr notwendiges Entstehen erklärte und ihr so den ihr eigenen Platz, nicht den höchsten, in der aufsteigenden Dialektik des Tuns zuwies.[34] Damit schien er den Absolutheitsanspruch der Metaphysik Lügen zu strafen. Doch dies ist nur der äußere Anschein. Wenn Blondel die Tragweite der Metaphysik einschränkt und den begrenzten Phänomenen metaphysische Geltung abspricht, dann tut er es, weil für ihn alles, was begrenzt und bedingt bleibt, nicht als metaphysisch angesprochen werden kann, und weil die wahre Metaphysik nicht an dieser oder jener Stelle eines philosophischen Diskurses gefunden werden kann, sondern, wenn überhaupt, nur in seinem Ganzen

Um die Allgegenwart der metaphysischen Dimension deutlich zu machen, hat Blondel nach der Verteidigung seiner Doktorthese der *Action* ein zusätzliches Kapitel beigefügt.[35] Es enthält und verarbeitet Themen und Materialien, die Blondel schon in den ersten Entwürfen zur *Action* bereitgestellt hatte, die er jedoch der Klarheit und der methodologischen Einheitlichkeit zuliebe zunächst beiseite legte. In dem nachträglich eingefügten Kapitel betont Blondel wiederholt nochmals, dass der ganze Diskurs seines Werkes nur Phänomene betreffe und keine metaphysische Tragweite habe; denn es handle sich nur um einen Diskurs, um eine Theorie ohne Praxis, um Erkenntnisse, die erst zur Option hinführten und sie vorbereiteten. Doch er betont das nur deshalb so nachdrücklich, damit er nachher umso nachdrücklicher darauf hinweisen kann, dass alles gleicherweise auch eine metaphysische Dimension habe – in dem Maße nämlich als es zum Schauplatz der Option wird, mag diese nun negativ oder positiv ausfallen.

Die Option ist schon deshalb als metaphysisch zu bezeichnen, weil sie nicht nur das eine oder andere der betrachteten Phänomene betrifft, sondern sie alle umgreift, in einer Art horizontaler Transzendenz, ähnlich jener des scholastischen *esse commune*. Im Vollsinn metaphysisch ist die Option jedoch erst auf Grund ihrer vertikalen Transzendenz, will sagen, weil sie sich erst angesichts des Einen Notwendigen aufdrängt, das (der) als Einziges dem menschlichen Tun Notwendigkeit verleiht. Die Option vor dem Einen Notwendigen führt kraft der mitwirkenden

---

[33] *Action*, S. 426/451.
[34] Ebd., S. 290–297/315–323.
[35] Ebd., S. 424–465/450–491. Vgl. dazu den vorstehenden Beitrag über *Glaubensleben und kritische Vernunft*.

Anwesenheit dieses Einen Notwendigen in allem Tun den kontradiktorischen Widerspruch in die Welt der Phänomene ein. Das Eine Notwendige hat alles Tun allererst ermöglicht, und es allein kann ihm jene Schlüssigkeit und Identität mit sich selbst verleihen, die der Handelnde als Heil anstrebt.

So zeichnen sich die Grundzüge der Metaphysik Blondels ab. Das Metaphysische ist für ihn *de facto* mit dem »Übernatürlichen« identisch, d. h. mit einem gänzlich ungeschuldeten, nicht naturalisierbaren Geschenk, das allein der freien und persönlichen Initiative Gottes zu danken ist. Diese Verquickung von metaphysisch mit übernatürlich wurde durch eine gewisse Synonymie der beiden Ausdrücke in der französischen Sprache des 19. Jahrhunderts erleichtert. Blondel selbst verweist jedoch vor allem auf das aristotelische θειόν τι.[36] Wichtiger noch ist die Feststellung, dass er mit seiner Gleichsetzung keinesfalls die christliche Gnade auf eine metaphysische Dimension des menschlichen Tuns reduzieren will; er will im Gegenteil darauf hinweisen, dass alles menschliche Tun (und mit ihm alle Weltwirklichkeit) nur dank der Ordnung der durch das Faktum Jesus Christus begründeten Gnade seine wahrhaft metaphysische Dimension hat. Damit ist die absolute Transzendenz des Metaphysischen im Sinne Blondels gewahrt; denn die Ordnung der christlichen Gnade liegt nicht nur jenseits jeder möglichen Erfahrung (im Sinne Kants); sie kann überhaupt erst dank einer Offenbarung erkannt werden. Blondel betont ausdrücklich und theologisch korrekt, dass der Mensch das übernatürliche Gnadengeschenk überhaupt nur kraft eines schon vorgegebenen Gottesgeschenks anstreben kann.[37] Da erhebt sich natürlich die Frage, ob der letzte tragende Grund von allem ein souverän freies Gnadengeschenk sein kann. Beeinträchtigt diese Ungeschuldetheit nicht die universelle Begründungsfunktion des Metaphysischen?

Die Auffassung Blondels steht zweifellos in eklatantem Gegensatz zu einer Metaphysik im griechischen Verständnis. Dort geht es darum, für eine bereits feststehende Physis ein letztes, unveränderliches Fundament zu finden. Im Projekt Blondels ist dagegen die ganze Natur auf

---

[36] Ebd., S. 388/412.
[37] Ebd.: »Eine Begierdetaufe, welche die menschliche Wissenschaft nicht herbeizuführen vermag, weil die Begierde selbst schon ein Geschenk ist. Die Wissenschaft kann ihre Notwendigkeit aufzeigen, aber sie kann sie nicht wecken.« Blondel hat hier offensichtlich die subjektive Notwendigkeit, das Übernatürliche zu begehren, im Auge, nicht seine objektive Notwendigkeit, wie manche Kritiker Blondels fälschlicherweise meinten.

dem geschichtlichen Akt der Selbstmitteilung Gottes in Jesus Christus gegründet. Doch ist zu beachten, um welche Art von Begründung es sich handelt. Es geht nicht darum, den Phänomenen ein Sein zuzusprechen, das ihnen nicht schon in gewisser Weise zukäme, und es gilt auch nicht, den Kosmos als ganzen allererst zu begründen. Die Phänomene ›sind‹ in gewissen Weise immer schon, sonst könnten sie sich dem Wollen nicht als mögliche Gegenstände und als Ort einer Option anbieten; sie sind darüber hinaus im Bewusstsein schon zu einer gewissen Ganzheit zusammengewachsen; denn der Mensch wird erst angesichts des Ganzen der Erscheinungswelt vor die Option gestellt, das als ein Geschenk anzunehmen, was er in diesem Ganzen nicht finden kann – einen letzten und umfassenden Sinn.

Die metaphysische Letztbegründung, auf die Blondels Ausführungen abzielen, ist somit die Konstitution einer umfassenden Sinnhaftigkeit alles menschlichen Tuns und der ganzen Erfahrungswelt. Wie im Sinn der Methode Blondels das Gegebene erst dadurch zum Gegenstand einer Erfahrung wird, dass es eine sinnvolle Antwort auf ein Projekt für das Tun gibt, so erweist sich hier das Eine Notwendige dadurch als Letztbegründung der Erscheinungswelt, dass es in letzter Instanz die Sinnhaftigkeit aller möglichen Projekte für das Tun konstituiert. Auch die Lehre vom Vinculum ist im Sinn einer solchen Sinngebung zu verstehen. Christus ist nicht als Wirkursache oder als Schöpfer, sondern als Finalursache der Schöpfung das *vinculum vinculorum*, die Letztbegründung der ganzen Erscheinungswelt, *id in quo omnia constant*.[38] Die Metapher vom Schlußstein, die Blondel gerne braucht, bestätigt diese Auffassung. Der oberste und abschließende Stein im Gewölbe, der erst zuletzt und nur von oben eingesetzt werden kann, hält den ganzen Bau zusammen, weil dieser ohne ihn in sich zusammenstürzen würde.

In dieser Perspektive als eine Metaphysik des Letztsinns gelesen, erweist sich die *Action* als in ihrem ganzen Gang auf Metaphysik abzielend, angefangen von ihrer Eingangsfrage: »Ja oder nein, hat das menschliche Leben einen Sinn und hat der Mensch eine Bestimmung?«[39] bis zum abschließenden »C'est«, das die Seinsbejahung in das noch grundlegendere Bekenntnis zu Christus als dem Letztsinn

---

[38] Paulus, *Kolosserbrief* 1, 17, eine von Blondel oft zitierte Stelle.
[39] *Action*, S. VII/9.

der Erscheinungswelt einbirgt.[40] Blondel geht es somit durchwegs um Metaphysik, aber nicht um eine Metaphysik des Gegebenen, des Wissens oder des Gewussten, sondern um eine Metaphysik, die im wörtlichen Sinne ›erwählt‹ werden muss. Eine solche Metaphysik – das ist ihr großer Vorteil – lässt sich nicht spekulativ vereinnahmen, aber sie kann auch keinem systematischen Zweifel unterliegen. Ihre Gewissheit ist rein persönlicher, und damit auch personaler Natur.

Mit seiner Metaphysik eines letzten Lebenssinnes kommt Blondel nochmals zur rechten Zeit. Seit ihren Anfängen bis in die beginnende Neuzeit hinein war die Metaphysik eine Metaphysik des Seins, genauer gesagt der Transzendentalien: des Einen (Plotin), des Wahren (Aristoteles, Thomas von Aquin), des Guten und des Schönen (Plato). Sie suchte die Letztbegründung auf Seite des Gegebenen, auf Seiten dessen, was ist, und ihr Name ›Meta-Physik‹ weist unüberhörbar darauf hin, dass sie vom Nachdenken über die vorgegebene Natur, die ›Physis‹ ausgeht. Als sich dann das Interesse und das Nachdenken der Philosophie mehr und mehr vom Objekt zum Subjekt verschob und von der Konstitution dessen, was ist, zur Konstitution dessen, was wir erkennen, suchte man die Letztbegründung, das Absolute und Unbezweifelbare in der Gesamtheit aller Erkenntnisbedingungen, die mehr und anderes sein muss als die Summe aller einzelnen Erkenntnisbedingungen. So entstand eine Metaphysik der Ganzheit, bzw. des Ganzseinkönnens, deren Geschichte sich von Spinoza über Leibniz, Kant, Fichte, Schelling und Hegel bis zu Heidegger verfolgen lässt. Das Beispiel Heideggers zeigt jedoch, dass eine solche Metaphysik nur im Modus der Unwirklichkeit erdacht werden kann. Ihr Postulat eines allumfassenden und absoluten Wissens kann vom Menschen nie verwirklicht werden. Konsequenterweise wurde das Ende der Metaphysik verkündet und die Suche nach einer Letztbegründung den Jugendträumen der Menschheit zugerechnet, die von einer aufgeklärteren Generation als Illusion entlarvt werden.

Blondel war sich dieser Entwicklung der abendländischen Metaphysik bewusst, und er stimmte ihr soweit zu, dass er das ganze Universum des Wissens zu nichts anderem als Phänomenen erklärte, selbst die verschiedenen Entwürfe einer Metaphysik und auch Kants Noumena.[41] Doch wenn das Gegebene zwar nicht unmittelbar auf einen

---

40 Ebd., S. 492/517
41 Ebd., S. 452/477 f.

letzten Grund hinweist, und wenn sich unser Wissen nicht in einem Absoluten Wissen totalisieren lässt, so kann doch jedes menschliche Wissen und jedes Phänomen, das sich ihm zeigt, in dem Maße absolute Geltung beanspruchen, als es Ort der Option angesichts des Einen Notwendigen werden kann oder zumindest auf diese hinweist. Die Option, sie mag ausfallen, wie sie will, verleiht jedem menschlichen Tun einen letzten Sinn, und davon abgeleitet auch jedem Wissen, das sich auf dieses Tun bezieht. So zeigt Blondel die Möglichkeit einer Letztbegründung auf, die in der Krise der Metaphysik als unmöglich erklärt wurde. Er weist damit auf einen Ausweg hin, der es erlaubt, auch nach dem ›Ende der Metaphysik‹ die metaphysische Frage zu stellen und sie philosophisch zu beantworten. Das ist nicht der geringste Wert, den Blondels philosophisches Projekt auch für das postmoderne Denken hat.

B. Die Quellen

Die Tagebücher *(Carnets intimes)* Maurice Blondels (1962)

Zum hundertsten Geburtstag Maurice Blondels haben seine Erben 1961 ein aufschlussreiches Dokument veröffentlicht, den ersten Teil seiner geistlich-philosophischen Tagebücher, der *Carnets intimes*. Sie stammen aus den Jahren, in denen Blondel an seiner Doktorthese *L'Action* arbeitete und dann die ersten Reaktionen auf das veröffentlichte Werk erhielt. Hier soll eine erste, vorläufige Synthese dieser dichten, aber fragmentarischen Aufzeichnungen versucht werden. Diese täglich »schlicht und einfach«, »wie es mir in die Feder fließt«[1] aufgezeichneten Bemerkungen, die nicht zur Veröffentlichung, sondern nur zum persönlichen Gebrauch bestimmt waren[2] (und die man deshalb auch nicht auf die philosophische Goldwaage legen soll), zeigen in ihrer Ursprünglichkeit die Quellen, aus denen Blondels Philosophie des Tuns entsprungen ist.

Was Blondels *Carnets* von andern, ähnlichen, philosophischen oder geistlichen Tagebüchern unterscheidet, ist die Tatsache, dass sie gleichzeitig einen Reifungsprozess im geistlichen Leben und die Arbeit an einer philosophischen Doktorarbeit dokumentieren. Diese beiden Entwicklungslinien laufen nicht einfach neben einander her und sie überlagern sich auch nicht einfach; sie durchdringen sich vielmehr und bedingen sich gegenseitig. Der Klarheit zuliebe sollen hier jedoch die beiden Linien gesondert behandelt werden.

I. Der geistliche Gehalt

Von den Tagebüchern eines jungen Mannes zwischen seinem 22. und 33. Lebensjahr wird man nicht erwarten, dass sie von einer gereiften

---

[1] 12. Dez. 1883, *C.I.*, S. 21/37 f.
[2] 19. April 1881, *C.I.*, S. 12/28.

Spiritualität zeugen. Wir finden darin vielmehr den Niederschlag eines langsamen und mühseligen Reifungsprozesses, in dem Reflexion und Willensanstrengung immer noch einen allzu breiten Raum einnehmen. Auch der Sinn der *Carnets* macht eine Entwicklung durch. Blondel hatte sie zunächst nach der Art der *Pensées* Pascals verstanden.[3] Zwei Jahre darauf heißt es: »Ich will, dass mir diese geheime Niederschrift im Verkehr mit allen mir lieben Menschen als unversehrte Hinterlage diene, wie ich auch, falls ich die Pflicht wahrnähme, eines Tages zur Welt zu reden, darin meine Kraft schöpfen und mich selber nehmen will, um mich zu verschenken.«[4]. »Es bedeutet eine Methode, eine Lockerungsübung, ein Mittel [...], meinen Stil zu lockern«[5], ja auch nur eine einfache aszetische Übung, »eine heilsame Gewohnheit, die ich mir aneignen will.«[6] Dann werden sie nach und nach »ein Gebet«[7], »meine Briefe an den Lieben Gott«[8] – das Du des Dialogs ersetzt mehr und mehr das Ich der Reflexion – und »eine Minute der Sammlung«[9], »ein Augenblick des Wachseins, wo ich Dich nie ganz vergessen darf.«[10] Blondel will darin »nichts aufzeichnen, was im Gedächtnis steckt, sondern nur solches, das sich aus der Neuheit des Herzens gebiert, unter dem Akt Deiner unerschöpflichen Gegenwart.«[11]. Mit einem Wort, das Tagebuch wird für Blondel zum bevorzugten Ort seiner täglichen Begegnung mit dem immer gegenwärtigen Gott. Es wird jedoch nie zu einem Memoriale, zu einem Gedenkbuch im Sinne der ignatianischen Tradition, zu einem Rechenschaftsbericht über empfangene Gnaden. »Ich empfinde eine Art Scham«, hat Blondel schon am 29. August 1885 geschrieben, »mich hier an Dich zu wenden, über Deine Wohltaten mich zu verbreiten, von dem zu reden, was Du mir ins Herz gesenkt hast.«[12] Gottes Wirken lässt sich nur aus dem Widerhall erahnen, den es Blondels Seele weckt.

Die Wesenszüge dieser seiner Seele werden ebenfalls nach und

---

[3] Ebd., *C.I.*, S. 11/27.

[4] 3. Dez. 1883, *C.I.*, S. 18/34.

[5] 12. Dez. 1883, *C.I.*, S. 21/37.

[6] 26. Nov. 1883, *C.I.*, S. 19/33.

[7] 24. Jan.1888, *C.I.*, S. 126/142,

[8] 18. Aug. 1889, *C.I.*, S. 239/257; vgl. auch 3. Nov. 1894, *C.I.*, S. 537/566.

[9] 19. Nov. 1890, *C.I.*, S. 367/389.

[10] 27. Juni 1893, *C.I.*, S. 488/516.

[11] 25. April 1894, *C.I.*, S. 514/542.

[12] *C.I.*, S. 57/73.

nach sichtbar. Blondel ist fast übertrieben feinfühlig, zur Ängstlichkeit neigend, doch von starker Willenskraft,[13] einer Willenskraft, die ihn zur Selbstverleugnung antreibt, zur Demut, zur Annahme des Leidens und dazu, nichts als den Willen Gottes zu suchen: »Mein Wille muss, wo es um mein Wohl geht, dem Deinigen fügsam sein, eins werden mit ihm; und hat er sich einmal angewöhnt, in Deinem Schatten zu schreiten, wird er auch in Dein Licht einmünden.«[14]

Vor allem aber zeigt das Tagebuch eine Reihe geistlicher Hauptthemen, die wie Leitmotive immer wieder anklingen. Zwei dieser Themen bringt Blondel schon aus seiner Kindheit mit. Wie ein Wasserzeichen hat sich in Blondels Leben das große Ereignis eingezeichnet, das für den dreizehnjährigen Blondel seine Erstkommunion war.[15] Die Eucharistie wird für immer der Mittelpunkt seines Lebens und seines Denkens bleiben; sie ist für ihn »der Inbegriff des Geistes des Christentums«.[16] »Das rein Abstrakte existiert für mich nicht. Ich brauche Fühlung, Materie, Fleisch und Blut. Hättest Du mir nicht Dein Brot gegeben, nichts hätte mich auf einiger Höhe gehalten.«[17] Das ganze christliche Leben, mit seiner doppelten Bewegung der Angleichung an Christus und der apostolischen Hingabe, lässt sich in die vier Worte zusammenfassen: »Seien auch wir Eucharistie.«[18]

Das Thema der Eucharistie überkreuzt sich mit dem zweiten Hauptthema, dem des Todes: »Stets bereit zu kommunizieren oder zu sterben, das ist ein und dasselbe. Der Tod ist die letzte, die vollendete, die ewige Kommunion.«[19] Blondel sah sich seit dem Tag seiner Geburt, einem Allerseelentag (2. November 1861), mit dem Tod verbunden. Er wird sich daran stets erinnern, und er beginnt auch seine Tagebuchaufzeichnungen unter dem Eindruck eines schmerzlichen Trauerfalls. Der Gedanke des Todes findet sich in seinen Aufzeichnungen in doppelter

---

[13] 24. Febr. 1891: »Was braucht es, um heilig zu werden? Drei Dinge: Es wollen, und es nochmals wollen und es immer wollen.« *C.I.*, S. 389/412.

[14] 15. Aug. 1889, *C.I.*, S. 336/254.

[15] Vgl. 26. Apr. 1892, *C.I.*, S. 461/488, 7. Mai 1892, *C.I.*, S. 462/489, 22./23. Apr. 1893, *C.I.*, S. 486/514. Im Manuskript der *Carnets* sind die Tage, an denen Blondel die Kommunion empfangen hat, mit einem Kreuzchen gekennzeichnet.

[16] 4. März 1884, *C.I.*, S. 41/58. Vgl. dazu vor allem ANTONELLI.

[17] 9. Jan. 1886, *C.I.*, S. 71/87 f.

[18] 4. Nov. 1888, *C.I.*, S. 155/172.

[19] 27. Nov. 1887, *C.I.*, S. 113/129. Der gleiche Gedanke findet sich, weiter ausgeführt, am 15. Jan. 1890, *C.I.*, S. 309 f./529 f., und am 8. Mai 1892, *C.I.*, S. 462 f./489. Vgl. auch *Action* S. 422/448.

Gestalt. Zunächst als der kommende Tod, als »Bewusstsein des To-des«[20], sodann als »Todesleben«[21], in dem wir »begraben« sind[22], *consepulti*,[23] in einem beständigen Karsamstag. Die Abtötung, die in der Spiritualität und in der Philosophie Blondels einen so wichtigen Platz einnimmt, ist die bewusste Ausübung dieses täglichen Sterbens[24]; doch darin ist sie auch »die beständige Auferstehung«[25] in der Kraft Christi, der »sterbend [...] den Tod und alles Sterbliche tilgen« wollte, »um das ewige Leben zu offenbaren.«[26]

Dank dieser scheinbaren Dialektik, die tatsächlich nur den Heils-willen Gottes nachzeichnet, verbindet sich das Thema des Todes mit einem dritten Thema, das Blondel durch die Wechselfälle seiner phi-losophischen Arbeit nahegelegt wurde, dem Gegensatz zwischen Zeit und Ewigkeit – der Zeit, die vergeht, die wir »verlieren«, und der Ewig-keit, die in der Zeit schon gegenwärtig ist; denn die Stunden »sind der ewige Wille, der sich uns anbietet.«[27] In ihnen entscheidet sich schon jetzt unser ewiges Schicksal: »Die Zeit verloren. Ein schreckliches Wort; weil ihm ein anderes entspricht und in ihm anklingt: Die Ewig-keit verloren. Mach dieses Übel wieder gut, Allmächtiger!«[28] So wächst nach und nach eine Spiritualität der aufgetragenen Arbeit he-ran. Sie erhält ihre besondere Färbung durch ein viertes und letztes Thema, das Thema des Leidens und seines göttlichen Wertes. Man ist erstaunt zu sehen, wie sehr Blondels Philosophie des Tuns von der inneren Erfahrung der Passivität und des Unvermögens geprägt ist. Doch »vom Absoluten aus betrachtet« ist diese schmerzhafte Erfah-rung »die ewige Seligkeit«[29], weil sie die Gegenwart des göttlichen Wirkens und Willens in uns ist: »Lassen wir uns ausweiten und über-fluten. Die Tage, die uns am meisten hernehmen, bereichern uns auch am meisten; so sehr, dass wir bei der abendlichen Gewissenserfor-schung nicht einmal mehr Bilanz ziehen können.«[30]

---

[20] 27. Juli 1894, *C.I.*, S. 522/550.
[21] 30. Juli 1894, *C.I.*, S. 525/551.
[22] 24. März 1894 (Karsamstag), *C.I.*, S. 510/538 f.
[23] 10. Dez. 1889, *C.I.*, S. 286/305 und *passim*.
[24] 13. März 1889, *C.I.*, S. 183/200 f.; 3. Juli 1890, *C.I.*, S. 363/385.
[25] 18. Dez. 1890, *C.I.*, S. 373/395.
[26] 15. Jan. 1890, *C.I.*, S. 309/329.
[27] 19. Dez. 1891, *C.I.*, S. 436/461.
[28] 10. Jan. 1894, *C.I.*, S. 504 (fehlt in der Übersetzung).
[29] 13. Aug. 1894, *C.I.*, S. 528/556.
[30] 24. Mai 1889, *C.I.*, S. 215/233.

In diesen vier immer wieder abgewandelten Themen drückt sich eine einzige Geschichte aus. Es ist die Geschichte einer Berufung. Die Herausgeber der *Carnets* haben erfreulicherweise auch den Schlüssel zu dieser Geschichte in die Hand gegeben. Sie haben als Anhang den *Brief an Abbé Bieil, Priester von Saint-Sulpice* veröffentlicht, in dem Blondel selbst seine Berufungsgeschichte erzählt.[31] Es handelt sich eindeutig um eine apostolische Berufung. Das geht aus der übernatürlichen Liebe Blondels zu seinen Schülern hervor, die ihn in seiner Lehrtätigkeit leitet, und aus seinem Mitgefühl für seine irregeleiteten Zeitgenossen, das eines der treibenden Motive für die Ausarbeitung seiner Doktorthese war. War es auch eine Berufung zum Priestertum? Blondel hat das lange Zeit geglaubt, und die Tatsache, dass ihm nach der Verteidigung seiner These der Zugang zu einem Lehrstuhl an einer Universität mehrere Monate lang verwehrt wurde, schien ihn darin zu bestätigen. Doch der Verlauf seines bisherigen Lebens und die Auskunft seiner geistlichen Berater (denn Blondel hatte mehr als einen zu Rate gezogen[32]) wiesen unübersehbar auf eine Berufung zum Apostolat im Laienstand hin.[33]

Blondel selbst hat einmal eine Definition des christlichen Lebens im Laienstand gegeben, zu dem er sich schließlich berufen erkannte: »Entsagung ist nicht die gleiche Tugend wie Loslösung. Für die erste existiert die Welt nicht mehr oder ist nur mehr Anlass zu Opfer, Verachtung und Leiden; das ist die Psychologie des Klosters und der kontemplativen Einsamkeit. Für die zweite liegt in jedem Ding als Maßstab der Wille Gottes, Gottes allein, der aber genügt, damit sich der Mensch in ganz reiner Weise jedem Wesen und jeder Wissenschaft neu verbindet. Noch wäre die Heiligkeit jenes Lebens zu erforschen und zu rechtfertigen, das der Natur und der menschlichen Wissenschaft zugewendet bleibt: es darf doch nicht sein, dass alle Frömmigkeit abseits bleibt von den gemeinmenschlichen Bestrebungen und von der wissenschaftlichen und metaphysischen Eroberung der Welt durch den Menschen.«[34]

Schließlich ist noch ein Wort zu sagen zu dem, was die Herzmitte

---

[31] *C.I.*, S. 545–558/575–588. Inzwischen ist eine vollständige Ausgabe dieses Memorandums erschienen: BLONDEL, *Mémoire*.

[32] BLONDEL-VALENSIN, Bd. I, S. 22; Bd. II, S. 365.

[33] Vgl. dazu HENRICI, *Vocation*.

[34] 13. März 1889, *C.I.*, S. 183 f./201.

dieses Lebens ausmacht, ohne den es kein geistliches Leben wäre, und ohne den die Themen von Tod und Auferstehung, von Zeit und Ewigkeit, von Leiden und Erfüllung nicht mehr als fade Dialektik wären: die Gegenwart Gottes und Seines Wirkens. In den *Carnets* finden sich nur wenige direkte Zeugnisse darüber. Doch die darin zutage tretende Dynamik, das immer gegenwärtige Verlangen, Gott immer und überall zu finden[35], und schließlich hin und wieder einige leise Andeutungen[36] lassen uns erkennen, dass Blondel mit der Gegenwart Gottes und mit Gottes Wirken in seinem Tun auf eine Art vertraut war, die jene eines Durchschnittschristen übertrifft. Auch wenn ihm einmal das Dunkel der Wege Gottes, die Schwierigkeit, zu glauben, die Ungewissheit über Dasein und Offenbarung Gottes einen Schmerzensschrei zum »furchtbar verborgenen Gott« abringt, nimmt er diese Zweifel und Ängste doch »in der Gewissheit des Glaubens« wahr.[37] Erst diese grundlegende Gewissheit erlaubte es Blondel, seine Aufgabe als christlicher Philosoph zu erfüllen, »eng ins Joch gebunden zu sein und dabei frei alle verkehrten Wege des emanzipierten Denkens abzulaufen.«[38]

II. Die philosophische Relevanz

Das führt zur Betrachtung der anderen Dokumentation, die sich in den *Carnets* findet, die Hinweise zur Abfassung der *Action*. Diese zu erwartenden Informationen ließen die Veröffentlichung der *Carnets* schon seit langem als wünschenswert erscheinen, und die Erwartung

---

[35] Vgl. u. a. 14. Jan. 1889, *C.I.*, S. 168/186; 30. Jan. 1889, *C.I.*, S. 172/190; 19. Apr. 1889, *C.I.*, S. 198/216 f.; 23. März 1890, *C.I.*, S. 346/367; 25. Jan. 1891, *C.I.*, S. 284/406; 27. März 1891, *C.I.*, S. 394/417; 27. April 1893, *C.I.*, S. 486/514; 10. Aug.1894, *C.I.*, S. 527/556.

[36] Vgl. u. a. 2. Nov. 1887, *C.I.*, S. 111 f./127 f.; 30. Mai 1889, *C.I.*, S. 217 f./236; 19. Aug. 1889, *C.I.*, S. 239/258; 19. Okt. 1891, *C.I.*, S. 431/436; 8. Mai 1892, *C.I.*, S. 462 f./489; 5. Dez. 1892, *C.I.*, S. 470/497; 23. Febr. 1894, *C.I.*, S. 507/535; 9. Sept. 1894, *C.I.*, S. 531/560; 31. Okt. 1894, *C.I.*, S. 537/565 f.

[37] 17. Juli 1894, *C.I.*, S. 517/547; siehe auch schon 3. April 1889, *C.I.*, S. 193/211: »Das ist der große Schmerz und das unschätzbare Verdienst des Gläubigen: Gott nirgends in der Welt zu finden, und so zu handeln, als ob dieser Gott, an den er glaubt und dem er dient, nicht wäre. Wie oft habe ich diese absolute Leere empfunden, dies Nichts des menschlichen Daseins in der Fülle des göttlichen Glaubens! Je mehr uns Gott zu entgleiten scheint, desto mehr müssen wir ihn zurückhalten.«

[38] 14. Juli 1894, *C.I.*, S. 518/546.

ist nicht enttäuscht worden. In den *Carnets* findet sich eine Fülle wertvoller Angaben über das langsame Heranreifen der Doktorthese Blondels, über ihre verschiedenen Redaktionsstufen, über Blondels Arbeits-
methode, über das, was er gelesen hat, und über die Einflüsse, die er in
sich aufnahm. Der Philosophiehistoriker wird bedauern, dass die Herausgeber glaubten, »in der vorliegenden Veröffentlichung die Aufzählung von Ortswechseln, Korrespondenzen und Besuchen, bibliographische Angaben, Themen für schriftlichen Arbeiten [...] usf.« auslassen
zu müssen.[39] Eine Goldmine philosophiegeschichtlicher Informationen
wird dem Leser damit vorenthalten. Doch das Gebotene ist immer noch
reich genug, um der Blondeldeutung neue Anstöße zu geben.

Immer wieder versucht Blondel, sich auf der Suche nach seiner
Berufung den Sinn seines philosophischen Unternehmens zu klären[40];
er entwirft Pläne für sein Werk[41]; er setzt sich mit der philosophischen
Meinung anderer Denker auseinander (es sind ungefähr achtzig solcher Auseinandersetzungen zu finden[42], wobei die Namen Kants und
Pascals weitaus am häufigsten aufscheinen), er hält Bausteine für eine
Phänomenologie des Tuns fest[43] und stellt zahlreiche andere philosophische Überlegungen an. Die Aufzeichnungen Blondels können namentlich einen besonders dunkeln Punkt seiner Philosophie erhellen,
an den sich die Interpreten bisher nur zögerlich heranwagten: die Herkunft und die genaue Bedeutung seines »Panchristismus«.[44] Kein In-

---

[39] *C.I.*, S. 15/31.
[40] Vgl. insbesondere 28. Febr. 1884, *C.I.*, S. 39/55; 14. März1884, *C.I.*, S. 45/61 f.; 8. Dez.
1886, *C.I.*, S. 95/112; 7. Okt. 1888, *C.I.*, S. 147/164; 12. Okt. 1888, *C.I.*, S. 148/165;
24. Okt. 1888, *C.I.*, S. 150/167; 12. Sept. 1889, *C.I.*, S. 252/270; 14. Jan. 1890, *C.I.*,
S. 309/329; 9. Febr. 1890, *C.I.*, S. 322/343; 28. März 1890, *C.I.*, S. 348 f./269 f.; 7. April
1890, *C.I.*, S. 356/377 f.; 7. Aug. 1894, *C.I.*, S. 525 f./554; 23. Sept. 1894, *C.I.*, S. 534/563.
[41] 23. März 1889, *C.I.*, S. 189/207; 11. Nov. 1889, *C.I.*, S. 269/287 f.
[42] Das Namensregister, das dem zweiten Band der *Carnets* beigefügt wurde (*C.I.*, Bd. II,
S. 400–404), ist nützlich, aber unvollständig.
[43] Vgl. vor allem 2. Febr. 1884, *C.I.*, S. 36/52; 10. Okt. 1886, *C.I.*, S. 85/102; 18. Nov.
1886, *C.I.*, S. 92 f./109 f.; 31. Dez. 1886, *C.I.*, S. 97/114; 27. Okt. 1887, *C.I.*, S. 109–111/
125–127; 22. Jan. 1888, *C.I.*, S. 124 f./141; 23. März 1889, *C.I.*, S. 188 f./206 f.; 6./7. April
1889, *C.I.*, S. 194–196/212–214; 18./19. April 1889, *C.I.*, S. 198 f./216 f.; 17. Mai 1889,
C.I., S. 211/230; 27. Mai 1889, *C.I.*, S. 216/235; 31. Mai 1889, *C.I.*, S. 218/236 f.; 25. Juli
1889, *C.I.*, S. 231/250; 28. Jan. 1890, *C.I.*, S. 315 f./336; 20. Mai 1891, *C.I.*, S. 411/434 f.;
15. Okt. 1891, *C.I.*, S. 430/455; 12. Febr. 1892, *C.I.*, S. 449/476, und *passim*.
[44] Die wichtigsten Texte zum Panchristismus finden sich: 14. März 1884, *C.I.*, S. 45/
61 f.; 22/24. Okt. 1886, *C.I.*, S. 88 f./105 f.; 3. Dez. 1887, *C.I.*, S. 113 f./129 f.; 23. Jan.
1888, *C.I.*, S. 125 f./141 f.; Osterferien 1888, *C.I.*, S. 134/150; 13. Febr. 1889, *C.I.*,

terpret des Denkens Blondels wird künftig das in den *Carnets* vorgelegte Material außer Acht lassen können.

Und doch liegt das Hauptinteresse der *Carnets* für die Blondeldeutung nicht in ihren ausdrücklich philosophischen Passagen, sondern vor allem darin, dass sie insgesamt die wichtigste Quelle für die Philosophie der Aktion waren. Wer im Blondel-Archiv die großen *Plans*, die Gliederungsentwürfe für die *Action* gesehen hat, die vollgestopft sind mit Verweisen auf die *Carnets*,[45] konnte schon immer vermuten, dass zwischen den beiden Texten ein enger Zusammenhang bestehen muss. Die Veröffentlichung von Blondels *Carnets* lässt trotz den vorgenommenen Kürzungen diesen Zusammenhang nun genauer bestimmen, und sie zeigt darüber hinaus, dass dieser Zusammenhang noch viel enger ist als bisher vermutet. Den Stoff für die Philosophie der *Action* hat in erster Linie das Leben des Philosophen selbst geliefert; sein Werk ist aus einer Art Experimentation an sich selbst erwachsen[46], die ihren Niederschlag in den *Carnets* gefunden hat. Ein solches Vorgehen ist in der Tradition der französischen Philosophie nicht unüblich,weil diese Philosophie seit Descartes auf weite Strecken eine Philosophie des Selbstbewusstseins ist. Blondel vermerkt das ausdrücklich schon zu Beginn seiner Aufzeichnungen: »Ich will, dass mir diese geheime Niederschrift […] als unversehrte Hinterlage diene […], darin ich meine Kraft schöpfen und mich selber nehmen will, um mich zu verschenken.«[47]

Deshalb mussten hier zuerst die Hauptthemen der Spiritualität Blondels angesprochen werden. Die gleichen vier Themen haben auch die Philosophie Blondels entscheidend mitgeprägt. Blondels *eucharistische Frömmigkeit* verleiht seinem Denken einen konkreten und realistischen Zug, einen Spürsinn für die Sakramentalität der Materie, die sie zu einem Ort der Gottesbegegnung werden lässt. Das Thema des *Todes* hat nicht nur zwei der tiefsinnigsten Seiten der *Action* ange-

---

S. 175/193; 1. März 1889, *C.I.*, S. 179/197; 11. Juni 1889, *C.I.*, S. 222/240 f.; 30. Nov. 1889, *C.I.*, S. 280/299; 25. Dez. 1889, *C.I.*, S. 294/313; 18. Febr. 1890, *C.I.*, S. 327/348; 28. Febr. 1890, *C.I.*, S. 335/356; 30. Mai 1890, *C.I.*, S. 357/378; 2. Okt. 1891, *C.I.*, S. 428/453; 28. Jan. 1893, *C.I.*, S. 477/505; 3. Aug. 1894, *C.I.*, S. 524/552 f.

[45] Deswegen bleibt eine ungekürzte Ausgabe der *Carnets* mit Angabe der Originalpaginierung nach wie vor ein dringendes Anliegen für die Blondelforschung.

[46] 27. Jan. 1890, *C.I.*, S. 315/335 f.

[47] 3. Dez. 1883, *C.I.*, S. 18/34.

regt[48]; sie steht auch im Hintergrund des Kapitels über »Das Leben des Tuns«[49], das im *Manuscrit-Boutroux* noch den Untertitel trug *Le trépas en la vie* (»Das Sterben zum Leben«). Das Thema des *Leidens* ist das Grundthema der großartigen Fuge der Seiten 380–384/404–409, und es hat schon zuvor im Aufweis des »scheinbaren Scheiterns des gewollten Tuns« eine entscheidende Rolle gespielt.[50] Schließlich ist das Doppelthema von *Zeit und Ewigkeit* unter Gestalt des in unserem endlichen Wollen mitenthaltenen Unendlichen fast auf Schritt und Tritt gegenwärtig. Allein in den Überschriften der beiden letzten Teile der *Action* hat Blondel bei der Schlussredaktion dreimal die Worte »ewig« und »Ewigkeit« gestrichen. Man wird aber auch bemerken, dass sich die Themen des Todes und des Leidens, die sich in den Tagebüchern und im Leben Blondels fast bis zum Überdruss wiederholen, im philosophischen Werk nur kondensiert, auf ihre richtigen Proportionen reduziert und an dem ihnen zukommenden Platz wiederfinden. Blondels Doktorthese kupfert nicht einfach seine Spiritualität ab; sie ist deren Ergebnis.

Eine ähnliche Bemerkung ist auch bezüglich einer noch grundlegenderen Abhängigkeit der Doktorthese von den *Carnets* zu machen. Die Philosophie des Tuns, der *action*, entspringt zweifellos aus der spirituellen Erfahrung Blondels. Ihre Grundidee, die Überlegenheit des Tuns gegenüber dem Denken, der *action* gegenüber der philosophischen Theorie, stammt aus Blondels wichtigster geistlicher Erfahrung, die Gott und Seinen Willen im Tun fand. Das geistliche Leben war für Blondel keine Schlussfolgerung aus einer (gegebenenfalls theologischen) Theorie, und das darf es auch nicht sein; denn »das Denken ist die gefährlichste Form der Eigenliebe«.[51] Man muss sich vielmehr »immer wieder der unfehlbaren Inspiration der Kirche und ihres Hauptes anvertrauen; in Ihm allein ist unser wahres Denken beheimatet. Er ist unser Haupt, seit wann haben denn die Glieder den Auftrag zu denken?«[52] Das geistliche Leben ist, vor allem im persönlichen Erfahren, ein Leben unter der Führung des Heiligen Geistes: »Suchen wir immer, leer zu sein von uns selber, leicht und durchsichtig, damit das leiseste

---

[48] *Action*, S. 334/359, 445/471.
[49] Ebd., S. 374–393/399–413.
[50] Ebd., S. 325 ff./351 ff.
[51] 17. Okt. 1888, *C.I.*, S. 149/166.
[52] Ebd.

Fächeln des inneren Geistes uns lenke und davontrage, damit die unmerklichsten Strahlen bis zur Seelenspitze dringen; denn im Tun, von unten her sozusagen, durch den Leib und seine Emotionen und Akte steigt das Licht des demütigen Jesus bis zum Willen auf.«[53] Auch hier kommt das Tun an erster Stelle, und darauf folgt als zweites das reflektierende Denken; denn »alle persönlichen Einsichten und praktischen Überlegungen sollten durch eine hinreichend exakte Reflexion so verdaut sein, dass sie lehrbar werden.«[54] Der Grund für diese Ordnung liegt darin, dass das geistliche Tun kraft des göttlichen Gebotes oder der Eingebung des Heiligen Geistes, denen es folgt, über eine Fülle verfügt, die das Denken noch nicht erreicht hat: »Echte Unterweisung gibt es nur in dem Masse als wir auf die innere Stimme horchen. In dieser Innerlichkeit des persönlichen Lebens finden wir die wahre Wirklichkeit; hier gibt es das, was durch uns ist, für uns, dank dem Zusammenwirken von Schöpfergeist und der durch eine Art natürliche und beständige Inkarnation befruchteten Geistseele. Alle unsere Wissenschaften sind nur nach außen projizierte Subjektivität; die wahre Erkenntnis des Objektiven findet sich in der Wissenschaft des Tuns, in der ethischen Erfahrung.«[55] Hier liegt der Ansatzpunkt für Blondels Immanenzmethode. Blondel hat unter Immanenz etwas ganz anderes, ja geradezu das Gegenteil von dem verstanden, was ihm sowohl von den Modernisten wie von den Antimodernisten angedichtet wurde.

Noch bleibt jedoch die Frage offen, ob das, was vom geistlichen Tun unter Führung der Gnade gilt, ohne weiteres in eine allgemeine Philosophie des Tuns übersetzt werden kann. Blondel hat diese Schwie-

---

[53] 7. Apr. 1889, *C.I.*, S. 195 f./213.

[54] 15. Juli 1889, *C.I.*, S. 228/247.

[55] 30. Apr. 1889, *C.I.*, S. 205/223. Dieser Text enthält ein Problem, das sich bei Lektüre der *Carnets intimes* öfters stellt: Hat Blondel den übernatürlichen Beistand des Heiligen Geistes für einen Menschen im Stand der Gnade im Auge oder das allgemeine Mitwirken Gottes mit dem Menschen? Den Gedanken eines göttlichen Mitwirkens und das Grundschema dafür hat Blondel zweifellos aus der christlichen Spiritualität übernommen; doch in seiner Wortwahl zeigt er des öfteren an, dass er diese ursprünglich christliche Wahrheit in einem weiteren Sinn verstanden wissen will. Auf die Gefahr, die ein solches Vorgehen mit sich bringen kann, ist Blondel nach einem Gespräch mit Léon Ollé-Laprune aufmerksam geworden: »Ich weiß, ich muss mich eines falschen Mystizismus erwehren, der die Rolle und die Macht des Menschen übersteigert, der ihm überall das Unendliche gibt, überall die Inkarnation auf ihn anwendet, ihn der Natur entkleidet, um ihm nur eine naturalisierte Übernatur zu lassen.« (4. März 1890, *C.I.*, 336/357).

rigkeit gesehen: »Die intellektuelle Gewissheit geht anfangs der praktischen Überzeugung voraus und übertrifft sie; dann wächst die moralische Gewissheit grenzenlos durch die Aufschwünge des Herzens und die Siege des Willens. – Zwei klar getrennte Teile sind zu behandeln: Die ethische Psychologie des Heiden, der den Zugang sucht zur vollständigen und lebendigen und praktischen Wahrheit, das naturhafte Handeln, das dem bisschen Licht, das die Vernunft dem Menschen gewährt, treu bleibt; sodann die praktische Psychologie des Christen, der, eingetreten in das Gebiet der Macht [des Geistes], mit der souveränen Effizienz Gottes handelt und unvergleichlich mehr tut als er versteht.«[56]

Später wird Blondel einsehen, dass diese dialektische Gegenüberstellung von Heiden und Christen auf Grund einer ebenso dialektischen Umkehrung des Verhältnisses von Denken und Tun zu kurz greift. Es gilt vielmehr, eine eigenständige Philosophie zu entwerfen, die schlussendlich und notwendig dorthin führt, wo Blondel sich von Anfang an befindet: »Es ist in Ordnung, dass der Gedanke, der mich zu allererst auf den Weg gesetzt hat, in seiner philosophischen Untersuchung erst am Schluss wieder auftauchen kann, während ich umgekehrt erst zuletzt meinen scheinbaren Ausgangspunkt gefunden habe. Es geht hier darum, jene Denker anzusprechen und sie in das Herzstück meines Denkens zu führen, die am weitesten davon entfernt sind«[57] – eine Einsicht, die Blondel von Ollé-Laprune bestätigt wurde.

Wir brauchen hier den Weg nicht nachzuzeichnen, der nach diesem Konzept das Denken und das Tun von den äußersten Verirrungen des Dilettantismus à la Barrès und Renan und des schopenhauerschen Nihilismus zu jener Mitte zurückgeführt hat, die das Herzstück des geistlichen Lebens Blondels war. Noch weniger ist hier der Ort, die philosophische Gültigkeit der Methode Blondels zu erörtern.[58] Nur das Eine sollte aufgezeigt werden: Wenn Blondel sich in echter Weise zu einem Apostolat als Philosoph berufen fühlte, dann hat ihm gerade die Erfahrung dieser Berufung und ihre durchlittene Geschichte die Mittel an die Hand gegeben, als Philosoph seiner Berufung nach-

---

[56] 23. März 1889, C.I., 189/207 in Diskussion mit Kant. Ich lese, dem Kontext entsprechend, *conséquente* statt *inconséquente*.

[57] 12. Febr.1890, C.I., 324/344.

[58] Vgl. dazu die beiden vorstehenden Beiträge und den Beitrag *Zwischen Transzendentalphilosophie und christlicher Praxis*.

zukommen. Und wenn Blondels Philosophie bereits mehr als einer Generation geholfen hat, ihre Vernunft mit ihrem Glauben in Übereinstimmung zu bringen[59], dann könnte die Geschichte des Entstehens dieser Philosophie einer andern Generation helfen, die Nahtstelle und die Verbindung zwischen ihrem geistlichen Leben und ihrem Beruf als Philosophen zu finden.

---

[59] Vgl. dazu BOUILLARD, *Christianisme,* S. 41/45.

Maurice Blondel als Leibniz-Schüler (1966)

Nach den Quellen seiner Philosophie befragt, nannte Blondel seine Lehrer Léon Ollé-Laprune und Émile Boutroux und eine Reihe theologischer Quellen, aber nur zwei Philosophen als positive Anreger: Leibniz und Maine de Biran.[1] Es waren die ersten Philosophen, von denen er Kenntnis bekam. Schon als Schüler des Lyzeums folgte Blondel im Winter 1878/79 den öffentlichen Vorlesungen Henri Jolys an der Fakultät von Dijon über »Optimismus und Pessimismus«, und zwei Jahre darauf hört er beim gleichen Professor einen *Cours d'aggrégation* über Leben und Werk von Leibniz. Die Nachschriften beider Vorlesungen hat Blondel sorgfältig aufbewahrt.[2] 1879 schreibt er als Schularbeit einen ersten Aufsatz über Leibniz.[3]

In den Vorlesungen über »Optimismus und Pessimismus« zeigte Joly, wie im 17. und 18. Jahrhundert das Problem der Glückseligkeit zunächst von Gott her gestellt wurde und erst später vom Menschen her. Die theozentrische Fragestellung lasse den Optimismus eines Leibniz verstehen, gebe aber neue Probleme auf. Die Grundfrage der *Action:* »Ja oder nein, hat das menschliche Leben einen Sinn und hat der Mensch eine Bestimmung?«, die Blondel vom Menschen und nicht von Gott her stellt und lösen will, ist möglicherweise ein spätes Echo auf diese Vorlesung.

---

[1] BLONDEL-VALENSIN, Bd. III, S. 177 f., vgl. auch *Itinéraire*, S. 56 f./29 f./39. und ARCHAMBAULT, S. 49 f.

[2] Ein Heft mit dem Titel *Cours et Conférences de M. Joly sur Leibniz* (Archives Louvain, n° 42.152–42.218). Nach den dort eingetragenen Daten ist die Angabe in *Énigme*, S. VII, zu berichtigen.

[3] Vgl. BRUN, S. 29 f. Diese Schularbeit Blondels, die nicht beim Blondelnachlass, sondern in der Universität Dijon aufbewahrt wird, war mir leider nicht zugänglich.

I. Das Vinculum substantiale

Die anthropozentrische Behandlung der Frage nach dem Sinn des Lebens ist jedoch eine relativ späte Entwicklung im Werdegang Blondels. Grundlegender für Blondels Denken war die Leibnizvorlesung Jolys. In ihr begegnete Blondel jenem Gedanken des Leibniz, der zur Keimzelle seiner ganzen Philosophie werden sollte[4], dem *vinculum substantiale*.[5] In dieser Altershypothese, die sich nur im Briefwechsel mit dem Jesuiten Des Bosses findet, wächst Leibniz über sich selbst hinaus. Er erkennt die Lücke in seinem System, anerkennt sie und versucht sie durch einen neuen philosophischen Entwurf zu überwinden. Blondel wird später der Ansicht sein, dass sich in dieser Hypothese der einzige Ausweg auftat, »den Leibniz angesichts der *Kritiken* Kants hätte einschlagen können, um Leibnizianer zu bleiben.«[6] Schon bei seiner ersten Begegnung mit der Vinculumhypothese sah Blondel in ihr – wenn wir seinen Erinnerungen, fast fünfzig Jahre später, Glauben schenken dürfen[7] – viel mehr als eine Gefälligkeitslösung zur Rettung der katholischen Transsubstantiationslehre: die Grundlage für eine neue Ontologie der materiellen Welt und der menschlichen Gesellschaft. Die Vinculumhypothese eröffnete Blondel den Ausblick auf ein synthetisches und prospektives Philosophieren, das seinem eigenen, wohl mehr erahnten als klar umrissenen philosophischen Anliegen (Blondel war erst 19 Jahre alt) in einer Art prästabilierter Harmonie zu entsprechen schien. Und sie bekehrte den Franzosen Blondel, der auch später noch gegen die *obscurités germaniques* wettern wird, von einem kartesianisch-analytischen zu einem Ganzheitsdenken deutschen Typs.

Jedenfalls ließ Blondel die Hypothese des *vinculum substantiale* fortan nicht mehr aus den Augen. Er nimmt sie 1882 zum Gegenstand seiner mündlichen und schriftlichen Jahresarbeit an der École Normale Supérieure.[8] Die Probelektion sieht in der Philosophie des Leibniz ein

---

[4] Vgl. *Énigme*, S. V f., *Itinéraire*, S. 57/29 f./39, und den Brief an Archambault vom April 1925.
[5] Joly setzte dieses recht undifferenziert mit dem Problem der *substantia composita* gleich, was sich noch im Titel der lateinischen Dissertation Blondels widerspiegeln wird.
[6] Begleitbrief zur Übersendung der Vinculum-Schrift an einen Professor der Philosophie (Lachelier? Brunschvicg?) am 25. Juni 1893 (Archives Louvain, B n° 12.225–12.125).
[7] Vgl. *Énigme*, S. VII f.
[8] Vgl. ebd. S. X–XII. Beide Arbeiten befinden sich im Blondel-Archiv (Archives Louvain

immer tiefer gehendes Bemühen, Einheit in die reine Vielheit der Materie zu bringen, und sie stellt das Vinculum als Krönung dieses Bemühens dar. Dabei lässt ein weitgehender Gebrauch kantischer Termini bereits erahnen, dass Blondel in Leibniz einen virtuellen Überwinder Kants sieht. Die schriftliche Arbeit beschäftigt sich dagegen mit der Vorfrage nach Leibniz' Aufrichtigkeit im Briefwechsel mit Des Bosses. Sie wird als erstes Kapitel in Blondels lateinische Doktorarbeit *De vinculo substantiali et de substantia composita apud Leibnitium* eingehen.[9]

Was diese Schrift zur Leibnizforschung beigetragen hat, indem sie das leibnizsche Altersproblem, auf das das Vinculum antworten sollte, ernst nehmen ließ, braucht hier nicht weiter ausgeführt zu werden. Es genügt, auf die Monographie von Vittorio MATHIEU über *Leibniz e Des Bosses (1706–1716)*[10] zu verweisen und auf das, was Yvon BÉLAVAL in seinem *Leibniz. Initiation à sa philosophie* über das Vinculumproblem schreibt.[11] Was uns hier interessiert, ist die Tatsache, dass aus der Arbeit an Leibniz das Hauptwerk Blondels, *L'Action*, herausgewachsen ist, nach Art eines »Ablegers, der schließlich ein Eigenleben zu führen begann«, wie Blondel in einem Brief an seinen Freund Victor Delbos schreibt.[12] Einen Hinweis auf diese Abhängigkeit kann man darin sehen, dass die ersten Aufzeichnungen für die *Action* im November 1882 entstanden sind, also genau zu der Zeit, als Blondel über das Vinculum arbeitete, und dass sie ausdrücklich auf das Vinculum Bezug nehmen.[13] Diese Zusammenhänge sowie unveröffentlichte Notizen und Zettel Blondels, die das Abhängigkeitsverhältnis erhärten, ermächtigen zur Feststellung, das die leibnizsche Hypothese eines *vinculum substantiale* nicht nur der Wurzelgrund ist, aus dem Blondels eigene Philosophie erwächst, sondern auch ihr Schlußstein, der das ganze Gebäude zusam-

---

n° 44.749–44.877: »Étude des lettres de Leibniz au P. Des Bosses«, datiert »Juillet 1883«. Darin n° 44.748–44.817 »Préparations« und n° 44.829–44.877 »Texte définitif«).

[9] Lutetiae Parisiorum: Alcan, 1893. Im *Appendix C* teilt Blondel zwei Briefe von Des Bosses und von Tolomei mit, die er bei seinen Nachforschungen im Leibniz-Archiv in Hannover entdeckt hat.

[10] Torino: Giapichelli, 1960.

[11] Paris: Vrin, 1962, S. 187 f. und 240 f.

[12] *Lettres philosophiques*, S. 17, vgl. S. 10.

[13] Vgl. BOUILLARD, *Christianisme*, S. 198/234; SAINT-JEAN, *Genèse*, S. 52–54, und vor allem D'AGOSTINO, S. 431–441.

menhält und von dem her es verstanden werden muss. Zur Erhellung dieser Feststellung müssen hier zwei Andeutungen genügen.

Blondel spricht in der *Action* an zwei Orten ausdrücklich vom Vinculum, im Kapitel über die Naturwissenschaften[14] und im nachträglich eingefügten letzten Kapitel, das eine Ontologie entwirft.[15] Diese beiden Kapitel durchformen vorausschauend und rückblickend das ganze Werk. Aus Blondels (für die damalige Zeit erstaunlich klarsichtiger) Kritik der naturwissenschaftlichen Methoden mit ihren Bruchstellen ergibt sich die Forderung nach einem die Wissenschaften und ihren Gegenstand konstituierenden Vinculum, das Blondel im Tun des Wissenschafters findet. Deshalb ist zur Erklärung und Begründung der Wissenschaft eine Philosophie des Tuns, der *action* notwendig – sozusagen als Weiterführung der Wissenschaftskritik Kants. Nachdem Blondel diese Philosophie in den folgenden Kapiteln in einer Art Phänomenologie des menschlichen Tuns entworfen hat, reflektiert er im angefügten letzten Kapitel auf seine Gedankengänge und wägt ihr ontologisches Gewicht aus. Dieses findet er wiederum in der Vinculumfunktion des Tuns; doch diese muss nun an einem höheren, absoluten und die ganze Erfahrungswelt als solche begründenden Vinculum festgemacht werden.

Zweitens und allgemeiner gesehen, baut Blondel nicht nur die Philosophie der *Action*, sondern auch seine späteren Werke jeweils von der Frage nach der *équation* her auf, d. h. von der Frage, wie zwei einander entgegengesetzter Aspekte mit einander zum Ausgleich kommen können. So fragt er schon in der *Action* nach der *équation* der *volonté voulue*, des konkreten, objektbezogenen Willensaktes, mit der ihm zugrunde liegenden *volonté voulante*, dem Wollen als Subjekt, und später in *La Pensée* nach der *équation* der logisch-analytischen *pensée noétique* mit der spirituell-unitiven *pensée pneumatique*. Diese fast durchgängige Problemstruktur des blondelschen Denkens entspricht weitgehend der Problemstellung, die Leibniz mit der Vinculumhypothese lösen wollte. Dort ging es um die Versöhnung von logisch-mathematischem Idealismus mit einem spiritualistisch-theistischen Realismus.

Doch lassen wir diese Andeutungen, und wenden wir uns einer Schwierigkeit zu, die zu einer weiteren Feststellung und zu einem wei-

---

[14] *Action*, S. 45–102/69–129, namentlich S. 88–90/114–116.
[15] *Action*, S. 424–465/450–491, insbesondere S. 454–456/480–482.

teren Ausblick auf die Vinculumproblematik führen kann. So richtig die Feststellung sein mag, dass das leibnizsche Vinculum einen wichtigen Schlüssel für ein angemessenes Blondelverständnis bildet, scheint das doch noch nicht dazu zu berechtigen, Blondel als Leibnizschüler zu betrachten. War Blondels frühe Begegnung mit Leibniz nicht eher ein Zufall, und hätte ein anderer Denker nicht ebenso gut die Stelle von Leibniz einnehmen können? Leibniz scheint eher als Katalysator für Blondels eigenes Denken gewirkt zu haben, denn als eigentliche Quelle für Blondels Philosophie. Unter dem gleichen Namen und ausgehend von einer ähnlichen Problemstellung liefen vielleicht bei Leibniz und bei Blondel zwei völlig verschiedene Gedankenreihen ab. Ist es nicht bezeichnend, dass die Anregung, die Blondel von Leibniz empfing, von einer Hypothese ausging, die Leibniz zwar ernsthaft erwogen, aber sich nie wirklich zu eigen gemacht hat? Blondel hat denn auch in seinen historischen Arbeiten zu Leibniz nie mehr behauptet als die Ernsthaftigkeit seiner Fragestellung. Er ist sich bald darüber klar geworden, dass er in seinem ersten Eifer weitgehend eigene Gedanken und Problemstellungen in Leibniz hineingelesen hatte. Schon am 22. März 1884 notiert er in seinem Tagebuch: »Nach dem Studium des *vinculum substantiale* im Briefwechsel zwischen Leibniz und P. Des Bosses, im Juni glaube ich, gelangte ich allmählich zur Einsicht, es gebe dort eine Art vorweggenommene Widerlegung des modernen deutschen Geistes, eine metaphysische Überbietung des Pantheismus, die diesen selbst zerstört. Heute glaube ich nicht mehr daran, dass es bei Leibniz etwas derartiges gibt; allerhand ethische, patriotische, egoistische, eitle und religiöse Anliegen beeinflussten mich, und diesem Gedanken, der einem unrechtmäßigen Ableger aus Leibniz entspross, pfropfe ich das verworrene Dickicht meines eigenen Lebens auf.«[16] Diese Aufzeichnung zeigt zwar, dass Blondel dem Einfluss des Leibniz nicht ungewollt erlegen ist, sondern ihn, wie Jean BRUN bemerkt, »bewusst gesucht« hat[17]; sie zeigt aber auch, dass dieser bewusst gesuchte Einfluss Blondel keineswegs zum Leibnizianer werden ließ, sondern ihm nur die Ausarbeitung seiner eigenen Philosophie erleichtert hat.

---

[16] *C.I.*, S. 47 f./64.
[17] BRUN, S. 26.

II. Die Monadologie

Es gibt jedoch noch eine andere, mehr untergründige und schwerer zu fassende Abhängigkeit Blondels von Leibniz, über die er sich wohl nur teilweise Rechenschaft gegeben hat. Sie besteht darin, dass Blondel den ontologische Rahmen seiner Philosophie, sozusagen das Grundgewebe, in das er sein eigenes Denken einstickt, weitgehend von Leibniz übernommen hat.

Schon gewisse terminologische Eigenheiten im Frühwerk Blondels weisen in diese Richtung. Immer wieder finden sich da leibnizianische Ausdrücke, wie *harmonie, harmonieux, symboliser, force, déterminisme, double série des causes efficientes et des causes finales,* usf. Noch deutlicher zeigt sich diese leibnizianische Prägung im Spätwerk Blondels. Seinem anthropozentrischen Früh- und Hauptwerk *L'Action* ließ Blondel im Alter eine ontologische, genauer gesagt ontozentrische Trilogie folgen. Zwei prägende Grundgedanken dieser Trilogie gelten als besonders kennzeichnend: die *pensée cosmique,* die Blondel auch der unbelebten Natur zuerkennt, und die normative Ontologie, welche an die Stelle eines feststehenden Wesens der Seienden eine zielgerichtete Werde- und Wirknorm setzt. Diese beiden Gedanken umreißen eine Ontologie, die jener der *Monadologie* erstaunlich ähnlich sieht. Blondel hat sie nicht erst für die Trilogie ausgearbeitet; sie gehört zu seinem ältesten Gedankengut. Die normative Ontologie ist schon in der *Logique de la vie morale* vorgebildet, die Blondel 1900 am I. Internationalen Philosophenkongress vorgetragen hat. Sie führt Gedanken weiter aus, die sich schon im *calcul de la responsabilité*[18] und in einigen logischen Erwägungen der *Conclusion* der *Action* finden.[19] Mit dieser neuen Logik greift Blondel einen Plan auf, der Leibniz zeitlebens am Herzen lag.[20] Wenn er um dieser Logik willen sein eigenes Denken gelegentlich als Panlogismus bezeichnet[21], dann ist dabei weniger an Hegel als an Leibniz zu denken.

Was anderseits die *pensée cosmique* (und damit die ganze Struk-

---

[18] *Action,* S. 362 f./387 f.

[19] *Action,* S. 470–472/495–499. Diese logischen Überlegungen sind nicht als ein unverbindliches Korollar zur *Action* zu verstehen; sie gehören vielmehr zu ihrem Urbestand, vgl. SAINT-JEAN, *Genèse,* S. 53 f., und *Lettres philosophiques,* S. 10, 12, 14, 18.

[20] Blondel verweist auf GERHARDT, Bd. III, S. 183; Bd. VII, S. 182 f. (*Logique,* S. 123/524 und *Être,* S. 469 und 480).

[21] In: LALANDE, S. 1232; jetzt auch in: *Oeuvres,* Bd. II, S. 343.

tur der Trilogie[22]) betrifft, ist es bedeutsam, dass wir diese zwar in der
Action kaum angedeutet finden[23], dass sie aber die erste der vier vorbereitenden Niederschriften des Werkes beherrscht hat.[24] Der *Premier
Brouillon* aus dem Jahr 1888 stellt das Problem des Tuns von Anfang an
in den Rahmen einer Gesamtphilosophie des Denkens und des Seins.
»Ich werde das Denken, die Wahrnehmung des Universums, als Quelle
des Tuns aufweisen«, so stellt Blondel sein Projekt vor. »Ich werde sehen, wie diese ursprüngliche Kraft [!], welche die Kräfte der Welt in
sich schließt, die Organe in Bewegung setzt und das Kommando über
die elementaren Bewusstseine übernimmt, die ihrerseits diese leitende
Idee und diese Persönlichkeit zurückweisen oder verwirren können
[…]. Ich werde zeigen, wie diese Erfahrung im Tun, durch eine natürliche Rückwirkung, das Denken erhellt und nährt. So schließt sich der
Kreis: Vom Denken ausgehend kommen wir zum Denken zurück, doch
nicht ohne dabei voranzuschreiten […].«[25] Und einige Seiten weiter:
»Sein, Denken, Tun sind immer das gleiche Problem, sie sind die dreifache Ansicht ein und derselben Wirklichkeit.«[26] Angesichts dieser
frühen Entwürfe erscheint die anthropologische Reduktion im endgültigen Text der *Action* als eine Art Zwischenspiel, eine Konzession, die
Blondel dem philosophischen Zeitgeschmack machen musste, während
sein Denken von Anfang an eine ontologische Gesamtschau im Blick
hatte, die in großer Nähe zur Monadologie steht. Ein kurzer Durchblick durch die ersten Seiten des Entwurfs von 1888 kann davon über-
zeugen.

Der Entwurf setzt ein mit der These von der allgemeinen Solidarität, dem Einfluss aller auf alle. »Im Ballett der Atome bleibt keines
außerhalb des Reigens […]: allgemeiner Zusammenklang und Zusam-

---

22 Vgl. Tresmontant, S. 49–66.
23 Vgl. immerhin *Action*, S. 92 f./118 f. und 96/123.
24 Vgl. den Überblick über diese Manuskripte im Literaturverzeichnis und bei Saint-
Jean, *Genèse*, S. 242 f.
25 *Premier Brouillon* (Archives Louvain, n° 71 f.): »Je montrerai la pensée, perception de
l'universel, source de l'activité. Je verrai cette force originale, en possession des forces du
monde, ébranler les organes, et commander aux consciences élémentaires, qui, de leur
côté, peuvent repousser ou troubler cette idée directrice et cette personnalité […] Je ferai
voir comment, par un retour naturel, cette expériene pratique éclaire et nourrit la pensée. Ainsi se fermera le cercle: partis de la pensée, nous reviendrons à la pensée, mais non
sans avancer […].«
26 Ebd., n° 87: »Être, pensée, action, c'est le même problème, c'est le triple aspect d'une
même réalité.«

menhang.«[27] Im Abspiegeln dieses All-Zusammenhanges, der Leben bedeutet[28], gibt es *centres de perception*, Wahrnehmungszentren, die besondere Gruppierungen abbilden und überherrschen *(dominent)*. *Omnia, quamquam diversis gradibus, animata sunt.*[29] Zwar finden sich die Elemente jeweils nur in Zusammensetzungen *(composés)*, und diese *composés* bilden eine aufsteigende Hierarchie: von der Materia prima zum Äther, zu den Elementarteilchen, zu den chemischen Verbindungen und Kristallen, zu den Organismen, zu den Gesellschaften, zum Gleichgewicht der Nationen, zur ganzen Menschheit und schließlich zum »ethischen Reich [Gottes] und zur vollkommenen Einigung durch die Verbundenheit der Geistseelen«.[30] Doch jedes Element für sich ist wirklich, und jede weitere Stufe von Zusammensetzungen stellt etwas heterogen Neues dar. Darin zeigt sich im Gegensatz zur Univozität der Monadologie der Ansatz zu einem analogem Denken: »All das existiert je für sich, es existiert gemeinsam und existiert in Solidarität mit allem anderem. Alles ist solidarisch. Alles ist solitär.«[31]

Sofern nun ein Wesen die Welt in sich ausdrückt, ist es passiv; soweit es dagegen als Synthese etwas Neues darstellt, ist es aktiv. Es ballt in sich, als *force accumulée*[32], angesammelte Kraft, das Universum zusammen, indem es dieses erkennt; sein Tun dagegen entspringt »dem Innersten, dem Neuesten, dem Wesentlichsten, dem Ursprünglichsten seines Seins. Es tut nur insofern etwas, als es ist, es ist nur, insofern es etwas tut.«[33] Dieses Tun oder Wirken *(action)* ist nichts

---

[27] Ebd., n° 78: »Dans le ballett des atomes, pas un ne demeure hors de la ronde [...]: Concert et liaison universelles.«

[28] Vgl. ebd.: »Dès que cet enchainement de l'univers s'exprime dans un être et y marque son influence totale, la vie apparaît; elle est l'organisation d'un petit monde, qui reflète le grand [...].« In einer fast gleichzeitig gehaltenen Schulstunde über Leibniz betont Blondel, dass der Begriff der Kraft auf die Begriffe Leben, *appetitio* und *perceptio* zurückgeführt werden müsse. Das Bild der Widerspiegelung findet sich im *Premier Brouillon* noch öfter.

[29] Ebd., n° 79. Das gleiche panpsychistische Leibnizzitat steht auf dem Titelblatt der Doktorarbeit BERTRANDS.

[30] Ebd., n° 80: »royaume moral et union parfaite, par la communion des âmes.«

[31] Ebd.: »Tout cela existe à part, et existe ensemble, et existe solidairement. Tout est solidaire. Tout est solitaire.«

[32] Ebd., n° 81, Zusatz.

[33] Ebd.: »du plus intime, du plus original de son être. Il n'agit qu'autant qu'il est, et il n'est qu'autant qu'il agit.«

anderes als das einem jeden Wesen eigene und einheimische Denken, οἰκεία νόησις[34], das sich in den niedrigeren Wesen widerspiegelt. Sein Einfluss auf diese ist zugleich ideal und real. Er ist real, weil ein Wesen mit einer deutlicheren Erkenntnis auch vollständiger am Sein des Unendlichen teil hat. »Denn jedes Wesen drückt auf unüberschaubare Weise das Unendliche aus, und kann auf die andern Einfluss nehmen, und dies umso mehr, je mehr es sie durch deutlichere und ihm eigene Vorstellungen übertrifft. Es ist, in dem Masse als es die Kräfte des Universums in sich zusammenfasst; es erkennt, in dem Masse als es diese auf seine ganz eigene Weise zu ordnen und zu lenken versteht; es tut etwas, in dem Masse als es diese gebraucht, und sie dann verwandelt und vermehrt dem Universum wieder zurück gibt [...]. Jedes neue Wesen [...] ist eine Neuschöpfung, die, solange sie besteht, mehr vermag und wert ist als die Summe ihrer Teile.«[35]

III. Abhängigkeit in Selbstständigkeit

Man sieht, in welchem Sinn Blondel als Leibnizschüler betrachtet werden kann. Die monadologische Perspektive, in der Blondel hier schreibt, hält sich grundsätzlich in Blondels ganzem veröffentlichtem Werk durch, wenn auch mit nicht unwesentlichen Korrekturen. Es ist gut, diese Perspektive bei der Deutung seiner Werke nicht aus den Augen zu verlieren. Weshalb Blondel sich diese Weltsicht zu eigen gemacht hat, ist leicht zu erklären. In den Jahren, in denen er sein philosophisches Selbstverständnis erarbeitete, arbeitete er auch immer wieder an Leibniztexten, ja, Leibniz ist wohl der einzige große Philosoph, den er in jenen jungen Jahren schon vertieft aus erster Hand kannte. Dabei entsprach die spiritualistische (oder real-idealistische[36]) und zugleich vom Einheitsgedanken beherrschte Ontologie des Leibniz der vorphilosophischen, spirituellen und nach Einheit suchenden Geis-

---

[34] Ebd., n° 87.
[35] Ebd.: »Chaque être en effet exprime confusément l'infini, et a prise sur les autres, d'autant plus qu'il les dépasse par des représentations plus distinctes et plus siennes. Il est, dans la mesure où il les organise et les dirige d'une manière qui lui soit propre, il agit, dans la mesure où il les emploie et les restitue, transformées et accrues [...]. Tout être nouveau [...] est une création, qui, pendant qu'il est, vaut et peut plus que le total de ses éléments.«
[36] Die Monaden sind bei Leibniz wirkliche *mentes*.

teshaltung Blondels so gut, dass er diese Ontologie ziemlich unbefangen zum Vehikel seines eigenen Denkens machen konnte – vielleicht ohne zunächst die tiefgreifenden Unterschiede zu bemerken, die seine katholische Weltschau von der univok-mathematischen Sichtweise eines Leibniz trennten. Wenn Blondel sich bald darauf für seine Psychologie von André Fouillées Theorie der *idées-force* anregen ließ[37], dann unterstreicht dies noch einmal seine leibnizianische Wahlverwandtschaft.

Dennoch war Blondels Leibnizrezeption nicht unkritisch. In späteren Jahren wird er Leibniz vor allem vorwerfen, sein Idealismus sei nicht kritisch genug[38]; er begnüge sich mit halben Lösungen, einer »Phantasie der Vernunft«.[39] In den oben angeführten Texten versuchte Blondel dagegen Leibniz im Sinne eines Realismus zu ergänzen. Im Gegensatz zu Leibniz lässt Blondel die Einzelwesen wirklich aufeinander einwirken; denn diese haben ja am Sein des Unendlichen und damit auch an der Grundbestimmung Gottes, seiner allmächtigen Wirkkraft teil. Der zuletzt zitierte Text fährt fort: »Die Prästabilierte Harmonie ist somit eine ebenso überflüssige wie gefährliche und für die Moral schädliche Hypothese; die Wesen existierten nicht, wenn sie nicht, jedes für sich, am Unendlichen teil hätten; es wären nur Phänomene, Phantome, leere Trugbilder, ein Schattenspiel [...].«[40]

»Am Unendlichen teilhaben«: diese Formulierung gibt einen Fingerzeig, worauf Blondel seine Leibnizkritik stützt. Sie geht auf einen Grundgedanken von Leibniz selbst zurück, den Blondel jedoch im Gegensinn zu Leibniz auswertet: den Infinitismus. Angeregt vom Grundgedanken seiner Infinitesimalrechnung, hatte Leibniz gesehen, dass in die Konstitution eines jeden Faktums eine Unendlichkeit von Vorbedingungen eingeht, weil es in den Gesamtzusammenhang des Universums verflochten ist, den es abbildet. Leibniz hatte daraus geschlossen, dass das Widerspruchsprinzip auf die Tatsachenwahrheiten nicht angewendet werden kann; denn eine Tatsache kann nicht analytisch

---

[37] Vgl. dazu die Angaben im folgenden Beitrag über *Blondels philosophische Notizzettel.*

[38] Vgl. z. B. *Énigme,* S. 41 Anm., S. 43, S. 60 Anm., u. ö.

[39] Ebd., S. 58: *imagination rationelle.*

[40] *Premier Brouillon,* n° 87 f.: »L'Harmonie Préétablie est donc une hypothèse aussi superflue qu'elle est dangereuse et immorale: les êtres ne seraient pas s'ils ne participaient, chacun pour soi, à l'infini, ce ne seraient que des phénomènes, des fantômes, des simulacres vides, un jeu d'ombres [...].«

von ersten, identischen Aussagen her erschlossen werden, weil dafür eine unendliche Reihe durchlaufen werden müsste. Zur Begründung einer Tatsachenwahrheit braucht es deshalb neben der rechnenden Weisheit Gottes auch Seinen freien Willensentschluss zum *Optimum*, während umgekehrt die Nicht-Analysierbarkeit des Faktums einen Raum für die menschliche Freiheit öffnet. Blondel zieht nun aus den gleichen Prämissen die umgekehrte Folgerung und kommt damit zum unverwechselbar Eigenen seiner Philosophie. Leibniz ging davon aus, dass die unendliche Begründungsreihe *de jure* von der Vernunft nicht durchschritten werden kann, Blondel stützt sich dagegen darauf, dass diese unendliche Reihe in jedem wirklichen Tun *de facto* immer schon durchschritten ist. Wie Achilles, allen Argumenten Zenons zum Trotz, die Schildkröte wirklich einholt[41], so ist das Tun (und in erster Linie das ethisch zu wertende Tun) der Ort, wo das Widerspruchsprinzip erstmals und in seiner ganzen Schärfe zur Anwendung kommt: *Quod factum est, factum non esse non potest.*[42] Auf dem Unterschied zwischen dem konträren Gegensatz der Motive vor dem Tun und dem kontradiktorischen, nicht mehr vermittelbarem Widerspruch zwischen dem, was getan ist, und dem, was nicht getan ist und so auch nicht mehr getan werden kann, beruht Blondels *Logique de la vie morale*.[43]

Aus diesem Sachverhalt schließt Blondel nun weiter, dass jedes Tun nicht nur, wie bei Leibniz, das Weltganze impliziert und nur von daher ganz verstanden werden könnte, sondern dass es darüber hinaus als eine dieses Weltganze überherrschende neue Ganzheit verstanden werden muss, als ein Ganzes, das mehr ist als die Summe seiner Teile.[44] Weil nun aber das Weltganze nur in der von der göttlichen Weisheit entworfenen Idee der Welt erfasst werden könnte, muss das sie Überherrschende als göttlicher Wille, der diese Idee verwirklicht, angesprochen werden. Gottes Wille (so müssen wir anhand der Schrift über das *Vinculum* die Aussagen der *Action* verdeutlichen) ist somit in jedem geschehendem Tun immer schon impliziert. Das kann jedoch den im Tun sich ausdrückenden und verwirklichenden Willen des Menschen in Konflikt mit dem in diesem Tun implizierten göttlichen Willen brin-

---

[41] *Action*, S. 80/105, und schon in *C.I.*,I, S. 208/225 f.
[42] *Action*, S. 370/395, übernommen von Bernhard von Clairvaux, *De consideratione* V, XII, 26.
[43] Vgl. *Logique*, S. 129–132/527–529.
[44] Vgl. die Gegenüberstellung von Tat *(action)* und Tatsache *(fait)* in *Action*, S. 99/125.

gen. Zwar wird wirkliches menschliches Tun nur kraft des göttlichen Willens überhaupt möglich, und doch erlebt der Mensch diesen Willen als seinem eigenen Wollen fremd und entgegengesetzt. Hier sieht sich der handelnde Mensch vor eine unvermeidliche Entscheidung, die blondelsche Option gestellt. Mit ihr hat Blondel den leibnizianischen Rationalismus verlassen, und sich Paulus, Augustinus, Pascal und seiner eigenen religiösen Erfahrung angeschlossen.

Zwar beruht auch für Blondel, wie für Leibniz, die Freiheit des Menschen auf der Implikation der Gesamtwelt in jedem einzelnen Faktum; doch er versteht diese Freiheit ganz anders. Während sich für Leibniz die menschliche Freiheit daraus ergab, dass wir den Spielraum zwischen Vernunft und Tatsache nicht aufzurechnen vermögen, ist die Freiheit für Blondel ein dramatisches Zusammen oder Gegeneinander von menschlichem und göttlichem Willen. Diese ganz und gar nicht leibnizianische Sichtweise hat Blondel erst in der letzten Redaktion der *Action* ausdrücklich in seine weitgehend von leibnizianischem Gedankengut geprägte Ontologie eingeführt.[45] Auch der Gedanke der Option kann deshalb auf leibnizianische Prämissen zurückgeführt werden, aber nur dank einer grundlegenden Uminterpretation dieser Prämissen, die Blondel von seiner christlichen Erfahrung nahegelegt wurde.

Rückwirkend ergäbe sich von da aus die Möglichkeit einer Uminterpretation der leibnizschen Monadologie selbst. Die Folge von Zuständen, die nach Leibniz das Wesen einer Monade ausmacht, wäre bei den Geistmonaden im Sinne Blondels als eine Abfolge von freien Entscheidungen zu verstehen. So träte an die Stelle einer *Evolution* (oder Involution) der Monaden deren *Geschichte* im Sinn eines freiheitlichen Geschehens. Anders gewendet: Da auch Leibniz die Geschichte in den Begriff *(notion)* einer jeden endlichen Monade eingeschrieben sieht – allerdings nur für Gott ablesbar –, wäre dieser *Begriff* vielmehr als ein *Name* zu verstehen, der unvorhersehbare Freiheitstaten zusammenfasst, und der auch für Gott nur gleichsam *a posteriori* erkennbar wäre. In dieser Sichtweise wäre es dann möglich, die endlichen Geistmonaden positiv als von Gott verschieden zu verstehen, ohne dafür auf ihren eingeschränkten *point de vue* zurückgreifen zu müssen. In ihrem Eigensein stünden sie dann in einem nicht mehr univoken, sondern analogen Verhältnis zu Gott.

---

[45] Saint-Jean, *Genèse*, S. 216.

Das Problem der menschlichen Freiheit und die ihm zugrunde liegende Forderung, dass jede ontologische Aussage immer nur im Rahmen einer Gesamtschau von Welt und Gott gemacht werden kann, führt schließlich zu einer Frage, die man vielleicht als Ausgangsfrage jeder Gegenüberstellung zwischen Blondel und Leibniz erwartet hätte, zur Frage der Theodizee. Die erste Verwandtschaft zwischen Leibniz und Blondel, die jedem Außenstehenden zunächst in die Augen fällt, ist wohl im Bestreben beider Denker zu suchen, die von Gott gewollte Weltordnung philosophisch-vernünftig zu rechtfertigen. Das System des Leibniz gipfelte in der Harmonie des Reiches der Natur mit dem Reich der Gnade, die Philosophie Blondels gipfelt in der notwendigen Öffnung der Natur auf das Übernatürliche hin. Beide unternahmen es, mit Blondels Worten, »alles, selbst die Hölle wie Dante, auf den Plan der ersten Liebe zurückzuführen«.[46]

Darin zeigt sich aber auch schon der Unterschied zwischen den beiden Theodizeen. Öffnung besagt mehr als Harmonie, und das *decretum caritatis*, von dem Blondel spricht, ist nicht mit der *ratio optimi* des Leibniz gleichzusetzen, obwohl Blondel in seiner lateinischen Dissertation die beiden Ausdrücke noch als gleichbedeutend betrachtet hatte.[47] Der Wille Gottes ist bei Leibniz auf die Kombinationsrechnung der göttlichen Weisheit angewiesen; sonst wäre sein Dekret nicht Wahl des *Optimum*, sondern irrationale Willkür, und jede *ratio sufficiens* fiele dahin – es wäre denn, Leibniz hätte als Theologe das *Optimum* in der *caritas* gesehen. Zweifellos ist dieser Schlußstein, das Zusammen von Weisheit und Willensentscheid Gottes, der am schwierigsten zu deutende Teil im System des Leibniz. Die Korrektur, die Blondel anbringt, könnte diese Schwierigkeit wenigstens teilweise beheben.

Blondel entscheidet sich dagegen klar für eine Priorität des göttlichen Willens, des freien göttlichen Liebesentschlusses zur Erschaffung der Welt und vorher noch zur Heilsgeschichte in dieser Welt. Dieser Liebesentschluss Gottes ist für Blondel die letzte *ratio sufficiens*, die alles verstehbar macht, und das nicht durch eine *reductio in mysterium*, sondern weil die Liebe selbst etwas höchst Verstehbares ist. Jeder freie Liebesentschluss hat seine eigene Vernünftigkeit, die jedoch

---

[46] Unveröffentlichter Brief an Paul Archambault vom, 7. April 1925: »tout ramener, même l'enfer comme Dante, au dessein du premier amour«. Vgl. DANTE ALIGHIERI, *Inferno* III, 6.
[47] *Vinculum*, S. 66.

nur von einer ihm antwortenden liebenden Freiheit wahrgenommen werden kann. Diese Vernünftigkeit ergibt sich nicht aus der Übereinstimmung mit einsichtigen Wesensgesetzen, sondern aus seiner Übereinstimmung mit der höchsten Güte Gottes, in der Gott, wenn man so sagen darf, mit sich selbst übereinstimmt. Blondels Philosophie des Tuns, die im Tun alles Sein und alle Vernünftigkeit allererst konstituiert sieht, erreicht hier ihren Höhepunkt – und sie weist damit, nicht ganz zufällig, eine gewisse Ähnlichkeit mit Spinozas *causa sui* auf. Freiheit, weil Undurchschaubarkeit, oder Undurchschaubarkeit, weil Freiheit, das ist die Frage, vor die ein Vergleich der Metaphysik Blondels mit der Philosophie des Leibniz stellt.

Diese Andeutungen müssen hier genügen. Sie möchten wenigstens deutlich gemacht haben, dass die Leibnizkritik vom Denken Blondels nicht weniger Anregung empfangen könnte als die Blondeldeutung von einem Rückbezug auf Leibniz.

Deutsche Quellen der Philosophie Blondels? (1968)

Die erste Arbeit, die Maurice Blondel nach dem Erscheinen der *Action* veröffentlicht hat, war eine ausführliche Besprechung des Werkes seines Freundes und Studiengenossen Victor DELBOS, in dem dieser die Entwicklung der praktischen Philosophie von Spinoza bis Hegel darstellt. In seiner Besprechung lässt Blondel durchblicken, dass er die *Action* als Fortführung und Vollendung der von Delbos gezeichneten Entwicklung versteht, und damit auch als Vollendung und Überwindung der Philosophie Kants und des Deutschen Idealismus. Ein solcher Anspruch lässt aufhorchen. Ist er maßlose Selbstüberschätzung eines jungen Philosophen, ist er ein Propagandatrick, oder spricht er tatsächlich den Hintergedanken aus, der Blondel bei der Ausarbeitung seines Werkes geleitet hat? Dürfen wir bei Blondel jene christliche, katholische Aufarbeitung des klassischen deutschen Denkens suchen, die immer noch als ein Desiderat erscheint? Dass es Blondel mit seiner Selbstaussage ernst war, legt schon der Umstand nahe, dass er seine Besprechung pseudonym erscheinen ließ[1], und dass er dabei von seiner *philosophie de l'action* nur in Andeutungen sprach, die ein Leser damals kaum zu entziffern vermochte. Wir sind heute in einer glücklicheren Lage. Wir können Blondels Selbstaussage vom Ganzen seiner Philosophie her deuten und werten, und der reiche handschriftliche Nachlass erlaubt auch, die Wahrheit und die Tragweite der Aussage Blondels historisch nachzuprüfen. Mit einer solchen Nachprüfung soll hier die Löwener Dissertation von John J. MCNEILL[2] nach der historischen Seite hin ergänzt werden. McNeills Arbeit nimmt die genannte Besprechung zum Leitfaden einer neuartigen Blondeldarstellung und sie verspricht im Untertitel »Eine Untersuchung über den Einfluss

---

[1] Bernard AIMANT (Maurice BLONDEL), *Spinozisme*
[2] Vgl. meine Besprechung in: *Theologie und Philosophie* 42 (1967) 459 f.

deutscher philosophischer Quellen auf die Ausbildung der Methode und des Denkens Blondels« zu sein. Sie bleibt jedoch gerade den Nachweis eines wirklichen Einflusses schuldig und konzentriert sich auf eine systematische Gegenüberstellung der Philosophie Blondels mit den Systemen deutscher Denker. Das ist zweifellos wichtiger und interessanter. Und doch schien es der Mühe wert, auch die historische Kärrnerarbeit zu leisten. Auf dem Weg durch die Hintertüre der Historie können sich Einblicke ergeben, die für eine systematische Auslegung des Werkes Blondels und für die Abschätzung seiner Gegenwartsbedeutung nicht belanglos sind. Zudem ergibt sich dabei die Möglichkeit, an einem konkreten Einzelfall den Einfluss deutscher Philosophie im Frankreich des ausgehenden 19. Jahrhunderts zu überprüfen.

I. Die Dokumente

Wie bei kaum einem anderen philosophischen Werk lässt sich das Werden der *Action* Schritt für Schritt dokumentarisch verfolgen.[3] Nicht nur die fünf aufeinander folgenden Redaktionen sind erhalten, sondern auch zahlreiche andere Dokumente, die direkt oder indirekt Einblick geben in das philosophische Schaffen Blondels von 1879–1893. Es handelt sich um sechs verschiedene Gruppen von Dokumenten.

1. Grundlegend sind die persönlichen, geistlich-philosophischen Tagebücher *(Carnets intimes)*, die mit dem 19. April 1881 einsetzen, in deren erstem Heft aber auch einige Notizen aus früheren Jahren enthalten sind. Blondel benützte diese Tagebücher als eine der wichtigsten Quellen für sein philosophisches Werk, und er gibt darin auch einige (wenn auch seltene) Hinweise auf die Chronologie seines Arbeitens und auf seine Lektüren. Diese Tagebücher sind, mit einigen Auslassungen, 1961 veröffentlicht und auch ins Deutsche übersetzt worden.[4]

2. Nach der philosophischen Seite werden die Tagebücher durch Blondels philosophische Notizzettel *(Notes-Semaille)* ergänzt, 2500 Zettel verschiedener Farbe und verschiedenen Formats. Sie stammen

---

[3] Einen ersten Überblick gibt Saint-Jean, *Genèse*. Dort findet sich S. 242 f. eine Beschreibung der wichtigsten Nachlassmanuskripte, die mit der in *Éd. Critique*, S. 33 f. gegebenen zu vergleichen ist.
[4] Vgl. dazu den vorstehenden Beitrag über *Die Tagebücher Maurice Blondels*.

zur Hauptsache aus den Jahren 1887–1894 und enthalten einerseits Lesefrüchte, anderseits persönliche Gedanken und Entwürfe. Diesen Notizzetteln ist auch ein Heft zuzuordnen, das die Sigel ϰ trägt und offensichtlich der Vorbereitung des Schlusskapitels der *Action* gedient hat.[5]

3. Tagebücher und Aufzeichnungen werden durch fünf Gliederungsentwürfe *(Grands Plans)* für die *Action* ausgewertet. Blondel entwirft auf großen Papierbogen die Grundstrukturen seines Werkes und ordnet durch Zahlenverweise das Material der Tagebücher und der Notizzettel den einzelnen Kapiteln und Abschnitten zu. Die Grundlinien dieser Planentwürfe und der im folgenden zu nennenden Redaktionen hat Raymond SAINT-JEAN in seinem Werk über die Entstehungsgeschichte der *Action* mitgeteilt.[6]

4. Die fünf Redaktionen der *Action* aus der Zeit zwischen 1888 und 1893 sowie die dazugehörigen Entwürfe, Planskizzen und die von Blondel teilweise stark überarbeiteten Druckbogen. Sie lassen das Wachsen des Werkes und die Präzisierung der Gedanken Blondels Schritt für Schritt verfolgen. Zu dieser Gruppe gehören die folgenden Manuskripte:

a) Ein Erster Entwurf *(Premier Brouillon)* von 126 großen Seiten, geschrieben zwischen Oktober 1888 und Januar 1890.

b) Ein Diktat *(Dictée)* auf 223 Heftseiten, das Blondel zwischen dem 12. März und dem 2. April 1890 dem fünfzehnjährigen Schüler Charles Despins diktiert hat.[7]

c) Der Dissertationsentwurf *(Projet de Thèse)* auf 200 großen Seiten, geschrieben zwischen Juni 1890 und April 1891.

d) Das der Sorbonne zur Erlangung der Druckerlaubnis vorgelegte Manuskript *(Manuscrit-Boutroux):* Es umfasst 409 große Seiten und wurde zwischen November 1891 und Mai 1892 ausgearbeitet.

e) Das Druckmanuskript stellt eine nochmalige Überarbeitung des vorstehenden Textes dar. Diese betrifft vor allem die letzten Kapitel, die Blondel in erweiterter Form neu geschrieben hat. Dieses Manuskript wurde zunächst ohne sein letztes Kapitel in 130 Exemplaren als Dissertation gedruckt; die Ausgabe für den Buchhandel enthielt dann auch das noch während der Drucklegung

---

[5] Vgl. dazu den nachfolgenden Beitrag über *Blondels philosophische Notizzettel.*
[6] SAINT JEAN, *Genèse*, S. 119–132.
[7] Vgl. dazu *Lettres philosophiques*, S. 20.

mehrfach überarbeitete und erweiterte letzte Kapitel[8] und wurde im November 1893 ausgeliefert.

5. Die Schulhefte und Vorlesungsnachschriften Blondels, sowie seine Aufsätze und Referate aus der Zeit seiner Studien am Lyzeum (bis 1879) und an der Faculté des Lettres in Dijon (1879–81), sowie an der École Normale Supérieure in Paris (1881–1884) sind größtenteils erhalten. Blondel hat sie z. T. bei seiner eigenen Lehrtätigkeit benützt und mit Randbemerkungen versehen. Sie geben uns ein recht vollständiges Bild vom ersten Philosophieunterricht, den Blondel am Lyzeum von Alexis Bertrand erhielt[9], während sie für die Zeit der Universitätsstudien, wo sich der Unterricht zunehmend in freiem Dialog zwischen Lehrer[10] und Schüler abspielte, naturgemäß lückenhafter sind.

6. Von Blondels erster Lehrtätigkeit am Lyzeum in Aix (1886–1889) sind drei Reihen von Schülernachschriften erhalten, die Blondel z. T. mit Randbemerkungen versehen und offensichtlich in den folgenden Jahren wieder für den Unterricht benutzt hat. Eine eingehendere Sichtung und Auswertung dieser und der unter 5. genannten Dokumente steht noch aus. Sie würde erlauben, die Entwicklung des Denkens Blondels in einzelnen Fragen Schritt für Schritt zu verfolgen und für einen Kommentar zur *Action* auszuwerten.

7. Blondels weitläufige Korrespondenz mit seiner Familie und mit Studienfreunden aus der École Normale Supérieure ist zwar für die Zeit vor der Veröffentlichung der *Action* vorwiegend privater Natur, doch fließen gelegentlich auch Bemerkungen ein, die für die Geschichte seines Denkens aufschlussreich sind. Die philosophisch bedeutsamsten dieser Briefe sind 1961 in einem Auswahlband veröffentlicht worden.[11] Alle hier genannten Dokumente können jetzt im *Centre d'archives Maurice Blondel* in Louvain-la-Neuve eingesehen werden.

---

[8] Vgl. *Éd. critique.* Zur Geschichte der Drucklegung der *Action* vgl. auch BLONDEL-VALENSIN, Bd. 2, S. 320–323.

[9] Alexis Bertrand (1850–1922). Nachruf in *Revue de Métaphysique et de Morale* 30 (1923) Supplément Oct., S. 16. Zu seinem Einfluss auf Blondel vgl. HENNAUX.

[10] Maurice BLONDEL, *Henri Joly 1839–1925*, in: *Annuaire des Anciens Élèves de l'École Normale Supérieure* (1926), S. 13–18, sowie BLONDEL, *Ollé-Laprune.* Für Émile Boutroux (1845–1921) vgl. den Nachruf in: *Revue de Métaphysique et de Morale* 28 (1921) Supplément Oct., S. 1–4, und Léon BRUNSCHVICG, *La philosophie d'Émile Boutroux*, ebd. 29 (1922) 261–284.

[11] *Lettres philosophiques.*

Wo nichts anderes angegeben ist, werden sie mit der dortigen Archivnummer zitiert.

II. Bezugnahmen auf die deutsche Philosophie

Aus den genannten Dokumenten ergibt sich ein recht zwiespältiges
Bild von Blondels Verhältnis zur deutschen Philosophie – wobei hier
unter ›deutscher Philosophie‹ vor allem Kant und die Nachkantianer zu
verstehen sind; denn Leibniz, dem Blondels Denken zweifellos zutiefst
verpflichtet war[12], wird in Frankreich seit jeher der französischen philosophischen Tradition zugezählt.

Auf der einen Seite betont Blondel in seinen Briefen mehrmals, er
habe in der *Action* eine Antwort auf die *obscurités germaniques* geben
wollen. So äußert er am 20. Oktober 1893, d. h. in der Zeit zwischen der
Verteidigung und der Veröffentlichung seiner These gegenüber dem
Direktor der École Normale Supérieure, er habe »versucht, für die katholische Gestalt der Religion das zu leisten, was man in Deutschland
seit langem und immer noch für ihre protestantische Gestalt leistet –
deren Philosophie allerdings leichter herauszustellen war.«[13] Diese
Deutung der *Action* war nicht nur zweckgerichtet und zur Beruhigung
der offiziellen akademischen Stellen bestimmt, die Blondel einen Mystizismus vorwarfen und ihm deshalb einen Lehrstuhl versagten. Blondel wiederholt sie auch gegenüber Freunden, wo keine Opportunitäts-
gründe mitspielen konnten. Im März 1894 schreibt er an seinen
jüngeren Freund Albert Bazaillas: »Ich bleibe nicht hinter dem kritizis-
tischen Idealismus zurück; ich nehme ihn vielmehr an und gehe über
ihn hinaus, indem ich, um größere Bewegungsfreiheit in meinen Untersuchungen zu haben *(pour ne point gêner ma recherche)* und ihr
nicht unberechtigterweise ontologisches Gewicht zuzuschreiben, jede
Fragestellung ausklammere *(supprime)*, die mehr wäre als eine Feststellung von Tatsachen und ihrer Verkettung im konkreten Ablauf unseres Denkens und unseres Lebens.«[14]

Zur Zeit des Modernismus diente dann der Hinweis auf diese
Grundabsicht der *Action* dazu, den gegen Blondel immer wieder er-

---

[12] Vgl. dazu den vorstehenden Beitrag über *Maurice Blondel als Leibnizschüler.*
[13] *Lettres phil.*, S. 34.
[14] Ebd., S. 40 f.

hobenen Vorwurf des Kantianismus und einer scholastikfeindlichen Haltung zu entkräften: »Als ich die *Action* schrieb, habe ich nicht ein einziges Mal daran gedacht, den Intellektualismus oder die Scholastik zu bekämpfen. Ich hatte die verschiedenen Formen der ungläubigen und rationalistischen Philosophie im Auge, die an der Universität im Schwange waren [...]. Ich hatte mir insbesondere die Widerlegung Kants und Renans zum Ziel gesetzt; denn das waren die beiden Idole erster Klasse, die man an der École anbetete.«[15] Der Name Renans brauchte 1893 nicht genannt zu werden; denn jeder Leser identifizierte das Porträt des Dilettanten, das Blondel im Ersten Teil der *Action* zeichnete, sogleich mit Barrès und Renan. In den späteren Briefen verschwieg Blondel diese Namen vielleicht aus Opportunitätsgründen, bis er sie ein Vierteljahrhundert später gegenüber Auguste Valensin wieder erwähnte. Im Rahmen einer philosophischen Autobiographie schreibt Blondel: »Angesichts der zur Zeit meiner Studien an der Universität vorherrschenden philosophischen Einflüsse wollte ich insbesondere ausdrücklich gegen den Kritizismus Kants Stellung nehmen, gegen den Spinozismus, gegen den Deutschen Idealismus und gegen seine französischen Abkömmlinge und Ersatzprodukte, gegen den Renanismus und seine unzähligen Epigonen vom Ende des 19. Jahrhunderts, gegen das ›Neue Christentum‹ und den falschen, modernisierenden Liberalismus.«[16]

Diese wiederholten Erklärungen Blondels sind nun keineswegs eine Deutung *post eventum;* sie entsprechen seiner tatsächlichen, dokumentarisch nachweisbaren Grundabsicht zur Zeit der Abfassung der *Action.* Schon im März 1884 notiert er in sein Tagebuch, er habe im *vinculum substantiale* des Leibniz – seinem philosophischen Hobby – »eine Art vorweggenommene Widerlegung des modernen deutschen Geistes, eine metaphysische Überbietung des Pantheismus, die diesen selbst zerstört« gesehen.[17] Als ihm dann sein Freund und Mitstudent Victor Delbos im Frühjahr 1889 zum ersten Mal den Plan seiner eigenen Dissertation vorlegte, in der er die Entwicklung der Ethik von Spinozas bis zu Hegels pantheistischer Dialektik nachzeichnen wollte, antwortet ihm Blondel: »Mein Lieber, Du rührst da an Fragen, die mir sehr am Herzen liegen. Und ich muss Dich ohne jeden Egoismus schon sehr

---

[15] Brief vom 18. August 1904, bei Marlé, S. 293.
[16] Brief vom 10. Juni 1931, bei Blondel-Valensin, Bd. 3, S. 178.
[17] *C.I.,* S. 47/64.

gern haben, wenn ich Dir rate, diese Fragen zu bearbeiten – allerdings
geht mir auch alles ab, was es zu ihrer erfolgreichen Bearbeitung brauchen würde. Und schließlich sind mir meine Gedanken lieber als ich
selbst, vor allem wenn diese Gedanken in Deinem Garten bereits auf-
gekeimt sind. Auf was wollte ich hinaus? Auf folgendes (und gebe
Gott, dass ich in meiner Dissertation – wenn sie je einmal existiert –
doch noch etwas davon zeigen kann): Die peripatetische, scholastische,
französische Logik des Nicht-Widerspruchs, sie ist wahr, diese primiti-
ve *(simpliste)* Logik, wahrer als sie selbst weiß. Die pantheistische Logik, wo der Widerspruch, das Dunkel, das Geheimnis, das Unbewusste,
das Unerkennbare zum erklärenden Prinzip und zum Gesetz des Denkens gemacht wird, ja, auch das ist Wahrheit. Aber die Logik des Evangeliums, die Dialektik des hl. Paulus hat sich beide Logiken zu eigen
gemacht *(admis)*, und indem sie sich zu eigen macht, überbietet sie
beide [...].«[18]

Die gleiche Grundabsicht Blondels hat sich auch in seinen Notizzetteln niedergeschlagen. Er notiert da beispielsweise: »Wichtig, die
Wahrheit zu ergreifen, die unter dem Pantheismus verborgen liegt.
Man muss noch pantheistischer sein als die Pantheisten – Erhebung
der Individuen zu Gott.«[19] »Den Pantheismus umdrehen: Anstatt zu
sagen, dass alles göttlich ist und dass Gott nichts ist, sagen, dass Gott
alles in allen Dingen ist.«[20] »Die Synthese zwischen den französischen
Individualisten und dem germanischen Universalismus schaffen.«[21]
Entsprechend diesem Programm erklärt Blondel gleich zu Anfang des
Premier Brouillon: »Ich werde gegen den ethischen Dilettantismus
sprechen, aber nicht als Dilettant. Ich werde auch gegen die freiwillig
erlittene Invasion des deutschen Pantheismus in Frankreich sprechen,
und ich hege den brennenden Wunsch, uns das Vertrauen in unsere
nationale Eigenart zurückzugeben.«[22] Diese Vermengung von religiösen, nationalen und philosophischen Zielsetzungen hält sich durch die

---

[18] *Lettres phil.*, S. 17 f.; vgl. dazu auch den Brief von Delbos an Blondel vom 29. April
1889 über das Immanenzproblem (Archives Louvain, B n° 10.625–10.628).
[19] *Notes*, nr. 444: »Qu'il importe de capter la vérité qu'il y a sous le panthéisme.– Il faut
être plus panthéiste que les panthéistes = Les individus élevés à Dieu.«
[20] *Notes*, V nr. 1529.
[21] Ebd., V nr. 118.
[22] Archives Louvain, n° 72 f.: ›Je parlerai contre le dilettantisme moral, mais non en
dilettante. Je parlerai aussi contre l'invasion consentie du Panthéisme Allemand en
France, et j'aurai l'ardent désir de nous rendre notre confiance en notre génie national.«

ersten drei Redaktionen der *Action* durch. Im Schlussteil der *Dictée* spricht Blondel die Hinfälligkeit der auf einer Trennung von Erkenntnis und Praxis aufgebauten nachkantischen Systeme an und fährt dann fort: »Es ist durchaus falsch, zu meinen, Philosophie setze notwendig die transzendenten [sic!] Deduktionen und die Dunkelheiten des deutschen Pantheismus voraus; die praktische Veranlagung unserer [lateinischen] Rasse, die immer dort zu praktischen Entschlüssen zu kommen weiß, wo sich der deutsche Geist mit Spekulationen zufriedengibt, beweist dadurch noch nicht, dass ihr, wie man ihr vorgeworfen hat, das Gespür für das Unendliche, das Unumgrenzte, das Mysterium abgeht.«[23] Im Schlussteil des *Projet de Thèse* sind diese Gedanken dann zu einem eigenen Abschnitt ausgebaut, der die Überschrift trägt: »Die christliche Zukunft Frankreichs und der Welt und die göttliche Bestimmung des Menschen«. Er setzt mit der Erklärung ein: »Ich wollte zeigen, […] dass das Tun jedes distinkte Denken transzendiert; dass selbst die dunkelsten, die verwegensten Spekulationen des germanischen Pantheismus nicht an das Mysterium heranreichen.«[24]

III. Blondels Kenntnis der deutschen Philosophen

Überblicken wir diese Grundsatzerklärungen, die sich aus Blondels privaten Aufzeichnungen und Briefen noch vermehren ließen, so stellen wir eine Verschiebung des Akzents zwischen den Erklärungen vor der Veröffentlichung der *Action* und jenen nach ihr fest: Vor der *Action* spricht Blondel generell von den »deutschen Pantheisten«, während in den späteren Erklärungen Kant in den Vordergrund tritt. Es ist, als wäre Blondel der antikantianische Charakter seines Werkes erst nach-

---

[23] Ebd., n° 399: »... mais c'est une très fausse idée de se représenter la philosophie comme nécessairement liée aux déductions transcendentes [sic] et aux obscurités du panthéisme allemand; le génie pratique de notre race, en sachant toujours conclure là où l'esprit germanique se contente de spéculer, ne prouve pas pour cela qu'il manque, comme on le lui a reproché, du sentiment de l'infini, de l'indéterminé, du mystère ...«

[24] Ebd., n° 635. »III. L'avenir de la France et du Monde et la divine destinée de l'homme.« Der nationalistische Unterton dieser Stellen in den frühen Entwürfen Blondels ist wohl weniger auf Blondels Kindheitserlebnisse im Krieg 1870/71 zurückzuführen, als vor allem darauf, dass er an der laizistischen Politik Frankreichs litt. In seinen veröffentlichten Werken hat Blondel diese Untertöne ausgemerzt, außer in den Kriegsjahren 1914–1918, wo er über den *germanisme* Wilhelms II. klagt, wie in den Dreißigerjahren über den Nationalsozialismus. Vgl. *Lutte.*

träglich zum Bewusstsein gekommen. Genauer gesagt: Die Antwort auf den deutschen Idealismus war das angezielte, aber vielleicht nicht ganz erreichte Ziel des blondelschen Werks, während das Ringen mit Kant ihm seine innere, alles durchwaltende Form gab.

In der Kenntnis, die Blondel von diesen Philosophen hatte, zeigt sich ein ähnlich kennzeichnender Unterschied zwischen Kant und den Nachkantianern. In auffallendem Gegensatz zu Blondels Grundsatzerklärungen hatte er von der Philosophie der deutschen Idealisten nur eine recht dürftige, meist indirekte Kenntnis, die kaum über ein gutes Schulwissen hinausging. Zur Zeit der Abfassung der *Action* hatte Blondel offenbar nur zwei Werke Schellings und vielleicht noch Fichtes *Bestimmung des Menschen* gelesen, und auch in späteren Jahren wird er von den deutschen Idealisten nicht wesentlich mehr lesen – am ehesten noch Hegels *Logik*. Anders verhält es sich mit Kant. Mag auch da die direkte Kant-Lektüre zunächst nicht sehr intensiv gewesen sein, hat er sich doch recht bald zumindest aus zweiter Hand eine verhältnismäßig gute Kantkenntnis angeeignet, so dass die anfängliche Bemerkung, er kenne Kant nicht[25], bald in die stereotype Aussage übergeht, Kant sei ihm antipathisch.[26] Schon die Vorbereitung für die Aggregation hatte ihn gezwungen, sich mehr als ihm lieb war mit diesem ihm wenig sympathischen Philosophen auseinander zu setzen.

Versuchen wir nun, diese hier zunächst als These vorgetragene Auffassung aus den Dokumenten zu belegen. Grundlegend und weithin maßgebend für Blondels Kenntnis der deutschen Philosophie war der Philosophieunterricht auf dem Lyzeum und auf der Universität. Da bestand nun ein erheblicher Unterschied zwischen Kant und den deutschen Idealisten. Kant stand auf dem Programm für das französische Bakkalaureat[27] und wurde deshalb in der École Normale Supérieure entsprechend breit behandelt; denn diese hatte ja in erster Linie Pro-

---

[25] Randbemerkung in einem Aufsatz von Januar 1881: »Je ne connais ni Kant, ni Spencer [...]« (Ebd., n° 42.300).

[26] Am schärfsten in Blondel-Valensin, Bd. 2, S. 106: »Wie Sie wissen, ist mir keine Philosophie antipathischer [...]« Schon 1886 nennt er Kant seinen ›Verfolger‹: »Kant m'a toujours semblé un persécuteur.« (Briefe an Henri Berr, 3. Juli 1886, Archives Louvain, B n° 48.495, und an Gabriel Audiat, 4. Juli 1886, ebd., n° 47.197–200); vgl. auch *C.I.*, S. 84/101.

[27] Vgl. z. B. das Lehrbuch von Charles Adam, das Blondel für seinen Unterricht am Lyzeum in Aix benützt zu haben scheint (Archives Louvain, n° 8642–8658 (1886/87) und n° 9867–9870 (1887–88)) Bei der Behandlung der Gottesbeweise legt Blondel auch den »moralischen Beweis Kants« vor (ebd., n° 8623–8626, 9128–9130, 9911–9912) und

fessoren für die Lyzeen auszubilden. Die deutschen Idealisten dagegen fielen offiziell fast ganz unter den Tisch. Die Nachschriften der philosophiegeschichtlichen Vorlesungen, die Blondel gehört hat[28], gehen nur ein einziges Mal über Kant hinaus; nämlich im letzten Jahr bei Boutroux, und auch da reichen sie nur bis Fichte.[29] Das gleiche Bild zeigt sich bei Blondels erster Lehrtätigkeit am Lyzeum in Aix. Er trägt die Philosophiegeschichte nur bis und mit Kant vor, behandelt diesen jedoch relativ ausführlich[30] und widmet ihm im Fach Metaphysik unter dem Titel »Kritizismus« nochmals eine eingehende kritische Würdigung.[31] Dort schließt sich dann jeweils ein Abschnitt »Idealismus. Die Existenz der Außenwelt« an, in dem Fichte, Schelling und Hegel mit je einem oder zwei stereotypen Sätzen erwähnt werden[32], worauf sich die Betrachtung Berkeley zuwendet.

Die Frage stellt sich nun, ob Blondel den schulmäßigen Kontakt mit Kant durch eigene Lektüre weiter vertieft hat und ob sich diese Lektüre auch auf andere deutsche Philosophen erstreckte.[33] Einen ers-

---

fügt hinzu: »Dieser Beweis ist, wie man sieht, den andern überlegen; aber das ist noch kein Grund, nur ihn allein gelten zu lassen.« (ebd., n° 9912).

[28] Am Lyzeum bei Alexis Bertrand eine summarische Behandlung der *Philosophie contemporaine*, konkret nur Kantianismus und Positivismus (ebd., n° 41.842 f.); an der Faculté des Lettres in Dijon zwei monographische Kurs von Henri Joly über Leibniz; an der École Normale Supérieure 1883/84 bei Émile Boutroux die Geschichte der modernen Philosophie (»insbesondere der deutschen Philosophie«) (drei Hefte, ebd., n° 43.187–43.524,).

[29] Ebd., n° 43.472–43.524 (Kant n° 43.394–43.467). Blondel hat diese Nachschrift später mit Anstrichen und mit Anmerkungen in der freigelassenen Spalte versehen, und sie wahrscheinlich für seine eigenen Vorlesungen über Philosophiegeschichte benützt. Die fehlenden deutschen Philosophen ließ Boutroux möglicherweise von Studenten in Probelektionen behandeln; in Blondels Nachlass sind Aufzeichnungen bei einer Probelektion Victor Delbos' über »La théorie des passions de Spinoza« erhalten (ebd., n° 44.565–44.573).

[30] Ebd., n° 8955–8960; 9239–9251.

[31] Ebd., n° 8662, 9874, 9106 (in dieser Reihenfolge, 1886–1889).

[32] Ebd., n° 8662, 9874, 9106.

[33] Blondel hielt seine Deutsch-(und Englisch-)kenntnisse für so unzureichend, dass er philosophische Texte nach Möglichkeit immer in französischer Übersetzung las. Immerhin war er auf einer Deutschlandreise im Sommer 1892 zusammen mit seinem Bruder, dem Germanisten Georges Blondel (der im Hinblick auf eine Hochschulreform in Frankreich ein Gutachten über das deutsche Hochschulwesen vorzubereiten hatte), durchaus imstande, eine Aufführung von Gerhard Hauptmanns *College Crampton* kritisch zu beurteilen und einer Vorlesung von Eduard Zeller in Berlin und von Wilhelm Wundt in Leipzig zu folgen. In späteren Jahren finden sich in Blondels Bibliothek eine

ten Anlass zu solcher Lektüre gab die Vorbereitung auf den *Concours d'agrégation*, den Blondel dreimal zu machen hatte (1884, 1885, 1886), bevor es ihm glückte, die staatliche Lehrbewilligung zu erlangen.[34] Von den hier interessierenden Autoren hat sich Blondel damals nur mit Kant beschäftigt. Aus der zweiten und intensivsten Vorbereitungsperiode[35] sind tägliche Notizen über die geleistete Arbeit erhalten. Aus ihnen geht hervor, dass Blondel damals Aristoteles (Περὶ ψυχῆς) die *Tusculanen* Ciceros, Platons *Menon*, die Briefe Senecas und einen soeben erschienen Artikel von Jules LACHELIER[36] gelesen hat, aber auch Théodore DESDOUIT, *La Philosophie de Kant*, wobei er allerdings gerade dieses Buch als »weniger wichtig« bezeichnet.[37] Zu guter Letzt macht er sich, während seine Tagebuchnotizen abbrechen, an die Lektüre Kants selbst. Anzeichen deuten darauf hin, dass er damals vor allem und vielleicht ausschließlich die *Grundlegung der Metaphysik der Sitten* gelesen hat.[38] Ob er dann ein halbes Jahr später seinen Vorsatz: »Da ich die Metaphysik des Aristoteles nicht vorbereiten kann,

---

Reihe deutschsprachiger philosophischer Werke, u. a. zwölf Bände von Martin DEUTINGER.

[34] Der zweimalige Misserfolg war wohl nicht so sehr Blondels katholischer Grundhaltung zuzuschreiben als vielmehr der Spannung zwischen der Prüfungskommission und der an der École Normale Supérieure vorgetragenen Philosophie, woraus sich auch bei andern, später berühmten Kandidaten recht unerwartete Prüfungsergebnisse ergaben. Vgl. Charles ANDLER, *Vie de Lucien Herr*. Paris: Rieder, 1932, S. 24–26 und Alfred ESPINAS, *L'Agrégation de philosophie*. Separatdruck aus: *Revue internationale de l'enseignement*. Paris: Alcan, 1884.

[35] Frühjahr 1885. Das Jahr darauf lehrte Blondel bereits am Lyzeum in Montauban und hatte weder genügend Freizeit noch die nötigen Bücher für eine intensivere Vorbereitung (Brief an Gabriel Audiat, 6. Mai 1886, Archives Louvain B n° 47.176–47.179).

[36] LACHELIER, *Psychologie*.

[37] Brief an Edouard Blondel vom 11. Juni 1885 mit der Bitte um Nachsendung von Büchern. Ein Jahr später lässt sich Blondel von ihm das gleiche Werk zusammen mit Kants *Grundlegung der Metaphysik der Sitten* nach Aix nachsenden (Brief vom 19. Oktober 1886; beide Briefe nicht in Louvain), offenbar im Blick auf seine dortige Lehrtätigkeit. Blondels erste nachweisbare Lektüre der Sekundärliteratur über Kant betraf ein nicht sehr bedeutendes Werk. In einer Tagebuchnotiz vom 19. April 1881 setzt er sich mit Désiré NOLEN, *La critique de Kant et la métaphysique de Leibniz* auseinander (*Notes*, nr. 1). In den schriftlichen Arbeiten Blondels aus seinen Studienjahren in Dijon findet sich gelegentlich der Name Kants, aber kein Name eines deutschen Nachkantianers.

[38] Im Brief vom 11. Juni 1885 bittet er auch um Alfred FOUILLÉE, *Critique des systèmes de morale contemporains*, dessen IV. Buch sich eingehend mit Kant auseinandersetzt.

will ich mich an Kant machen«[39] wirklich ausgeführt hat, scheint mehr als zweifelhaft; jedenfalls ist in diesem Jahr kaum eine Spur von einer Kant-Lektüre zu finden[40], während wir die Arbeit an Aristoteles fast Schritt für Schritt verfolgen können.[41]

Eine zweite Periode intensiver Beschäftigung mit Kant, wahrscheinlich bedingt durch die Erfordernisse des Unterrichts in Aix, lässt sich aus einer Reihe von Eintragungen in Blondels Tagebuch rekonstruieren. Am 22. November, am 3. und 6. Dezember 1888 finden sich kritische Bemerkungen über Kants Kritik an den Gottesbeweisen, die auf eine Lektüre der entsprechenden Abschnitte aus der *Kritik der reinen Vernunft* schließen lassen.[42] Eine dritte (und wohl auch letzte) Phase der Kantlektüre Blondels vor der *Action* ist schließlich besser dokumentiert. Im Sommer 1891 liest Blondel in den Ferien »zur Unterhaltung« Kants *Prolegomena* und »kritisiert« mit ihrer Hilfe das soeben erschienene Werk seines Lehrers Léon Ollé-Laprune, *La philosophie et le temps présent*, zu dessen Entstehen auch Blondel beigetragen zu haben scheint.[43] Seine Kritik an Ollé-Laprune ist in den *Annales de Philosophie Chrétienne* im Februar 1892 anonym erschienen.[44]

Es gibt jedoch noch ein wichtigeres Zeugnis von Blondels früher Kantlektüre, das sich leider nicht mehr genau datieren lässt. Unter Blondels Notizzetteln findet sich ein Satz kritischer Kantexzerpte, die sich auf die ersten Seiten der *Kritik der reinen Vernunft* beziehen.[45] Sie

---

[39] *C.I.*, S. 71/87 (9. Januar 1886).

[40] Der einzige Hinweis ist der Tagebucheintrag vom 13. Juni 1886 (ebd., S. 87/101), der von Kant als seinem Verfolger spricht. Das Thema einer der schriftlichen Prüfungsarbeiten lautete 1886 wie 1885: »Die Erkenntnistheorie Humes und Kants«, und Blondel beklagt sich in den in Anm. 26 erwähnten Briefen an Henri Berr und Gabriel Audiat, er sei auf dieses Thema nicht vorbereitet gewesen; über »Das Sittengesetz« hätte er mehr zu schreiben gewusst.

[41] Tagebucheinträge vom 26. Februar, 1., 8., 9. und 19. März 1886 (*C.I.*, S. 80/96, 82/99, 83/100, und unveröffentlicht); Brief an Gabriel Audiat, 15. März 1886 (Archives Louvain, B n° 57.609)

[42] *C.I.*, S. 158/175, 160/177 f., zu eben der Zeit, als Blondel am *Premier Brouillon* zu arbeiten beginnt. Ein Verweis auf diese Seiten zur Übernahme in die Redaktion der *Action* findet sich *Notes*, C. 23, f. 25, P nr. 911. Weitere, nicht datierbare Hinweise auf Kant und den Kantianismus in *Notes*, C. 15, f. 37–40, P nr. 125, 203, 592, 593, 987, 1396 und V nr. 115, 488, 593, 604, 638, 863).

[43] Brief an Anatole Laurent, März 1885 (nicht in Louvain).

[44] [BLONDEL], *Unité.*

[45] *Notes*, nr. 848–857.

scheinen noch auf die Studienzeit an der École Normale Supérieure zurückzugehen.[46] Diese wiederholte Beschäftigung mit der Philosophie Kants macht Blondel zwar noch nicht zu einem Kantkenner und schon gar nicht zu einem Kantianer; doch es verrät immerhin ein über das Schulmäßige hinausgehendes Interesse an Kant und ein Ringen mit seinem Denken.

Bezüglich der andern deutschen Philosophen lässt sich nichts Ähnliches sagen. Mit einer gleich noch zu nennenden Ausnahme bestehen keine Anzeichen dafür, dass Blondel sich vor 1894 jemals eingehender mit den deutschen Idealisten beschäftigt hat. In Blondels Bibliothek finden sich zwar später von Fichte außer einer Übersetzung der *Bestimmung des Menschen* und der *Beiträge zur Berichtigung der Urteile über die Französische Revolution* auch die Übersetzung der *Wissenschaftslehre* von GRIMBLOT; doch in Blondels Aufzeichnungen sind Erwähnungen Fichtes[47] so selten und atypisch, dass keine direkte Fichtekenntnis vorzuliegen scheint.[48] Das erstaunt umso weniger als selbst Victor Delbos sein Fichtekapitel aus zweiter Hand gearbeitet haben soll.

Ein offenbar erstes Studium Hegels ist erst auf das Frühjahr 1894 anzusetzen[49], kann also keinen Einfluss auf die Ausarbeitung der *Action* gehabt haben. Blondel liest da Teile aus Hegels *Logik* in der Übersetzung von Auguste VÉRA, und zwar sowohl im Hinblick auf seine Besprechung des Spinozabuches von Victor Delbos[50], wie auch als Vorarbeit für eine unvollendet gebliebene Studie über die *Logik des Tuns*[51], die einige Gedanken aus der *Conclusion* der *Action*[52] weiter-

---

[46] Blondel leiht sich die *Critique de la Raison pure* in der Übersetzung von TISSOT am 18. April 1882 aus der Bibliothek der École aus (D'AGOSTINO, S. 453).

[47] *Notes,* C. 15, f. 15–16, V nr. 151 (entnommen DELBOS, *Spinozisme,* S. 261, von Blondel schon im Manuskript gelesen) und P nr. 23 (entnommen DELBOS, S. 327), P nr. 919 (»Fichte soumet encore la liberté à une nécessité par choc«); C. 15, f. 37–40, P nr. 987 (»plus subjectiviste que Kant et que Fichte [...]«) S 1071 (»Se demander exactement ce qu'a voulu K[ant] et F[ichte] ...«). Ferner *C.I.,* S. 195/212 f. (6. April 1889).

[48] Notizzettel oder gar ein Heft mit Bezugnahme auf Fichtes *Bestimmung des Menschen* will Henry Duméry noch gesehen haben; sie bleiben jedoch unauffindbar. Ein mit ε gesigeltes Heft scheint verloren gegangen zu sein.

[49] Briefe an Henri Berr vom 20. März und 20. April 1894 (Archives Louvain, B n° 15.835–15.836, 15.863–15.864).

[50] Zwei Zitate aus dieser Übersetzung, die sich bei Delbos nicht finden, hat Blondel in seine Besprechung der These Delbos' eingefügt (*Spinozisme,* S. 36 f./84 f./34–36).

[51] *Ébauche,* (10. Febr. 1894).

[52] *Action.,* S. 470–474/495–499.

führen soll, und die den Aufsatz: *Principe élémentaire d'une logique de la vie morale* von 1900 vorbereitet hat. Im Zug dieser Arbeiten wird Blondel im folgenden Jahr (1895) den Aufsatz von Georges NOËL über Hegels *Logik* genau studieren. So bestätigt sich, was schon aus Blondels Aufzeichnungen hervorgeht, die zum Teil aus der Zeit vor der *Action* und aus indirekter Hegelkenntnis stammen, dass sich das Interesse Blondels an Hegel in erster Linie und fast ausschließlich auf die dialektische Logik bezieht. In seiner Logik des Tuns sucht er diese auf eine inklusiv-exklusive Logik hin zu überbieten.[53]

Zugleich mit dem Studium Hegels erwähnt Blondel im Frühjahr 1894 auch das Studium Schellings. Es ist dies das zweite Mal, dass er sich mit Schelling befasst. Schon im Frühjahr 1890 hat er zwei Werke des jungen Schelling durchgearbeitet. Am 20. Februar hatte ihm Émile Boutroux in einem Gespräch den Hinweis gegeben: »Es ist bemerkenswert, dass gerade die Mystiker in der Erforschung der Tathandlung am weitesten vorgedrungen sind. Die sokratischen oder kartesianischen Rationalisten haben das Problem nicht wahrhaben wollen. Kant hat die Aktion aus der Spekulation ausgeschlossen; die Mystiker aber haben versucht, das Tatmoment des Denkens herauszustellen. Vgl. Böhme, Eckart, Tauler. Vgl. auch die Pantheisten, besonders Schelling.«[54] Blondel macht sich daraufhin an die Lektüre der erwähnten Autoren. Er liest in den nächsten Wochen »die theologischen Schriften Jakob Böhmes«[55] und auch die Studie, die BOUTROUX zwei Jahre zuvor über Böhme veröffentlicht hatte[56]; ferner den *Essai nur le mysticisme spéculatif de Maître Eckart* des Straßburgers Auguste JUNDT, und vor allem Friedrich Wilhelm SCHELLINGS *System des transzendentalen Idealismus* in der Übersetzung von Paul GRIMBLOT, sowie seine *Vorlesungen über die Methode des Akademischen Studiums* in der Übersetzung von Charles BÉNARD.[57] Aus den Schriften Schellings macht

---

[53] Vgl. dazu die nachfolgenden Beiträge: *Zwischen Transzendentalphilosophie und christlicher Praxis* und *Die* Logik des sittlichen Lebens *damals und heute.*

[54] *C.I.*, S. 330/350.

[55] Diese Angabe zu identifizieren, war leider nicht möglich. Es könnte sich um Teile der Böhme-Übersetzung von R. Saint-Martin gehandelt haben. Früchte dieser Lektüre finden sich den *Notes,* nr. 812–814. und C. 24, f. 5, V nr. 1741 Verweis auf *C.I.,* 187/204–205. Eine oder zwei weitere Seiten Auszüge aus Böhme waren mir nur in einer Abschrift der Sekretärin Blondels zugänglich.

[56] BOUTROUX, *Boehme,* zitiert in *Notes,* nr. 815–816.

[57] Vgl. dazu *Lettres philosophiques,*S. 20, 23, und die gleich zu nennenden Notizzettel.

Blondel sich fortlaufende, mit kritischen Bemerkungen durchsetzte Aufzeichnungen.[58] Gleichzeitig beginnt er die zweite Fassung seiner *Action* zu diktieren. Dennoch ist in dieser wie auch in den späteren Fassungen kein direkter Einfluss der Schellinglektüre wahrzunehmen.[59]

Als letzter deutscher Nachkantianer, den Blondel vor 1893 sicher gelesen hat. ist Arthur Schopenhauer zu nennen. Im Oktober 1889 bespricht Blondel in der *Bibliographie catholique* den zweiten Band der Übersetzung von *Die Welt als Wille und Vorstellung* durch Auguste BURDEAU.[60] Dieser Band enthält namentlich die Kritik der Philosophie Immanuel Kants. Blondel scheint dann die Lektüre Schopenhauers noch eine Weile fortgesetzt und namentlich *Über das Fundament der Moral*, ebenfalls in der Übersetzung durch Auguste BURDEAU gelesen zu haben.[61]. Die Bedeutung Schopenhauers für die *Action* beschränkt sich jedoch auf deren Zweiten Teil, der der Widerlegung des Pessimismus gewidmet ist[62], und auch da war der Moderoman von Paul BOURGET, *Le Disciple*[63], für die Zeichnung des Pessimismus mindestens

---

[58] Alle 14 *Vorlesungen über die Methode des akademischen Studiums* in *Notes*, nr. 295–305; weitere Anmerkungen, namentlich zum *System des Transzendentalen Idealismus* in *Notes*, nr. 289, 295, 307–309 (bis *ed. cit.*, S. 77 = *Werke*. Bd. 3, S. 400), sowie 250 (Berliner Antrittsvorlesung; *ed. cit.*, S. 405–416; Einleitung des Übersetzers). Weitere Anspielungen auf Schelling wurden offenbar aus DELBOS, *Spinozisme* übernommen: *Notes*, nr. 862–867. Einige der Notizzettel zu Schelling sind offenbar verschollen.

[59] Dagegen findet sich ein Niederschlag der Schellinglektüre in den Tagebucheintragungen vom 15., 19., 21., 24., 25., 26., 27., 28. und 31. März und vom 2. und 4. April 1890 (*C.I.*, S. 342/363; 344–349/365–373).

[60] Unter dem Pseudonym MAURICE DE MARIE, unter dem Blondel in den Bänden 78 (1888) – 80 (1889) der *Bibliographie catholique* insgesamt neun Besprechungen philosophischer Werke veröffentlicht hat. Eine weitere, mit »X., professeur de Philosophie« gezeichnete Besprechung (78 (1888) 39–42) stammt offensichtlich auch von ihm.

[61] Zitiert in *Notes*, nr. 868–869. *Notes*, nr. 871 zitiert einen Artikel BRUNETIÈRES über Schopenhauer. Vgl. auch die Tagebucheintragungen vom 24. und 25. November 1889 (*C.I.*, S. 275–276/294) und *Notes*, C. 16, f. 14–17, V nr. 38, 234, (+ P nr. 478), 1489.

[62] *Action*, S. 23–39/47–63.

[63] Ausführlich zitiert in *Notes*, nr. 691, 786; Hinweise in *Notes*, C. 11, f. 24, V nr. 1101; C. 14, f. 47, P nr. 1014. Schon im *Premier Brouillon* weist Blondel für das Problem der Beeinflussung auf den Roman Bourgets hin (Archives Louvain, nr. 113: »… il y a des familles d'esprit, une descendance et une évolution des idées, par voie de filiation ou d'alliance. La portée d'une parole est virtuellement infinie …« mit der Randbemerkung: »cf. Disciple (Bourget)«. Später zitiert Blondel von Bourget auch den Roman *André Cornélis* (*Notes*, nr. 257, 458, 477) und seine *Études et portraits* (*Notes*, C. 16, f. 47–48,

ebenso wichtig wie Schopenhauer. Vielleicht wurde Blondels Schopen-
hauerstudium überhaupt erst durch den Roman Bourgets ausgelöst.

Für Blondels Kenntnis der deutschen nachkantischen Philosophie
war das Spinozabuch seines Mitstudenten Victor DELBOS[64] zweifellos
wichtiger als alle direkten Quellen. Es gab Blondel nicht nur die willkommene Gelegenheit, seine eigene Philosophie nachträglich historisch einzuordnen.[65] Es hat ihm schon während der Arbeit an der
Action einen guten Teil seiner philosophiegeschichtlichen Kenntnisse
vermittelt; denn Blondel konnte das Werk seines Freundes schon vor
dessen Erscheinen in mindestens zwei Fassungen im Manuskript lesen,
zunächst im Sommer 1891 die Kapitel über Spinoza, Herder, die Romantische Schule, Schleiermacher, Schelling, Hegel. den Spinozismus
in England (Bain) und in Frankreich (Taine).[66] Im Frühjahr 1892 liest
Blondel dann offenbar das ganze überarbeitete Manuskript von Delbos[67] und studiert schließlich das Werk nach Erscheinen noch einmal
gründlich durch. Die Zitate entlegener deutscher Denker (Herder, Novalis, Schlegel, Schleiermacher), die sich gelegentlich in Blondels Aufzeichnungen finden, dürften durchwegs von Delbos entliehen sein.[68]

V nr. 70; 200; 1101; P nr. 293; 1012; 1014), sowie eine Studie über Bourget von Jules
LEMAÎTRE, in: *Revue Bleue* 39 (1887) 196–217.

[64] DELBOS, *Spinozisme*. Gelegentlich wurde die Vermutung ausgesprochen, Lucien
Herr, der große Anreger der Hegelstudien in Frankreich, könnte Blondel mit der Philosophie Hegels in näheren Kontakt gebracht haben. Doch so sehr sich der zwei Jahre
nach Blondel in die École Normale Supérieure eingetretene Herr für Blondels *Action*
interessierte (*Itinéraire* S. 65/35/44), so wenig war Blondel gewillt, sich der etwas auf-
dringlichen wissenschaftlichen Seelenführung des gelehrten Bibliothekars der École anzuvertrauen.

[65] Vgl. BLONDEL, *Spinozisme*.

[66] Die Seiten über Schiller, Goethe, Schopenhauer (!), Sully-Prudhomme hat Delbos
Blondel als »weniger wichtig« nicht gesandt (Brief von Delbos, 22. Juni 1891, Archives
Louvain, B n° 9424–9426). Blondel gibt an, 580 Seiten gelesen zu haben (Brief an Henri
Berr, 16. Sept. 1891, ebd., B n° 48.553–48.554), während die ganze Preisschrift, so wie
sie der Akademie vorgelegt wurde, 650 Seiten umfasst haben soll (Brief an Gabriel
Audiat, 21. Febr. 1891, ebd., B n° 47.425). Somit ist der undatierte Brief Blondels an
Delbos (*Lettres philosophiques*, S. 13–15), in dem Blondel seinem Freund gegenüber
dem negativen Urteil der Akademie, die Delbos den Preis verweigerte, ein Gegengut-
achten gibt, auf den Sommer 1891 anzusetzen.

[67] Brief an Gabriel Audiat, 26. April 1892 (Archives Louvain, B n° 47.585: »Je ›corrige‹
le second manuscrit de Delbos sur Spinoza«).

[68] Für Herder: *Notes*, C. 12, f. 13, V nr. 1176 = DELBOS, S. 299 f.; C. 15, f. 22, V nr. 1660,
P nr. 1454). Für Novalis: *Notes*, C. 16, f. 2–3, V nr. 105, 107, 107, 404 (= DELBOS,
S. 321), 1547 (= DELBOS, S. 327), P nr. 338, 562. Für Schlegel: *Notes*, C. 15, f. 16, P nr. 23

Doch weil die Manuskripte Delbos' nach dessen Tod vernichtet wurden, lässt sich nur noch ein Teil dieser Übernahmen nachkontrollieren.

Das Mosaikbild von Blondels Kenntnis der deutschen Nachkantianer, das sich so ergibt, bestätigt aufs Ganze gesehen die Auskunft, die Blondel Adolf Lasson gegeben hat. als ihn dieser nach den Quellen seiner Philosophie befragte: »Im Grunde genommen habe ich noch wenig gelesen [...].«[69] Blondels Lektüren waren zu fragmentarisch und zu verzettelt, als dass einer der Autoren wirklich Einfluss auf sein Denken hätte nehmen können. Jedenfalls genügt es nicht, auf Blondels Lektüren zu verweisen, um die nicht unbedeutende Rolle zu erklären, die der Blick auf die deutsche Philosophie nach Blondels eigenen Aussagen bei der Planung und der Ausarbeitung der *Action* gespielt haben soll. Ein anderer Einfluss deutscher Philosophie war dafür wohl noch maßgebender. Die geistige Umwelt, die Blondel in den Jahren seiner Studien geprägt hat, war, wie ein Blick auf die Situation der französischen Philosophie in der zweiten Hälfte des 19. Jahrhunderts zeigen kann, weitgehend von dem bestimmt, was in Deutschland um die Jahrhundertwende philosophisch lebendig war.

IV. Deutsche Einflüsse im philosophischen Leben Frankreichs

Der erste Philosoph, den Blondel näher kennerlernte und dem er auch später zutiefst verbunden blieb, war Maire de Biran. Alexis Bertrand, Blondels Lehrer auf dem Lyzeum in Dijon, war ein Herausgeber und Interpret Maine de Birans. Das Eigene seines Denkens bestand vor allem darin, dass er den biranschen *effort* mit Hilfe des leibnizianischen Begriffs der *force* erläuterte und so dem Denken Maine de Birans jene metaphysische Dimension gab, die dieser stets angestrebt hatte. Diese Deutung trug Bertrand erstmals in einem Werk vor, das er in eben dem Jahr fertigstellte, in dem Blondel von ihm in die Philosophie eingeführt wurde.[70]

So ist Blondels erste Begegnung mit dem Denken von Leibniz und

---

mit Hinweis auf Delbos. Für Schleiermacher: *Notes*, C. 10, f. 6, V nr. 893, f. 17 verso, V nr. 1144 (= DELBOS, S. 338 f.); C. 11, f. 11, P nr. 187 (= DELBOS, S. 353), f. 30, P nr. 961; C. 16, f. 16, V nr. 161, 269.

[69] *Lettres philosophiues*, S. 71.

[70] BERTRAND, *Aperception*. Die Angaben über Bertrand entnehme ich dem Artikel von HENNAUX.

Kant im Zeichen des ›französischen Kant‹ erfolgt. Es fällt auf, dass Blondel in einer sehr frühen Tagebuchnotiz genau jene drei Seiten aus Paul JANETs *Les problèmes du XIXe siècle* festgehalten hat, in denen dieser Maine de Biran mit Kant vergleicht.[71] Wenn er bald darauf in einer weiteren Tagebuchnotiz vom 27. April 1881 unter einer Reihe anderer Projekte, die zum großen Teil in ein umfassenderes Werk eingeschmolzen werden sollen, auch das Thema »Leibniz und Kant« vorsieht[72], dann ist das wohl nicht nur als Antwort auf das bereits genannte Werk von Désiré NOLEN zu verstehen, sondern auch im Sinn einer selbstständige Weiterführung und Vertiefung des Vermittlungsversuchs seines Lehrers Bertrand zwischen Leibniz und Maine de Biran.[73]

Zwischen diesen beiden kurzen Notizen taucht nun der Name Kants in philosophisch wichtiger Position erstmals in einem Aufsatz auf, den Blondel als Schularbeit im Dezember-Januar 1880–81 schreiben musste: *Die Vernunft und die Assoziation. Ansprüche der Metaphysik gegenüber der Philosophie Spencers.*[74] Dort findet sich bezeichnenderweise auch der Begriff *action*, der den Titel für Blondels Doktorarbeit abgeben wird; denn Blondel fasst den Schlussgedanken seines Aufsatzes so zusammen: »Kantianismus, als stärkste These, was die Erkenntnis anbelangt. Man müsste das für das Tun tun – gemeint ist der bescheidenste Ausgangspunkt des Tuns. – Das Tun geht auf die Erhaltung des Seins aus; man muss sein und so sein.«[75] Im ausgeführten Schlussteil versucht Blondel dann Kant mit einem an Maine de Biran angelehnten Gedanken zu überwinden: Es gibt in unserem Tätigsein eine intellektuelle Anschauung unseres eigenen Seins. Blondels spätere Stellung zu Kant ist damit bereits vorgezeichnet. Auf der einen Seite beruft er sich auf Kants kritische Scheidung zwischen

---

[71] JANET: *Problèmes*, S. 293, 294, 296. Die Tagebuchnotiz ist undatiert, muss aber von Ende 1880 stammen.

[72] Vgl. die ganze Liste im vorstehenden Beitrag *Das philosophische Projekt Maurice Blondels*, Anm. 223.

[73] Im gleichen Sinn ist auch Blondels lateinische These *De vinculo substantiali* zu verstehen, deren Titel in der erwähnten Aufzählung zum ersten Mal auftaucht. Bei diesen ersten Annäherungsversuchen an die *Action* geht Blondel weitgehend von den Fragestellungen der Psychologie aus und bleibt so in der Tradition der französischen Philosophie.

[74] Archives Louvain, n° 42.271–42.314; darin zuerst ein »Plan détaillé«, n° 42.271–42.276.

[75] Ebd., n° 42.275. Schon auf dem Lyzeum hatte Blondel im Januar 1879 einen Aufsatz mit dem Titel: *Das Tun, das Sein der Seele,* zu schreiben (Ebd., nr. 42.039).

Phänomena und Noumena, um damit den Evolutionismus Spencers zu bekämpfen. Gegen den Evolutionismus polemisiert Blondel in seinen ersten philosophischen Versuchen immer wieder, wohl nicht zuletzt aus weltanschaulichen Gründen. Er stellt sich damit in das andere philosophische Lager als Bergson, der berichtet, sich in jenen Jahren hätten sich die Geister an der École Normale Supérieure zwischen Kant und Spencer geschieden.[76]. Auf der anderen Seite geht Blondel jedoch schon damals über Kant hinaus, wenn er die Urtatsache des Tuns als ursprüngliche Einheit versteht, welche die Unterscheidung von Phänomena und Noumena hinfällig mache.

Mit seiner Entscheidung gegen Spencer und für Kant hat sich Blondel in das Lager von Jules Lachelier gestellt, »des ersten eigenständigen Kantianers in der französischen Philosophie«. Dieser hatte in seiner epochemachenden Doktorarbeit *Les fondements de l'induction* gegenüber dem Evolutionismus und dem Mechanizismus ein aus heterogenen Stufen hierarchisch aufgebautes Weltbild entworfen und die Notwendigkeit aufgezeigt, zur logischen Begründung der Induktion auf die Finalursache (und damit auf die Freiheit) zurückzugreifen. Blondel, der schon 1879 eine Schularbeit über *Die Grundlagen der Induktion* zu schreiben hatte, liest Lacheliers Werk, wenn nicht schon damals, spätestens im Jahr darauf und kritiert es in einer Randbemerkung der bereits mehrfach genannten Abhandlung *Die Vernunft und die Assoziation*.[77] Zur Zeit seiner Studien in Paris lernt er dann Lachelier persönlich kennen und interessiert sich vor allem für die ontologischen Aspekte seines Werks.[78]. Das Schlusskapitel der *Action* ist nach dem Ausweis der vorbereitenden Entwürfe auf weite Strecken von der Auseinandersetzung mit Lachelier bestimmt.[79] Die kantianische Grundprägung der Ontologie, die Blondel in jenem Kapitel vorlegt,

---

[76] HENRI BERGSON, *Œuvres*. Paris: P.U.F., 1963, S. 1541.

[77] Archives Louvain, nr. 42.307, Randbemerkung: »Nous, nous plaçons l'idée d'ordre au-delà des principes, c.-à-d. nous concevons un ordre indépendant d'eux. (En admettant ce point de départ, on arriverait à renverser la théorie de M. Lachelier sur l'Induction; cela mériterait d'être approfondi; de prime abord, c'est très contestable)«.

[78] Außer dem in Anm. 411 genannten Aufsatz liest Blondel auch SÉAILLES, *Lachelier*, der zahlreiche Texte aus den Vorlesungen Lacheliers zitiert, und macht sich Notizen daraus.

[79] Der Plan für die endgültige Fassung dieses Kapitels zitiert außer Thomas von Aquin nur Lachelier, und zwar gleich dreimal (*Éd. critique*, S. 65). Das Heft x, das der Vorbereitung dieses Kapitels diente, enthält neben langen Auszügen aus Lachelier auch Meditationen über dessen Texte.

und sein denkerisches Ringen, in immer neuer Absage an jeden vorschnellen Realismus nicht hinter Kant zurückzubleiben, sondern über ihn hinauszugehen (was dem Kapitel seine fast sprichwörtliche Dunkelheit verleiht), ist mindestens ebenso sehr von Lachelier wie von Kant bestimmt. Durch das Prisma Lacheliers wird der Einfluss Kants nicht nur vermittelt, sondern auch abgelenkt. Mit seiner Lehre von der beherrschenden Stellung der Finalursache steht Lachelier, im Sinne der französischen leibnizianischen Tradition, schon näher bei dem, was einmal Blondels Philosophie sein wird, als bei Kant.

Mit einer anderen neukantianischen Strömung in Frankreich, dem Neokritizismus Charles Renouviers, scheint Blondel eher oberflächlich in Berührung gekommen zu sein. Er verweist unter der Literatur über Parmenides auch auf Renouvier[80] und leiht sich verschiedentlich Werke Renouviers aus der Bibliothek der École Normale Supérieure aus.[81]. Besonders scheint ihn Renouviers Antinomientafel interessiert zu haben, von der er sich für den Vierten Teil der *Action* inspirieren ließ.[82]

Doch da gab es noch eine weitere Schule, die zwar nicht als neukantianisch zu bezeichnen ist, durch die Blondel jedoch schon früh mit der praktischen Philosophie Kants in Berührung kam. 1880/81 hörte Blondel bei Henri Joly eine Vorlesung über »Die Gewissheit«. Dort verwies Joly für die entscheidende Rolle des Glaubens *(croyance)* in der Gewissheit auf Léon Ollé-Laprune, und im gleichen Jahr erhielt Blondel dessen Hauptwerk *De la certitude morale* als akademisches Preisgeschenk. So war er mit der Lehre Ollé-Laprunes bereits vertraut, als er auf der École Normale Supérieure sein Meisterschüler wurde. Es scheint sogar, dass Blondel sich schon früher persönlich mit der Problematik Ollé-Laprunes auseinandergesetzt hatte. In seiner Nachschrift der Vorlesung Jolys finden sich auch persönliche kritische Bemerkungen, und der Aufsatz *Das Verhältnis zwischen Glauben und Wollen bei Descartes und Malebranche*, den Blondel im Juni 1880 für das philosophische Lizenziat schrieb, zeigt schon recht persönliche

---

[80] *Notes,* nr. 3, vermutlich Renouvier, *Manuel de philosophie ancienne.*
[81] Im Juli 1883 das *Manuel de Philosophie moderne* und im November desselben Jahres die *Essais de critique générale* und die *Science de la Morale* (D'Agostino, S. 470). Allgemeine Erwähnungen Renouviers finden sich in *Notes,* nr. 202, 507, 508, 538 und einmal im *Premier Brouillon* (Archives Louvain, n° 117).
[82] Notes, nr. 507, 514, und *Action,* S. 323–328/351–364.

Züge.[83] Am Ende dieses Aufsatzes verweist Blondel erstmals auf Kant, bei dem der Wille dem Versagen des Erkennens zu Hilfe komme. Auch für die Gewissheitslehre Ollé-Laprunes war der Primat der praktischen Vernunft ein Angelpunkt, wenn es sich Ollé auch verwerte ein Kantianer zu sein will. Mit seinem etwas naiven Realismus und seiner oft mehr persuasiven als kritischen Methode (die Blondel ihm zum Vorwurf machen wird) ist er dies auch keineswegs. Er wehrt sich gegen Kants Auseinanderreißen von theoretischer und praktischer Vernunft; doch eben das zwingt ihn zu einer eingehenden Auseinandersetzung mit Kants praktischer Philosophie.[84] Diese Auseinandersetzung dürfte eine der ersten und einflussreichsten Quellen für Blondels Kantkenntnis gewesen sein. Wenn er später einmal schreibt, zwar hätten ihm keine äußeren Einflüsse Themenstellung, Methode und Schlussfolgerungen seiner Arbeit nahegelegt; doch er verdanke vieles seinen beiden Lehrern an der École Normale Supérieure, Émile Boutroux und Léon Ollé-Laprune – »dieser hat mir etwas vom Inhalt, jener etwas von der Form meiner philosophischen Überzeugungen gegeben«[85] – dann stellt er sich damit in den Schnittpunkt zweier Linien, die von Kants theoretischer (Boutroux war der Meisterschüler und Nachfolger Lacheliers) und von seiner praktischen Philosophie ausgehen.

Weniger fassbar sind die Bezugnahmen auf die deutschen Nachkantianer, die Blondel durch Dritte vermittelt wurden. Hier wird man wohl kaum von eigentlichen Quellen Blondels sprechen können – noch viel weniger als an den bisher aufgezeigten Berührungspunkten. Am ehesten ist ein Einfluss des Schweizer Schelling-Nachfahren Charles Secrétan festzustellen. Blondel hat nicht nur dessen Leibnizmonographie gelesen, sondern anscheinend schon recht früh auch seine *Philosophie de la liberté* und sie exzerpiert.[86] Selbstverständlich kennt er auch

---

[83] In diesem Aufsatz taucht erstmals der Gedanke der Transzendenz des Tuns über das Erkennen auf, ein Grundgedanke Blondels: »ἀνάγκη οὐ στῆναι [...] n'est-ce pas Descartes qui a dit que la pratique ne souffre aucun délai, qu'il faut être résolu dans ses actions alors même qu'on est irrésolu en ses jugements? [...] et qu'il y a des temps où il est plus difficile de connaître son devoir que de le pratiquer«: »Es gibt Zeiten, wo es schwieriger ist, seine Pflicht zu erkennen als sie zu tun.« (Archives Louvain, n° 42.357).
[84] Ollé-Laprune, *Certitude*, S. 146–174. Ebd. S. 174–183 findet sich eine Zusammenfassung der letzten Teile von Fichtes *Bestimmung des Menschen*.
[85] *Lettres philosophiques*, S. 73.
[86] *Notes*, nr. 38–47. Schon 1886 spricht Blondel scherzhaft von seinem »hochgerühmten Freund Secrétan« (Brief an Gabriel Audiat, 12. Sept. 1886, Archives Louvain, B n° 47.264). Der reformierte Theologe und Secrétan-Spezialist Raoul Allier (1862–

die beiden Modephilosophen seiner Zeit, Hippolyte TAINE und Ernest RENAN, die sich beide dem deutschen nachkantischen Denken verpflichtet wussten. Blondel hörte gelegentlich die eine oder andere Vorlesung Renans am *Collège de France* und schon 1883 hat er einiges von ihm gelesen – was, lässt sich nicht mehr ausmachen.[87]. Von Taine studiert Blondel eingehend nur die Seiten über Carlyle in seiner Monographie über den *Englischen Idealismus*.[88] Er kennt die beiden Denker jedoch vor allem durch das begeisterte Echo, das sie bei manchen seiner Studienkameraden fanden.[89] Wenn er mit seinem Denken dem Einfluss der »Ideen von jenseits des Rheins« entgegentreten will[90], dann hat er in erster Linie Taine und Renan im Auge. Von einer Beeinflussung Blondels durch diese beide Autoren, und damit mittelbar durch die deutschen Idealisten, kann deshalb keine Rede sein – außer man betrachte es als eine Beeinflussung, wenn ein Philosoph einem anderen nur soweit Rede und Antwort stehen kann, als er sich geduldig und vorurteilslos auf dessen Denken eingelassen hat.

1939) war Blondels Kursgenosse an der École Normale Supérieure und sein Nachfolger am Lyzeum in Montauban, bevor er Lehrbeauftragter an der dortigen protestantischen Theologischen Fakultät wurde. Bei der Ablösung Blondels durch Allier entspann sich ein dreitägiges Gespräch zwischen den beiden (Brief an Gabriel Audiat, 11. Nov. 1886, Archives Louvain, B n° 47.430).

[87] Brief an Henri Berr, 12. Oktober 1883 (Archives Louvain, B n° 48.433): »De Renan, tu adoptes quelques conclusions, mais ton caractère, franc, résolu, antithétique est contraire à son esprit. Je suis plus Rénanien ou Rénaniste que toi.« Gelegentlich erwähnt Blondel RENANS *Souvenirs d'enfance et de jeunesse,* sowie seine Rede in der *Alliance Française* vom 2. Februar 1888 (*Notes,* nr. 546) und eine Vorlesung am Collège de France, die Blondel gehört hat (*Notes,* nr. 667).

[88] Mehrfach zititiert im Cahier ϰ (*Notes,* nr. 83, 84, 100, 105, 107, 116, 117, 129, 140, 142, 143, 179, 186) und in *Notes,* nr. 872.

[89] Vgl. z. B. das begeisterte Bekenntnis zu Taine und Renan, das Henri Berr, Blondels jüdischer Intimus, am Tag des Begräbnisses Hippolyte Taines niederschrieb (in: *Revue de Synthèse* 85 [1964] nr. 35, 5–7). Auch die autobiographische Züge tragende Schrift von Henri BERR, *Vie et Science: Lettres d'un vieux philosophe Strasbourgeois et d'un étudiant Parisien,* Paris 1894, zweckt auf den Szientismus Taines ab. Für Berrs Begeisterung für Renan vgl. den oben, Anm. 87, erwähnten Brief Blondels an ihn vom 12. Okt. 1883.

[90] BLONDEL-VALENSIN, Bd. 3, S. 179.

V. Dialog, nicht Abhängigkeit

Damit ist das Verhältnis gekennzeichnet, in dem Blondels Denken zur deutschen Philosophie des 18. und 19. Jahrhunderts steht. Es ist ein Verhältnis des Dialogs, nicht der Abhängigkeit. Blondel hat die deutschen Philosophen nicht historisch studiert, wie sein Freund Victor Delbos; er ist auch nicht zu ihnen in die Schule gegangen. Doch er hat sie als Dialogpartner ernst genommen und sich deshalb seinen eigenen Denkweg zu einem guten Teil von ihnen vorschreiben lassen. Um einen denkerischen Dialog anzuspinnen, der über historische Erudition hinausgeht, ist zunächst keine allzu genaue historische Kenntnis des Partners notwendig. Das Gespräch gewinnt jedoch an Gewicht, je weiter sich die Kenntnis vertieft. Eine derart vertiefte Kenntnis dürfen wir Blondel für Kant, und nur für Kant zubilligen – wobei ihm auch diese Kantkenntnis weitgehend durch Drittpersonen vermittelt wurde. Diese Vermittlung ist jedoch nie so weit gegangen, dass sie Blondel in ein eigentliches, wenn auch mittelbares Abhängigkeitsverhältnis zu Kant gebracht hätte. Selbst gegenüber jenen Vermittlern, die seine Lehrer und Freunde waren (Boutroux, Ollé-Laprune, Delbos), hat Blondel stets seinen eigenen kritischen Standpunkt gewahrt. »Auch ihnen gegenüber, wie gegenüber den andern Denkern, von denen ich mich anregen ließ, indem ich mich gleichsam zum Zeitgenossen jener machte, deren Denken unsterblich ist, habe ich, so scheint mir, ohne je unehrlich zu sein, stets eine Art Doppelleben geführt: ein Leben liebender Gelehrigkeit und ein Leben unveräußerlicher Unabhängigkeit.«[91]

Damit war die zweite, ebenso grundlegende Voraussetzung für einen fruchtbaren Dialog gegeben: Ein klarer und begründeter eigener Standpunkt. Auf einem solchen Standpunkt stand Blondel von Anfang an, und das ist auch der Grund, weshalb er zu keinem Denker in ein Abhängigkeitsverhältnis kam, aber überall Dialogpartner fand. Dieser eigene Standpunkt war bei Blondel zunächst religiös begründet. Sein fragloser christlicher Glaube ließ ihn von vornherein gewisse Möglichkeiten des Philosophierens ausschließen und gab ihm eine Wahlverwandtschaft zu einer Reihe metaphysischer und ethischer Wahrheiten.

---

[91] *Itinéraire*, S. 39/18/29. Auch das kann erklären, weshalb Blondel trotz der erheblichen Liste gelesener Werke, die sich für die Zeit vor der *Action* zusammenstellen lässt, noch 1894 von sich sagen konnte: »Im Grunde genommen habe ich noch wenig gelesen« (*Lettres philosophiques*, S. 71).

Noch entscheidender für Blondels Philosophieren war jedoch seine ausgesprochen intuitive Veranlagung, die ihm die Grundeinsichten seines Denkens rasch und früh vermittelte. Die meisten dieser Grundeinsichten besaß er schon vor seinem Eintritt in die École Normale Supérieure. Doch dann brauchte er lange Zeit, um sie denkerisch-kritisch auszutragen und literarisch auszuformulieren. Für diese kritische Ausformung seines Denkens bot der Dialog mit deutschen Denkern Blondel eine entscheidende Hilfe.

Die Philosophischen Notizzettel *(Notes-Semaille)* Maurice Blondels (1993)

> »Die allerchristlichste Aszetik mit der allerphysiologischsten Psychologie verbinden«
> BLONDEL, *Notes*, nr. 673.

Es gibt nicht viele große philosophische Werke, deren Entstehungsgeschichte so genau dokumentiert ist, wie jene der *Action* Maurice Blondels. Bei der Verteidigung seiner Doktorthese beteuerte Blondel der Jury, er habe »einzelne Teile bis zu sechs- und siebenmal geschrieben«[1], und er hat diese Entwürfe sorgfältig aufbewahrt. Seit Raymond SAINT-JEAN die Entstehungsgeschichte der *Action* dargestellt hat, sind diese Entwürfe bekannt[2], und sie sind heute im Blondel-Archiv in Louvain-la-Neuve allgemein zugänglich. Das letzte Kapitel, das Blondel auch auf den Druckbogen nochmals stark überarbeitet hat, wurde 1961 von Henri Bouillard in einer kritischen Edition herausgegeben.[3] Im gleichen Jahr erschien auch die wenigstens partielle Ausgabe der *Carnets intimes*, aus der hervorging, dass diese eine der wichtigsten Quellen der *Action* sind, sowie eine Auswahl *Philosophischer Briefe*, die weitere Informationen über die Entstehungsgeschichte der *Action* Blondels bieten.[4]

Trotz dieser Veröffentlichungen klafft noch eine wesentliche Lücke. Blondel hat für seine Arbeit eine große Zahl von Notizen gesammelt, die man mit dem Namen *Notes-Semaille* zu bezeichnen pflegt. Einige dieser Notizzettel sind inzwischen in der einen oder anderen Blondelarbeit veröffentlicht worden. Was aber sind diese Notizen genau, wie viele sind es, welche Rolle haben sie in der Entstehungs-

---

[1] *Soutenance*, S. 88/716f.
[2] SAINT-JEAN, *Genèse*, S. 67–216.
[3] *Éd. critique.*
[4] *Lettres philosophiques*, S. 9–37.

geschichte der *Action* gespielt, und was ist von ihnen für die Auslegung der Philosophie Blondels zu erwarten? Auf diese Fragen soll hier in der gebotenen Kürze Antwort gegeben werden.

Das soll auch eine Wiedergutmachung für eine Unterlassungssünde sein, die nun schon seit den sechziger Jahren dauert. Damals hatte mir Mme. Elisabeth Flory-Blondel, die Tochter Maurice Blondels, diese in ihrem Besitz befindlichen Notizzettel zugänglich gemacht und mich gebeten, wenigstens die wichtigsten dieser Notizen zu veröffentlichen. Wenn dies erst nach jahrzehntelanger Arbeit geschehen konnte, lag das nicht an der Schwierigkeit, die verstreuten Zettel in eine Ordnung zu bringen, noch an jener, einen kritischen Text zu erstellen, sondern an der Natur dieser Notizen selbst. Bei den meisten handelt es sich um Lesefrüchte, bei denen jedoch fast immer eine genaue Quellenangabe fehlt. So waren ausgedehnte und kaum zu einem Ende zu bringende Nachforschungen nach den von Blondel benutzten Texten nötig. Ohne diese Quellennachweise wäre ein Leser vielleicht versucht, einige der prägnantesten Formulierungen in diesen Notizen Blondel selbst zuzuschreiben, während sie gar nicht von ihm stammen.

I. Der Zustand der Texte

Wie sieht nun dieser philosophisch höchst bedeutsame Teil des Blondelnachlasses aus? Es handelt sich um ungefähr 2500 Stück Papier verschiedenster Farbe, Qualität und Größe, von kleinen Papierfetzen bis zum Doppelbogen. All das war, als es mir überreicht wurde, in 24 Hefte eingeklebt. P. Auguste Valensin hat berichtet, ihm sei im September 1951, zwei Jahre nach dem Tod Blondels, eine Schreibpapierschachtel übergeben worden, die mit Zetteln und Papierfetzen verschiedenster Größe und Qualität angefüllt war. Auf der Schachtel habe gestanden: »Kleine Notizen für *L'Action* (Doktorthese) und Gedanken«. »Um zu verhindern, dass diese *Kleinen Notizen* verloren gehen und um sie leicht zugänglich zu machen« entschloss sich P. Valensin, »sie in Hefte einzukleben und sie dabei mit roter Tinte kontinuierlich durchzunummerieren« von 1 bis 1904. Dabei suchte er, »die Anordnung beizubehalten, die sich aus diesen Zetteln zu ergeben schien« und von der er glaubte, sie gehe auf Blondel selbst zurück.[5] Die Sekretärin Blondels,

---

[5] *Avertissement* vor der von Auguste Valensin und Marie Rougier zusammengestellten

Mlle. Nathalie Panis, hat jedoch später erklärt, sie sei es gewesen, die
»bei einem ersten Aufräumen diese losen *Kleinen Notizen* in einer
alten Schreibpapierschachtel sorgfältig gesammelt« habe, »so wie sie
bei der Durchsicht der Papiere nach und nach zum Vorschein kamen.«
Der Titel auf der Schachtel stamme von ihrer Hand.[6] Sie war es folglich auch, die einen Teil dieser Zettel in von Blondel selbst betitelte
Papierschleifen oder Mäppchen eingeordnet hat.

In den folgenden Jahren kamen bei der weiteren Durchsicht der
Papiere Blondels weitere Notizzettel um Vorschein, die Mlle. Panis
nach den Hauptthemen der *Action* einigermaßen zu ordnen suchte,
wobei sie diese Notizen mit Bleistift von 1 bis 1440 nummerierte. In
diese Anordnung bezog sie mit gutem Grund unter den Nummern
1072–1233 auch die Notizen ein, die Blondel in ein Heft mit der Sigel ϰ
eingetragen hatte. Von dieser zweiten Reihe von Notizzetteln (die ich
»Recueil Panis« nennen möchte,[7] um sie vom »Recueil Valensin« zu
unterscheiden) wurde eine maschinenschriftliche Abschrift in mehreren Exemplaren angefertigt. In der Blondelliteratur wurde meistens
diese Abschrift zitiert, und zwar unter dem Namen *Notes-Semaille*
(Notizen als Aussaat).

Als diese zweite Reihe von Notizzetteln 1963 von Aix nach Paris
überführt wurde, ließen die Erben Blondels auch diese in Hefte kleben,
um die leicht verderblichen Papiere besser zu erhalten. Darüber hinaus
wurden beide Textsammlungen (Recueil Valensin und Recueil Panis),
so wie sie waren, auf Mikrofilm festgehalten, und »alle Kleinen Notizen *(Notules)* in den 12 Heften (1951) und in den 11 Heften (1963)
sowie im Heft ϰ wurden auf Karteikarten abgeschrieben, damit sie unter Beachtung der schriftlichen Hinweise Blondels leichter nach Kate-
gorien geordnet werden können.«[8]

Eine systematische Durchsicht dieser Sammlung von gegen 2500
Papieren zeigte, dass sie drei verschiedene Arten von Notizen umfasst,
die sich sowohl äußerlich wie dem Inhalt nach deutlich von einander
unterscheiden.

Eine erste Gruppe von etwa 600 Zetteln ist von Blondel selbst

---

Sammlung von Notizzetteln. Die dort eingeführte Nummerierung vermerke ich bei
meiner Neuordnung als »V nr. ...«.

[6] *Remarques* auf losen Blättern in einem der Hefte der obgenannten Sammlung.

[7] Dessen Nummerierung vermerke ich bei meiner Neuordnung als »P nr. ...«.

[8] Mme. Elisabeth Flory (handschriftlich), *Notice historique sur les* Notules *ou Pensées.*

durchnummeriert worden, und zwar gleichförmig mit Tinte in der linken oberen Ecke, also erst nachträglich zur Niederschrift der Notizen. Diese Nummerierung scheint die Notizen jedoch nicht klassifizieren zu wollen; nach Ausweis der verwendeten Papierarten und der sich langsam wandelnden Schrift folgt sie eher einer chronologischen Ordnung, und zwar in umgekehrter Reihenfolge. Das führt zur Hypothese, Blondel habe diese Papiere, die er zuerst, wie er selbst schreibt, ungeordnet in einer Pappschachtel aufbewahrt hatte[9], beim Herausnehmen nach und nach durchnummeriert, um sie identifizieren und in eine anderswo ausgearbeitete Ordnung einreihen zu können. Diese Ordnung war in den *Grands Plans*, den Gliederungsentwürfen für den dritten Entwurf der *Action*, das *Projet de Thèse*, leicht zu finden. Sie enthalten zahlreiche Hinweiszahlen, und einige Stichproben haben gezeigt, dass es sich dabei um die Nummern der Notizzettel handelt. Die Reihe der nummerierten Zettel ist also vor Mai 1890 zu datieren.[10] Dem entspricht die andere Beobachtung, dass ungefähr ein Drittel dieser Notizen, und zwar jene, die die jüngsten zu sein scheinen, auf grünes, glattes Papier geschrieben sind, von dem Blondel anderswo festgehalten hat, dass er es »seit dem 10. März 1890« benutzte.[11]

Eine zweite Gruppe von ungefähr 1000 Zetteln trägt einen griechischen Buchstaben (α, β, γ, δ, $\varkappa$) und eine Zahl als Sigel und wiederholt, stichwortartig, Texte aus den *Carnets intimes* oder aus dem Heft $\varkappa$. Sie zeigen eine deutliche Verwandtschaft mit den Zetteln die später als Mai 1890 zu datieren sind und scheinen den rein redaktionstechnischen Zweck gehabt zu haben, Texte zur Übernahme bereit zu halten, die Blondel bereits anderswo formuliert hatte.

So verblieb schließlich eine dritte, zusammengewürfelte und schwer definierbare Gruppe von Notizen, die fast die Hälfte der Zettel umfasst. Einige dieser Zettel waren unten mit einer Zahl versehen, ähnlich wie schon mehrere der beiden erstgenannten Gruppen. Es war nicht schwer festzustellen, dass es sich dabei um die Seitenzahlen der vierten Redaktion der *Action*, des sogenannten *Manuscrit-Boutroux* handelt, das Blondel der Sorbonne zur Erlangung des Imprimatur vorgelegt hat.[12] Ihr Inhalt ist denn auch fast wortgleich auf den entspre-

---

[9] Brief an Anatole Laurent vom 27. Oktober 1886, nicht in den Archives Louvain.
[10] Vgl. die Angaben zu den *Plans* und zum *Projet de Thèse* bei Saint-Jean, *Genèse*, S. 11, 119–132, 133.
[11] Bemerkung auf der Innenseite des Umschlags des *Carnet γ*.
[12] Vgl. Saint-Jean, *Genèse*, S. 177 ff.

chenden Seiten wiederzufinden, und es lässt sich nicht ausmachen, ob die Notiz auf dem Zettel eine vorbereitende Formulierung enthält oder der Übernahme eines Textes aus dem Manuskript dient.

Andere Zettel dieser dritten Gruppe ließen sich dank besonderer Sigeln, die Blondel auf ihnen angebracht hatte, zu kleinen Dossiers oder Notizsammlungen zusammenfügen, deren älteste zeitgleich mit den ältesten Notizen der ersten Gruppe oder sogar noch vor diesen entstanden sein müssen. Schließlich fanden sich auch Zettel ohne jeden Hinweis auf eine Klassifizierung, die jedoch auch ungefähr zur Zeit der Abfassung der *Action* entstanden sein müssen. Bei meiner Neuordnung der philosophischen Notizen habe ich diese Zettel, soweit es sich um Lesefrüchte handelt, nach den darin zitierten Autoren und/oder nach ihrem Inhalt zusammengestellt, und wo das nicht möglich war, nach ihrer mutmaßlichen Chronologie.

Diese Einsichten in Verwendungszweck und Chronologie der Notizzettel Blondels haben dann eine Neuordnung erlaubt und nahe gelegt. Diese Neuordnung habe ich fixiert, indem ich die Zettel von neuem in Hefte einklebte und ihnen (auf den Heftseiten, nicht auf den Zetteln selbst) eine neue Ordnungsnummer zuwies, die, so hoffe ich, die endgültige sein wird. Die Hefte bilden jetzt den Bestand der *Notules* oder *Notes-Semaille* im Blondel-Archiv in Louvain-La-Neuve. Die rein redaktionellen Zettel, die dazu dienten, Texte der *Carnets Intimes* in die *Plans* einzufügen, sind sinnvollerweise erst in einer kritischen Ausgabe der *Carnets Intimes* zu edieren, während jene, die sich auf das *Manuscrit-Boutroux* beziehen, überhaupt nicht eigens veröffentlicht werden müssen. Nach Ausscheiden dieser beiden nur redaktionsgeschichtlich interessanten Gruppen bleibt vor allem die durchnummerierte Gruppe von etwa 600 Zetteln, sowie die frühen gesigelten Zettelgruppen, die alle aus der Zeit vor der Ausarbeitung der *Plans* stammen. Sie bilden neben den *Carnets Intimes* die zweite Hauptquelle für die *Action*, und in ihnen liegt der eigentliche philosophische Wert der Notizzettel Blondels. Ich habe sie kritisch ediert und soweit wie möglich mit Quellennachweisen versehen. Sie können jetzt in elektronischer Form im Internet eingesehen werden.[13]

Wie aber sind diese Notizzettel entstanden, und was bedeuteten

---

[13] http://www.ub.uni-freiburg.de/referate/02/blondel/blondel/1.htm. Die elektronische Ausgabe wurde von Prof. Dr. Albert Raffelt erstellt, wofür nicht nur ich ihm großen Dank schulde, sondern auch viele künftige Blondel-Forscher.

sie für Blondel? Über die Entstehung seiner Notizzettel berichtet Blondel in einem Brief vom 27. Oktober 1886 an seinen Cousin Anatole Laurent. Eine Abschrift dieses Briefes wurde der maschinenschriftlichen Kopie des Recueil Panis vorangestellt und ist so zum *locus classicus* in der kurzen Geschichte der *Notes-Semaille* geworden: »Fast jeden Tag ergattere ich mir zwischen den langweiligen Pflichtarbeiten ein paar freie Augenblicke, in denen ich ganz freien Geistes einiges lese und dann ein paar Zeilen auf kleinen Zetteln aufnotiere, die schließlich in einem schönen Durcheinander in einer alten Pappschachtel landen. Es ist die Aussaat *(semaille)*, so Gott will; doch ich bin so träge, dass ich mich wahrscheinlich an den Rat der alten Heiden halten werde: *nonumque prematur in annum* […].«[14] Auf Grund dieses Briefes ist es üblich geworden, Blondels Notizen als *Notes-Semaille* zu bezeichnen. In meiner Edition betitle ich sie dagegen, wohl zutreffender, als *Philosophische Notizzettel*. Was erfahren wir durch sie?

Sie geben uns einen dreifachen Einblick. Zum einen informieren sie über die Lektüren Blondels und über die Art und Weise, wie er das Gelesene verwertet. Als zweites ersehen wir aus ihnen etwas vom Heranreifen seines Denkens, und schließlich und vor allem findet sich in diesen Notizen etwas von jenem Überschuss an Gedanken, den Blondel in der *Action* nicht voll auswerten konnte.

II. Blondels Lektüren

Kurz nach Beginn seiner Arbeit an der Doktorthese, nimmt sich Blondel in einer Aufzeichnung vor, »die allerchristlichste Aszetik mit der allerphysiologischsten Psychologie zu verbinden«.[15] Er spielt dabei auf den neuesten psychologischen Trend in Frankreich an, der von Wilhelm Wundt und Théodule Ribot geprägt wurde. Gemäß seinem Vorsatz bewegt sich Blondels Lektüre in diesen Jahren vor allem auf zwei Sachgebieten, der Psychologie und der Spiritualität. Seine philosophische Lektüre, die natürlich nicht fehlte, ist sozusagen zwischen diese beiden Pole eingespannt.[16]

---

[14] Vgl.oben Anm. 9.

[15] *Notes,* nr. 673 (Ich zitiere nach der neuen, von mir eingeführten Nummerierung): »Unir l'ascétique très chrétienne à la psychologie très physiologique«.

[16] Genauere bibliographische Angaben zu den hier aufgeführten Werken im Literatur-

1. Einerseits liest Blondel vor allem psychologische Literatur:
E. COLSENET: *Études sur la vie inconsciente de l'esprit;* Julius BERN-
STEIN: *Les sens;* A. HANNEQUIN: *Introduction à l'étude de la psychologie;* Théodule RIBOT: *Les maladies de la mémoire* und *Les maladies
de la personnalité;* Alexandre BAIN: *Les émotions et la volonté,* sowie
nicht wenige Artikel in der *Revue Scientifique* und vor allem in der
Revue Philosophique de la France et de l'Étranger. Diese von Théodule
Ribot gegründete und geleitete Zeitschrift würde man besser als ›Revue Française de Psychologie Allemande‹ bezeichnen; denn sie befasste
sich vor allem mit der Psychophysik Wilhelm Wundts. Blondel scheint
darin die folgenden Artikel mit besonderem Interesse gelesen zu haben; denn er hat seine Auszüge mit ausführlichen eigenen kritischen
Bemerkungen versehen: Théodule RIBOT: *Le mécanisme de l'attention;*
Charles FÉRÉ: *Dégénérescence et criminalité;* Alfred BINET: *Le fétichisme de l'amour;* François PAULHAN: *L'amour du mal* und vor allem
einen langen Artikel von Alfred FOUILLÉ: *Le sentiment de l'effort et la
conscience de l'action.* Diesem Artikel verdankt Blondel nicht nur die
neurophysiologische Terminologie der »Efferenz« und der »Afferenz«,
die auf John Hughlings JACKSON zurückgeht, und die Blondel später
zum Neologismus »Monophorismus« angeregt hat. Die dritte Etappe
des Dritten Teils der *Action,* ihr eigentliches Herzstück, wurde im Dialog mit diesem Artikel entworfen und niedergeschrieben. Ähnlich
wichtig wie die Artikel über die Psychophysik wurde für Blondel eine
Artikelreihe seines Mitstudenten Émile DURCKHEIM: *La science positive de la morale en Allemagne,* der die nationalökonomischen und
die politischen Theorien Wundts, Wagners, Strässles et Jherings vor-
stellte.[17] Blondel ließ sich von diesen Artikeln für sein Kapitel über
die soziale Aktion anregen.

In der gleichen Zeitschrift liest Blondel außer zahlreichen Artikeln auch Bulletins und Rezensionen über die neue psychologische
Forschung in Deutschland und in England und macht dazu seine Anmerkungen. Fast die Hälfte dieser Lesefrüchte belegt, mit wie viel
Recht Blondel 1945 in einer autobiographischen Notiz erklären konnte,

---

verzeichnis. Für eine vollständigere Übersicht über Blondels Literaturkenntnis ist auch
die Liste der von ihm aus der Bibliothek der École Normale Supérieure ausgeliehenen
Bücher zu vergleichen (D'AGOSTINO, S. 451–473).

[17] Vgl. dazu den nachstehenden Beitrag *Von der* Action *zur Kritik des »Monophorismus«.* Im Zusammenhang mit Jhering erscheint erstmals Blondels Definition der Wahrheit: »Veritas adaequatio est mentis et vitae, intelligentis et agentis« (*Notes,* nr. 558).

sein Werk enthalte »eine kohärente Lehre, die ebenso persönlich wie traditionell ist, und die die philosophische, die wissenschaftliche und die religiöse Problematik zusammenführt.«[18]

Diese wissenschaftliche Dimension der Philosophie Blondels, auf die auch der Untertitel der *Action* hinweisen will: »Versuch einer Kritik des Lebens und einer Wissenschaft der Praktik«, ist bisher weitgehend vernachlässigt worden.[19] Sie verankert Blondels Werk in einem Kontext psychophysiologischer Forschung, die heute zwar der Vergangenheit angehört, die jedoch Blondels Willen zum Dialog mit dem aktuellen wissenschaftlichen Forschungsstand bezeugt und diesen Sinne bleibende Aktualität behält. Eigenartigerweise finden sich in den Notizzetteln keine Hinweise auf die Vorbereitung des wissenschaftstheoretischen Kapitels in der ersten Etappe des Dritten Teils der *Action*. Dieses Kapitel hat Blondel offenbar mit Hilfe anderer Quellen, möglicherweise aus erster Hand vorbereitet, vor allem im Dialog mit befreundeten Wissenschaftlern, wie Jules Dussy und Pierre Duhem und mit seinem Cousin, dem Physiker André Blondel.

2. Neben der wissenschaftlichen Lektüre Blondels mag seine philosophische Lektüre weniger aufschlussreich scheinen. Sie bezeugt jedoch ebenfalls, dass Blondel sich bemühte, auf der Höhe der Zeit zu sein. Neben einem unbedeutenden *Cours élémentaire de philosophie* von Émile Boirac, liest Blondel mit kritischer Feder in Hippolyte Taines *L'idéalisme anglais* den Essai über Carlyle, Herbert Spencers *Les premiers principes. Première partie: L'inconnaissable* sowie eine Doktorthese von Henri Lauret, *La philosophie de Stuart Mill*. Näher bei seiner Problematik liegt Jean-Marie Guyaus *L'irréligion de l'avenir*. Mit seinem Kollegen an der Universität in Aix, Emmanuel Joyau, diskutiert er dessen Werke *De l'invention. Essai sur la liberté morale* und *Théorie d'Aristote sur le libre arbitre*. Neben den *Nouveaux essais sur l'entendement humain* von Leibniz, der *Philosophie de la liberté* von Charles Secrétan und dem *Système des contradictions économiques* von Pierre-Joseph Proudhon, findet sich auch *Le fondement du savoir* eines offenbar katholischen Unbekannten, P. Lesbazeilles. In der *Re-*

---

[18] *À propos d'un livre de M. M. Blondel*, in: *La Documentation catholique* (1945), col. 500: Son œuvre »comporte une doctrine cohérente, à la fois personnelle et traditionnelle, en laquelle s'intègrent les problèmes philosophiques, *scientifiques* et religieux.« (Hervorhebung von mir)

[19] Vgl. jedoch neuestens Murgia, die weitgehend die Notizzettel benützt.

vue Philosophique de la France et de l'Étranger liest Blondel selbstverständlich den Artikel seines Doktorvaters Émile BOUTROUX, *Les caractères de la philosophie moderne* und jenen eines Mitglieds seiner künftigen Examenskommission, Gabriel SÉAILLES, *Philosophes contemporains: M. J. Lachelier* (dessen wichtigste Werke Blondel schon früher gelesen hat). Ganz besonders scheinen ihn die Artikel von A. DARLU, *La liberté et le déterminisme selon M. Fouillée,* und von L. DAURIAC, *Le criticisme et les doctrines philosophiques* interessiert zu haben.

Auch über die Lektüre einiger philosophischer Texte, über die wir schon aus anderen Quellen wissen, geben die Notizzettel zusätzlich Aufschluss. So findet sich ein fortlaufender Kommentar zu den ersten 50 Seiten der *Kritik der reinen Vernunft* auf zehn Blättern, die allerdings nicht zu dem Material zu gehören scheinen, das Blondel für die *Action* bereitgestellt hat. Der französischen Übersetzung des Hauptwerks SCHOPENHAUERS hat Blondel eine Besprechung gewidmet[20], und er spricht es im Zweiten Teil der *Action* ausdrücklich an. Einige Notizzettel bezeugen diese Schopenhauerlektüre. Sodann hatte sich Blondel auf Anraten von Boutroux im März 1890 daran gemacht, Schelling, Böhme et Eckhart zu lesen.[21] Aus seinen Aufzeichnungen lässt sich nun ersehen, was er gelesen hat, immer in französischer Übersetzung. Von SCHELLING las er die ganzen *Vorlesungen über die Methode des akademischen Studiums* und die ersten Seiten des *Systems des tranzendentalen Idealismus*. BÖHME und ECKHART nahm er nur aus zweiter Hand zur Kenntnis, einerseits durch einen Artikel von BOUTROUX selbst, *Le philosophie allemand Jacob Boehme,* und anderseits durch das Werk des Straßburgers Auguste JUNDT, *Le mysticisme spéculatif de Maître Eckhart*. So ausführlich Blondels Aufzeichnungen anlässlich dieser Lektüre der Mystiker sind, so wenig haben sie sich in der *Action* niedergeschlagen. Denn als Blondel sich an diese Lektüren heranmachte, hatten seine Gedanken bereits eine feste Form gefunden, und er las die ihm empfohlenen Werke mehr aus Pflichtbewusstsein als aus echtem Interesse. Das systematische Durchforsten der Artikel über die Psychophysik in der *Revue Philosophique de la France et de l'Étranger* warf in seinen Augen mehr philosophischen

---

[20] BLONDEL, *Schopenhauer.*
[21] *Lettres philosophiques,* S. 20.

Ertrag ab als die spekulativen Akrobatenkünste der deutschen Mystiker.

3. Mit einem *mysticisme spéculatif* konnte Blondel in der Tat nicht viel anfangen. Seine geistliche Lesung, der er regelmäßig hielt, ging in die Richtung einer »allerchristlichsten Aszetik«, nicht in jene mystischer Spekulation. Unter Blondels Aufzeichnungen zur Vorbereitung seiner philosophischen Doktorthese finden sich deshalb nicht nur Auszüge aus Bossuet, Gratry und Franz von Sales, sondern auch aus dem *Combat spirituel* von Laurent Scupoli und aus der höchst langweiligen *Pratique de la perfection chrétienne* des Jesuiten Alphonse Rodriguez – allerdings in einer Ausgabe »à l'usage des personnes du monde«. Auch ein heute längst vergessenes Werk, *L'abbé Hetsch* von Nelly Du Boys liest Blondel offenbar mit großem Interesse. Es berichtet von der Konversion eines Elsässer Arztes vom positivistischen Szientismus zum Katholizismus. Von zeitgenössischen geistlichen Autoren zitiert Blondel nur gelegentlich Lacordaire, Monsabré et Mgr. Charles Gay.

4. Zur Vervollständigung des Bildes müssen schließlich auch die literarischen Werke genannt werden, die Blondel für seine philosophische Arbeit auswertet. Das sind in erster Linie die Romane von Paul Bourget: *Le Disciple, Adrien Sixte* und *André Cornelis* sowie Auszüge aus Artikeln der *Revue Littéraire* (auch *Revue Bleue* genannt) und der *Revue des Deux-Mondes.* ferner Tolstoï *(Souvenirs* und *Ma religion),* Sully Prud'homme, der *Faust,* der *Don Quichotte* sowie Louise Ackermann und zwei unbekannte Dichtungen: *L'étoile sainte* von Albert Jounet und eine *Méditation symbolique* eines gewissen Henri Michel.

5. Eine andere Art von ›Lesefrüchten‹ sind die Aufzeichnungen, die sich Blondel bei Vorträgen und bei einer Vorführung über Hypnose machte, sowie nach Gesprächen in Paris, namentlich nach einem Besuch bei Léon Ollé-Laprune und bei Charles Maurras, sowie mit Lucien Herr, dem Bibliothekar de École Normale Supérieure. Sie alle gehören zu den Dossiers für die *Action.*

Interessanter als die Aufzählung der Werke, die Blondel gelesen hat, ist der Aufschluss, den uns seine Aufzeichnungen über die Art geben, wie er zu lesen pflegte. Blondel las offenbar ein Buch fast nie zu Ende, und er bevorzugte Zeitschriftenartikel oder Rezensionen. Deshalb konnte er trotz der langen Reihe von Titeln, die in diese Notizen aufscheinen, mit Recht von sich sagen, er habe eigentlich noch wenig ge-

149

lesen.[22] Auch von dem, was er las, machte Blondel in der Regel kein fortlaufendes Exzerpt; er notierte nur die eine oder andere Formulierung, die ihm auffiel, oder das eine oder andere wissenschaftliche Faktum. Oft stellt er eine Grundtendenz des Autors fest, um dann zu seinen eigenen, nicht nur kritischen, sondern auch weiterführenden Überlegungen abzubiegen. Alles, was Blondel liest, transponiert er spontan in sein eigenes Register. Nach Durchsicht dieser Aufzeichnungen ist leicht zu verstehen, weshalb Blondel in der *Action* keine Quellen zitiert. Er folgt darin nicht nur dem Stil seiner Zeit; er macht damit auch deutlich, dass es für die *L'Action* tatsächlich kaum Quellen gegeben hat. Was für einen anderen Autor eine Quelle gewesen wäre, war für Blondel ein Anstoß zu eigenem Denken. Blondel selbst war sich dessen bewusst. So schreibt er 1888 an seinen Freund Henri Berr: »[…] noch immer kann ich keine zehn Minuten lesen, ohne von meinem Buch durch eine unüberwindliche Zerstreuung abgelenkt zu werden. Ich finde mich damit ab und lese nur noch, um nebenher zu denken und mich zum Schreiben auf Trab zu bringen.«[23]

Während er seine Aufzeichnungen macht, bemerkt er einmal: »Warum nützt es mir mehr, einzelne Bruchstücke zu lesen als ein ganzes Buch oder ein System durchzuarbeiten? Anregungen, aber keine Behinderung; Nahrung, aber nicht fertig ausgebildete Organe.«[24] Und wiederum: »In den Fragen, die mich interessieren und die für mich nicht rein spekulativer Natur sind, kann ich mich nicht mit dem Denken der andern identifizieren noch mir ihre Sichtweise zu eigen machen. Denn für mich sind das keine Theorien; es sind Taten, Gewohnheiten, es ist mein Leben; und ich kann nicht leben oder handeln wie jemand anders oder als jemand anders. Ich brauche diese fremden Lehren als Anregungen oder als Teig, den ich durchkneten muss.«[25]

---

[22] *Lettres philosophiques*, S. 71.

[23] »[…] je ne puis toujours lire dix minutes, sans être emporté de mon livre par une distraction sans remède. J'en prends mon parti, et je ne lis plus que pour penser à côté et pour me mettre un peu en train d'écrire.« (Brief an Henri Berr, 8/9. Januar 1888, Archives Louvain, B n° 48.438–48.445).

[24] *Notes*, nr. 322. »Pourquoi je profite souvent plus à lire des fragments détachés qu'à étudier de suite un livre ou un système entier. Suggestions, mais non gêne; aliments, mais non organes tout faits.«

[25] *Notes*, nr. 574: »Sur les questions qui m'intéressent, et qui ne demeurent pas pour moi toutes spéculatives, je ne puis entrer dans la pensée des autres, ni me mettre à leur centre de perspective. Car ce ne sont pas des théories pour moi, ce sont des actes, des

Das zeigt auch den besonderen Wert dieser Aufzeichnungen. Sie sind der unmittelbare Niederschlag eines ursprünglich philosophischen Aktes, und nicht Zeugen für die Übernahme oder die Weiterverwendung der Gedanken Anderer. Oft bieten deshalb gerade die Aufzeichnungen über philosophische Texte am wenigsten Interesse. Die Philosophen, die für ihn am wichtigsten waren und die ihn auch wirklich beeinflusst haben, hatte Blondel schon vor der Niederschrift seiner Notizen gelesen: Pascal, Maine de Biran, Leibniz, Ravaisson, Lachelier ... Als er die Notizzettel anlegte, im entscheidenden Stadium der Ausarbeitung seiner Doktorthese, wollte er sich dagegen nicht mehr vom Denken Anderer leiten lassen oder mit ihnen ins Gespräch kommen; er wollte sein eigenes Denken an ihrem Denken messen und vor allem seine eigene Erfahrung an den Ergebnissen der Wissenschaft und an der geistlichen Erfahrung der katholischen Tradition. Die Rekonstruktion der Chronologie seiner Aufzeichnungen gibt deshalb einen Einblick in den Reifungsprozess seines Denkens.

III. Die Entstehungsgeschichte der *Action*

Die soeben angeführten autobiographischen Reflexionen stammen von Herbst und Winter 1886/87. Blondel begann damals ernsthaft an seiner Doktorthese zu arbeiten. Nach einem kurzen Zwischenspiel am Lyzeum in Montauban, einer calvinistischen Stadt, »wo sich alle Söhne aller Pfarrer der Stadt und ihrer Umgebung in meiner Klasse zusammengefunden haben«[26], beginnt Blondel am Lyzeum in Aix-en-Provence zu unterrichten. Die calvinistische Umgebung in Montauban und die Diskussion mit seinem reformierten Studienkameraden und Nachfolger Raoul Allier[27] scheinen Blondel veranlasst zu haben, für seine Doktorarbeit *La philosophie de la liberté* von Charles SECRÉTAN

---

habitudes, c'est ma vie; et je ne puis vivre, ou agir comme autrui et en autrui. Je me sers de ces doctrines étrangères, comme de stimulants, ou comme une pâte à pétrir.«

[26] Brief an Anatole Laurent, 27. Okt. 1886 (oben Anm. 9).

[27] Raoul Allier (1862–1939), ein calvinistischer Mitschüler Blondels an der École Normale Supérieure, war ein guter Kenner des ebenfalls reformierten Westschweizer Philosophen Charles Secrétan.

nochmals zu lesen[28] und zu exzerpieren.[29] Fast zur gleichen Zeit unternimmt er eine Studie über die eingeborenen Ideen bei Leibniz – möglicherweise für eine Prüfungsarbeit.[30] So beginnt sich ein Bogen seiner Interessen abzuzeichnen: Die Analyse der Entstehung unserer Ideen soll Licht in eine ethische und religiöse Problematik bringen.

Blondel scheint seine Doktorarbeit anfänglich als Beitrag zur Ethik aufgefasst zu haben, und er denkt deshalb über die Beziehung zwischen Moral und Metaphysik nach. Zu Secrétans Aussage: »Auf die absolute Geltung der Ethik für das Gewissen gestützt, haben wir die Bedingungen, welche die Ethik ermöglichen, als notwendige Grundlage für die Philosophie herausgestellt. So legt die Ethik von Anfang an [...] der Philosophie ihre Gesetze auf«[31] bemerkt Blondel: »Die Vorgehensweise der Kantianer steht in vollem Gegensatz zum spontanen Vorgehen des menschlichen Geistes: Normalerweise lebt man seine Ethik ganz selbstverständlich und setzt dann in der Reflexion bei intellektuellen Problemen an, bis die Metaphysik das wissenschaftliche Bemühen des Verstandes zur Ethik vorantreibt, um schließlich den Ausgangspunkt zu rechtfertigen und die Gründe für die Taten aufzusuchen.«[32] Ungefähr zur gleichen Zeit und ohne sich auf Secrétan zu beziehen bemerkt Blondel mit Blick auf Kant: »Die Absicht macht nicht die Substanz des Tuns aus. Die Wirklichkeit des Guten liegt nicht dort. Das lässt sich beweisen durch die Art, wie bei einem Kind das Bewusstsein des sittlich Bösen erwacht. Es geschieht durch das Nachdenken über eine Tat, die es ohne böse Absicht vollbracht hat, durch eine Art Offenbarung oder Erleuchtung über die Natur des Tuns. *Actus Apostolorum*. Die erste Frucht des Evangeliums sind: *Actus*.«[33] Die

---

[28] Schon am 3. Nov.1882, am 3. Nov. 1883 und am 4. April 1883 hatte er verschiedene Ausgaben dieses Werks aus der Bibliothek der École Normale Supérieure ausgeliehen (D'Agostino, S. 472).

[29] *Notes*, nr. 38–47.

[30] *Notes*, nr. 13–36.

[31] Secrétan, *Liberté*, S. 2.

[32] »La marche du Kantisme est directement antipathique au développement spontané de l'esprit humain: installé d'ordinaire dans la vie morale, l'on débute, dans la réflexion, par l'étude intellectuelle, et c'est la métaphysique qui conduit le mouvement scientifique de l'entendement jusqu'à la morale, pour justifier enfin le point de départ, et pour chercher les raisons des actes.« (*Notes*, nr. 40)

[33] »L'intention n'est pas la substance de l'action. Le bien réel n'y est pas. Prouver cela par la manière dont naît chez l'enfant le sentiment du mal moral. C'est par réflexion sur un acte qu'il venait de commettre sans malice, par une sorte de révélation ou d'illumi-

Fortsetzung des Textes, den Blondel auf dem gleichen Blatt aufgezeichnet, dann aber abgeschnitten hat, zeigt nochmals, wie eng für Blondel damals die ethische Reflexion mit den Untersuchungen über die Entstehung unserer Ideen verknüpft war, und dass er die Verbindung beider im Tun fand: »Das Tun ist keine Bewegung. Die Bewegung ist eine Synthese in der Vorstellungskraft. Eine täuschende Evidenz. Wir nehmen die Bewegung nicht wahr. Was unterscheidet das Erkennen einer Bewegung von der Wahrnehmung der Sinnesqualitäten, die letztlich auf eine Bewegung zurückgehen? Im letzteren Fall bringt der Organismus selbst die Synthese zustande, und wir nehmen die Zustände unseres Hirns immer als undurchschaubar und einfach wahr. Die Erkenntnis der Welt, die durch Unterdrückung eines Teils dieser organischen Vermittlung zustande kommt, ist vielfältig und überschaubar.«[34]

Drei Jahre später, im Dezember 1889, kommt Blondel wieder auf das Problem des Anfangs zurück: »Mit der Ethik beginnen, heißt den Menschen aus der Natur herauslösen und den Dachfirst aufs Leere setzen. Und schlussendlich heißt das, mit dem Ausschalten jedes metaphysischen Prinzips auch die objektive Geltung und den Wirklichkeitswert der Ethik ausschalten. Die Ethik beherrscht alles, sagt man, ihr kommt der Primat zu; doch man kann nur herrschen, wenn es auch ein Herrschaftsgebiet gibt, Souveränität gibt es nur dann, wenn es auch Untertanen gibt; die Untertanen sind die Vorbedingung oder, besser gesagt, das Element und die Substanz der Souveränität.«[35] Auf einem zweiten Blatt, das er an das erste angeheftet hat, fährt Blondel fort:

---

nation sur la nature de l'action. *Actus Apostolorum.* Le premier fruit de l'Évangile: *Actus.*« (*Notes,* nr. 13). Die Schlussbemerkung findet sich ähnlich auch in: *C.I.,* S 95/113 (8. Dez. 1886).

[34] Ebd.: »L'action n'est pas le mouvement. Le mouvement est une synthèse de l'imagination. Lumière trompeuse. Nous ne percevons pas le mouvement. Quelle différence y a-t-il entre la connaissance du mouvement et la perception des qualités sensibles qui se réduisent en mouvements? Dans le second cas, c'est l'organisme même qui fait la synthèse, et nous percevons toujours les états de notre cerveau comme confus et simples. La connaissance que nous avons du monde en supprimant quelque chose de cet intermédiaire organique est multiple et distincte.« Blondel spielt hier mit der cartesianischen Terminologie von *confus* und *distinct.*

[35] »Commencer par la morale, c'est isoler l'homme de la nature et poser le faîte sur le vide. Et finalement, c'est, [en] enlevant le principe métaphysique, enlever la valeur objective et la portée réelle de la morale elle-même. La morale domine, dit-on, elle a la primauté; mais il n'y a de règne que par un royaume, de souveraineté que s'il y a des sujets: et les sujets sont la condition, disons mieux, l'élément, et la substance du souverain.« (*Notes,* nr. 46)

»Die Ethik ist in dem Sinne rein formal, dass ihr Kennzeichen das freie Eingreifen des Menschen ist, durch das sie auch zustande kommt. Es wäre jedoch ein Irrtum, wenn man meinte, die Sittenlehre müsse und könne für sich allein ausgearbeitet werden, ohne Rücksicht auf die Welt, in der sich unser Tun entfalten soll. Denn in uns und durch uns wir müssen jene Elemente zu sittlichen machen; denn es ist unsere Aufgabe, ihnen einen höheren Sinn zu verleihen.«[36]

Schließlich bringt ein drittes Blatt, das zur gleichen Reihe gehört, diese Elemente des Tuns und der Reflexion zusammen: »Wirkliches Erkennen des Wirklichen gibt es nur, wenn man zugleich hervorbringt, während man erkennt und was man erkennt. ›Reflexion‹ ist ein trügerisches Wort; sie ist nicht ein nachträgliches Erkennen, sondern eine Vorbereitung, ein Hervorbringen, eine Art Schöpfung. Weit davon entfernt, eine Zweiheit, ein sich Zurückbeugen ohne Vermischung (Schatten, der sich dazwischenschiebt), ein sich Überlagern ohne Identifizierung zu sein, ist sie vielmehr gerade die Einheit der wahren Tat, die nur eine solche ist, wenn sie um sich selbst weiß. Wenn wir uns selbst nicht deutlicher kennen, dann kommt das daher, dass in unserer einfachsten Tat Abermillionen von Tatsachen zusammenlaufen. Wir kennen uns nur deshalb so unvollständig, weil unsere Taten uns nicht vollständig zugehören.

(Betreffs Verantwortung und Strafen) – Das Dunkel findet sich vor allem im Untergrund des Seins und es ergibt sich aus jenen Teilen der Tat, die dem Willen entzogen sind. Die Kraft der Helligkeit sollte jeweils stärker sein als die Macht der Finsternis in uns. Es gibt weniger Nacht im Geist als im Tun.

Wie Christus, um aufzusteigen, zuerst hinabsteigen musste, und wie Er sich auch den Letzten seiner Glieder ganz hingibt, so müssen auch wir uns zu den untersten Teilen unserer Natur hinabbeugen, sie aufrichten, sie mit unserem vernünftigen Leben durchtränken.«[37]

---

[36] »La morale est purement formel[le], en ce sens qu'elle est caractérisée, constituée par la libre intervention de l'homme; mais ce serait faux si l'on entendait que la science des mœurs doit et peut se construire isolément, sans égard au monde où notre action est appelée à se déployer. Car nous avons à moraliser en nous et par nous les éléments auxquels notre rôle est de conférer une signification plus haute.« (*Notes,* nr. 50)

[37] »Il n'y a de connaissance réelle du réel que si l'on produit en même temps que l'on connaît, et ce que l'on connaît. La réflexion est un mot trompeur souvent: au lieu d'être une post-connaissance, elle est une préparation, une production, une sorte de création. Loin qu'il y ait dualité et repli sans fusion (ombre interposée), superposition sans iden-

Wir können diese Texte hier nicht im einzelnen auslegen. Sie geben jedoch einen Hinweis, wie die *Action* zu lesen ist. Blondel verstand seine Arbeit von Anfang an als einen Beitrag zur Moralphilosophie und er hat die Untersuchungen über den Ursprung unserer Ideen, über den ›Leib des Tuns‹ und alle weiteren philosophischen und psychologischen Analysen nur unternommen, um das ethische Grundproblem zu erhellen. Auch die ersten drei Teile der *Action* müssen folglich in moralphilosophischer Perspektive gelesen werden, obwohl die Fragen der Ethik erst gegen Ende der *Action* ausdrücklich behandelt werden, nicht nur im Kapitel über »Die gestuften Formen der natürlichen Sittlichkeit«[38], sondern vor allem in der Sektion »Die Alternative« im Vierten Teil[39] mit der Lehre von der Option.

Die Option ist in der Tat zuerst eine ethische und erst in zweiter Linie eine religiöse Grundentscheidung; denn die Entscheidung für oder gegen das Eine Notwendige geschieht immer in Gestalt einer Entscheidung zwischen zwei ethisch bewertbaren Gütern. Nach Ausweis der Notizzettel verstand Blondel die Option sogar zunächst als eine intellektuelle Entscheidung von ethischer Tragweite. Bei der Lektüre Secrétans entdeckte Blondel in dessen Werk eine »Untersuchung über den ideellen Kampf zwischen der theozentrischen Liebe und dem anthropolatrischen Egoismus«; diese schweigen sich jedoch »über die Widerstände des Fleisches und die Hilfen der Gnade« aus.[40] Später wird er bei der Lektüre eines Artikels von Lionel Dauriac über den Kritizismus[41] die Idee einer intellektuellen Option zwischen den Thesen und

---

tité, elle est l'unité même de l'acte vrai, qui n'est absolument que s'il se connaît: si nous ne nous connaissons pas plus distinctement, c'est qu'il y a dans le plus simple de nos actes, mille millions d'actes concourants. Nous ne nous connaissons imparfaitement que parce que nous sommes trop peu actualisés.

(Pour la responsabilité, et les peines) – L'obscurité réside surtout dans les sous-sols de l'être, et procède des parties involontaires de l'acte. Le pouvoir de la clarté devrait toujours être supérieur à la puissance des ténèbres en nous. La nuit est moindre dans l'esprit que dans l'activité.

Comme le Christ, pour remonter, a dû d'abord descendre, et comme il se donne tout aux derniers de ses membres, ainsi devons-nous nous accommoder aux parties les plus basses de notre nature, les relever, les pénétrer de notre vie raisonnable.« *(Notes,* nr. 51)

[38] *Action*, S. 279–304/305–329.
[39] *Action*, S. 357–388/382–413.
[40] »Étude de la lutte idéale de l'amour théocentrique et de l'égoïsme anthropolâtre, mais rien des obstacles charnels ou des secours de la grâce.« *(Notes,* nr. 45)
[41] Dauriac, *Criticisme*.

Antithesen, wie sie Charles Renouvier aufgestellt hatte, entwerfen und merkt dann an, eine solche Option impliziere eine ethische Grundhaltung.[42] Bei dieser Gelegenheit entwirft Blondels erstmals und in kantischer Begrifflichkeit das, was in die *Action* als »Die Alternative« eingehen wird:

»Beim Schreiben meiner Arbeit – sehr klare und deutliche Sätze aufstellen, je in einem eigenen Absatz:

z. B.: 1. Die Antinomien Kants betreffen nur die Erscheinungswelt.

Beweis: ...

2. In dieser Welt gibt es notwendig eine Alternative; die Entscheidung ist aufgezwungen.

Beweis: ...

3. Eine der beiden Behauptungen ist schuldhaft. Sie gibt dem die Oberhand, was in uns weniger vernünftig ist, und was sich der Vernunftbegriffe bemächtigt und mit ihnen Ehebruch begeht ...«[43]

Ein weiter ausgeführter Entwurf mit dem Titel »Die beiden Credo« stellt schließlich entgegengesetzte philosophische Aussagen in einem Diptychon einander gegenüber: »Die beiden *Civitates* organisieren sich, die eine Aug in Aug zur andern.«[44] Ähnliche Diptychen sind dann Jahrzehnte später in den Testis-Artikeln gegen den *Monophorisme* wieder zu finden. Hier wie dort handelt sich um eine theoretische Entscheidung zwischen zwei Denksystemen, die jedoch von ethischer Tragweite ist, ähnlich wie die Grundentscheidung Fichtes. Das macht Blondel gleich in den ersten Zeilen seiner Aufzeichnung klar: »Man muss sich entscheiden; es ist wichtig, dass alle Menschen über die großen Grundfragen einige feste Überzeugungen haben. Man kann übrigens bemerken, dass sich die möglichen Antworten schließlich in zwei Gruppen zusammenfinden und zwei einander entgegengesetzte Systeme

---

[42] »toute une attitude morale à prendre« (*Notes,* nr. 507).

[43] »Dans la rédaction de mon travail – procéder par propositions très distinctes et très nettes, formant un alinéa distinct.

Ex.: 1. Les antinomies de Kant n'intéressent que le monde des phénomènes.

Preuve: ...

2. Dans ce monde, l'alternative est nécessaire, le choix imposé.

Preuve: ...

3. L'une des affirmations est coupable. Elle fait prédominer une partie moins raisonnable, qui accapare les notions de la raison même et s'en adultère ...«

(*Notes,* nr. 514)

[44] »Les deux credo. Les deux cités s'organisant en face l'une de l'autre.« (*Notes,* nr. 590)

bilden. Zwar gibt es glückliche Inkonsequenzen, und oft bleibt jemand auf halbem Weg stehen; doch eines ist gewiss: Wenn man in einem Punkt entschieden und bewusst den Irrtum und das Böse wählt, wird man, ohne sich dessen bewusst zu sein, zu andern Verirrungen mitgerissen. Gleich wie die Tugend ist auch die Wahrheit eine. Manchmal will man den notwendigen Zusammenhang der grundlegenden Ideen nicht wahr haben; man würde sich oft gegen die letzten Konsequenzen verwahren oder gegen die Maxime der Meinungen, die man vertritt, oder der Taten, die man sich erlaubt: ein Grund mehr, die Wege, die sich uns eröffnen, als ganze und bis zu ihrem Endziel ins Auge zu fassen. Das Problem des Lebens ist nicht so kompliziert, wie man gewöhnlich meint; man muss nur von den Bemäntelungen und Verschleierungen absehen.«[45]

Diese beiden Beispiele, die den Ausgangspunkt der Überlegungen Blondels und die Herkunft seiner Idee einer Option aufzeigen, lassen erahnen, wie wichtig die Auskünfte sind, die die Notizzettel über den Reifungsprozess der Philosophie Blondels geben können. Das würde dann auch entscheidende Hinweise geben für eine vertiefte Deutung seines Werks. Das führt zu einer letzten Überlegung.

IV. Ein Überhang an Gedanken

Ein fertiges Werk lässt zwar alle Vorarbeiten hinter sich; doch diese Vorarbeiten können gedankliche Keime enthalten, die im fertigen Werk nicht voll zur Entfaltung kommen konnten. Die in den *Philosophischen Notizzetteln* angesammelten Gedanken reichen denn auch weit über das in der *Action* Niedergelegte hinaus. Blondel war sich

---

[45] »Il faut opter: et il importe que sur les grandes questions, tous les esprits aient quelques convictions arrêtées; il est remarquable d'ailleurs que les solutions possibles finissent par se ranger en deux groupes, et par former deux systèmes opposés: il y a sans doute d'heureuses inconséquences, on s'arrête à mi-chemin, mais il est certain que si sur un point l'on choisit résolument et délibérément l'erreur et le mal, l'on est entraîné, à son insu, vers d'autres écarts: comme la vertu, la vérité est une. On se dissimule parfois la liaison nécessaire des idées fondamentales; on répugnerait souvent aux conséquences lointaines, ou à la formule générale des opinions que l'on adopte ou des actes que l'on se permet: raison de plus pour envisager dans leur ensemble les chemins qui s'ouvrent à nous, jusqu'à leur terme. Le problème de la vie n'est pas aussi compliqué qu'on le pense d'ordinaire, palliatifs et voiles écartés.« (*Notes,* nr. 590). In *Notes,* nr. 883, findet sich ein ähnliches »Crédo philosophique pour mes élèves.«

dessen bewusst, als er beim Ordnen seiner Papiere einen Umschlag mit dem Titel vorsah: »Aufzeichnungen, die für die *Action* nicht ganz ausgewertet sind«. In diesen Umschlag müssten sehr viele der 800 edierten Notizzettel eingeordnet werden. Beim Schreiben seiner Doktorthese fühlte sich Blondel behindert durch ein Problem der Kommunikation. Das ergibt sich schon aus der Redaktionsgeschichte der *Action* mit ihren fünf oder sechs auf einander folgenden Fassungen. Blondel schrieb nicht für sich und für eine von ihm selbst gewählte Leserschaft; er musste seiner Jury und einem größeren philosophischen Publikum Gedanken nahebringen, von denen er wusste, dass sie für diese neu und ungewohnt waren. Die literarische, stellenweise allzu literarische Form, die er seinem Werk schließlich gab, verbirgt die Originalität seines Denkens mindestens ebenso sehr wie sie es zugänglicher machen sollte.

Die Originalität dieses Denkens besteht in einigen Grundeinsichten, die ganz auf Blondels eigenem Boden gewachsen sind. Es sind Intuitionen, die Blondel im Kern schon besaß, ehe er in die École Normale Supérieure eintrat, die er jedoch erst im Lauf seiner philosophischen Entwicklung voll erfassen und angemessen ausdrücken konnte. Blondels Denken ist weniger ein diskursives Meditieren (wie beispielsweise jenes Husserls) als vielmehr ein Bemühen um Ausfaltung und Präzisierung einer ursprünglichen Intuition. Eine solche Ausfaltung kann nicht gelingen, ohne Vieles und vielleicht das Beste des ursprünglichen Reichtums der Intuition opfern zu müssen.

Die Notizzettel haben glücklicherweise etwas von diesem ursprünglichen Reichtum aufbewahrt, einem Reichtum, den wir in der Offenheit und im andeutenden Charakter des Aphorismus, des Fragments, des Entwurfs wahrnehmen; denn darin eröffnet sich ein Ausblick auf viel Ungesagtes. Wer würde Pascals Apologetik heute noch lesen, wenn er Zeit gehabt hätte, seine *Pensées* auszuformulieren? Kein Traktat könnte so frisch und anregend sein, wie diese Fragmente. Blondel war sich dieser Anziehungskraft seiner Aufzeichnungen bewusst. »Warum ist ein Gedanke im Augenblick seiner Geburt liebenswerter und anziehender? Fragment eines Ganzen, einer Seelenstimmung, die in den unbewussten Regionen ihre Ergänzung, ihre Vollendung, ihren Kommentar findet.«[46]

In diesem ersten Überhang, der zunächst mehr der literarischen

---

[46] ›Pourquoi une idée est-elle plus chère et gracieuse au moment de sa naissance? Frag-

Form als den Gedanken selbst zuzuschreiben ist, offenbart sich noch ein anderer. In ihrem ursprünglichen Hervorsprudeln eröffnen nicht wenige seiner Aufzeichnungen weite Perspektiven, die Blondel im ausgeführten Werk nicht mehr erkunden konnte. Der Blick öffnet sich auf den fernen Horizont der *Trilogie,* und über diese hinaus auf weitere Landstriche, die Blondel nur gelegentlich erkundet hat. In einer kurzen Notiz scheint schon *Histoire et Dogme* auf: »Habt ihr euch nie geärgert, wenn ihr gehört habt, wie ein Jünger die Worte seines Meisters papageienhaft wiederholte und sogar noch übertrieb, weil er sich nicht bemüht hat, ihren Sinn zu erfassen? Wie kann man dann die Worte Christi ebenso getreu wie frei auslegen, angesichts dessen, dass sie in ihrer Erhabenheit unerreichbar zu sein scheinen? Das geschieht durch die Gebote, die ihre Garantie, ihr Schutz und der Schlüssel zu ihnen sind. Die Menschen haben keine Jünger, keine Gläubigen, weil sie sich nicht an jene unbewussten Tiefen der Praxis wenden können, aus denen alles hervorgeht und zu denen alles zurückkehren muss.«[47]

Eine andere sehr dichte Aufzeichnung entwirft eine eschatologische Philosophie des Seins: »Berkeley hat sich vielleicht als erster der Schwierigkeit gestellt, der wichtigsten von allen, der Grundfrage: Was ist das Sein? Er hat am Grund aller Wirklichkeit das Denken erblickt, doch ohne den Weg über das Tun genommen zu haben. Was ist das Sein? Es ist das Tun, das erkannt und gewollt ist.

Erst in Gott werden wir im vollen Sinne sein; denn in Ihm werden wir alle unsere Taten erkennen, das heißt unsere ganze Person; und wir werden sie nur erkennen, weil wir sie wollen, und zwar als gute.

Alles andere verschwindet, ist ausgelöscht – man wird seine Fehler kennen, die verziehen sind, und man kennt sie nicht mehr; man kennt nicht mehr die Fehler, man kennt die Verzeihung. *Misericordias Domini in aeternum cantabo.*[48]

---

ment d'un tout, d'un état d'âme, qui trouve ainsi dans les parties inconscientes son complément, son achèvement, son commentaire.‹ (*Notes,* nr. 342)

[47] ›N'avez-vous jamais été irrité d'entendre un disciple répéter étroitement les paroles du maître en les exagérant, faute d'aller jusqu'à leur sens? Comment donc les paroles du Christ peuvent-elles être interprétées, fidèlement et librement, malgré leur hauteur qui les rend, semble-t-il, inaccessibles? C'est par les préceptes qui en sont la garantie, la sauvegarde, et la clef. Les hommes n'ont pas de disciples, de fidèles, parce qu'ils ne savent pas s'adresser aux profondeurs inconscientes de la pratique d'où tout émerge et où tout doit retourner.‹ (*Notes,* nr. 627)

[48] *Psalm* 89, 2.

Was den Sünder betrifft, wird nicht gesagt, dass er in dem Maße sein und sich erkennen wird, als er ist, sondern insofern er nicht ist. *Videbit:* Was wird er sehen? Die Güte Gottes für die Erwählten, Seine Herrlichkeit und ihre Herrlichkeit. *Videbit et irascetur.*[49] Doch alles, was er geliebt, ersehnt, gewollt hat, alles, in das er sich selbst hineingelegt hat, sein ganzes Herz, seine Person, sein Sein werden vergehen. *Desiderium peccatorum peribit.*[50] Er wird Nichtsein *sein.*‹[51]

Der gedankliche Überhang in den Aufzeichnungen betrifft in erster Linie das Denken selbst. Es finden sich da Bemerkungen zur Logik des Konträren und der Kontradiktion, die auch das *Principe élémentaire d'une logique de la vie morale* nicht voll ausgeschöpft hat. Auch Überlegungen zum Verhältnis von Wirkursache und Zielursache beschäftigen Blondel, und diese überkreuzen sich mit einem dritten immer wiederkehrenden Thema, dem Verhältnis von *a priori* und *a posteriori*.

Drei Beispiele zu den beiden letztgenannten Themen können zeigen, wie sich eine Idee langsam entfaltet. Der älteste Text, vielleicht die Keimzelle für alle späteren Überlegungen, kann hier übergangen werden, weil nur eine Kant-Vorlesung von Boutroux zusammenfasst.[52] Wenig später notiert Blondel:

»Die klarste und einfachste Art, sich die Verbindung zwischen dem Denken und dem Tun, zwischen Ursache und Wirkung vorzustellen, ist zweifellos jene, die sie als logisch, ja als deduktiv auffasst.

---

[49] *Psalm* 112, 10.
[50] Ebd.
[51] ›Berkeley, le premier peut-être, s'était proposé cette difficulté, la plus importante de toutes, la question foncière: Qu'est-ce que l'être? Il avait vu la pensée au fond de toute réalité, mais sans passer par l'action. Qu'est-ce que l'être? c'est l'action connue et voulue. Nous ne serons pleinement qu'en Dieu, où nous connaîtrons toutes nos actions, c'est-à-dire toute notre personne; et nous ne les connaîtrons que parce que nous les voudrons toutes bien.
Le reste disparaît, est effacé – on connaîtra les fautes pardonnées et on ne les connaîtra plus; on ne connaîtra plus les fautes, on connaîtra le pardon. *Misericordias Domini in aeternum cantabo.*
Quant au pécheur, il n'est pas dit qu'il sera et se connaîtra en tant qu'il est, mais en tant qu'il n'est pas. *Videbit:* que verra-t-il? la bonté de Dieu sur les élus, sa gloire, leur gloire. *Videbit et irascetur.* Mais tout ce qu'il avait aimé, désiré, voulu; tout ce en quoi il s'était mis lui-même, tout son cœur, sa personne, son être périra. *Desiderium peccatorum peribit.* Il *sera* non-être.« (*Notes,* nr. 536)
[52] *Notes,* nr. 775.

Kant hat uns einen großen Dienst erwiesen, als er zeigte, dass diese Verbindung synthetisch ist.

Was heißt das anderes, als dass sie frei ist – aber wenn die Freiheit einmal gewirkt hat und die Tat existiert und die Wirkung hervorgebracht ist, dann besteht eine analytische Verbindung.«[53]

Noch etwas später:

»Die Absicht ist zugleich das Ziel, das man anstrebt, und die Anstrengung, die man unternimmt, um es anzustreben.

Dies beweist, dass die Wirkursache nichts anderes als die wirkende Zielursache ist, und dass die Idee selbst schon eine Wirkmacht ist (spiritualistischer Idealismus)

Das Tun, mehr als die bloße Absicht, führt zu ethischen und intellektuellen Gewohnheiten.«[54]

Zuletzt die am weitesten ausgearbeitete Fassung:

»Die synthetische Deduktion, das ist die Verbindung der Ursache mit der Wirkung. Warum kann diese Verbindung in den Wissenschaften, die sich mit dem Wirklichen beschäftigen, für unseren Geist nie analytisch sein? Weil in der Entfaltung einer Ursache unbestimmbar viele Teile und teils eigene, teils fremde Einflüsse zusammenwirken; weil zwischen den zwei Zuständen eines Seienden, zwischen seiner Energie oder Absicht einerseits und seine Verwirklichung anderseits unendlich viel nicht-notwendiges liegt. Nicht einfach eine Entfaltung *(développement)*, sondern eine Weiterentwicklung *(évolution)*.

Deduktion *a posteriori*.

Die Metaphysik ist die Erfahrung unseres Seins und unserer Aktivität, insbesondere die Erfahrung unserer Freiheit.

Eine *a posteriori* synthetische (induktive) Methode ist jene, der eine (regressive) Analyse vorausging, wo man den Faden der Dedukti-

---

[53] »La façon la plus claire, la plus simple de comprendre le lien de la pensée à l'acte et de la cause à l'effet est évidemment un rapport logique, et même déductif.

Kant a rendu un grand service en montrant que ce rapport est synthétique.

Qu'est-ce à dire, sinon libre – mais une fois que la liberté a agi et que l'acte est, que l'effet est produit, il y a un lien analytique.« *(Notes,* nr. 512)

[54] »L'intention est à la fois le but vers lequel on tend, et l'effort que l'on fait pour y tendre.

Preuve que la cause efficiente n'est que la cause finale en acte, et que l'idée seule est déjà une puissance d'action (idéalisme spiritualiste).

L'acte, plus que la seule intention, suscite des habitudes morales et intellectuelles.« *(Notes,* nr. 479)

on erst mitten in ihrem Verlauf wieder aufnehmen kann, und zwar in symbolischer Form.«[55]

Kehren wir zum Schluss zum Thema des Denkens selbst zurück – die älteste Aufzeichnung spricht noch einfach von der ›Vernunft‹. In den Notizzetteln eröffnet sich bereits ein Ausblick auf die *pensée cosmique*, das »kosmische Denken« und auf eine übernatürliche Vollendung des Denkens, die *La Pensée* ausformulieren wird. Als erstes vermerkt Blondel:

»Das Problem der Transzendenz und der Immanenz fällt mit jenem des Wirkens der Vernunft im menschlichen Leben, der Gegenwart des Geistigen im Animalischen zusammen. Die aufsteigende Evolution ließe sich noch verstehen; doch wie kann in diese irdische Vernunft das göttliche Leben, der Logos eingegossen werden? Das ist der heikelste Punkt, der dunkelste Punkt im Mysterium des unendlich Kleinen (wie das Ding Zenons). Es stimmt zwar, dass es eine animalische Vernunft gibt, wie die Empiriker behaupten, die mit der eigentlichen Vernunft parallel geht, ihr sozusagen nahekommt – und doch: Auch wenn sie sich an dem Punkt, an dem sie zusammentreffen, zu berühren scheinen, welch ein Abgrund, wie unendlich verschieden ist das, was sich aus ihnen ergibt (wie der Lauf des Achill im Vergleich zu jenem der Schildkröte)!

Lux illuminans[56]

Doch in welchem Verhältnis steht die spezifisch menschliche Vernunft zum übernatürlichen Licht?«[57]

---

[55] »La déduction synthétique, c'est le rapport de la cause à l'effet. Or, pourquoi dans les sciences du réel, ce rapport ne saurait-il jamais être analytique pour notre esprit? C'est parce que dans le développement d'une cause, il y a un concours indéterminable de parties et d'influences soit propres soit étrangères, c'est parce que, entre les deux formes d'un être, entre son énergie ou son intention d'une part, et son acte d'autre part, il y a un infini contingent. Non seulement développement, mais évolution.
Déduction *a posteriori*.
La métaphysique est l'expérience de notre être et de notre activité, notamment l'expérience de notre liberté.
Une méthode synthétique *a posteriori* (inductive) est celle où il y a une analyse (régressive) préalable et où on ne peut reprendre le fil de la déduction qu'au milieu de son cours, sous formes symboliques.« (*Notes*, nr. 423)

[56] Joh. 1, 9.

[57] »Le problème de la transcendance et de l'immanence c'est celui même de l'action de la raison dans la vie humaine, la présence du spirituel dans l'animal. On comprend encore l'évolution ascendante; mais comment dans cette raison terrestre la vie divine, le Verbe est-il infusé? C'est le point le plus délicat, le plus laissé dans l'ombre du mystère de

Als nächstes kommt Blondel beim Lesen eines Buches auf das gleiche Thema zu sprechen:

»Beim Lesen der *Maladies de la personnalité* von Ribot wurde ich etwas beunruhigt. Zwar sieht er die Wirklichkeit der unsichtbaren Dinge nicht und auch nicht das Festehen jenes höheren, substanziellen Bewusstseins, das sich auf den Organismus nur abstützt, θύραθεν, und das sich weder den Bedingungen des Raumes und nicht einmal jenen der Zeit unterwirft. Und doch sieht er das, was er sieht, gut. Er hat nicht nur in der Sprache des Anscheins, der Außenansicht, der Phänomenalität recht (1. Grad); er hat auch auf einem sehr hohen, sehr metaphysischen Niveau recht (3. Grad). Das Bewusstsein, das Denken kommt für ihn als Übergebühr zur Hirnaktivität hinzu. – Es ist sehr wahr, dass das bewusste Denken, sei es überlegt oder spontan, systematisch oder nicht, zum Tun, zu den Gewohnheiten des Willens hinzutritt; es offenbart das Geheimnis des Herzens, es ist dessen Überfluss.«[58]

Doch das ist nur der eine Aspekt. Eine dritte, deutlich spätere Aufzeichnung lautet:

»Den Schwerpunkt des Menschen verlegen. Das Denken liegt jenseits der Welt.

Das Wollen, das Tun und die Liebe, das, was über das Geschick des Menschen entscheidet, liegt jenseits des Denkens.«[59]

---

l'infiniment petit (comme la chose de Zénon). Il est vrai qu'il y a une raison animale comme le prétendent les empiriques et qui arrive à côtoyer, à effleurer la Raison – mais si au point de jonction, il semble y avoir contact, quel abîme pourtant, et comment les conséquences immensément diffèrent (comme la course d'Achille, par rapport à la tortue).
Lux illuminans.
Mais encore quel rapport entre cette Raison proprement humaine et la lumière surnaturelle?« (*Notes,* nr. 641)

[58] »En lisant les Maladies de la personnalité de Ribot, j'ai été un peu troublé. S'il ne voit pas la réalité des choses invisibles, et la fixité de cette conscience supérieure et substantielle qui prend un simple appui, θύραθεν, sur l'organisme et ne s'assujettit ni aux conditions de l'espace, ni même à celles du temps, il voit bien pourtant ce qu'il voit. Non seulement, à parler le langage des apparences, de l'extérieur, de la phénoménalité, il a raison (1er degré), mais il a encore raison, dans un sens très élevé et très métaphysique (3e degré). La conscience, la pensée, pour lui, s'ajoutent d'une manière surérogatoire à l'activité cérébrale. – Il est très vrai que la pensée consciente, réfléchie ou spontanée, systématique ou non, s'ajoute à l'action, à l'habitude de la volonté, elle manifeste le secret du cœur, elle en est la surabondance.« (*Notes,* nr. 597)

[59] »Décentrer l'homme. La pensée est au-delà du monde.

Und schließlich, fast zur gleichen Zeit:
»Denken heißt nicht einfach reproduzieren; es ist ein Produzieren in der Einheit von Sinnenfälligem und Vernunfthaftem.

In den Dingen gibt es eine unpersönliche Vernunft, besser gesagt eine verstehbare und schöpferische Vernunft, aber keine erlebte, konkrete, inkarnierte Vernunft.«[60]

* * * * *

Es konnte hier nur darum gehen, einige der frühesten Fragmente vorzustellen, die sich auf Blondels Notizzetteln finden. Auch meine Überlegungen bleiben fragmentarisch. Sie wollten auf die Texte hinweisen; konnten sie jedoch nicht auslegen.

Wenn jedoch zum Schluss wenigstens angedeutet werden soll, wie Blondels Aufzeichnungen auszulegen wären, dann könnte als Leitsatz das Motto gelten, das über diesem Beitrag steht: »Die allerchristlichste Aszetik mit der allerphysiologischsten Psychologie verbinden«. Das war Blondels Programm. Er führte kein distanziertes Gespräch mit dem Denken Anderer; er ging darauf ein und machte es sich zu eigen. Doch bei dieser *intussuception* (Nahrungsaufnahme, ein Lieblingswort Blondels) veränderte er das fremde Denken, er deutete es im Sinn seines eigenen Denkens und nahm es in die Einheit seines christlichen Lebens auf.

Die Verbindung zwischen Aszetik und Psychologie, Christentum und Physiologie, die Blondel anstrebt, ist demnach nicht einfach eine Synthese aus zwei heterogenen und solidarischen Elementen (ein anderer Lieblingsausdruck Blondels). Er erstrebt eine tiefere Einheit auf einer andern Ebene. Er findet sie im Tun, der *action*, jener ursprünglichen Wirklichkeit, die sowohl der Ebene der Erscheinungen, der *phénomènes*, wie jener des Seins zugehört. Blondel schreitet deshalb in der *Action* vom Tun als Erscheinung, das die Phänomene der Psychophysik und der Aszetik allererst ermöglicht, zum Tun als Sein fort, zum *vinculum*, das weder vom Menschen allein noch von Gott allein

---

La volonté, l'action et l'amour, ce qui décide de la destinée est au-delà de la pensée.« (*Notes*, nr. 365)

[60] »Penser, ce n'est pas seulement reproduire, c'est produire dans l'unité du sensible et du rationnel.

Dans les choses, raison impersonnelle, ou mieux raison intelligible et créatrice, mais non sentie, concrète, incarnée.« (*Notes*, nr. 333)

hervorgebracht werden kann. In diesem Vinculum besteht das menschliche Dasein, das wirkliche Sein, thomistisch gesprochen der *actus essendi.*

In diesem Sinn laden die Notizzettel, die etwas vom Hintergrund des Denkens Blondels zeigen, dazu ein, die *Action* (bzw. das Tun) in ontologischer Perspektive zu lesen. Erst in dieser Perspektive zeigt sich die tiefe Einheit von Metaphysik, Ethik und Religion.

Ein letzten Zitat möge diese kurze Vorstellung der Notizzettel Blondel beschließen: »In der Freundschaft, in der Liebe, in der Beredsamkeit, kurz in allem, besteht die große Kunst darin, nie *sein letztes Wort* preizugeben und immer noch etwas zu erwarten, zu ersehnen, zu suchen übrig lassen.« Und als »eröffnenden Abschluss« fügt Blondel hinzu: »Hat man je das letzte Wort, wenn man liebt?«[61]

---

[61] »Le grand art, en amitié, en amour, en éloquence, en toutes choses, est de ne jamais livrer *son dernier mot* et de laisser quelque chose à attendre, à désirer, à chercher. L'a-t-on jamais, quand on aime?« (*Notes,* nr. 387)

Das Blondel-Archiv in Louvain-la-Neuve, ein Zentrum philosophischer Forschung (2007)

Vom archivierten Nachlass eines Philosophen ist dreierlei zu erwarten. Er kann unveröffentlichte Manuskripte enthalten, die der Philosoph selbst nicht mehr in Druck geben konnte, die er jedoch früher oder später veröffentlichen wollte. Der bekannteste Fall eines solchen Archivs ist das Husserlarchiv in Löwen. Seine unveröffentlichten Manuskripte haben erlaubt, einen zweiten Husserl zu entdecken, eine wesentliche Weiterentwicklung seiner Phänomenologie. Etwas ähnliches ist vom Nachlass Wittgensteins zu sagen. Von einem Blondel-Archiv war nichts dergleichen zu erwarten, und schon gar nicht ein ›zweiter Blondel‹. Noch am Vorabend seines Todes hat er den Verlagsvertrag unterschrieben für die Herausgabe eines Textes, den er Jahrzehnte früher diktiert hatte.[1]

Zum andern kann ein Archiv Aufschlüsse geben über die Biographie eines Philosophen. Aus Korrespondenzen, Verlagsverträgen, Zeitungsausschnitten, usf. lässt sich der biographische Kontext des Philosophen rekonstruieren und die Chronologie der Ausarbeitung und der Veröffentlichung seiner Werke genauer festlegen. Der Nachlass Blondels gibt zweifellos reiche Aufschlüsse über seine Biographie; doch gegenüber dem Werk eines Philosophen bleibt das persönlich Biographische immer marginal.

Als dritten und philosophisch wohl bedeutsamsten Nutzen kann man vom Nachlass eines Philosophen erwarten, dass die von ihm aufbewahrten Entwürfe und Aufzeichnungen den Werdegang seines Denkens verfolgen lassen, seine Lektüren, seine Überlegungen dazu und die noch tastenden Versuche, seine Gedanken zu Papier zu bringen. Das kann dazu verhelfen, diese Gedankengänge nachzuvollziehen und auch das Ringen um ihre Ausformulierung. Solche Einblicke gewährt Blondels Nachlass in reichem Masse. Blondel selbst hat betont, dass die

---

[1] *Exigences,* schon 1928 diktiert, aber erst postum veröffentlicht.

ausformulierten Gedanken (die *pensée pensée*) nichts sind ohne das aktive Denken (die *pensée pensante*), das sie hervorbringt. Zum Gedächtnis an den Werdeprozess seines Denkens hat Blondel alle seines Niederschriften, Entwürfe und Aufzeichnungen sorgfältig aufbewahrt, und sich so ein Archiv seines eigenen Denkens geschaffen. Diese Papiere bedeuteten für ihn offenbar mehr als etwas Vergangenes und Abgeschlossenes, das dokumentarisch aufbewahrt wird; sie waren ein immer noch anregendes Instrumentar für sein sich fortentwickelndes Denken, namentlich dort, wo sie einen im veröffentlichten Werk nicht ausgeschöpften Überhang an Gedanken enthielten.[2]

So sehr deshalb dem Grundsatz der französischen Philosophiehistoriker recht zu geben ist, dass nur die von einem Philosophen selbst veröffentlichten Texte für die Darstellung und Auslegung seines Denkens maßgebend sein dürfen, bleibt doch die Arbeit mit dem nachgelassenen Material eines Philosophen nicht unfruchtbar und unbedeutend – solange dieses nicht dazu missbraucht wird, durch den Abdruck unveröffentlichter Texte der Arbeit eines Anfängers einen Anschein von Originalität zu geben. Mit der Gründung des Blondelarchivs hat Claude Troisfontaines deshalb nicht nur einen wichtigen Beitrag zur Philosophiegeschichte geleistet, sondern auch Anregungen zu einem kreativen philosophischen Denken bereitgestellt. Es ist sein bleibendes Verdienst, sich um die Archivierung und Ordnung des Blondelnachlasses bemüht und ihn für die Forschung zugänglich gemacht zu haben.

I. Entstehung des Archivs und Veröffentlichungen

Es war gegen Ende der sechziger Jahre des vergangenen Jahrhunderts. Die Feiern zum hundertsten Geburtstag Maurice Blondels, 1961, hatten der Blondelforschung neuen Auftrieb gegeben, vor allem durch die Herausgabe einiger bisher unveröffentlichten Texte. 1965 hatte dann Claude Troisfontaines seine Doktorarbeit über *Christus als ›Vinculum substantiale‹ in den ersten Schriften Maurice Blondels* an der Theologischen Fakultät der Universität Gregoriana in Rom verteidigt[3] und seine Lehrtätigkeit am Institut supérieur de Philosophie der katho-

---

[2] Vgl. Teil IV des vorstehenden Beitrags *Die Philosophischen Notizzettel Maurice Blondels*.

[3] Claude Troisfontaines, *Le Christ »Lien substantiel« dans les premiers écrits de Mau-*

lischen Universität Löwen aufgenommen. Zur gleichen Zeit fragte sich die Familie Blondels, wo der philosophische Nachlass ihres Vaters und Großvaters eine dauernde Bleibe finden könnte. Sie wollten Blondels Wohnung an der Rue Roux-Alphéran in Aix räumen und für ihre eigenen Zwecke verwenden. Der Nachlass sollte jedoch für die Forschung zugänglich bleiben, und seine Hinterlegung in der Französischen Nationalbibliothek hätte eine Sperrfrist von fünfzig Jahren zur Folge gehabt. In Löwen wurde zur gleichen Zeit der Umzug des französischen Teils der Universität an seinen neuen Sitz in Louvain-la-Neuve vorbereitet. Das Husserlarchiv, der Stolz der Philosophischen Fakultät der Universität, sollte bei diesem Umzug in Löwen bleiben. Der Zusammenfall dieser drei Umstände erlaubte es Prof. Troisfontaines, der Familie Blondels das Institut supérieur de Philosophie in Löwen als Aufbewahrungsort für den Blondelnachlass anzubieten und zugleich die nötigen Finanzen frei zu machen für den Transport, die Dokumentation auf Mikrofilm und die Neuordnung des Nachlasses. Dieses Angebot nahm die Familie Blondel nach einigem Überlegen und nach Beratung mit Kennern des Blondelnachlasses dankbar an.

So wurde Blondels philosophischer Nachlass von Aix-en-Provence nach Löwen überführt und fand in den Räumen, die ehemals Kardinal Mercier gehört hatten, eine vorläufige Aufnahme, bevor er beim Umzug des französischen Teils der Universität in Louvain-la-Neuve eine dauernde Bleibe erhielt. Zugleich mit dem Nachlass erhielt Löwen auch die philosophischen Bestände der Bibliothek Blondels und einige Jahre später auch seine persönlichen Papiere, die seine Tochter, Mme. Elisabeth Flory-Blondel, in ihrer Wohnung in Paris aufbewahrt hatte. Die ganzen Bestände wurden auf Mikrofilm aufgenommen, katalogisiert und neu geordnet, eine Arbeit, die rasch voranschritt. Es war eine Neuordnung; denn die Papiere waren schon in Aix von der Sekretärin Blondels, Mlle. Nathalie Panis, zusammen mit Prof. Marcel Méry in eine vorläufige Ordnung gebracht worden. Diese hatten auch eine maschinenschriftliche Kopie der wichtigsten Stücke aus dem mehrere zehntausend Seiten umfassenden Nachlass anfertigen lassen und sie in 19 Bänden gesammelt – eine auch heute noch nützliche Hilfe für jeden, der sich einen ersten Überblick verschaffen möchte. Am 30./31.

---

rice Blondel. Rom, 1963. Die Arbeit berücksichtigt die Werke von *Vinculum* bis *Histoire et Dogme* Sie ist leider unveröffentlicht geblieben.

März 1973 konnte dann das *Centre d'archives Maurice Blondel* mit einer Blondeltagung offiziell eröffnet werden.[4]

Bald folgten andere wichtige Veröffentlichungen. Sie zeigten, dass das Blondelarchiv ein Zentrum aktiver philosophischer Forschung sein wollte. Schon 1972 hatte Claude TROISFONTAINES als philosophische Doktorarbeit am Institut Supérieur de Philosophie die lateinische These Blondels über das *Vinculum substantiale* mit einer französischen Übersetzung versehen neu herausgegeben und kommentiert.[5] In den folgenden Jahren erschien dann die grundlegende kommentierte Blondel-Bibliographie in zwei Bänden.[6] Eine ergänzte Neuauflage dieser Bibliographie wäre nach bald vierzig Jahren mehr als wünschbar. Die bibliographischen Nachforschungen von Albert RAFFELT[7] sind wichtige Vorarbeiten für eine solche Neuauflage, können sie jedoch nicht ersetzen. Schließlich wurde eine Gesamtausgabe der Werke Blondels unternommen, die leider noch nicht abgeschlossen ist.[8] Ihre Anfänge hatte ein wissenschaftlicher Beirat begleitet, dem u. a. Henri Gouhier, René Rémond, Henri de Lubac, Henri Bouillard und der Unterzeichnete angehörten.

II. Philosophische und theologische Bedeutung

Mit dem Blondel-Archiv besitzt die katholische Universität Löwen an ihrem neuen Sitz in Louvain-la-Neuve eines der wichtigsten Archive nicht nur für das katholische Philosophieren, sondern für die Geschich-

---

[4] *Journées d'inauguration, 30–31 mars 1973. Textes des interventions. (Centre d'archives Maurice Blondel).* Louvain: Éd. de l'Institut supérieur de Philosophie, 1974.

[5] Maurice BLONDEL, *Le Lien substantiel et la Substance composée d'après Leibniz, texte latin (1893).* Introduction et traduction par Claude TROISFONTAINES. Louvain-Paris: Nauwelaerts, 1972.

[6] René VIRGOULAY – Claude TROISFONTAINES, *Maurice Blondel. Bibliographie analytique et critique.* Bd. I. *Œuvres de Maurice Blondel (1880–1973).* Bd. II. *Études sur Maurice Blondel (1893–1975).* Louvain: Institut supérieur de Philosophie – Peeters, 1975–1976.

[7] Sie sind im Internet zugänglich: http://www.ub.uni-freiburg.de/referate/02/blondel/blondel5fr.html

[8] Maurice BLONDEL, *Œuvres complètes.* Bd. I. *1893. Les deux Thèses;* Bd. II. *1888–1913. La Philosophie de l'action et la Crise moderniste,* texte établi et présenté par Claude TROISFONTAINES. Paris: PUF, 1995–1997. Ein dritter Band, 1914–1928, ist in Vorbereitung.

te des Katholizismus in der ersten Hälfte des 20. Jahrhunderts überhaupt. Wie kaum ein anderes hat das Denken Blondels nicht nur das
Philosophieren der Katholiken, sondern auch die katholische Theologie
angeregt und vorangetrieben, nicht zuletzt durch Vermittler wie Henri
de Lubac und Henri Bouillard. Blondels Einfluss betraf vor allem die
Fundamentaltheologie, noch weit über die so genannte Immanenzapologetik hinaus[9], sowie die Problematik des Übernatürlichen zusammen mit der Frage nach dem Heil der Nichtchristen, und in der
Moraltheologie das Thema der Grundentscheidung. Für die Kirchengeschichte haben die Briefwechsel Blondels neue Einsichten in die Geschichte des Modernismus und des Antimodernismus gebracht.[10] Das
Husserlarchiv, das im flämischen Leuven geblieben ist, ist zweifellos
bekannter und philosophiegeschichtlich wichtiger als das Blondelarchiv; doch dieses erweist sich als für die Geschichte des katholischen
Denkens höchst bedeutsam, und man muss es als einen Glücksfall betrachten, dass es seinen Platz in einer katholischen Universität gefunden hat, die ihrerseits in dieser Geschichte eine wichtige Rolle gespielt
hat und immer noch spielt.

Das *Centre d'archives Maurice Blondel* in Louvain-la-Neuve ist
jedoch nicht das einzige Zentrum zur Erforschung der blondelschen
Philosophie. Weitere Forschungszentren bestehen in Aix-en-Provence,
Lyon, Dijon, Rom und Mainz. Sie werden jeweils von einem oder mehreren Blondelspezialisten geleitet werden und veranstalten regelmäßig
Blondeltagungen. Dadurch hat die Erforschung des Denkens Blondels
so bedeutende Fortschritte gemacht, dass man sich fragen mag, ob da
überhaupt noch Neues zu entdecken oder zu veröffentlichen ist. Das
Blondelarchiv in Louvain-la-Neuve kann da eine Antwort geben.

III. Mögliche Forschungsprojekte

Neben einigen gelegentlichen und zum Teil eher nebensächlichen Forschungsvorhaben und Veröffentlichungen zum Denken Blondels, für

---

[9] Vgl. dazu Peter HENRICI, *Immanenzapologetik*, in: *Sacramentum Mundi. Theologisches Lexikon für die Praxis*. Freiburg: Herder, 1967, Bd. I, S. 276–280.
[10] Vgl. dazu die Briefauswahl von MARLÉ, die Briefwechsel BLONDEL–VALENSIN, BLON
DEL–WEHRLÉ und BREMOND–BLONDEL, sowie die historischen Studien von VIRGOULAY,
POULAT, und MÜLLER.

die sich das Blondel-Archiv als nützlich erwiesen hat, sind vor allem drei Problemfelder zu nennen, für die in Louvain-la-Neuve reiches und noch weitgehend brachliegendes Material zu finden ist.

1. Ein erstes Problemfeld betrifft die Hintergründe und die Entstehungsgeschichte der von Blondel selbst veröffentlichten Werke. Solche Nachforschungen wollen nicht nur die Neugier befriedigen; sie bringen die Quellen Blondels ans Licht, d. h. die Autoren und Werke, von denen Blondel sich anregen ließ; sie lassen das Umfeld, in dem er schrieb, klarer erkennen; sie lassen darüber hinaus manch Ungesagtes in seinen Werken erahnen. Blondel selbst war der Meinung, dass es ihm nicht gelungen sei, in seinen Werken all das auszudrücken, was er sagen wollte. In diesem Bewusstsein hat er vierzig Jahre nach der *Action* das dort Angezielte in einer doppelten *Trilogie* in acht Bänden auszufalten gesucht. Die zweite dieser Trilogien ist jedoch unvollendet geblieben, und schon bei der Ausarbeitung der ersten Trilogie hat Blondels Erblindung ihn daran gehindert, das in jahrelanger Arbeit gesammelte Material selbst zu ordnen und auszuwerten. Er musste sich dafür auf seine Sekretärin verlassen, der er auch die Texte diktierte. Im Wissen um dieses Unvollendete seiner Werke – ein Wissen, das jedem Philosophen Ehre machen würde – hat Blondel alle vorbereitenden Aufzeichnungen sorgfältig aufbewahrt. Auf einem der Papierstreifen, die ihm zum Ordnen dieser Aufzeichnungen dienten, findet sich der Vermerk: »Notizen, die für die *Action* noch nicht voll ausgewertet sind.« Diesem Aufbewahrungstrieb ist es zu danken, dass wir über die Entstehungsgeschichte der *Action* besser informiert sind als über die irgend eines andern wichtigen philosophischen Werkes.

Die Entstehung der *Action* ist in vier großen Dossiers dokumentiert.[11] Ein erstes umfasst die Tagebücher Blondels, die *Carnets intimes*, die die geistliche Erfahrung im Hintergrund seiner Philosophie sehen lassen. Ein großer Teil dieser Tagebücher wurde seinerzeit von den Erben Blondels veröffentlicht; doch nicht wenige auch philosophisch wichtige Textteile sind dort ausgelassen. Mit Hilfe gerade dieser ausgelassenen Texte konnte Mario ANTONELLI aufzeigen, dass die Eucharistie in Blondels Denken und namentlich in seinem Plan einer Apologie des Katholizismus eine zentrale Rolle spielte. Eine vollständige, kritische Ausgabe der *Carnets* bleibt deshalb ein dringendes

---

[11] Details dazu im vorstehenden Beitrag über *Deutsche Quellen der Philosophie Maurice Blondels*. Vgl. auch SAINT-JEAN, *Genèse*.

Desiderat. Für jene Ausgabe wären auch die zahlreichen Notizzettel zu berücksichtigen, in denen Blondel auf die *Carnets* verweist, um das dort Aufgezeichnete in die Planentwürfe für die *Action* einzufügen.

Ein zweites Dossier umfasst die so genannten *Notes-Semaille*, die philosophischen Notizzettel zur Vorbereitung der *Action*. Dank einer Nummerierung, die auf Blondel selbst zurückgeht, im Vergleich mit anderen Indizien war es möglich, sie in eine einigermaßen befriedigende Ordnung zu bringen und den philosophisch wichtigsten Teil von ihnen kritisch zu edieren. Ihr Erkenntnisgehalt bleibt jedoch noch weitgehend unausgeschöpft.[12]

Das dritte, leichter zu handhabende Dossier umfasst die fünf auf einander folgenden Entwürfe der *Action*, die Druckfahnen und die Umbruchkorrektur. Sie zeigen, dass Blondel bis in letzter Minute an seinem Text nicht unwesentliche Änderungen vorgenommen hat.[13] Die ersten zwei Entwürfe unterscheiden sich grundlegend von den nachfolgenden und weisen auf eine entscheidende Entwicklung in Blondels Denken hin. Deshalb wäre es wünschenswert, dass mindestens die drei ersten Entwürfe veröffentlicht werden.

Das vierte Dossier ist das dünnste und zugleich jenes, das sich am schwierigsten auswerten lässt. Es umfasst vier tischgroße Papierbogen, auf denen Blondel in kleiner, gedrängter Schrift drei aufeinander folgende Gliederungen *(Plans)* der *Action* entworfen hat. In diese hat er durch numerische Verweise das ganze bisher angesammelte Material eingefügt. Diese *Plans* lassen sehen, wie Blondel seine Vorarbeiten zur *Action* verwendet hat oder verwenden wollte. Adäquat könnten diese übergroßen, dicht beschriebenen Bogen nur anhand der Originale in Louvain-la-Neuve ausgewertet werden, was bisher m. W. noch nicht geschehen ist.

Diese Gruppe von Dokumenten gehört zu den wichtigsten Beständen des Blondelarchivs, und sie ist relativ am besten bearbeitet, aber auch das nur teilweise. Das bisher Erarbeitete lässt jedenfalls erahnen, welche Erkenntnisse aus einer ähnlichen Bearbeitung anderer Archivbestände zu erhoffen sind. Denn Blondel hat auch für die meisten seiner andern Schriften ähnliche Dossiers von Vorarbeiten hinterlassen, beispielsweise für die *Vinculum*-Schrift, für *Histoire et Dogme*, usf. Sie scheinen zwar auf den ersten Blick weniger neue Einsichten zu verspre-

---

[12] Vgl. dazu den vorstehenden Beitrag *Blondels philosophische Notizzettel*.
[13] Vgl. dazu *Éd. Critique*.

chen als die Vorarbeiten zur *Action;* doch selbst dieses negative Ergebnis müsste durch ihre nähere Erforschung belegt werden.

Ein Dossier solcher Vorarbeiten muss jedoch besonders hervorgehoben werden; denn es ist nicht nur der weitaus umfangreichste Bestand im Archiv, seine Auswertung könnte auch noch wichtigere Erkenntnisse bringen als die Vorarbeiten zur *Action.* Es sind die Notizen und Dokumente, die Blondel zur Vorbereitung der beiden Bände *La Pensée* gesammelt hatte, und die er wegen seiner Erblindung nicht mehr selbst ordnen und auswerten konnte. Das ganze Material hatte Blondel 1929 in »19 Pakete, von denen das letzte allein 5 kg und 754 Gramm wog,«[14] seinem Freund Abbé Joannès Wehrlé, einem ausgewiesenen Kenner seines Denkens zugestellt, damit dieser es ordne und für das Diktat von *La Pensée* bereitstelle. Wehrlé musste jedoch schließlich eingestehen, dass er sich in diesem Dickicht nicht zurechtfinden könne, und sandte 1931 alles an Blondel zurück.[15] Eine geduldige Erforschung dieser Masse von Papieren könnte, wie bei den *Notes-Semaille,* die Quellen und Anreger Blondels, vielleicht auch manche Gesprächsnotizen zutage fördern und uns einen teilweise unveröffentlichten Blondel offenbaren. Jedenfalls könnten diese Aufzeichnungen dem manchmal etwas flachen Text von *La Pensée* einen dokumentarischen Hintergrund geben und ihm mehr philosophische Dichte verleihen.

2. Ein zweites Feld möglicher Nachforschung betrifft den wirklich unveröffentlichten Blondel. Es handelt sich um Manuskripte, die Blondel selbst nicht veröffentlichen konnte oder wollte. Das sind einerseits mehr oder weniger ausführliche Notizen für Vorlesungen und Vorträge, manchmal auch Vorlesungsnachschriften von Studierenden. Diese Aufzeichnungen würden es erlauben, das eine oder andere bisher unbekannte Feld seines Denkens zu entdecken und zu rekonstruieren. Schon vor der Eröffnung des Blondelarchivs hatte es Sante BABOLIN unternommen, in geduldiger Mönchsarbeit die im *Intinéraire philosophique* kaum angedeutete[16] Ästhetik Blondels zu rekonstruieren. Seine Nachforschungen haben ein so ansehnliches Ergebnis zutage gefördert[17], dass es zu weiteren ähnlichen Arbeiten ermutigen sollte, bei-

---

[14] BREMOND–BLONDEL, Bd. III, S. 380.
[15] Ebd. S. 405; vgl. auch BLONDEL–WEHRLÉ, Bd. II, S. 667 f., Anm.
[16] *Itinéraire,* S. 120 f./74 f./74 f.
[17] Maurice BLONDEL, *Notes d'esthétique (1878–1900)* établies, présentées et annotées

spielsweise zur Rekonstruktion der Vorlesungen Blondels über Nietzsche in den Jahren des ersten Weltkriegs.

Die wichtigste Gruppe dieser unveröffentlichten Manuskripte bilden sechs zwischen 1897 und 1901 geschriebene Hefte zusammen mit weiteren Materialien, die Blondel im Hinblick auf eine geplante Veröffentlichung über Apologetik gesammelt hat. Blondel hat dieses Werk nie geschrieben; einiges davon mag in *Exigences* oder in die zweite *Trilogie* eingegangen sein oder war wenigstens für sie geplant. Raymond SAINT-JEAN hat einen Überblick über dieses von Blondel angesammelte Material gegeben.[18] Diese Aufzeichnungen, die sich zwischen Philosophie und Theologie bewegen, dürften nicht nur für die Fundamentaltheologie, sondern auch für die Theologiegeschichte von Interesse sein. Eine kritische Edition zumindest der sechs Hefte ist deshalb dringend zu wünschen. Sie müsste, wie bei den *Philosophischen Notizzetteln*, Blondels Aufzeichnungen auf ihre Quellen und Anspielungen hin untersuchen. Denn auch hier scheint es sich zu einem großen Teil um Lesefrüchte und um Gesprächsnotizen zu handeln, und weniger um Blondels eigene Gedanken. Doch auch sie können zeigen, womit Blondel sich auseinandergesetzt hat, und diese Auseinandersetzung wirft ihrerseits Licht auf das Eigene in Blondels Denken.

3. Ein drittes Feld für Nachforschungen, die besonders für Historiker von Interesse sein dürften, eröffnen Blondels Briefwechsel. Wie jeder Archivar weiß, erweist sich die Zusammenführung beider Seiten eines Briefwechsels oft als schwierig, ja geradezu unmöglich. Die von Henri DE LUBAC und André BLANCHET mit großer Sachkenntnis herausgegebenen und kommentierten Briefwechsel Blondels mit Auguste Valensin, Joannès Wehrlé und Henri Brémond[19] können jedoch zeigen, dass sich dieser Aufwand lohnt, weil er einen nicht unbedeutenden historischen Erkenntnisgewinn bringen kann. Besonders aufschlussreich wäre die vollständige Veröffentlichung des umfangreichen Briefwechsels zwischen Blondel und Lucien Laberthonnière.[20] Er enthält seitens Laberthonnières (der ein Publikationsverbot hatte) ganze Trak-

---

par SANTE BABOLIN. Offset. Roma: Pontificia Università Gregoriana, 1973; vgl. auch BABOLIN, *Estetica*.
[18] SAINT-JEAN, *Apologétique*.
[19] Vgl. oben Anm. 9.
[20] Die Ausgabe von Claude Tresmontant, MAURICE BLONDEL – LUCIEN LABERTHONNIÈRE, *Correspondance philosophique* ist zwar verdienstlich, enthält jedoch nur einen kleinen Teil des Materials.

tate. Ein erstes Projekt einer Gesamtausgabe dieses Briefwechsels scheint nicht zustande gekommen zu sein.

Noch eine weitere Veröffentlichung aus Blondels Briefwechseln scheint historisch wünschenswert. Blondel unterhielt eine recht intensive, teilweise lebenslange Korrespondenz mit einigen seiner Studienkameraden der École Normale Supérieure. Neben weniger bekannten finden sich da die Namen von Pierre Duhem, Paul Fabre, Frédéric Rauh und dem allzu früh verstorbenen Victor Delbos, sowie der des jüdischen Historikers Henri Berr, der noch über Blondels Tod hinaus jedes Jahr zum Todestag Blondels einen Brief an Blondels Tochter, Mme. Elisabeth Flory-Blondel sandte. Eine Veröffentlichung dieser Briefwechsel könnte der Rekonstruktion eines wichtigen katholischen Milieus am Ende des 19. Jahrhunderts dienen, der Gruppe der katholischen Studierenden, der so genannten ›Tala‹, im laizistischen Umfeld der École Normale Supérieure.

Das führt zu einer abschließenden Feststellung. Das *Centre d'archives Maurice Blondel* in der katholischen Universität in Louvain-la-Neuve bezeugt eine nicht militante, aber entschiedene und intelligente katholische Präsenz im ebenso entschieden laizistischen Umfeld der französischen Universität im 19. und im beginnenden 20. Jahrhundert.

175

C. Konfrontationen

Blondels Option und die ignatianische Wahl, ein Beispiel für das Verhältnis von Philosophie und Theologie (1957)

Maurice Blondels praktische Erfahrung mit den ignatianischen Exerzitien hat die Ausarbeitung seiner *Action* zumindest mitbedingt. Nachdem er sich schon während seiner Studienzeit für die ignatianische Spiritualität interessiert hatte, hat Blondel nach Ausweis seiner *Carnets intimes* im Mai 1888 und im Juni/Juli 1889 im damaligen Exerzitienhaus der Jesuiten St-Joseph-du-Tholonet bei Aix-en-Provence Exerzitien gemacht, die ihn tief beeindruckt haben.[1] Dass er nicht nur das Exerzitienbüchlein kannte[2], sondern auch von anderen ignatianischen Schriften zumindest indirekt Kenntnis hatte, scheint aus verschiedenen Zitaten und Anspielungen in der *Action* hervorzugehen.[3] Doch nicht dieser möglichen literarischen Abhängigkeit soll hier nachgegangen werden; es geht vielmehr darum, die bei aller Verschiedenheit bemerkenswerte inhaltliche und strukturelle Verwandtschaft der beiden weit auseinander liegenden Werke herauszustellen.

Als erster Schritt dazu kann eine Art Phänomenologie der beiden

---

[1] *C.I.*, S. 227–230/245–248; *C.I.*, Bd. 2, S. 117–121

[2] *C.I.*, S. 393/416 (19. März 1891): »Acheté aujourd'hui les *Exercices spirituels*.«

[3] Einige Beispiele: *perinde ac cadaver* (*Action*, S. 9/34; vgl. *Constitutiones Societatis Jesu*, Sexta Pars, cap. I, 1, nr. 547); *arcum frangit intentio, corpus remissio* (Ebd., S. 186/212; vgl. den sog. Gehorsamsbrief, *Monumenta Ignatiana, Epistulae*, Bd. I, S. 495); *agere contra* (Ebd., S. 192/218; vgl. *Exerzitienbuch*, nr. 31, 319, 325). »Die Meister des inneren Lebens weisen darauf hin, dass wir, wenn wir in den Willensakten der Gegenwart dieses einzig Notwendigen eingedenk sind, größere Ehrfurcht bekunden müssen, als wenn wir beim Nachdenken unseren Verstand gebrauchen.« (Ebd., S. 340/366; vgl. *Exerzitienbuch*, nr. 3). »Und soll man nicht in allen Dingen, die einen selbst angehen, so urteilen, als handle es sich um einen andern, oder [...] wie ein Toter [...]?« (Ebd., S. 378/403; vgl. *Exerzitienbuch*, nr. 185, 187). »Nachdem man alles getan hat, als erwarte man nichts von Gott, muss man noch alles von Gott erhoffen, als habe man von sich aus nichts getan.« (Ebd., S. 385/409 und schon *Notes*, C. 16, f. 34, V nr. 30; vgl. Gabor HEVENESI, *Scintillae Ignatianae sive Sancti Ignatii [...] Apophtegmata*, 1705). »[...] unser Wunsch nach guten Wünschen *(notre désir de bons désirs)*« (Ebd., S. 386/411; *Constitutiones Societatis Jesu*, Examen generale, 45, nr. 102).

Texte dienen. Auf ersten Blick sind mancherlei Ähnlichkeiten, ja Parallelismen festzustellen, nicht nur in der Auswahl der Themen, sondern auch bezüglich des Blickwinkels, unter dem sie angegangen werden. Bei näherem Zusehen und bei Beachtung des Kontexts zeigt es sich jedoch, dass sich die ähnlichen Züge auf dem Hintergrund einer größeren Unähnlichkeit abheben, und dass sich der scheinbar parallele Fortgang gleichsam auf zwei Ebenen und in einer Art Phasenverschiebung abspielt. Diese *Concordia discors* muss deshalb in einem zweiten Schritt näher bestimmt und erklärt werden. Das soll in zwei sich ergänzenden Thesen geschehen. Sie sind als Anregung zum Weiterdenken gedacht; denn bei der Kürze dieses Beitrags werden manche Fragen ungeklärt und manche Beweisführungen ergänzungsbedürftig bleiben.

I. Der Textbefund

A. *Übereinstimmendes und Parallelismen*

Eine Fehlanzeige kann die gemeinsame Grundeinstellung den beiden Autoren deutlich machen. Weder Ignatius noch Blondel thematisiert die Erfüllung des Menschenlebens in der *Visio beatifica*. Diese wird weder im Exerzitienbuch[4] noch in der *Action* ausdrücklich erwähnt[5] – eine Unterlassung, die umso mehr auffällt, als beide Werke das Gegenstück zur himmlischen Gottesschau, die Hölle, auffallend breit behandeln. Im Exerzitienbuch ist die Hölle Gegenstand der ersten *Applicatio sensuum*, die der Exerzitand je nach der Dauer, die man der ersten Exerzitienwoche einräumt, vier, fünf, bis sechsmal wiederholen muss.[6] Blondel seinerseits scheint auf die transzendentale Deduktion der Hölle großes Gewicht zu legen und versucht sie durch seine, Pascal nachempfundene Rechnung der Verantwortlichkeit noch eindringlicher zu machen.[7] Die fehlende Erwähnung der *Visio beatifica* muss also als ein

---

[4] Wenn Ignatius von *salud del ánima* spricht, meint er damit das Minimum, das ein Mensch zu erreichen hat (*Exerzitienbuch* nr. 150, 153, 165, 188, 316, 320) oder er verbindet es mit der Pflicht zum Dienst Gottes (nr. 1, 23, 152, 169, 177, 179, 189); beim noch häufigeren Hinweis auf die *gloria* ist immer zuerst die Verherrlichung Christi gemeint.

[5] Blondels *besoin du surnaturel* ist nicht mit dem thomistischen *desiderium naturale videndi Deum* gleichzusetzen, wie schon P.-A.Liégé herausgestellt hat.

[6] *Exerzitienbuch*, nr. 4, 72.

[7] *Action*, S. 360–373385–398.

ausdrückliches Verschweigen verstanden werden, ein Hinweis darauf, dass beide Autoren dieses Thema als sekundär betrachteten.

Das ist umso erstaunlicher, als sich ihr gemeinsames Interesse auf die übernatürliche Bestimmung des Menschen konzentrierte, wie schon der Nachdruck bezeugt, mit dem sie das Scheitern eines Lebens beschreiben, das auf diese Zielsetzung verzichtet. Sie betrachten dieses Ziel nicht als bereits verwirklicht, aber auch nicht erst in ferner Zukunft zu verwirklichen; es verwirklicht sich nach ihrer Auffassung je und je hier und jetzt. Es verwirklicht sich in der gegenwärtigen übernatürlichen Ausrichtung des Lebens oder, theologisch gesprochen, in der bewussten und frei gewollten Annahme der (aktuellen wie habituellen) Gnade. Ignatius bezeichnet dieses Leben gerne als »Dienst Gottes«, während Blondel es als »vollkommenes Tun« *(action parfaite)* bezeichnet.[8]

Beide Autoren sind sich ferner darin einig, dass ein solches Leben nicht ohne eine freie Entscheidung möglich ist, die sowohl über das irdische wie über das ewige Leben des Menschen verfügt. Bei Blondel ist dies die Option, bei Ignatius die Wahl *(Electio)*, die das Herzstück der Exerzitien bildet. Bei beiden Autoren führt die richtige Entscheidung den Menschen zu einem Leben in beständiger Abtötung.

All das bleibt noch ziemlich unbestimmt. Genaueres zeigt sich, wenn wir nach den Möglichkeitsbedingungen der Entscheidung fragen. Jede Entscheidung impliziert ein Doppeltes: etwas Gegebenes und etwas, das noch nicht gegeben ist. Das Gegebene, der Grund, auf den sich die Entscheidung abstützt, genauer gesagt das Sprungbrett, das dem Entscheidungsakt seinen Schwung gibt, muss eine dialektische, spannungsgeladene Situation sein, der eine gewisse Dynamik innewohnt. Diese Situation ergibt sich aus dem Geflecht von Vorbedingungen, in das sich der vor der Entscheidung stehende Mensch eingebunden findet. Für Blondel wie für Ignatius ist diese Situation schon mit der Grundsituation des Menschen, seinem Dasein in der Welt gegeben. Ignatius spricht sie im *Prinzip und Fundament* an: »Der Mensch ist geschaffen dazu hin, Gott Unsern Herrn zu loben, Ihm Ehrfurcht zu erweisen und zu dienen und so seine Seele zuretten. Die übrigen Dinge auf der Erde sind auf den Menschen hin geschaffen [...].«[9] Blondel beschreibt auf den ersten Seiten der Einleitung in die *Action* die

---

[8] Ebd., S. 374/399
[9] *Exerzitienbuch*, nr. 23

Grundsituation des Menschen als Vorfindlichkeit am Tun[10], und er zeigt im Ersten und Zweiten Teil seines Werkes das Unausweichliche dieser Situation auf, weil sich zumindest die Existenz der Erscheinungswelt *(phénomènes)* absolut nicht leugnen lässt.

Diese Grundsituation gibt jedoch nur insofern Anlass zu einer Entscheidung als sie eine dialektische Spannung impliziert, d. h. insofern die verschiedenen Momente, aus denen sie sich ergibt, nicht einfach mit einander kompatibel sind. Ihr Beisammensein gibt vielmehr Anlass zu einer Auseinandersetzung, in der sich der Mensch für die eine oder andere Seite entscheiden muss. Die Unausweichlichkeit einer solchen Auseinandersetzung wird bei Blondel erst nach Durchlaufen aller erdenkbaren Kompromisslösungen erkannt; sie ist dann aber auch die denkbar umfassendste. Ihr Entweder-Oder betrifft einerseits das unvermeidliche Scheitern alles menschlichen Wollens und Tuns im Bereich all dessen, was vom Menschen selbst machbar ist, und andererseits den ebenso unzerstörbaren wie unersättlichen Grundantrieb alles menschlichen Wollens und Strebens zur Selbstvollendung. Ignatius stellt den Exerzitanden vor ein ähnliches, aber scheinbar weniger tief greifendes Entweder-Oder zwischen dem möglichen Scheitern seiner übernatürlichen Bestimmung infolge der Taktik Satans und der Tatsache, dass ihn Christus je schon erlöst und berufen hat.

Diese beiden Momente seiner Grundsituation stellen den Menschen somit je und je vor eine Entscheidung. Diese ist jedoch erst dadurch unausweichlich, dass die Grundsituation selbst kein statischer Zustand ist, sondern eine grundlegende Dynamik einschließt, die keinen Stillstand und kein Ausweichen zulässt. Auch bezüglich dieser Dynamik der menschlichen Existenz stimmen Blondel und Ignatius weitgehend überein. Sie könnte grundsätzlich entweder als Anziehung durch ein zu erreichendes Ziel verstanden werden (wie bei Aristoteles und Thomas von Aquin: κίνει ὡς ἐρώμενον᾽ oder dann als Anstoß durch etwas Vorgegebenes, eine *vis a tergo*. Sowohl Ignatius wie Blondel verstehen nun die Grunddynamik des menschlichen Daseins zunächst in diesem zweiten, neuzeitlichen Sinn. Bei Blondel beruht die Dynamik der *Action* auf der vorgegebenen und unausweichlichen Tatsache, dass ich mich am Tun vorfinde *(j'agis)* und dass ich will *(je veux)*. Bei Ignatius ist dies nicht ganz so eindeutig. Das »geschaffen dazu hin« *(criado para)* scheint vielmehr auf das ältere Verständnis einer ziel-

---

[10] *Action,* S. VII–X/9–12.

gerichteten Dynamik hinzuweisen. Die Wahl wird jedoch erst deshalb unvermeidlich, weil Christus den Exerzitanden immer schon gerettet und gerufen hat, und zwar mit einem derart unausweichlichen und ausschließlichen Ruf, dass er nur noch erkennen muss, was Gott für ihn schon vorentschieden hat. Vor hier aus ist auch die Dynamik des grundlegenden *criado para* weniger als Anziehungskraft durch ein vorausliegendes Ziel zu verstehen denn als Anstoß auf ein Ziel hin, der sich aus der Geschöpflichkeit des Menschen ergibt.[11]

Die blondelsche Option wie die ignatianische Wahl antwortet somit darauf, dass der Mensch sich gleichzeitig in eine Situation unvermeidlichen Scheiterns (Blondel) oder tatsächlicher Verfallenheit (Ignatius) gestellt sieht und vor die Möglichkeit einer Negation dieser Negation in der Realdynamik des menschlichen Wollens (Blondel), kraft eines bereits an ihn ergangenen Rufes Gottes (Ignatius). Der Mensch muss sich in dieser zwiespältigen Situation zurechtfinden, indem er sich bewusst und ausdrücklich für die eine oder die andere der mit seiner Grundsituation gegebenen Möglichkeiten entscheidet. Erst diese Entscheidung lässt die gewählte Möglichkeit wirklich werden. Es handelt sich somit nicht so sehr um eine aneignende Entscheidung, die dem Wählenden etwas verschaffen würde, was ihm bisher noch ferne lag, als vielmehr um eine verwirklichende Entscheidung, in der der Wählende eine in ihm liegende Möglichkeit verwirklicht und damit sich selbst verwirklicht oder aber seine Selbstverwirklichung verunmöglicht.

Das scheint der tiefere Grund zu sein, weshalb weder Ignatius noch Blondel von der *visio beatifica* sprechen. Der Eindruck soll vermieden werden, als seien Verdammnis und Seligkeit zwei dem Menschen in gleicher Weise vorgelegte, gleichsam gegenständliche Inhalte, zwischen denen er frei wählen kann, und die er sich mit seiner Entscheidung zu eigen machen könnte. Was hier zur Wahl steht, ist vielmehr der Wählende selbst, genauer gesagt seine existenzielle Situation, zu der er im einen oder anderen Sinn Ja sagen muss. Dieses Ja sagen geschieht nicht zuletzt durch ein Nein zur andern Möglichkeit seiner Grundsituation. Erst vermittels einer solchen Grundentscheidung ge-

---

[11] Es ist wohl kein Zufall, dass Jesuitentheologen, die direkt oder indirekt von Blondel beeinflusst sind, wie Henri de Lubac und Karl Rahner, den übernatürlichen Status des geschichtlichen Menschen als eine Urberufung verstehen.

langt der Mensch zu seinem Endziel – oder er wird es endgültig verfehlen, indem er sich ihm versagt.

Das erklärt auch eine weitere, wiederum negative Übereinkunft zwischen Ignatius und Blondel. Beide geben kein konkretes Ziel an, das Gegenstand der Wahl sein könnte. Die positive Wahlentscheidung führt bei beiden Autoren ins Offene. Die positive Option Blondels besteht in einer offenen Erwartungshaltung, »Herzenssehnsucht nach dem unbekannten Messias«[12], aber auch die Exerzitien wollen zu einer derart offenen Erwartungshaltung führen. Sie sollen dazu dienen, »die Seele vorzubereiten und dazu bereit zu machen, [...] den göttlichen Willen zu suchen und zu finden.«[13] Beide zählen keine Tugenden auf, die es zu erwerben gilt. Die beiden einzigen Tugenden, die die Exerzitien vorlegen, die geistige Armut und die Demut (die im Verlangen nach Schmähungen ihre Verwirklichung findet), sind nicht Gegenstand der Wahl, sondern deren Kriterium. Die Einladung zu einem apostolischen Leben, die man gerne zu einem Wesenselement der Exerzitien erklärt, findet sich nirgends ausdrücklich im Text. Scholastisch gesprochen wäre zu sagen, dass beide Autoren zwar ein Formalobjekt der Entscheidung vorlegen, nämlich die Selbstverleugnung bzw. die Nachahmung der Seelenhaltung Christi, aber kein Materialobjekt. Dieses wird dem Menschen erst nach der Entscheidung geschenkt durch ein unvorhersehbares, geschichtliches Eingreifen Gottes, in dem Er über das Leben aller Menschen verfügt (Blondel) und damit auch über mein ganz persönliches Leben (Ignatius).

Damit zeigt sich auch schon ein grundlegender Unterschied der beiden Sichtweisen. Doch zuvor soll als eine letzte Gemeinsamkeit noch ein weiterer auffälliger Parallelismus erwähnt werden. Das erst nachträglich hinzugefügte letzte Kapitel der *Action* erinnert auf seine Weise an die »Betrachtung zur Erlangung der Liebe«, die den Haupttext der Exerzitien abschließt.[14] Hier wie dort handelt es sich um eine Überlegung ›in zweiter Potenz‹ über das, was sich zwischen Gott und dem Menschen in der Wahlentscheidung abgespielt hat und immer noch abspielt. Dabei wird die Rolle des geheimnisvollen Dritten deutlich, das jede menschliche Entscheidung mitbedingt und von ihr mitbetroffen ist: die Welt, in der wir leben. Bei beiden Autoren lässt sich

---

[12] *Action*, S. 388/412.
[13] *Exerzitienbuch*, nr. 1.
[14] Ebd., nr. 230–237.

die Rolle der Welt in gleicher Weise umschreiben: Die Welt findet sich einbezogen in die gegenseitige Umarmung von Gott und Mensch. Erst dieses Einbezogensein verleiht der Welt ihren letzten Sinn (Ignatius), ja es gibt ihr allererst Bestand (Blondel).

B. Divergenzen

Bis hierher mochte es scheinen, dass wir dem Denken der beiden Autoren ein wenig Gewalt angetan haben. Trotz aller Ähnlichkeit bleiben ihre Werke doch recht verschieden, und die Texte, die hier zueinander in Parallele gesetzt wurden, sagen nur sehr bedingt das Gleiche. Doch es ging bisher nur um die Grundierung des Gemäldes, um jene gemeinsame Einfärbung, von der sich dann die Kontraste umso deutlicher abheben. Von diesen ist jetzt zu sprechen. Schon eingangs wurde vermerkt, dass Ignatius und Blondel zwar Schritt für Schritt vom Gleichen zu sprechen scheinen, dass sie sich jedoch auf zwei verschiedenen Ebenen bewegen. Bald drückt sich der eine deutlicher aus, bald der andere; der eine spricht konkreter als der andere, er gibt mehr Details an und er scheint näher an die Dinge heranzugehen, von denen er spricht.

Das war schon bei der Beschreibung der Grundsituation des Menschen zu bemerken. Ignatius braucht nur zwei Sätze, um sein *Prinzip und Fundament* vorzulegen. Blondel dagegen entfaltet sein »Ich finde mich vor am Tun« auf fast 350 Seiten, indem er ein ausführliches phänomenologisches Inventar der Grundsituation des Menschen vorlegt. So lässt er nach und nach in der Lebenserfahrung entdecken, was Ignatius gleich zu Anfang der Exerzitien, aber nur theoretisch zu wissen gibt.

Ein ähnlicher Unterschied zeigt sich bei der Beschreibung der negativen Möglichkeit in der Grundsituation des Menschen. Ignatius legt hier wieder nur die Prinzipien vor: die Geschichte der Sünde als solcher und damit auch ihr Wesen sowie den allgemeinen Rahmen meiner Sünden.[15] Diesen Rahmen muss der Exerzitand selbst ausfüllen mit seinen persönlichen Sünden und mit deren konkreten Folgen. Blondel dagegen beschreibt eingehend und in lebendigen Farbtönen die existenzielle Situation, die sich aus dem Scheitern des menschlichen Tuns

---

[15] Ebd., nr. 45–60.

ergibt.[16] So lädt er seinen Leser nicht dazu ein, einen leeren Rahmen auszufüllen, sondern sich in dem Beschriebenen wiederzufinden.

In anderer Hinsicht liegt hier jedoch das Verhältnis zwischen den beiden Texten bereits umgekehrt. Die Situation, die Blondel beschreibt, ist zwar zumindest teilweise eine Folge der Sünde, doch das Wort Sünde taucht bei ihm nicht auf, und es scheint auch nicht möglich, den Anteil der Sünde an der beschriebenen Situation zu bestimmen. Ignatius dagegen benennt ausdrücklich die Situation der Sünde, und er bemüht sich, den Rahmen und die Phänomenologie meiner persönlichen Sünden so konkret wie möglich zu zeichnen.[17]

Noch deutlicher zeigt sich bei der Beschreibung der positiven Seite der Grundsituation, dass Ignatius zunehmend konkreter formuliert, um der tatsächlichen Situation des Exerzitanden immer näher zu kommen, während sich bei Blondel immer weniger konkrete Erklärungen finden. Er kann nur auf die Tatsache zurückgreifen, dass das tatsächlich gegebene Tun sein Scheitern seit jeher grundsätzlich überwunden hat. Mehr als dieses unbefriedigende ›grundsätzlich‹ vermag Blondel nicht zu sagen; er kann nicht erklären, wie und wodurch die aufscheinende Negativität je schon überwunden sein soll. So kann er auch nicht angeben, wie die richtige Antwort auf das scheinbar unvermeidliche Scheitern des Wollens konkret lauten müsste. Er kann die positive Entscheidung nur ganz allgemein als eine grundsätzliche Offenheit oder Erwartungshaltung beschreiben. Hier ist es Blondel, der nur das Prinzip für eine Lösung angeben kann. Erst in einer persönlichen Entscheidung kann die Lösung für das Problem gefunden werden, das sich aus der vorgegebenen Situation ergibt. Diese Unbestimmtheit lässt Blondels Option manchmal wie einen Sprung ins Ungewisse erscheinen.

Anders bei Ignatius. Der positive Pol seiner Dialektik ergibt sich nicht aus einem Rückgriff auf eine vorgängige Tatsache, sondern aus einer unableitbar neuen Situation, der Erlösung durch Jesus Christus und dem persönlichen Anruf durch den Erlöser. Deshalb erwartet Ignatius eine neue Antwort auf diese neue Fragestellung, und er weist darauf hin, dass die positive Entscheidung immer schon einen bestimmten Inhalt hat, unabhängig von der persönlichen Entscheidung des Exerzitanden. Es ist die persönliche Berufung, die an jeden Exerzitanden wieder anders ergeht und auf die er antworten soll – auch und

---

[16] *Action*, S. 325–332/351–358.
[17] Vgl. *Exerzitienbuch*, nr. 56–59.

gerade dann, wenn er lange Zeit, vielleicht fast sein Leben lang, über die konkreten Folgen seiner Entscheidung im Ungewissen bleiben wird.

Wie stellt sich folglich die ignatianische Wahl konkret dar? Die Antwort muss zwei Ebenen unterscheiden: die objektive Ebene, das Verhältnis an sich, und die subjektive Ebene, die Ansicht für mich. Objektiv gesehen, ist die ignatianische Wahl kein Sprung ins Ungewisse, und auch kein reines Sich offen halten. Sie ist auch keine Auswahl zwischen mehreren Möglichkeiten. Sie richtet sich vielmehr auf ein einziges Objekt, auf die Lebensform, die Gott seit Ewigkeit für mich bestimmt hat, und zu der Er mich beruft. Eine Entscheidung beinhaltet die Wahl nur deshalb, weil der Exerzitand diese seine im Wahlprozedere erkannte Berufung annehmen muss oder sie ablehnen kann. Aus seiner subjektiven Sicht bleibt diese Berufung jedoch – das ist der andere Aspekt der ignatianischen Wahl – für den Exerzitanden weitgehend unbestimmt. So wenig wie bei Blondel kann der Exerzitand vorhersagen, wohin ihn seine Entscheidung schließlich führen wird. Zwar setzt die Klausel, dass die zur Wahl stehenden Lebensformen »indifferent und in sich gut sein und [...] sich innerhalb der heiligen Mutter, der hierarchischen Kirche bewegen« müssen[18], gewisse Grenzen; doch die genaueren Verumständungen möglicher Lebensformen bleiben immer noch so unbestimmt, dass die Entscheidung, subjektiv gesehen, wie ein Sprung ins Ungewisse aussieht, oder zumindest wie ein Schritt ins Offene. Der vor die Entscheidung gestellte Mensch weiß jedoch im Glauben, dass das Ungewisse, vor dem er steht, seit jeher im Plan Gottes vorhergesehen war, und dass er sich folglich nicht ins Ungewisse, sondern in die Hand Gottes begibt. Die Wahl wird sich folglich vor allem in treuer Aufmerksamkeit auf die göttlichen Eingebungen verwirklichen.[19]

Die Erwartungshaltung sieht bei der ignatianischen Wahl somit wesentlich anders aus als bei Blondel. Bei Blondel hat der Mensch vor allem in Erwartungshaltung zu bleiben, weniger als etwas Bestimmtes zu erwarten. Er darf nicht vorzeitig aus dem Offenen seiner Grundsituation heraustreten, um sich einer vorschnellen und deshalb ungenügenden Lösung zuzuwenden. Die Erwartungshaltung ist selbst

---

[18] *Exerzitienbuch*, nr. 170

[19] Jenseits des Textes der *Action* ist zu bemerken, dass Blondel seine persönliche Lebensentscheidung ganz nach dem Schema der ignatianischen Wahl vollzogen hat. Vgl. dazu das *Mémoire* und HENRICI, *Vocation*:

schon das Ergebnis einer Entscheidung; sie hat jedoch im Gegensatz zur ignatianischen Ausrichtung auf das von Gott Gewollte keinen positiven Inhalt. Ihr einziges Kennzeichen ist die Negation ihrer Negation, d. h. einer eigenmächtigen Lösung des Lebensproblems.

Das führt zu einem letzten und grundlegenden Unterschied zwischen den beiden Darstellungen. Bei Blondel ist der Mensch für seine Entscheidung allein gelassen. Es gibt für ihn keine Hilfe von außen, nicht einmal einen trostvollen Ausblick auf ein Ziel, das ihn in der Ferne erwartet. Die einzige Richtschnur, über die er verfügt, ist sein Gewissen, die Treue zu sich selbst, zu seinem ursprünglichen Sein. Aber auch als Widersacher kennt er nur seine eigene Hinfälligkeit, sein Leiden, seine Leidenschaften. Anders liegen die Dinge bei Ignatius. Bei ihm findet sich der Exerzitand in ein Drama hineingenommen, das weit über ihn hinausreicht. Er weiß nicht nur, dass sein Ziel seit Ewigkeit festliegt; er weiß auch um die Hilfe Dessen, der ihn zu diesem Ziel ruft. Auf der andern Seite wird er von den Widersachern dieses Helfers, den bösen Geistern bedrängt. Die »Regeln zur Unterscheidung der Geister«[20] beschreiben diese dramatische Situation. Sie leiten den Menschen zum Einsatz in einem Drama an, das seine Kräfte und Erkenntnisse bei weitem übersteigt. In der »Betrachtung über die zwei Banner«, dem Herzstück der Exerzitien[21], wird dem Exerzitanden schon vor der Wahl das Heilsdrama vor Augen gestellt, in das er hineingezogen ist.

Diese kurze Skizze der Ähnlichkeiten und Verschiedenheiten zwischen der blondelschen Option und der ignatianischen Wahl kann genügen, um von da aus zu einer grundsätzlichen Schlussfolgerung über das Verhältnis von philosophischer und theologischer Sichtweise zu gelangen. Was zu sagen ist, lässt sich in zwei einander ergänzende Thesen fassen.

II. Versuch einer Deutung

A. Erste These: *Die* Action *kann als philosophische Umsetzung der Exerzitienwahrheiten betrachtet werden.*

Eine philosophische Umsetzung ist nicht einfach eine Übersetzung des im *Exerzitienbuch* Gesagten in philosophische Begrifflichkeit

---

[20] *Exerzitienbuch*, nr. 313–336.
[21] Ebd., nr. 136–147.

und Sprache. Eine Übersetzung läuft Gefahr, das schon klar Gesagte auf ungenauere Weise zu wiederholen und das Verständliche durch etwas weniger Verständliches zu erklären – gleich als wollte man das Wesen des biblischen Gottes dadurch verständlicher machen, dass man ihn als *Esse subsistens* bezeichnet. Bei Blondel finden sich keine derart schlichten Übersetzungen von Offenbarungswahrheiten, sondern eine viel tiefer gehende Umsetzung. Die gleiche, ungebrochene Wahrheit mit all ihren geschichtlichen Bestimmungen wird aus einem andern Blickwinkel neu durchdacht und mit Hilfe philosophischer Einsichten und Methoden neu ausgesagt und sozusagen rekonstruiert. Darin liegt das Interesse jeder philosophischen Umsetzung theologischer Wahrheiten. Die Umsetzung hebt die Vernunftgemäßheit der theologischen Aussagen ins Licht, weil diese jetzt mit Hilfe von Vernunftpinzipien denkerisch nachvollzogen werden können. Sie eröffnet dem Menschen den Zugang zu einer Offenbarungswahrheit von seinen menschlichen Erfahrungen und Alltagsgegebenheiten aus. Auch dem mit der Glaubenswahrheit längst Vertrauten hilft die philosophische Umsetzung, diese Wahrheit besser zu verstehen und sie bruchlos in sein Leben einzubauen.

Zum Erweis der These, dass die *Action* als philosophische Umsetzung der *Exerzitien* gelten kann, wäre zweierlei zu leisten. Zum einen wäre zu zeigen, dass sich die *Action* tatsächlich auf philosophische Einsichten stützt und mit philosophischen Methoden vorgeht; zum andern, dass ihre Darlegungen als eine Umsetzung der Exerzitienwahrheiten betrachtet werden können. Dieses Zweite scheint durch die Ähnlichkeiten zwischen den beiden Texten, die wir feststellen konnten, bereits weitgehend erwiesen zu sein. Was den ersten Punkt betrifft, müssen hier einige allgemeine Hinweise genügen. Die Grundsituation des Menschen mit ihren dialektischen Spannungen lässt sich zweifellos introspektiv oder phänomenologisch erheben und durch eine inventarisierende Dialektik der menschlichen Weltbezüge ergänzen und noch stringenter machen. All dies sind spezifisch philosophische Methoden. Ein Zweifel könnte sich erheben bezüglich der philosophischen Stringenz der Dynamik, die zur Entscheidung drängt, und vor allem bezüglich der Absehbarkeit der Folgen einer negativen oder vorschnellen Entscheidung – jene Absehbarkeit, die zu ständiger Abtötung zwingen soll, damit man sich nicht vorschnell negativ entscheidet. Diese Dynamik ergibt sich jedoch in letzter Konsequenz aus der Unausweichlichkeit der Grundsituation, und auf diese stützt sich auch die transzenden-

tale Deduktion der Hölle. Eine negative Entscheidung gerät in unüber-
brückbaren Widerspruch zur unleugbaren und unzerstörbaren Positi-
vität der Grundsituation – ein Widerspruch, der jedem, der sich falsch
entscheidet, so oder so nicht verborgen bleibt. Damit scheint die erste
These so weit belegt zu sein, dass die daraus sich ergebenden Folgerungen ins Auge gefasst werden können. Auch da ist nochmals festzustellen, dass alle Aussagen Blondels philosophischer Art sind.

Als eine erste, praktische Folgerung ergibt sich aus der Verwandtschaft zwischen der Sichtweise der *Action* und den Exerzitienwahrheiten die Möglichkeit, Blondels Ausführungen für ein vertieftes, lebens-
nahes Verständnis der Exerzitien zu nutzen. Das gilt in erster Linie
dort, wo Blondels Text ausführlicher und konkreter ist als der ignatianische, d. h. bezüglich des *Prinzips und Fundaments* und in gewisser
Hinsicht auch bezüglich der existenziellen Situation des Sünders und
der den Menschen bedrängenden Versuchungen. Dem modernen Menschen sagt die eindringliche Schilderung der Unausweichlichkeit und
Unzerstörbarkeit seines Tuns[22] zweifellos mehr als die zwar tiefsinnige, aber allzu knappe Aussage, dass »der Mensch geschaffen« ist. Blondels Darstellung kann helfen, diese theologische Aussage »innerlich zu
verspüren und zu verkosten«.[23] Gleicherweise scheint es oft notwendig, einen Zugang zu eröffnen zum Ziel des Geschaffenseins: »Gott,
unsern Herrn zu loben, Ihm Ehrfurcht zu erweisen und Ihm zu dienen.«[24] Dieses liegt dem heutigen Menschen oft recht ferne. Ein Zugang dazu könnte darin bestehen, dass zunächst die falschen Wertvor-
stellungen (um nicht zu sagen: die Abgötter), auf die sich das Streben
vieler Menschen richtet, aus dem Weg geräumt werden. Hier kann
Blondels Dialektik der weltlichen Phänomene mit ihrem unerbittlich
negativen Resultat[25] wertvolle Hilfe leisten. Das gleiche negative Resultat, die hilflose Nacktheit des sich selbst überlassenen Menschen,
kann für den modernen Menschen, der sich mehr um irdischen Erfolg
als um sein ewiges Geschick sorgt, auch ein guter Einstieg zur Betrachtung der Sünde sein.

Auf theoretischem Gebiet stellt die Verwandtschaft der *Action* mit
dem *Exerzitienbuch* ein typisches und leicht zu handhabendes Beispiel

---

[22] *Action*, S. VII–X/9–12; 335–336/359–362.
[23] *Exerzitienbuch*, nr. 2.
[24] Ebd., nr. 23.
[25] *Action*, S. 323–332/351–358.

dar für die Beziehung zwischen Philosophie und Theologie und, tiefer gesehen, zwischen Natur und Gnade. Sie kann zeigen, wie weit die Zuständigkeit der Philosophie reichen kann, wo ihre Grenzen sind, und wie sie folglich nach einer theologischen Ergänzung und Vollendung ruft, welche sie skizzenhaft schon vorzeichnet.

Dafür ist nochmals der philosophische Charakter der Ausführungen Blondels näher zu betrachten und die Begrenzung, die sich daraus ergibt. Nicht als blieben die Aussagen der Philosophie immer abstrakt und prinzipiell, während sich die Theologie mit dem geschichtlich Konkreten befasst. Die philosophische Sicht, die Blondel vom Menschen und von der Welt vorlegt, ist ebenfalls wesentlich konkret. Seine Philosophie arbeitet nicht mit Abstraktionen. Es genügt an die ebenso extensive wie intensive phänomenologische Analyse der Grundsituation des Menschen zu erinnern und an die eindrückliche Beschreibung des Scheiterns eines Tuns, dass sich auf endliche Ziele beschränken will. Blondel spricht nie von ewigen Wahrheiten, sondern immer von der konkreten geschichtlichen Situation des Menschen, wie er hier und heute existiert. Denn Phänomene gibt es immer nur hier und jetzt, d. h. geschichtlich konkret. Dennoch kann Blondels Phänomenologie nicht bis zur letzten Konkretheit der geschichtlichen Tatsachen vordringen, d. h. bis zur ursprünglichen Berufung des Menschen und bis zum Sündenfall. Diese Tatsachen beinhalten immer noch mehr und anderes als das, was sich unmittelbar zeigt. Die Philosophie kann nicht einmal wissen, dass einiges von dem, was sie beschreibt, rein geschichtlich ist und nicht zum Wesen des Menschen gehört – allem voran die Erwartung eines Mehr als das Naturgegebene. Das zeigt die Grenze aller philosophischen Erkenntnis. Sie kann zwar auf ihre Weise die Wahrheit erreichen; sie erreicht jedoch nie die ganze Wahrheit und nicht alle Wahrheiten. Jede philosophische Wahrheit trägt immer viel Implizites, Unausgefaltetes in sich, das die Philosophie selbst nicht auszufalten vermag. Trotz aller Bemühung, das im tatsächlich Gegebenen Implizite ausdrücklich zu machen – und einem solchen Bemühen ist die *Action* zu verdanken – bleibt es der Philosophie versagt, das Entscheidendste auszudrücken. Blondels *Action* kann nie die Einfachheit des »Gott zu loben, Ihm Ehrfurcht zu erweisen und Ihm zu dienen« einholen, das mit wenigen Worten die Grundsituation des Menschen in ihrer Dialektik ausdrückt, und sie kann auch keine genügende Erklärung dafür geben, warum das menschliche Tun unweigerlich zum Scheitern verurteilt zu sein scheint. All das wird erst vom Licht der Offenbarung erhellt.

Das philosophische Denken bleibt deshalb von Natur aus immer unvollendet, und daraus erklärt sich, weshalb immer wieder der Ruf nach einer theologischen Vollendung des Denkens laut wurde. Würde die Begrenztheit des Denkens schlicht als Tatsache hingenommen, wäre ein solcher Ruf weder begründet noch naheliegend. Der Ruf nach etwas Mehr und Anderem ergibt sich erst, wenn die Negativität bedacht wird, die jedes menschliche Denken kennzeichnet. Diese Negativität zeigte sich schon bei der Bestimmung der positiven Phase in der Grunddialektik, und dann wieder bei der Beschreibung der Erwartungshaltung. Beides ließ sich nur als Negation der Negation aufzeigen, und gerade da, wo diese durchgängige Negativität des philosophischen Denkens schmerzhaft bewusst wurde, erwachte das Bedürfnis, das Positive positiv fassen zu können. Der Philosoph möchte etwas Positives ausdrücken; er kann das aber nur durch eine Anhäufung von Negationen. So gewinnt er die Einsicht, dass es eine andere, angemessenere Art geben müsste, die gleiche Wahrheit zu denken und auszudrücken – ein Denken, welches das Gedachte wirklich trifft und sich ihm nicht nur annähert. Wo es sich um transzendente, für die menschliche Existenz grundlegende Wahrheiten handelt, muss ein solches Denken theologisch sein. Nur eine Theologie, die den von der Philosophie angedachten Aspekt der Wahrheit adäquat auszusagen vermag, kann das Bedürfnis des Denkens befriedigen.

So zeichnet die offene philosophische Frage durch eben diese Offenheit eine ihr angemessene Theologie gewissermaßen vor. Auf die hier behandelte Thematik angewendet heißt das, dass Blondels Philosophie eine Theologie nach Art der im *Exerzitienbuch* vorliegenden verlangt und vorzeichnet. Das soll in einer zweiten These ausgeführt werden.

B. Zweite These: *Die Exerzitien können als theologische Grundlegung und Vollendung der Philosophie der* Action *betrachtet werden.*

Dass dem *Exerzitienbuch* eine eigene, wenn auch weithin unausgesprochene Theologie zu Grunde liegt, braucht nach den Arbeiten von Hugo und Karl Rahner[26] nicht mehr eigens dargelegt zu werden. Das

---

[26] Vgl. z. B. Hugo Rahner, *Ignatius von Loyola und das geschichtliche Werden seiner Frömmigkeit.* Graz: Pustet, 1947; Id., *Ignatius von Loyola als Mensch und Theologe.* Freiburg: Herder, 1964. Karl Rahner, *Betrachtungen zum ignatianischen Exerzitienbuch.* München: Kösel, 1965.

Exerzitienbuch spricht von geoffenbarten Wahrheiten (von Schöpfung, Sünde, Erlösung, Geisterkampf …), und es stellt sie in eigentlich theologischer, d. h. heilgeschichtlicher Perspektive dar. Der Gang der Exerzitien zeichnet die Heilsgeschichte Schritt für Schritt nach: die Schöpfung, die Engelssünde, den Sündenfall, schließlich meine persönliche Sündhaftigkeit, um auf diesen geschichtlichen Vorgaben dann die Geschichte der Erlösung nachzuzeichnen, die Geschichte des Lebens Jesu in seinen drei grundlegenden Phasen der Kindheitsgeschichte, des öffentlichen Lebens und des Paschamysteriums. Diese Geschichte wird von zwei großen theologischen Meditationen skandiert, dem »Ruf des Königs«, dem »zweiten Fundament« (wie Hugo Rahner zu sagen pflegte), das die existenzielle Bedeutung der Mysterien des Lebens Jesu ins Licht stellt (»in den Mühen nachfolgen […] und so in die Herrlichkeit eingehen«[27]), und der Betrachtung über »Die Zwei Banner«, die deutlich macht, dass sich die Mühen auf den Kampf gegen Luzifer beziehen, der das öffentliche Leben Jesu und seine Leidensgeschichte prägt.[28] Nach dieser Geschichte der Erlösung, die mit der Himmelfahrt Jesu und dem Ausblick auf seine Wiederkunft endet, wird dem Exerzitanden schließlich die gegenwärtige Situation des Menschen unter der Herrschaft Christi, der zur Rechten des Vaters sitzt, gezeigt: Der Mensch findet sich eingebunden in den Kosmos und so auf Gott verwiesen (»Betrachtung zur Erlangung der Liebe«[29]), und dies konkret in der hierarchischen Kirche (»Regeln zum Fühlen mit der Kirche«[30]).

Diese Theologie entspricht recht genau den Erwartungen der Philosophie Blondels, die nach einer doppelten Erklärung verlangt. Retrospektiv verlangt sie nach einer Erklärung der Grundsituation des Menschen in ihrer dialektischen Spannung, die zu einem fast unvermeidlichen Scheitern zu führen scheint; prospektiv muss erklärt werden, weshalb dieses Scheitern dennoch *de facto* schon überwunden ist und wie sich der Mensch diese Überwindung durch eine richtige Entscheidung zu eigen machen kann. Im *Prinzip und Fundament* der Exerzitien und in der ersten Exerzitienwoche, die tiefer graben als die Phänomenologie der *Action*, wird die retrospektive Erklärung gegeben, während der weitere Gang der Exerzitien die prospektive Erklärung

---

[27] *Exerzitienbuch*, nr. 95
[28] Ebd., nr. 136–147.
[29] Ebd., nr. 230–237.
[30] Ebd., nr. 352–370.

liefert. So kann das *Exerzitienbuch*, das an die traditionelle Theologie anknüpft und von da aus eine weitreichende existenzielle Perspektive eröffnet, als theologische Ausdeutung dessen gelten, was die *Action* kaum anzudeuten vermag. Auf ignatianische Einsichten abgestützt ließe sich so eine Theologie im Sinne Blondels ausarbeiten.

Eine solche Konstruktion bliebe jedoch rein akademisch. Wichtiger wäre die andere Möglichkeit, mit Hilfe der Philosophie Blondels einige Grundzüge der Theologie der Exerzitien begrifflich schärfer herauszuarbeiten. Schon die Divergenzen zwischen dem Text des *Exerzitienbuches* und Blondels philosophischer Darstellung verwandter Wahrheiten können das theologisch Eigene und das eigentlich Theologische des ignatianischen Textes deutlicher ins Licht stellen. Umgekehrt könnten die Übereinstimmungen und Parallelismen zwischen der Philosophie Blondels und den im *Exerzitienbuch* ausgedrückten Gedanken das Instrumentar für eine begriffliche Ausformulierung und Weiterentwicklung der ignatianischen Theologie bieten.

Die Eckpunkte einer solchen Theologie können hier nur noch angedeutet werden. Die Wahl, bzw. die Option wird zweifellos ihr zentrales Thema sein; es ist eine Theologie, die um Existenz und Geschick des Menschen kreist. Eine solche Theologie muss auf einem Verständnis Gottes als eines geschichtlich Handelnden beruhen, nicht auf Gott als dem ruhenden Zielpunkt der Kontemplation. Es geht hier um Gott, der erschafft und der dabei die ganze Dynamik des »dazu hin« *(para)*[31] in sein Geschöpf legt; es geht um Gott, der sich in allen Geschöpfen immer noch »abmüht«[32] und der den Menschen in diesem Bemühen hier und jetzt zur Mitwirkung beruft, und es geht schließlich um Gott, der nicht nur die Welt, sondern insbesondere »unsere heilige Mutter, die Kirche«[33] aktiv leitet und regiert. Von diesem aktiven und sozusagen aggressiven Gott aus ließe sich dann auch ein zweiter Zug der ignatianischen Theologie verstehen, die große und für uns Heutige nur schwer verständliche Rolle der guten wie (vor allem) der bösen Geister. Wer sich, von Blondel angeregt, vergegenwärtigt, dass damit auch die unbewussten Tiefen der menschlichen Psyche und der Einfluss der uns umgebenden kulturellen Atmosphäre gemeint sein können, kann diesem ignatianischen Thema eine gewisse Aktualität abge-

---

[31] Ebd., nr. 23
[32] Ebd., nr. 116, 206, 236
[33] Ebd., nr. 365

winnen und es neu ausformulieren. Schließlich kann vom Verständnis Gottes als eines aktiv Handelnden aus auch einsichtig werden, weshalb sich (im Sinne Blondels wie im Sinne von Ignatius) die Gottesbegegnung vorzüglich im Tun des Menschen vollzieht – nicht nur in einer einmaligen zustimmenden Entscheidung für Gott, sondern je und je in allem, auch dem alltäglichen Tun, *contemplativus in actione*. In jedem Tun vollzieht sich ja, wie Blondel zeigt, implizit eine Entscheidung, und diese ist mit Ignatius als ein Stehen im Geisterkampf zu sehen, als ständige Notwendigkeit einer Unterscheidung der Geister. Diese Unterscheidung ihrerseits kann mit Blondel als ständige Abtötung und Selbstverleugnung verstanden werden und mit Ignatius, theologisch tiefer, als Nachfolge Christi in seinen Mühen.

In einer solchen, auf Blondel abgestützten theologischen Lektüre des *Exerzitienbuchs* kämen allerdings einige zentrale Themen der ignatianischen Theologie kaum zur Sprache, namentlich die Trinitätslehre und die grundlegend ekklesiologische Einbindung der ignatianischen Theologie und Spiritualität. Erst in den späteren Werken Blondels wären einige Hinweise auch zu diesen beiden Themen zu finden. Umgekehrt blieben, wenn man von den ignatianischen Texten nur das *Exerzitienbuch* beachtet, gerade die fruchtbarsten theologischen Ansätze Blondels im Dunkeln, namentlich seine Eucharistielehre und sein Panchristismus. Sie könnten Anlass geben, in eine ignatianische Theologie auch das einzubeziehen, was im *Exerzitienbuch* ungesagt bleibt.[34]

Nur einer dieser theologischen Ansätze Blondels, und heute vielleicht der wichtigste, soll hier noch angedeutet werden. Die dynamische Analyse der menschlichen Grundsituation, die sich in der *Action* findet, kann zur Erhellung der heute vordringlichen Frage nach dem Heil, bzw. der Unheilssituation jener Menschen, die von Christus und der Heilsgeschichte nichts wissen, einen wichtigen Beitrag leisten. Es war diese bedrängende Frage, das paulinische *ita ut sint inexcusabiles*[35], die Blondel zur Ausarbeitung seiner Philosophie der Option geführt hat. Indem er auf philosophischem Weg die Unumgänglichkeit einer über Heil oder Unheil des Menschen entscheidenden Grundentscheidung aufzeigt, zeigt Blondel auch, dass sich jeder Menschen als solcher vor diese Option gestellt sieht. Zur ignatianische Wahl sind dagegen nur gläubige Christen aufgerufen. Deshalb zeigt Blondel mit

---

[34] Ein Beispiel solcher Ausweitung bietet das Werk Teilhard de Chardins.
[35] Röm. 1,20

seiner Lehre von der Unumgänglichkeit der Option einen Weg auf, wie die Frage nach dem möglichen Heil aller Menschen theologisch beantwortet werden kann. Mehr noch: Die fehlende Parallelität zwischen der präzisen Darstellung der negativen Entscheidung (»Der Tod des Tuns«[36]) und dem unbestimmten Ausgang einer positiven Entscheidung (»Das Leben des Tuns«[37]) bildet recht genau die Asymmetrie unseres theologischen Wissens in dieser bedrängenden Frage ab. Es ist zwar theologisch sicher, dass ein Mensch nur auf Grund einer persönlichen schweren Schuld verdammt wird; wir wissen jedoch nicht, wie jene Menschen, die Christus nicht kennen (konnten), gerettet werden. Blondels *Action* könnte hier die Theologen an eine unüberschreitbare Grenze ihres Wissens erinnern.

Wie anderswo gezeigt, war diese der Theologie so nahe stehende Philosophie vom persönlich gelebten Glauben ihres Autors angeregt.[38] Wie weit diese Glaubenserfahrung von den ignatianischen Exerzitien mitgeprägt war, lässt sich historisch nicht mehr ermitteln. Wir wissen nicht einmal, in welcher Weise und mit welchen Worten Blondel damals die Exerzitien vorgelegt wurden. So konnte hier nur die grundsätzliche Geistesverwandtschaft zwischen dem ignatianischen Text und dem Denken Blondels aufgezeigt werden. Sie macht es wahrscheinlich, dass auch direkte Anregungen mitgespielt haben. Diese würden dazu berechtigen, auch das *Exerzitienbuch* zu den Quellen der *Action* zu zählen.

---

[36] *Action*, S. 339–373/384–398.
[37] Ebd., S. 374–388/399–413.
[38] Vgl. den vorstehenden Beitrag über *Glaubensleben und kritische Vernunft*.

Zwischen Transzendentalphilosophie und christlicher Praxis

Zur philosophischen Methode Maurice Blondels und ihrer religionsphilosophischen Bedeutung (1968)

Das Frühwerk Maurice Blondels, namentlich *L'Action*, hat ein tragisches Geschick gehabt. Die philosophische Apologie des Christentums, die dieses Werk sein will, war für Philosophen geschrieben, die aus der französischen Universitätstradition kamen; gelesen und kritisiert wurde sie jedoch von scholastisch ausgebildeten Theologen, für die sie nicht bestimmt war und denen die philosophiegeschichtlichen Voraussetzungen für ein angemessenes Verständnis des Werkes fehlten. So wurde diese Apologie des Christentums theologisch und thomistisch zerzaust, und die Originalität Blondels, erstmals eine streng *philosophische* Apologie im Geist des nachkantischen Philosophierens vorgelegt zu haben, wurde weder beachtet noch gewürdigt. Erst um die Mitte des 20. Jahrhunderts begann man, die philosophische Relevanz der *Action* gebührend zu würdigen. Der französische Religionsphilosoph Henry DUMÉRY hat sich mit der ihm eigenen Vehemenz für eine streng philosophische Blondeldeutung eingesetzt – wobei er sich allerdings den Weg zu einem angemessenen Blondelverständnis sogleich wieder verbaut hat, indem er als streng philosophisch nur ein Denken nach der Art Plotins oder Husserls gelten ließ. Die Ausfälle Dumérys gegen die von der Lyoner Theologenschule vorgetragene Blondelauffassung, sowie offensichtliche Fehldeutungen der Lehre Blondels in entscheidenden Punkten haben den Theologen Henri BOUILLARD zu einer mehrjährigen Kontroverse mit Duméry bewogen, in deren Verlauf es zu beachtlichen Klärungen des philosophischen Begriffs des Übernatürlichen, der Struktur der blondelschen Ontologie und des Verhältnisses der Religionsphilosophie zur Fundamentaltheologie gekommen ist.[1] Philosophische Publikationen über das Frühwerk Blondels – meist Promotionsarbeiten – mehren sich seit der Jahrhundert-

---

[1] Zu dieser Kontroverse vgl. meinen Bericht in: *Philosophisches Jahrbuch* 71 (1963) 183–189 und 72 (1965) 408–413.

feier seiner Geburt (1961). Die bei dieser Gelegenheit veröffentlichten *Philosophischen Briefe* und *Tagebücher* Blondels[2] haben nicht wenig zur Erneuerung der philosophischen Blondelstudien beigetragen. Sie zeigen den problemgeschichtlichen Hintergrund, auf dem sich Blondels Denken entfaltet hat, und die kurz darnach gesammelt herausgegebenen philosophiegeschichtlichen Aufsätze Blondels[3] können im gleichen Sinne wirken.

Philosophisch gesehen, baut sich Blondels Frühwerk von zwei Brennpunkten her auf, die er einmal folgendermaßen kennzeichnet: »Ich habe versucht für die katholische Ausgestaltung der Religion das zu leisten, was man in Deutschland seit langem und immer noch für ihre protestantische Gestalt leistet, deren Philosophie allerdings leichter herauszustellen war.«[4] Ihrem Inhalt nach will Blondels Philosophie somit die christliche Existenz katholischer Prägung zum Gegenstand rationaler Untersuchung machen und damit zugleich der Philosophie ein neues Gebiet erschließen und eine philosophische Rechtfertigung des katholischen Christentums geben. Um diese Quadratur des Zirkels, die rationale Rechtfertigung der katholischen Praxis, fertigzubringen, lässt sich Blondel, zweitens, seine philosophische Methode von der deutschen (protestantischen) philosophischen Tradition geben. Er sieht sein Werk als Verlängerung und Vollendung einer Entwicklungslinie, die von Spinoza und Kant zum Deutschen Idealismus und von da zum Szientismus Hippolyte Taines und zum französischen Neukantianismus eines Charles Renouvier und Jules Lachelier führt. Dabei zeigt Leibniz mit seiner Hypothese von einem *vinculum substantiale*, der Blondel seine lateinische Dissertation gewidmet hat[5], die in dieser Entwicklungslinie selbst liegende Möglichkeit auf, über sie hinauszukommen.

Die Namen Taine, Renouvier und Lachelier weisen darauf hin, dass der scheinbar abwegige Gang nach Deutschland Blondel von der damaligen geistigen Situation in Frankreich aufgegeben war. Über die Zeit der Studien Blondels an der École Normale Supérieure (1881–1884), berichtet BERGSON, der die École in eben dem Jahre verließ, in dem Blondel in sie eintrat, dass es »an der Universität, grob gesagt,

---

[2] *Lettres philosophiques* und *C.I.*
[3] *Dialogues.*
[4] *Lettres philosophiques*, S. 34.
[5] *Vinculum.*

zwei Parteien [gab]: die eine, bedeutend größere, war der Ansicht, Kant habe den Fragen ihre endgültige Form gegeben, während sich die andere dem Evolutionismus Spencers anschloss.«[6] Bergson folgte Spencer; Blondel, der schon am Lyzeum im Geist von Leibniz und des »französischen Kant«, Maine de Biran, philosophieren gelernt hatte, schloss sich dagegen der von Kant geprägten Richtung an. Sein bevorzugter Lehrer war Émile Boutroux, ein Schüler Eduard Zellers und Erneuerer der philosophiegeschichtlichen Studien in Frankreich, der u.a. das große Fichte-Werk des mit Blondel befreundeten Xavier LÉON angeregt hat. Blondels Studienkamerad und philosophischer Intimus war Victor DELBOS, der in den Jahren ihrer philosophischen Zusammenarbeit zum hervorragenden Kenner der kantischen und nachkantischen Philosophie heranwuchs. Sein Erstlingswerk: *Le problème moral dans la philosophie de Spinoza et dans l'histoire du Spinozisme*[7] erschien gleichzeitig mit Blondels *Action*. Es zeichnet das Werden der deutschen idealistischen Philosophie und ihre Ausstrahlungen auf Frankreich nach und kann als historischer Kommentar zur *Action* betrachtet werden. Blondel hat nicht nur die verschiedenen Stadien des Manuskripts seines Freundes gelesen und kritisiert, während er um die endgültige Gestalt seines eigenen Werkes rang; er hat dem Werk seines Freundes auch eine ausführliche Besprechung gewidmet.[8] Dort zieht er die von Delbos gezeichnete Entwicklungslinie bis zu seinem eigenen Denken fort und weist so auf den Schlüssel für ein richtiges Verständnis seiner eigenen philosophischen Methode hin. Der erste deutsche Rezensent der *Action*, Adolf LASSON, hat sich nicht getäuscht, wenn er bemerkt, man werde bei Blondels Werk »unbeschadet seiner Originalität an J. G. Fichte und an Hegel erinnert«.[9] Diese Anklänge beruhen jedoch nicht auf Übernahmen, weil Blondel die Werke dieser beiden Denker kaum gekannt hat, sondern auf dem durch Boutroux und Delbos vermittelten gleichlaufenden Bemühen, eine nachkantische Religionsphilosophie mit Hilfe einer Weiterentwicklung der Methode Spinozas zu schaffen.

Mit der Methodenfrage steht und fällt Blondels Religionsphilosophie. An ihr entscheidet es sich, ob sie echte Philosophie sein kann, ohne den religiösen Gehalt, den sie bedenken will, als religiösen zu

---

[6] HENRI BERGSON: *Œuvres*. Édition du Centenaire. Paris: PUF, 1959, S. 1541.
[7] DELBOS, *Spinoza*.
[8] *Spinozisme*.
[9] In: *Zeitschrift für Philosophie und philosophische Kritik* 104 (1894),244.

zerstören. Es entscheidet sich, ob Blondel aus der Aporie hinauskam, in die er sich anfangs gestellt fand: entweder bloß eine apologetisch-er-bauliche Rhetorik zu bieten, über die sein Vorbild Pascal und sein Leh-rer Ollé-Laprune letztlich doch nicht hinausgekommen seien, oder das Christentum rationalistisch zu verfälschen, wie das die deutschen Idea-listen nach Blondels Ansicht getan hatten. Deshalb soll hier nach Blon-dels philosophischer Methode gefragt werden, mit stetem Blick auf den von Blondel selbst angezogenen Vergleichspunkt der Transzendental-philosophie. Zuerst ist im Blick auf die religionsphilosophische Aus-richtung seiner Methode ihr äußerer Umriss nachzuzeichnen; dann sollen die unterscheidend blondelschen Züge ihrer inneren Struktur aufgezeigt werden, um schließlich vom erreichten Ergebnis aus die grundsätzliche Frage nach der Bedeutung der Methode Blondels für eine Religionsphilosophie zu stellen.

I. Der Ansatzpunkt

Blondel will eine Religionsphilosophie vorlegen. In seinem Denken geht es um den letzten Sinn des Menschenlebens, um die Bestimmung des Menschen: »Ja oder nein, hat das menschliche Leben einen Sinn, hat der Mensch eine Bestimmung?«[10] Das aber bedeutet, dass es Blon-del immer um das Ganze geht. Es geht um die ganze und letzte Lebens-frage, wie bei Spinoza, mit dessen intellektualistischer, das Ganze auf das Wissbare einschränkender Lösung Blondel sich öfters auseinander-gesetzt hat. Bei Blondel geht es deshalb um das Ganze (und darin liegt die entscheidende Weichenstellung für sein Philosophieren, die es auf seinen unverwechselbar eigenen Weg zwingt), weil von Anfang an ein Ganzes vorgegeben ist und zum Gegenstand philosophischen Fragens gemacht wird: der tatsächliche Lebensvollzug, in dem ich mich vorfin-de – »das Tun, das zwar immer nur teilhaft erkannt wird, *mente*, aber immer ganzheitlich gesetzt ist, *facto*«; denn »das Tun kann, im Gegen-satz zur Erkenntnis, niemals nur teilhaft oder vorläufig sein.«[11] Dieser Ansatzpunkt ist noch genauer zu bestimmen.

Er ist zunächst rein vorfindlich, faktisch – ich finde mich vor am Leben, am Tun. Er erweist sich aber zugleich als (negativ) notwendig,

---

[10] *Action*, S. VII/16.
[11] *Point de départ*, S. 204/114.

weil er nur durch ein neues Tun (den Selbstmord) geleugnet werden könnte. Ja, er erweist sich schließlich als eine meinem freien Verfügen übergeordnete Instanz (Blondel sagt: »eine Pflicht«), weil er mich zu einer Entscheidung zwingt. Mich nicht entscheiden zu wollen, wäre tatsächlich auch wieder eine Entscheidung. Jede Entscheidung verschließt jedoch so und so viele andere, an sich offene Möglichkeiten; sie ist in ihrer Tragweite theoretisch-analytisch nie ganz abzusehen, und im tatsächlichen ins Werk setzen dieser Entscheidung wird sich stets ein neues Missverhältnis zum ursprünglich Angezielten auftun. Das damit in einer ersten Annäherung umrissene ›Tun‹ Blondels (die *action*) ist somit weder als bloß statisch-faktische Tatsache noch als eine ursprünglich-freie (fichtesche) Tathandlung aufzufassen, sondern als eine Art Tatgeschehen. zu umschreiben. Dieses Tatgeschehen stellt den Menschen unweigerlich vor das philosophische Problem des Lebenssinnes, weil es dieses Problem in der Praxis immer schon in dem einen oder andern Sinn gelöst hat. Denn: »Jede entschiedene Art zu denken und zu leben impliziert eine vollständige Lösung des Lebensproblems.«[12] Blondels Frage nach dem letzten Lebenssinn muss deshalb auf einer doppelten Ebene beantwortet werden.

Einerseits gibt es die praktische Antwort, d. h. jene Erfahrung und Erkenntnis des Lebenssinnes, die sich aus einer Lebensführung ergibt, welche das als Pflicht oder Notwendigkeit Erkannte getreulich ausführt. Das ist die *science pratique*, das »Wissen durch Praxis«. Blondel stellt es als eine Art Experimental-Ethik dar, als Verifikation der überkommenen oder vom Gewissen diktierten sittlichen Grundsätze in der Praxis.[13] Das Wissen durch Praxis darf nicht als bloße Ersatzlösung für

---

[12] *Action*, S. XVI/17.

[13] *Action*, S, 477/502: »cet empirisme du devoir«. In einer unveröffentlichten Arbeit über *La methode sociale de Le Play* von 1882 weist Blondel auf den Unterschied dieser Experimentalmethode gegenüber der bloß empirischen Methode Hippolyte Taines hin, der ein Schüler Le Plays war: »Der ›Opportunismus‹ Le Plays beruht auf einer klug abgewogenen Mischung von rationalen Überlegungen und Beobachtung. Es handelt sich nicht mehr um Empirismus; es ist die echt experimentelle Methode. Er sagt: ›Ich gehe von einer Wahrheit aus, die zugleich auf Erfahrung und auf vernünftiger Überlegung beruht.‹ Er hat einen Hintergedanken, der ihm seine Hypothesen nahelegt, und der ihn bei ihrer Überprüfung leitet, ohne dass er deswegen als Wissenschaftler weniger unparteiisch und weniger unabhängig wäre […]. Es handelt sich um eine induktive Methode, bei der Vernunft und Beobachtung nie von einander getrennt sind.« (»L'opportunisme repose sur un sage tempérament de la methode rationelle et de la methode d'observation: ce n'est plus l'empirisme, c'est la méthode proprement experimentale. ›Je

die breite Masse abgetan werden, als eine Antwort für jene, die einer besseren Wissenschaft nicht fähig sind, wie Spinoza das sah. Blondel sieht darin vielmehr einen für alle – auch für den Philosophen – unerlässlichen Weg; »denn dadurch, dass ich denke, bin ich nicht vom Leben dispensiert«[14], und er verweist dafür auf Descartes' *morale par provision*. Zum gleichen Wissen durch Praxis wäre auch Pascals Wette zu zählen und die *certitude morale*, auf die Blondels Lehrer Ollé-Laprune im Gefolge von Newman hingewiesen hat. Vor allem aber zeigt dieses Wissen durch Praxis, dass Blondel offensichtlich an die Möglichkeit einer metaphysischen Erfahrung denkt, obwohl er im Dunkeln lässt, wie er diese versteht. Vermutlich hat er sich dafür an seiner eigenen religiösen, nicht allgemein-metaphysischen Erfahrung orientiert. Dass das Wesen dieser Erfahrung bei Blondel im Dunkeln bleibt, ist jedoch nicht schwerwiegend; denn er führt diese metaphysische Erfahrung nie als Voraussetzung oder als Beweisgrund für seine Gedankengänge an. Die Verifikation durch Erfahrung soll vielmehr die Krönung und die letzte Absicherung seiner philosophischen Gedankengänge sein.

Ein Wissen durch Praxis steht nun allerdings in Gegensatz zu der eingangs erwähnten deutschen Philosophie – es wäre denn, man wolle Kants praktischen Vernunftglauben in dieser Richtung deuten, wie Ollé-Laprune das versucht hat. Mit dem Wissen durch Praxis befasst sich Blondel aber auch nicht weiter. Sein Bemühen gilt vielmehr der anderen Lösungsebene, der »Praxis-Wissenschaft« *(science de la pratique)*. Drei Gründe führt Blondel für die Notwendigkeit einer solchen Praxis-Wissenschaft an, aus denen zugleich sein Wissenschaftsbegriff erhellt. In erster Linie hat sie das »Wissen durch Praxis« zu rechtfertigen, indem sie aufzeigt, warum und inwiefern dieses ein gültiger Weg zur Lösung ist. »Wenn die Methode der Schlichten und Großherzigen zum Ziele führt, dann muss man wenigstens zeigen können, weshalb.«[15] Zweitens soll die Praxis-Wissenschaft dazu verhelfen, die Teilideen zu ergänzen, nach denen jeder sein Tun spontan ausrichtet, und so verhindern, dass einer die Lösung des ganzen Lebensproblems in

---

pars, dit-il, d'une vérité fondée à la fois sur l'expérience et sur la raison.‹ Il a sa pensee de derrière la tête, qui lui suggère ses hypothèses, qui le guide dans le contrôle auquel il les soumet, sans amoindrir son impartialité et son indépendance de savant [...]. C'est une science inductive, où la raison et l'observation ne se séparent jamais.«) (Archives Louvain, n° 44 600).

[14] *Action*, S. XIV/15.
[15] Ebd., S. XVI/16.

einseitigen Teilwahrheiten sucht. Damit treten dann – drittens – an die
Stelle des bloßen Meinens allgemeingültige und deshalb auch kom-
munikable Gründe für das Tun. Auch die Praxis-Wissenschaft steht
somit ausdrücklich im Dienst des Lebensvollzugs. Sie kann diesen nicht
ersetzen; sie ist nur, wie der Untertitel der *Action* lautet, eine »Kritik
des Lebens«. Wie die Kritiken Kants lässt sie die materialen Inhalte des
Lebensvollzugs außer acht, um nach seiner transzendentalen Form zu
fragen und so die in der faktisch-empirischen Vielfalt des Lebensvollzugs immanente apriorische Norm aufzudecken.[16]

II. Blondels Implikationsmethode und die Transzendental-
philosophie

Damit ist die Aufgabe umrissen, die Blondels Immanenzmethode zu
erfüllen hat. Gegenüber diesem missverständlichen Ausdruck hat
Blondel die Bezeichnung seiner Methode als Implikationsmethode
oder als Logik des Tuns vorgezogen. Dieser letzte Ausdruck ist als ›die
dem Tatgeschehen immanente Logik‹ zu verstehen und hebt den nor-
mativen und rational-kohärenten Charakter der Methode hervor.
Blondel hat das reflexe Bewusstsein über seine Methode vor allem an
Spinoza und am deutschen Spinozismus gewonnen. Seine Besprechung
des Spinozabuches von Delbos gab ihm die willkommene Gelegenheit,
sein methodologisches Selbstverständnis darzulegen. Grundlegend ist
dabei das spinozistische *veritas norma sui*[17], aus dem eine Methode
erwachse, »die man die ›immanente Kritik‹ genannt hat, weil sie sich
auf das Begreifen der inneren Organisation der Dinge und Handlungen
beschränkt, ohne sie auf einen äußeren Typus oder ein vorgefasstes
Kriterium zu beziehen [...]. Ihr fundamentaler Leitgedanke besteht
[...] darin, dass der Wert wie die Wirklichkeit eines jeden Aktes, jeder
Hervorbringung durch den Menschen oder die Natur durch das Ganze

---

[16] »Wenn der Kritizismus der reinen Vernunft darin besteht, mehr auf die Art zu denken zu achten als auf den Inhalt der Gedanken, und wenn der Kritizismus der praktischen Vernunft darin besteht, mehr auf die Art des Wollens zu achten als auf das, was
man will, dann gibt es, weit über diese hinaus, auch einen Kritizismus des Tuns, der
mehr auf die Art zu leben achtet als auf das, was dieses Leben beinhaltet.« (*Ollé-
Laprune*, S. 58).
[17] BARUCH SPINOZA, *Ethica more geometrico demonstrata*, Pars secunda, Propositio 43
Scholion.

bestimmt wird, dessen Teile sie sind [...]. Vor allem basiert diese Kritik auf dem Gedanken, dass in jedem Zustand der Natur und des Geistes das Unendliche gegenwärtig ist, das heißt, dass wir, ohne das Faktum zu verlassen, in ihm die inneren Beziehungen bestimmen müssen, die seine Wahrheit und seine Norm ausmachen. Wahrhaft erkennen heißt, in der Form der Einheit und des Absoluten begreifen [...]. Der Tatsache und der Tat immanent ist nicht nur das, was sie erklärt, sondern auch das, was über sie zu richten erlaubt.«[18]

Was aber ist, auf das Problem des Lebensvollzugs angewandt, dieses »Ganze«, die »inneren Beziehungen«, die »immanente Norm«, die den Lebensvollzug erklären und richten? Beruht die Immanenzmethode nicht notwendig auf einem Immanentismus, der den Einzelnen nur als Teil des Ganzen und die Religion nur als Pantheismus zu sehen vermag? Die Antwort auf ein naheliegendes Missverständnis kann weiterführen. Die Immanenzmethode geht nicht nur analytisch-regressiv vor, um von einem Gegebenen auf die Ganzheit rückzuschließen, in der es und die in ihm impliziert ist. Schon Spinozas geometrische Methode ging progressiv-synthetisch vor, wie Blondel hervorhebt. Sie beruhte nur in dem Sinne auf einem Immanentismus, dass alle ihre Synthesen bereits in den Prämissen immanent waren, weshalb sie in endlicher analytischer Regression auf ihre Prinzipien zurückgeführt werden konnten. Das ist bei den Synthesen des Tatgeschehens nicht der Fall. Schon auf dem ersten Notizblatt zur *Action* hat Blondel mit Berufung auf Aristoteles festgehalten, die στοίχεια τοῦ ποιεῖν ließen sich nicht bestimmen.[19] Er folgert aber daraus nicht, wie Aristoteles, dass die Wissenschaft es nur mit Wesensstrukturen zu tun habe: περὶ τῆς οὐσίας ἡ θεωρία; denn das würde letztlich eine wissenschaftliche Ethik, und damit auch eine wissenschaftliche Religionsphilosophie unmöglich machen. Blondel findet vielmehr das für die Wissenschaft und die Immanenzmethode maßgebliche Ganze auf nichtanalytische Weise im Tatgeschehen impliziert. Es genügt, an das zu erinnern, was von der unabdingbaren Ganzheitlichkeit des tatsächlichen Tuns zu sagen war. Was geschieht, geschieht, insofern es geschieht, niemals nur halb. Die Befragung des Tatgeschehens auf sein »Ganzes« hin (worin die immanente Kritik besteht) bedeutet somit Befragung des Geschehenden auf sein Geschehen hin. Damit kommt Blondel in die Nähe zur Transzen-

---

[18] *Spinozisme*, S. 81 f./30–32.
[19] Bei D'Agostino, S. 441.

dentalphilosophie. Doch während es dort um das Wissen des Gewussten geht, geht es bei Blondel um das Wollen als Prinzip für das Geschehen des Tatgeschehens.

Hier hat die Lehre Blondels vom doppelten Wollen, der *volonté voulante* und der *volonté voulue*, ihren Platz. Es handelt sich nicht um zwei übereinander oder gar hintereinander angeordnete Willensakte, sondern um das eine Wollen, das nach seinen beiden Seiten hin betrachtet wird: einerseits als Akt des Wollens – *le volontaire, quod procedit ex voluntate* – anderseits als inhaltlich bestimmtes Wollen – *le voulu, quod voluntatis objectum fit*.[20] Die methodische Frage Blondels lautet dann: »Unter welchen Bedingungen kann das, was gewollt wird, wirklich gewollt werden?« Die immer wiederkehrende Frage nach dem *égaler le vouloir* (das Wollen mit sich selbst zum Ausgleich bringen), die Blondels Dialektik vorantreibt, ist transzendental, nicht psychologisch zu verstehen. Die *volonté voulante* ist keineswegs ein dumpfer Drang, das unterbewusste oder halb bewusste Streben als das sie in der Blondelauslegung oft dargestellt wurde; sie ist die unerfahrbare, erst von der philosophischen Reflexion herauszustellende, im Tatgeschehen implizierte Bedingung der Möglichkeit dieses tatsächlichen Geschehens: die Tatsache, dass ich will. Dieses Dass kann vom Denken nicht objektiviert, zum Gegenstand des Wissens gemacht werden; denn das Objektivierte wäre nicht mehr das wirkliche Tun, sondern das, was vom Tun gewusst oder bewusst sein kann, die *idée d'action*, und nicht mehr die *action*.[21] Damit wäre gerade das verfehlt, was die Grundlage der blondelschen Praxis-Wissenschaft bildet, nämlich jene Ganzheit, die für sie innere Norm ist. Nur das wirklich geschehende Tun, nicht aber das Wissen von ihm, trägt notwendig ganzheitlichen Charakter. So zeichnet sich bereits das Endergebnis ab, zu dem die Wissenschaft von der Praxis schließlich führt: »Die Praxis-Wissenschaft erbringt den Nachweis, dass es für die Praxis keinen Ersatz gibt.«[22]

Hier kann und muss Blondels Position mit der Transzendentalphilosophie verglichen werden. Blondel geht mit dieser darin einig, dass er die Bedingung der Möglichkeit für das Vorliegen eines Vorliegenden (in der Transzendentalphilosophie für das Wissen des Gewussten, bei Blondel für das Wollen des Gewollten, bzw. das Geschehen des Gesche-

---

[20] *Action*, S. 132/158.
[21] Vgl. *Illusion*, S. 108/206/53.
[22] *Action*, S. 463/489.

henden) ausdrücklich in seine Betrachtung mit einbezieht und es sogar zum Angelpunkt seiner Überlegungen macht. Er unterscheidet sich aber darin grundlegend von der Transzendentalphilosophie, dass diese der Ansicht ist, nur Gewusstes und Wissbares wissen zu können, während Blondel das philosophisch Entscheidende gerade in einem so sehr nicht Wissbaren sieht, dass es als Gewusstes (d. h. als *idée d'action*) seine philosophische Bedeutung verliert. Das Entscheidende ist für ihn das wirkliche Geschehen des Tuns bzw. des Wollens.

Aus diesem Aufruhen auf dem wirklichen Tatgeschehen ergeben sich nun für Blondels Methode zwei Folgerungen, einerseits die Rolle des Aposteriori und andererseits die Aufgliederung der Logik der Tat in eine inklusive Logik vor dem Tun und eine exklusive Logik nach ihm.

1. In der *Action* legt Blondel eine aufsteigende Dialektik vor, die in vielem an die Dialektik in Hegels *Phänomenologie des Geistes* erinnert.[23] Entscheidend für eine solche Dialektik ist die Notwendigkeit, mit der sich der Übergang zur nächsthöheren Stufe vollzieht. Lässt sich diese Stufe aus der vorhergehenden zwingend ableiten, und wie? Blondels Immanenzmethode ist wesentlich immanente Kritik; sie macht jeweils das Ungenügen, die innere Inadäquation einer bestimmten Gestalt des Wollens deutlich, die Kluft zwischen dem, *was* gewollt wird, und der Tatsache, *dass* es gewollt wird. Sie vermag jedoch nicht prospektiv zu entwerfen, wie die gesuchte Adäquation aussehen müsste. Dieses Unvermögen ergibt sich daraus, dass der eine Terminus des kritischen Vergleichs, das *Dass* des Wollens, sich nicht analytisch ausschöpfen und determinieren lässt und nie Gegenstand des Wissens werden kann. Blondels Methode kann somit immer nur a posteriori angebotene Lösungen nachträglich verifizieren und damit den Bereich fortschreitend eingrenzen, in dem die Lösung gesucht werden muss. Ungenügende Lösungsversuche werden Schritt für Schritt ausgeschieden. Blondels Methode weist so eine ausgesprochen empiristische Seite auf. Sie muss in der Erfahrung, d. h. a posteriori mögliche Lösungen aufsuchen, und diese dann kritisch beurteilen, indem sie sie mit dem ihnen immanenten Apriori konfrontiert. Dieses Vorgehen kennzeichnet Blondel mit einem empiristischen Terminus als *méthode des résidus*.[24] Diese steht unter dem den Naturwissenschaften entnommenen

---

[23] Vgl. dazu Henrici, *Hegel und Blondel*.
[24] *Action*, S. 332/357. Der Ausdruck stammt von John Stuart Mill, der damit die Methodenlehre Francis Bacons ergänzt.

Leitprinzip, bei jedem Schritt nur die geringstmögliche Annahme zu machen, bzw. die größtmögliche Negation des Gefragten anzunehmen.

So beginnt Blondel die Erörterung der Frage nach dem Sinn des Lebens mit der Verneinung jeder Sinnhaftigkeit jedweden Tuns, und erst wenn sich diese Verneinung als innerlich widersprüchlich und somit unmöglich erwiesen hat, versucht er das Schopenhauersche Nichts als Sinnziel anzunehmen, um dann nacheinander die positivistische Haltung, die bloß formale innere Freiheit, die Verwirklichung der Freiheit im organischen Leib, in der menschlichen Gemeinschaft, die Sittlichkeit (im Sinne Hegels), die Moral und schließlich die natürliche Religiosität seiner Kritik zu unterwerfen. Die natürliche Religiosität wird dabei sozusagen als *ultima ratio* verstanden, als *superstition*, d. h. als abergläubischer oder götzendienerischer Missbrauch des in den vorhergehenden Versuchen nicht aufgegangenen »Restes«.[25]

So geordnet diese Stufenfolge erscheint, lässt sie sich doch nicht aus dem ersten Ansatz ableiten. Die nächsthöhere Stufe wird jeweils erst durch die Beachtung neuer aposteriorischer Gegebenheiten ansichtig. Beispielsweise ist die im Leib sich verwirklichende Freiheitstat zwar eben dadurch ein Ausdruck, und eben deshalb auch ein Zeichen für andere Leib-Geist-Wesen; doch beides gilt nur, weil die Existenz von Mitmenschen a posteriori bereits gegeben ist. Während sich die nachkantische Philosophie um das reine Apriori bemüht hat, bemüht sich Blondel, das a posteriori Gegebene mit dem a priori Angezielten zu vergleichen. Man kann seine Kritik des Lebens, trotz ihrer Verwandtschaft mit der Transzendentalphilosophie, deshalb mit gutem Grund als höheren Empirismus bezeichnen. Zur Zeit der Abfassung der *Action* erwähnt Blondel Fichte nur ein einziges Mal, und dies um seine apriorisch-deduktive Methode abzulehnen.[26] Es geht Blondel nicht um einen idealistischen Weltaufbau durch Deduktion, sondern um den Aufbau der wirklichen sittlichen Welt durch wirkliche sittliche Taten. Man meint Karl Marx zu hören: »Die Philosophen haben die Welt nur verschieden interpretiert; es kommt darauf an, sie zu verändern.«

2. Hieraus ist auch die Aufgliederung der Logik des Tuns in eine inklusive und eine exklusive Logik zu verstehen. Sittliches Tun (und jedes Tun) verändert die Welt wirklich, weil jedes wirkliche Tatgesche-

---

[25] *Action*, S. 304–322/331–350. Blondel denkt an die Herkunft des Wortes *superstition* von *superstes*, »übrig Gebliebenes«.
[26] *C.I.*, S. 195/213.

hen das Nachher unwiderruflich von seinem Vorher scheidet. Eine Logik des Tuns spaltet sich deshalb notwendig auf in eine Logik des Vorher und in eine Logik des Nachher. Zwischen diesen beiden Logiken lässt sich das denkerisch nicht fassbare wirkliche Tatgeschehen definieren als deren Vermittlung und Trennung.[27] Dabei darf die Logik des Vorher nicht abgewertet werden als Logik des Wesens gegenüber einer Logik der Existenz, wie sie die Logik des Nachher darstellt, oder als notionale Logik gegenüber einer realen Logik; denn auch die Logik des Vorher ist in ihrer Struktur entscheidend vom wirklichen Tatgeschehen geprägt.

In seinen privaten Aufzeichnungen hat sich Blondel öfters mit den Antinomien Kants befasst; er hat sogar versucht, dessen Antinomientafel durch eine ethische und eine kriteriologische Antinomie zu ergänzen. In diesen Aufzeichnungen finden sich nun seltsamerweise zwei ganz verschiedene Beurteilungen der Antinomien. Das eine Mal sagt Blondel, Kant sei zum Vorläufer Hegels geworden, weil er es sich versagt habe, zwischen These und Antithese zu wählen; das andere Mal erklärt er, die Wahl der Antithese und der Ausschluss der These sei für das sittliche Leben unerlässlich. Diese doppelte Stellungnahme entspricht dem doppelten Fortschritt, den Blondel in der philosophischen Methodologie seit Spinoza verzeichnet: An die Stelle der exklusiven Logik Spinozas (und der Peripatetiker), die auf dem Nicht-Widerspruch-Prinzip beruhte, sei die inklusive Logik Hegels getreten, die die Widersprüche versöhne. Doch auch diese Logik müsse von einer neuen, inklusiv-exklusiven Logik überboten werden, welche innerhalb von Hegels Widerspruch-Versöhnung wieder absolut ausschließende Unterschiede festzustellen vermöge: »Spinoza setzte, kurz gesagt, eine absolute Differenz zwischen dem, was ist, und dem, was nicht ist. Hegel setzte eine Identität des Gegensätzlichen. In ihrer natürlichen Weiterentwicklung kommt die Kritik nun dazu, diese beiden Auffassungen in einer neuen Denkform einander anzunähern. Statt der Annahme, dass alles verstehen heißt, alles im Relativen oder aber im Absoluten einzubegreifen, kommt man dahin zu sehen, dass wirkliches Verstehen bedeutet, im Relativen selbst absolute Unterscheidungen auszumachen.«[28]

---

[27] Vgl. dazu den nachstehenden Beitrag über *Die Logik des sittlichen Lebens* und HENRICI, *Philosophie der Praxis*, S. 62–74.
[28] *Spinozisme*, S. 83/33.

Die Logik des Tuns vermag nun beide Fortschritte über die traditionelle Logik des Nicht-Widerspruchs hinaus zu erklären und zu begründen, den Fortschritt Hegels und den Fortschritt Blondels. Zunächst erklärt sie die hegelsche inklusive Logik der Identität der Gegensätze; denn was für das Denken als wechselseitig sich ausschließende Denkinhalte erscheint, das stellt sich für das Tun vor dem Tatgeschehen als bloße Motive dar, die sich dem Wollen in gleicher Weise aufdrängen, obwohl sie sich gegenseitig ausschließen. Selbst der Denkinhalt »Nichts«, der nach traditioneller Logik in absolutem Widerspruch zum »Etwas« steht, stellt sich vor dem Tatgeschehen (im doppelten Sinne des »vor« als »zuvor« und »in den Augen«) als ein mit dem Etwas auf gleicher Ebene konkurrierendes Tatmotiv dar – beispielsweise im Nihilismus Schopenhauers. »Etwas« und »Nichts« und alle anderen Gegensatzpaare stehen für die Logik des Vorher nur in konträrem, nicht in kontradiktorischen Gegensatz. Mehr noch: Das wirkliche Tatgeschehen ist zufolge seiner Ganzheitlichkeit immer eine Synthese der gewählten und der nicht gewählten Motive; die grundsätzliche Möglichkeit der nicht gewählten Motive bleibt weiterhin bestehen, wenn auch nicht für den tatsächlich Handelnden. Dieser muss somit dem von ihm gewählten Motiv auch all jene Kräfte zuwenden, die die anderen Motive für sich in Anspruch genommen hätten. Auch diesen Motiven muss er folglich Rechnung tragen, wenn auch nur negativ. Wer nach einem Vernunftmotiv handelt, kann nicht umhin, diesem einen Tatgeschehen auch alle sinnlichen Antriebe ein- und unterzuordnen, die an sich auf ganz andere Motive ausgerichtet bleiben.

Philosophisches Nachdenken über diese unauftrennbare Verflochtenheit aller überhaupt möglichen Motive im Ganzen eines Tatgeschehens führt zum Schluss, dass jedes Tun immer im Weltganzen und mit Bezug auf das Weltganze geschieht. Folglich besteht eine Hauptaufgabe der Praxis-Wissenschaft darin, das unauftrennbare Weltganze als Bedingung der Möglichkeit für jede Praxis nachzuzeichnen. Blondel hat das im Dritten Teil seines Werks getan, der mit »Das Phänomen des Tuns« überschrieben ist. Dort durchgeht er die schon erwähnten Stufen Sinnenwelt, Freiheit, Leiblichkeit, Gemeinschaft, Sittlichkeit, Metaphysik, Moral und natürliche Religiosität. Er bezeichnet das als *déterminisme de l'action* und will damit die unauflösliche Verflochtenheit aller Einzelgegebenheiten anzeigen – ein πᾶν, das ein ὅλον ist.

Für die Ethik folgt daraus, dass für die Lösung für eines ethischen Problems nicht nur sein Teilbereich beachtet werden darf, sondern immer das Ganze vor Augen stehen muss, wie in der Ethik Spinozas. Blondel bezeichnet jedoch auch dieses Ganze wie schon jedes Einzelne in ihm nur als »Phänomen«. Damit will er anzeigen, dass die so entworfene Gesamtwelt weder im Sinne des Realismus noch im Sinne des Idealismus ontologisch interpretiert werden darf. Schon das Fehlen jedes kontradiktorischen Widerspruchs in dieser nur entworfenen Welt weist darauf hin. Die Erfahrungswelt muss als das verstanden werden, als was sie gegeben ist: als die im Tatgeschehen implizierte Bedingung seiner Möglichkeit. Blondels Phänomenbegriff deckt sich somit nicht mit jenem Husserls, und er ist weiter als jener Kants. Kants Noumena sind im Sinne Blondels gleicherweise Phänomene, mögliche Tatmotive, wie Blondel einmal anmerkt.[29]

Die Logik des Nachher findet dagegen echtes Sein in der Phänomenwelt. Das wirklich geschehende Tun hat eines der möglichen Motive gewählt und alle andern ausgeschlossen. Infolge seiner Ganzheitlichkeit hat das Tatgeschehen immer Entscheidungscharakter, und diese Entscheidung führt den kontradiktorischen Gegensatz, und damit auch die Metaphysik in die Phänomenwelt ein. *Quod factum est, factum non esse non potest*, betont Blondel mit Bernhard von Clairvaux.[30] Für das einmal Getane, *factum*, ist nicht einmal das einschränkende »insofern« des Widerspruchsprinzips notwendig; es ist überzeitlich geworden, also offensichtlich *sub specie aeterni* vollbracht. *Non cum tempore transit, quod tempora transit; fugit hora, manent opera.«*[31]

Das bedeutet nun nicht, dass ich mit meinem Tun das Sein der Phänomene konstituiere; denn dann müsste ich über das Sein verfügen können. Das Widerspruchsprinzip, das jetzt eintritt, die Tatsache, dass ich das Getane nicht mehr ungeschehen machen kann, zeigt ganz im Gegenteil, dass mir die Verfügung über das von mir (durchaus frei) Getane absolut entzogen ist, sobald ich einmal wirklich etwas tue. Die Implikation des Absoluten im Tatgeschehen als solchem zeigt sich hier mit unausweichlicher Evidenz. Auf diese Einsicht stützt sich der blondelsche Gottesbeweis, der die Immanenz Gottes im Tatgeschehen auf-

---

[29] *Action*, S. 452 f./478.
[30] »Was getan ist, kann nicht nicht getan sein.« (*Action*, S. 370/395). Dieses und das folgende Zitat hat Blondel BERNHARD VON CLAIRVAUX: *De Consideratione*, V, XII, 26 entnommen (vgl. MAHAME: *Spiritualité*, S. 68).
[31] »Was durch die Zeiten hindurchgeht, vergeht nicht mit der Zeit; die Stunde entflieht, die Werke bleiben.« (Ebd., S. 367/392).

weist – das »Eine Notwendige« *(L'Unique Nécessaire)*, wie Blondel sagt. Sein Gottesbeweis trägt immer schon einen religiös-praktischen Zug.

Einen religiös-praktischen Zug trägt auch die ganze Logik des Nachher; er ergibt sich aus ihrem Entscheidungscharakter. Entscheidung und Unwiderruflichkeit – das heißt ein quasi religiöser Ewigkeitscharakter – bedingen sich in dieser Logik wechselseitig. Diese Wechselseitigkeit wurzelt im Wesen des Tatgeschehens. Deshalb hebt die Logik des Nachher auch die andere Implikation des Tatgeschehens, die Aufbewahrung der nicht gewählten Motive in ihm, nicht auf. Die exklusive Logik löst die inklusive nicht ab; sie besteht zugleich mit ihr. Absoluter Ausschluss des dennoch mit Eingeschlossenen ist nur für eine Begriffslogik ein hölzernes Eisen; für eine Reallogik dagegen umschreibt dieses Paradox die aristotelische στέρησις.[32] Die exklusive Logik des Nach der Entscheidung trennt im Allzusammenhang der Motivwelt nicht Sein von Nichtsein; sie führt in die Motivwelt eine absolute Wertung als ἕξις oder στέρησις ein, als Besitz oder Beraubung – je nachdem, ob das Motiv, für das ich mich endgültig entschieden habe, mir das Sein der anderen, mit ihm zusammenhängenden Motive mitvermittelt, oder ob es mich in endgültigen Widerspruch zum Sein dieser Motive stellt. Mit dem Sein der Motive (und zwar auch der ausgeschlossenen Motive) hat es jede Entscheidung jedenfalls zu tun; denn das Tatgeschehen impliziert in seinem (durch die auftretende Widersprüchlichkeit erhärteten) Sein das Sein aller seiner Möglichkeitsbedingungen – auch jener, die die Entscheidung ausschließen wollte.

Eine Entscheidung erweist sich als falsch, wenn sie einen Widerspruch, eine στέρησις, in sich trägt und damit sich selbst verdammt. Blondel kann deshalb folgern: »Folglich ist die sittliche Verpflichtung eine nur dem Anschein nach suspendierte Notwendigkeit; früher oder später wird das, was sein soll, wirklich sein, denn es ist das, was bereits ist; und die Irrwege, die Fehler, die Illusionen werden in der Wahrheit ihre endgültige Begründung finden; sie wird ihren Irrtum und ihr gegenwärtiges Versagen ans Licht bringen. Die Erkenntnis des Unvermeidlichen zeigt uns also, was vermieden werden muss. Während er auch das verstehen lässt, was nicht sein sollte (ohne dass es deswegen

---

[32] Vgl. dazu D'Agostino, S. 406–423.

nichts Böses und keine Lüge mehr gäbe), zeigt uns der Blick auf das, was ist, das, was sein soll. Die Pflicht ist das, was ist.«[33]

Damit erfüllt die Logik des Tuns ihre Aufgabe, Kritik des Lebens zu sein. Sie ist Kritik, indem sie den in jeder Lebensentscheidung implizierten Ganzheitsbezug explizit macht und den sich Entscheidenden Aug in Aug zum Ganzen der Wirklichkeit stellt. Von diesem Ganzen her wird seine Entscheidung positiv oder negativ gewertet. Die Logik des Tuns ist jedoch nur Kritik des Lebens, nicht Entwurf eines Lebensprogramms, weil die normgebende Ganzheit kein theoretisch analysierbarer Wissensinhalt ist, sondern sich nur je und je im wirklichen Tun impliziert findet. Die Praxis-Wissenschaft kann deshalb die Praxis nur beurteilen, sie jedoch nicht ersetzen: »Die Praxis-Wissenschaft erbringt den Nachweis, dass es für die Praxis keinen Ersatz gibt.«[34]

III. Anwendung auf die Religionsphilosophie

Welche Bedeutung hat nun die Methode Blondels für die Religionsphilosophie? Die Franzosen unterscheiden, in fast unübersetzbarer Weise, zwischen *philosophie religieuse*, einer vom Bezug auf eine religiöse Haltung durchformten Philosophie, und *philosophie de la religion*, dem philosophischem Nachdenken über eine gegebene Religion.

Philosophie religieuse ist Blondels Denken nicht nur durch gelegentlich eingestreute konkrete Lebensanweisungen im Stil der französischen Moralisten, in denen die Herkunft der *Action* aus den Tagebüchern Blondels offenbar wird, sondern mehr noch durch seine Weigerung, die Philosophie an die Stelle des wirklichen Lebens treten zu lassen. Die Inkommensurabilität selbst der höchsten philosophischen Spekulation mit jeder, auch der geringsten religiösen Praxis ist Anfangs- und Endwahrheit des blondelschen Denkens. Religiös ist das Tun, wie Blondel zu zeigen versucht hat, seinem tiefsten Wesen nach immer; denn es beinhaltet immer eine endgültige Entscheidung und damit eine Begegnung mit dem im Tatgeschehen immanenten, aber nicht mit ihm identischen »Einen Notwendigen«. Die Frage ist nur, wie sich dieses implizit und wesensmäßig religiöse Tatgeschehen explizit und bewusst gestaltet: Ob es *superstition* bleibt, indem es einen

---

[33] *Action*, S. 463/488 f.
[34] Ebd., S. 463/489.

zufälligen Gegenstand seiner Entscheidung zu einem ihm ebenbürtigen, göttlichen Gegenüber erklärt, oder ob es sich nur als Vorbereitung und Symbol für ein eigentlich und ausdrücklich religiöses Tun versteht, in der das Eine Notwendige selbst – soweit dies überhaupt möglich ist – Inhalt des Tuns wäre. Hier verlangt die *philosophie religieuse* nach einer *philosophie de la religion*, welche die Möglichkeit und Gestalt eines ausdrücklich religiösen Tuns erörtert.

Jede *philosophie de la religion* muss zwei Hauptschwierigkeiten begegnen. Zum einen kann echte Religion nicht von der Philosophie entworfen werden, sonst wäre sie bloß ein Gemächte des Menschen; sie muss als vorgegeben aufgenommen werden. Reines Gegebensein scheint jedoch der Notwendigkeit zu widersprechen, die die wahre Religion in den Augen der Philosophie haben muss. Zum andern scheint eine Religionsphilosophie eine als gegeben aufgenommene Religion nach ihrem eigenen philosophischen Maßstab kritisch beurteilen zumüssen. Das aber würde die Religion der Philosophie als einer höheren Instanz unterordnen und sie nach einem ihr wesensfremden Maßstab beurteilen. Wenn Religion als absolute, d. h. als Offenbarungs-Religion wahr sein soll, muss sie ihre eigene Wahrheit in sich tragen. Sie kann und darf nicht als eine unter ein philosophisches Apriori subalternierte Wahrheit erscheinen.

Blondels Methode eines höheren Empirismus vermag beide Schwierigkeiten zu lösen. Blondel nimmt das Christentum, näherhin den Katholizismus, schlicht als eine vorfindliche Gegebenheit, ein weiteres Phänomen auf.[35] Er geht damit im religionsphilosophischen Teil der *Action* nicht anders als vor auf jeder anderen Stufe seiner Dialektik – allerdings mit dem Unterschied, dass er hier, wo nicht mehr der geringstmögliche Entwurf, sondern die höchstmögliche Erfüllung des Lebenssinnes gesucht wird, sogleich die als höchste sich anbietende Form der Religion zum Gegenstand seiner Untersuchung macht. Auf den vorhergehenden Stufen hat sich das als gegeben Aufgenommene jeweils nachträglich dadurch als notwendig erwiesen, dass es einen für den Ausgleich des Wollens mit sich selbst (das *égaler le vouloir*) unerlässlichen (Teil)Gegenstand des Wollens darstellt. Parallel dazu soll auch das Christentum in dem Maße als notwendig erscheinen als es sich (im Gegensatz zu der sich selbst aufhebenden Pseudolösung der *superstition*) als echte Letzterfüllung des Wollens erweist.

---

[35] Ebd, S. 390/416.

Die Nachprüfung jedoch, ob das Christentum diese Letzterfüllung sein kann, scheint dieses an einem ihm fremden Maßstab messen zu müssen, am menschlichen Wollen. Hier wie überall hat Blondel zu fragen, ob das neue Was des Tuns seinem Dass adäquat ist. Doch hier wie überall ist das Dass des Tuns zwar vorgegeben, aber doch kein vorgegebener Maßstab. Die wahren Dimensionen des Dass haben sich immer erst im prüfenden Vergleich mit dem a posteriori aufgenommenen Was enthüllt. Nicht ein vorgegebenes Wissen um die Strukturen und die wahren Dimensionen unseres Wollens und Tuns gibt Blondel das Kriterium zur Beurteilung des Christentums in die Hand; ganz im Gegenteil leitet ihn erst das Phänomen des Christentums an, neue und tiefere Dimensionen des menschlichen Wollens und Tuns zu entdecken. »Nicht als könnten und dürften wir uns anheischig machen, mit der bloßen Vernunft etwas entdecken zu wollen, was uns erst die Offenbarung zu erkennen geben kann. Aber wir können und dürfen unsere Untersuchung bis zu dem Punkte vorantreiben, wo wir zu spüren beginnen, dass wir aus innerstem Herzen etwas Ähnliches ersehnen müssen wie das, was uns die Dogmen von außen vorlegen. Wir können und dürfen diese Dogmen in einer ersten Annäherung zwar nicht als geoffenbart, aber als offenbarend ansehen, indem wir sie mit den tiefsten Erfordernissen unseres Wollens Aug in Aug stellen, um so in ihnen möglicherweise das Bild dessen zu erschauen, was wir wirklich brauchen, und zugleich die erwartete Antwort. Wir können und dürfen sie als Hypothesen aufnehmen, wie die Geometer, die ein Problem hypothetisch als gelöst annehmen und diese Lösung dann auf analytischem Wege verifizieren.«[36]

So ergibt sich auch methodologisch eine wechselseitige Verklammerung von Christentum und menschlichem Tatgeschehen. Die letzte Tiefe und das höchste Ziel dieses Geschehens werden erst im Licht des Christentums ansichtig; doch umgekehrt erhält auch das Christentum erst als Antwort auf die von ihm erhellten offenen Dimensionen des Tatgeschehens Sinn, ja geradezu Notwendigkeit für den Menschen. Religion liegt für Blondel jedenfalls in der Ordnung des Tuns; sie ge-

---

[36] *Action*, S. 391/417. Blondel versteht hier die christliche Religion nicht (wie Duméry interpretiert) als ›eine mögliche Hypothese‹; vielmehr ist das phänomenologisch-tatsächliche Christentum die hermeneutische Hypothesis für die weitere Auslotung der tatsächlichen Dimensionen des menschlichen Tuns. Vgl. dazu BOUILLARD, *Christianisme*, S. 91–103/107–121.

währt weniger neue und abschließende Erkenntnisse als eine letzte
Sinnerfüllung des Tatgeschehens. Deshalb verlangt die Religion vom
Menschen immer ein praktisches Ja oder Nein, den Glauben, der weniger eine theoretische Zustimmung ist als eine praktische Haltung.
Folglich muss die Religion in erster Linie Regeln für die Gestaltung
des Tuns bieten; ihre lehrhaften Aussagen stehen im Dienst der Praxis
und erhalten erst als wirklich gelebte ihren vollen Sinn. Auch die Religionsphilosophie ist für Blondel ›Kritik des religiösen Lebens‹, nicht
philosophische Erhellung und Kritik der religiösen Dogmen als solcher.[37]

Hieraus erklären sich zwei letzte Kennzeichen der Religionsphilosophie Blondels. Zum einen gilt auch bezüglich des Christentums die
doppelte Logik des Vorher und des Nachher, der Unterschied des Denkens vor und nach der Glaubensentscheidung. Die Logik des Vorher
sieht im Christentum ein mögliches Phänomen neben den anderen
Phänomenen, zu denen es zum Teil in einer Spannung steht. Diese
Logik ermöglicht ein sinnvolles Reden von der christlichen Religion
in Absehung von der wirklichen Glaubenszustimmung, das, was die
traditionelle Apologetik innerhalb der Fundamentaltheologie zu leisten versucht. Im Sinn der Logik des Vorher braucht sich dieses Reden
nicht auf abstrakte Wesensanalysen und auf einen Vergleich der christlichen Religion mit dem Begriff von Religion überhaupt zu beschränken, es kann das tatsächliche Christentum konkret als mögliche Sinnerfüllung des menschlichen Tuns auswägen. Blondels *Action* (und
damit alles, was hier vorgestellt wurde) gehört mit Ausnahme ihres
letzten Wortes: »C'est«[38] der Logik des Vorher an; die Logik nach der
praktischen Entscheidung für oder wider den Glauben ist Theologie
(oder Antitheologie), wo es nicht nur um das wirkliche Sein geht, sondern auch um den lebendigen Gott selbst (und seinen Christus), und
wo ἕξις und στέρησις Seligkeit oder Verdammnis bedeuten.

Als Kritik des religiösen Lebens ist Blondels Religionsphilosophie
sodann eindeutig antignostisch. Die Gnosis setzt ein Heil aus Wissen
an die Stelle der hoffenden religiösen Praxis und räumt so der Philo-

---

[37] Blondel hat diese Perspektive in seiner späten Religionsphilosophie nicht immer klar
durchgehalten. Maßgeblich ist aber auch hier das schon 1928 diktierte, wenn auch erst
postum veröffentlichte Werk *Exigences*, das klar in einer Perspektive vom Leben her
und auf das Leben hin geschrieben ist.
[38] *Action*, S. 492/517.

sophie den Vorrang vor der Religion ein. Religionsphilosophie gerät leicht in Versuchung die Religion gnostisch zu verstehen. In abgeschwächter Form zeigt sich das schon im Ärgernis des Leibniz am »garstigen breiten Graben« zwischen zufälliger Geschichtswahrheit und notwendiger Vernunftwahrheit. Der Gnosis voll zu erliegen scheint dagegen die Religionsphilosophie Hegels. Dieser gnostischen Versuchung gegenüber betont Blondels Kritik des Lebens, dass sich das wirkliche Tun durch keine noch so vollkommene Theorie ersetzen lässt. Deshalb sucht und findet sie das Absolute gerade im Kontingent-Faktischen. Das Komplement zu Blondels transzendentalphilosophischer Kritik des Lebens (die zugleich als eine Art höherer Empirismus angesprochen werden kann) bildet denn auch eine Metaphysik, die das Sein der Welt auf den historischen Christus und auf sein gottmenschliches Bewusstsein als *vinculum substantiale* gründet. Blondel hat diese Metaphysik jedoch nie voll ausgearbeitet, sondern immer nur angedeutet. Das geschah wohl auch deshalb, weil eine solche Metaphysik (ähnlich wie die thomasische Metaphysik des geschaffenen Seins) wohl nur auf Grund einer vorhergehenden Theologie ausgearbeitet werden kann. Blondel dagegen hat sich streng an das vortheologisch Denkbare gehalten. Auch so erscheint seine philosophische Methode noch reichlich komplex. Das ergibt sich aus der ihr gestellten Aufgabe, das undenkbare Tun und das ebenso undenkbare Christentum philosophisch zu bedenken.

Struktur und Anliegen der Action

Eine Auseinandersetzung mit dem deutschen Denken in der französischen philosophischen Tradition (1989; 2009)

Die Rezeptionsgeschichte der *Action* verlief in mehreren Phasen. Eine erste Phase, die bis zur Zeit des Modernismus dauerte, war gekennzeichnet durch eine vorwiegend theologische Auseinandersetzung mit Blondels Apologetik und spielte sich fast ausschließlich in Frankreich ab. Sie wurde abgelöst durch die Blondelrezeption in Italien, zunächst seitens der italienischen Modernisten und dann der italienischen Idealisten der zwanziger Jahre. Später, nach dem zweiten Weltkrieg, galt Blondel in Italien als Wegbereiter eines christlichen Spiritualismus. Noch später scheint sich das Interesse an Blondel vor allem in die Länder deutscher Zunge verlagert zu haben, wiederum mit vorwiegend theologischer Akzentsetzung. Schon diese Rezeptionsgeschichte weist auf die Vielschichtigkeit des blondelschen Denkens hin.

Die Nachforschungen über die Quellen des jungen Blondel haben diese Vielschichtigkeit bestätigt. Durch seine Ausbildung in der französischen philosophischen Tradition verwurzelt, scheint er sich recht intensiv mit der deutschen Philosophie auseinandergesetzt zu haben und von ihr beeinflusst zu sein. Dies nicht zuletzt, um seinen vom deutschen protestantischen und pantheistischen Denken beeinflussten Zeitgenossen und Mitstudenten eine katholische und französische Antwort zu geben. Blondels Frühwerk muss deshalb mit einer doppelten Brille gelesen werden: von seiner französischen Verwurzelung her so gut wie in seinem Bezug zur deutschen Philosophie.

Dieser doppelte Blick bedeutet kein Schielen. Er ergibt sich aus der damaligen Situation der französischen Philosophie, die in engem Bezug zum deutschen Denken stand.[1] Man bewunderte die Deutschen und versuchte von ihnen zu lernen, sie womöglich zu übertreffen. Schelling war einer der ersten, der übersetzt wurde, dann selbstverständlich auch Kant. Die geistigen Anführer einer ganzen Generation

---

[1] Vgl. dazu den vorstehenden Beitrag über *Deutsche Quellen der Philosophie Blondels*.

von Philosophen, Charles Renouvier und Jules Lachelier, bekannten sich als Kantianer, mehr im Sinne einer Weiterführung als einer Übernahme der Gedanken Kants. Eine nächste Generation französischer Denker, Hippolyte Taine und Ernest Renan, orientierte sich dagegen an Spinoza und Hegel, während die jüngsten, Théodule Ribot und Émile Durkheim, Blondels Zeitgenossen, nicht wenig von Wilhelm Wundts Psychophysik und Sozialethik übernahmen.

Erst aus dieser Gemengelage kann Blondels philosophische Grundausrichtung verständlich werden. Seine ersten Leser glaubten, einen kantianischen oder phänomenistischen Einfluss in der *Action* feststellen zu können, und sie haben das Werk dementsprechend gelobt oder getadelt. Blondel selbst hat seine Bezugnahme auf das deutsche Denken in seinen Tagebüchern und in seinem Briefwechsel öfters angedeutet[2], und sie am Ende seiner anonym erschienen Besprechung des *Spinozisme* von Victor Delbos auch systematisch begründet.[3]

Deshalb soll hier die *Action* mit der genannten doppelten Brille gelesen werden. Wir gehen dabei von außen an das Werk heran und werfen zuerst einen Blick auf seine komplexen, kunstvoll durchdachten Strukturen. Sie können zeigen, wo für Blondel die Schwerpunkte seines Denkens lagen. Dann erinnern wir an die apologetische Abzweckung seines Erstlingswerkes, um als drittes jene Konstanten der deutschen Philosophie nachzuzeichnen, die Blondel beeinflusst haben und mit denen er sich auseinandersetzt. So wird schließlich deutlich werden, wie Blondel in der *Action* Schritt für Schritt auf Diskussionen in der zeitgenössischen französischen Philosophie eingeht und dabei stets die von der deutschen Philosophie aufgegebene Problemstellung im Auge behält.

I. Die Strukturen der *Action*

Die *Action* ist ein komplexes und auf ersten Blick unübersichtliches Werk. Bei einer ersten Lektüre sieht sich der Leser mit mancherlei interessanten Analysen und Aperçus konfrontiert, weiß aber nicht, worauf das Ganze hinauslaufen will und weshalb Blondel gerade diese Anordnung seiner Gedanken gewählt hat. Erst ein zweiter Blick aus

---

[2] Vgl. dort Anm. 13–18.
[3] *Spinozisme*, S. 31–40/79–88/28–39.

einigem Abstand lässt erkennen, dass es sich um ein kunstvoll aufgebautes Werk handelt. Die Entstehungsgeschichte der *Action* bestätigt, dass Blondel jahrelang um diesen Aufbau gerungen hat.

a. Entsprechungen

Als erstes fällt die Entsprechung zwischen dem ersten und dem letzten Wort der *Action* auf. Das erste Wort ist eine Frage: »Ja oder nein«, das letzte, in Anführungszeichen gesetzt, ein lapidares »Ja *(C'est)*« Die Entsprechung scheint jedoch keineswegs perfekt zu sein; das Ja beantwortet offenbar eine Reihe anderer Fragen, als die eingangs gestellte. Blondel sieht das anders. Wenige Zeilen vor seinem Ja bemerkt er, dass es um ein Ja oder Nein geht, bei dem »das ganze Interesse des Lebens auf dem Spiel steht«[4], und der volle Wortlaut der Eingangsfrage hat gelautet: »Ja oder Nein, hat das menschliche Leben einen Sinn und hat der Mensch eine Bestimmung?«[5]

Ist einmal diese erste Entsprechung erkannt, wird man bald noch andere entdecken. Der Einleitung entspricht der Schluss; beide enthalten methodologische Überlegungen, spiegelbildlich eingerahmt von der Frage nach der Bestimmung des Menschen und dem Hinweis auf das Tun *(action)* als Gegenstand der Untersuchung, in der Einleitung im Sinn einer Problemstellung, im Schluss als erreichtes Ergebnis.

Die Einteilung der *Action* in fünf Teile weckt dann den Verdacht, dass sich darin noch weitere, ähnliche Entsprechungen zwischen Problemstellung und Antwort finden lassen. Je zwei kleinere Teile umrahmen den großen Dritten Teil, der im Zentrum des Werks steht und dessen Hauptteil ausmacht. Im darauf folgenden Vierten Teil rekurriert Blondel auf das im Zweiten Teil Gesagte, um seine Beweisführung darauf zu stützen. Ist das einmal erkannt, wird man auch bemerken, dass sich der Aufbau der beiden Teile spiegelbildlich entspricht, trotz äußerlich recht verschiedener Darstellung. Den zwei Kapiteln des Zweiten Teils entsprechen im Vierten Teil in umgekehrter Reihenfolge »Der Konflikt«, wo die Unmöglichkeit des Nichts auf das notwendige Sein hinweist, und »Die Alternative«, die Frage nach Nichts oder Alles. Der Zweite Teil klingt aus in einen unbetitelten Hinweis auf das im

---

[4] *Action,* S. 492/517.
[5] *Action,* S. VII/9.

Dritten Teil zu Behandelnde, und der Vierte Teil setzt ein mit einem ebenso unbetitelten Hinweis auf das im Dritten Teil Erreichte.

Nach diesen Feststellungen liegt die Frage nahe, ob sich der Erste und der Fünfte Teil ebenfalls entsprechen. Das ist zu bejahen, obwohl es nicht so offensichtlich ist wie im vorgenannten Fall. Die Leugnung jedes ethischen Problems, um die es im Ersten Teil geht, besteht konkret in der Leugnung jeder tieferen Sinnhaftigkeit der Sinnenwelt und jedes konkreten, namentlich des religiösen Tuns. Der Fünfte Teil bemüht sich zu zeigen, dass uns ein tieferer Sinn nur im konkreten religiösen Tun geschenkt werden kann, und zwar durch die Vermittlung der Sinnenwelt.

Wenn man dann bemerkt, dass der Dritte Teil seinerseits aus fünf Etappen aufgebaut ist, stellt sich auch hier die Frage nach spiegelbildlichen Entsprechungen. Auch hier steht die dritte Etappe in der Mitte, und die vier andern Etappen sind symmetrisch um diese Mitte herum angeordnet. Robert Scherers deutsche Übersetzung der Etappen mit »Stufen«[6] scheint auf einen kontinuierlichen Aufstieg hinzuweisen. Blondel denkt jedoch offensichtlich nicht in einem Aufstiegsschema; ihm steht eher das Bild einer zyklischen, wellenförmigen Ausbreitung vor Augen:[7] Die ersten zwei Etappen führen konzentrierend zur dritten hin; das dort Erreichte wird dann in der vierten und fünften Etappe expandierend entfaltet. Auch hier lässt sich eine gewisse spiegelbildliche Entsprechung dieser beiden Bewegungen feststellen; in der ersten Etappe geht es um eine Positivismuskritik im Gebiet der Naturwissenschaften, in der fünften dagegen um Positivismuskritik im Gebiet der Soziologie, der Metaphysik, der Moral und der Religionswissenschaft. In ähnlich spiegelbildlicher Weise führt die zweite Etappe zu einer Konzentration auf das Ich und seinem freien Tun, während die vierte Etappe die notwendige Ausweitung des tätigen Ich auf Andere hin aufzeigt.

Diese Entsprechungen sind insofern etwas verdunkelt als jede der fünf Etappen in gleicher Weise je drei fortlaufende, nicht spiegelbildliche Kapitel umfasst. Ein erstes Kapitel nähert sich jeweils phänome-

---

[6] *Die Aktion,* S. 69, 130, 171, 227, 271.

[7] Vgl. das Bild einer wellenmäßigen Ausbreitung des Tuns in der Relecture der *Action* von 1893 im 2. Band der *Action* von 1937. Dort ist der Fünfte Teil (S. 175–367) mit »Le déploiement de l'action humaine en ondes concentriques« betitelt, und der Sechste Teil (s. 369–388) mit »Possibilité d'une onde exotique et suprême«. Schon in der *Soutenance* (S. 135/733) hatte Blondel das Bild der wellenmässigen Ausbreitung gebraucht.

nologisch der in dieser Etappe zu behandelnden Problemstellung an; ein zweites Kapitel vertieft dieses Problem auf seinen metaphänomenologischen Kern hin, und das dritte Kapitel öffnet jeweils den Ausblick auf die ethische Dimension des behandelten Problems.

b. Ein Gedankengang in Form einer Parabel

Dieser gleichlaufende Fortgang innerhalb jeder Etappe zeigt an, dass Blondel nicht eine Reihe statischer Beschreibungen vorlegen will, sondern eine Bewegung beschreibt, der das Denken, wie Blondel wiederholt betont, unausweichlich folgen muss. Die Denkbewegung soll von der eingangs gestellten Frage zur letzten Antwort führen. Die spiegelbildlichen Entsprechungen zeigen jedoch auch, dass sich in der dritten Etappe des Dritten Teils ein Wendepunkt dieser Bewegung finden muss. Diese Etappe handelt von dem in seinem Organismus inkarnierten Ich, dem Quellort des Tuns. Zu dieser Mitte hin führen die vorausgehenden Ausführungen der *Action*, nicht durch ein immer weiter vertieftes Fragen, sondern durch fortschreitende Kritik ungenügender Antworten. Von dieser Mitte aus entfaltet sich dann das Tun notwendig, was Blondel wiederum dadurch aufzeigt, dass er kritisch jeden möglichen Inhalt dieses sich entfaltenden Tuns prüft, bis sich eine genügende, volle Antwort auf die eingangs gestellte Frage findet. Blondels Darlegungen entfalten sich so in zwei auf einander folgenden Bewegungen: zunächst in einer regressiv absteigenden Resolutio, die von der ursprünglichen Frage zu jenem Ort hinführt, wo diese sinnvollerweise gestellt und folglich auch beantwortet werden kann. Darauf folgt eine zweite, progressiv aufsteigende Bewegung, welche die notwendigen Dimensionen dieser Antwort auslotet. Zwischen diesen beiden Bewegungen ist eine gewisse spiegelbildliche Symmetrie festzustellen.

Wegen dieser doppelten Bewegung, deren Kontinuität eine Wende einschließt, lässt sich der Gedankengang der *Action* nicht einfach als geradlinig fortlaufend beschreiben, etwa mit dem Bild einer zielstrebig aufsteigenden Geraden. Es ist aber auch nicht eine wiederholte Rückkehr zur gleichen Fragestellung auf höherer Ebene nach Art einer Spirale. Blondels Gedankengang gleicht vielmehr einer Parabel, die ihren Brennpunkt in der dritten Etappe des Dritten Teils hat, im organisch inkarnierten Ich. An diesem Brennpunkt zeigt sich die Überlagerung zwischen französischem und deutschem Denken besonders deutlich.

Die deutsche Wende zum Selbst wird in der französischen Tradition des inkarnierten Ich gelesen, die von Maine de Biran herkommt.

Das Bild einer Parabel ist für Blondels Denken auch deshalb naheliegend, weil diese geometrische Figur unabgeschlossen und unabschließbar bleibt. Die *Action* setzt ein mit einer Frage, die aus dem außerphilosophischen Bereich des wirklichen Lebens kommt, und sie läuft auf eine Antwort hinaus, die nur im außerphilosophischen Bereich des wirklichen Lebens gegeben werden kann. Der Gang der *Action* ist somit kein sich schließender Kreis – das Ideal so vieler philosophischer Werke – aber auch keine Ellipse mit zwei Brennpunkten, sondern eben eine Parabel. Ein zweiter Brennpunkt gegenüber dem in seinem Organismus inkarnierten Ich könnte nur im Unendlichen gefunden werden.

c. *Problemebenen und Wirklichkeitsgrade*

Als drittes ist feststellen, dass Blondels parabolischer Gedankengang sich offenbar durch verschiedene Problemebenen, ja Wirklichkeitsebenen hindurch bewegt. Das ist unübersehbar, wenn Blondel den Dritten Teil mit »Das Phänomen des Tuns« betitelt, den Vierten Teil dagegen mit »Das notwendige Sein des Tuns«.[8] Zwischen Erscheinung und Sein öffnet sich ein Abgrund. Der Übergang von einer Betrachtungsweise zur andern kann nicht kontinuierlich sein; er beinhaltet einen Schritt, um nicht zu sagen einen Sprung von einer Problemebene zu einer andern. Im Bewusstsein dieser Diskontinuität hatte Blondel in seinem vorletzten Manuskript die Teile der *Action* nicht einfach durchgezählt, sondern den nachmaligen Vierten Teil mit »Partie décisive« betitelt, noch ohne den Untertitel »L'être nécessaire de l'action«, und den nachmaligen Fünften Teil als »Partie finale« mit dem Untertitel »La critique de l'action surnaturelle«.[9] Dieses Schwanken in der Titelsetzung, das sich bis in die Titel der Unterabteilungen auswirkt, zeigt, dass sich

---

[8] Das gälte, selbst wenn wir »L'être nécessaire de l'action« mit »Das Notwendigsein des Tuns« übersetzen müssten.

[9] *Manuscrit-Boutroux*, S. 292 (Archives Louvain, n° 842). Dort lautet der Untertitel zu »Partie décisive«: »La divine destinée de l'homme et l'éternité de l'action (L'être du vouloir)«. Statt »Le conflit« ist die erste Unterabteilung, technischer, mit »L'antibolie de la volonté« betitelt, und der Untertitel zum »Zweiten Moment« lautet: »L'indestructible volonté de l'action.« In »L'Alternative« sind die beiden Möglichkeiten der

Blondel der Schwierigkeit des Übergangs von der einen zur andern Problemebene sehr wohl bewusst war, dass er sich dann jedoch entschloss, vor allem die Kontinuität seines Gedankengangs durch die Durchnummerierung der Teile deutlich zu machen.

Diese Kontinuität soll auch die gleichlautende Betitelung jeder Etappe des Dritten Teils mit einem »Von [...] zu« hervorheben, während die Denkbewegung nur innerhalb einer jeder Etappe kontinuierlich fortgeht. Der Übergang von einer Etappe zur andern erfordert meist einen frei zu setzenden Gedankenschritt, wie in den Kommentaren zur *Action* schon öfters vermerkt wurde. Wenn Blondel schließlich im letzten Kapitel unterstreicht, alles bisher Gesagte, auch der Übergang vom »Phänomen des Tuns« zum »notwendigen Sein des Tuns«, betreffe immer nur Phänomene, dann liegt die Frage nahe, ob nicht auch innerhalb des »Phänomens des Tuns« verschiedene Wirklichkeitsgrade anzunehmen seien. Die Frage lässt sich nur in einer inhaltlichen Betrachtung klären, gleich wie die andere, ob die sich symmetrisch entsprechenden Teile, die wir festgestellt haben, jeweils auch auf der gleichen Wirklichkeitsebene liegen. Für den Augenblick lässt sich nur feststellen, dass Blondel offenbar an eine mehr oder weniger hierarchisch gegliederte Wirklichkeit (bzw. Stufen der der Phänomene) gedacht hat, wie wir das von Platon, vom Neuplatonismus und von der Scholastik her kennen.

II. Das Anliegen der *Action:* Die apologetische Fragestellung

L'Action gilt zu Recht als apologetisches Werk. Die eingangs gestellte Frage: »Ja oder nein, hat das menschliche Leben einen Sinn und hat der Mensch eine Bestimmung?« soll den Leser zu einem Ja oder Nein angesichts des »Einen Notwendigen« führen. Diese Grundentscheidung, die blondelsche Option, kann erst in der christlichen Glaubenspraxis eine positive Antwort finden. Damit legt Blondel etwas Ähnliches vor wie Blaise Pascal, er vertieft jedoch dessen Fragestellung. Bei Pascal sieht der sich selbst rätselhafte Mensch sich mit einer Wette konfrontiert, die sich in die Anweisung auflöst, der Wettende müsse »handeln

---

Option ausdrücklicher religiös als »La mort éternelle de l'action« und »Le trépas en la vie« betitelt.

als glaubte er, Weihwasser nehmen, Messen lesen lassen, u. s. w.«[10]
Dass Blondel Pascal viel verdankt, bedarf kaum eines Beweises. In der
Action wie in den *Carnets intimes* finden sich immer wieder Anklänge
an die *Pensées*. Die Apologie des Christentums, die *L'Action* (auch)
vorlegt, bewegt sich in den Fußspuren Pascals und in denen des Pasca-
lianers OLLÉ-LAPRUNE mit seinem *Le prix de la vie*.[11]

Dabei macht sich Blondel zwar Pascals Plan einer philosophischen
Apologie des Christentums zu eigen und unternimmt es, seinen eigenen *Prix de la vie* zu schreiben. Doch er tut es anders als seine Vorbil-
der. Bei aller gebührenden Verehrung für seine Lehrmeister hält er ihr
Werk für philosophisch ungenügend. Pascal und Ollé- Laprune weisen
zwar auf eine Frage hin und entwerfen eine Antwort; sie fragen sich
aber nie, warum sich die Frage überhaupt stellt. Erst eine Antwort auf
diese grundlegende Frage kann das Unternehmen der Vorgänger Blondels philosophisch rechtfertigen. Im Interview mit Frédéric Lefèvre erklärt Blondel, er habe es seinem »geliebten Pascal« nie verziehen,
»nicht zu fragen, *warum* wir ›im Boot sind‹, und das als harte *Tatsache*
hinzunehmen, was sich doch als sanfte *Wahrheit* harmonisch in den
Plan der göttlichen Liebe einfügt.«[12] Was Pascal schlicht feststellt, dessen Einsehbarkeit und Begründung will Blondel philosophisch darlegen. Dazu gehört auch und vor allem (ohne dass Blondel dies ausdrücklich sagt) eine philosophische Rechtfertigung und Begründung
des pascalschen *ployez la machine*.

Blondels Apologie[13] wird deshalb zu einem anspruchsvollen phi-

---

[10] Blaise PASCAL, *Pensées*, Br. 233. Blondel verwendet dafür gerne die an ebd. 308 ange-
lehnte Kurzformel: »ployez la machine«.

[11] Léon OLLÉ-LAPRUNE, *Le prix de la vie*. Blondel hat diesem Werk seines Lehrers ein
»Résumé analytique« beigefügt. Vgl. zu Ollé-Laprune: REIFENBERG, S. 44–149 und Pe-
ter HENRICI, *Léon Ollé-Laprune*, in: E. CORETH, W. M. NEIDL, G. PFLIGERSDORFER,
Christliche Philosophie im katholischen Denken des 19. und 20. Jahrhunderts. Bd. 1.
Graz: Styria, 1987, S. 535–542.

[12] *Itinéraire*, S. 45–46/22/33; vgl. auch *C.I.*, S. 62/79 (20. Dez. 1885): »Um anders zu
denken als Pascal müsste man alles von vorne beginnen.«

[13] Im Herbst 1888 erklärt Blondel: »Was ich zu unternehmen versuche, ist eine philosophische Apologie des Christentums.« (»C'est une apologie philosophique du christianisme que je tente.«) (*Premier Brouillon*, S. 13, zit. bei BOUILLARD, *Christianisme*, S. 201/
237). Im *Sommaire* zu diesem Manuskript vermerkt er am Rand: »Den Katechismus
nehmen und ihn philosophisch übersetzen.« (»Prendre le catéchisme et le traduire phi-
losophiquement.« (Ebd.). Dieses Programm hat Blondel jedoch nur bezüglich der ersten
Katechismusfrage erfüllt: »Wozu sind wir auf Erden?«

losophischen Werk. Es genügt nicht, dem Menschen mit Pascal zu sagen, er sei vor eine Wahl gestellt sei und müsse notwendig wetten: »Man muss wählen. Das ist nicht freigestellt. Sie sind schon im Boot.«[14] Man muss darüber hinaus, ja vorher noch aufzeigen, dass der Mensch diese Notwendigkeit mit seiner Vernunft zu erkennen vermag, und dass sie seiner Natur keine Gewalt antut, sondern dem tiefsten menschlichen Wollen entspricht. Nur so ist der Mensch keine Fehlkonstruktion und die ewige Seligkeit keine Vergewaltigung. Blondel geht damit auf den grundlegenden Vorwurf ein, den der laizistische Humanismus dem christlichen Glauben macht. Er wacht so eifersüchtig über die Autonomie und Autarkie des Menschen, dass er schon die Frage nach einer religiösen Ausrichtung des Menschen als verdächtig einstuft. Eine zeitgemäße Apologetik muss den Beweis dafür liefern, dass das Christentum und die übernatürliche Berufung des Menschen weder widernatürlich noch unsinnig ist; dass der Mensch vielmehr erst dann vollkommen Mensch ist, wenn er vergöttlicht wird.

Ein solcher Beweis ist Sache der Philosophie; denn nur die Philosophie hinterfragt das Vorliegende bis zum letzten Warum. Infolge ihrer apologetischen Zielsetzung stellt Blondels Philosophie nicht die grundlegende ontologische Frage: »Warum ist überhaupt etwas und nicht vielmehr nichts?«, sondern die ebenso radikale existenzielle Frage: »Warum existiere ich überhaupt und warum kann ich nicht nicht sein?« Aus dieser Fragestellung ergeben sich drei entscheidende Vorgaben für Blondels philosophischen Diskurs. Gegenstand seiner Untersuchung ist nicht das Seiende als solches, sondern der sich selbst erlebende Mensch. Als Methode legt sich, zweitens, eine Negation der Negationen nahe, um so die Notwendigkeit meiner Existenz indirekt, aber umso unleugbarer aufzuzeigen. Daraus ergibt sich als drittes, dass Blondels Denken von einer gegebenen Tatsache ausgeht, auf der sie aufruht. Die ersten zwei Vorgaben bringen Blondel in die Nähe zur deutschen Philosophie, die durch eine Wende zum Subjekt und durch dialektisches Denken gekennzeichnet ist, während die dritte das unverkennbar Eigene in Blondels Philosophie ausmacht.

---

[14] PASCAL, *Pensées*, Br. 233.

III. Konstanten des deutschen Denkens, die Blondel übernimmt

1. Was in der klassischen deutschen Philosophie von Kant bis Hegel[15] geschah, kann, nicht ganz zutreffend, als Wende zum Subjekt bezeichnet werden. Die Bezeichnung ist nicht ganz zutreffend, weil eine erste Wende zum Subjekt schon mit Descartes' Entdeckung des *Cogito* geschah. Doch Descartes und die deutschen Philosophen verstehen das Subjekt nicht im gleichen Sinn. Descartes betrachtet das Wissen, wie es sich im Subjekt, genauer gesagt im Bewusstsein vorfindet. Ein unbewusstes Subjekt ist für Descartes undenkbar, und Blondel kommt nicht zuletzt das Verdienst zu, das Unbewusste in der französischen Philosophie wieder heimisch gemacht zu haben.

Für Kant dagegen und seine Nachfolger ist das Subjekt nicht nur der Raum, in dem das Erkennen und Wissen geschieht; es ist für das Wissen selbst konstitutiv, und damit auch für die erkannte Welt als solcher. Dies ist die Quintessenz der Transzendentalphilosophie. Kant rekurriert auf die apriorischen Erkenntnisstrukturen des Subjekts zur Erklärung der Möglichkeit wissenschaftlichen Erkennens, und er findet so die Antwort auf seine erste kritische Frage: »Was kann ich wissen?« Auch zur Beantwortung seiner zweiten Frage: »Was soll ich tun?« greift er auf das Subjekt zurück und begründet das Sollen in der Autonomie der praktischen Vernunft. Darüber hinaus hat Kant jedoch noch eine dritte und vierte Frage formuliert: »Was darf ich hoffen?« und als Zusammenfassung der drei andern: »Was ist der Mensch?« Blondel gibt eine Antwort auch und vor allem auf die beiden letzten Fragen; doch hat er sich dafür nie ausdrücklich auf Kant bezogen. Wo er Kant erwähnt, hat er den lehrbuchmäßigen Kant, den Kant der theoretischen und praktischen Vernunft im Auge.

Fichte stellt dann Kants aktive praktische Vernunft in die Mitte seines Denkens und rekonstruiert von ihr aus alle Wirklichkeit. Ausgangspunkt für dieses idealistische Wirklichkeitskonstrukt ist die Tathandlung, das aktive sich selbst Affirmieren der Sichselbstgleichheit des Ich = Ich. Die Tathandlung allein genügt jedoch nicht; sie bedarf des »Anstoßes« durch ein Nicht-Ich. Es erstaunt nicht, dass man Blon-

---

[15] So das klassische Werk von Richard KRONER, *Von Kant bis Hegel*. 2 Bde. Tübingen: Mohr, 1921–1924.

dels *action* gerne in die Nähe der fichteschen Tathandlung gerückt hat, obwohl bei Blondel weder eine Abhängigkeit von Fichte noch eine Bezugnahme auf ihn festzustellen ist. Es ist zwar fast sicher, dass Blondel Fichtes *Bestimmung des Menschen* gekannt und vielleicht auch gelesen hat[16]; doch es lassen sich kaum Spuren dieser Fichtekenntnis entdecken. Vor allem fehlt bei Blondel das (realistische?) Moment des äußeren Anstoßes. Was Fichte damit gemeint hat, behandelt Blondel, transzendentalphilosophisch konsequenter, als passives Moment im Tun des Subjekts.

Auch Schelling kann hier übergangen werden; denn er hat offenbar Blondels Denken kaum beeinflusst. Das ist insofern paradox, als Schelling der einzige deutsche Idealist ist, den Blondel bei der Ausarbeitung der *Action* wirklich gelesen und recht ausführlich exzerpiert hat. Erst eine genaue Auswertung der großen *Plans* für die *Action* könnte zeigen, wo Blondel sich insgeheim auf Schelling bezieht, ohne dass diese Bezugnahme sein Denken wahrnehmbar beeinflusst hätte.

Ideengeschichtlich reizvoll und für Blondel bedeutsam ist dagegen die Auseinandersetzung zwischen Hegel und Schelling, die sich von der *Phänomenologie des Geistes* bis zur Spätphilosophie Schellings hinzieht. Schelling denkt von der Natur her, während für Hegel die von der Vernunft geschaffene und gestaltete Wirklichkeit im Vordergrund steht: das kulturelle, geschichtlich-gesellschaftliche Leben der Menschen, die »Sittlichkeit«. Die Natur ist für Hegel nur insofern Gegenstand der Philosophie, als sie in den Naturwissenschaften von uns erkannt ist. Hegels Naturphilosophie ist eine Philosophie der Naturwissenschaften. Die gleiche Betrachtungsweise bestimmt auch die naturphilosophischen Ausführungen Blondels in der ersten Etappe des Dritten Teils der *Action*, vermittelt u.a. durch Blondels Lehrer Boutroux. Und wie bei Hegel die Logik, die Lehre von den Strukturen des menschlichen Denkens, die Metaphysik, die Lehre vom Sein, ersetzt, so ersetzt auch bei Blondel die Lehre vom menschlichen Tun zumindest zunächst die Lehre vom Sein.

2. In Hegels *Logik*, wie schon in der *Phänomenologie des Geistes*, kommen zwei Grundüberzeugungen des deutschen Denkens zum Ausdruck: Es gibt verschiedene Grade des Wirklichseins, und erst »das

---

[16] Er kennt jedenfalls die Zusammenfassung, die Ollé-Laprune in *Certitude*, S. 174–183, von den letzten Teilen dieses Werkes gibt.

Ganze ist das Wahre«.[17] Beide Auffassungen haben die Struktur der *Action* maßgeblich beeinflusst. Die Einsicht, dass es verschiedene Grade des Wirklichseins gibt, sollte seit Platon für jeden Philosophen selbstverständlich sein. Sie wurde jedoch in der Neuzeit sowohl im Rationalismus wie im Empirismus durch ein eindimensionales Wirklichkeitsverständnis abgelöst. Erst Kant hat die Unterscheidung zwischen Phänomena und Noumena wieder zur Grundlage seiner kritischen (d. h. ›unterscheidenden‹) Philosophie gemacht, und zwar mit ausdrücklichem Rückgriff auf Platon. Der Sache nach findet sich diese Unterscheidung allerdings schon bei Leibniz, wenn er der mechanizistischen, in Raum und Zeit ausgedehnten Erscheinungswelt den teleologischen *mundus intelligibilis* der Monaden entgegensetzt. Blondel scheint jedoch seinen Begriff des Phänomens weder von Kant noch von Leibniz übernommen zu haben, sondern von Claude Bernard[18] und vom Phänomenismus des Neukantianers Charles Renouvier.[19] So kann er auch Kants Noumena noch als Phänomene betrachten.[20] Näher liegt ihm die andere Überzeugung Kants, dass die eigentliche Wirklichkeit nicht in der physischen, sondern in der ethischen Welt zu suchen ist. Auch das ist schon bei Leibniz vorgebildet. Die *Monadologie* klingt aus in eine Gegenüberstellung zwischen dem »Reich der Natur« und dem »Reich der Gnade« (wie Leibniz die sittliche Welt bezeichnet).

Es sieht zunächst so aus, als habe Hegel diese Unterscheidung verschiedener Grade von Wirklichkeit wieder eingeebnet. Seine Dialektik führt durch fortschreitende Negation der Negationen bruchlos vom sinnlichen Meinen, bzw. vom leeren »Sein = Nichts« zur ausgestalteten »Idee« und zum absoluten Wissen. Sie will jedoch eine aufsteigende Dialektik sein, die vom weniger Wirklichen zum Wirklicheren fortschreitet. Darin äußert sich Hegels Grundüberzeugung, dass nur »das

---

[17] G. W. F. Hegel, *Die Phänomenologie des Geistes* (Gesammelte Werke, Bd. 9), Hamburg: Meiner, 1982, Vorrede, S. 19.

[18] Claude Bernard, *Introduction à l'étude de la médecine expérimentale*. Paris 1865; ein Werk, das Blondel schon 1883 in der École Normale Supérieure gelesen hat. Vgl. D'Agostino, S. 461.

[19] Charles Renouvier, *Essais de critique générale*. Paris ²1875–1892. Die ersten vier Bände dieses Werkes hat Blondel kurz vor dem Werk Claude Bernards aus der Bibliothek der École entlehnt, und kurz darauf auch neun Bände der von Renouvier geleiteten Zeitschrift *La Critique philosophique, politique, scientifique et littéraire*. (D'Agostino, S. 470, 466.)

[20] *Action*. S. 452/478.

Ganze«, »das durch seine Entwicklung sich vollendende Wesen«[21] wahrhaft seiend ist. Dem Vorläufigen, Teilhaften, Überschreitbaren kommt keine volle Wirklichkeit zu. Das Ganze ist mehr und ursprünglicher als die Summe seiner Teile. Schon bei Leibniz war jede Monade ein Ganzes, das von seinem Gesichtspunkt aus das ganze Universum abspiegelt. Die Kluft zwischen Erscheinungswelt und Monaden bleibt für Leibniz jedoch unüberwindlich. In seinem Alter hat Leibniz diese Kluft, die auch in der kantischen »Lücke im System« wieder aufscheint, durch die Hypothese eines *vinculum substantiale* zu überbrücken versucht. Diese Hypothese wurde zum Stichwort für Blondels Ganzheitsdenken.

Bei Kant und den deutschen Idealisten hat das Ganzheitsdenken seinen Ausdruck in der Forderung nach dem System gefunden – eine Forderung, die für Kant wie für Hegel zwar unerfüllbar blieb, die jedoch eine spezifisch deutsche Forderung ist. Das Mittelalter kannte ›Summen‹, geordnete Darstellungen des bekannten Wissens, und Descartes erhob die Forderung nach einer einheitlichen Methode, d. h. einem zusammenhängenden Fortgang des Denkens zur Grundforderung der Philosophie. Die Forderung nach einem System, einem methodisch zusammenhängenden Ganzen des Wissens, findet sich dagegen erstmals bei Christian Wolff, im dritten Schritt seiner Methodologie, der sich an Spinozas *idea adaequata* anlehnt. In Erinnerung daran wird Blondel im letzten Kapitel der *Action* betonen, dass die Seinsfrage erst im Ganzen, nach dem Durchlaufen aller Wirklichkeitsstufen gestellt und beantwortet werden kann.

3. Von Spinoza übernahm die deutsche Philosophie auch die noch entscheidendere Überzeugung, dass die Philosophie Heilswissen sein soll. Das Heil, sagt Spinoza, kann nur im Ganzen liegen – eine Einsicht, die noch in Heideggers Frage nach dem Ganzseinkönnen nachklingt. Auch und gerade als Heilsphilosophie hat der Spinozismus in der Geschichte weitergewirkt. In den Schlussparagraphen der *Monadologie* des Leibniz geht es ausdrücklich um das Heil, und Kant schrieb diesen Schlusspassus in den Postulaten der praktischen Vernunft auf seine Weise fort. Dass es dabei um die Heilsfrage ging, hat Kant mit seiner dritten Grundfrage gezeigt: »Was darf ich hoffen?« Sie kann als Leitfrage für Kants ganzes Lebenswerk gelten. Die Frage nach der göttlichen Vorsehung, die Theodizeefrage verbunden mit der Frage nach

---

[21] *Phänomenologie des Geistes* (Anm. 16), S. 19.

der Physikotheologie, hat Kant vom Anfang bis zum Ende seines Schaffens begleitet und die Abfolge seiner Werke weitgehend bestimmt. Kann ich in der Welt einen göttlichen Sinn erkennen? Lässt sich zeigen, dass Natur und Geschichte teleologisch ausgerichtet sind, oder muss man mit Voltaire das *Scheitern aller Versuche einer Theodizee* annehmen? Eine schlüssige Antwort auf diese Fragen war auf theoretischem Gebiet nicht zu finden; darum ersetzte Kant die Physikotheologie schließlich durch eine Ethikotheologie. Sie scheint in den Postulaten erstmals auf und sie vollendet sich in der Religionsschrift. Erst wenn ich hoffen darf, dass die Moral in einer ethischen Gemeinschaft, der »unsichtbaren Kirche«, wirklich gelebt werden kann, ist die Frage: »Was soll ich tun?« voll beantwortet, aber auch die vierte, zusammenfassende Frage: »Was ist der Mensch?« Es ist kein Zufall, dass gerade die Religionsphilosophie Kants einen wichtigen Anstoß zum deutschen Idealismus gegeben hat, noch vor der Publikation der Religionsschrift Kants mit FICHTES *Versuch einer Kritik aller Offenbarung*, und dann in der Auseinandersetzung des jungen Hegel mit Kants Religionsschrift. Mindestens hintergründig ist auch der deutsche Idealismus Heilsphilosophie.

Damit schließt sich der Kreis zu Blondels philosophischer Apologetik. Der deutschen philosophischen Heilslehre, dem »germanischen Pantheismus«[22], wollte Blondel seine französische philosophische Apologie des Katholizismus entgegenstellen. Nicht zuletzt deswegen hat er sein Denken an den Grundüberzeugungen der deutschen Denker ausgerichtet, an der Wende zum Subjekt, an der Unterscheidung verschiedener Grade des Wirklichseins und am Ganzheitsdenken. Er hat diese Grundausrichtungen auf seine französische Weise neu durchdacht. Er kam damit seinen philosophierenden französischen Zeitgenossen entgegen, deren Denken nachhegelianisch geprägt war.

Nach Hegel hatte sich die deutsche und mit ihr die europäische Philosophie in drei Hauptlinien entwickelt. Die eine, die bekannteste, hat das hegelsche Erbe in ausdrückliche Heilslehren verwandelt, sei es in direkter Fortführung Hegels wie im Marxismus, sei es in dialektischem Widerspruch zu ihm wie in der christlichen Existenzphilosophie Kierkegaards. Eine zweite Linie führt von Kant und Fichte und ihrer

---

[22] Blondel kennzeichnet die nachkantische deutsche Philosophie gerne als Pantheismus, vgl. *Lettres philosophiques,* S. 16–18, und die weiteren Belege bei BOUILLARD, *Christianisme,* S. 198–203/233–241.

Hervorhebung der Autonomie der praktischen Vernunft zu einem radikalen Voluntarismus. Weil dieser angeblich allmächtige Wille jedoch von der theoretischen Vernunft losgekoppelt blieb und nicht gegenstandsbezogen war, konnte er nur verneinen, wechselweise die Welt und sich selbst. Er konnte im Nihilismus Schopenhauers nur das Nichts wollen und zerbrach im »Willen zur Macht« Nietzsches an seiner eigenen ohnmächtigen Allmacht. Eine dritte Linie, die in der Philosophiegeschichte wenig beachtet wird, die jedoch im ausgehenden 19. Jahrhundert die Universitätsphilosophie weitgehend beherrscht hat, banalisierte in gewisser Weise das Denken Hegels. Kierkegaard hat diese Banalisierung als Haltung des Ästheten beschrieben. ›Ästhetisch‹ ist ein Erkennen und Tun ohne Willensentscheid, ein sich Herumtreiben in bloßen Möglichkeiten, wo alles gleicherweise bejaht und verneint werden kann. In Frankreich hatte dieser Ästhetizismus seine Hauptvertreter in Hippolyte Taine, Ernest Renan und in Maurice Barrès. Ihre Namen führen nach dem Ausflug in deutsche Gefilde wieder zum Text der *Action* zurück.

IV. Eine Umdeutung der französischen philosophischen Tradition

Für seine apologetische Philosophie musste Blondel ein Feld finden, auf dem er sich gleichzeitig mit dem deutschen Denken und mit dem seiner französischen Zeitgenossen auseinandersetzen konnte. Zudem durfte er dies nicht nur in dialektischer Negation der Negation tun; denn das hätte zu keinem positiven Ergebnis geführt. Blondel brauchte eine positive Antwort auf die existenzielle Grundfrage, und er musste sie denkerisch absichern können. Eine solche abgesicherte Antwort konnte er vom menschlichen Tun, der *action* erwarten. Denn das Tun ist nicht nur unvermeidlich und unleugbar, es enthält auch immer schon eine Antwort auf die Frage nach dem Lebenssinn.

Mit der Wahl des Tuns als Gegenstand seines philosophischen Nachdenkens stand Blondel in der Tradition der französischen Philosophie. Das Thema seiner Doktorarbeit, *L'Action*, wurde zwar von seinen Mitstudenten und von der Fakultät der Sorbonne mit Kopfschütteln zur Kenntnis genommen. Sie hätten sich jedoch nur an den Schlusssatz erinnern müssen, mit dem Félix RAVAISSON das Ergebnis seines *Rapport sur la philosophie en France au XIXe siècle* zusammenfasst: »Nach vielen Anzeichen darf man also eine neue Epoche der Philosophie voraussagen, die geprägt sein wird von der Vorherrschaft eines spiritualistischen Realismus oder Positivismus, der davon ausgeht, dass der Geist sich einer in ihm selbst enthaltenen Wirklichkeit bewusst ist, aus der sich alles andere Wirkliche ableitet und von dem es abhängt, und diese Wirklichkeit ist sein Tun *(action)*.«[23]

Außer dieser rhetorischen Betonung des Wortes *action* zeichnet Ravaisson in seinem *Rapport* auch einen Stammbaum des blondelschen Denkens. Er interpretiert Leibniz als Synthese zwischen dem spiritualistischen Positivismus Maine de Birans und der Metaphysik des Aristoteles. Die philosophische Beheimatung der *Action* war damit schon dreißig Jahre vor ihrem Erscheinen vorgezeichnet. Weshalb hatte sie dann von der Einschreibung an der Sorbonne bis zu ihrer Verteidigung und auch nach ihrer Veröffentlichung mit so vielen Schwierigkeiten zu kämpfen?

Blondel wollte mehr und anderes sein als ein bloßer Erbe oder Fortsetzer Ravaissons, und er war es auch. Er sah sich zwar durchaus in der Nachfolge Maine de Birans. Sein erster Philosophielehrer am Lyzeum in Dijon, Alexis Bertrand, war einer der Herausgeber der Werke Birans und seine Lehre war davon geprägt. Auf Leibniz berief sich Blondel ausdrücklich und wiederholt, und er entlehnte ihm die Idee seines *vinculum*. Zugleich wollte er auch ein Aristoteliker sein. Auf dem ersten Notizzettel für seine Dissertation sammelte er eine ganze Reihe von Aristoteleszitaten.[24] Doch all diese Entlehnungen übertrug Blondel in seine eigene Tonlage.

a.   Eine Relecture Maine de Birans

Die Beziehung der *Action* zu Maine de Biran ist besonders aufschlussreich. Das Tun, wie Blondel es versteht, ist keine unmittelbare Bewusstseinsgegebenheit und kann es gar nicht sein. Zunächst stellt Blondel zwar schlicht als Tatsache fest, dass ich mich am Tun vorfinde. Doch dann zeigt er Schritt für Schritt auf, dass diese Tatsache weder zu leugnen ist noch sich wissenschaftlich wegerklären lässt. Das Tun weist, als Tatsache, seine eigene Notwendigkeit auf. Nach einer metho-

---

[23] RAVAISSON, *XIXe siècle*, S. 258/271.
[24] Text bei D'AGOSTINO, S. 151–178, 440–445.

231

dologischen Erörterung setzt Blondels Diskurs mit einer systematisch fortschreitenden Negation der Negationen ein, ein fortschreitendes *Videtur quod non*. Der Erste und der Zweite Teil der *Action* und die erste Etappe ihres Dritten Teils dienen der Zurückweisung aller Versuche, das Tun zu verharmlosen, ihm eine ethische Dimension abzusprechen, es nihilistisch zu zernichten oder es positivistisch als belanglos zu erklären. Bei diesen Überlegungen setzt sich Blondel mit einigen seiner französischen nachegelianischen Zeitgenossen auseinander, mit dem ästhetischen Essayismus eines Ernest Renan und Maurice Barrès,[25] mit dem Nihilismus Schopenhauers, den die Übersetzungen Auguste Burdeaus in Frankreich heimisch gemacht hatten, und schließlich mit einem nicht näher definierten Positivismus, den Hippolyte Taines Szientismus marktgängig vertrat. Die erste dieser Strömungen leugnete allen Ernst des Tuns; die zweite mühte sich, das Wollen als solches zu zernichten; die dritte findet in allem Gegebenen nur wissenschaftlich erklärbare Fakten und erhebt so die reine Faktizität zu einem nicht weiter hinterfragbaren Prinzip. Blondel bemüht nacheinander Ironie, Retorsion und Dialektik, um zu zeigen, dass diese Negationen das Problem, das sie zu leugnen vorgeben, vielmehr bestätigen. Er folgert daraus, dass der Mensch dem Problem, vor das ihn die Tatsache seines Tuns stellt, nicht entgehen kann, so sehr er das auch möchte.

Die Widerlegung des Essayismus und des Nihilismus bezog sich zwar auf bestimmte historische und damit zufällige Erscheinungen; das darin Aufgedeckte bleibt jedoch dauernd gültig. Auch die kritische Analyse der naturwissenschaftlichen Methoden, die Blondel in der ersten Etappe des Dritten Teils vorlegt, ist auch heute noch aktuell, obwohl sie vor mehr als einem Jahrhundert niedergeschrieben wurde. Blondel steht hier in der Schuld des französischen Denkens seiner Zeit, nicht nur des *Essai sur la contingence des lois de la nature* seines Lehrers Émile Boutroux und der Arbeiten von Henri Poincaré, sondern auch vertiefter Gespräche mit seinen Freunden Jules Dussy und Pierre Duhem (dessen großes wissenschaftsgeschichtliches Werk sich kaum abzuzeichnen begann) und nicht zuletzt mit seinem Vetter, dem Physiker André Blondel.

Doch selbst auf diesem Gebiet, das nicht sein eigenes ist, ist die Originalität Blondels nicht zu übersehen. Das erste Kapitel dieser wissenschaftskritischen Etappe kann als phänomenologischer Zugang zum

---

[25] Vgl. dazu Raffelt, S. 85–96.

Problem des Welterlebens gelesen werden. Es bietet eine knappe Kritik der sinnlichen Erkenntnis und eine kurze Vorstellung der naturwissenschaftlichen Methoden. Das zweite Kapitel, das wichtigste, bringt dann eine vertiefte epistemologische Kritik dieser wissenschaftlichen Methoden und den Übergang zu einer metawissenschaftlichen Betrachtung. Das dritte Kapitel schließlich kann als ethisches Korollar zu den wissenschaftstheoretischen Überlegungen gelesen werden. Im zentralen zweiten Kapitel legt Blondel mit philosophischem Scharfblick die Antinomien der Mathematik und die stillschweigenden Voraussetzungen der experimentellen Methode offen und zeigt auf, dass die beiden unentbehrlichen Momente jeder neuzeitlichen wissenschaftlichen Arbeit – die empirisch-experimentelle und die mathematische – theoretisch nicht zur Deckung zu bringen sind. Dennoch gelingt das wissenschaftliche Tun, gleich wie die theoretisch ebenfalls inkohärente Sinneserkenntnis ebenso gelingt. Der Schlüssel zu diesem Gelingen muss folglich, so schließt Blondel, im Tun des Wissenschaftlers gesucht werden: »Die Wissenschaften stützen sich auf die Vermittlung eines Aktes, den sie selbst nicht zu erklären vermögen.«[26]

In diesem Zusammenhang verwendet Blondel anfangs des dritten Kapitels zum ersten Mal den Leibniz entlehnten Begriff eines *vinculum*.[27] Er verweist damit auf die Notwendigkeit einer mehr als wissenschaftlichen, einer metaphysischen Betrachtungsweise. Es gehe nicht an, »das Tun als bloßes *Faktum* zu betrachten« und es postivistisch-naturwissenschaftlich zu behandeln; denn »der geringste *Akt* hat eine Realität, eine Bedeutsamkeit und eine, wenn man so sagen darf, unendlich höhere Würde als das *Faktum* der ganzen Welt«[28] – eine Würde, die man bereits als ethisch *(moral)* bezeichnen könne. Das Subjekt, der Mensch mit seinem letztlich ethischen Tun wird so zum ersten und grundlegenden Ort allen philosophischen Nachforschens.

Im Lauf dieses Nachforschens zitiert Blondel zu Beginn der dritten Etappe, in der es um die Struktur des handelnden Subjekts geht, zweimal ausdrücklich Maine de Biran[29] und bekennt sich so zu seiner philosophischen Herkunft. Doch die physiologische Psychologie, die Blondel auf diesen Seiten vorgelegt, ist nicht einfach jene Maine de

---

[26] *Action*, S. 85/110.
[27] Ebd., S. 89–90/114–116.
[28] Ebd., S. 99/125.
[29] Ebd., S. 153/179; 158/185 Anm.

Birans. Sie scheint vielmehr von der Biranrevision Alfred Fouillées angeregt zu sein[30] und nimmt Stellung gegenüber der Psychophysik Wilhelm Wundts und Théodule Ribots. Schon im ersten Kapitel der vorhergehenden zweiten Etappe, in dem es um die *dynamogénie mentale*[31] ging, das heißt um das Erwachen des Bewusstseins aus einer unbewussten psychischen Dynamik, hat Blondel seine Leser mit Anspielungen auf die zeitgenössische psychologische Diskussion überschüttet. Technische Begriffe wie Somnambulismus[32], hypnotischer Automatismus[33], psychische Polarisation[34], Hemmung *(inhibition)*[35], Gesetz der Kontraste[36], Aufmerksamkeit *(attention)*[37] verweisen auf die Forschungen von Jean Martin Charcot, Alfred Binet, Charles Féré, Pierre Janet, Frédérique und François Paulhan und Théodule Ribot.[38] Sie bestätigen, dass Blondel seine Analysen nicht auf Introspektion gründet, sondern auf die Ergebnisse der psychologischen Forschung, ähnlich wie später Maurice Merleau-Ponty.

Blondel blieb jedoch nicht bei diesen wissenschaftlichen Fakten stehen. In dieser bewusstseinsphilosophischen zweiten Etappe folgen auf das erste phänomenologisch-psychologische Kapitel zwei weitere Kapitel. Das eine weist quasi transzendentalphilosophisch auf die meta-psychologischen Implikationen der offengelegten Tatsachen hin, auf »die regulative Idee des Unendlichen«[39], aus der sich das Bewusstsein der Freiheit ergebe. Das letzte, dritte Kapitel ist dagegen den ethischen Implikationen des Bewusstseins gewidmet ist. Hier finden sich Begriffe

---

[30] Nach Ausweis seiner philosophischen Notizen hat Blondel eine Artikelreihe von Alfred FOUILLÉE, *Le sentiment de l'effort et la conscience de l'action* eingehend studiert und exzerpiert. MURGIA, S. 15–112, stellt das Umfeld dar, in dem sich Blondels Ausführungen über »die Physiologie des Subjektiven« und »die Psychologie des Organismus« bewegen.

[31] *Action*, S. 109/136.

[32] Ebd., S. 106/133; 110/137./

[33] Ebd., S. 105/132.

[34] Ebd., S. 10/137.

[35] Ebd., S. 111/138.

[36] Ebd., S. 111/138.

[37] Ebd.,S. 106/133; 112/138.

[38] Vgl. dazu im vorstehenden Beitrag über *Blondels philosophische Notizzettel* die Angaben über seine Lektüren zeitgenössischer Psychophysik. D'AGOSTINO, S. 256–268 zeigt die Verbindung der Implikationsmethode Blondels mit diesen psychologischen Studien auf.

[39] *Action*, S. 117/144.

wie Aufrichtigkeit *(sincérité)*[40], Pflicht *(devoir)*[41], Sittengesetz[42], sittliche Verpflichtung *(obligation)*[43], Heteronomie[44], Intention[45], und sittlich Gutes *(Bien)*.[46] Blondel schließt daraus, dass das Tun »unsere animalische Natur moralisiert«.[47]

Erst so ergibt sich die Definition des Tuns, mit der die dritte Etappe einsetzt: »Das Tun *(action)* ist die [ethische] Intention, die im Organismus lebt und die dunkeln Energien überformt, aus denen sie hervorgegangen ist.«[48] Maine de Birans »organische Anstrengung«, der *effort*, ist damit grundlegend uminterpretiert. Nicht die empfundene (physiologische) Anstrengung lässt das Bewusstsein erwachen, sondern der bereits psychologische, ja ethische Antagonismus von Triebfedern und Motiven. Erst auf dem Hintergrund einer ursprünglichen Initiative des Willens wird die Anstrengung wahrgenommen. Nur weil ich etwas will, wird mir die physiologische Anstrengung bewusst. Der *effort* ist für Blondel somit organischer Ausdruck eines ethischen Antagonismus im Wollen: »Die große Schwierigkeit der Anstrengung liegt nicht darin, einen mehr oder weniger vollständigen Sieg über die Trägheit der Materie zu erringen, sondern im Bemühen, verschiedene Strebungen zum Zusammenspiel zu bringen, eine Harmonie zu erreichen und die Befriedigung der innersten Wünsche. Das organische Hindernis ist lediglich ein Symbol und ein Ausdruck für bereits psychologische Gegensätze. Das Leiden wird erst in dem Masse erkannt als zwischen dem Wahrgenommenen und dem Gewollten, zwischen dem Faktischen und dem vorgestellten Ideal ein Missverhältnis besteht. Darin liegt der tiefere Grund auch der physiologischen Schmerzempfindung.«[49]

Mit dieser Rückführung der empfundenen Anstrengung auf ein willentliches, ethisches Apriori lässt Blondel auch Fouillées leibnizianische Umdeutung des *effort* durch seine *idées-force* hinter sich und nähert sich über Maine de Biran und Fouillée hinaus der deutschen

---

[40] Ebd., S. 133/160; 138/164.
[41] Ebd., S. 134/160; 139/165.
[42] Ebd., S. 134/161; 142/169.
[43] Ebd., S. 135–136/161–162.
[44] Ebd., S. 135/162.
[45] Ebd., S. 138/164.
[46] Ebd., S. 139/165.
[47] Ebd., S. 142/168.
[48] Ebd., S. 144/171.
[49] Ebd., S. 144/171.

Philosophie an. Er verweist zwar immer noch auf eine psychologische Selbsterfahrung des handelnden Subjekts; doch diese Selbsterfahrung ist nur insofern möglich, als das Subjekt freie sittliche Entscheidungen fällen kann. Das so verstandene handelnde Subjekt ist keine unmittelbare Bewusstseinsgegebenheit.[50] Es wird weder durch reflexive Introspektion entdeckt noch lässt es sich phänomenologisch beschreiben; erst als unleugbar notwendiger Ermöglichungsgrund der wissenschaftlichen Erkenntnis und des psychischen Erlebens ist es zu fassen. Damit steht Blondel der deutschen Transzendentalphilosophie näher als der französischen Tradition. Und in der Tat hat sich Blondel schon im unmittelbar vorhergehenden dritten Kapitel der zweiten Etappe mit Kants Formalismus auseinandergesetzt.[51] Im Rückblick erklärt diese quasi transzendentalphilosophische Sicht auch den Sinn der Ausführungen in den ersten zwei Teilen der *Action*.

b. Die Suche nach dem Ganzen

Eine deutsche Sichtweise bestimmt auch die darauf folgenden Ausführungen. Blondel kann sich nicht damit zufrieden geben, das handelnde Subjekt entdeckt und beschrieben zu haben. Um es wirklich zu kennen, muss er auch wissen, was das handelnde Subjekt alles tun und wollen kann, ja wollen muss. Die Erkundung dieses Ganzen alles möglichen Tuns und Wollens geschieht in der vierten und fünften Etappe. Sie setzt voraus, dass sich alle möglichen, bzw. denkbaren Inhalte des Tuns und Wollens mit einer gewissen Folgerichtigkeit aufzeigen lassen. Blondel bezeichnet diese das Ganze garantierende Folgerichtigkeit mit dem aus der französischen Wissenschaftssprache entlehnten Ausdruck *déterminisme*.[52] Er ist auf deutsch fast unübersetzbar; das schwerfällige ›notwendiger Zusammenhang‹ ist immer noch die beste Annäherung. Was Blondel mit diesem Begriff einfordert, ist jedoch wiederum dem deutschen Denken verpflichtet. Zwar hatte schon Descartes in seiner Methodologie gefordert, »überall so vollständige Aufzählungen zu

---

[50] Wie Henri BERGSON seine wenige Jahre vor der *Action* veröffentlichte Doktorarbeit betitelt hatte: *Essai sur les données immédiates de la conscience*, Paris: Alcan, 1889.

[51] *Action*, S. 134–135/.

[52] Neben Émile Boutroux hat wohl auch Claude Bernard für diesen Sprachgebrauch Pate gestanden.

machen und so umfassende Nachprüfungen, dass ich sicher bin, nichts ausgelassen zu haben.«[53] Doch diese Aufzählung blieb rein empirisch und entbehrte jener Notwendigkeit des Fortgangs, welche erst die Vollständigkeit einer Aufzählung garantieren kann. Nur eine Dialektik hegelscher Prägung kann diese Garantie geben. Zur Notwendigkeit des handelnden Subjekts war Blondel in der Tat durch eine Art regressiver Dialektik vorgedrungen. Er ließ eine Negation der Negation um die andere in systematisch fortschreitender Reihe auf einander folgen. Doch jetzt, wo nach dem gefragt wird, was das Wollen alles will und wollen muss, versagt diese Dialektik. Die Untersuchung bewegt sich jetzt nicht mehr im theoretischen Bereich des Denkens und Erkennens, wo sich dialektisch aufzeigen lässt, was alles notwendig mitgedacht und miterkannt ist. Es geht um die praktischen Ziele des Wollens, und das Wollen kann (und muss) seine Ziele frei wählen, wie Blondel in der zweiten Etappe aufgezeigt hat. Jeder Schritt zu einem neuen Gegenstand des Wollens und Tuns ist somit ein freier Schritt. Was sich theoretisch aufzeigen lässt, ist die Verknüpfung der verschiedenen möglichen Ziele untereinander, sodass ich, wenn ich das eine will, konsequenterweise auch die mit ihm verknüpften wollen muss. Diese notwendigen Verknüpfungen aufzuzeigen ist die Aufgabe der *méthode d'immanence* Blondels[54], die er lieber als *méthode des résidus* bezeichnet, mit einem Ausdruck, den er Stuart Mill entlehnte.[55] Damit unterstreicht er noch einmal, wie schon mit dem Ausdruck *déterminisme*, dass er sich bei seinem Vorgehen im Sinn einer positiven Wissenschaft an empirisch feststellbare Tatsachen halten will.

So fragt Blondel zwar in deutscher Manier nach dem Ganzen dessen, was gewollt werden kann und gewollt werden muss; doch die Methode, die er dabei anwendet stammt aus der französischen Tradition. Das leibhafte Tun, so geht der Gedankengang fort, wird als frei gewollte Intention, die sich in einem Organismus ausdrückt und Gestalt an-

---

[53] »[...] de faire partout des dénombrements si entiers, et des revues si générales, que je fusse assuré de ne rien omettre« (*Discours de la méthode*, 2; A.-T. VI, 19).

[54] Vgl. dazu den vorstehenden Beitrag *Zwischen Transzendentalphilosophie und christlicher Praxis*. Bei dieser Methode handle es sich nicht so sehr um eine *invention*, als vielmehr um ein *complément d'inventaire*.

[55] *L'Action*, S. 322/348. Schon 1882 hat Blondel auf der École Normale Supérieure die ersten beiden bis dahin erschienen Bände von John Stuart Mill, *Système de logique déductive et inductive, exposé des preuves et des méthodes de recherche scientifique* ausgeliehen (D'Agostino, S. 472).

nimmt, zu einem »Zeichen«. Als solches nimmt es »Einfluss« auf andere intentional Handelnde und wirbt um ihr Mitwirken. Die wissenschaftlichen Anspielungen sind hier weniger offensichtlich als in den vorhergehenden Kapiteln; doch finden sich Hinweise auf die Phänomene der hypnotischen Hyperästhesie[56], des Gedankenlesens[57] und der Telepathie[58], die in Frankreich damals die Psychologen beschäftigten. Im Hintergrund steht die ethische Problematik, um die Paul BOURGETS philosophischer Moderoman *Le Disciple* kreiste.[59] Als Ausdruck einer ethischen Intention übt das Tun auf seine Umgebung einen gleichfalls ethischen Einfluss aus. Andere Handelnde werden zum Mitwirken an einem gemeinsamen Werk aufgerufen; sie werden zu Mittätern im guten wie im verderblichen Sinn. Eine neue Einheit entsteht, aus der ein neues Tun erfließt. Dafür drängt sich der ethische Begriff der Solidarität auf.

Die fünfte und letzte Etappe des Dritten Teils befasst sich deshalb mit der ethischen Tragweite des gemeinschaftlichen Tuns. Das erste Kapitel dieser Etappe, das gerne zitiert wird, zeichnet eine Phänomenologie der Familie, des Vaterlandes und der Gesamtmenschheit. Das nachfolgende zweite Kapitel legt die im sozialen Tun implizierte ethische und metaphysische Dimension offen. Wie in der ersten Etappe eine Kritik der naturwissenschaftlichen Methoden zur meta-wissenschaftlichen Entdeckung des unersetzbaren Tuns des Subjekts geführt hat, so führt hier die Analyse der positivistischen Soziologie zur Einsicht, dass das gesellschaftliche Tun immer und notwendig konventionelle Sitten *(mœurs)* beinhaltet – ein Analogon zu Hegels Sittlichkeit. Zur Begründung der Sitten wurden die Ideen der Metaphysik ausgebildet, und auf die Metaphysik wurde wiederum eine neue, verinnerlichte Moral gegründet, als deren Urtyp die Ethik Kants gelten kann. Bei dieser Überbietung einer positivistischen Soziologie durch eine metaphysisch begründete Ethik hat Blondel weniger Auguste Comte im Auge als die ihm näher liegenden Ideen Wilhelm Wundts und anderer deutscher Soziologen, die er durch eine Artikelserie seines Kommilitonen Émile Durkheim kennen gelernt hatte.[60]

---

[56] *Action*, S. 208/233; 220/246.
[57] Ebd., S. 220/248.
[58] Ebd., S. 221/246.
[59] Vgl. vor allem ebd., S. 231/256–257; 241/266–257.
[60] ÉMILE DURKHEIM, *La science positive de la morale en Allemagne*. Vgl. dazu den nachfolgenden Beitrag *Von der* Action *zur Kritik des* Monophorismus.

Eine weitere, wenn auch weniger ausdrückliche Auseinandersetzung mit dem Positivismus findet sich im abschließenden Kapitel über »Das abergläubische Tun«. Dort bezieht sich Blondel, ohne Namen zu nennen, auf die positivistische Religionskritik von Comte bis Durkheim und Georges Guyau. Er weist sie jedoch nicht apologetisch zurück, sondern macht sie sich weitgehend zu eigen und bezeichnet sie gar als *critique clairvoyante*.[61] Denn das religiöse Tun macht sich zwar anheischig, das zu verwirklichen, was die Ethik bloß anstrebt, den unendlichen Wert einer einzelnen Tat. Doch diese Bestrebung muss misslingen, weil das Tun, obwohl es das Unendliche anstrebt, immer endlich ist und gesellschaftlich bedingt bleibt. Deshalb lautet das Fazit der Religionskritik Blondels: »So künstlich jede natürliche Religion ist, so natürlich ist die Erwartung einer Religion.«[62]

Bemerkenswert ist die Symmetrie dieser letzten Etappe mit der ersten. Nach einem ersten, die Tatsachen beschreibenden Kapitel erfolgt in beiden Etappen im zweiten Kapitel eine Wende zum Subjekt. Ähnlich wie in der ersten Etappe erweist sich das Tun auch in der letzten als das, was einem Phänomen Zusammenhalt und Bestand gibt. Blondel kann schließen: »Von nun an zeigt sich uns das Tun (weit davon entfernt bloß als ein durch eine Vielzahl von anderen, objektiven oder subjektiven Prozessen bedingtes Phänomen zu erscheinen) als das, was alles Übrige bedingt. Über die Fakten und die Ideen hinaus rein als solches betrachtet, regelt und erzeugt das Tun die Ideen und die Fakten; es inkarniert sich frei; es schafft sich Organe für seine notwendigen Funktionen.«[63] Doch während in den vorangehenden Etappen das dritte Kapitel jeweils die ethische Dimension des Tuns hervorgehoben hatte, nimmt in dieser letzten Etappe die Religion den Platz der Ethik ein, weil die ethische Dimension schon in den vorhergehenden Kapiteln zur Sprache gekommen ist. Dagegen kann man in der Rückkehr zum sinnlich-konkreten religiösen Tun eine symmetrische Entsprechung dieses abschließenden Kapitels des Dritten Teils zu seinem einleitenden Kapitel über die Sinneserkenntnis sehen. Blondels Untersuchung nahm ihren Ausgang von der Inkonsistenz des sinnlichen Etwas, dem man doch die Solidität des Seins zusprechen wollte. Dieses sinnfällige Etwas,

---

[61] *Action*, S. 327/353. Vgl. dazu und zum Folgenden auch Henrici, *Übernatürlich*.
[62] Ebd., S. 321/347.
[63] Ebd., S. 300/325–326.

»irgend ein Phänomen«,[64] soll nun der Ort für das Unendliche des religiösen Tuns sein. Darauf zielten die Ausführungen des Dritten Teils ab und darin öffnet sich auch der Ausblick auf die beiden letzten Teile der *Action*.

So hat der Dritte Teil der *Action* nach und nach eine vollständige Definition des Tuns ausgearbeitet. Im Tun durchformt eine ethische Intention den Organismus und drückt sich in ihm aus. Eben dadurch breitet sich diese Intention in einer Gemeinschaft von Handelnden aus und impliziert in diesem gesellschaftlichen Tun auch eine Metaphysik und eine Ethik, ja das Verlangen nach einer Religion. Diese Ableitung, die bei der leibhaften Befindlichkeit des Menschen ansetzt, fügt sich nahtlos in eine Tradition des französischen Denkens ein, die vom *Cogito* und vom *Traité sur les passions de l'âme* über das Werk Maine de Birans und über RAVAISSONS *De l'habitude* zu den Studien von Maurice Merleau-Ponty und Michel Henry führt. Sie zeigt aber auch die Originalität Blondels, weil sie noch über Maine de Birans Überwindung des körperlosen *Cogito* hinausführt. Deutlicher als Maine de Biran unterstreicht Blondel die ethische Dimension aller Bewusstseinstatsachen und folglich auch des Tuns. Er stellt das Tun in den Horizont der menschlichen Gemeinschaft und Solidarität, mit dem sich eine Philosophie cartesianischer Herkunft schwertut. Das *Cogito* ist definitionsgemäß einsam, das Tun dagegen unausweichlich solidarisch – solidarisch durch seine Auswirkungen auf alle andern Handelnden. Dass Blondel damit eine neue Perspektive in die französische philosophische Tradition eingeführt hat, ist bisher wenig beachtet worden.

c. Bekräftigung Pascals durch Schopenhauerkritik

Im Vierten Teil der *Action* und in den ersten zwei Kapiteln des Fünften Teils spielt Blondel weniger ausdrücklich auf die französische Philosophie an, er bleibt ihr aber verpflichtet. Der Vierte Teil, der auf die Option hinausläuft, nimmt die Thematik der Wette Pascals auf und unterbaut sie philosophisch, während die ersten zwei Kapitel des Fünften Teils als eine Rechtfertigung von Pascals *ployez la machine* gelesen werden können. Wie sich jetzt rückblickend feststellen lässt, war alles Voraufgehende auf diese Unterbauung und Rechtfertigung ausgerich-

---

[64] Ebd., S. 319/345.

tet. Es sollte Schritt für Schritt aufzeigen, »warum wir im Boot sind«, will sagen, warum eine Grundentscheidung unausweichlich ist. Mit dieser weit ausgreifenden philosophischen Begründung wollte Blondel dem Vorwurf mangelnder Erklärung entgehen, den er an Pascal zu richten hatte. Er hat in der zweiten Etappe des Dritten Teils aufgewiesen, dass der Mensch Entscheidungsfreiheit besitzt, dass er sich somit entscheiden *kann*, und die Negationen der Negationen, die diese Etappe vorbereitet haben, haben schon vorher den Grund dafür gelegt, dass er sich entscheiden *muss*, wenn ihm denn Entscheidungsfreiheit gegeben ist. Die nachfolgende Entfaltung des *déterminisme*, des Ganzen aller möglichen Inhalte einer Entscheidung, sollte nicht nur die Religiosität als angestrebtes Ziel alles Tuns aufzeigen, sondern auch sichtbar machen, was eine Grundentscheidung alles umfassen muss.

Der Vierte Teil der *Action*, der von der Grundentscheidung handelt, müsste entsprechend den eingangs aufgewiesenen Symmetrien als Gegenstück zum Zweiten Teil gelesen werden. Kann dieser Teil, den Blondel in der vorletzten Manuskriptfassung als »Entscheidender Teil« *(Partie décisive)* betitelt hatte, der Widerlegung des schopenhauerschen Nihilismus im Zweiten Teil entsprechen? Im Ganzen der *Action* scheint diese Widerlegung eher zufällig zu sein. Doch es fällt auf, dass gerade der Zweite und der Vierte Teil bei der Ausarbeitung der *Action* erst spät ihre endgültige Form erhalten haben. Auch die für das Denken Blondels kennzeichnende Option taucht erstaunlicherweise erst in den letzten Redaktionsstufen auf. Vielleicht deshalb beruft sich die Beweisführung des Vierten Teils ausdrücklich auf das im Zweiten Teil Gesagte. Im »Zweiten Moment« des Abschnitts »Konflikt« lesen wir: »Wird also das Wollen, mutlos geworden, weil es nicht soweit reicht, wie sein erster Eroberungseifer zu tragen schien, in seiner Enttäuschung an allen eroberten Zielen wieder ins Nichts zurücksinken wie es sich der Pessimismus vorstellt? Aber dieses Nichts, das das Wollen manchmal zu ersehnen, ja zu erfahren scheint, das gibt es ja gar nicht – und um diese Sackgasse abzusperren, galt es, schon von allem Anfang an all die erlogene Hoffnung der Hoffnungslosen zu entlarven. Das Nichts kann ja gar nicht Ziel irgend eines echten Strebens sein – wir haben es gezeigt. Wir haben ihn ja zugemauert, den Weg ins Nichts, unwiderruflich, und gleich einem Widerstand von unendlicher Härte lenkt diese undurchdringliche Mauer jeden Stoß in sich selbst zurück.«[65] Die Widerlegung

---

[65] *Action*, S. 335/361.

des schopenhauerschen Nihilismus nimmt im Gesamtaufbau der *Action* offenbar eine wichtigere Stellung ein als man zunächst vermuten möchte. Blondel entwickelt seine Philosophie des Willens im Gegenzug zum Voluntarismus Schopenhauers, der damals in Frankreich Mode war. Erst angesichts des Nihilismus erhält die Grundentscheidung ihre letzte Radikalität: Alles oder Nichts. Das gilt auch für den Philosophen.

Das zwingt zur Revision einer gängigen Interpretation der blondelschen Option. Sie ist, im Unterschied zur Wette Pascals, zunächst keine spezifisch religiöse Entscheidung. Radikaler als bei Pascal geht es in ihr um die menschliche Existenz als ganze, um das Alles oder Nichts, vor das sich jeder Mensch mit seiner Wissenschaft, seiner Idee des Unendlichen, seinen sozialen Verflechtungen und seinem ethischen Gewissen unausweichlich gestellt sieht. Eine Grundentscheidung drängt sich, sagt Blondel, jedem denkenden Menschen auf; sie ist nicht bloß der gut gemeinte Vorschlag eines Apologeten. Ihr Gegenstand ist zunächst weder das Übernatürliche noch das Ewige Leben. Beides zeigt sich dem Philosophen erst im Horizont einer positiven, d. h. ethisch richtigen und dadurch unendlich offenen Grundentscheidung, und eher in Gestalt eines unrealisierbaren Begehrens als in der einer möglichen Hypothese.

Das erklärt die Asymmetrie zwischen der negativen Entscheidung, die mit Sicherheit zum »Tod des Tuns« führt, und der positiven Entscheidung, die, so hofft man, zum »Leben des Tuns« führen soll. Die Folgen einer negativen Entscheidung sind absehbar; das zeigt Blondel in den mit »Die Alternative« überschriebenen Ausführungen. Die Unmöglichkeit des Nihilismus hat gezeigt, dass das scheinbar scheiternde Tun nicht ins Nichts zurückfallen kann, sondern auf das »Eine Notwendige« verwiesen und angewiesen bleibt. Wer zu ihm Nein sagt, stürzt sich mit seiner Entscheidung schon in diesem Leben in einen unauflöslichen existenziellen Widerspruch. Blondel umschreibt ihn philosophisch mit dem aristotelischen Begriff der στέρησις und christlich als Hölle. Das Ergebnis einer positiven Entscheidung lässt sich dagegen nicht absehen; denn dieses hängt nicht mehr vom Wollen des Menschen ab, sondern kann nur als freies, nicht einforderbares Gnadengeschenk verstanden werden. Beschreiben lassen sich höchstens »Surrogate und Vorbereitungen des vollkommenen Tuns«.[66] Das

---

[66] Ebd., S. 374/399.

Nichtwissen um den positiven Ausgang der existenziellen Entscheidung ist bei Blondel weit radikaler als bei Pascal.

Erst im Fünften und letzten Teil der *Action*, der in der vorletzten Manuskriptfassung noch mit »Die Kritik des übernatürlichen Tuns. Die Philosophie des Katholizismus« überschrieben war, kommt das apologetische Anliegen Blondels an sein Ziel. Blondel fragt, warum gerade das christlich-religiöse Tun (Pascal sagte: Tun als ob ich gläubig wäre) echter Ausdruck der positiven Entscheidung sein kann. Um diese Frage zu beantworten, nimmt Blondel die Strukturen des Katholizismus als Hypothese im Sinne Platons an und vergleicht sie mit den Strukturen und Ansprüchen des menschlichen Tuns, die er in der *Action* aufgedeckt hat. So zeigt sich, dass die katholische Praxis der existenziellen Grundentscheidung, die jeder Mensch in seinem Tun vollzieht, einen letzten Sinn und die ersehnte Vollendung geben könnte. Das geschieht nicht zuletzt dadurch, dass die Ausführungen der ersten zwei Kapitel dieses Fünften Teils symmetrisch auf den Ersten Teil antworten. Dort hatte sich Blondel mit der Meinung jener auseinandergesetzt, die dem sinnlich-konkreten Tun jede ethische Tragweite absprechen; hier zeigt er, dass gerade das sinnlich-konkrete sakramentale Tun in der konkreten Glaubenspraxis (der *pratique littérale*, wie Blondel sagt) Ort einer möglichen Erfüllung werden können.

d. Auseinandersetzung mit dem Kantianer Lachelier

Die *Action* schließt jedoch nicht mit den beiden apologetischen Kapiteln des Fünften Teils. Sie wird vervollständigt durch ein letztes Kapitel, das Blondel vor der Diskussion seiner These an er Universität zurückgestellt hatte, und das er erst nachher, grundlegend überarbeitet, in der für den Verkauf bestimmten Fassung seines Werkes veröffentlichen ließ. Dieses Kapitel führt die Untersuchung auf eine neue Ebene, indem es nach der ontologischen Gültigkeit all des bisher Dargestellten fragt. Erst so lässt sich begründen, dass das Sinnlich-Konkrete, auch in der katholischen Praxis, endgültig Geltung haben kann. Unausgesprochen hatte das Problem einer ontologischen Grundlegung schon hinter allen vorhergehenden Untersuchungen gestanden.[67] Im jeweils zwei-

---

[67] CORNATI hat diese durch die ganze *Action* sich hinziehende Ontologie überzeugend herausgearbeitet.

ten Kapitel jeder Etappe hat Blondel in der Regel die meta-physische Dimension des untersuchten Phänomens herausgearbeitet und daraus im dritten Kapitel auf die ethische Tragweite des Tuns geschlossen. Folglich wird auch die Begründung für die ethische Grundentscheidung, die Option, auf der metaphysischen Ebene zu suchen sein. Das geht schon daraus hervor, dass sich die Ausführungen über die Option aus dem Aufweis des Einen Notwendigen ergeben. Das abschließende Kapitel fasst diese Begründungsstruktur zusammen und konkretisiert sie.

Die Grundinspiration der Ontologie Blondels ist nicht schwer zu entdecken. Zu Beginn seines ausführlichen Plans für das letzte Kapitel[68] verweist Blondel dreimal ausdrücklich auf den französischen Neukantianer Jules Lachelier. Dieser las Kant in der Verlängerung von Descartes und Leibniz, und setzte damit die Transzendentalphilosophie in eine Ontologie um. Die kantische Frage nach der Objektivität der Phänomene wurde bei Lachelier zur Frage, wie wir das Sein erfassen können, und zur Beantwortung dieser Frage entwarf er eine eher aristotelisch als kantianisch anmutende Philosophie der Finalität. Die Finalität, die KANT in der *Kritik der Urteilskraft* nur als subjektive Betrachtungsweise angenommen hatte, formt bei Lachelier die Abfolge *(série)* der Wirkursachen in ein objektiv geordnetes Ganzes *(système)* der Zwecke um.

Der Einfluss Lacheliers auf Blondel war tief und dauernd.[69] Das Gedankengut Lacheliers bestimmt viele Passagen der *Action*, angefangen von der Einleitung, wo Blondel im Widerspruch zur agnostischen Folgerung Lacheliers, dass »die Metaphysik nicht erklären darf, was die Moral verdammt«[70], vielmehr feststellt, »die Wissenschaft« (man beachte wie hier ›Wissenschaft‹ an die Stelle von ›Metaphysik‹ tritt) müsse »weit wie die Liebe sein« und dürfe »selbst das nicht übergehen, was die Moral zurückweist.«[71] Am Anfang der ersten Etappe des Dritten Teils stoßen wir wieder auf Lachelier. Blondel stellt das Problem der Sinnesgegebenheiten und der Wissenschaften fast mit Lacheliers eigenen Worten dar; er löst es jedoch nicht wie dieser durch den (kantianischen) Rekurs auf die synthetische Einheit des Bewusstseins; er re-

---

[68] *Éd. Critique,* S. 64–70.
[69] Vgl. dazu den vorstehenden Beitrag über *Deutsche Quellen der Philosophie Blondels.*
[70] LACHELIER, *Oeuvres,* Bd. I, S. 218/129.
[71] *Action,* S. XV/16.

kurriert vielmehr auf das wirkliche Tun, in dem sich die theoretisch unlösbaren Probleme in der Praxis gelöst finden. In ähnlicher Weise ersetzt Blondel dann in jeder der folgenden Etappen die statischen Strukturen des Denkens durch den Dynamismus des Tuns, indem er (in einer Lachelier entlehnten Terminologie) betont, der »Mechanismus der Wirkursachen« sei solidarisch »mit einer Finalursache, d. h. einer Ursache, die durch ihren synthetischen Charakter den blinden Kräften, die sie sich zunutze macht, je schon voraus ist.«[72] Wenn Blondel schließlich gegen Ende seiner Darstellung des Phänomens des Tuns eine Feststellung macht, die Kant und Fichte nicht weniger als Lachelier verpflichtet ist: »Das Weltphänomen scheint nur zu existieren, um zur Bühne für die Ethik zu werden«, dann beeilt er sich, diese idealistisch klingende Aussage zu berichtigen, indem er hinzufügt: »oder besser noch, um der Leib des Wollens zu sein.«[73]

Die Bezüge zu Lachelier quer durch die *Action* lassen nicht nur Blondels Sorge um eine ontologische Grundlegung seiner Darlegungen erkennen (das später hinzugefügte letzte Kapitel ist in dieser Sicht alles andere als zusätzlich); sie zeigen auch wie tiefgreifend anders als Lachelier Blondel denkt. Seine Lösung des ontologischen Problems unterscheidet sich trotz vielfacher Anklänge grundlegend von der Lösung Lacheliers. In der ersten Hälfte des letzten Kapitels, die erläuternd zusammenfasst, was im Verlauf des *Action* unausgesprochen blieb, fragt Blondel nicht nur (im Gefolge Lacheliers), wie sich in uns »die notwendige Idee der objektiven Existenz« bildet;[74] er fragt auch, über Lachelier hinaus, nach dem Besitz des Seins in der Erkenntnis. Blondels Unterscheidung zwischen der »Erkenntnis des Seins« und dem »Sein in der Erkenntnis«[75] weist auf den Abstand hin, der Blondels realistische Ontologie von der idealistischen Lacheliers trennt. Der gleiche Abstand zeigt sich in der unterschiedlichen Verortung der Grundentscheidung. Auch für Lachelier steht am Ende der Ontologie eine existenzielle Entscheidung. Gegen Ende von *Psychologie und Metaphysik* schreibt er: »Wir erfüllen ein von uns selbst gewähltes oder vielmehr immer wieder zu wählendes Geschick.«[76] Diese Entscheidung entzieht sich jedoch

---

[72] Ebd., S. 291/317.
[73] Ebd., S. 303/328.
[74] Ebd., S. 431/457, Kopfzeile.
[75] Ebd., S. 436/461–462.
[76] Lachelier, *Oeuvres*, Bd. I, S. 218/129.

der Kompetenz der Philosophie; es lässt sich philosophisch nicht sagen, wann sie gut und wann sie schlecht ausfällt. Blondel hat dagegen von Anfang an nach dem Warum dieser unumgänglichen Entscheidung gefragt, und deswegen kann er auch aufzeigen, dass es sich um eine Option handelt, um eine Wahlentscheidung, deren Gegenstand und Einsatz bekannt ist. Es geht um die Annahme oder die Zurückweisung des Einen Notwendigen. Wahrscheinlich hatte Blondel diese Unterschiede im Auge, wenn er »die Lehre Lacheliers verwissenschaftlichen und für das Denken eine überkantianische Haltung finden« wollte, wie er in einem Entwurf für das letzte Kapitel schreibt.[77]

Blondels »überkantianische Denkhaltung« meint wohl nicht nur, dass in Blondels Augen auch die Noumena Kants zu den Phänomenen gehören.[78] Er macht sich vielmehr nicht wenige Grundeinsichten der Transzendentalphilosophie zu eigen, um sie auf eine neue Ontologie hin zu überschreiten. Der Schlussteil des letzten Kapitels handelt vom Seinsbesitz in der Erkenntnis, der erst durch eine Entscheidung zustande kommt, die zum Einen Notwendigen Ja sagt. Dieses Ja sagen geschieht in der Liebe; folglich ist die das Sein besitzende Erkenntnis eine liebende Erkenntnis, die Ja sagt zur Andersheit des Anderen, sie anerkennt und sie »sein lässt«. Ohne dieses liebende sein lassen bleibt der oder das Andere nur ein Phänomen, ein Erkenntnisinhalt. Das Anderssein, das zu lieben ist, tritt dem Menschen nun aber gerade im sinnenfälligen, individuellen Äußern des Andern entgegen, in den »oft so abstoßenden Besonderheiten des Einzelnen.«[79] Hier hat Blondel nochmals eine Idee Lacheliers in ein anderes Register transponiert. Auch Lachelier hatte, teilweise in spezifisch französischem Gegensatz zu Kant, die Bedeutung der Sinnesempfindung für die Konstitution der Seinsidee betont: »Dem konkreten Sein, welches sich selbst nicht mehr äußerlich, sondern innerlich, welches nicht mehr die leere Form, sondern der positive Seinsinhalt ist, muss ein Bewusstseinsmodus entsprechen, der nicht mehr ein Ausgedehntes ist, dafür aber eine Intensität besitzt: die Empfindung.«[80] Diese Argumentation Lacheliers bleibt transzendentalphilosophisch; sie schließt vom erkannten Objekt auf die Struktur des erkennenden Vermögens. Nichts dergleichen bei Blon-

---

[77] *Éd. critique*, S. 65.
[78] *Action*, S. 453/479; 460/486.
[79] Ebd., S. 444/470.
[80] LACHELIER, *Oeuvres*, Bd. 1, S. 211/122.

del. Die Beziehung zwischen dem Liebenden und dem Geliebten ist nicht eine Korrespondenz von Strukturen, sondern eine Interaktion von Handeln und Erleiden. Damit Liebe wirklich sei, muss es beiderseits Tun und Erleiden geben, muss der erkannt Geliebte seinerseits auf den erkennend Liebenden einwirken. Und weil die beiden Liebenden gerade durch das gleiche sinnlich-konkrete Äußere miteinander in Beziehung stehen, das auch ihre unüberwindliche Distanz aufrecht erhält[81], muss sich ihr wechselseitiges Tun und Leiden auf der Ebene des Sinnlich-Äußeren abspielen.

Aus dieser Forderung ergibt sich in der *Action* der Ausblick auf die seinsverwirklichende Rolle des inkarnierten, ja des leidenden Christus. Christus ist nicht nur »ein transzendentales Ich auf der Ebene der Sinneserkenntnis« (wie ich früher einmal formuliert habe[82]); in Ihm, und am ausdrücklichsten in seiner Passion, erleidet Gott seine Schöpfung, und eben dadurch verleiht er den Phänomenen die Würde, als Ursachen auf das Absolute selbst einwirken zu können und so in vollem Sinne zu *sein*.

*   *   *   *   *

So rundet sich der Gang der *Action*. Sie wollte die Wette Pascals einsichtig machen, die Notwendigkeit einer Wahl angesichts des christlichen Faktums. Sie hat zunächst aufgezeigt, dass wir uns dem Tun nicht entziehen können, und sie hat dann den Angelpunkt für das ebenso notwendige wie frei zu wollende Tun in dem in seinem Organismus inkarnierten Subjekt gefunden. Im Aufspüren des ganzen möglichen und notwendigen Inhalts des Tuns hat sie dann aufgezeigt, dass wir im Tun unvermeidlich eine Grundentscheidung angesichts des Einen Notwendigen fällen. Diese Grundentscheidung, die den Besitz oder den Verlust des Seins zur Folge hat, betrifft – so zeigt sich jetzt – unausgesprochen Den, der allein unserem Tun und Handeln und dadurch auch dem Sein der Phänomene letzten Halt geben kann: den menschgewordenen Christus in seiner Passion. Die ontologische Frage ist folg-

---

[81] *Action*, S. 446–447/472–473.
[82] Vgl. HENRICI, *Philosophische Christologie*, S. 106. Die transzendentalphilosophische Lesart des letzten Kapitels, die ich in den vorstehenden Beiträgen über *Glaubensleben und kritische Vernunft* und *Zwischen Transzendentalphilosophie und christliche Praxis* vorgelegt habe, ist im Sinn der hier gezeichneten Perspektive zu ergänzen.

lich unauflöslich mit der soteriologischen verbunden. Das *C'est* (Ja, so ist es), das den Gang der *Action* beschließt, das aber nach Blondels eigener Aussage außerhalb der Reichweite der Philosophie liegt[83], ist ebenso sehr eine ontologische Affirmation wie ein Glaubensbekenntnis zum menschgewordenen Logos als geschichtlichem Faktum. Indem er das Sein der Sinnenwelt auf einer geschichtlichen Tatsache begründet sein lässt, vertritt Blondel »einen spiritualistischen Realismus oder Positivismus«[84], wie Ravaisson, Lachelier oder Maine de Biran ihn sich nicht zu erträumen gewagt hatten. Er trifft sich jedoch, vorausnehmend, mit einer der wichtigsten Aussagen des II. Vatikanischen Konzils.[85]

Mit dem abschließenden *C'est* hat Blondel wieder die gleiche vor- und überphilosophische Problemebene erreicht, von der er ausgegangen war. Er war ausgegangen von der existenziellen Frage: »Ja oder nein, hat das menschliche Leben einen Sinn und hat der Mensch eine Bestimmung?« Nach einem philosophischen Diskurs, der nahezu fünfhundert Seiten füllt, verweist er schließlich auf eine Antwort, die wiederum nur im wirklichen Leben gegeben werden kann. Damit hat Blondel das Programm erfüllt, dass er sich in der Einleitung gegeben hatte. Er wollte nachweisen, dass die »Methode der direkten Erfahrung«, »mich ganz einfach allem zu unterziehen, was das Gewissen und das Leben von mir verlangt«[86], eine auch philosophisch gültige, ja sogar die einzig mögliche Methode ist, das Problem der menschlichen Existenz zu lösen. »Die Wissenschaft vom praktischen Tun kommt zum Ergebnis, dass sich das praktische Tun nicht ersetzen lässt.«[87] Darin weiß sich Blondel noch einmal mit PASCAL einig: »Der letzte Schritt der Vernunft ist die Anerkennung, dass es unendlich Vieles gibt, was die Vernunft übersteigt«[88] – die französische wissenschaftliche Vernunft so gut wie die deutsche spekulative Vernunft.

---

[83] *Action*, S. 492/317.

[84] RAVAISSON, *XIX^{e}siècle*, S. 258/271.

[85] *Gaudium et spes*, nr. 10 spricht die seinsbegründende Funktion des inkarnierten Christus in bisher unerreichter Deutlichkeit aus: »Die Kirche aber glaubt […], dass in ihrem Herrn und Meister der Schlüssel, der Mittelpunkt und das Ziel der ganzen Menschheitsgeschichte gegeben ist. Die Kirche bekennt überdies, dass allen Wandlungen vieles Unwandelbare zugrunde liegt, was seinen letzten Grund in Christus hat, der derselbe ist gestern, heute und in Ewigkeit« (vgl. Hebr. 13,8).

[86] *Action*, S. XV/15.

[87] Ebd., S. 463/489: »La science de la pratique établit qu'on ne supplée pas à la pratique.«

[88] *Pensées*, Br. 267.

Ontologie und Religion

Der ontologische Gottesbeweis von Anselm bis Blondel (1990)

Der Gedanke lässt sich nicht vom Denken loslösen. Sonst gäbe es Gedanken, die niemals gedacht werden, die vielleicht ganz undenkbar wären. Das Denken als konkreter Denkakt bleibt jedoch immer von seinen Umständen und von seinem Kontext abhängig. Auch ein philosophisches Argument, so rein logisch und so unpersönlich es gefasst sein mag, verweist immer auf den Denker zurück, der es als erstes (aus)gedacht hat, und es wendet sich immer an einen Denker, der sich bemühen soll, es sich zu eigen zu machen oder es zu widerlegen.

Das gilt auch, vielleicht sogar besonders vom so genannten ontologischen Argument, obwohl es sich in seiner modernen Ausprägung als der logischste und unpersönlichste aller Gottesbeweise ausgibt. Es impliziert jedoch immer eine bestimmte Ontologie; es setzt, genauer gesagt, eine ›Ontologie überhaupt‹ voraus. Es könnte nun sein, dass sich auch dieser Gedanke, die Ontologie überhaupt, nicht vom Denken loslösen lässt, das sie gedacht hat.

Diese Hypothese soll hier nachgeprüft werden in einer Nachzeichnung der Geschichte des ontologischen Arguments in großen Strichen, wobei von einer zwar nicht völlig unbestreitbaren, aber weithin unbestrittenen Tatsache ausgegangen werden soll: vom religiösen Hintergrund des anselmschen Gottesbeweises. Vielleicht kann dieser Durchblick den tieferen Zusammenhang erkennen lassen, in dem eine bestimmte Art von Ontologie mit einer bestimmten Art von religiöser Grundhaltung steht.

I. Anselm von Canterbury

Der religiöse Kontext ist für das rechte Verständnis des anselmschen Gottesbeweises entscheidend. Es ist der Gedankengang eines gläubigen Menschen, eines Mönchs, der über seine Glauben nachsinnt *sub per-*

sona conantis erigere mentem suam ad contemplandum Deum et quaerentis intelligere quod credit (»wie jemand, der sich bemüht, seinen Geist zur Betrachtung Gottes zu erheben und zu verstehen, was er glaubt«).[1] Aus diesem Bemühen um das Verstehen soll der Glaube bestärkt und vertieft hervorgehen, und das Gebet inbrünstiger werden. Vom vierten Kapitel des *Proslogion* an ergießen sich denn auch immer reichere Akte der Anbetung immer spontaner aus dem Herzen des Meditierenden.

Man kann deshalb das Argument Anselms als den eigentlich christlichen Gottesbeweis bezeichnen. Das Göttliche soll nicht mehr aus der Betrachtung der Natur erkannt werden, wie bei den Griechen; vielmehr soll bei der Betrachtung Gottes selbst (genauer beim Bemühen, Gott zu betrachten: *conantis erigere mentem*) die Notwendigkeit der Existenz dieses Gottes, den der Glaube bereits betrachtet, anbetet und gläubig bejaht, auch mit der Vernunft, *intellectu*, begriffen werden: *Quod prius credidi te donante, jam sic intelligo te illuminante, ut si te esse nolim credere, non possim non intelligere* (»Was ich zuvor durch deine Gnade glaubte, sehe ich kraft deiner Erleuchtung jetzt so ein, dass, selbst wenn ich nicht glauben wollte, dass du existierst, ich nicht umhin könnte, es einzusehen.«)[2]

Dieser religiöse Kontext darf bei der Interpretation des anselmschen Gottesbeweises nicht außer Acht gelassen werden. Er bestimmt nicht nur die Tragweite des Beweises, sondern auch seine Struktur und den Gottesbegriff, auf dem der Beweis beruht. Dieser Begriff, *id quo majus cogitari nequit*, ist nicht zunächst ein philosophischer, sondern ein eigentlich religiöser Begriff. In seiner Antwort an Gaunilo[3], weist Anselm mit Nachdruck das Missverständnis seines Gegners zurück, der unvermerkt das *quo majus cogitari nequit* durch den einfacheren Ausdruck *quod est majus omnibus* ersetzt hat. Diese sprachliche Umformulierung ist so naheliegend und scheint so harmlos zu sein, dass ein Nachdenken über den anselmschen Gottesbeweis sie stets bewusst beiseite schieben muss. Was Anselms eigene Formel von jener Gaunilos unterscheidet, ist der Rückverweis auf ein religiöses Streben, dem

---

[1] ANSELM VON CANTERBURY *Proslogion*. Prooemium. Ich zitiere, indem ich sie manchmal leicht korrigiere, die Übersetzung von Anselm STOLZ, *Anselm von Canterbury*. (Gestalten des christlichen Abendlandes. Bd. I). München: Kösel, 1937, S. 47.

[2] Ebd., nr. 4, S. 56.

[3] *Liber apologeticus S. Anselmi contra Gaunilonem respondentem pro insipiente*, cap. 5.

gegenüber Gaunilos Formel indifferent bleibt. Das »Größere als alles andere« ist ein statischer, logisch umschriebener Begriff, mit dem man auch dann umgehen kann, wenn sich ihm kein bestimmter Inhalt zuordnen lässt und d. h. auch dann, wenn wir ihn nicht begreifen. *Quo majus cogitari nequit* weist dagegen auf eine Anstrengung des Denkens hin, das sich bis zur äußersten Grenze aller Denkbarkeit erheben will. Es handelt sich um einen dynamischen, offenen Begriff; dessen Inhalt vom Denken nie eingeholt oder gar umschrieben werden kann. Folglich lässt sich mit diesem Begriff auch nicht logisch operieren. Das Denken wird von ihm vielmehr immer wieder angestachelt und auf die Suche nach diesem unfassbaren *Quo* geschickt. Deshalb ist *quo majus cogitari nequit* auch *majus quam cogitari possit;* es übersteigt jedes fassbare Vermögen des Denkens, wie Anselm im 15. Kapitel ausdrücklich anmerkt: »Du bist also, Herr, nicht nur ›etwas, über das hinaus nichts Größeres denkbar ist‹, sondern größer, als wir uns denken können. Denn wenn wir uns so etwas denken könnten, und das wärest nicht Du, dann könnten wir uns etwas Größeres als Du denken.«[4]

Dieser religiöse Dynamismus des anselmschen Gottesbegriffs wirkt sich in doppelter Weise auf die Struktur seines Gottesbeweises aus. In erster Linie ist *quo majus cogitari nequit* recht eigentlich der Name des Gottes der Offenbarung. Karl BARTH hat in seinem Kommentar nachdrücklich unterstrichen, dass Anselm schreibt: »Wir *glauben*, dass du etwas bist, über das hinaus nichts Größeres denkbar ist [...]. Lass mich also einsehen, [...] dass du existierst, so wie wir es *glauben*, und dass du das bist, was wir *glauben*.«[5] Ein anderer, Barth nahestehender Theologe hat die christologische Tragweite dieses Gottesnamens unterstrichen. Unter dem Begriff des »ökonomischen«, heilsgeschichtlichen *quo majus cogitari nequit* versteht Hans Urs von BALTHASAR die Liebesinitiative Gottes, die in der Kenose Jesu Christi am Kreuz offenbar geworden ist, und zwar in einer Weise, dass kein menschliches Denken dies je hätte erfinden, erahnen oder postulieren können.[6] Genau das ist das Kennzeichen der Offenbarung, dass ihr

---

[4] *Proslogion,* nr. 15, S. 63.

[5] ›[...] da mihi, ut [...] intelligam quia es sicut credimus et hoc es quod credimus. Et quidem credimus te esse aliquid quo nihil majus cogitari possit‹ (*Proslogion,* nr. 2, S. 54); vgl. Karl BARTH, *Fides quaerens intellectum. Anselms Beweis der Existenz Gottes im Zusammenhang mit seinem theologischen Programm.* Zürich: EVZ, 1966, S. 9–72.

[6] Hans Urs von BALTHASAR in privaten Mitteilungen, vgl. z. B. *Herrlichkeit,* Bd. III,2 *Neuer Bund.* Einsiedeln: Johannes Verlag, 1969, S. 14.

wirkliches Sein jedem Denken vorausgeht und alles Denkbare über-trifft. Was sich kein Mensch je hätte ausdenken können, existiert und ist wirklich; denn es offenbart sich. Das Denken hat sich nur zu bemü-hen, das zu verstehen, was es nicht verstehen kann. Diese dem Denken auferlegte Anstrengung drückt das *quo majus cogitari nequit* aus.

So geht das Verhältnis des menschlichen Denkens zu Gott in den anselmschen Namen Gottes ein: *cogitari nequit.* Gott kann von uns nicht angedacht werden, ohne dass wir uns auf unser religiöses Ver-hältnis zu ihm beziehen. Das ontologische Argument entfaltet sich des-halb innerhalb des religiösen Verhältnisses. Das unterstreicht die uner-setzliche, nicht zu übergehende Figur des *Inspiens*, des »Toren« in Anselms Argument. Die Existenz des sich offenbarenden Gottes lässt sich nur problematisieren, wenn das religiöse Verhältnis zu Gott weg-gedeutet, geradezu in sein Gegenteil verkehrt wird: »Der Tor sprach in seinem Herzen: Gott ist nicht.«[7] Die Beweiskraft des Arguments liegt letztlich in der Einsicht, dass ein solches antireligiöses Verhältnis in sich widersprüchlich ist. Entweder leugnet der Tor die Existenz Gottes nicht wirklich, sondern nur mit Worten, oder das, was er leugnet, ist nicht wirklich Gott, sondern nur seine eigene Vorstellung von Gott: Er »sprach in seinem Herzen, was zu denken ihm unmöglich war.«[8]

Doch wer kann diese Unmöglichkeit entdecken? Nicht der Tor selbst, sondern nur der Gläubige, der religiöse Mensch. Er entdeckt sie jedoch nicht deshalb, weil er an Gott glaubt, sondern weil er den Un-terschied zwischen dem bloß gedachten und dem wirklichen Gott kennt und anerkennt: *Aliter enim cogitatur res cum vox eam significans co-gitatur, aliter cum idipsum quod res est intelligitur.*[9] Die deutsche Übersetzung ist hier nicht ganz adäquat: »Anders denkt man eine Sa-che, wenn man nur das Wort denkt, das sie bezeichnet; anders, wenn man die Sache selbst erkennt.« Anselm aber sagt: »[…] wenn man das, was die Sache ist, versteht.« Anselm unterstellt nicht, dass der Gläubi-ge Gott erkennt[10], sondern nur, dass er versteht, wie Gott sich dem Denken vorstellt. Das *idipsum quod res est* meint Gott in seinem Sein, die Tatsache, dass er wirklich *quo majus cogitari nequit* ist. Der religiö-

---

[7] *Psalm* 13,1; *Proslogion*, nr. 2, S. 54.
[8] »[…] dixit in corde suo quod cogitare non potuit« (*Proslogion*, nr. 4, S. 55).
[9] Ebd.
[10] Vgl. *Monologium*, cap. 64, S. 159: »[…] rationabiliter comprehendit incomprehensi-bile esse.«

se Mensch versteht, dass jedes wirkliche Sein etwas ist, das jedes Denken übersteigt und das in Verwunderung setzt, dass folglich jede wirkliche Existenz *majus* ist als ein bloß gedachtes Sein. Anselm wird nicht müde, das zu wiederholen.

Für den religiösen Menschen ist somit das *quo majus cogitari nequit* nicht eine leere Formel, die man leugnen könnte, sondern Ausdruck einer Wirklichkeit, auf die er zustrebt, und die zu verstehen er sich anstrengt. So entdeckt er nach und nach den ganzen Reichtum, der sich in diesem Namen Gottes verbirgt. Als erstes eine nicht-kontingente, das heißt absolut notwendige Existenz, *quod non possit cogitari non esse*[11]; sodann alle Vollkommenheiten, das heißt, »was immer besser ist zu sein als nicht zu sein«[12], und schließlich, dass dieses Sein Gottes »größer ist, als was man denken kann«[13], das heißt, dass es das (menschlich) schlechthin Undenkbare ist. An diesem Punkt ist das Argument abgeschlossen; es öffnet sich zur Anbetung hin. Das Undenkbare, das doch wirklich ist, das kannst nur Du sein, der Du »im unzugänglichen Licht wohnst.«[14] Das Du der Anbetung löst das *quo* des Denkens endgültig ab. Doch auf dem Weg dahin hat die Unruhe des Glaubenden, der zu verstehen suchte, eine ganze Ontologie entdeckt.

II. Von Descartes bis Hegel

Fast sechshundert Jahre später beginnt ein anderer glaubender Mensch zu meditieren, auch er ein Einsiedler, aber kein Mönch, und auch er meditiert über Gott und über die Unmöglichkeit an seiner Existenz zu zweifeln. Doch seine *Méditations métaphysiques* bewegen sich nicht mehr in einem religiösen Kontext. Als er noch jünger war, wollte er zwar einmal in einem Traum, den er als Fingerzeig für seine Berufswahl auffasste, unter dem Einfluss »einer großen Schwäche« und eines »heftigen Windes« »in die Kirche des Kollegs gelangen«; doch die Rücksicht auf einige Menschen, die ihm begegneten, und seine eigene Neugierde hielten ihn davon ab.[15] Von da an widmete er sich der Ma-

---

[11] *Proslogion*, nr. 3, S. 54.
[12] »quidquid est melius esse quam non esse« (*Proslogion*, cap. 5, S. 56).
[13] »quiddam majus quam cogitari possit« (*Proslogion*, cap. 15, S. 63).
[14] »haec est lux inaccessibilis in qua habitas« (*Proslogion*, cap. 16, S. 63)
[15] Adrien Baillet, *La vie de Monsieur Des-Cartes*, in: René Descartes, Œuvres, ed. Adam-Tannéry, Bd. X, S. 181–182.

thematik und der mathematischen Begründung der Naturwissenschaft. Seine *Meditationes de Prima Philosophia* waren dazu bestimmt, den Baum der Wissenschaften, der durch die Diskussion um Galilei ins Wanken gekommen war, wieder festzuwurzeln. In diesem Zusammenhang meditiert Descartes zweimal über die Existenz Gottes.

Dem Gottesbeweis Anselms kommt dabei nicht das ontologische Argument der V. Meditation am nächsten, sondern das erste in der III. Meditation vorgelegte Argument. Ein religiöser Kontext ist dort zumindest angedeutet. Der Beweis geht aus vom Begriff des unendlichen Schöpfergottes, also von einem religiösen Gottesbegriff, und er kommt zum Schluss: »Dies alles ist in der Tat so vorzüglich, dass mir dessen Abstammung aus mir allein umso weniger möglich erscheint, je sorgfältiger ich es betrachte.«[16] Auch hier wird der Beweisgang vom Verhältnis des Denkenden zur Gottesidee getragen und von der unvergleichlichen Größe dieser Idee. In diesem Stadium der kartesianischen Meditation hat das Verhältnis des denkenden Ich zu Gott durchaus eine religiöse Konnotation. Die zweite Fassung des gleichen Arguments zeigt das noch deutlicher. Sie betrachtet das Ich als beständig von Gott erhalten und kommt Schluss: »[...] einzig und allein daher, dass Gott mich geschaffen hat, ist es ganz glaubhaft, dass ich gewissermaßen nach seinem Bild und Gleichnis geschaffen bin und dass dieses Gleichnis – in dem die Idee Gottes steckt – von mir durch dieselbe Fähigkeit erfasst wird, durch die ich mich selbst erfasse. Das heißt: indem ich mein Augenmerk auf mich selbst richte, sehe ich nicht nur ein, dass ich ein unvollständiges, von einem andern abhängendes Wesen bin, ein Wesen, das nach Größerem und immer Größerem oder nach Besserem ohne Ende strebt, sondern zugleich auch, dass der, von dem ich abhänge, dieses Größere nicht nur endlos fortschreitend und als bloße Möglichkeit, sondern wirklich unendlich in sich befasst – und also Gott ist.«[17] Abgesehen von dem etwas störend sich vordrängenden Ich und vom wenig respektvollen Vergleich der Bestrebungen dieses Ich mit den göttlichen Vollkommenheiten, scheint in diesem Text doch ein echt religiöses Gefühl durch, und die III. Meditation schließt denn auch mit einem Akt der Anbetung.

---

[16] René DESCARTES, *Meditationes de Prima Philosophia* III, 48 in *Œuvres*, ed. cit., Bd. VII, S. 45; deutsch: *Meditationes de prima philosophia*, neu herausgegeben von Ludger GÄBE. Hamburg: Meiner, 1959, S. 83.
[17] Ebd., III, 57, S. 51/95.

Die Tonlage ändert sich spürbar, wenn Descartes in der V. Meditation das eigentlich ontologische Argument vorlegt. In der IV. Meditation hat sich Descartes inzwischen den Wahrheitsgehalt seiner klaren und distinkten Ideen und die prinzipielle Unfehlbarkeit seiner auf diese Ideen gegründeten Urteile von Gott garantieren lassen. Die Gültigkeit der mathematischen Wissenschaften ist damit begründet. Genau da kommt Descartes seltsamerweise noch einmal auf die Gottesidee zurück, um einen weiteren Beweis für die Existenz Gottes vorzulegen, der noch unbezweifelbarer sein soll als die Beweise in der III. Meditation. Es soll ein eigentlich mathematischer Beweis sein; denn es »müsste doch das Dasein Gottes für mich zum mindesten denselben Gewissheitsgrad haben, den bisher die mathematischen Wahrheiten hatten.«[18] Die Suche nach dieser höchsten, allein in Gott gegründeten Gewissheit, die unabhängig von meinem Denken und seinen Zerstreuungen immer noch gültig wäre, »selbst wenn ich träumte«[19], veranlasst Descartes, seinen Beweisgang von jedem religiösen Bezug loszukoppeln. Die Gottesidee wird den mathematischen Ideen gleichgesetzt, und wie jene kann ich sie »gleichsam aus der Schatzkammer meines Geistes hervorholen.«[20] Das schlechthin Unvergleichliche der Gottesidee wird jetzt, ohne Wimpernzucken, mit jeder beliebigen eingeborenen Idee verglichen, das Unbegreifliche wird begriffen, ebenso »klar und distinkt«[21] wie jede mathematische Idee. Descartes fügt zwar hinzu, es bedürfe, um sie zu begreifen, »aufmerksamer Betrachtung«;[22] doch diese Aufmerksamkeit ist nicht mehr das intensive Bemühen eines Gläubigen, der seinen Glauben verstehen will. Sie besteht einfach darin, sich von allen Vorurteilen, das heißt von allen Sinneseindrücken, frei zu machen[23] und »lange dabei zu verweilen, die Natur des unvergleichlich vollkommenen Wesens zu betrachten«[24] – eine eher statische als dynamisch zielgerichtete Art der Betrachtung.

---

[18] Ebd., V, 79, S. 65/119.
[19] Ebd., V, 86, S. 71/129.
[20] Ebd., V, 81, S. 67/123.
[21] Ebd., V, 79, S. 65/119.
[22] Ebd., V, 84, S. 69/125.
[23] Ebd., S. 54–55: »Was aber Gott betrifft, so würde ich sicher nichts eher und leichter erkennen als ihn, wenn nicht mein Denken mit Vorurteilen überladen wäre und die Bilder körperlicher Dinge mein Bewusstsein ganz einnähmen.« Vgl. auch *Secundae Responsiones,* »Rationes Dei existentiam […] probantes more geometrico dispositae.« Postulata I (ebd., S. 162).
[24] Ebd., Postulata V, S. 163 f.

Und doch fehlt auch dem ontologischen Gottesbeweis des Descartes nicht jede Dynamik. Es ist jedoch nicht mehr die religiöse Dynamik des menschlichen Denkens, das von der Aufgabe, das Undenkbare zu denken, aufgestachelt und angelockt wird. Die Dynamik liegt jetzt in der Gottesidee selbst; sie ergibt sich aus der Definition des allmächtigen Gottes als *causa sui*. »Denn obwohl es nicht notwendig ist zu sagen, er sei die Wirkursache seiner selbst, um zu vermeiden, dass darüber eine Diskussion entbrennt, sehen wir doch, dass sein durch sich selbst Sein, die Tatsache, dass er keine von ihm verschiedene Ursache hat, nicht aus dem Nichts hervorgeht, sondern aus der wirklichen Unermesslichkeit seiner Macht, und so dürfen wir ruhig annehmen, dass er gewissermaßen sich selbst gegenüber das gleiche bewirkt, was eine Wirkursache für ihre Wirkung tut, und dass er folglich in positivem Sinne durch sich selbst *(a se)* ist.«[25]

Eine Gott immanente Dynamik, die sich quasi im Kreis dreht, hat hier den offenen, drängenden Komparativ des *majus* aus dem Gottesbegriff verdrängt und ihn durch eine statische »unermessliche Allmacht« *(realis eius potentiae immensitas)* ersetzt. Das anselmsche *majus* findet sich bei Descartes dort, wo man es kaum erwartet, beim *Cogito*. Die ontologische Einsicht, dass wirkliches Existieren *majus* ist als bloßes Bewusst- und Gedachtsein, bildet den unausgesprochenen Beweisgrund für das *Cogito-sum*. Das jedem *dubitari* zugrunde liegende *cogito* (die Tatsache, dass ich denke, dass mir etwas bewusst ist) ist *majus* als jedes *dubitari posse* (jeder denkbare Grund zum Zweifel); folglich ist mein Bewusstsein (und bin Ich) mehr als etwas bloß Denkbares. Ich existiere mit der gleichen unleugbaren Notwendigkeit wie für Anselm Gott existiert. Wenn Descartes mit einem »Toren« hätte diskutieren wollen, wäre es jener gewesen, »der in seinem Herzen spricht: Ich existiere nicht«.

Bei Descartes, der das *Proslogion* nicht gekannt haben will, als er seine *Méditationes* schrieb, bricht so die Einheit des anselmschen Beweises in zwei Hälften auseinander. Zunächst spielt auch da der Mensch, der meditiert, die Hauptrolle; doch er meditiert zunächst nicht über Gott, sondern über sein eigenes Denken, bzw. über sein Bewusst-Sein und dessen Gewissheit. Deshalb fördert diese Meditation zunächst nur den sich selbst bezeugenden Charakter des menschlichen Denkens zutage und damit auch dessen unleugbare Existenz. Textlich weit da-

---

[25] *Primae Responsiones*, ebd., S. 110 f.

von entfernt stößt die Meditation dann auf die Gottesidee, die nach Art eines geometrischen Begriffs auch ohne Bezug zum menschlichen Denken gültig bleibt. Konsequenterweise wird die Gottesidee dann als sich selbst bezeugend und sich selbst setzend bezeichnet, *causa sui*. Mit dem Auseinanderbrechen der anselmschen Einheit verschwindet deshalb nicht nur der religiöse Bezug des Menschen zu Gott, sondern auch die ontologische Differenz, die besagt, dass jedes wirkliche Sein *majus* ist als alles, was sich aus einer Wesenheit ableiten lässt, und wäre das auch die Wesenheit Gottes.

Um die zerbrochene Einheit wieder herzustellen könnte man als erstes versuchen, das Denken mit seinem Inhalt gleichzusetzen, die Meditation mit der Geometrie. Das war der Lösungsversuch Spinozas, der das Denken mit der Ausdehnung gleichsetzte, die *res cogitans* mit der *res extensa*, indem er beide zu Attributen der einen göttlichen Substanz erklärte. Damit schrieb er dem menschlichen Denken die gleiche deduktive Stringenz zu wie der Geometrie, und er erklärte die *Causa sui*, die einzig wirklich subsistierende, unendliche *Res*, als zugleich denkend und ausgedehnt. Spinozas System lässt sich deshalb ebenso wohl materialistisch wie intellektualistisch interpretieren. Das *majus* des *Cogito-sum* fällt eins mit dem sich selbst setzenden Dynamismus der göttlichen Allmacht, und dieser offenbart sich in der deduktiven Stringenz der Geometrie. Das System Spinozas ist so ein einziger ontologischer Gottesbeweis. Doch dieser Gottesbeweis kennt die religiöse Distanz des meditierenden Mönchs vom Gott, den er anbetet, nicht mehr. Vielmehr ist »des Geistes geistige Liebe zu Gott […] genau die Liebe Gottes, mit der Gott sich selbst liebt, nicht insofern er unendlich ist, sondern insofern er sich im Wesen des menschlichen Geistes ausfaltet, wenn dieses in seiner Ewigkeit *(sub specie aeternitatis)* betrachtet wird.«[26] Hier ist alles Religion und nichts Religion. Goethe konnte Spinoza mit gleichem Recht einen »gotttrunkenen Menschen« nennen, wie man ihn als den schlimmsten Atheisten verketzert hat. Der »Tor« ist für Spinoza der Nichtphilosoph, der sich nicht zur intellektuellen Sicht der Wirklichkeit zu erheben vermag. Spinoza verbannt ihn aus seinem Denken und vertröstet ihn damit, dass er durch die Beobachtung des mosaischen Gesetzes sein Heil erlangen könne. Wenn diese

---

[26] Baruch Spinoza, *Ethica more geometrico demonstrata*, V, Prop. 36; deutsch: *Ethik in geometrischer Ordnung dargestellt*, übersetzt von Wolfgang Betschart. Hamburg: Meiner, 2007, S. 579 f.

schon allzu vereinfachende Darstellung der Philosophie Spinozas noch weiter vereinfacht werden sollte, dann wäre zu sagen, dass bei Spinoza ein Gott, der Geometrie ist, in einer Religion ohne Transzendenz sich selbst liebt. Das Sein ist bei Spinoza nicht mehr und nicht weniger als eine notwendige logische Folge aus der Wesenheit.

Gegen diesen verflachenden Dogmatismus erhebt sich Kants Protest. Seine Kritik des ontologischen Arguments ist das Kernstück seiner Polemik gegen den Dogmatismus und einer der Ausgangspunkte seiner kritischen Philosophie. Kant will die Differenz zwischen Sein und Wesenheit retten und die absolute Transzendenz Gottes gegenüber der menschlichen Endlichkeit. Seine antidogmatische Polemik scheint so auf ersten Blick einem ontologischen und religiösen Anliegen zu entspringen. Doch das Sein, dessen Rechte Kant wahren will, ist nur das empirische Gegebensein, die Tatsache, dass sich etwas unter den Gegenständen der Erfahrung findet, womit »unser Denken [...] eine mögliche Wahrnehmung mehr bekommt.«[27]

Man sieht leicht, dass diese Art von Sein Gott nicht zugeschrieben werden kann, weder *a priori* noch *a posteriori*, was die Kritik des teleologischen Gottesbeweises aufzeigt. Doch das ist nicht der tiefere Grund für den Agnostizismus Kants. Im Ganzen der *Kritik der reinen Vernunft* erscheint die Kritik der Gottesbeweise eher am Rande. Der Hauptton liegt einerseits auf der naturgegebenen Begrenztheit des menschlichen Erkennens, das als Verstandeserkenntnis an die Sinneserkenntnis gebunden bleibt, und anderseits auf der Notwendigkeit, jede jenseitige Wirklichkeit, und damit auch Gott, als theoretisch unerkennbar aufzuweisen, um jede eudämonistische Interessiertheit von der Ethik fernzuhalten: »Ich musste das Wissen aufheben um zum Glauben Platz zu erhalten.«[28] Man wäre versucht, diese Aussage Kants in einem religiösen Sinn zu verstehen. Doch der Mensch, den Kant im Blick hat, ist nicht mehr der Mönch des *Proslogion*, der zwar einsieht, dass Gott unser Erkennen übersteigt, aber sich dennoch bemüht, an

---

[27] Immanuel KANT, *Kritik der reinen Vernunft*, B 628–629: »Denn durch den Begriff wird der Gegenstand nur mit den allgemeinen Bedingungen einer möglichen empirischen Erkenntnis überhaupt als einstimmig, durch die Existenz aber als in dem Kontext der gesamten Erfahrung erhalten gedacht; da denn durch die Verknüpfung mit dem Inhalte der gesamten Erfahrung der Begriff vom Gegenstande nicht im mindesten vermehrt wird, unser Denken aber durch denselben eine mögliche Wahrnehmung mehr bekommt.«

[28] Ebd., B xxx.

Gott heranzudenken. Der Mensch Kants gibt sich mit seiner Begrenztheit zufrieden, obwohl er – in aller Seelenruhe – einsieht, dass ein Streben nach metaphysischer Erkenntnis, die »Metaphysik als Naturanlage« unausrottbar bleibt. Man möchte einen Zusammenhang vermuten zwischen der religiösen Uninteressiertheit Kants und seiner recht anspruchslosen Ontologie, die das Sein mit Vorhandensein gleichsetzt. Doch das muss hier eine bloße Vermutung bleiben

Hegel wird nicht müde, die Oberflächlichkeit der kantschen Kritik des ontologischen Arguments zu rügen. Man könnte zwar den Eindruck gewinnen, sein gewichtigstes Argument bestehe darin, Kants Beispiel von den hundert Talern lächerlich zu machen. Doch auch hier trügt der Schein. Tatsächlich ist das ontologische Argument für Hegel nicht nur der wahrste, ja der einzig gültige Gottesbeweis;[29] es ist das Herzstück seines Denkens. An zwei entscheidenden Stellen seiner *Wissenschaft der Logik* spricht Hegel von diesem Argument: zunächst ganz zu Anfang, bei der Darlegung des Begriffs des Seins, und dann wieder in der Einleitung zum vorletzten Abschnitt der *Logik*, der »Die Objektivität« betitelt ist und vom Übergang von der Logik zur Naturphilosophie handelt. Dort wird deutlich, dass das ontologische Argument den Kern der hegelschen Ontologie ausdrückt, die Identität von Vernünftigem und Wirklichem. Im Endlichen stellt sich diese Identität nur unvollkommen dar; erst in Gott ist sie vollkommen verwirklicht – in jenem Gott, den das Denken als seinen eigentlichsten Inhalt denkt, indem es die Endlichkeit des Endlichen verneint.

All das ist nur im Rahmen der hegelschen Ontologie verständlich. Sein bezeichnet da nichts Konkretes;[30] es ist vielmehr die allerärmste

---

[29] Georg Wilhelm Friedrich HEGEL, *Vorlesungen über die Beweise vom Dasein Gottes,* Ausführung des ontologischen Beweises in den Vorlesungen über Religionsphilosophie vom Jahre 1831: »[…] auch er ist erst im Christentum durch Anselm von Canterbury aufgefunden worden: er wird dann bei allen späteren Philosophen: Cartesius, Leibniz, Wolff aufgeführt, doch immer neben den anderen Beweisen, obgleich er allein der wahrhafte ist« (*Werke* (1832), Bd. XI, S. 478).

[30] *Vorlesungen über die Beweise vom Dasein Gottes,* Ausführung […] vom Jahre 1827: »Das Sein ist weiter nichts als das Unsagbare, Begrifflose, nicht das Konkrete, das der Begriff ist, nur die Abstraktion der Beziehung auf sich selbst« (*Werke* (1832) Bd. XII, S. 473); vgl. auch *Enzyklopädie der philosophischen Wissenschaften im Grundrisse* (1830) §51: »Es müsste […] sonderbar zugehen, wenn […] die konkrete Totalität, welche Gott ist, nicht einmal so reich wäre, um eine so arme Bestimmung wie Seyn ist, ja welche die allerärmste, die abstracteste ist, in sich zu enthalten« (*Gesammelte Werke,* Bd. 20, Hamburg: Meiner, 1992, S. 92).

und zugleich allgemeinste Bestimmung eines jeden Begriffs. Der Begriff, das Denkbare bildet den eigentlichen Inhalt der hegelschen Ontologie, die deshalb nichts anderes ist als eine Logik. Das Denkbare ›ist‹ in dem Masse als es denkbar ist. Das höchste Denkbare (oder Allerdenkbarste), Gott, ist folglich auch das am meisten Seiende. Gott ›ist‹ heißt hier: Er ist mit dem Denken identisch. Der Inhalt der *Logik* ist nach Hegels berühmter Formel »die Darstellung Gottes [...], wie er in seinem ewigen Wesen vor der Erschaffung der Welt und eines endlichen Geistes ist.«[31] Parallel zu dieser Entwertung des Seins entwertet Hegel auch die Religion. Sie ist nur die vorletzte Möglichkeit des denkenden Geistes, die dieser in der Philosophie überschreiten werden muss. Die Religion kennt kein eigentliches Denken, ihre Haltung ist die der »An-dacht« gegenüber Gott als einem vom Denken Verschiedenen. So bleibt die Aufgabe, Gott als die Wirklichkeit des Denkens zu begreifen. Die Religion hat zwar den gleichen Inhalt wie die Philosophie; sie fasst ihn jedoch in einer Weise auf, die diesem Inhalt unangemessen ist.

Im Sinn dieser Gedankengänge kritisiert Hegel auch den anselmschen Gottesbeweis. Er lobt Anselm zwar dafür, dass er die Differenz zwischen Denken und Sein entdeckt hat;[32] denn die Entzweiung, das Für-sich, ist der erste unumgängliche Schritt der Dialektik. Er lobt ihn ferner dafür, dass er die Einheit des Unterschiedenen herausgestellt habe. Doch dann folgt die Kritik. Der Inhalt seines Gottesbeweises sei zwar die Wahrheit selbst; doch seine Form sei der Wahrheit unangemessen; denn sein Gottesbeweis bringe durch sein »scholastisches Räsonnieren« nur eine Synthese auf der Ebene des Verstandes zustande, aber nicht in der Vernunft[33], d. h. nur durch einen Mittelbegriff, den Mittelbegriff der höchsten Vollkommenheit Gottes. Hegel liest An-

---

[31] *Wissenschaft der Logik,* Einleitung (*Gesammelte Werke,* Bd. 11, Hamburg: Meiner, 1978, S. 21.

[32] *Vorlesungen über die Geschichte der Philosophie,* Zweiter Abschnitt: »Später dagegen bei Anselmus [...] tritt der Gegensatz von Gedanke selbst und Sein auf – dies unendliche Extrem. Diese reine Abstraktion, die erst im Christentume zum Bewusstsein kam, diese Entzweiung als solche hat das Mittelalter festgestellt [...]; es ist die höchste Tiefe, den höchsten Gegensatz zum Bewusstsein zu bringen« (*Werke* (1836), Bd. XV, S. 164).

[33] *Vorlesungen über die Geschichte der Philosophie:* »Gegen Anselmus ist zu bemerken, dass die Weise des. Verstandes, des scholastischen Raisonnierens darin vorhanden ist [...] (der Inhalt ist richtig, die Form mangelhaft)« (*Werke* (1832), Bd. XV, S. 166).

selm offenbar durch eine kartesianische und kantianische Brille. Um die Wahrheit des anselmschen Gottesbeweises ausdrücklich zu machen, müsste man ihm im Sinne Hegels die Form des syllogistischen Beweises nehmen und herausstellen, dass er nichts anderes ist als die Selbstbewegung des Geistes.[34] Das aber würde voraussetzen, dass jede religiöse Distanz zwischen Gott und dem Philosophen aufgehoben ist, und auch jede geheimnisträchtige Differenz zwischen dem Sein Gottes und unserem Denken jenes Seins. Bei Hegel ist unser Denken selbst schon Ontologie, und aus dem ontologischen Gottesbeweis ist jeder religiöse Bezug entfernt.

III. Maurice Blondel

In dieser kurzen Vorstellung von vier neuzeitlichen Versionen des anselmschen Gottesbeweises dürfte das eine deutlich geworden sein: Im gleichen Maß wie das Verständnis für die religiöse Dimension des Beweises geschwunden ist, verschwand auch die Differenz zwischen Sein und Begriff, jenes *majus*, auf das sich Anselms Beweisgang gestützt hat. Heute ist es kaum mehr möglich, diesen Beweisgang so nachzuvollziehen, wie Anselms ihn gesehen hat. Dem modernen Menschen fehlt die schöne Naivität und der tiefe Glaube des Priors von Bec; er ist durch die Zweifel des neuzeitlichen Denkens hindurchgegangen. Ein erneuerter ontologischer Gottesbeweis müsste deshalb postmodern sein, wenn auch nicht in dem spezifischen Sinn, den man heute mit diesem Wort verbindet.

Es gab nun gegen Ende des neunzehnten Jahrhunderts einen gläubigen christlichen Denker wie Anselm, der sich Anselms Programm der *fides quaerens intellectum* zu eigen gemacht hat, und der ebenfalls einen ontologischen Gottesbeweis vorlegt – allem Anschein nach ohne das *Proslogion* gelesen zu haben. Maurice BLONDEL legt in dem Kapitel der *Action*, das den biblisch gefärbten Titel *L'Unique Nécessaire*, »Das Eine Notwendige« trägt, einen ontologischen Gottesbeweis vor, und zwar in zwei verschiedenen Fassungen.

---

[34] »Zum Begriffe, zum wahrhaften Beweise gehörte, dass der Fortgang nicht verständiger Weise geschähe, sondern dass aus der Natur des Denkens selbst gezeigt würde, dass es für sich genommen sich selbst negiert, und die Bestimmung des Seins selbst darin liege, oder dass das Denken sich selbst zum Sein bestimmt« (ebd., S. 167).

Diese beiden Fassungen umrahmen, vorbereitend und ergänzend, den kosmologischen und den teleologischen Gottesbeweis – eine Anordnung, die eher Kant als Anselm verpflichtet ist. Die zweite Fassung des Beweises ist leicht als eine Überarbeitung kartesianischer Gedanken zu erkennen. Da ist von der *idée de perfection*, der Idee der Vollkommenheit die Rede, die sich als »lebendige Wirklichkeit in unserem Bewusstsein« finden soll[35], und vom Einen Notwendigen wird gesagt: »Wir sind gezwungen, es zu bejahen in dem Maße, als wir eine Idee von ihm haben; denn eben diese Idee ist eine Realität. Sobald wir uns auf Grund einer vollständigeren Erfahrung und einer eindringlicheren Reflexion besser über das klar werden, was wir nicht sind, sehen wir auch das deutlicher, ohne das wir nicht wären.«[36] Damit interpretiert Blondel die dritte kartesianische Meditation mit eignen Worten. Dann geht er, ohne Vorwarnung, zur Betrachtung der Idee der Vollkommenheit über, die »uns ein Geheimnis bleibt«. »Ihr Dunkel ergibt sich, in unserer Sicht, aus einem Übermaß an Licht: Während wir in unserem eigenen Tun ein unüberwindliches Missverhältnis feststellen, behaupten wir in dem seinen eine unmittelbare Sichselbstgleichheit [...]. Was uns bei uns befremdet, ist die Tatsache, dass wir uns selbst nicht gleichkommen können; was uns in dieser Idee befremdet, ist der absolute Ineinsfall von Sein, Erkennen und Tun. Es ist ein Subjekt, in dem alles Subjekt ist [...].« Woraus Blondel vielleicht etwas abrupt den Schluss zieht: »Die Trinität ist der ins Absolute übertragene ontologische Beweis, wo dieser Beweis kein Beweis mehr ist, sondern die Wahrheit und das Leben des Seins.«[37]

Ohne diesen trinitätstheologischen Nebengedanken weiter zu verfolgen und ohne dass wir uns bei der Tatsache aufhalten, dass Blondel Descartes offenbar durch eine hegelsche Brille liest, ist hier der grundlegende Unterschied festzuhalten, der Blondel von Descartes trennt. Bei beiden beruht die Beweisführung auf der Idee der Vollkommenheit; doch bei Blondel ist die Vollkommenheit kein quasi mathematischer Begriff, der seine eigene Evidenz in sich trägt. Er bezeichnet diese Idee ganz im Gegenteil als »dunkel« und »geheimnisvoll«.[38] Keine

---

[35] *Action*, S. 348/373.
[36] Ebd., S. 348–349/374.
[37] Ebd., S. 349/375.
[38] Ebd., S. 349/374: »Wenn die Vollkommenheit uns ein Geheimnis bleibt [...], [ergibt sich] ihr Dunkel [...] aus einem Übermaß an Licht [...].«

Spur von einer *causa sui,* keine Erwähnung der Allmacht oder der Unermesslichkeit Gottes. Das Argument stützt sich nicht mehr immanent allein auf die Idee; es ergibt sich vielmehr, wie bei Anselm, aus dem Dynamismus des menschlichen Suchens. Deswegen legt Blondel seine zweite Fassung des ontologischen Arguments erst nach dem kosmologischen und dem teleologischen Argument vor, die beide ein Ausdruck dieses dynamischen menschlichen Suchens sind, das vom Kontingenten und Vergänglichen ausgeht und sich auf das Notwendige und Ewige verwiesen findet.

So erklärt sich, rückblickend, auch die erste Fassung des ontologischen Arguments. Trotz einiger Anklänge an Anselm scheint sie Blondels ureigenster Gedankengang zu sein. Sein Argument ist eine Erinnerung an die Widerlegung des Nihilismus im Zweiten Teil der *Action.* Wer nach dem Nichts strebt »und zu ihm Ja sagt, der will und bejaht nicht mehr das, was er tut und was er denkt, sondern das, was er weder tun noch denken kann, und was er gleichwohl nicht umhin kann zu wollen und zu bejahen.«[39] Hier scheint wieder das *majus* Anselms auf, aber nicht als Definition Gottes, sondern als Kennzeichen eines menschlichen Suchens, das noch nicht weiß, dass es ein religiöses Suchen ist. Der Gläubige wie der Tor sind verschwunden, um dem strebenden Menschen Platz zu machen, dem Menschen, der sich noch nicht zwischen Glaube und Unglaube entschieden hat, dem modernen, suchenden Menschen, der noch nicht weiß, was er sucht, der aber doch »vom gebieterischen Gefühl beherrscht [ist], dass das Wesentliche in seinem Tun mehr ist als die von ihm wahrgenommene oder erzeugte Wirklichkeit.«[40]

Die ganze Phänomenologie der *Action,* genauer gesagt ihre Dialektik bewegt sich in diesem Rahmen. Es geht darin durchwegs um die Suche nach jenem *majus,* welches das wirkliche Tun von der Idee unterscheidet, die man sich vom Tun macht.[41] Was diese Suche vorantreibt, ist ein Selbstwiderspruch, der jenem des anselmschen Toren ähnlich sieht, welcher »sagt, was er nicht denken kann«, *dicit quod cogitare nequit.* Wer sich mit irgend einer begrenzten Verwirklichung

---

[39] Ebd., S. 342/367.
[40] Ebd.
[41] Vgl. *Illusion,* S. 108/206/53: »Es sind [...] zwei Selbstverständlichkeiten, die den Schlüssel zur Lösung an die Hand geben: [...] 2. Das Tun und die Idee des Tuns sind nicht mit einander identisch und konvertierbar.«

seines unendlichen Tuns zufrieden geben will, verwickelt sich in einen Selbstwiderspruch. Dieser Widerspruch zwingt ihn, weiter zu suchen, und die Suche nimmt auch dann noch kein Ende, wenn einer im Einzig Notwendigen das unerreichbare, absolute *Majus* erkannt hat. Jetzt geht es darum, dieses *Majus* sich zu eigen zu machen. Die Gottesbeweise haben bei Blondel die Aufgabe (und nur diese), die Option, die religiöse Lebensentscheidung vorzubereiten. Dementsprechend tritt die Ontologie bei Blondel in dreifacher Gestalt auf.

Zunächst als eine Ontologie, die man als vorläufig bezeichnen könnte, und die tatsächlich nur eine Art Phänomenologie ist. Blondel nennt sie *connaissance de l'être*, Erkenntnis des Seins oder Wissen um das Sein.[42] Sie geht der religiösen Entscheidung voraus und bereitet diese vor. Erst nach der letztlich religiösen Option findet der Mensch und der Denker zur definitiven Ontologie, zu *l'être dans la connaissance*, dem Sein im Erkennen, bzw. im Wissen. Je nach der religiösen Entscheidung, je nachdem ob der strebende Mensch endgültig zum Toren oder zum Gläubigen geworden ist, findet sich auch das Sein in zweifach verschiedener Weise im Wissen, das heißt, es ergeben sich zwei verschiedene Gestalten der Ontologie.

Aus einer Entscheidung, die sich der Anerkennung des Einen Notwendigen verschließt, ergibt sich die *privation de l'être*, der Seinsentzug. Hier taucht der »Tor« Anselms wieder auf, aber nicht mehr im Sinne einer theoretisch, sondern einer praktisch widersprüchlichen Haltung: Er versagt sich willentlich das, was er nicht nicht wollen kann, das von ihm erkannte Sein der Dinge. Dieser Seinsentzug, der in Bezug auf die einzelnen Realitäten der Welt als abstrakt konstruiert erscheinen könnte, bekommt seinen guten Sinn, wenn man ihn auf das Weltganze bezieht und auf einen areligiösen, ja atheistischen Umgang mit der Welt. Dort fehlt ein positiver Sinnbezug zum Weltganzen und zu den einzelnen Wirklichkeiten (und Ereignissen) in der Welt – ein Sinnbezug, den auch der Atheist erahnt, dem er sich jedoch ausdrücklich versagt.

Aus einer positiven religiösen Entscheidung ergibt sich dagegen die *possession de l'être*, der Seinsbesitz, bzw. das Sein im Wissen. Sie steht nur in dem Sinne spiegelbildlich zur *privation de l'être* als sie das bietet, was jener abgeht: das Erleben der Sinnfülle all dessen, was ist, und einen liebenden Bezug zu allem Seienden. Das Seiende stellt erst

---

[42] *Action*, S. 436/461 f.

in dem Maße einen echten Wert dar, als es nicht nur ein Phänomen oder eine Idee ist. Die immer wieder missverstandene Option Blondels stellt endgültig das *majus* ins Licht, welches das wirkliche Sein vom bloß gedachten Sein, bzw. von der Idee des Seins unterscheidet. Gott, der wirklich existiert, und dessen Selbsthingabe der Mensch entweder ablehnen oder annehmen kann, ist immer unausdenkbar mehr, *majus*, als der nur erkannte oder gar nur denkbare Gott.

So gesehen, erscheint auch die *Action* als ein einziger, konsequent durchgeführter ontologischer Gottesbeweis. Sie führt diesen Beweis jedoch nicht auf dem Weg der Identität, wie dies Spinoza und Hegel taten, sondern auf dem Weg der Differenz. Blondels Philosophie ist durchwegs eine Philosophie der Differenz, der Differenz zwischen der Idee des Tuns und dem wirklichen Tun, zwischen Suche und Besitz, zwischen dem Menschen und dem Einen Notwendigen. In der Entfaltung dieser Differenzen legt Blondel einen ontologischen Gottesbeweis vor, der den handelnden Menschen unausweichlich mit dem unerreichbar Andern konfrontiert.

* * * * *

Dieser eilige Gang durch die Geschichte des ontologischen Gottesbeweises konnte zeigen, dass zwei grundlegend verschiedene Ausgestaltungen dieses Arguments zu unterscheiden sind, die sich auf zwei ebenso grundlegend verschiedene Gestalten der Ontologie stützen, eine Ontologie der Identität und eine Ontologie der Differenz. Eine Ontologie der Identität findet sich bei Descartes, Spinoza und Hegel. Sie gründen das ontologische Argument auf die Identität von Wesenheit und Sein in Gott, eine Identität, die unser Denken dank der Identität unserer Begriffe mit dem Wesen der Sache zu erkennen vermag. Descartes und Spinoza haben dieses ontologische Verständnis unserer Begriffe an den mathematischen Begriffen abgelesen (die tatsächlich ein Konstrukt unseres Denkens sind), während im hegelschen »Begriff« Denken und Sein definitionsgemäß zusammenfallen. Dagegen leugnet eine Ontologie der Differenz, wie wir sie bei Anselm, Kant und Blondel angetroffen haben, diese erkenntnistheoretische Voraussetzung. Sie unterstreicht den Abgrund, der das wirkliche Sein vom Gedachtsein trennt. Kant, der das ontologische Argument nur in der Gestalt der Identität kannte, schloss deshalb auf die Unmöglichkeit eines ontologischen Gottesbeweises. Dagegen stützen Anselm und Blondel ihren Be-

weisgang gerade auf die Differenz. Gott kann nicht anders als unendlich von unserem Denken verschieden gedacht werden; deswegen übersteigt diese unendliche, letztlich nicht mehr denkbare Verschiedenheit
notwendig auch die für uns unaufhebbare Differenz zwischen Sein und
Gedachtsein – sonst wäre sie nicht unendlich. Um es mit Maurice Blondel zu sagen, dessen Denken durch alle Abenteuer des neuzeitlichen
Denkens hindurchgegangen ist: Die unendliche Verschiedenheit Gottes
vom menschlichen Denken besagt auch, dass in Gott notwendig die
vollkommene Identität herrscht, weil der Mensch in sich und in seinem
Tun und Denken immer nur unüberwindliche Differenzen findet – so
sehr er immer eine Identität anstrebt und augenblickshaft auch durch
sie hindurchgeht.[43]

Die Überlegungen Blondels und Anselms wären jedoch nur ein
dialektisches Gedankenspiel, und folglich ohne große Beweiskraft, läge
ihnen nicht eine religiöse Spannung zugrunde. Denn das, was vom
Menschen überhaupt nicht gedacht werden kann – *majus quam cogitari possit* – kann überhaupt nur als Ziel eines religiösen Strebens im
Horizont des Denkens aufscheinen. Das gleiche wäre mit Blondel vom
menschlichen Tun zu sagen. Das Tun, das gelebte Leben führt das Denken und das Tun dazu, auf etwas abzuzielen, was es selbst nicht zu
denken, bzw. zu bewirken vermag, das wirkliche Sein. Eine Ontologie
der doppelten Differenz, der Differenz zwischen Sein und Gedachtsein
und der Differenz zwischen dem menschlichen Denken und Tun und
Gott, lässt sich nur durch einen Rekurs auf das gelebte Leben, das heißt
auf die Existenz des Denkenden konstituieren. Wenn ein existierender
Denker sein Denken auf Gott ausrichtet, dann ist sein Leben, das diese
Ausrichtung stützt, eine religiöse Existenz, entweder ausdrücklich oder
wenigstens implizit. Andere Beispiele einer – positiven oder negativen
– Ontologie des nicht mehr Denkbaren, ja nicht mehr Sagbaren, die
sich auf die Existenz des Denkenden abstützen, waren im vergangenen
Jahrhundert beispielsweise bei Heidegger und bei Wittgenstein zu fin-
den und, etwas weiter zurückliegend, aber exemplarisch bei Sören
Kierkegaard.

---

[43] Ebd., S. 344–349/369–375.

Blondel und Loisy in der modernistischen Krise (1987)

Die Kirchenkrise, die uns zeitlich und geistig am nächsten steht, ist der Modernismus. Ihren Höhepunkt hatte diese Krise im ersten Jahrzehnt dieses Jahrhunderts; ihre volle Aufarbeitung gelang jedoch erst im II. Vatikanum. Doch auch das Konzil vermochte den Konfliktstoff nicht ganz auszuräumen. Deutlicher als in früheren Fällen handelte es sich um eine Kulturkrise des Glaubens. Die kirchlich-theologischen Denkformen, die sich seit dem Spätmittelalter und der Reformationszeit herausgebildet hatten und die in der Neuzeit noch verfestigt wurden, kamen in Konflikt mit dem kirchenfernen modernen Denken des 19. Jahrhunderts. Schauplatz des Konflikts war in erster Linie die Anwendung historischer Kritik in der Theologie, namentlich in Exegese und Kirchengeschichte, sowie die so genannte Apologetik und das Verhältnis zwischen Glaube und Politik.

I. Die Problemlage

Die Fortschritte der historischen Kritik ließen die Heilige Schrift, auch die Evangelien, mit neuen, »ungläubigen« Augen lesen. Bisher war man von der stillschweigenden Voraussetzung ausgegangen, dass in der Schrift historische Tatsachen und Glaubenswahrheiten in eins fielen, das heißt, dass sich die Heilsgeschichte historisch genau so abgespielt habe, wie sie die Bibel berichtet. Doch schon seit dem 18. Jahrhundert regten sich schwerwiegende Bedenken gegen die historische Zuverlässigkeit zumindest des Alten Testaments. Wie konnte Mose seinen eigenen Tod beschreiben? Wie war es möglich, dass in einer einzigen Nacht 600 000 Menschen mit Vieh und Habe kilometerweit durch den Schlammgrund des Schilfmeers zogen? Von dem Moment an, da man die biblischen Berichte historisch allzu wörtlich nahm, zeigte es sich, dass sie vielleicht überhaupt nicht wörtlich genommen werden wollten. Im Lauf des 19. Jahrhunderts dehnte sich der gleiche Zweifel auch auf das Neue Testament aus. Wie können die verschiedenen Auferstehungsberichte miteinander in Übereinstimmung gebracht werden? Wie konnte der gleiche Jesus so reden wie bei den Synoptikern und wie bei Johannes?

Symbolfigur für die Übernahme der historisch-kritischen Methode in die katholische Bibelwissenschaft war Alfred Loisy (1857–1940), zugleich der Hauptvertreter des Modernismus. Nicht als wäre er seinerzeit der einzige Katholik gewesen, der mit dieser Methode gearbeitet hat. Der Dominikaner Albert Lagrange (1855–1938), Gründer der École Biblique in Jerusalem und der *Revue biblique*, war zweifellos der bedeutendere historisch-kritische Exeget, und die Kirchenhistoriker Louis Duchesne (1843–1922) und Pierre Battifol (1861–1929) arbeiteten mit der gleichen Methode. Loisy wurde erst zur Symbolfigur, als ihn die auftretenden exegetischen Schwierigkeiten zum Versuch einer Neubegründung des Glaubens bewogen.

Das zeigt die zweite und tiefere Problematik des Modernismus. Es ging darin, tiefer gesehen, um eine Krise der Glaubensbegründung und damit des Glaubensverständnisses. Bisher hatte man den Glauben als ein im wesentlichen fertiges System von feststehenden Wahrheiten betrachtet. Diese konnte man zwar nicht einsehen; denn sie waren ja Gegenstand des Glaubens; ihnen musste man jedoch vernünftigerweise volle Zustimmung geben, weil die Autorität Gottes und der Kirche diese Wahrheiten garantierten und die Zustimmung forderten, und weil Gott überdies seine Autorität in der Bibel durch Wunder und Prophezeiungen beglaubigt hatte. Der moderne Mensch hält jedoch wenig von Autorität; er nimmt nur das als wahr und sinnvoll an, was er selbst einsehen, verstehen und nach Möglichkeit auch wissenschaftlich beweisen kann. Die Modernisten suchten deshalb nach einer besser einsehbaren, dem modernen Menschen angemesseneren Begründung des Glaubens.

Symbolfigur für diese zweite Problemstellung ist Maurice Blondel. In seiner Doktorthese *L'Action* hatte er schon 1893 mit wissenschaftlicher Stringenz aufzuzeigen versucht, dass die Annahme der Glaubenswahrheiten einem Grundbedürfnis und einer grundlegenden Erwartung des Menschen entspricht, und dass sich der christliche Glaube deshalb auch rein menschlich betrachtet als höchst sinnvoll erweist. Drei Jahre später hatte er in seinem langen *Brief über die Erfordernisse des modernen Denkens in Fragen der Apologetik* aufgezeigt, welche methodologischen Folgerungen für die Glaubensbegründung sich aus seiner These ergaben.

In der älteren Literatur wurde Blondel deshalb oft zu den Modernisten gezählt; seit den sechziger Jahren unterstreicht man dagegen, dass er als erster den Modernismus in seinem Wesen durchschaut und überwunden hat.[1] Beide Auffassungen sehen etwas Richtiges. Von Blondels Frühwerk sind zweifellos wichtige Anregungen für den Modernismus ausgegangen; die meisten Hauptvertreter des Modernismus haben, angeregt durch den unermüdlichen Propagandisten Baron Friedrich von Hügel, Blondels *Action* gelesen und geschätzt. Die italienischen Modernisten betrachten sich gar als Blondelianer. Blondel selbst hat jedoch von Anfang an, und nicht erst in nachträglicher Abwehrstellung, seine Philosophie anders verstanden als die Modernisten. Er konnte sich deshalb in guten Treuen von der kirchlichen Verurteilung des Modernismus nicht betroffen betrachten, eine Selbstbeurteilung, die ihm später von Papst Pius X. ausdrücklich bestätigt wurde.[2] Hier soll deshalb die Auseinandersetzung zwischen den beiden Symbolgestalten Loisy und Blondel kurz nachgezeichnet werden, um die Frage zu beantworten, weshalb der eine der Modernismuskrise erlegen ist, während der andere zu ihrem Überwinder wurde.

Zum Verständnis des Hintergrunds dieser Polemik und der späteren Weiterungen der Krise muss noch auf eine dritte Problemebene hingewiesen werden, die sozusagen den Nährboden für die Krise bildet. Es ist das gestörte Verhältnis der Katholiken Frankreichs und Italiens zur gesellschaftlich-politischen Wirklichkeit ihres Landes. In Italien war dieses Verhältnis durch die Einigung Italiens, die 1871 zur Aufhebung des Kirchenstaates geführt hatte, grundlegend in Frage gestellt. Die Katholiken sollten sich auf Wunsch des Papstes von jeder politischen Mitarbeit im neuen italienischen Staat fernhalten. In Frankreich bestand seit der Französischen Revolution ein Misstrauensverhältnis, das sich schließlich vor allem im Schulkampf zwischen dem staatlichen, laizistischen Bildungssystem und den katholischen, vor allem von den Ordensgemeinschaften getragenen Schulen äußerte. Mitten in der Modernismuskrise untersagte die »Loi Combes« im Juli 1904 allen Or-

---

[1] Vgl. dazu namentlich BLONDEL–VALENSIN und MARLÉ, sowie BOUILLARD, *Christianisme*, POULAT, VIRGOULAY, KÖNIG, LARCHER, MÜLLER.
[2] VIRGOULAY, S. 257. Blondel hatte Mgr. Sarto schon 1884 beim Festessen nach dessen Bischofsweihe kennengelernt (BLONDEL–VALENSIN, Bd. 1, S. 94 f.).

densangehörigen den Unterricht. Dass Deutschland von der Modernismuskrise nur am Rande betroffen war, lag wohl nicht zuletzt daran, dass es seinen Kulturkampf schon in den siebziger Jahren des neunzehnten Jahrhunderts durchgefochten hatte.

II. Die intellektuelle Auseinandersetzung

Anfang November 1902 sandte Loisy Blondel sein soeben erschienenes »Rotes Büchlein« *L'Évangile et l'Église* zu. Es sollte eine Antwort auf HARNACKS *Wesen des Christentums* sein; doch es war, von langer Hand vorbereitet, mehr als eine Gelegenheitsarbeit. In langen Jahren historisch-kritischer Studien am Alten und Neuen Testament herangereift, bot es gleichsam eine Summe von Loisys damaligen Glaubensüberzeugungen. Die Grundabsicht der Schrift blieb apologetisch; sie suchte nach einer neuen Glaubensbegründung, nachdem die historische Kritik nach Loisys Auffassung gezeigt hatte, dass sich der Glaube nicht auf die historische Zuverlässigkeit der Evangelien stützen kann. In dieser negativen Feststellung kam Loisy mit Harnack überein. Dennoch reduzierte er das Christentum nicht wie Harnack auf einen ungeschichtlichen, in reiner Innerlichkeit zu erfahrenden Vatergott. Von Newmans Studien über die Dogmenentwicklung angeregt, versuchte er vielmehr zu zeigen, wie sich die eschatologische Ankündigung Jesu über das Kommen des Gottesreiches zum dogmatischen Glauben der Kirche fortentwickeln und wandeln konnte.

Drei Wochen später dankt Blondel Loisy für die Übersendung des Bändchens, wobei er sich für die krankheitsbedingte Verzögerung seiner Antwort entschuldigt. Er findet Töne hoher Anerkennung und echten Einverständnisses mit Loisys Unternehmen, meldet aber auch ein Bedenken an. Loisy als Historiker scheint das Bewusstsein Jesu auf das einzuschränken, was historisch davon fassbar wird; folglich wäre Jesus selbst in Unkenntnis der Entwicklungen geblieben, die seine Lehre bald darauf durchmachen sollte.[3] Damit sind die beiden Punkte angezeigt, um die sich die Kontroverse zwischen Blondel und Loisy drehen wird: das methodologische Ungenügen rein historisch-kritischer Arbeit, nicht nur in Fragen der Glaubensbegründung, und die Christologie

---

[3] Brief Blondels vom 25. Nov. 1902, bei BERNARD-MAÎTRE, S. 58 f./155.

Loisys, namentlich seine Auffassung vom Bewusstsein Jesu, dem er gottmenschliche Züge abzusprechen scheint.

Die Geschichte der kirchlichen Verurteilung Loisys[4], die nach Blondels Urteil nur allzu schnell erfolgte[5], braucht hier nicht nachgezeichnet zu werden, ebenso wenig wie die vielfach verzweigten Flussläufe der Korrespondenz Blondels mit seinen von den Thesen Loisys mehr oder weniger eingenommenen Freunden. Diese Korrespondenzen mündeten schließlich in einen Austausch von vier langen Schreiben mit Loisy selbst. Die heute fast vollständig und z. T. mehrfach veröffentlichten Dokumente[6] zeigen, dass über die beiden grundlegenden Streitpunkte keine Übereinstimmung, ja nicht einmal ein gegenseitiges Verständnis oder eine Annäherung zu erzielen war. Vielmehr spaltete sich auch der Freundeskreis Blondels in zwei Lager, mit den Theologen Fernand Mourret, Joannès Wehrlé und Lucien Laberthonnière, die Blondels Bedenken teilten, auf der einen Seite und auf der andern Seite den Historikern und Literaten Henri Bremond und Friedrich von Hügel, die für Blondels Anliegen kein rechtes Verständnis aufbringen konnten und im Grunde bis zuletzt Loisy recht gaben.

In ihre entscheidende Phase trat Blondels Auseinandersetzung mit den Thesen Loisys, als er sich auf Drängen seiner Freunde im Herbst 1903 entschloss, seine Bedenken gegen Loisys Methode und seine christologische Folgerungen öffentlich darzulegen. Er tat es, nachdem Loisy in einem zweiten »Roten Büchlein« *Autour d'un petit livre* seine Thesen bekräftigt und verschärft hatte und sich immer mehr katholische Intellektuelle von diesen Thesen verunsichert fühlten – »ein Drama, wie wir es seit fünfzig Jahren nicht mehr erlebt haben«, meinte Blondels Freund Wehrlé, Studentenseelsorger in Paris.[7]

Blondels Artikelserie wollte jedoch keine einseitige Kritik an

---

[4] Am 17. Januar 1903 verurteilt der Erzbischof von Paris, Kardinal Richard, *L'Évangile et l'Église* und am 17. Dezember 1903 werden fünf Werke Loisys auf den Index verbotener Bücher gesetzt. Vgl. den Brief Blondels an Loisy bei diesem Anlass (28. Dez. 1903) bei BERNARD-MAÎTRE, S. 69.

[5] An Wehrle am 20. Januar 1903, bei MARLÉ, S. 65–66, und BLONDEL–WEHRLÉ, Bd. 1, S. 130.

[6] Texte bei MARLÉ, S. 48–181; vgl. auch BLONDEL–VALENSIN, Bd. 1, S. 110–117, VIRGOULAY, S. 93–131 und vor allem MÜLLER, S. 150–225. Kleine textliche Abweichungen der von MARLÉ nach den Briefentwürfen Blondels gefertigten Ausgabe von den inzwischen aufgefundenen tatsächlich abgesandten Briefen sind hier unwesentlich.

[7] Brief Wehrlés vom 4. Febr. 1904 bei BLONDEL–VALENSIN, Bd. 1, S. 110 und BLONDEL–WEHRLÉ, Bd. 1, S. 231.

Loisy üben. Schon seit Jahren hatte sich Blondel mit der Schulapologetik und mit ihren Verteidigern auseinandersetzen müssen, in für ihn
wesentlich weniger angenehmer Weise als mit Loisy. Er nennt in seiner
Artikelserie *Histoire et Dogme* Loisy überhaupt nicht, sondern stellt
seine Auffassung als »Historizismus« dem »Extrinsezismus« der klassischen Schulapologetik gegenüber. Beide Ausdrücke sind Neuprägun-
gen Blondels. Er beschreibt in einer Art Diptychon zuerst die beiden
genannten Auffassungen und versucht dann nachzuweisen, dass beide
dem gleichen Fehler erlegen sind. Beiden gelingt es nicht, historische
Fakten und dogmatische Wahrheit miteinander zu verbinden. Dem gegenüber legt Blondel in einem dritten Teil seiner Artikel eine eigene
Lösung vor, die Vermittlung zwischen Geschichte und Wahrheit in der
kirchlichen Tradition.[8]

Der Extrinsezismus der Schulapologetik[9] kennt keinen inneren
Bezug des Dogmas auf die Geschichte. Die historischen Fakten (z. B.
Wunder) gelten als bloß äußerliche ›Zeichen‹, aus denen die Vernunft
auf Gott als ihren einzig möglichen Urheber schließt, um dann auf
Grund dieser göttlichen Beglaubigung das ganze Dogma *en bloc* anzunehmen, ohne auf den Sinn und den Kontext der einzelnen Fakten
näher einzugehen. Der Historizismus dagegen wendet sich ganz der
Erforschung der Fakten zu und glaubt, darin die volle und ganze Wirklichkeit zu finden. Er muss deshalb alle geschichtlichen Entwicklungen,
namentlich den Übergang vom historischen Jesus zum Glauben der
Kirche, als eine einsehbare Abfolge historischer Fakten zu verstehen
suchen, und er versagt sich den Rückgriff auf eine umfassendere Wirklichkeit hinter den geschichtlichen Fakten, die sich in den Fakten organisch entfalten würde. So ergibt sich für den Historizismus die
unlösbare Aufgabe, das Werden der Kirche zurückzuführen auf »das
Bewusstsein, das einfache Menschen vom Bewusstsein Jesu gehabt
haben.«[10]

Damit unterliegt er dem gleichen aristotelischen Vorurteil wie die
Schulapologetik. Beide verstehen die Einzelwissenschaften als sich
selbst genügende, gegeneinander abgeschottete Einheiten, deren jede

---

[8] *Histoire et Dogme*, S. 200–228/431–453/85–119.
[9] Für diese hat der Ex-Dominikaner Hippolyte Gayraud (1856–1911), einer der er-
bittertsten Gegner Blondels, Modell gestanden; vgl. Virgoulay, S. 70–73 und Blondel–
Valensin, Bd. 1, S. 116.
[10] *Histoire et Dogme*, S. 179/413/59.

für sich fähig sein soll, die Wirklichkeit ihres Gegenstandes ganz und umfassend zu erkennen. Im neuzeitlichen Wissenschaftsverständnis, dem Blondel sich anschließt, stehen die verschiedenen Wissenschaften jedoch »in ständigem Austausch miteinander« und verweisen mit ihrer Methodenvielfalt auf ein übergreifendes Problem, »das zu bestimmen, vorläufig herauszuarbeiten und zu stellen sie in Solidarität miteinander beitragen«, ohne es »von seinem Grund her zu lösen.«[11] Auf die Geschichtswissenschaft angewandt heißt das, dass die historische Kritik niemals hoffen darf, ein Faktum, das ganze Faktum und nur das Faktum, adäquat zu erfassen. »Der Grund dafür ist leicht einzusehen. Die wirkliche Geschichte ist aus menschlichen Schicksalen gemacht, das menschliche Leben ist Metaphysik im Vollzug.«[12] Deshalb kann auch der kritischste Historiker, mag er sich dessen bewusst sein oder nicht, seine Fakten nicht feststellen ohne sie zugleich irgendwie zu deuten, und damit bringt er seine menschliche Haltung, seine metaphysischen Ideen und seine religiöse Einstellung ins Spiel.

Diese Kritik der reinen Historie mag heute banal klingen. Angesichts der Faszination, die die deutsche historische Wissenschaft damals auf Loisy und viele seiner Zeitgenossen ausübte, ließ sie aufhorchen. Blondels Kritik ergab sich aus seinem Ganzheitsdenken, das sein Philosophieren kennzeichnet. Wirklich und wahr ist nur das konkrete Ganze, nie die abstrakten Einzelheiten, die die wissenschaftliche Analyse feststellt. In der historischen Methode ist dieses Ganze ein Werk des Historikers, der seine Synthesen entwirft. Als Glaubender könnte er auch das Mehr wahrnehmen, das die geschichtliche Person Jesu und ihr gottmenschliches Bewusstsein über alles historisch Fassbare hinaus enthielt. Jesus hat in seiner geschichtlichen Gegenwart dieses Mehr auf seine Jünger ausgestrahlt, die es zwar nicht zu verstehen und schon gar nicht in Worte zu fassen vermochten; doch sie konnten ihr praktisches Verhalten danach ausrichten und es so weitervermitteln. Von hier aus gelangt Blondel zum Begriff der kirchlichen Tradition als gelebter Weitervermittlung der unfassbaren Wirklichkeit Jesu Christi und damit als Ort der Vermittlung zwischen Geschichte und Dogma.

Wie Loisy, inzwischen von Rom verurteilt und verbittert, diese Erklärungen Blondels aufnehmen würde, war vorauszusehen.[13] Er

---

[11] Ebd., S. 166/403/44–45.
[12] Ebd., S. 168/405/47.
[13] Vgl. die Briefe Loisys an von Hügel vom 25. September 1904 und 6. Mai 1905 bei

ärgert sich über den dozierenden Ton Blondels und den Nachdruck und die Sicherheit, mit der er seine Kritik vorträgt.[14] Er sieht keine Veranlassung, seine historische Wissenschaft zugunsten der Philosophie Blondels aufzugeben.[15] Schon ein Jahr zuvor hatte er Blondel geschrieben: »Wenn ich etwas boshaft sein wollte, würde ich sagen, dass Sie mir vor allem den Vorwurf machen, dass ich Ihre Philosophie nicht in meine Geschichte eingebracht habe.«[16] Doch handelte es sich bei Blondels Kritik wirklich nur um Philosophie? Wenn dem so wäre, müsste der Trennungsstrich zwischen Rechtgläubigkeit und Ketzerei zwischen guter und schlechter Philosophie gezogen werden. Tatsächlich steht hinter der intellektuellen Auseinandersetzung Blondels mit Loisy eine tiefere Verschiedenheit.

III. Der geistliche Hintergrund der Kontroverse

Äußerlich gesehen verlief das Leben Blondels und jenes Loisys in den Jahren vor der Krise eigenartig synchron und zugleich auseinanderdriftend. 1881 kamen beide aus ihrer heimatlichen Provinz (Blondel von der Universität in Dijon, Loisy aus dem Seminar in Châlons) nach Paris, um sich wissenschaftlich weiterzubilden. Loisy geht an die neugegründete Theologische Fakultät des Institut Catholique, um Bibelwissenschaften zu studieren und »ein großes Buch schreiben zu können, wo ich anhand der Geschichte und der Philosophie die Wahrheit des Christentums beweisen wollte.« Im Rückblick fügt Loisy allerdings

---

BERNARD-MAÎTRE, S. 74, sowie LOISY, *Choses passées*, S. 307–308 (Tagebuchnotiz vom 31. Mai 1904).

[14] So am 25. Sept. 1904: »Ich finde ihn im übrigen zu sehr von seinem System eingenommen und zu professoral« und am 6. Mai 1905: »Er geht mir etwas auf die Nerven mit seinem Starrsinn und seiner festen Überzeugung, und ich beeile mich nicht, mit ihm eine Diskussion aufzunehmen.« (BERNARD-MAÎTRE, S. 74).

[15] Ebd., 6. Mai 1905: »Sein letztes Wort […] bringt an den Tag, worauf sein System beruht, und was mir unannehmbar scheint: durch geschichtsfremde Motive werden Tatsachen bestätigt, die ihrer Natur nach überhaupt nicht historisch sind und die sich dem Wissen des Historikers entziehen.« Ähnlich *Choses passées*, S. 307.

[16] Brief vom 22. Februar 1903 bei MARLÉ, S. 96; vgl. ebd., S. 72 den Brief an Wehrlé vom 2. Februar 1903 und BERNARD-MAÎTRE, S. 64: »Ich bin nur ein armseliger Textentzifferer und die Philosophie ist nicht mein Fall; mögen die Philosophen mir Erleuchtung bringen« – was bei aller Ironie als Bereitschaft zum Briefwechsel mit Blondel aufgefasst werden konnte.

ernüchtert hinzu: »Das heißt, dass es meine dauernde Sorge war, mir selbst diese Wahrheit zu beweisen.«[17] Gleichfalls aus apologetischen Beweggründen, jedoch um seinen unangezweifelten Glauben den ungläubigen Philosophen seiner Zeit auf glaubwürdige Weise nahebringen zu können, bezieht Blondel die École Normale Supérieure, an der die Professoren für die staatlichen Lyzeen und Universitäten Frankreichs ausgebildet werden.

1893 erhalten dann Loisy und Blondel nach vollendeter Ausbildung und ersten Lehrerfahrungen fast gleichzeitig ein Lehrverbot: Loisy für das Institut Catholique auf Grund seiner Bestreitung der Irrtumslosigkeit der Schrift, Blondel für die Staatsuniversität, weil er in seiner Doktorthese die Vernunftgemäßheit des Katholizismus und dessen Glaubenspraxis verfochten hatte, was mit dem laizistischen Charakter der Universität unvereinbar sei.

1896 erfolgte schließlich durch die Vermittlung eines gemeinsamen Freundes eine erste Kontaktnahme zwischen den beiden inzwischen wieder in ihr Amt eingesetzten Professoren. Blondel übersandte Loisy seine *Lettre sur l'apologétique,* und Loisy bedankte sich mit der Übersendung seiner *Études bibliques,* die Blondel mit viel Interesse und Zustimmung las.[18] Loisy lud ihn hierauf zur gelegentlichen Mitarbeit an der von ihm gegründeten *Revue d'histoire et de littérature religieuse* ein, eine Einladung, auf die Blondel, bereits Abonnent der Zeitschrift, mit einer gewissen Zurückhaltung antwortete.[19] Es ist nicht auszumachen, wie weit Blondel sich schon damals darüber klar war, dass seine und Loisys Bemühungen um eine Apologie des Christentums von ganz verschiedenen Voraussetzungen ausgingen und sich auf zwei verschiedenen Ebenen bewegten. Jedenfalls wird er *L'Évangile et l'Église* mit großer Sympathie lesen und darin manche Berührungspunkte mit seinen eigenen Bemühungen finden, wie aus seinen ersten Reaktionen gegenüber Vertrauten hervorgeht. Er habe das Buch »mit höchst ergriffenem Interesse« gelesen[20] und gleich auch Loisys *Études évangéliques* bestellt. Er finde darin »einige Punkte, die ich selbst – so

---

[17] *Choses passées,* S 49.

[18] Brief vom 13. Februar 1897: »Ich habe diese so starken und so wohlüberlegten Seiten mit großer Genugtuung gelesen; glauben Sie mir: Es war eine Wohltat für mich.« (Bernard-Maître, S. 55).

[19] Ebd., S. 56 und Marlé, S. 34–45.

[20] An Mourret, 4. Januar 1903, Blondel–Valensin, Bd. 1, S. 111; vgl. schon an Wehrlé, 28. November 1902, ebd. S. 110 und Blondel–Wehrlé, Bd. 1, S. 63–64.

Gott will – in meiner Apologetik berühren werde, [...] mit fast den gleichen Ausdrücken behandelt, wie ich sie selbst in meinen vorbereitenden Notizen gebraucht hatte.«[21]

Wenn er dennoch ein »Missbehagen« *(malaise)* bei der Lektüre Loisys empfunden hat[22], dann bezieht sich das wohl weniger auf das methodologische Ungenügen der Darlegungen Loisys als auf seine Christologie. In seinem ersten direkt an Loisy gerichteten Schreiben kommt Blondel, nach vielerlei zustimmenden Bemerkungen, gleich auf diese Hauptschwierigkeit zu sprechen: »Wo ich nicht mehr klar sehe, ist das Folgende: Sie sagen, das Problem des Bewusstseins Jesu von seinem Sein und von seinem Verhältnis zu Gott sei schließlich ziemlich nebensächlich. Damit sagen Sie, meines Erachtens, zugleich zu viel und zu wenig. Vom Standpunkt ›methodischer Abstraktion‹ aus, auf den Sie sich als Historiker stellen, müsste man sagen, dass dieses Problem überhaupt nicht existiert (wie Sie das S. 31 tatsächlich sagen). Doch vom Standpunkt des Glaubens aus bleibt dieses Problem (wenigstens soweit ich selbst in die Zukunft zu blicken vermag) von entscheidender Bedeutung. Nein, es kann uns nicht gleichgültig sein, es kann vielleicht für das Menschenherz, ja selbst für die philosophische Vernunft und für das Leben der Gesellschaft, mit einem Wort: für die Wirkkraft des Christentums niemals gleichgültig sein, ob das *Mystère de Jésus* in der Seele eines Pascal[23] oder einer hl. Theresia, und somit auch in meiner eigenen Seele nur ein frommer Roman ist oder nicht.«[24] Für Blondel ist das mehr als menschliche, göttliche Bewusstsein Jesu nicht nur wegen seines Panchristismus unverzichtbar – dieser ist ja nur eine anfechtbare philosophische Theorie – sondern vor allem, weil es ein Herzstück seines eigenen Glaubenslebens bildet. Wie soll ich im Gebet, in den Sakramenten, im Leben der Kirche Jesus begegnen, wenn dieser absolut nichts von all dem gewusst hat?

Wird hier ein religiöses Bedürfnis zur Norm für den Glauben ge-

---

[21] An Wehrlé, 10. Dezember 1902, bei MARLÉ, S. 49 und BLONDEL–WEHRLÉ, Bd. 1, S. 68.

[22] An Mourret, 4. Januar 1903, BLONDEL–VALENSIN, Bd. 1, S. 111.

[23] In dem *Mystère de Jésus* betitelten Fragment lässt Blaise PASCAL Jesus am Ölberg sprechen: »Ich dachte an dich in meinem Todeskampf, ich habe diese bestimmten Blutstropfen für dich vergossen.« *(Pensées,* Br. 553).

[24] Brief vom 15. Februar 1903, bei MARLÉ, S. 89 und MÜLLER, S. 190. Ähnlich an von Hügel am 7. April 1903: »Meine ›Frömmigkeit‹ will einen Christus lieben, der mich schon gekannt und geliebt hat, bevor er leidensunfähig wurde.« (MARLÉ, S. 148). Weitere gleichlautende Belege bei VIRGOULAY, S. 122.

macht – ganz im Sinne der späteren modernistischen Theorie?[25] Ein Vergleich zwischen der Spiritualität Loisys und jener Blondels kann diesen Punkt klären. Über die Spiritualität Loisys sind wir leider nur lückenhaft informiert; wir müssen im wesentlichen seiner Autobiographie und seinen Memoiren Glauben schenken. Er beschreibt seine Familie väterlicherseits als »mäßig fromm; sie achteten die Religion, praktizierten sie wenig und ließen sie ihre Frauen praktizieren.« Aus der Familie seiner Mutter waren dagegen zwei Geistliche hervorgegangen; sie selbst sei »wirklich fromm, vielleicht sogar ein wenig abergläubisch« gewesen und habe von den schlimmen Folgen zu erzählen gewusst, die die Missachtung der Religion mit sich bringe. Sein Vater habe zwar die sittlichen Regeln der Religion beachtet; doch »gegenüber dem, was man als Christ zu glauben und zu praktizieren hat, bezeugte er eine ganz und gar unangefochtene, ja man möchte sagen von Herzen kommende Indifferenz.«[26] Der junge Loisy wurde nur deshalb für das Studium bestimmt, weil er zum Bauern gesundheitlich nicht taugte. Seine brave, gehorsame, regeltreue Kinderfrömmigkeit scheint er durch die Zeit seiner Ausbildung durchgetragen zu haben; seine Entscheidung zum Priestertum sieht er im Rückblick als Folge jugendlicher Überhitzung in einem Exerzitienkurs unter unglücklichen äußeren Umständen.[27] Für die Zeit im Priesterseminar bezeichnet er sich als »gänzlich der Frömmigkeit hingegeben, ein Eifriger unter den Eifrigsten«.[28] Er habe in den Frömmigkeitsübungen und im Gebet ein Heilmittel gegen die intellektuellen Skrupel gesucht, die ihn angesichts der ungenügenden intellektuellen Begründung des Glaubens befallen hätten.[29] Dass er die Jahre seines Theologiestudiums als Zeit einer unüberwindlichen intellektuellen Krise darstellt[30], mag zwar als Selbstrechtfertigung im nachhinein so stilisiert sein; das Auseinanderklaffen von Intellekt und Frömmigkeit dürfte jedoch wirklich das Drama seines Lebens sein. Die Schuld daran trägt wohl nicht nur das intellektuelle

---

[25] So sagt *Il programma dei modernisti* (Torino 1907, S. 99): »Die Religion erscheint als eine spontane Auswirkung unauslöschlicher Bedürfnisse des Menschengeistes, die in der innerlichen, gefühlsmäßigen Erfahrung der Gegenwart des Göttlichen in uns ihre Befriedigung finden.«
[26] *Choses passées*, S. 3–5.
[27] Ebd., S. 13–18.
[28] Ebd., S. 29.
[29] Ebd., S. 42.
[30] Ebd., S. 29–46.

Ungenügen der damaligen Schultheologie, wie Loisy glauben machen möchte, sondern ebenso sehr eine Frömmigkeit, die sich in Übungen erschöpft, vorwiegend auf Praxiskonformität dringt und – ohne echte Innerlichkeit – bestenfalls eine gewisse emotionale Orchestration eines intellektuell bleibenden Glaubens bietet. Für Loisy bedeutet deshalb Glaubensbegründung die rein intellektuelle Aufgabe, ein theologisches System (näherhin die Schultheologie) und die wissenschaftlichen Ergebnisse historisch-kritischer Textforschung in Übereinstimmung zu bringen. Seine Glaubenskrise zur Zeit der Abfassung von *L'Évangile et l'Église* – er glaubte damals, wie spätere Dokumente zeigen, schon nicht mehr an die Gottheit Christi[31] – erscheint so als eine zutiefst intellektuelle Krise, die eine an der Oberfläche gebliebene Frömmigkeit weder zu beeinflussen noch aufzuhalten vermochte.

Loisys Geschichte wird so zur Geschichte eines langsamen Wegdriftens von der Kirche und von ihrem Glauben, gegen das wissenschaftliche Diskussionen nichts vermochten und das disziplinarische Maßnahmen seitens der Kirche nur beschleunigen konnten. Loisys Autobiographie dient zweifellos seiner Rechtfertigung im laizistischen Milieu, in dem er nach seiner Exkommunikation einen Platz finden musste. Dennoch dürfte seine innere Entwicklung im großen und ganzen tatsächlich so verlaufen sein, wie er sie dort darstellt. Jedenfalls besteht kein Grund, an seiner Aussage zu zweifeln, er habe seine Exkommunikation schließlich als Befreiung empfunden, da sie ihn endlich an den Platz gestellt habe, der schon seit langem der seine war, nämlich außerhalb der Kirche.[32] Der Glaube war für ihn im wesentlichen ein intellektuelles Problem; deshalb gab es für ihn nur eine oberste Regel, die intellektuelle Redlichkeit. Und gemäß dieser Regel konnte und durfte er keinen Widerruf leisten.

Viel besser als über Loisy sind wir über die Spiritualität Blondels unterrichtet. Seine geistlichen Tagebücher, eine Hauptquelle für sein philosophisches Werk, sind erhalten und weitgehend veröffentlicht, und nicht wenige seiner zahlreichen Briefe geben Einblick in sein inneres Leben. In einer tiefgläubigen und fraglos praktizierenden Familie

---

[31] Texte zu dieser Frage mit der einschlägigen Literatur bei VIRGOULAY, S. 103–104; vgl. auch Loisys Tagebucheinträge vom 7. Juni 1904 (*Choses passées*, S. 308–309).

[32] *Choses passées*, S. 288, 311–313, 337, 365–369, mit dem etwas rhetorischen Schluss: »Ich genoss das Glück, nicht mehr ein Kirchenmensch zu sein und endlich ein wenig mir selbst zu gehören.«

aufgewachsen, erlebte Blondel am Abend seines Erstkommuniontages eine tiefe geistliche Erfahrung, deren Erinnerung ihn sein ganzes Leben hindurch begleitete.[33] Die Eucharistie wurde zum Mittelpunkt seines geistlichen Lebens, das weitgehend vom Mitleben mit dem Kirchenjahr geprägt war[34], und sie wurde dann auch zu einem Brennpunkt seines philosophischen Denkens. Diese sakramentale, kirchliche Prägung zeigt, dass Blondels Frömmigkeit nicht auf ein religiöses Bedürfnis reduziert werden kann; sie besteht vielmehr in der Verinnerlichung vorgegebener Formen und Inhalte. Eben dahin zielte auch Blondels Versuch einer Glaubensbegründung. Er wollte zeigen, dass das tiefste Wollen des Menschen erst in der kirchlichen Praxis seine Vollendung findet. Vernunftgemäßheit des Glaubens bedeutet für ihn nicht historische oder philosophische Beweisbarkeit der Glaubenswahrheiten, sondern Übereinstimmung der Glaubenspraxis mit dem von der Vernunft zu ergründenden Wesen des Menschen. Diese Vernunftgemäßheit versuchte Blondel mit Hilfe einer Philosophie aufzuzeigen, die über den Intellektualismus hinaus die Unersetzlichkeit des wirklich gelebten Lebens aufzeigte. Sein Lebensweg ist von diesem apologetischen Anliegen gezeichnet. Er entschließt sich zum Studium an der École Normale Supérieure und dann, auf Rat erfahrener Seelenführer[35], zur Universitätslaufbahn statt zum Priestertum; denn als Laie konnte er in einer laizistischen Umwelt die Anliegen der kirchlichen Praxis glaubhafter vertreten als ein Priester.

Eine derart kirchenbezogene Spiritualität bedeutete jedoch auch, und vielleicht in erster Linie, ein Leiden an der Kirche und mit der Kirche. Zwar hatte Blondel schon in die *Action* ein paar tiefsinnige, seinen Tagebüchern entnommene Seiten über das Leiden als Weg zur Vollendung des Menschseins eingefügt;[36] doch sein eigentlicher Leidensweg begann erst nach der Veröffentlichung der *Action*. Dass ihm auf Grund der darin vorgetragenen Ansichten die Universitätslaufbahn erst verschlossen und dann erschwert wurde, war zwar schmerzlich, aber immerhin vorauszusehen. Völlig unerwartet trafen ihn dagegen

---

[33] Vgl. *C.I.*, S. 461/488, 462/489, 486/514, und den Tagebucheintrag vom 22. März 1888 bei Mahame, *Spiritualié*, S. 104.

[34] Vgl. dazu ebd., S. 15–37.

[35] Neben Abbé Bieil, an den das im Anhang der *C.I.*, S. 445–458, abgedruckte und als *Mémoire* neu herausgegebene Memorandum gerichtet ist, konsultierte Blondel auch Abbé Huvelin, den Seelenführer Charles de Foucaulds. Vgl. dazu Henrici, *Vocation*.

[36] *Action*, S. 380–384/404–409.

die Verdächtigungen und Angriffe kirchlicherseits, die seine Rechtgläubigkeit in Frage stellten. Als Blondel sich zur Auseinandersetzung
mit Loisy aufraffte, wusste er sich mindestens ebenso sehr wie dieser
von einer Indizierung seiner Werke bedroht. Im März 1903 gelang es
mit äußerster Not, diese Gefahr abzuwenden.[37] Dabei zweifelte Blondel keinen Augenblick, dass er sich einer solchen Maßregelung unterwerfen würde. Am 2. März schreibt er seinem Freund Wehrlé: »Seit
gestern nichts Neues. Sie haben recht. Wir müssen bereit sein wie
Abraham! Könnten wir uns doch durch die vorweggenommene Unterwerfung das Verschontwerden verdienen! Doch schließlich hat der
Herr das Opfer bis zum Ende auf sich genommen.«[38] Ein paar Jahre
später gibt er seinem Kollegen Edouard Le Roy in einer ähnlichen Situation den Rat: »Wir können nicht besser beweisen, dass unsere Absichten missverstanden wurden, als durch das heroische Schweigen des
Kindes, das vom erzürnten Vater geschlagen wird. Wir dürfen uns
nicht wie ›Intellektuelle‹ verhalten, die sich durch Diskussionen zu
rechtfertigen suchen. Christus hat die Welt nicht dadurch erlöst, dass
er recht hatte. Wir haben Anteil an seinem Geist und an der Kraft
seines Opfers, wenn wir es in Liebe, Demut und Vertrauen geschehen
lassen, dass man uns zunächst einmal mit den Räubern verwechselt.«[39]
   In dieser Situation wurde *Histoire et Dogme* zu Blondels durch-
littenstem Werk. Er nennt es sein »Schmerzenskind«.[40] Selbst kränk-
lich und von Kranken in seiner Familie umgeben[41], arbeitsunfähig, von

---

[37] BLONDEL–VALENSIN, Bd. 1, S. 122–124, 137–138.

[38] Ebd., S. 123.

[39] Brief vom 10. Oktober 1907, in: *Lettres philosophiques,* S. 272–273. Schon am 5. Mai
des gleichen Jahres hatte er Le Roy u. a. den taktischen Rat gegeben: »Ich meinerseits
würde nie auf den Gedanken kommen, den Theologen Fragen und sozusagen ›Fallen‹ zu
stellen; man bringt sie damit nicht in Verlegenheit, im Gegenteil, man heizt nur den
Konflikt an, und ich muss Ihnen gestehen, dass eine Katastrophenpolitik nicht nach
meinem Geschmack ist. Ich glaube, dass es am besten ist, wenn man ganz sachte, Schritt
für Schritt, den Horizont erweitert und neue Perspektiven eröffnet.« (ebd., S. 265).

[40] An Valensin, 18. Dezember 1903 (BLONDEL–VALENSIN, Bd. 1, S. 108). Blondel fügt
hinzu: »Nie hat mich eine Arbeit mehr Todesängste ausstehen lassen als diese.« Ähnlich
schon früher an Wehrlé, 4. Dezember 1903, (ebd., S. 115 und BLONDEL–WEHRLÉ, Bd. 1,
S. 216).

[41] An Valensin, 27. März 1903: »Ich sieche dahin, ich mache mich hundert Mal an meine armselige Arbeit und lasse sie wieder liegen; rund um mich regnet es Krankheiten,
noch mehr als auf mich selbst. Es ist die Stunde der Finsternis.« (BLONDEL–VALENSIN,
Bd. 1, S. 85). Ähnlich wieder am 10. September: »Mehr als je bin ich in der Kelter. Die
Gesundheit meiner Frau beunruhigt mich aufs höchste, und mein armer Vater befindet

intellektuellen Skrupeln bedrängt[42], wird ihm die Abfassung dieser Schrift zur Qual. Am meisten quält ihn Gedanke, seinen Freunden, die mit Loisy sympathisieren, wehzutun[43] und sich zugleich – selbst in seinem Familienkreis – neuen Verdächtigungen über seine Rechtgläubigkeit auszusetzen.[44] Seinen Höhepunkt erreichte dieses innere Drama, als nach Fertigstellung des ersten Artikels Blondels theologische Berater, die ihn zu dieser Arbeit bewogen hatten, Fernand Mourret und Joannès Wehrlé, eine Veröffentlichung für inopportun hielten und sie kategorisch ablehnten. Nach einem langen Plädoyer für seine Arbeit unterwirft sich Blondel schließlich dem ihm unverständlichen Urteilsspruch seiner Freunde – den diese, von Blondels geistlichem Gehorsam überzeugt, wenige Tage später wieder aufheben. Blondel schreibt am 29. Dezember 1903:

»Ich füge mich und trete in die dunkle Nacht ein unter Aufopferung eines inneren Lichts und eines fast unwiderstehlichen Antriebs meinerseits. Ich opfere diesen zusätzlichen Schmerz Gott auf, ohne

---

sich seit Monaten in einem sehr qualvollen und beunruhigenden Zustand. Was mich betrifft, habe ich noch weniger Mut als Kraft, und der Überdruss am Leben bedrängt mich.« (BLONDEL–VALENSIN, Bd. 1, S. 97).

[42] An Wehrlé, 4. Dezember 1903: »Wenn ich die ›kleinen Büchlein‹ wieder durchlese, schwanke ich zwischen vielfachem Einverständnis mit dem Unternehmen und mit der Methode und unwiderstehlichem Widerwillen, tausend Gedanken und Ticks, die mir zuwider sind. Ich kann beides nicht klar und befriedigend genug von einander trennen und ich fürchte, dass meine Zustimmung wie meine Kritik nicht ganz zutreffend oder nicht gerecht sind.« (Ebd., S. 115 und BLONDEL–WEHRLÉ, Bd. 1, S. 216).

[43] An Wehrlé, 21 Febr. 1903: »Der Brief des Herrn von Hügel hat mich nächtelang beunruhigt, ja gequält, als würde ein Sturm etwas sehr Tiefes in mir entwurzeln [...]. Helfen Sie mir, meine Zuflucht zum einzigen Meister, zum einzigen Erlöser zu nehmen: Wie gut tut es doch, das Evangelium vom Seesturm zu lesen, ohne sich fragen zu müssen, ob es ›interpoliert‹ ist.« (BLONDEL–VALENSIN, Bd. 1, S. 139 und BLONDEL–WEHRLÉ Bd. 1, S. 154–155). Ähnlich an Bremond, 12. Februar 1904: »Zu all den grausamen Leiden, die mir meine Artikel bereitet haben, kam noch die schmerzliche Befürchtung hinzu, ihn [Hügel] vielleicht zu betrüben. Ich habe dieser Befürchtung nicht nachgegeben, weil ich das lebhafte Gefühl hatte, eine Pflicht erfüllen zu müssen.« (MARLÉ, S. 214 und BREMOND–BLONDEL, Bd. 1, S. 480–481). Schließlich an Loisy selbst, 28. Februar 1904: »Weil ich sah, was ich zu sehen glaube, schien es mir eine Pflicht, es zu sagen. Es gibt ein Wort, das man aus dem Evangelium nicht ausmerzen kann, weil es in ähnlicher Weise noch zuvor in unser Herz geschrieben ist: ›Wer Verwandte oder Freunde mehr liebt als mich, ist meiner nicht wert‹.« (MARLÉ, S. 199). Fast gleichlautend schon am 11. Februar an Hügel (ebd., S. 212), am 13. Februar an Augustin Léger (ebd., S. 187) und am 25. Februar an einen mit Loisy sympathisierenden Priester (ebd., S. 198).

[44] Vgl. dazu den im folgenden zitierten Brief.

dass ich den *vernünftigen* Beweggrund für eine solche Entscheidung einsehe. Und ich sage mir, wenn sich schon jetzt die Bleiglocke, die man uns übergestülpt hat, nicht mehr aufheben lässt, wenn wir uns schon jetzt nicht mehr von den Knebeln befreien können, mit denen man uns mehr und mehr ersticken will, dann wird es später erst recht zu spät sein. Ich muss dann auf die unmögliche Aufgabe verzichten, der ich bereits einen Teil meines Lebens geopfert habe – und in diesen letzten Monaten habe ich mich mehr aufgerieben als in den Jahren zuvor. Wenn meine Frau mich immer wieder bedrängt, ich solle meine Arbeit aufgeben, wenn sie und andere Glieder meiner Familie mich von jeder Initiative und von jeder Anstrengung abhalten wollen, dann fange ich jetzt an zu glauben, dass sie recht haben und dass in gewissen Fällen die Ängstlichkeit eine Tugend ist. Heute handelt es sich ja nicht mehr um eine vorübergehende Konstellation oder um eine Frage der Opportunität; wir stehen in einer derart dramatischen Krise, wie ich sie in meinem Leben künftig wohl nie wieder erleben werde. Was ich gegen Loisy zu sagen habe, das, fürchte ich, kann kein anderer sagen als Hilfe für all jene, die das Werk Loisys verunsichert hat [...]. Vor allem scheint es mir wichtig, dass wir nicht zulassen, dass es nur noch Platz gibt für die Wahl zwischen einem ungehemmten reaktionären Treiben, das für alle klarsehenden Geister und für alle begeisterungsfähigen Seelen tödlich wäre, und der Verbitterung, der verhaltenen Auflehnung oder gar dem offenem Aufruhr, deren Zeugen wir sind. Da ich glaubte, den Knoten dieses Dilemmas auflösen zu können, wagte ich nicht zu schweigen – so viel Ungemach mein Reden mir auch einbringen würde. Sie sehen das anders; Gott möge mich durch Sie meiner Verpflichtung entbinden, zu der ich mich berufen fühle [...].«[45]

IV. Blondel nach der Kontroverse mit Loisy

Dieser Blick in die geistlichen Hintergründe von *Histoire et Dogme* war notwendig, um Blondels weiteres Verhalten zu verstehen. 1905 kauft er die durch den Tod von Abbé Charles Denis (1859–1905) frei gewordenen *Annales de Philosophie Chrétienne* und übergibt die Redaktion seinem Freund Lucien Laberthonnière (1860–1932), dem er ein

---

[45] 29. Dezember 1903 an Wehrlé (MARLÉ, S. 177–178 und BLONDEL–WEHRLÉ, Bd. 1, S. 224–225).

mäßigendes Redaktionskomitee zur Seite stellt. Die Zeitschrift soll helfen, seinen Kampf für einen Ausweg aus dem Dilemma zwischen Reaktion und Modernismus weiterzuführen.[46] Nachdem zwei ruhigere Jahre hoffen ließen, die Diskussion werde sich auf eine sachlichere Ebene verlagern, und nachdem das Dekret *Lamentabili* im Juli 1907 nur den Historizismus Loisys verurteilt hatte, traf die Enzyklika *Pascendi* anfangs September des gleichen Jahres Blondel umso unerwarteter und umso härter. Hier wurden philosophische Lehren und apologetische Methoden verurteilt, die den seinen zumindest sehr nahe standen. Zwar konnte sich Blondel, von seinem »theologischen Gewissen« Fernand Mourret bestätigt, in guten Treuen sagen, dass die Verurteilung nicht ihn persönlich betraf.[47] Um so mehr litt er für seine Freunde und Gesinnungsgenossen: »Ich bin von der Enzyklika erschlagen. Es ist unglaublich. Ich spüre nichts von meinen persönlichen Wunden, obwohl sie bluten. Aber die Seelen, aber der Herr, aber die heilige, mütterliche Liebe des liebenden Gottes, des gerechten Gottes, des weisen Gottes! Ach, mein Lieber, glücklich jene, die schon im Herrn weilen, als Tote, als Unwissende, als Aufgeopferte!«[48]

Doch schon wenige Tage danach rafft er sich wieder auf. Die *Annales* werden weiter erscheinen; doch sie werden sich, wie Blondel selbst[49], einer sehr ernsthaften Gewissenserforschung unterziehen

---

[46] Die 1829 von Augustin Bonnetty gegründeten *Annales de philosophie chrétienne* (im folgenden zitiert: APC) vertraten eine nicht neuscholastische christliche Philosophie und hielten sich für die Auseinandersetzung mit allen Zeitströmungen offen. In ihrem einleitenden Artikel *Notre programme* (APC 151 (1905) 5–31) schrieben Blondel-Laberthonnière: »Wenn es Leute gibt, die unter dem Vorwand, treu und fest zu glauben, meinen oder sich so verhalten als meinten sie, nicht über ihren Glauben nachdenken zu müssen, und die sich so auf einen bloß verbalen, unbeweglichen und allein gültigen Dogmatismus festlegen: Dann sagen wir ihnen, dass sie sich nicht, wie sie vorgeben, zur Höhe der Wahrheit erheben, sondern die Wahrheit auf ihr eigenes kleines Maß herabsetzen und statt aus sich herauszugehen sich in sich selbst verschließen. Wir werden jedoch gleichzeitig auch daran erinnern, dass es noch eine andere Art gibt, unbeweglich zu sein und sich in sich selbst zu verschließen, die nicht besser, ja noch schlimmer ist als die andere, und die darin besteht, dass man es ablehnt, zu glauben, unter dem Vorwand, dass der Glaube vom Suchen entbindet, während man ständig am Suchen sein will.« (S. 10).

[47] Vgl. dazu Virgoulay, S. 229–251.

[48] An Wehrlé, 17. September 1907 (Blondel–Valensin, Bd. 1, S. 357 und Blondel–Wehrlé, Bd. 2, S. 377). »Glücklich jene, die im Herrn gestorben sind« findet sich wie ein Kehrreim in fast allen Briefen jener Tage (Blondel–Valensin, Bd. 1, S. 357f.).

[49] *C.I.*, Bd. 2, S. 156: »Nach *Pascendi*. Gewissenserforschung. Nutzen einer Selbstprü-

müssen. In der Oktobernummer erscheint eine vier Seiten lange, von Blondel selbst redigierte Erklärung, die mit Würde Unterwerfung und Festhalten am Programm der Zeitschrift vereint. Als »christlich und katholisch« unterwerfen sich die *Annales* vorbehaltlos dem päpstlichen Urteilsspruch. Als »philosophisch« sind sie jedoch ihren Lesern eine Erklärung über diese Unterwerfung schuldig. Sie erfolgt in Fortführung der Linie der *Action*, die schon damals »den modernen Götzen des Immanentismus« bekämpft habe, wobei sich die *Annales* weiterhin gegen jede Einseitigkeit, sei es des Immanentismus, sei es des Extrinsezismus zur Wehr setzen werden. »Jeder Minimalismus und jedes Paktieren in philosophischem sich Anbiedern ist uns zutiefst zuwider. Das hindert uns nicht, auch mit unsern Gegnern Kontakt aufzunehmen; denn dafür sind wir ja da. So werden wir uns stets bemühen, sie zu verstehen und uns für sie verständlich zu machen und dabei nie zu vergessen, dass es nicht das Ziel des Apostolats ist, andere des Irrtums zu überführen, sondern sie der Wahrheit näherzubringen.«[50]

Welche geistliche Haltung hinter dieser Erklärung steht, zeigt ein Brief Blondels an Laberthonnière, der wesentlich mehr Vorbehalte gegen die Enzyklika anzubringen hatte als Blondel: »Ich frage mich, ob wir in dieser unglückseligen Enzyklika *Pascendi dominici gregis* nicht doch immer wieder und immer nur die Menschheit unseres Erlösers in ihrer geheimnisvollen und demütigenden Erniedrigung sehen müssen; ob wir, trotz ihrer ›elenden‹ Arbeitsmethoden, ihres offenbaren Mangels an sittlicher und christlicher Haltung, ihres ungerechten Vorgehens und ihrer Überlegenheitsgefühle, die sich darin breitmachen, das Recht haben, sie voll Zorn und Abscheu von uns zu weisen, ohne irgend eine Lehre aus ihr zu ziehen, ohne in ihr jenen Lehrmeister anzubeten, der für uns der schreckliche und unbegreifliche Gott bleibt.«[51]

Mit der gläubigen Unterwerfung unter *Pascendi* war es jedoch noch nicht getan. Die Enzyklika hatte eine bereits gewandelte Situation im Auge, über die Blondel nur teilweise unterrichtet war. Es ging in erster Linie um die italienischen Modernisten. Diese hatten zwar durch

---

fung: Innere Haltung, die das äußere Verhalten bestimmt.« Ähnlich S. 157: »1907. – Mich sammeln für eine umfassende Erneuerung und Neufassung. Wohltat der Enzyklika *Pascendi* und meiner langen Prüfungszeit des Unvermögens.«

[50] APC 155 (1907) S. 8.
[51] An Laberthonnière, 6. Oktober 1907 (BLONDEL–LABERTHONNIÈRE, S. 208).

die Vermittlung Friedrich von Hügels Lehrmeinungen von Loisy und von Blondel übernommen; sie waren jedoch vorwiegend an politisch-sozialen Fragen interessiert, weil sie im Spannungsfeld der immer noch ungelösten römischen Frage lebten. Im Sommer 1907 hatten sie auf einem geheimen Treffen in Molveno versucht, untereinander über ihre Zielsetzungen und ihre theoretischen Ansichten einig zu werden, waren aber zu keinem Ergebnis gekommen. Möglicherweise war es dieses Treffen, das der Enzyklika den Anlass gab, den Modernismus als eine geschlossene Bewegung aufzufassen, die die Kirche zu unterwandern suche. Dementsprechend konstruierte *Pascendi* eine Synthese der Lehre der Modernisten, die nach dem Urteil aller Fachleute als solche nie existiert hat.[52] Ironie der Ketzergeschichte: Ein *Programm der Modernisten* wurde von Ernesto Buonaiuti erstmals auf Grund der Enzyklika entworfen.[53]

Und doch tat das päpstliche Dokument seine Wirkung, weil sich daraufhin einige wenige echte Modernisten ganz von der Kirche absetzten, während die Mehrheit, die man richtiger als progressive Katholiken bezeichnen würde, ihre Ansichten im Sinne der Kirche revidierten. Damit begann jedoch die eigentliche Tragödie. Der Modernismus war verurteilt, folglich hatte er zu existieren, und so wandelte sich, was bisher Theologengezänk war, zu einer Ketzerjagd mit päpstlicher Beglaubigung. Im Rückblick erscheint, innerkirchlich gesehen, die Modernismuskrise als eine Krise auf Grund des Antimodernismus. Dieser blockierte auf Jahre, ja auf Jahrzehnte jede gesunde theologische Entwicklung und führte in das kirchliche Leben zum Teil recht unchristliche Praktiken der Bespitzelung und der Verdächtigung ein. Ihnen fielen nicht nur Theologen zum Opfer, sondern auch politisch und sozial engagierte Laien, wie die Gruppe der demokratisch orientierten Sozialen Katholiken um die *Semaines Sociales de France*.[54] Sie wurden von der monarchistischen und rabiat antimodernistischen *Action Française* des »katholischen Atheisten« Charles Maurras auf heftigste bekämpft.

Zu ihrer Verteidigung griff Blondel nochmals mit einem klären-

---

[52] Vgl. Pietro Scoppola, *Crisi modernista e rinnovamento cattolico in Italia.* Bologna: Mulino, 1961, S. 235–244.

[53] *Il programma dei modernisti. Risposta all'Enciclica di Pio X ›Pascendi Dominici Gregis‹.* Torino 1907.

[54] Zur Geschichte der *Semaines Sociales de France* vgl. Virgoulay, S. 160–162, mit der dort angegebenen Literatur.

den Wort in die kirchlichen Auseinandersetzungen seiner Zeit ein. Er nahm die Soziale Woche, die 1909 in Bordeaux stattfand, zum Anlass, unter dem durchsichtigen Pseudonym Testis in einer Artikelreihe die philosophischen Voraussetzungen und die Leitbilder für die Praxis der sozialen Katholiken und der Antimodernisten zu durchleuchten. Er kommt dabei zum Schluss, dass Modernismus wie Antimodernismus dem gleichen Grundfehler verfallen sind, für den er das Wortmonstrum »Monophorismus« prägte: »Die These, derzufolge im Christentum alles von außen, *extrinsecus,* kommt, ist genauso unrichtig wie die These, dass alles aus dem Innern kommt, durch eine Art von Efferenz.«[55] »Der falschen Lehre von der Efferenz, der unvollständigen Lehre von der bloß äußerlichen Afferenz (die man beide, um den Irrtum in einem Wort festzunageln, einen Monophorismus nennen könnte) muss man, um die richtige Lehre nicht zu verkürzen, die Lehre von der doppelten Afferenz entgegenstellen und voranstellen – jene Lehre, die dem inneren Seelenleben, so sehr es bereits unter übernatürlichen Antrieben steht, zwar keineswegs die Fähigkeit zugesteht, selbst seines Ursprungs und Endziels ansichtig zu werden, die aber auch der objektiven Wahrheit nicht die Kraft zuschreibt, den Geist schon dadurch zu ihrer gläubigen Annahme und Übernahme zu zwingen, dass sie ihm verpflichtend vorgelegt wird.«[56]

Diesem Irrtum ist der Antimodernismus theoretisch und praktisch verfallen. Er vertritt einen Begriffsrealismus, der das menschliche Begreifenkönnen zum Maßstab jeder Intelligibilität macht. Dem entspricht ein rationalistisches Wirklichkeitsbild, in dem jeder Aspekt der Wirklichkeit als selbstgenügsam in sich stehend und von allen andern sauber abgrenzbar erscheint. Das Übernatürliche wird dementsprechend als bloß äußerliche Aufstockung über eine in sich abgeschlossene Natur aufgefasst. In dieser in Stockwerke aufgeteilten und in Schotten abgeteilten Wirklichkeit kann einer, der sich als Christ bezeichnet, un-

[55] Die Ausdrücke Efferenz – Afferenz entlehnt Blondel der Neurophysiologie, wo sie die den Hirnzentren zufließenden und die von ihnen ausgehenden Nervenströme bezeichnen (vgl. *Action,* S. 151–157/178–186). Der übertragene Gebrauch, den Blondel von dieser Terminologie macht, ist damit zu begründen, dass Modernismus wie Antimodernismus eine Lehre über das Zustandekommen des Glaubens vorlegen, die im einen wie im andern Fall vom Standpunkt der Offenbarung aus ebenso ungebührlich verkürzt und vereinfacht erscheint, wie eine Neurophysiologie, die nur den einen der beiden Nervenströme berücksichtigen würde.
[56] APC 159 (1909), S. 270–271, und *Monophorisme,* S. 64–65.

bekümmert eine positivistische »Physik der Gesellschaft« und eine hemmungslose Machtpolitik vertreten, der alle Mittel zum Zweck recht sind. Die sozialen Katholiken fassen dagegen die Wirklichkeit als einen Gesamtzusammenhang auf, in dem sich die wirtschaftlichen Gegebenheiten nicht von ihren gesellschaftlichen und ethischen Bezügen trennen lassen, und in dem das übernatürliche Ziel des Menschen als für die natürliche Ordnung selbst maßgebend und grundlegend angesehen wird.

Mit diesen Analysen hat Blondel als erster und lange Zeit als einziger die Gefahren und Verirrungen des sogenannten Integrismus und dessen falsche philosophischen Voraussetzungen mit ähnlicher Klarsicht aufgedeckt, wie er das einige Jahre zuvor bezüglich des Modernismus getan hatte. Begreiflicherweise zog er sich dadurch neue Feindschaften zu. Sie wurden zum Anlass, die *Annales* 1911 auf den Index zu setzen, und zwar für die Zeit, da Laberthonnière ihr Redaktor war und Blondel, was nicht bekannt war, ihr Eigentümer. So blieb ihm keine andere Wahl, als das Erscheinen der Zeitschrift einzustellen, sich ins Schweigen zurückzuziehen und sich der Vorbereitung seines philosophischen Spätwerks zu widmen.

Der bald ausbrechende Weltkrieg, der Wechsel des Pontifikats von Pius X. zu Benedikt XV., der in seinem ersten Rundschreiben das antimodernistische Treiben verurteilte, ließen die Polemik langsam zur Ruhe kommen. Einen weiteren entscheidenden Schritt zur Überwindung der Krise tat Pius XI., als er 1926 die schon unter Benedikt XV. erfolgte Verurteilung Maurras' und der *Action Française* veröffentlichte und durchsetzte. Ein weiteres tat Pius XII. mit seinen neue Horizonte eröffnenden Enzykliken *Mystici corporis* (1943) und *Mediator Dei* (1947), vor allem aber mit *Divino afflante Spiritu* (1943) über die Bibelwissenschaft. Die volle Überwindung der Krise gelang jedoch erst im II. Vatikanischen Konzil. Ihm waren, ganz im Sinne von Blondels Traditionsbegriff, Aufbrüche im kirchlichen Leben vorangegangen, so die liturgische Bewegung und die Bibelbewegung. Theologisch war der Boden für das II. Vatikanische Konzil vor allem durch die sogenannte *nouvelle théologie* vorbereitet worden, die auf die Kirchenväter zurückgriff, die jedoch von P. Reginald Garrigou-Lagrange noch 1946 des Modernismus bezichtigt wurde.[57] Dazu kam eine durch ihre Be-

---

[57] Réginald Garrigou-Lagrange, *La nouvelle théologie où va-t-elle?*, in: *Angelicum* 23 (1946), S. 126–145.

gegnung mit der modernen Philosophie erneuerte Scholastik, namentlich der so genannte transzendentale Thomismus. Sowohl die theologische wie die philosophische Erneuerungsbewegung wussten sich direkt oder indirekt dem Denken Maurice Blondels verpflichtet – es genügt, die Namen Henri de Lubacs[58] und Joseph Maréchals[59] zu nennen. Beide haben, angeregt von Blondel, bei Thomas von Aquin das *desiderium naturale videndi Deum* wiederentdeckt und den von Blondel getadelten Monophorismus überwunden. Kaum ein anderer Autor hat zur Umgestaltung des katholischen Denkens des 20. Jahrhunderts so viel beigetragen wie Maurice Blondel.

---

[58] Henri de Lubac hat u.a. die Briefbände BLONDEL–VALENSIN und BLONDEL–WEHRLÉ herausgegeben und den Band von MARLÉ zumindest vorbereitet.

[59] Zum Einfluss Blondels auf Maréchal vgl. BLONDEL–VALENSIN, Bd. 2, S. 265–266, 273.

D. Weiterungen

Maurice Blondels *Logique de la vie morale* damals und heute (2006)

Eine *Logik des sittlichen Lebens* scheint sich auf einem derart hohen Niveau der Abstraktion zu bewegen, dass sie für die praktischen ethischen Fragen des Alltags kaum etwas zu sagen hat. Handelt es sich vielleicht um ein philosophisches *l'art pour l'art*, ein Beispiel jener hohen, praxisfernen Spekulation, die unter Fachgenossen Ehre einbringen kann? Die Tatsache, dass Blondel seine *Logik des sittlichen Lebens* für den ersten Internationalen Philosophischen Kongress ausgearbeitet hat (dem bis heute eine lange Reihe anderer gefolgt sind), könnte diesen Verdacht aufkommen lassen. Doch die Problematik, die sein Vortrag behandelte, hatte Blondel schon seit Jahren beschäftigt, und in jenem ersten Kongress handelt es sich auch nicht darum, vor den Fachgenossen *bella figura* zu machen. Mit der Wahl eines Themas, das dem Universitätsbetrieb ferne lag, setzte sich Blondel vielmehr der Gefahr aus, dass man ihn als einen seltsamen Kauz links liegen ließ. Nach dem Zeugnis seiner Zeitgenossen ist das glücklicherweise nicht geschehen.

So stellt sich die Frage, in welcher Absicht Blondel gerade dieses Thema gewählt hat und was seine Zuhörer daran bemerkenswert fanden. Um die Frage zu beantworten, muss der Vortrag in seinem Kontext gelesen werden. Dann kann auch deutlich werden, auf welche Probleme seiner Zeit er eine Antwort geben wollte, und es wird erhellen, wie weit er für die ethischen Fragen unserer Zeit immer noch hilfreich sein kann.

I. Die Eigenart der Logik Blondels

Auf ersten Blick beschäftigt sich Blondels *Logique de la vie morale* gar nicht mit ethischen, sondern mit logischen Fragen. Sie beginnt mit einem Leibnizzitat, das zwar von Ethik spricht (und von Politik, wie Blondel in einer Fußnote hinzufügt), doch nur, um dafür »eine neue

Art von Logik« zu fordern, »die sich von jener, die wir bis jetzt haben, gänzlich unterscheidet.«[1] In seinem Beitrag wollte Blondel eine solche neue Logik vorlegen, wie er im Vorwort zu Enrico Castellis italienischer Übersetzung seines Textes erklärt: »Meine erste Absicht war, die Logik zu verfeinern und zu erweitern. Ohne ihre Stringenz im mindesten zu schmälern, wollte ich deutlich machen, wie weit sich ihre Aufgabe und ihre Tragweite erstrecken.«[2] Blondel verstand diese neue Logik jedoch in einem anderen Sinn als Leibniz. Seine Frage ging in erster Linie nach dem *Principe élémentaire,* dem Ausgangspunkt und der Grundlage dieser neuen Logik, ja jeder möglichen Logik überhaupt. Das ist nach allgemeiner Übereinkunft das Kontradiktionsprinzip. Der anthropo-ontologischen Begründung dieses Prinzips und der aus ihm folgenden Gegensatzpaare ist der größte Teil des Vortrags Blondels gewidmet.

Blondels Begründung ist als anthropo-ontologisch zu bezeichnen; denn er nimmt es zwar als selbstverständlich an, dass »das Kontradiktionsprinzip [...] das Grundgesetz des Seins« ist;[3] fragt sich aber, wie die Idee eines kontradiktorischen Widerspruchs in unserem Tun entstehen kann. Diese Idee kann nicht aus einer Beobachtung gewonnen sein; denn »etwas Kontradiktorisches kommt in der Erfahrung nie vor.«[4]

Die Logik, jede Logik – so Blondel – lässt sich folglich nicht aus dem faktisch Vorliegenden gewinnen; sie stammt vielmehr aus der inneren Erfahrung, die wir als bewusst Handelnde machen. Als bewusst Handelnder bin ich mir nicht nur bewusst, dass ich hier und jetzt eine Entscheidung zu fällen habe, und ich weiß auch um meine vergangenen und künftigen Entscheidungen. Aus dem Blick auf die vergangenen Entscheidungen ergibt sich die Idee der Unmöglichkeit, des Nicht-sein-könnens; denn das, was ich getan habe, kann nicht wieder ungeschehen gemacht werden, und alles andere, was ich nicht getan habe, bleibt für immer ungetan. *Quod factum est, infectum fieri nequit* – diese Formel Bernhards von Clairvaux ist für Blondel die Urform des Kontradiktionsprinzips.[5]

---

[1] *Logique,* S. 123/367/524.
[2] Maurice Blondel, *Lettre en vue de la réédition* par Enrico Castelli de *Principio di una logica della vita morale.* Napoli: Guida ²1990, S. 37.
[3] *Action,* S. 370/395, vgl. auch S. 486/511.
[4] »Jamais la contradictoire n'est donnée en fait.« (*Logique,* S. 126/369/526).
[5] *Action,* S. 370/395, vgl. Bernhard von Clairvaux, *De consideratione,* V, VII, 26, aber

Doch das ist nicht die erste und ursprünglichste logische Einsicht; sie setzt die Idee voraus, dass die Dinge, auch jene in der Vergangenheit, anders sein könnten als sie wirklich sind oder waren. Wie entsteht diese Idee? »Da wir uns ganz spontan dazu imstande erachten, die Dinge zu ändern, gewinnen wir die Idee, dass sie anders sein könnten.«[6] Hieraus entspringen die Ideen des Andern, des Konträren, des Kontradiktorischen und des Relativen,. Diese sind ihrerseits – damit erreicht Blondel eine noch tiefere Begründungsebene des Logischen – »das Licht für jedes Erkennen [...], Begriffe, ohne die kein deutliches Bewusstsein möglich ist, weil dieses immer zumindest einschlussweise auch Bewusstsein einer Unterscheidung, eines Verhältnisses, einer Entscheidung *(option)* ist.«[7] Wer sich zum Handeln veranlasst sieht, findet sich vor verschiedene Möglichkeiten gestellt, die sich in konträrem Gegensatz zu einander befinden, d. h. sie kommen zwar gemeinsam im Bewusstsein vor, sie können jedoch in der Wirklichkeit nicht alle zugleich verwirklicht werden. Die einmal verwirklichte Möglichkeit steht dann als vergangene in kontradiktorischem Gegensatz zu ihren Konträren. Die in der philosophischen Tradition seit Aristoteles bekannte Beobachtung, dass für das Künftige und das Vergangene zwei logisch verschiedene Modi gelten[8], ergänzt Blondel durch eine wertphilosophische Bemerkung, für die er sich auf ein ebenfalls aristotelisches Begriffspaar beruft. Die verwirklichte Möglichkeit, die ihr kontradiktorisch gewordenes Gegenteil ausschließt, kann die Bedeutung eines wirklichen Gewinns (κτῆσις) oder eines unwiederbringlichen Verlustes (στέρησις) haben, je nachdem ob die ausgeschlossene Möglichkeit im Hinblick auf das, was ich zu verwirklichen beabsichtige, weniger nützlich oder aber wertvoller und wichtiger gewesen wäre.«

So kann der Inhalt der *Logik des sittlichen Lebens* in wenigen Worten zusammengefasst werden, während der Vortrag Blondels selbst wieder eine Kurzfassung der *Action* war – nicht nur der vier Seiten über die »Logik des Tuns« in der *Conclusion* der *Action*[9], sondern auch des dritten, letzten Kapitels im Fünften Teil des Werks, wo

---

auch René Descartes, *Meditationes de prima philosophia,* VI; *Principia philosophiae,* I, 49.

[6] *Logique,* S. 129/372/527.

[7] Ebd.

[8] Der erste und massgebliche Text für diese Einsicht findet sich bei Aristoteles, Περὶ ἑρμενείας, cap. 9.

[9] *Action,* S. 470–474/495–499.

Blondel von einer »privativen Erkenntnis des Seins«[10] und vom »Seinsbesitz in der Erkenntnis«[11] spricht. Diese Formeln, die nur dort vorkommen, nehmen die Ausführungen der *Action* über »Die Alternative« und die Option wieder auf[12], aber auch das, was Blondel im Dritten Teil über die Entstehung des Bewusstseins und der Absicht auf Grund der Kontraste in der Wahrnehmung gesagt hat.[13]

II. Ethische Tragweite dieser Logik

Diese Bezüge lassen nun auch die ethische Tragweite der Logik erkennen. Wenn die *Logique de la vie morale* in Grunde genommen nur die Grundeinsicht der *Action* wiedergab und sie teilweise etwas weiter ausarbeitete, und wenn die *Action*, aufs ganze gesehen, auch als ein moralphilosophisches Werk verstanden werden muss, dann ist das gleiche von der *Logique* zu sagen. Die moralphilosophische Abzweckung der *Action* erhellt schon aus der geschichtlichen Situation, auf die Blondel mit seinem Werk antworten wollte. Sein Untertitel: *Essai d'une critique de la vie et d'une science de la pratique* zeigte für Blondels Zeitgenossen unüberhörbar an, dass dieses Werk als der Moralphilosophie zugehörig betrachtet werden musste. Zwar beschäftigt sich nur ein Kapitel ausdrücklich mit Moralphilosophie, genauer gesagt mit den verschiedenen Arten von Moralphilosophie; doch das ganze Werk ist von Anfang bis Ende mit moralistischen Überlegungen im Sinne der französischen Moralisten durchsetzt, und sein Tonfall ist bisweilen sogar moralisierend. Schon die einleitende Frage, die den Gang der Untersuchung bestimmt: »Ja oder nein, hat das Leben einen Sinn und hat der Mensch eine Bestimmung?«[14] weist in diese Richtung.

Die besondere Art dieser Moralphilosophie, in der *Action* wie in der *Logique*, erklärt sich aus dem Kontext, in dem beide Schriften entstanden sind. Einer der Lehrer Blondels war Émile Boutroux, ein hervorragender Kenner von Aristoteles und Kant, aber auch der deutschen Philosophie des neunzehnten Jahrhunderts. Sein Einfluss zeigt sich vor

---

[10] Ebd., S. 436–440/462–466.
[11] Ebd., S. 440–450/466–476.
[12] Ebd., S. 356–388/382–413.
[13] Ebd., S. 103 ff./130 ff.
[14] Ebd., S. VII/9.

allem in der wissenschaftlichen, streng rational argumentierenden Methode Blondels. Noch einflussreicher war Blondels anderer Lehrer, Léon Ollé-Laprune, dem die *Action* gewidmet ist. Er hat sich mit seinen beiden Hauptwerken *De la certitude morale* und *Essai sur la morale d'Aristote*, aber auch mit seinem populären *Le prix de la vie* eindeutig als Moralphilosoph bekannt. Die Habilitationsschrift von Peter REIFENBERG, *Verantwortung aus der Letztbestimmung. Maurice Blondels Ansatz zu einer Logik des sittlichen Lebens*, der bisher ausführlichste Kommentar zu Blondels *Logique*, setzt deshalb zu recht mit einer ausführlichen Darstellung der Moralphilosophie Ollé-Laprunes ein.[15] Blondel, der seinem »geliebten Lehrmeister« eine Biographie gewidmet und sie mehrmals überarbeitet hat, warf ihm allerdings auch mangelnde Wissenschaftlichkeit und Stringenz seiner Beweisführung vor. Blondel hat seine *Logique* nicht zuletzt im Licht dieses Vorwurfs ausgearbeitet.

Auch unsere Beweisführung soll hier noch stringenter werden, zunächst in historischer Hinsicht. Frédéric Rauh aus Grenoble (1861–1909), der sich vor allem als Moralphilosoph einen Namen gemacht hat, war ein Klassenkamerad Blondels an der École Normale Supérieure. Schon vor Jahren hat Michel JOUHAUD die Philosophie dieser beiden Normaliens mit einander verglichen, obwohl seine Monographie im Titel nur den Namen Blondels trägt: *Le problème de l'être et l'expérience morale chez Maurice Blondel*[16]. RAUH hatte seine Doktorarbeit drei Jahre vor Blondel eingereicht, unter einem Titel, der von Blondel stammen könnte: *Essai sur le fondement métaphysique de la morale*, und er hatte sie Émile Boutroux gewidmet. Auch Rauh fragte nach einer besseren, letztlich metaphysischen Begründung der Moral, indem er einerseits die damals gängigen ethischen Systeme Spencers, Darwins, Fouillées, Guyaus und Wundts (die auch Blondel bestens kannte) als »Systeme des Kompromisses und des Übergangs« kritisierte, sich aber anderseits auch nicht an die intellektualistische Ethik Spinozas und Kants anschließen wollte. Diese Systeme korrigierend, wollte Rauh »ein System der Freiheit und der Ethik« aufstellen, »ein System, das sowohl die Freiheit wie die Ethik begründet.«[17] Er schließt sein Werk mit den Worten: »Denn die Ethik, oder besser gesagt, das

---

[15] REIFENBERG, S. 47–110.
[16] JOUHAUD, 1970.
[17] RAUH, *Fondement*, S. 248.

ethische Handeln ist nicht nur die Krönung der metaphysischen Spekulation, sondern, wie wir gesehen haben, jene wahre Metaphysik, die
nur das Leben lehrt, die nichts anderes ist als das gelebte Leben
selbst.«[18]

Damit ist nicht nur das Umfeld angezeigt, in dem sich Blondel
bewegte, wenn auch er die Ethik metaphysisch zu begründen suchte.
Auch der scheinbar gleichlautende Rückgriff auf das gelebte Leben als
letzte metaphysische Instanz ist aufschlussreich. Denn die Wege der
beiden Philosophenfreunde, die bis zum frühen Tod Rauhs in briefli-
chem Kontakt blieben, gingen trotz der verwandten Themenstellung
entschieden auseinander, und das nicht nur wegen ihrer verschiedenen
religiösen Anschauungen. Schon der Stil ihrer Doktorarbeiten kann
das erahnen lassen: darstellend, historisch und gelegentlich etwas zö-
gernd bei Rauh, beweisführend, stringent und drängend bei Blondel.
1903, im Erscheinungsjahr der Logique Blondels, veröffentlichte RAUH
einen weiteren Band mit dem Titel *L'expérience morale*, ein Werk, das
ihm eine gewisse Berühmtheit einbrachte. Darin wollte Rauh die Ethik
»wissenschaftlich« begründen, wissenschaftlich im Sinne von Claude
Bernard durch experimentell beglaubigte Hypothesen. Auch Blondel
hatte seine »Wissenschaft der Praxis« im Sinne von Claude Bernard
verstanden als Erfahrung durch »ethische«, bzw. »metaphysische Experimentation« *(expérimentation morale* oder *métaphysique)*. Rauh
verstand die experimentelle Erfahrung jedoch in einem empiristischen
und politischen Sinn als Erfahrungen eines militanten Sozialisten, der
Rauh inzwischen geworden war. Das Gewissen betrachtete Rauh, ähnlich wie Rousseau, als ein Gefühl *(sentiment)*. Blondel dagegen fasste
die Erfahrung wissenschaftlich als etwas Vorhersehbares, ja genau Be-
rechenbares auf.[19] Die *Logique* sollte zeigen, dass sich die Gesetze der
ethischen Erfahrung logisch stringent darstellen lassen. *La logique de
la vie morale* will die Ethik zu einer strengen Wissenschaft machen,
und sie setzt sich damit in direkten Gegensatz zu Rauhs *experientia
vaga*.[20]

Die Wissenschaftlichkeit der Ethik im Sinne Blondels beinhaltet

---

[18] Ebd., S. 255. In *Notes*, C. 16, f. 5, V nr. 1875 finden sich Aufzeichnungen Blondels
über die Soutenance der lateinischen These Rauhs.
[19] Vgl. z. B. *Action*, S. 146/173, 383/408, 442/468 und passim
[20] Vgl. Baruch SPINOZA, *Ethica more geometrico demonstrata*, Pars secunda, Prop. 40,
Scholion II,1°.

noch einen andern Aspekt. Diesen kann ein Vergleich mit dem Werk eines anderen Normalien sichtbar machen, der die École im Jahr vor dem Eintritt Rauhs und Blondels verlassen hatte, Émile Durkheim. Blondel las und exzerpierte zur Zeit der Ausarbeitung seiner These mit großem Interesse drei Artikel Durkheims *La science positive de la morale en Allemagne*. Sie stellten die zeitgenössischen moralphilosophischen Strömungen in Deutschland vor, namentlich die Ethik Wilhelm Wundts. Die sozialphilosophischen Überlegungen der fünften und letzten Etappe des Dritten Teils der *Action* wurden unter dem Einfluss dieser Artikel verfasst.[21] Unter ihrem Einfluss verankerte Blondel seine Sozialphilosophie in der Nationalökonomie und in der Psychophysik, und er entwickelte sie in ethischer Ausrichtung. In dieser Verbindung von Psychophysik, Nationalökonomie und ethisch geprägter Sozialphilosophie zeigt sich der wissenschaftlichen Charakter der Ethik Blondels im Sinn der (damaligen) positiven Wissenschaften, und zwar sowohl dann, wenn er eine Wissenschaft der Sitten (*science des moeurs,* die hegelsche »Sittlichkeit«) vorlegt, wie auch seine metaphysische und eigentlich moralische Moral im Sinne Kants. In der *Logique* bleibt das alles im Hintergrund; es war nicht der Ort, es ausführlicher darzulegen. Der Leser aber muss es im Auge behalten, wenn er verstehen will, von welcher Art ethischer Erfahrung Blondel spricht. Sie bedingt auch die ethische Tragweite seiner *Logique.*

III. Ein Beitrag zur heutigen ethischen Diskussion

Mit diesen Voraussetzungen wird nun eine Antwort auf die Frage möglich, welchen Beitrag Blondels *Logique* zur zeitgenössischen ethischen Diskussion leisten könnte. Ein erster Beitrag besteht zweifellos darin, dass sie zeigt, dass das heutige Ethikverständnis nicht das einzig mögliche und vielleicht nicht einmal das ertragreichste ist.

    1. Ohne es je ausdrücklich zu sagen, versteht Blondel die Ethik oder Moral grundlegend als Hinführung zur *vita beata.* Er steht so in der Tradition Spinozas, die damals im französischen Universitätsleben vorherrschte. Hinter der *Logique* wie hinter der *Action* steht die Frage, wie der Mensch seine Bestimmung *(destinée)* erreichen und verwirklichen kann, das Ziel, auf das er hingeordnet ist. Erst durch Erreichung

---

[21] Näheres dazu im nachstehenden Beitrag *Zur Sozialphilosophie Blondels.*

dieses Zieles ist der Mensch im vollen Sinne Mensch. Den Ausdruck »Bestimmung« hat Blondel möglicherweise der *Bestimmung des Menschen* FICHTES entnommen, die er nachweislich kannte.[22] Heute würde man wohl eher von Selbstverwirklichung oder mit Heidegger vom Ganzseinkönnen sprechen. In christlicher Sprache handelt es sich um das Heil des Menschen.

Die Suche nach der Bestimmung des Menschen hatte Blondel in der *Action* mit der Formel *égaler le vouloir* gekennzeichnet: das Wollen in Übereinstimmung mit sich selbst bringen. Das geschieht, wenn die *volonté voulue*, das, was ich hier und jetzt will oder suche *(quod volutatis objectum fit)*, in Übereinstimmung gebracht wird mit der *volonté voulante*, dem konstitutiven Grundimpuls des Wollens *(voluntas ut natura)*.[23] Einige Jahre nach der *Logique* kleidet Blondel das im Aufsatz *Le point de départ de la recherche philosophique* in die glückliche, aber damals umstrittene Formel der *adaequatio realis mentis et vitae*[24] – eine Formel, die auch anzeigt, dass es ohne ein aufrechtes ethisches Leben keine wahre Erkenntnis geben kann.

In der *Logique* ist die Suche nach dem Ganzseinkönnen die stillschweigende Voraussetzung aller Überlegungen über κτῆσις und στέρησις; denn erst auf dem Hintergrund dieser Suche unterscheiden sich diese beiden von einander. Gegen Ende seiner Schrift sagt Blondel einmal ausdrücklich (und nimmt damit die Formel der *adaequatio realis mentis et vitae* vorweg): »Damit lässt sich die logische Wahrheit als Übereinstimmung des Denkens und des Lebens mit sich selbst definieren, nicht nur in einem rein ideellen Sinn, sondern konkret im Sinn der Anforderungen oder des Schuldscheins *(les créances)* des innerlichen Lebens. Zu sich selbst gelangen, von sich Besitz ergreifen, ausdrücklich mit sich selbst übereinstimmen, wie man es unausdrücklich immer schon ist – das ist Arbeit, zu der die integrale Logik uns anregt und worüber sie urteilt.« Dann fügt er hinzu: »Diese Kohärenz des gesamten Inhalts ist das *Genus*, zu dem die formallogische Stimmigkeit des Urteils als Unterart gehört.«[25] In diesem Sinne ist die Ethik Blondels eine Ethik der *vita beata*, des gelingenden Lebens.

Als Blondel seinen Vortrag über die *Logique* hielt, musste er das

---

[22] Vgl. dazu den vorstehenden Beitrag über *Deutsche Quellen der Philosophie Blondels*.
[23] BLONDEL bei LALANDE, s. v. *Volonté*, S. 1218 f.
[24] *Point de départ*, S. 556/108.
[25] *Logique*, S. 144/383 f./533 f.

seinen Zuhörern nicht ausdrücklich sagen. Die philosophische Atmosphäre war mit Spinozismus geschwängert, und ein ethisches Projekt wurde fast selbstverständlich an der Ethik Spinozas gemessen, dem vielleicht letzten großen Entwurf einer Ethik der *vita beata*. Doch schon die klassischen ethischen Entwürfe des Altertums hatten auf die *vita beata* abgezielt, in erster Linie jene der Stoiker und der Epikuräer, aber auch die eudämonistische aristotelische Ethik. Die gleiche Sichtweise wurde dann von den christlichen Autoren übernommen. Diese verstanden, wie bei Thomas von Aquin zu sehen ist, die *vita beata* im Sinne der *visio beatifica*. Mit seiner Ethik steht auch Spinoza noch in der antiken und mittelalterlichen Tradition. Erst bei Kant und seinen Nachfolgern erfolgte ein Traditionsbruch. Sie verstanden die Ethik als Lehre vom Sollen und von der Pflicht; doch in den Postulaten der praktischen Vernunft und in Kants Religionsschrift finden sich immer noch Erinnerungen an die ältere Tradition.

Außer in der Wertethik, die eine Art Kompromiss zwischen einer Pflichtethik und einer Ethik der *vita beata* darstellt, scheint sich heute die ethische Diskussion vor allem um die Frage zu drehen, was erlaubt und was verboten ist – eine arg geschrumpfte Form der Ethik, die man als »juridische Ethik« bezeichnen könnte. Deshalb könnte es heilsam sein, sich mit Blondel an die ursprüngliche und weite Bedeutung der Ethik als Hinführung zur *vita beata* zu erinnern – wobei *vita beata*, gelingendes Leben, wesentlich mehr besagt als bloßes Glücklichsein. Es geht um nichts weniger als um die volle Verwirklichung all dessen, was im Menschen als Menschen schlummert.

2. Seine Ethik ist für Blondel eine Ethik der *ethischen Erfahrung*. Der Vergleich mit Frédéric Rauh hat gezeigt, dass der Ausdruck »ethische Erfahrung« sehr Verschiedenes, ja Gegensätzliches bedeuten kann. Dennoch muss diesem Gegensatz etwas Gemeinsames zugrunde liegen. Gemeinsam ist Rauh und Blondel, dass sie die Erfahrung nicht im antiken Sinn des Aristoteles, sondern im modernen Sinne Kants verstehen. Für Aristoteles ergab sich die Erfahrung aus der wiederholten Beobachtung ähnlicher Phänomene, wie etwa der Arzt durch lange Beobachtung eines Kranken und durch den Vergleich verschiedener Krankheitsgeschichten miteinander etwas vom Wesen einer Krankheit erfährt. Dagegen nennt man in der Neuzeit in der Nachfolge Galileis das eine Erfahrung, was eine bestimmte Erwartung, eine Hypothese, bestätigt oder sie als falsch erweist. Blondels κτῆσις und στέρησις sind Erfahrungen in diesem neuzeitlichen Sinn.

Die Modernität einer Ethik der Erfahrung beruht jedoch nicht allein darauf, dass sie die Erfahrung im Sinn der wissenschaftliche Methode Galileis versteht. Modern ist sie auch dadurch, dass sie weniger auf abstrakten und allgemeinen Prinzipien beruht als auf der Beachtung der einmaligen, unwiederholbaren Handlungssituation. Es ist wohl nicht das geringste Verdienst Blondels, die dennoch immer gleichen und unumgänglichen Gesetze aufgezeigt zu haben, die auch für das schlechthin Einmalige und Unwiederholbare des konkreten ethischen Handelns gelten. Damit hat Blondel nicht nur die Problematik vorweggenommen, die die so genannte Situationsethik aufgeworfen hat; er hat auch eine beachtenswerte Lösung für diese Problematik vorgeschlagen.

3. Mit der Situationsethik ist notwendig eine *Gewissensethik*, eine Ethik des individuellen Gewissensentscheides verbunden. Die konkrete Situation, in der ein Mensch sich hier und jetzt befindet und der persönliche Anruf, den Gott in dieser Situation und mit dieser Situation an ihn richtet (denn die Situationsethik war ursprünglich eine theologische Ethik), kann nur von seinem persönlichen, für jeden Fremden unzugänglichen Gewissen richtig gesehen und beurteilt werden. In diesem Zusammenhang wird ein letzter und der vielleicht modernste Aspekt der Ethik Blondels wichtig. Sie ist eine Ethik der *ethischen Entscheidung*, einer Entscheidung, die keiner einem Menschen abnehmen kann, nicht einmal ein geistlicher Begleiter, die vielmehr immer ganz persönlich geschehen muss.

Aus der Praxis der geistlichen Begleitung ist seinerzeit die Kasuistik hervorgegangen. Sie stellte einen Versuch dar, durch Aufzählung aller äußeren wie inneren Umstände einer konkreten Entscheidungssituation sich so nahe wie möglich an sie heranzutasten. Anders die *Logique* Blondels, obwohl auch sie eine Logik der konkreten Entscheidung sein will. Ihr Kernpunkt ist die qualitative Differenz zwischen dem Vor und dem Nach der konkreten Entscheidung, jene Differenz, deretwegen die Wahl zwischen verschiedenen Möglichkeiten zu einer unwiderruflichen Option wird. Auf diesen Kernpunkt läuft Blondels Darstellung hinaus, und so wird sie zu einem Beitrag zur Moralphilosophie.

In diesem Sinn legt Blondel im zweiten Teil seines Vortrags vier »logische Gesetze des Lebensprozesses« vor. Mit ihrer Hilfe kann jede Entscheidung ethisch beurteilt werden, indem man sie im Ganzen eines Lebenszusammenhanges sieht. Das erste dieser Gesetze, das »Gesetz des anfänglichen Alogismus und des spontanen Polylogismus«[26], nimmt auf den Spuren Maine de Birans, Wundts und Fouillées die psychophysischen Analysen der dritten Etappe des Dritten Teils der *Action* wieder auf, d. h. jene Ausführungen, die nicht nur in der Mitte des Werks stehen, sondern auch ihr eigentliches Herzstück bilden. Blondel erklärt dort, wie die anfangs chaotischen Antriebe und Lebenskräfte zu einer gewissen Ordnung zusammenfinden, wenn eine Entscheidung ansteht, und dies »dank einer Mischung des instinktiven Gespürs für die persönliche Berufung mit dem Nachdenken, aus der die Entscheidungen, die Verdienste und die freiwilligen Verfehlungen erfliessen.«[27]

Das zweite Gesetz, das »Gesetz der Solidarität der auseinander strebenden Kräfte«[28], bezieht sich auf die zweite Etappe des Dritten Teils der Action. Er handelt davon, wie die Idee der Freiheit entsteht und das Wissens um eine ethische Verpflichtung. Blondel zeigt, dass die Entscheidung auch jene spontanen Neigungen, denen sie nicht nachgegeben hat, nicht ausschließt oder gar aufhebt. Folglich ist der Mensch nach getroffener Entscheidung nicht allein mit dem Motiv konfrontiert, für das er sich entschieden hat, sondern mit einem Parallelogramm divergierender und einander bekämpfender Kräfte: »Die Logik des Lebens entfaltet sich auf der Diagonale des Parallelogramms aller konkurrierenden und solidarischen Kräfte. Das ist der Grund, weshalb wir oft, ja sogar immer dort ankommen, wohin wir gar nicht zu gehen vorgesehen hatten«[29] – eine konkrete und zur Demut mahnende Tatsache, die das ethische Erleben bestätigen kann.

Das dritte Gesetz, das »Gesetz der Kompensationen«[30] trägt dieser unvermeidlichen Unreinheit jedes Ergebnisses einer Entscheidung Rechnung, und folgert daraus einen ersten ethischen Leitsatz. Damit der Mensch tatsächlich erreicht, was er erreichen will, muss er in jeder Entscheidung mehr einsetzen als das, was gerade zur Entscheidung steht – er muss, mit Blondels Worten, »ethisch höher zielen«, um sein Ziel wirklich zu treffen. Hier erwähnt Blondel zum ersten Mal das »Opfer«, den »Verzicht«, die für seine praktische Philosophie grund-

---

[26] *Logique*, S. 141/381/534.
[27] Ebd.
[28] Ebd., S. 142/382/534.
[29] Ebd., S. 142/382/534 f.
[30] Ebd., S. 142/382/535.

legend sind. Auf ihnen beruht nicht zuletzt die ethische und religiöse Relevanz der Ausführungen der *Action*. Denn nur wenn der Mensch einen Teil der Antriebe, die er in sich vorfindet, zum Opfer bringt, wird ihm »der fortschreitende Aufbau seines ethischen Charakters« gelingen; denn nur so »kann er zum Guten beitragen mit all dem Bösen, das es in ihm gibt«. Wenn er so handelt, schließt Blondel, verwandelt sich sein Verzicht aus »einer vergänglichen Lust« in »eine dauernde Freude«.[31]

Sind das die Überlegungen eines finstern Moralisten, die sich auf ein überholtes, vorwiegend aszetisches, um nicht zu sagen masochistisches Verständnis des Christentums stützen? So mag es auf ersten Blick scheinen; doch Blondel legt hier in kurzen und vielleicht allzu nachdrücklichen Worten nichts anderes vor als ein unumgängliches Gesetz jeder Entscheidung. In jeder Entscheidung opfert der Mensch notwendigerweise all jene Möglichkeiten auf, die er nicht wählt, und doch hätte jede von ihnen, für sich genommen, ihren guten Wert. »Dieser naturgegebenen Abtötung entkommt keiner«, hatte Blondel schon auf der zweiten Seite der *Action* festgestellt.[32] Der Mensch steht nie einfach vor der Entscheidung zwischen einer schlechthin guten und einer ebenso fraglos schlechten Möglichkeit; er muss immer zwischen zwei Gütern zu wählen, deren jedes mit einigen unguten oder weniger guten Aspekten vermischt ist. Jede Entscheidung opfert deshalb etwas auf, das in gewisser Hinsicht auch gut gewesen wäre. Deshalb setzt jede Wahl, und vor allem jede ethische Entscheidung eine Güterabwägung voraus. Wer diesem Gesetz Rechnung trägt, macht die Gewissensethik, die Ethik der persönlichen Entscheidung konkret und lebensnah.

Blondels Überlegungen gehen jedoch noch weiter. Eine eigentlich ethische Entscheidung lässt nicht einfach ein bestimmtes Gut, das als das geringere betrachtet wird, links liegen; sie muss es vielmehr entschieden zurückweisen, sie muss endgültig darauf verzichten. Ohne diese Entschlossenheit wäre es keine Entscheidung, sondern bestenfalls ein ethisches Wunschdenken, eine Velleität. Das ist der tiefere Grund, weshalb Opfer, Selbstverleugnung, Abtötung in einer ethischen Überlegung nicht übergangen werden können. Das sagt auch das Wort des Evangeliums, dass nur jener das Leben gewinnt, der bereit ist, es zu

---

[31] Vgl. ebd., S. 143/383/535.
[32] *Action*, S. VII/10.

verlieren, und es entspricht der psychologischen Erfahrung, dass nur ein Mensch, der sich hingeben kann, zum wahren Selbstbesitz kommt.

Hier öffnet sich nun der Ausblick auf eine Logik des sittlichen Lebens. Das Kontradiktionsprinzip ist, wie Blondel gezeigt hat, in der Unwiederbringlichkeit und Unauslöschbarkeit des Vergangenen begründet, das heißt, in der Endgültigkeit jeder menschlichen Handlung und Entscheidung. Das frei gewollte Tun eines Menschen wird zur ethischen κτέσις oder στέρησις, je nachdem, ob die von diesem Tun verwirklichte Möglichkeit endgültig mehr oder weniger zum globalen Gelingen des Lebens, zur *vita beata* beiträgt als die dafür geopferten Möglichkeiten. Blondel erklärt das mit einem Exkurs über die »Bestimmung eines logischen Kriteriums der Ethik«.[33] Statt hier nochmals die Lehre von der κτῆσις und der στέρησις vorzutragen, wie Blondel das tut, ist eher eine Erklärung angebracht. Eine Ethik, die ihr Augenmerk vor allem auf die Entscheidung richtet, könnte als dezisionistisch verstanden werden. Der Dezisionismus meint jedoch, dass das menschliche Entscheiden allererst darüber entscheidet, was als gut und was als schlecht zu betrachten ist; Blondel dagegen will ganz im Gegenteil aufzeigen, dass in jede menschliche Entscheidung etwas eingeht, über das sie nicht verfügen kann, etwas Transzendentes, das bewirkt, dass jede Entscheidung, so frei sie immer sein mag, unvermeidliche, logisch bestimmbare, gute oder schlechte Folgen nach sich zieht.

Das führt zum vierten und letzten logisch-ethischen Gesetz, dem »Gesetz der letztgültigen Einbergung oder des vollständigen Verlustes«.[34] Hier wird deutlich, dass Blondels Ethik, in traditioneller Weise, eine Ethik der Endbestimmung des Menschen ist. Das war schon aus der Tatsache zu erahnen, dass sie eine Ethik der *vita beata* ist. Über die *vita beata* hinaus, die auch nur das diesseitige Leben im Blick haben könnte, zielt die Endbestimmung etwas Endgültiges, letztlich Jenseitiges an. Der Verdacht liegt nahe, dass Blondel hier unerlaubterweise christliche Glaubenswahrheiten in die philosophische Ethik übernommen hat. In der *Logique* ist dies sicher nicht der Fall. Sie stützt sich vielmehr auf die philosophische Einsicht, dass das Kontradiktionsprinzip erst von einer transzendenten, ›ewigen‹ Endbestimmung des Menschen her jene absolute Unwiderruflichkeit erhalten kann, die die Analyse der vergangenen Taten aufgedeckt hat. Etwas derart Endgültiges

---

[33] *Logique,* S. 143/383/535.
[34] Ebd., S. 145/384/536.

ist im diesseitigen Leben nicht zu finden, wo alles im Bruchstückhaften und Vorläufigen verbleibt und wo sich gut und böse in allem fast untrennbar vermischt findet. Die letzte Begründung der Prinzipien der Logik muss deshalb jenseits dieses Lebens gesucht werden, in einem Jenseits, das nicht nur in Kontinuität mit dem gegenwärtigen Leben steht, sondern darüber hinaus als dessen τέλος jeder menschlichen Entscheidung den Charakter der Endgültigkeit aufdrückt. In ähnlicher Weise hat Heidegger das Ganzseinkönnen des Daseins auf den Augenblick hinausgeschoben, in dem ein Leben erstmals ganz da ist, d. h. auf den Tod. Erst im Blick auf die Endbestimmung, auf die mögliche letzte Vollendung des Menschen wird jede menschliche Entscheidung zu einer Option, zu einer weittragenden und unwiderruflichen Wahl zwischen zwei absolut sich ausschließenden Möglichkeiten. Die Moraltheologie hat das von Blondels Logik des sittlichen Lebens gelernt und daraus (in einer gewissen Umdeutung) die Lehre von der Grundentscheidung, der »Fundamentaloption« gemacht.

IV. Zwei Einwände

Das führt zum Schluss dieser Überlegungen. Dafür muss kurz auf zwei Fragen oder Schwierigkeiten eingegangen werden, die sich angesichts der Ethik Blondels fast unvermeidlich stellen.

Man wird finden, diese Logik des sittlichen Lebens sei wenig hilfreich für die Praxis. *Post factum*, nachdem ich einen Entscheid gefällt und durchgesetzt habe, mag ich vielleicht eine στέρησις feststellen, etwas, das ich erreichen wollte und nicht erreicht habe, oder gar das Gegenteil dessen, was ich beabsichtigt hatte. Dann wird das Bedauern oder der Gewissensbiss wach, die beide ethisch nicht besonders förderlich sind. Wie aber kann ein Mensch vor dem Tun erkennen, dass er vor einer Grundentscheidung, einer Option steht, die das Ganze seines Lebens aufs Spiel setzt, seine Selbstverwirklichung, sein Ganzseinkönnen? Er wird sich im konkreten Fall beharrlich weigern, das zu glauben. Und vor allem: Wie kann er *ante actum* voraussehen, ob seine Entscheidung zu einer κτῆσις oder zu einer στέρησις führen wird? Gewiss lassen sich manchmal einige Folgen einer Wahl voraussehen; doch dann liegt meistens auch kein großes ethisches Problem vor, jedenfalls für den *honnête homme*, den rechtschaffenen Menschen, den Frédéric Rauh im Gefolge der Stoiker zum Mittelpunkt seiner Überlegungen

303

gemacht hatte. Doch in den komplexeren Situationen, vor denen wir stehen, erwarten wir von einer Ethik Licht und Weisung gerade für jene Entscheidungen, deren weitreichende Folgen alles andere als absehbar sind. Könnte Blondels *Logique* auch da helfen?

In der *Action* hatte Blondel gezeigt, dass die ethischen Entscheidungen nicht als eine von der Wahrscheinlichkeitsrechnung bestimmte Wette im Sinne Pascals aufzufassen sind; dass sie vielmehr Anlass geben für eine »ethische Berechnung« *(calcul moral)* im Blick auf die Zukunft. Zwar bleibt das positive Ergebnis einer Entscheidung immer offen und ungewiss, und folglich auch unberechenbar; doch einige ihrer negativen Folgen lassen sich im wesentlichen bis zu einem gewissen Grad voraussehen und folglich auch berechnen. So lässt sich die κτῆσις, die beispielsweise das menschliche Klonen oder der Krieg in Afghanistan mit sich bringen sollen, nicht voll abschätzen, weil es sich nur um mehr oder weniger begründete Erwartungen handelt. Einige ihrer στέρησεις stehen dagegen bereits fest oder sie sind wenigstens vorhersehbar. Diese Asymmetrie zwischen der Vorhersehbarkeit der positiven und der negativen Folgen einer ethischen Entscheidung entspricht dem traditionellen, grundlegenden ethischen Grundsatz, dass zwar »alles Böse zu meiden, aber nicht alles Gute zu tun« sei, in andern Worten, dass die negativen Gebote (die Verbote) schlechthin und in jedem Fall gelten, die positiven (die Vorschriften) dagegen nicht.

Mit den zwei angesprochenen Beispielen aus unserer Zeit zeigt sich auch schon eine erste Antwort auf die zweite Frage, die heute an Blondels *Logique* zu richten ist. Legt sie nur und ausschließlich eine Individualethik vor, vielleicht sogar eine individualistische Ethik, oder kann sie auch Leitlinien für eine Sozialethik geben? Fast alles bisher Dargelegte und fast alles in Blondels *Logique* betrifft in der Tat die Individualethik, und es scheint, dass das nicht anders sein könnte. Jede ethische Erfahrung, auch und gerade im Blick auf die *vita beata,* kann, so scheint es, immer nur eine persönliche Erfahrung sein. Wenn Blondel von einer »ethischen experimentellen Erfahrung« *(expérimentation morale)* spricht, hat er eine persönliche, nicht mitteilbare, vielleicht sogar mystische Erfahrung im Auge, die jeder Mensch nur für sich selbst machen kann. Was diese Ethik davor bewahrt, in reinen Individualismus zu verfallen, scheint nur der Bezug auf die Endbestimmung zu sein, die für alle Menschen nur die eine und gleiche ist – so wie das Sein für alle das gleiche ist.

Jede Ethik, und damit kehren wir zu Durkheim und Wundt zurück, hat aber auch ihre soziale Seite. Auf den Spuren des kategorischen Imperativs Kants, dessen Kennzeichen es ist, dass jede Entscheidung auch auf die Allgemeinheit achten muss (»Handle so, dass die Maxime deines Willens jederzeit zugleich als Prinzip einer allgemeinen Gesetzgebung gelten könne«[35]), kommt Blondel in der *Action* erst nach der Darlegung der sozialen Dimension des menschlichen Tuns auf dessen ethische Dimension zu sprechen. Die Ethik lässt sich nur unter Berücksichtigung des Lebens in der menschlichen Gemeinschaft begründen.

Daraus ergibt sich die Möglichkeit und die Aufgabe, die *Logique* im Kontext des sozialen Lebens zu lesen und sie auf die gesellschaftlichen, sozialen, wirtschaftlichen und politischen Entscheidungen anzuwenden, die heute vor allem anstehen. Blondel selbst hat ein Jahrzehnt später in seinen Artikeln über den *Monophorismus* eine solche Relecture entworfen, indem er den positivistischen politischen Integrismus eines Charles Maurras und seiner Gefolgsleute ethisch beurteilte. Einen Schlüssel für eine der heutigen Zeit angepasste Relecture könnte die Idee einer sozialen, gesellschaftlichen *vita beata* bilden, des Wohlergehens (und nicht nur des Wohlstands) nicht nur aller Einzelnen zusammen und nicht nur der jeweiligen Gesellschaft, in der wir leben, sondern der ganzen Menschheit. Der theologische Begriff für dieses Wohlergehen der ganzen Menschheit ist jener des Gottesreiches. Dieser Hinweis kann zeigen, dass die Aufgabe einer Relecture der *Logique* nicht einfach ist und nicht mit Vereinfachungen gelöst werden kann.

Ein anderer, vielleicht etwas leichter zugänglicher und unmittelbarer anwendbarer Schlüssel für eine derartige Relecture wäre eine kollektive ethische Erfahrung oder Einschätzung. Tatsächlich können nicht nur die einzelnen Handelnden, sondern auch eine Gesellschaft oder sogar die ganze Menschheit die Erfahrung einer κτῆσις oder einer στέρησις machen – auch wenn die ihr zugrunde liegenden Entscheidungen immer nur Entscheidungen eines Einzelnen oder einiger Weniger sein können. Ein zeitgenössisches Beispiel für eine solche kollektive ethische Einschätzung könnte der Entschluss zum Einsatz einer Atombombe sein. In einer sozialen Perspektive zwingt die ungleiche Vorhersehbarkeit der positiven und der negativen Folgen einer Entscheidung in aller Regel dazu, tutioristisch vorzugehen und jene Lösung zu wählen, die die größte Sicherheit bietet, dass sie möglichst

---

[35] Immanuel KANT, *Kritik der praktischen Vernunft*, § 7, A 54.

viele vorhersehbare negative Auswirkungen ausschließt. Gleicherweise ist in allen ethischen Entscheidungen, die die Allgemeinheit betreffen, auch auf die kommenden Generationen Rücksicht zu nehmen, im Sinne des von Hans JONAS vorgetragenen *Prinzips Verantwortung*.[36]

Diese notwendigerweise unzulänglichen Andeutungen über eine mögliche Relecture der *Logique* Blondels müssen hier genügen. Sie möchten zu einer erneuten und vertieften Beschäftigung mit diesem immer noch aktuellen philosophischen Text anregen.

---

[36] Hans JONAS, *Das Prinzip Verantwortung*. Frankfurt: Suhrkamp, 1979.

Von der *Action* zur Kritik des »Monophorismus«

Zur Sozialphilosophie Blondels (1991)

Seine erste Schaffensperiode schloss Blondel 1910 mit einer Reihe von sieben Artikeln ab, denen er dann als Sonderdruck den rätselhaften Titel gab: *Catholicisme social et Monophorisme. Controverses sur les Méthodes et les Doctrines.*[1] Schon der ursprüngliche Titel der Artikelreihe: *La Semaine Sociale de Bordeaux. Controverses sur les Méthodes et les Doctrines* war nur für einen kleinen Kreis der Zeitgenossen verständlich. Heute, hundert Jahre darnach, scheinen diese Titel nur noch anzuzeigen, dass Blondels Gelegenheitsschrift völlig obsolet ist; handelt es sich doch um eine innerkatholische Kontroverse anlässlich eines eher unbedeutenden Ereignisses am Anfang des letzten Jahrhunderts. Hans Urs von Balthasar hat jedoch mehrmals auf die bleibende Bedeutung dieser Gelegenheitsschrift hingewiesen; denn sie enthält eine der wenigen und jedenfalls die am tiefsten greifende philosophische und theologische Analyse des katholischen Integrismus.[2]

Wer sich jedoch auf Balthasars Empfehlung hin oder durch das Wort *Catholicisme social* angelockt an die Lektüre des Textes heranwagt, wird ihn schließlich enttäuscht weglegen. Nach etwas mühsamen 180 Seiten Kritik und Polemik stößt er zum Schluss auf die Fußnote: »Für den positiven und aufbauenden Teil meiner Arbeit verweise ich auf eine weitere Artikelreihe über den ›Monophorismus‹ und den ›Sozialkatholizismus‹, die demnächst erscheinen soll.«[3] Dieser »positive und aufbauende Teil« ist jedoch nie erschienen. Soll man daraus schließen, dass Blondel sich mit seiner Sozialphilosophie schließlich auf dem Holzweg befand und das auch einsah?

Dagegen spricht einerseits die Tatsache, dass die Zeitschrift, in der

---

[1] Testis (Maurice Blondel), *Monophorisme.* Ich zitiere den Sonderdruck.
[2] Hans Urs von Balthasar: *Integralismus.* In: *Wort und Wahrheit* 18 (1963), S. 737–744.
[3] *Monophorisme*, S. 180, Anm.

die Artikel erscheinen sollten, schon im folgenden Jahr eingestellt werden musste[4], anderseits eine Reihe kleinerer sozialphilosophischer Beiträge, die Blondel in den zwanziger, dreißiger und vierziger Jahren veröffentlicht hat. Der letzte dieser Beiträge, *La conception de l'ordre social* (Entwurf einer Gesellschaftsordnung), den Blondel für die Semaine Sociale von 1947 in Paris ausgearbeitet hat, verweist sogar ausdrücklich auf die Arbeit von 1910. Und doch sind alle diese Beiträge letztlich nur Schlussfolgerungen und Korollarien zur Sozialphilosophie Blondels. Deren Grundlinien sind in der *Action* von 1893 zu suchen, genauer gesagt im Kraftfeld zwischen der *Action* und den Artikeln über den *Monophorismus*. Diese beiden Pole sind in der Tat durch ein philosophisches Kraftfeld mit einander verbunden. Ohne sie ausdrücklich zu nennen verweisen die Artikel von 1910 immer wieder auf die *Action* – nicht um daraus praktische Folgerungen abzuleiten, sondern weil sich die Sozialkatholiken in ihrer Grundhaltung an der Philosophie der *Action* orientierten. Der Sozialkatholizismus (ein Pleonasmus, sagt Blondel) bewegte sich in Frankreich gedanklich auf einer Linie, die Blondels *Action* vorgezeichnet hatte. Damit ist die Ausrichtung der Sozialphilosophie Blondels bereits angedeutet.

I. Die Sozialphilosophie der *Action*

1. Der Ort der Sozialphilosophie in der Action

In der *Action* widmet Blondel gut fünfzig Seiten der Sozialphilosophie. Sie umfassen das dritte Kapitel der vierten Etappe und das erste Kapitel der fünften Etappe. Schon diese Verortung der Sozialphilosophie, die zwei Etappen in Blondels Phänomenologie des Tuns übergreift, gibt zu denken. Ist vielleicht das Phänomen des gesellschaftlichen Lebens gar kein eigenständiges, genau definiertes Phänomen, sondern nur eine Art Bindeglied zwischen zwei anderen, besser definierbaren Phänomenen, dem »individuellen Tun« und dem »universellen Tun« in seiner ethischen und religiösen Ausprägung? Die Titel der beiden Kapitel: »Vom individuellen zum sozialen Tun« und »Vom sozialen zum abergläubischen Tun« könnten in diese Richtung weisen – wäre nicht »Von

---

[4] Vgl. den Schlussteil des vorstehenden Beitrags über *Blondel und Loisy in der modernistischen Krise.*

… zu …« die gängige Formel für alle Titel in diesem Teil der *Action*. Jede Etappe ist nur gerade eine Etappe, ein Durchgangsort auf ein weiteres Ziel hin. Doch während Blondel sich bei den andern Kapitelüberschriften bemüht hat, sie wenigstens sprachlich zu variieren, gebraucht er hier betont zweimal den gleichen Ausdruck »soziales Tun«, als wolle er unterstreichen, dass tatsächlich das eine und gleiche Phänomen von der einen zur andern Etappe hinüberführt.

Darauf weist auch der Inhalt der beiden Kapitel hin. Ein eiliger Leser wird darin vielleicht zunächst nichts besonders Originelles entdecken. Im ersten Kapitel, »Einflussnahme und Zusammenarbeit«, entwickelt Blondel eine Philosophie der Kommunikation, in der er den Begriff und die Tatsache der Beeinflussung analysiert und sie durch eine Reihe von Überlegungen weiter entwickelt, die auf ersten Blick moralisierend scheinen könnten. Blondels Zeitgenossen konnten darin jedoch zahlreiche Anspielungen auf Paul BOURGETs Moderoman *Le Disciple* entdecken. Für Blondel, der während der Arbeit an seiner Doktorthese an einem Lyzeum unterrichtete, lag es nahe, die Einflussnahme am Beispiel des Unterrichts und der Erziehung aufzuzeigen. Im folgenden Kapitels mit dem Untertitel »Familie, Vaterland, Menschheit« haben die Ausleger ihr Augenmerk zumeist auf die drei hierarchisch übereinander, genauer gesagt konzentrisch ineinander angelegten Gesellschaftsformen gerichtet. Man hat sie mit der aristotelischen Dreiteilung von οἶκος, κομή und πόλις verglichen, oder mit der hegelschen Dreiheit von Ehe, bürgerlicher Gesellschaft und Staat. Ein heutiger Leser wird etwas Mühe haben, sich mit Blondels Patriotismus zu identifizieren, und er findet wohl auch den Übergang vom Vaterland zur ganzen Menschheit etwas abrupt. Und gleich wie das banalste Beispiel hegelscher Dialektik, die Dialektik von Herr und Knecht, gerne als Paradebeispiel dieser Dialektik zitiert wird, zitiert man auch gerne das banalste Beispiel der Dialektik Blondels als Beispiel für seine aufsteigende Dialektik. Im Blick auf die Zeugung schreibt er da, dass »zwei Wesen nur noch eines sind, und wenn sie eines sind, werden sie drei«.[5] Auf ersten Blick scheint so das Kapitel über »Familie, Vaterland, Menschheit« eines der am wenigsten problematischen Kapitel der *Action* zu sein, und außer einer schönen Phänomenologie der Liebe nicht viel Neues zu bieten. Doch erschöpft sich darin Blondels Sozialphilosophie?

---

[5] *Action*, S. 258/284.

Eine an der Oberfläche des Textes bleibende Lektüre der beiden sozialphilosophischen Kapitel der *Action* kann den äußerst ausgefeilten und nuancierten Ausführungen Blondels nicht gerecht werden. Erst wenn diese Nuancen erkannt sind, können die Grundlinien der Sozialphilosophie der *Action* angemessen nachgezeichnet werden können.

2. *Die Originalität der Sozialphilosophie der* Action

Als erstes erstaunt, dass die Philosophie der Kommunikation, die Blondel im Kapitel »Einflussnahme und Zusammenarbeit« vorlegt, nicht beim Phänomen der Sprache ansetzt – und das, obwohl Blondel in einem voraufgehenden Kapitel bereits den Begriff des Zeichens eingeführt und entwickelt hat.[6] Das Kapitel setzt vielmehr mit einer Analyse des Kunstwerks ein.[7] Im Kunstwerk findet Blondel das im höchsten Grad verwirklicht, was die vorausgehenden Überlegungen als Kennzeichen eines jeden Werkes herausgestellt haben: eine vom Tun unabhängige und gleichsam unpersönliche Objektivität, die eben deshalb universelle Bedeutung hat. »Es scheint, als hätte das schöne Werk eine absolute Selbstgenügsamkeit, als lebte es, als wäre es nicht nur der Abglanz einer Idee, sondern eine existierende Idee, als hätte es wirklich die Fähigkeit, zu sein, zu wirken und zu lieben. Die Schönheit übt einen Zauber aus, der weit über das hinausgeht und alles weit übersteigt, was ihr Betrachter, ja was sogar das mit Schönheit Umkleidete ist. Wie in den Werken eines Genies eine viel größere Bedeutung verborgen liegt, als man zunächst wahrnahm, so drückt die Schönheit etwas Überpersönliches aus, das einer umso tiefer verkostet, je edler seine eigene Seele ist. Es ist ein Gefühl von solcher Offenheit und von so weiter Ausstrahlung, das es Angst auslöst und zum Geheimnis wird – als heftete sich unsere Liebe für das, was wir bewundern, an eine ferne, viel mächtigere Liebe, von der die wahrgenommene Schönheit nur ein schwacher symbolischer Ausdruck ist.« Blondel schließt daraus: »So ist die Kunst, als gleichsam vorweggenommene Schau, die mythische Kurzfassung der ganzen künftigen Entfaltung eines Wollens, das seine letzte Vollendung sucht.«[8]

---

[6] Ebd., S. 204 ff./230 ff.
[7] Ebd., S. 228–230/254 f.
[8] Ebd., S. 229/254 f.

Dieser Text, der auf die im Kunstwerk verborgene Transzendenz hinweist, umreißt den Grundgedanken der Sozialphilosophie Blondels. Im unmittelbar daran anschließenden Text überrascht der Sprung von einer Anspielung auf Kants *Kritik der Urteilskraft* zu einem ausdrücklichen Zitat aus der *Kritik der praktischen Vernunft*. An die Stelle des Kunstwerks treten jetzt die allgemeingültigen Maximen der Ethik. Dann widmet Blondel zwei Seiten der ethischen Tragweite des »spontanen Proselytismus des Tuns«,[9] um schließlich, ausgehend vom Wort als Tat, zur Betrachtung der Sprache zu kommen: »Das eine und gleiche Wort wird von tausend Zuhörern unverkürzt gehört. Das Tun ist die Vervielfältigung des inneren Wortes, das sich verleiblicht hat, um für alle Sinneswesen wahrnehmbar zu werden und sich dem Weltall freundschaftlich *(en communion)* anzubieten; so streut es seinen befruchtenden Samen ohne Grenzen aus. Es ist das Organ der geistigen Fortpflanzung.«[10] Dann heißt es weiter: »So erklärt es sich, weshalb alle Zeichen, alle Werke und alle Produkte der Menschen und der Natur in der Sprache ihre lebendige Zusammenfassung finden. Die Sprache ist das leicht zu handhabende, beseelte, verstandesmäßige Äquivalent des ganzen Universums. Die Worte tragen noch etwas von all den Gegenständen in sich, auf die sie hinweisen, und von all den Gedanken, denen sie Nahrung geben und die sich ihrer bedienen. Voll Klarheit und Geheimnis geben sie das innere Wort nie vollkommen wieder und sagen doch immer noch mehr aus. Wie eine Wolke eine Mischung aus Schatten und Licht ist, so erreichen die Worte nie das Grenzenlose der Gedanken und die Gedanken erreichen nie das Grenzenlose der Worte. Diese drücken das Einzelne und das Allgemeine eins im andern aus. Darum sind sie die geistige Atmosphäre für alle Denkenden; dank ihrer gibt es nichts, was nicht als Nahrung für das Bewusstsein bereits vorverdaut wäre, und wenn jedes Tun sich in Worten ausdrücken und erklären lässt, dann deshalb, weil jedes Tun immer schon ein unausgesprochenes Wort ist, das heißt ein Verlangen, sich allen zu offenbaren.«[11]

Man könnte nun lange über diese Zeilen nachdenken, die bereits auf die heutigen Entwicklungen der Sprachtheorie hinweisen, auf den Symbolwert der Sprache, die Soziolinguistik und die *Speech act theory*.

---

[9] Ebd., S. 231, Seitenüberschrift; fehlt in der deutschen Übersetzung.
[10] Ebd., S. 231–232/257.
[11] Ebd., S. 232/257–258.

Hier ist jedoch vor allem Blondels Hinweis auf die Innerlichkeit, das »innere Wort« und das Bewusstsein als Ursprungs- und Zielort der Sprache wichtig. Blondel weist damit auf die Perspektive seiner Sozialphilosophie hin.

Doch tragen diese Ausführungen etwas zur Sozialphilosophie bei? Es läge nahe, sie stillschweigend zu übergehen und von der kommunikativen Dimension des Tuns, vom Tun als »Mörtel der Gesellschaft« und als »Seele des Gemeinschaftslebens«[12] unmittelbar auf den Aufbau der verschiedenen Gesellschaftsformen durch kommunikatives Tun zu schließen. Ein derartiger Schluss wäre vielleicht im Sinne von Jürgen Habermas; Blondel geht einen längeren Weg. Er analysiert zunächst unter dem Begriff der Einflussnahme *(influence)* die kommunikative Potenz des Tuns ziemlich ausführlich. Er spürt sie zuerst im getanen Werk auf,[13] um sie dann aus der Sicht der Beeinflussten zu betrachten.[14] Das erlaubt nicht nur, mehrmals auf die ethische Verantwortung jener hinzuweisen, die Einfluss nehmen oder nehmen können, und auf die oft indirekten Wege einer solchen Beeinflussung; es bereitet auch den Wechsel der Perspektive vor, der von der Betrachtung der Einflussnahme zu jener des gesellschaftlichen Aufbaus führt.

Das Werk, sagt Blondel, nimmt nicht unmittelbar Einfluss, es übt keinen Zwang aus. Der Doppelsinn des französischen *coaction*, »gemeinsames Tun«, könnte in der Tat als »Zwang« verstanden werden. Infolge seiner unpersönlichen Allgemeingültigkeit bietet sich jedoch jedes Werk (und auch Worte und Texte sind Werke) für verschiedene Auslegungen an; nur dank der Anstrengung einer Auslegung kann seinen Einfluss ausüben. »Dank dem, was sie an Gemeinsamem und Unpersönlichem in sich tragen, können auch die eigenartigsten Einfälle und die ausgefallensten Werke ausgelegt werden. Durch die doppelte Vermittlung des einmaligen Zeichens und der allgemeinen Idee, deren Zusammentreffen sie ihr Leben verdanken, können sie in einem anderen Bewusstsein wieder auferstehen, auf dessen Entschlüsse einwirken und auf ihre Weise auf einem anderen Boden Wurzel fassen.«[15] Jede Idee, die wir andern mitteilen möchten, erklärt Blondel, wird notwendigerweise durch Symbole vermittelt, »das heißt, dass die Mühe einer

---

[12] Ebd., S. 231/257.
[13] Ebd., S. 232–239/258–264.
[14] Ebd., S. 241–244/267–270.
[15] Ebd., S. 234/260.

Erarbeitung seitens des Empfängers unerlässlich ist, wenn er unter die Rinde vordringen und den Geist im Buchstaben wiederfinden will. So bleibt seine Spontaneität gewahrt, so gut wie die unsere.«[16] Diese Auffassung Blondels trifft sich mit den Kommunikationstheorien unserer Zeit. Sie unterstreicht, dass eine gewisse Spontaneität des Empfängers die notwendige Voraussetzung jeder Kommunikation ist. Damit kann sie auch als philosophische Rechtfertigung der Wirkungsgeschichte gelten.

All das macht die Frage nach der ethischen Verantwortung bei der Einflussnahme nicht einfacher. Zweifellos ist der Urheber verantwortlich für den Einfluss, den sein Werk ausübt; denn als er sein Werk gewollt hat, wollte er auch, dass es Einfluss ausübe.[17], Man kann »den Auswirkungen des eigenen Tuns nicht nach Belieben Einhalt gebieten oder ihnen freien Lauf lassen.«[18] Doch auch der Beeinflusste trägt eine Verantwortung; er wird zum »Komplizen«; »denn nachdem mein Willensakt sich von meinem Entschluss zur Verleiblichung im Zeichen fortgepflanzt hat, steigt er auf dem umgekehrten, aber ähnlichen Weg wieder zum bewussten Leben meines Gegenübers empor, um ihn zu einer eigenen Initiative und gleichsam zu einer Mittäterschaft zu veranlassen. Was mein Beitrag auch immer im Empfänger auslösen mag, es lädt ihn jedenfalls ein, zu reagieren, doch ohne festzulegen, wie er reagieren soll. Es ist ebenso wahr, dass ich in ihm wirke, und dass er für sich allein tätig wird.«[19]

Mit diesem Wechselspiel der Verantwortung zwischen einer freien Person und einer anderen freien Person scheint jene Vollform von Kommunikation erreicht zu sein, aus der die verschiedenen Gesellschaftsformen erwachsen können. Blondel sieht dies anders. Er weist darauf hin, dass »die Einheit im gesellschaftlichen Leben nicht nur eine Folge, sondern auch eine Ursache ist«; denn »die wahrhaft sozialen Akte setzen gleichsam einen bereits vollzogenen Ehebund zwischen den Wesen voraus, deren Willen sie in Einklang bringen.«[20] Die verschiedenen Gesellschaftsformen, sagt Blondel, ergeben sich nicht aus dem gesellschaftlichen Tun; sie sind vielmehr dessen Voraussetzung.

---

[16] Ebd., S. 241/267.
[17] Ebd.
[18] Ebd., S. 231/256, mit Anspielungen auf Paul BOURGET, *Le Disciple*.
[19] Ebd., S. 242/267 f.
[20] Ebd., S. 246/272.

Denn jeder Mensch »ob er es bemerkt oder nicht, gehört natürlichen Gruppierungen an, in denen sich seine Taten nicht nur mit anderen Taten zu einem gemeinsamen Werk verbünden, sondern geradezu aus der gesellschaftlichen Verbundenheit hervorgehen, deren Lebensfunktion sie sind.«[21] Wie ist das zu verstehen? Lässt Blondel seine aufsteigende Dialektik des Tuns hier abbrechen, um eine induktive, aposteriorische Sozialphilosophie vorzulegen?

In der Tat geht er jetzt zur Betrachtung der Familie, des Vaterlands und der Menschheit über, jenen drei Gesellschaftsformen, deren jede »natürlich, notwendig, und frei gewollt«sei.[22] Von der Familie, die Blondel als die »erste Gesellschaft, Prototyp und Ursprung aller anderen« bezeichnet[23], ist dieses »natürlich, notwendig und frei gewollt« leicht zu verstehen, und Blondel leitet denn auch von der Familie die Grundzüge jeder Gesellschaft ab: die »ausschließliche und unauflösliche Fortdauer«, ein »unsichtbares und dauerhaftes Band«[24] und die Fruchtbarkeit. Blondel geht dabei von dem aus, was jede Liebe im Tiefsten anstrebt. Er bleibt jedoch nicht bei der schlichten Feststellung von Tatsachen stehen, auch dort nicht, wo er die Dialektik der Zeugung vorlegt: »aus Zweien, die eins sind, werden drei«. Die Naturtatsache der Zeugung dient vielmehr zum Erweis, dass »das Ziel der Liebe nicht die Liebe, sondern die Familie« ist.[25] »Es handelt sich also nicht um ein unpersönliches, dunkles Wollen, das für die, die von ihm mit instinktiver Unabwendbarkeit bewegt werden, nicht allein fremd und unbekannt bliebe, sondern auch widrig und tödlich wäre. Es handelt sich um ein zutiefst persönliches Wollen, das nachdenkend erhellt werden kann, ohne dass deswegen seine Natur verändert und seine Sinnrichtung verleugnet würde – ein Wollen, das sich nicht darauf beschränkt, blind zu Gunsten der Arterhaltung zu wirken, sondern das ebenso den Interessen des Einzelnen wie denen der Art dient; denn es macht nicht an den Grenzen der Art Halt und ist in seiner höchsten Sehnsucht bestrebt, seine persönlichen Zwecke mit den Zwecken des Ganzen ineins fallen zu lassen.«[26]

Mit um so größerem Erstaunen liest man zwei Seiten weiter, dass

---

[21] Ebd.
[22] Ebd., S. 250/276.
[23] Ebd., S. 261/287.
[24] Ebd., S. 257/282f.
[25] Ebd., S. 258/284.
[26] Ebd., S. 260/286.

das Vaterland nicht aus dem gleichen Willen hervorgeht, der zur Familie geführt hat. »Es wäre ein Irrtum sich vorzustellen, dass der Kreis um den häuslichen Herd sich nach und nach ausbreitet und sich dann um den Altar des Vaterlands von neuem schließt. Weder im geschichtlichen Werden der Völker noch im erwachenden Bewusstsein der Einzelnen tritt das Nationalbewusstsein auf diese Weise auf; denn nach unserem tiefsten Gefühl ist das Vaterland etwas anderes als eine vergrößerte Familie, und der sittliche Organismus der Polis entspringt aus einem ganz neuen Antrieb.«[27] Es stimmt zwar, dass sich die Nation aus Familien zusammensetzt; doch wie das Ganze mehr ist als die Summe seiner Teile, so muss man auch »um die Gesellschaft zu studieren nicht von ihren Elementen ausgehen, sondern von der Gruppe als solcher.«[28] Das gesellschaftliche Ganze des Vaterlands weist nun aber Merkmale auf, die jenen einer vergrößerten Familie oder einer einfachen Vielzahl von Familien entgegengesetzt sind. Die Öffnung der Familie auf Andere hin ist grundsätzlich unbegrenzt. Wenn die Grenzen der Einzelfamilie einmal überschritten sind, gibt es für diese Öffnung keine anderen Grenzen mehr. Kennzeichen eines Vaterlands ist dagegen seine Umgrenzung, die alle Anderen ausschließt. Denn wir »wollen, dass es eine politische Gesellschaft gebe, dass sie begrenzt sei und dass außerhalb ihrer Grenzen eine fremde Welt liege.«[29] Dieses alle Anderen ausschließende Wollen wird durch die Tatsache bestätigt, dass es »für jeden Menschen nur ein Vaterland gibt; dieses Wort kommt nicht in der Mehrzahl vor.«[30]

Um das Vaterland philosophisch zu verstehen, muss man folglich vom abgrenzenden und ausschließenden Wollen ausgehen und nicht vom geschichtlichen Werden einer Zivilgesellschaft, das immer hypothetisch bleibt. Blondel erklärt dieses sich selbst begrenzende Wollen durch den Hinweis auf ein Grundgesetz des menschlichen Willens, der sich in seinem Ausgreifen ständig Grenzen auferlegt, um das eroberte Territorium besitzen zu können und es sich zu eigen zu machen, und um Raum zu lassen für weitere Eroberungen. »Was der Einzelne nicht für sich allein einnehmen oder festhalten kann, das ergreift, behält und eignet er sich an mit Hilfe des mächtigen Organismus der Polis. Doch

---

[27] Ebd., S. 262/288.
[28] Ebd.
[29] Ebd., S. 265/291.
[30] Ebd.

um das Bewusstsein zu gewinnen, dass er das Ergriffene wirklich in Händen hält, um sich seiner neuen Eroberung zu erfreuen, muss er, wenigstens fürs erste, alles von sich stoßen, was er noch nicht zu seinem eigenen Lebensraum gemacht hat.«[31] Dieses zugleich aneignende und ausschließende gemeinsame Wollen aller Bürger eines Vaterlandes ist die Voraussetzung für die soziale Gerechtigkeit und für eine politische Ordnung.[32]

Aus dieser Erklärung des Entstehens der Polis ergibt sich eine Schwierigkeit bezüglich der Menschheitsfamilie, welche die dritte »natürliche, notwendige und frei gewollte« Gesellschaftsform sein soll. Warum sollte der Wille der Staatsbürger die Grenzen überschreiten, die er sich selbst gesetzt hat? Und wenn die Zugehörigkeit eines jeden Menschen zur Menschheitsfamilie eine natürliche Tatsache ist, ja die natürlichste von allen, wie kann sie dann noch frei gewollt sein? Zur Antwort auf diese letzte Frage kann Blondel darauf hinweisen, dass der ganzen alten Welt das Menschheitsgefühl unbekannt war.[33] Er sieht deshalb in der Verwirklichung dieser dritten Gesellschaftsform, der Menschheit, eher eine Zukunftshoffnung als eine bereits gegebene Erfahrung. »Wie viele sind noch nicht fähig, das zu sehen! Sie reden davon, weil man davon redet; sie wissen es ganz abstrakt, vielleicht fühlen sie es auch; doch dieser Wille zur Humanität führt sie nicht zu Taten, zu Taten, die ihrem Wissen und ihren Worten entsprechen. Und doch, wer weiß, welche Schätze an Frieden und Einheit die Zukunft für uns noch bereithält! Es schien unmöglich, dass die Sklaverei als gesellschaftliche Notwendigkeit abgeschafft würde; es ist geschehen. Es schien unmöglich, dass man auf dem Schlachtfeld dem Feind gegenüber einige Rücksicht walten ließe; doch nach und nach entsteht ein Völkerrecht, das sich dem Urteil der Nationen aufzwingt, so sehr es auch immer wieder verletzt wird. Es scheint unmöglich, dass der Krieg verschwindet und die Abrüstung kommt. Und doch, ohne die schöne Vielfalt der nationalen Einheiten innerhalb des Menschheitsbündnisses zu schmälern – wer weiß, nochmals, welche Schätze an Frieden und Einheit die Zukunft für uns noch bereithält!«[34]

Damit sind wir an der Schwelle zur Ethik angelangt, zur Sozial-

---

[31] Ebd., S. 264/290.
[32] Ebd., S. 269–274/295–300.
[33] Ebd., S. 275/301.
[34] Ebd., S. 276/302.

ethik und zur allgemeinen Moral, von der das folgende Kapitel der *Action* handelt. Doch aus dem, was wir gesehen haben, ergibt sich schon ein Bild der Eigenart der Sozialphilosophie Blondels.

3. Eine ethische Sicht der Gesellschaft

Auf ersten Blick mag Blondels Sozialphilosophie enttäuschen. Man findet darin keine Soziallehre, aus der sich ein soziales Aktionsprogramm ableiten ließe. Nur zwei Aussagen können als programmatisch verstanden werden: die Hinweise auf die unauflösliche Einehe und auf die Menschenwürde – beide nicht besonders originell bei einem katholischen Denker. Blondels Sozialphilosophie zeichnet sich durch etwas anderes aus: Sie betrachtet die verschiedenen Gesellschaftsformen durchwegs aus ethischer Sicht.

Bei flüchtigem Durchlesen könnte zunächst der Eindruck entstehen, Blondel vertrete eine physiologische, organizistische, sentimentale, kurz romantische Sicht der gesellschaftlichen Wirklichkeit. Mehrmals lehnt er die Theorie eines Gesellschaftsvertrags ab,[35] namentlich jene Rousseaus,[36] und den Individualismus verwirft er viel entschiedener als den Sozialismus.[37] Auch spricht er immer wieder vorbehaltlos von einem gesellschaftlichen »Organismus«, namentlich im Blick auf dessen Fruchtbarkeit.[38] Schon im Kapitel über die Einflussnahme waren zahlreiche biologische Metaphern zu finden; sie wurde bildhaft als »Zeugung«,[39] »Aussaat«[40] und »Einpfropfen«[41] beschrieben, als »Nahrung«[42] und als »Transfusion«.[43] Auch im Kapitel über »das gemeinsame Leben« ist »Leben« eines der am häufigsten vorkommenden Worte, und zwar fast immer im Sinne einer biologischen Metapher,

---

[35] Ebd., S. 250/276; 268/294; 274/300.
[36] Ebd., S. 272/298. Schon im ersten Jahr seiner Studien an der École Normale Supérieure hatte Blondel in zwei Arbeiten Rousseaus Gesellschaftsvertrag kritisiert: »Critique du Contrat Social de J. J. Rousseau«und »Examen des formules célèbres du Contrat Social de Rousseau« (Archives Louvain, n° 44.179–44.220)
[37] Ebd., S. 233/259; 252/278; 272 f./298.
[38] Ebd., S. 246/271; 252/278.
[39] Ebd., S. 232/257; 233/258; 234/260; 237/263; 242/268; 244/269.
[40] Ebd., S. 232/257; 234/259; 236/262; 241/266; 242/268.
[41] Ebd., S. 241/267.
[42] Ebd., S. 233/259.
[43] Ebd., S. 234/259.

317

wie schon in der Überschrift des Kapitels: »[...] die fruchtbare Auswirkung des gemeinsamen Lebens«.[44] Zudem sollen die verschiedenen Gesellschaften auf »Gefühlen« *(sentiments)* beruhen – ein ebenfalls oft wiederkehrendes Wort[45] – und auf einem »Bedürfnis« *(besoin)*.[46] Auch der Ausdruck *cœnergie*, den Blondel ursprünglich als Stichwort über diese ganzen Ausführungen gesetzt hatte, ist dem physiologischen Fachausdruck *cœnesthésie* nachgebildet; er besagt, dass »aus zwei Wesen eine einzige und gleiche Fruchtbarkeit« entsteht.[47] Die lexikographische Evidenz, dass Blondel die menschliche Gesellschaft physiologisch verstand, scheint erdrückend zu sein – wären da nicht zahlreiche ausdrückliche Aussagen, die in eine andere Richtung weisen.

Noch vor den »fruchtbaren Auswirkungen« spricht die Überschrift des Kapitels von der »frei gewollten Einheit des gemeinsamen Lebens«, und das Wort »Wollen« findet sich in diesem Kapitel ebenso häufig, ja noch häufiger als das Wort »Leben«. Die verschiedenen Gesellschaftsformen werden von Blondel nicht nur als »natürlich«, sondern auch als »frei gewollt« bezeichnet; es gilt zu »sehen, wie eine jede dieser Gruppierungen durch ein immer wieder anderes und ganz bestimmtes Wollen erzeugt wird.«[48] Selbst für die eheliche Liebe gilt, dass »ihr Grund und ihre Rechtfertigung in einem höheren und ferneren Ziel liegt als in der zutage tretenden Absicht des unmittelbaren Begehrens«; sie entspringt einem »tief persönlichen Wollen, das nachdenkend erhellt werden kann, ohne dadurch seine Natur zu verändern oder seinen Sinn Lügen zu strafen.«[49] Noch ausdrücklicher beruht die Einheit des Vaterlands letztlich auf dem Denken. »Solange ein Volk nicht eins ist im Denken, ist es kein Volk; es ist ein ausgewogener Konflikt von Gelüsten und Begehrlichkeiten.«[50]

In die gleiche Richtung weist auch alles andere, was als Kennzeichen der Sozialphilosophie Blondels festzustellen war: der Ansatz beim Kunstwerk, der Verweis auf das »innere Wort«, die Einflussnahme, die nur indirekt, durch eine Auslegung geschehen kann, die beidseitige Verantwortung des Beeinflussenden und des Beeinflussten, die Familie

---

44 Ebd., S. 253/279.
45 Ebd., S. 262/288; 265/291; 267/293, etc.; S. 275/301; 276/302; 277/303.
46 Ebd., S. 263/289.
47 Ebd., S. 245/271.
48 Ebd., S. 254/277.
49 Ebd., S. 260/286.
50 Ebd., S. 264/289 f.

als Endziel der Liebe, die Heterogenität des Vaterlands gegenüber der Familie, das Menschheitsgefühl, das kein spontanes Gefühl sei, sondern »ethischen Ideen« entspringe.[51] Blondels Sozialphilosophie, die die Wurzel aller Gesellschaftsformen und jedes gesellschaftlichen Handelns in einem vernünftigen und freien, aber keineswegs willkürlichen Wollen findet, kann deshalb mit Recht als ethische Sozialphilosophie bezeichnet werden. Blondel selbst bezeichnet die Polis als »ethischen Organismus« *(organisme moral)*;[52] sie gehöre, sagt er, zur »Geschichte der ethischen Ideen«,[53] und er diskutiert, in welchem Sinn »das Strafrecht eine ethische Dimension *(caractère moral)*« haben kann und soll.[54] Dass Blondels Auffassung der ehelichen Liebe und der Familie ethisch geprägt ist, braucht kaum unterstrichen zu werden, und die Idee der Menschheit ist, wie wir gesehen haben, eine ethische Idee, vielleicht die grundlegendste von allen.

Wir müssen noch einen Schritt weiter gehen. Im Kapitel über die Einflussnahme finden sich nicht nur immer wieder moralisierende Hinweise; es ist ganz und gar in ethischer Perspektive geschrieben, ebenso die allgemeine Einleitung zur Sozialphilosophie.[55] Auch die wiederholten Hinweise auf Kants kategorischen Imperativ weisen in die gleiche Richtung.[56] Nicht von ungefähr steht das Kapitel über die verschiedenen Gesellschaftsformen am Anfang der fünften Etappe, deren zentrales Kapitel von den gestuften Formen der Moral handelt, und nicht von ungefähr wird es durch ein ethisch gefärbtes Kapitel über die Einflussnahme vorbereitet. Es sieht fast so aus, als habe Blondel die beiden sozialphilosophischen Kapitel aus der Perspektive des nachfolgenden Kapitels über die Moral entworfen. So war es tatsächlich, wie das Material zur Vorbereitung dieser beiden Kapitel beweist.

1. *Der dokumentarische Befund.* Unter den oft recht ausführlichen Notizen zur Vorbereitung der *Action* beziehen sich mehr als vierzig auf drei Artikel von Émile Durkheim, *La science positive de la morale en Allemagne*, die 1887 in der *Revue Philosophique de la France et de l'Étranger* erschienen sind. Diese Artikel machten Blondel auf die Ethik

---

[51] Ebd., S. 276/302.
[52] Ebd., S. 262/288.
[53] Ebd., S. 267/293.
[54] Ebd., S. 270/296.
[55] Ebd., S. 245–252/271–278.
[56] Ebd., S. 230/255 f.; 242/268; 247/273; 249/275; 250/276.

Wilhelm Wundts aufmerksam und auf Wundts Verknüpfung der Ethik mit der Nationalökonomie, der Sozialpsychologie und mit der Rechtsphilosophie. So wurden diese Artikel zu einer der Quellen, ja geradezu zur Hauptquelle der Sozialphilosophie Blondels – wobei eine Quelle für Blondel nie mehr als ein Anstoß zum eigenen Denken war.

Weshalb Blondel diese Artikel Durkheims, eines Normalien wie er selbst, mit solchem Interesse gelesen, man möchte fast sagen verschlungen hat, ist leicht zu verstehen. 1887 stand Blondel erst am Anfang seiner Arbeit an der Doktorthese, und er verstand diese in erster Linie als einen Beitrag zur Moralphilosophie. Seine Vorüberlegungen und seine vorbereitenden Lektüren bewegten sich großenteils auf dem Gebiet der Ethik. Blondel wollte jedoch eine wissenschaftlich begründete Ethik vorlegen, und dafür auch die neuesten Entdeckungen auf dem Gebiet der Psychologie und der Physiologie berücksichtigen. Die Artikel Durkheims machten ihn nun darüber hinaus auf die wirtschaftlichen und gesellschaftlichen Grundlagen der Ethik aufmerksam. Das bestärkte ihn in der Absicht, auch eine Sozialphilosophie in sein Werk einzubauen. »Den gesellschaftlichen Ursprung des kategorischen Imperativs erklären« lesen wir auf einem der Notizzettel[57] und dann wieder: »Hat die Familie, das Vaterland, die Menschheit nur deshalb einen Wert, weil sie vorübergehend das Ganze, das Ideal, das dauernde Glück symbolisieren, nach denen der Mensch als Person sich sehnt?«[58]

Die Lektüre der Artikel Durkheims hat Blondel auch die Lösung für ein zentrales Problem seines philosophischen Anliegens finden lassen: »Die Spaltung nach Art des Parmenides, die Kant zwischen der Welt der Phänomene und dem sittlichen Leben eingeführt hat, ist absurd. Die Ethik ist das Gefäß – die Form – und das materielle Leben, das von der Sozialökonomie und von der politischen Ökonomie analysiert wird, ist der Inhalt – die Materie.«[59] Nochmals im gleichen Sinn: »Die Ethik hängt nicht in der Luft. Sie ist keine reine Form. Es gibt Ethik nur, wo die Absicht sich in konkreten Taten verwirklicht«, was Blondel mit einem Zitat aus Durkheim belegt: »Man versteht nichts von den ethi-

---

[57] *Notes,* nr. 542: »Expliquer l'origine sociale de l'impératif catégorique.«

[58] Ebd., nr. 538: »La famille, la patrie, l'humanité, n'ont-elles de valeur que parce qu'elles symbolisent passagèrement le tout, l'idéal, le bonheur durable auxquels la personne humaine aspire?«

[59] Ebd., nr. 440: »La scission à la Parménide que Kant décrète entre le monde des phénomènes et la vie morale est absurde. La morale est le contenant – la forme – et la vie matérielle, telle que l'étudie l'économie sociale et politique est le contenu – la matière.«

schen Maximen über das Eigentum, die Verträge, die Arbeit [...], wenn man die wirtschaftlichen Ursachen nicht kennt, woraus sie sich ergeben.«[60] Blondel wusste das eigentlich schon seit langem. Auf der École Normale Supérieure hatte er die gesellschaftswissenschaftliche Methode Frédéric Le Play's studiert und sie sich zu eigen gemacht.[61] Darum schließt er: »Die richtige theoretische oder wissenschaftliche Methode ist deshalb jene Le Play's, der von den wirtschaftlichen Auswirkungen auf ihre ethischen Ursachen zurückschließt und so zeigt, dass alle Zahlen in den staatlichen oder den privaten Budgets aussagekräftig sind; sie drücken unmittelbar die gesellschaftlichen Verhaltensweisen aus; die Zahlen sind positiv, wenn jene gut sind. Doch die Verhaltensweisen sind nicht gut, damit das Budget positiv ausfalle.«[62] So wird begreiflich, dass die Lektüre Durkheims Blondel in Begeisterung versetzte: »Soziologie – Cœnologie, die eigentliche Errungenschaft des 19. Jahrhunderts und die wahre Vorbereitung auf eine christliche Renaissance; das wird die Vollreife der katholischen Philosophie sein [...]. In der Soziologie zeigt sich die wahre Perspektive, die notwendigerweise eminent sozial und nicht nur individualistisch sein muss. Zwei mit einander verknüpfte Probleme: das Individuum und das soziale Ganze, Immanenz und Transzendenz. Die Metaphysik hat nie gewagt, sich über den individuellen Gesichtspunkt zu erheben.«[63]

2. *Die innere Evidenz* des blondelschen Textes wird im Licht dieser Dokumente unabweislich: Seine Sozialphilosophie ist auf die Ethik

---

[60] Ebd., nr. 565: »La morale n'est pas en l'air. Ce n'est pas une forme pure. Elle ne peut se constituer que si l'intention s'applique à des actes [...]. On ne comprend rien aux maximes de la morale qui regardent la propriété, les contrats, le travail [...] si on ne connaît les causes économiques dont elles dérivent«, vgl. DURKHEIM, S. 411.

[61] Maurice BLONDEL, *La méthode sociale de Le Play*, Vortrag an der École Normale Supérieure, 21. Juli 1883 (Ms. Louvain, f. 44600 ff.).

[62] *Notes*, nr. 565: »La vraie méthode théorique ou scientifique sera donc celle de M. Le Play qui par réflexion, remontant des effets économiques à leurs causes morales, montre que tous les chiffres des budgets publics ou privés sont expressifs; ils traduisent directement les habitudes sociales, ils sont avantageux, si elles sont bonnes. Mais elles ne sont pas bonnes, pour qu'ils soient avantageux.«

[63] Ebd., nr. 416: »Sociologie – cœnologie, la vraie œuvre du XIXe siècle, et la vraie préparation à la Renaissance Chrétienne, ce sera la maturité de la Philosophie Catholique [...]. Dans la sociologie ressort le vrai point de vue qui, de toute nécessité, doit être éminemment social et pas seulement individuel. Deux problèmes connexes: l'individu et le corps social, l'immanence et la transcendance. La métaphysique n'a jamais osé s'élever au-dessus du simple point de vue individuel.«

ausgerichtet als deren unentbehrliche Voraussetzung. Man muss anerkennen, dass »die Formeln, in denen man den reinen Ausdruck der
Pflicht sehen wollte, tatsächlich verwirklicht sind, so sehr man sich
dagegen sträuben mag. Sie sind es tatsächlich, als Naturgesetze, wenn
auch vielleicht nicht ausdrücklich *(en acte)* als gewollte Ziele.«[64] Mit
andern Worten: Die Allgemeingültigkeit eines Werks, die es mitteilbar
macht, zusammen mit dem Altruismus, zu dem sich das Wollen gezwungen sieht, wenn es nach einem anderen Ich Ausschau hält, erfüllt,
ob man das will oder nicht, die Formel des kategorischen Imperativs.
Familie, Vaterland und Menschheit sind nicht nur deshalb ethische
Größen, weil sie einem freien Wollen entspringen, sondern auch, weil
dieses Wollen notwendigerweise ethisch, allgemeingültig, altruistisch,
humanitär ist. Blondel nennt dieses Wollen deshalb immer häufiger
»Liebe«, und das nicht nur dort, wo er von der Familie spricht.[65] Die
Liebe begründet auch die Einzigartigkeit des Vaterlands: »Es ist das
eine Vaterland; denn es ergibt sich aus einer ganz persönlichen Liebe
eines jeden seiner Glieder, und die Liebe hängt sich immer an etwas
Einmaliges.«[66] Diese gleiche Liebe ist dann aber auch berufen, sich auf
die ganze Menschheit auszuweiten. In der Sozialphilosophie wird deutlich, dass die Philosophie der *action*, die zunächst als eine Philosophie
des Wollens erscheint, ihrem tiefsten Wesen nach eine Philosophie der
Liebe ist. Als Philosophie der Liebe ist sie eine Philosophie des Konkreten; denn »die Liebe hängt sich immer an etwas Einmaliges«.

In logischer Weiterführung seiner ethischen Sicht der menschlichen Gesellschaft unterstreicht Blondel im darauf folgenden Kapitel,
das von Moral und Metaphysik handelt, dass die ethischen Ideen, ja
sogar die Ideen der Metaphysik »im Schoße der Gesellschaft und durch
die Gemeinschaft aller mit allem« entstehen[67] und dass »die regulati-
ven Ideen für unser Verhalten […] gleichsam der Ausdruck unseres
sozialen Sinnes, des Sinnes für das universale Leben in uns« sind.[68]
Die Sitte, die die wissenschaftliche, d. i. empirische Ethik erforscht, ergibt sich aus dem »Einfluss der Gesellschaft […]. Das heißt, dass eine
Sitte wieder andere Sitten stiftet; dass eine gesellschaftliche Situation

---

[64] *Action*, S. 249/275.
[65] Siehe vor allem ebd., S. 229/254; 243/268 f.; 248/274; 253–260/279–286; 263/289;
267/293; 273/299; 276/302.
[66] Ebd., S. 274/300.
[67] Ebd., S. 293/319.
[68] Ebd., S. 283 f./309.

sich aus anderen gesellschaftlichen und kollektiven Situationen ergibt, an denen das Gefühl mehr Anteil hat als das klare Denken; und dass das Tun des Einzelnen für die Organisation des Lebens des Einzelnen nicht genügt.«[69] Deshalb ist die Ethik in erster Linie »Wissenschaft vom gesellschaftlichen Ganzen, damit sie dann auch Wissenschaft vom Ganzen des Individuums sein kann«. Sie zeigt »die tatsächlichen Bedingungen für das Funktionieren des Gesellschaftslebens« auf, und »durch diese Erkenntnis wirkt sie auf das Gewissen des Einzelnen zurück.«[70] Die Sitte formuliert die Verhaltensregeln, die sich für den Einzelnen aus den Gesetzen ergeben, die für das Funktionieren der Gesellschaft notwendig sind.

Blondel spricht dann von der Wirtschaftsordnung und von der Möglichkeit einer »wohlüberlegten Reform«. Bei dieser Gelegenheit sagt er am deutlichsten, wie er die Gesellschaft versteht: »Die Gesellschaft ist nicht eine Maschine, die von außen bewegt wird; sie ist etwas Lebendiges, das sich von innen her regt; sie ist kein Automat, der mit viel Berechnung und Überlegung gebaut wurde; sie ist ein Organismus, in dem klares Denken und unbewusste Einflüsse sich gegenseitig beeinflussen, ein sich Einschwingen zwischen gesellschaftlichen Aufgaben und persönlichen Gewohnheiten. Folglich muss man für das immerwährende Werk der Aufrechterhaltung und der Reform der ethischen und gesellschaftlichen Tugenden gleicherweise Vernunft und Natur, Sitte und Gesetze, persönliche Initiative und staatliche Maßnahmen einsetzen.«[71]

4. Das Paradox der Sozialphilosophie Blondels und seine Auflösung

Diese quasi abschließende Definition der Gesellschaft – abschließend auch deshalb, weil sie zur Praxis hin offen ist – führt noch einmal das Paradox der Sozialphilosophie Blondels vor Augen. Man wäre versucht, es als eine Antinomie zu verstehen, als Überlagerung eines ethischen Verständnisses der Gesellschaft über eine organizistische Gesellschaftsauffassung; denn Blondel sieht die Gesellschaft gleichzeitig als lebendigen Organismus und als eine ethische, von Ideen bestimmte

---

[69] Ebd.; S. 284/309 f.
[70] Ebd.
[71] Ebd., S. 284 f./310.

Größe. Darin liegt jedoch keine Unstimmigkeit; es definiert vielmehr den einzigartigen Charakter der Gesellschaftsauffassung Blondels, ja geradezu deren tiefste Einheit.

Das erklärt sich zunächst aus der Natur des Wollens, das allen gesellschaftlichen Beziehungen zugrunde liegt. Wie diese Beziehungen, ist auch das Grundwollen, die *volonté voulante*, »natürlich, notwendig und frei«. Es ist natürlich; denn es gehört zur Natur des Menschen, die es als Grundgegebenheit allererst konstituiert; ohne das Wollen gäbe es alles andere nicht. Diese Naturgegebenheit des Grundwollens offenbart sich in der unausweichlichen Notwendigkeit, zu wollen. Ich kann nicht nicht wollen, und alles, was ich will, zieht seine unausweichlichen Folgen nach sich. Doch diese Notwendigkeit ist die Notwendigkeit meiner Freiheit. Ich bin notwendigerweise frei; kein Willensakt drängt sich mir mehr auf als irgendein anderer. Denn das Grundwollen, die Wirkursache, – das ist zur Erklärung des blondelschen Paradoxes als zweites zu betrachten – wird immer nur im Blick auf eine Zielursache wirksam. Die möglichen Ziele sind jedoch immer vielfältig, und keines vermag die ursprüngliche, letztlich unendliche Dynamik der Wirkursache zu erschöpfen oder auch nur zu befriedigen. So ergibt sich jede Bewegung zugleich aus einem Anstoß und aus einem Anreiz; die Bewegtheit resultiert gleichzeitig »von unten« und »von oben«. Der Anstoß, die Wirkursache, ist das Natürliche und Notwendige an diesem Vorgang; dieses Notwendige kommt jedoch nur als freie Antwort auf einen Anreiz zum Zuge. Der Ausdruck »Anreiz« gibt zudem den Sachverhalt nur ungenau wieder; genauer wäre von einem »Ruf« oder von einem kaum erahnten Ziel zu sprechen, um zu unterstreichen, wie unerreichbar und ungeschuldet dieses erscheint. Das Ziel des Wollens wird sich letztlich als »notwendig und unmöglich« erweisen.[72]

Das lässt den tieferen Grund der paradoxen Sozialphilosophie Blondels erahnen. Blondel will auch hier, wie überall in der *Action*, eine wissenschaftliche, d h. deterministische und notwendige Darstellung und Erklärung des Phänomens der menschlichen Gesellschaft vorlegen. Deshalb muss er in erster Linie die Notwendigkeit und Natürlichkeit unterstreichen, mit der die verschiedenen Gesellschaftsformen aus ihren Wirkursachen hervorgehen. Er bedient sich dafür eines physiologischen und organizistischen Vokabulars. Doch je weiter die Un-

---

[72] Ebd., S. 388/412.

tersuchung fortschreitet, umso deutlicher wird die Rolle, welche die Finalursachen in diesem Prozess spielen, das heißt, die freiheitliche, ethische Dimension jeder menschlichen Gesellschaft. Im letzten Zielhorizont wird schon der Anruf vernehmbar, der von der Idee des »Übernatürlichen« ausgeht und der unerkannt und ungenannt die ganze aufsteigende Dialektik des Wollens bestimmt. Blondel deutet dies in den hier betrachteten Kapiteln an, wenn er »das transzendente Geheimnis der Schönheit« gleichsam als Motto über seine ganze Sozialphilosophie gesetzt hat: »als heftete sich unsere Liebe für das, was wir bewundern, an eine ferne und viel mächtigere Liebe, von der die wahrgenommene Schönheit nur ein schwacher symbolischer Ausdruck ist.«[73]

Im Licht dessen, was hier am Horizont aufscheint, erhält die dreimal wiederholte Anspielung auf einen spontanen »Mystizismus« ihren vollen Sinn., der »jedes menschliche Werk«[74], die eheliche und familiäre Liebe[75] und selbst das Vaterland[76] kennzeichnen soll. Er besagt, dass diese Phänomene über sich hinaus verweisen, und dass man in ihnen ganz spontan mehr sucht, als was sie bieten können; dass es folglich ein Irrtum wäre, in diesen Phänomen jenes Letzte finden zu wollen, das der Mensch sucht. Nachdem Blondel mit Comte, Durkheim und Fustel de Coulanges bemerkt hat, »die Religion« sei »vor allem ein Solidaritätsphänomen und eine Folgeerscheinung der organisierten Gesellschaft«[77], zählt er auch den Staat[78] und die »positivistische Religion der Menschheit«[79] zu den Idolen der *superstition*, des Aberglaubens (den man wohl besser als Abgötterei bezeichnen würde).

Doch wie die anderen Idole enthält auch das gesellschaftliche Leben eine Vorzeichnung der Strukturen, die eine übernatürliche Erfüllung aufweisen müsste. Die »buchstabentreue Praxis« *(pratique littérale)*, die allein ein übernatürliches Gnadengeschenk entgegennehmen kann, muss auch eine gesellschaftliche Dimension aufweisen, d.h kirchlich sein.[80]. Im Schlusskapitel der *Action* wird sich zeigen, dass

---

[73] Ebd., S. 229/254 f.
[74] Ebd., S. 229/255.
[75] Ebd, S. 260/286.
[76] Ebd., S. 268/294.
[77] Ebd., S. 310/336; vgl. auch 311/337.
[78] Ebd., S. 311 f./337.
[79] Ebd., S. 312/338.
[80] Ebd., S. 412 f./438 f.

eine »das Sein besitzende Erkenntnis« *(connaissance en possession de l'être)* erst in der liebenden Beziehung zum Mitmenschen möglich ist.[81] Indem er den Anforderungen dieser liebenden Erkenntnis nachgeht, entdeckt Blondel schließlich das *Vinculum vinculorum*, den menschgewordenen Logos, der den ontologischen Bestand der Phänomene verbürgt. So verweist das Paradox der Sozialphilosophie Blondels letztlich auf die verborgene Anwesenheit dieses Vinculum; weil erst von ihm die gesellschaftlichen Strukturen, die von unten erwachsen müssen, ihren letzten Halt und ihren Bestand »von oben« erhalten.

II. Die Auseinandersetzung mit dem Monophorismus

Die Sozialphilosophie der *Action* lässt nun auch den Sinn und die Tragweite der Artikel über den *Monophorismus* besser verstehen. Sie sind eine Gelegenheitsschrift und haben eine gesellschaftliche und politische Situation im Auge, die nicht mehr die unsere ist. Aus der *Déclaration* von Henri LORIN[82], die Blondel zur Ausarbeitung der Testis-Artikel veranlasst hat, geht das deutlich genug hervor. Zu Beginn seines Vortrags auf der Semaine Sociale von 1947 hat Blondel beschrieben, wie es zu den Testis-Artikeln gekommen ist: »Als langjähriger Besucher der Semaines Sociales war ich von Henri Lorrain, ihrem ersten Präsidenten, zu den Vorbereitungssitzungen in der Abgeschiedenheit seines schönen Landsitzes in Maule eingeladen worden, bei denen sich die ersten Anreger der Semaines, Adéodat Boissard [Blondels Schwager] und Marius Gonin, zusammen mit vielen anderen Laien und Ordensleuten trafen, und mein Freund hatte mich dringend aufgefordert, an der Semaine von 1909 in Bordeaux von Anfang an teilzunehmen. Nachdem er dort, mit seiner warmen und strahlenden Stimme, die keiner vergisst, der ihn je gehört hat, seinen bewundernswerten programmatischen Eröffnungsvortrag gehalten hatte, streckte er mir, anstelle eines Schlussworts, sein Manuskript entgegen und fügte vor allen Zuhörern bei: ›Wenn ich Sie hierher gerufen habe, und wenn ich

---

[81] Ebd., S. 440–447/466–473.
[82] Henri LORIN, *Idée individualiste ou idée chrétienne comme fondement du droit.* Déclaration à l'ouverture de la Semaine Sociale de Bordeaux, in: *Semaine Sociale de France. Cours de Doctrine et de Pratique Sociales* (VIᵉ Session, Bordeaux 1909). Lyon: Chronique Sociale de France, 1909, S. 53–80.

Ihnen unser Programm überreiche, so tue ich dies, damit Sie als Philosoph eine Antwort geben auf die Kritiken und Befürchtungen, die den Geist und die Aufgabe der Semaines Sociales verfälschen und in Frage stellen. Unsere jährlichen Zusammenkünfte wollen eine zusammenhängende Soziallehre vortragen, die auf die ethischen und religiösen Bedürfnisse unserer Zeit abgestimmt ist. Wenn wir uns auf rein rechtliche und technische Fragen beschränken wollten, kämen wir nicht zu den Neuerungen, die für unser Frankreich aber auch für andere Nationen dringend notwendig sind [...]. Die Reformen und Fortschritte, die wir herbeiführen müssen, können nicht jede für sich allein erreicht werden. Die neuen Probleme sind solidarisch miteinander verknüpft, und das auf allen Gebieten, dem materiellen, wirtschaftlichen, rechtlichen, philosophischen und spirituellen. Wir müssen uns bewusst werden, wie sich in dieser zusammenhängenden Problemlage die einzelnen Lösungen wechselseitig beeinflussen. Deshalb bitte ich Sie um Ihr philosophisches und religiöses Zeugnis über die gesellschaftlichen Lösungen, die, wie wir meinen, unsere gegenwärtige kulturelle Situation verlangt, in der die wissenschaftlichen, ethischen und religiösen Probleme einen so breiten Raum einnehmen‹.«[83]

Dieses »philosophische und religiöse Zeugnis«, das von ihm verlangt wurde, hat Blondel unter dem »durchsichtigen Pseudonym« TESTIS abgelegt. Er machte sich zum Entlastungszeugen gegen die Anschuldigungen, die gegen die Sozialkatholiken erhoben wurden. Im Verlauf der Artikel wurde der Entlastungszeuge jedoch mehr und mehr zu einem Zeugen der Anklage gegen die Ankläger. In den Testis-Artikel finden sich deshalb keine lehrmäßigen Darstellungen, weder der Soziallehre der Sozialkatholiken noch jener Blondels. Sie setzen beide als bekannt voraus und versuchen deren erkenntnistheoretische und theologische Voraussetzungen und Hintergründe zu durchleuchten, indem sie sie mit den Auffassungen der »Monophoristen« vergleichen. Die Meinung Blondels und die seiner Freunde muss aus dieser Darstellung wie aus einem Negativ herausgelesen werden.

---

[83] BLONDEL, *Ordre social,* S. 215 f.

1. Was ist Monophorimus?

Der Neologismus, den Blondel nicht ohne ein verschmitztes Lächeln in die Welt gesetzt hat, weist auf den Kern der Sache hin. Er dient dazu, in einem Atemzug sowohl die Modernisten wie auch ihre Gegner zu widerlegen. Blondel erklärt das so: »In den Auseinandersetzungen der jüngsten Zeit hat man allzu oft vorausgesetzt, dass sich nur zwei Alternativen gegenüberstehen: Auf der einen Seite der zu Recht verurteilte Immanentismus, der alles Religiöse und die Entfaltung des Christentums von unten aus den verborgenen Tiefen des Bewusstseins aufsteigen lässt, auf der andern Seite eine Lehre, die, um nicht dem gleichen verabscheuenswürdigen Irrtum zu verfallen, nur das Geschenk von außen sieht, eine von oben her geschenkte Offenbarung und eine Autorität, die von der Gegenseite nichts anderes als reine Empfangsbereitschaft und passiven Gehorsam erwartet. Viele meinen gar, dies sei der Gipfel der Rechtgläubigkeit; kein Abstrich und kein Zusatz zu dieser maximalistischen Sturheit sei möglich. Das ist falsch. Die Behauptung, im Christentum komme alles von außen, *extrinsecus*, ist genau so falsch wie die andere, nach der alles von innen kommt, durch Efferenz. Der falschen Lehre der Efferenz und der unvollständigen Lehre der Afferenz von außen her, die man beide, um ihren Irrtum in einem Wort zu fassen, als ›Monophorismus‹ bezeichnen könnte, muss man, um die christliche Lehre in ihrer Fülle zu erfassen, die Lehre von der doppelten Afferenz entgegensetzen [...], jene Lehre, die mit Kardinal Dechamps anerkennt, dass ›zwei und nur zwei Fakten festgestellt werden müssen, das eine in uns und das andere außer uns, die sich gegenseitig suchen‹, um sich zu umarmen‹.«[84]

Das in der Fundamentaltheologie bestens bekannte Zitat von Kardinal Dechamps zeigt an, dass Blondel in seinen Ausführungen in erster Linie das Verhältnis des Menschen zur christlichen Offenbarung und zur göttlichen Gnade im Auge hat, zu dem, was man damals generell als »das Übernatürliche« bezeichnete. Die beiden Ausdrücke »Efferenz« und »Afferenz« stammen jedoch aus dem ganz anderen Vokabular der Neurophysiologie, mit dem Blondel in der *Action* die Komplexität unserer Erkenntnisvorgänge unterstrichen hatte.[85] Sie

---

[84] *Monophorisme*, S. 64–65, mit einem Zitat des Leitworts, das Victor-Auguste DE-CHAMPS seinen *Œuvres complètes* vorangestellt hat (Malines: Dessain, Bd. I, 1874, S. 16).
[85] *Action*, S. 151–157/178–183.

zeigen, dass das angesprochene Problem für Blondel in erster Linie ein epistemologisches Problem ist. In der Erkenntnistheorie wie in der Fundamentaltheologie ist jede vereinfachende und einseitige Lösung im Sinne einer Einbahnstraße falsch. Die beste Umschreibung dessen, was Blondel mit »Monophorismus« gemeint hat, wäre in der Tat »Einbahnstraße«. Im Sinne einer Einbahnstraße haben die Modernisten die Religion immanentistisch aus den religiösen Bedürfnissen der Menschheit entstehen lassen, und im Sinne einer Einbahnstraße haben ihre Gegner das Übernatürliche extrinsezistisch als einen ungeschuldeten, äußerlich zur Menschennatur hinzugefügten Zusatz betrachtet, der mit dieser nur durch einen ebenso äußerlichen Machtspruch Gottes verbunden ist. Aus dieser extrinsezistischen Sicht können sich auf gesellschaftlichem und politischem Gebiet praktische Folgerungen ergeben, die nichts mehr mit einem christlichen Verständnis des sozialen Lebens zu tun haben. Die Kritik Blondels will das zeigen.

2. Blondels Kritik des Monophorismus

Die von Blondel angezielten praktischen Folgerungen haben heute glücklicherweise ihre Aktualität weitgehend verloren. Dennoch bleibt Blondels Beweisführung so aktuell wie eh und je; denn sie zeigt auf, dass und wie die Erkenntnistheorie, das Wirklichkeitsverständnis und die theologischen Anschauungen der katholischen Integristen (und jedes Integrismus) miteinander zusammenhängen, und sie vergleicht sie mit den ebenso zusammenhängenden Auffassungen der Sozialkatholiken.

Um diese Zusammenhänge aufzuzeigen, stellt Blondel zwei parallele Reihen von je drei Thesen auf. In jeder Reihe ist die erste, erkenntnistheoretische These ausschlaggebend für die beiden andern, während die dritte, theologische These die letzte Rechtfertigung der beiden vorstehenden bringt und ihren christlichen Sitz im Leben aufzeigt. Aus dieser Anordnung ergibt sich die Frage, ob der Monophorismus eine Theologie ist, die sich aus einer schlechten Erkenntnistheorie ergibt, oder ob nicht vielmehr diese Erkenntnistheorie zur Rechtfertigung einer einseitigen und unausgewogenen Theologie dient.

Da Blondel analytisch vorgeht und bei zeitgenössischen Fakten ansetzt, kommt er erst in seinem zweiten Artikel auf dieses Herzstück seiner Beweisführung zu sprechen. Der Leser wird sich mit Vorteil zuerst mit den beiden Reihen von Thesen beschäftigen, die auch graphisch leicht zu erkennen sind, um von da aus zu den Erklärungen und Folgerungen fortzugehen, die Blondel im dritten Artikel zu diesen Thesen gibt. Dass eine einseitige Erkenntnistheorie zu einem ebenso einseitigen Wirklichkeitsverständnis führt, ist leicht einzusehen und es wird heute fast allgemein anerkannt. Weniger evident ist, dass ein einseitiges Wirklichkeitsverständnis, eine einseitige Ontologie notwendig zu politischen Folgerungen führt, die sich für die Sozialpolitik, aber auch für die Kirchenpolitik recht genau vorhersagen lassen. Blondel weist darauf hin, dass sich das Wirklichkeitsverständnis nicht nur auf die materielle Welt bezieht, sondern, parallel dazu, auch auf die gesellschaftliche Wirklichkeit. Das wird im dritten Thesenpaar deutlich, das den Zusammenhang dieser Ontologie und mit einem ganz bestimmten Verständnis des christlichen Übernatürlichen aufzeigt. Die Analyse all dieser Zusammenhänge ist das eigentlich Neue in den Testis-Artikeln.

Es geht dabei nicht um ein neues Verständnis des Übernatürlichen. Blondel hat dieses in seinen früheren Arbeiten bereits wesentlich eingehender dargestellt und gerechtfertigt. Neu ist nur die Einführung des Ausdrucks *transnaturel* statt *surnaturel*, wahrscheinlich aus theologisch-politischen Opportunitätsgründen. Das Hauptgewicht liegt auf der Darlegung der praktischen, sozialen und politischen Folgen, die sich aus der Theologie der Monophoristen ergeben. Bei der von den Zeitumständen nahegelegten polemischen Ausrichtung der Artikel nimmt leider die Darlegung der verhängnisvollen politischen Folgen einer falschen Theologie (die Schatten von Charles Maurras und der *Action Française* zeichnen sich ab) viel breiteren Raum ein als die Darstellung von Blondels eigener sozio-politischer Auffassung. Man mag bedauern, dass diese fragmentarisch bleibt. Eine Skizze der Lehre Blondels lässt sich den Artikeln jedoch entnehmen, wenn auch vor allem im Negativ. Man muss dafür bei den drei Thesenpaaren ansetzen.

1. Die Erkenntnislehre des Monophorismus ist ein neuscholastischer Notionalismus, der »unter dem Namen des Thomas von Aquin einen schlechten Thomas Reid vorlegt, mit einem Beigeschmack von falschem Cartesianismus, falschem Biranismus und Anklängen an Cousinismus«.[86] Der Monophorismus setzt unsere menschlichen Begriffe, die kurzerhand den Sinneswahrnehmungen entnommen wer-

---

[86] *Monophorisme*, S. 46.

den, mit der Wahrheit der Sache selbst gleich. Dabei können »zwischen diesen intellektuellen Atomen, die als Abklatsch oder Stellvertreter des Wesens der erkannten Wirklichkeit gelten, logisch überprüfbare Prozesse von Zusammensetzung oder Teilung nach Vernunftregeln stattfinden.«[87] Hieraus folgt, in bereits praktischer Hinsicht, dass »falsche Begriffskombinationen nur durch ihre Widerlegung korrigiert werden können. Aus dem Irrtum führt nur seine Verneinung hinaus, indem man sich für die gegenteilige, klar als solche erkannte Auffassung entscheidet.«[88] Das führt fast notwendig zu einem rücksichtslosen Kampf für die Wahrheit; denn die Gegner können doch nur im Irrtum sein. Die Wahrheit, so abstrakt sie sein mag, hat den Vorrang vor den Personen.

Dieser sensualistisch-rationalistischen Erkenntnistheorie hält Blondel die wahre Lehre des heiligen Thomas von Aquin entgegen, wobei er sich auf die Arbeiten von Pierre Rousselot und Antonin-Dalmace Sertillanges beruft. Neben der Erkenntnis vermittels abstrakter Begriffe und Vernunftschlüsse kennt Thomas auch eine *cognitio per connaturalitatem*, das heißt eine quasi intuitive Erkenntnis aus Erfahrung und geistiger Nähe. Die Sozialkatholiken können deshalb mit vollem Recht »von Ideen sprechen, die sich beim Tun weiterentwickeln, berichtigen, erhellen [...] und von einem ›unterbewussten Wollen‹, von einer subjektiven Regel, und von Erkenntnissen, die sich aus tastenden sozialen Versuchen ergeben« – alles Dinge, die die katholischen Integristen als unerheblich betrachten oder gar als Quelle von Irrtümern.[89] Dem falschen Realismus einer genauen Entsprechung zwischen unseren Begriffen und der Wirklichkeit hält Blondel seinen »integralen Realismus« entgegen, der die Welt des Menschen so annimmt, wie sie wirklich ist, immer unvollkommen, immer teilhaft und in beständigem Werden, heute würden wir sagen: geschichtlich.

2. Das führt zum zweiten Thesenpaar, den seinsphilosophischen Thesen über das Wirklichkeitsverständnis. Die Auffassung der Monophoristen ist leicht zu beschreiben: »Weil die Ideen, die das Wesen und gleichsam das Beständige der Dinge ausdrücken, genau umschrieben sind und sich selbst genügen, bleiben auch die verschiedenen Arten und Gattungen genau unterschieden, in der Wirklichkeit so gut wie

---

[87] Ebd, S. 34.
[88] Ebd.
[89] Vgl. ebd., S. 35.

im Denken. Jede Ordnung hat in sich selbst und an ihrem Ort Bestand, kraft der Beständigkeit ihres je eigenen Seins. Man kann beispielsweise nicht begreifen, dass die Ordnung der Natur ihren ganz normalen eigenen Bestand haben und doch zugleich mit den denkenden Wesen solidarisch verbunden sein kann, dass die Wirtschaftsordnung der genau definierte Gegenstand einer autonomen Wissenschaft sein kann und zugleich mit ethischen Problemen eng verknüpft bleibt, dass die Gesellschaftsordnung auf Vernunft und Naturrecht beruht und dennoch ihre volle Ausgeglichenheit in der rein natürlichen Ordnung nicht zu finden vermag.«[90] Infolge dieser einseitigen Interpretation der ohnehin schon statischen Ontologie des Aristoteles, »spricht man heute von der Gesellschaftsordnung, vom Naturrecht, von der natürlichen Religion so als wären dies in sich bestehende Wirklichkeiten, die nicht nur als Mittel sich selbst genügen; die vielmehr auch eine in sich ruhende Beständigkeit haben und festen, kompakten, in sich geschlossenen Halt.«[91]

Vor allem auf dieser Ebene der seinsphilosophischen Thesen unterscheidet sich die Auffassung Blondels von jener der Monophoristen. Getreu seiner Methode, die Wirklichkeit zunächst als eine Reihe von »heterogenen und solidarischen« Phänomenen zu sehen, hatte Blondel in den Kapiteln der *Action* die Gesellschaftsordnung zwar als ein eigenständiges Phänomen betrachtet, aber zugleich als Teil einer aufsteigende Bewegung, kraft derer die Gesellschaftsordnung sowohl mit der Individualethik wie auch mit der natürlichen Religion, ja sogar mit der christlichen Offenbarung in solidarischem Zusammenhang steht. Kraft der Eigenständigkeit der sozialen Phänomene stützte sich Blondel bei der Behandlung der Gesellschaftsordnung auf die positive Wissenschaft der Nationalökonomie, die er aus den Artikeln Émile Durkheims kennengelernt hatte. Doch zugleich entwickelte er eine ethisch geprägte, wenn auch noch nicht ausdrücklich christliche Sozialphilosophie. Diese wurde für die Sozialkatholiken zu einer wichtigen Quelle und Anregung; denn sie erlaubte ihnen, in ihren Vorschlägen zwar den weitgehend vom Laizismus bestimmten Verhältnissen im damaligen Frankreich Rechnung zu tragen, aber dennoch eine spezifisch christliche Sicht der Politik und ein christliches Sozialprogramm zu vertreten.

---

[90] Ebd., S. 34.
[91] Ebd., S. 53.

Ihre Gegner, die sich grundsätzlich auf eine ideale, unveränderliche Gesellschaftsordnung festgelegt hatten, mussten dagegen versuchen, diese um jeden Preis zu durchzusetzen. Deshalb hatte für sie all das, was zur gesellschaftlichen Stabilität beitragen konnte, das Privateigentum und eine unverrückbare Ordnung der gesellschaftlichen Klassen erste Priorität, und sie bekämpften alle, die sich, wie die Gewerkschaften und die Sozialkatholiken, zum Sprachrohr sozialer Ansprüche und gesellschaftlicher Veränderung machten. Sie betrachteten diese festgefügte politische und gesellschaftliche Ordnung als von Gott und von der Kirche gewollt und auferlegt, und so vertraten sie das Ideal einer »anthropomorphen Theokratie, mit dem sie sich zwar nie identifizieren wollen, und das doch je und je das Leitbild für ihre Praxis ist.«[92] Leider erweist sich dieses Ideal, die monophoristische »These«, als undurchführbar; deshalb gibt man sich mit der »Hypothese« zufrieden, d.h. mit den tatsächlichen Verhältnissen, indem man entweder »innerlich emigriert«[93] oder sich der gängigen, kaum von christlichen Idealen bestimmten Art, Politik zu treiben anschließt. Die Analyse dieses politischen Verhaltens der Integristen nimmt in den Testis-Artikeln den breitesten Raum ein; es ist aber auch das, was am schnellsten veraltet war. Der Leser muss also einige Geduld aufbringen, und zu einer gewissen Umsetzung der Beobachtungen Blondels in die Gegenwart bereit sein.

3. Das gilt auch für das dritte Thesenpaar, das eigentliche Kernstück der Artikel, das die christliche Offenbarung betrifft. Hier sind Blondels Ausführungen nicht deshalb teilweise überholt, weil sie eine frühere Entwicklungsstufe des gesellschaftlichen und politischen Lebens im Auge haben, sondern im Gegenteil, weil sie heute zum theologischen Gemeingut geworden sind, jedenfalls für eine Theologie, die sich an den Lehren des II. Vatikanum orientiert. Die integristische These, wonach es »das Übernatürliche für die natürliche Ordnung zunächst gar nicht gibt«[94], dürfte heute nur noch von historischem Interesse sein. Doch gerade diese These, die Blondel recht ausführlich darlegt, hat es den katholischen Integristen damals erlaubt, sich in der Politik so zu verhalten, ›als gäbe es keine christliche Offenbarung‹. Dass eine solche Abstraktion (die nicht mit Dietrich Bonhoeffers »etsi Deus non

---

[92] Ebd., S. 98.
[93] Vgl. ebd., S. 252 und 110.
[94] Ebd, S. 96.

daretur« verwechselt werden darf) nicht nur in der Theologie unzulässig ist, sondern vor allem auch in der christlichen Politik und Sozialpraxis, zu dieser hoffentlich endgültigen Einsicht wollten Blondels etwas mühsame Analysen führen. Mit höchster kirchlicher Autorität wurde diese Einsicht von der Pastoralkonstitution *Gaudium et Spes* bestätigt, jenem Konzilstext, den Papst Johannes Paul II. am häufigsten zitierte.

3. Blondels Sozialphilosophie als christliches Zeugnis

Schließlich ist noch ein letztes Wort zu sagen zu Blondels Pseudonym »Testis«. Es deutet sowohl eine Anteilnahme wie auch eine gewisse Distanz an. Ursprünglich hatte Blondel gehofft, Lucien Laberthonnière würde sich an der Redaktion der Artikel beteiligen. Das Pseudonym hätte dann gelautet *Testes amici*, und die Anspielung auf die »zwei Zeugen« der *Apokalypse*[95] – Zeugen für die Heilige Stadt, die getötet werden und zuletzt wieder auferstehen – wäre unüberhörbar gewesen. Doch auch jetzt, im Singular, ist die Anspielung auf den *testis fidelis et verus*[96] nicht zu überhören.

Während ein Zeuge im allgemeinen außerhalb des Geschehens bleibt, weder Mittäter noch Richter ist, aber dennoch nicht nur ein unbeteiligter Zuschauer, sondern ein vom Geschehen, das er bezeugt, Betroffener, verschwindet im christlichen Zeugnis auch die letzte Distanziertheit des Zeugen. Zeugnis geben von der Wahrheit, einer Wahrheit, die jenseits der beiden streitenden Parteien steht, das erfordert einen Einsatz, der bis zum Blutzeugnis gehen kann. Blondel will nicht mehr als ein Zeuge sein, und er deutet damit an, dass er sich mit dem Standpunkt und den Ansichten der Sozialkatholiken nicht einfachhin identifiziert. Er schätzt sie, er verteidigt sie; doch seine eigene Sozialphilosophie ist etwas anderer Art als die seiner Freunde und Verwandten. Er engagiert sich jedoch wirklich als Zeuge; denn in den Auseinandersetzungen um den Sozialkatholizismus geht es um mehr als nur um Lehrmeinungen und Methodenfragen; es geht nicht nur um diese oder jene Auffassung von christlicher Theologie. In diesen Auseinanderset-

---

[95] *Apokalypse.* 11, 1–14.
[96] Ebd. 3, 14.

zungen um die gesellschaftliche Praxis steht für einen Christen etwas auf dem Spiel, für das sich ein Glaubenszeugnis im vollen Sinn des Wortes lohnt. Im letzten Testis-Artikel macht Blondel das deutlich. Es geht um nichts Geringeres als um die christliche Liebe. Es geht darum, ob die Liebe, die Brüderlichkeit, die Barmherzigkeit beim sozialen Einsatz das letzte Wort haben, oder ob im Gegenteil ein System (und wäre es auch das System der Wahrheit), eine Übereinkunft, eine Taktik oder gar eine Ideologie ausschlaggebend sind. Angesichts dieser Entscheidung hat Blondel sich entschlossen, sein Zeugnis abzulegen.

Er hat dieses Zeugnis neunzehn Jahre später noch einmal abgelegt, als ihn die Semaines Sociales in einer Zeit, da der Nationalismus nicht nur in Frankreich überbordete, zu einem Referat über dieses Thema einluden. Er gab seinem Zeugnis den Titel: *Patrie et humanité, du point de vue de la charité* (Vaterland und Menschheitsfamilie aus der Sicht der Nächstenliebe). Wiederum stellte er eine Liste entgegengesetzter Thesen auf (diesmal sind es 24, eine den Thomisten wohlvertraute Zahl), um »unseren philosophischen und christlichen Standpunkt« den »Thesen eines integristischen Nationalismus« entgegenzusetzen und um zu zeigen »in welchem Sinn es einen natürlichen ethischen Vorentwurf der Nächstenliebe gibt, und in welchem Sinn die unveräußerlich christliche und übernatürliche Nächstenliebe als Vervollkommnung des gesellschaftlichen Lebens und der Einigung der Menschheit sich weder ersetzen noch entbehren lässt – allen Separatismen und aller Engstirnigkeit des Nationalismus [heute würden wir beifügen: und des Rassismus] zum Trotz.«[97]

Ein drittes und letztes Mal, wiederum neunzehn Jahre später, hat sich Blondel 1947, in einer Zeit des gesellschaftlichen Wiederaufbaus nach der Zerreißprobe des zweiten Weltkriegs und angesichts des vordringenden Marxismus, auf der Semaine Sociale in Paris als Zeuge für die Nächstenliebe als Prinzip der Gesellschaftsordnung stark gemacht. Er konnte sein Referat nicht mehr selbst halten, sondern ließ es von seinem Sohn Charles vorlesen. Der Titel lautete: *La conception de l'ordre social* (Die Auffassung einer Gesellschaftsordnung). Es war Blondels letztes Wort im Bereich der Sozialphilosophie. Das Schlusswort unterstreicht noch einmal Blondels Grundthese, die schon für die Testis-Artikel wegleitend war: »Dass der Mensch ein Wert für den

---

[97] *Patrie et humanité,* S. 385 und 363.

Menschen sein kann, erst das rechtfertigt letztlich das gesellschaftliche Leben, das ein Leben der Wahrheit, der Pflichterfüllung, des Glücks, der Nächstenliebe ist.«[98]

---

[98] *Ordre social*, S. 227.

Blondels Überlegungen zum Erkenntnisproblem in ihrer Entwicklung (1999)

Seit John LOCKE 1690 sein philosophisches Hauptwerk *An Essay concerning Human Understanding* betitelt hat, ist die Erkenntnistheorie zu einer eigenständigen, ja geradezu zur wichtigsten philosophischen Disziplin geworden. Ernst CASSIRERS vierbändiges Werk *Das Erkenntnisproblem in der Philosophie und Wissenschaft der neueren Zeit* konnte in den Übersetzungen kurzerhand als »Philosophiegeschichte der Neuzeit« betitelt werden. Seit Descartes zur erkenntnistheoretischen Untermauerung der Physik Galileis das menschliche Ich und seine geistigen Fähigkeiten in den engen Raum des Bewusstseins eingesperrt hatte, ist das Problem der menschlichen Erkenntnis tatsächlich unabdingbar geworden,. Wenn ich grundsätzlich nichts anderes als meine Bewusstseinsinhalte, die kartesianischen »Ideen« erkenne, was kann ich dann überhaupt noch von der außer meinem Bewusstsein existierenden Wirklichkeit erkennen?

Nachdem Rationalismus und Empirismus ihre je eigenen, unzureichenden Antworten auf diese Frage gegeben hatten, ging Kant das Problem an der Wurzel an. Vorgängig zu aller Philosophie und Wissenschaft, sagt er, sind die Grenzen aller menschlichen Erkenntnismöglichkeit zu erkunden, wie er dies in seiner *Kritik der reinen Vernunft* getan hat. Er hat sich gefragt: Was kann ich wirklich erkennen, und was lässt sich darüber hinaus allenfalls noch *denken;* doch ohne dass dieses Denken zu einer echten Erkenntnis führen würde? In Weiterführung Kants ließ dann der deutsche Idealismus die Frage nach den Grenzen des Erkennens hinter sich. Er interessierte sich nur noch für das Denken und für die Strukturen des Denkbaren. Erst Edmund Husserl wandte sich wieder dem Problem des Erkennens zu, untersuchte jedoch, von Descartes und Kant gemahnt, die Erkenntnis nicht auf ihren Wirklichkeitsbezug und auf ihre grundsätzlichen Möglichkeiten hin; er bemühte sich vielmehr, die tatsächlichen Inhalte unseres Erkennens, die »Phänomene« zu beschreiben.

Die Erkenntnistheorie, deren drei Hauptetappen damit kurz angedeutet sind, ist ein Geschöpf der Neuzeit. Im antiken und im mittelalterlichen Denken gab es wohl Untersuchungen über den menschlichen Geist und seine Fähigkeiten, unter ihnen auch sein Erkenntnisvermögen; das Erkennen selbst wird jedoch kaum thematisiert. Auch die christlichen Philosophen mussten deshalb im 18. und 19. Jahrhundert für das Erkenntnisproblem Anleihen beim neuzeitlichen Denken machen, und sie entschieden sich meist für einen milden Lockeanismus, der scheinbar keinem etwas zuleide tat. Erst Joseph KLEUTGEN mit seiner *Philosophie der Vorzeit*[1] versuchte aus den Ansätzen der Scholastik eine Erkenntnistheorie herauszufiltern, die dann in Gestalt einer Erkenntnismetaphysik weiter ausgeführt wurde. Joseph MARÉCHAL[2] und seine Nachfolger, allen voran Karl RAHNER[3] begannen Thomas von Aquin im Licht der kantischen und der idealistischen Problematik zu lesen. Maréchal konnte sich dabei auf Anregungen seiner Ordensbrüder Kleutgen und Pierre Rousselot[4] stützen; sein eigentlicher Wegweiser war jedoch Maurice Blondel.[5]

I. Das Erkenntnisproblem in *La Pensée*

Eine Erkenntnistheorie ist sicher nicht das erste, was man bei Maurice Blondel sucht. Man kennt ihn als Philosophen der *Action* und des Übernatürlichen; man denkt an die Immanenzmethode, das Vinculum und an den Panchristismus. Doch dann erinnert man sich daran, dass der erste Teil seines Alterswerks mit *La Pensée* betitelt ist. Wer erfahren will, was Blondel zum Erkenntnisproblem zu sagen hat nimmt zweifellos als erstes *La Pensée*, »Das Denken«, zur Hand. Doch bald wird er feststellen, dass dieses Werk eben »Das Denken« und nicht »Die Er-

---

[1] Vgl. Joseph KLEUTGEN, *Die Philosophie der Vorzeit*. 2 Bde. Münster: Theissing, 1860/63; Innsbruck: Rauch, [2]1878.

[2] Joseph MARÉCHAL, *Le point de départ de la métaphysique. Leçons sur le développement historique du problème de la connaissance*. 5 Bde. Paris-Bruxelles: Alcan-Lessianum, 1922–49.

[3] Karl RAHNER, *Geist in Welt. Zur Metaphysik der endlichen Erkenntnis bei Thomas von Aquin*. Innsbruck: Rauch, 1939.

[4] Pierre ROUSSELOT, *L'intellectualisme de Saint Thomas d'Aquin*. Paris: Beauchesne, 1908.

[5] Vgl. dazu BLONDEL–VALENSIN, Bd. 2, S. 265 f.,273.

kenntnis« heißt. Schon der erste Exkurs – die Exkurse sind in Blondels Alterswerk oft philosophisch präziser und erhellender als der etwas diffuse diktierte Haupttext – enthält eine ausdrückliche und begründete Ablehnung der Erkenntnistheorie: »Wie sich die Philosophie zu Unrecht in den sich drehenden Kreis der Erkenntnistheorien einschließt und dabei den Blick für das Denken selbst verliert.«[6]

Drei Grundmodelle von Erkenntnistheorie habe es gegeben, sagt Blondel, die alle davon ausgingen, dass das Erkennen ein Subjekt und ein Objekt miteinander in Beziehung setze. Seit Descartes, d.h seit es überhaupt eine Erkenntnistheorie gibt, geht diese vom Subjekt, dem *Cogito*, und seinen Erkenntnisinhalten, den »Ideen« aus. Schon darin zeigt sich die Aporie dieser Ausgangsstellung. Einerseits soll das Subjekt, das Bewusstsein, in sich selbst durchlichtet und nicht weiter hinterfragbar sein, anderseits lässt es sich immer nur indirekt, durch den Blick auf seine Inhalte erfassen. Blondel braucht für dieses Schwanken und »Schielen« das Bild eines sich drehenden Leuchtfeuers: »Angesichts solcher Verwirrungen muss man an jene Leuchttürme denken, die einen Augenblick lang ein derart blendendes Licht ausstrahlen, dass wir nichts anderes mehr zu sehen vermögen als die Blendung; doch dann, wenn man den Lichtherd nicht mehr sieht, gleitet die durch einen fast unsichtbaren Lichtstreifen hervorgerufene Helligkeit nach und nach über die verschiedenen Punkte des Horizonts. Im einen wie im anderen Falle erfahren wir nichts über die Quelle und die Natur dieses Lichtes; denn im Lichtanprall, der uns blendet, vermögen wir nicht zu unterscheiden, ob diese Helligkeit von uns stammt oder von einem unbekannten Lichtquell – so wie Descartes hin- und herschwankt zwischen der Absicht, aus unserem *Cogito* das Prinzip der ganzen Philosophie zu machen oder durch den ontologischen Gottesbeweis bis zu dem aufzusteigen, was er ›das große und unvergleichliche Licht‹ nennt, das einzige, worin Wesenheit und Dasein, Sein und Denken angemessen, unmittelbar und notwendig eins sind.«[7]

Nicht weiter als diese auf dem Subjekt aufbauende Erkenntnistheorie führe die andere, die Locke entwickelt hat, die das ganze Erkennen vom Objekt bestimmt sein lässt und damit an ältere Vorstellungen anknüpft. Das Erkenntnisvermögen ist für diese Auffassung eine vom Objekt zu aktualisierende reine Potenz, eine *tabula rasa*. »Doch man

---

[6] *Pensée*, Bd. 1, S. 215/216. Exkurs 2.
[7] Ebd., S. 219 f./221.

vergisst dabei, dass auch die Wachstafel dem Griffel des Schreibers einen Widerstand entgegensetzt, und dass erst so ein Schriftzeichen zustande kommt. Zudem ist die alte Einsicht zu beachten, dass das passiv Wahrgenommene nach der Maßgabe des Aufnehmenden wahrgenommen wird, *percipitur ad modum recipientis*. Diesen *modus* zu kennen ist das Entscheidende.«[8]

Als Ergebnis ergibt sich aus dieser Kritik der beiden Erkenntnismodelle die Feststellung: »Die Quelle des Lichts ist weder in uns noch in den Dingen. Wie unsere Augen eine indirekte Beleuchtung bevorzugen; denn diese lässt uns die Gegenstände in ihrem reflektierten und gemilderten Licht besser sehen, so funktioniert auch unser Denken besser, wenn es feststellt, dass zahlreiche Voraussetzungen sein Wirken begünstigen, ohne dass es diese in ihrer Vielfalt und Verschiedenheit im einzelnen kennen muss.«[9]

Besonders intensiv prüft Blondel deshalb den dritten erkenntnistheoretischen Ansatz, der von der wechselseitigen Beziehung von Subjekt und Objekt ausgeht, den Ansatz Kants und der Nachkantianer, die lehren, »das Denken sei eine Beziehung, und zwar eine Beziehung zwischen einem Objekt, einer Gegebenheit, einer ›Materie‹ der Erkenntnis einerseits und einem Subjekt, einer synthetischen Tätigkeit, einer ›Form‹ andererseits. Schloss nicht bereits die alte Formel *cognitio vera est adaequatio rei et intellectus* [die wahre Erkenntnis ist eine Angleichung zwischen Sache und Erkenntnisvermögen] diese Auffassung in sich ein? Erst hier werden die *res* und der *intellectus* nicht mehr von vorneherein je für sich betrachtet. Man achtet zuerst auf ihre Beziehung, die uns spontan bekannt ist, und führt so das Problem des Denkens auf das Problem des Erkennens zurück und macht das Erkennen zum Schlüssel für die ganze Philosophie.«[10].

Eben diese Reduktion der Philosophie auf Erkenntnistheorie, die er auch bei seinem Zeitgenossen Henri Bergson diagnostiziert, will Blondel vermeiden. Deshalb macht er nicht das Erkennen, sondern das Denken zum Gegenstand seiner Untersuchung. Seine Erkenntnistheorie (wenn man sie noch so nennen darf) ist ausdrücklich nachkantianisch und antibergsonianisch. Sie ist antibergsonianisch, indem sie die

---

8 Ebd., S. 229/229.
9 Ebd., S. 229/229.
10 Ebd., S. 232/232.

Données immédiates de la conscience[11] noch einmal hinterfragt. Eben dadurch ist sie auch nachkantianisch, weil sie die Fragestellung Kants auch in dem Sinne hinterfragt, dass sie nachforscht, wie es überhaupt zu dieser Fragestellung kommen konnte. In einem späteren Exkurs über »Die Paradoxie des Erkenntnisproblems« spricht Blondel das noch deutlicher aus: »Wenn die menschlichen Fähigkeiten von sich aus den zu erkennenden Objekten und den sicheren Mitteln, diese zu erkennen, zugewandt wären, wenn sie infolge dieser normalen und natürlichen Ausrichtung das Wahre erreichten, ohne einen Grund oder ein Motiv zum Zweifel zu haben, dann hätte man keinen Anlass, eine Erkenntnistheorie zu entwickeln.«[12] Dass ein Zweifel möglich, ja unabweislich ist, das ergibt sich nicht nur und nicht zuerst aus einer Unzulänglichkeit der menschlichen Natur, sondern daraus, dass für uns Erkennen und Gegenstand, Denken und Sein auseinanderklaffen. Die Feststellung Bossuets, »Wir sind nie auch nur dem geringsten unserer Gedanken gewachsen« *(Nous n'égalons jamais la moindre de nos pensées)*[13] ist zu einem Leitsatz Blondels geworden, den er gerne wiederholt; denn »ein kritisches Erkenntnisproblem gibt es nur, weil die Philosophie, wie das Leben selbst, für ein anderes, höheres Problem aufgeschlossen werden soll, ohne das es das erste gar nicht gäbe. Welche Haltung sollen wir einnehmen angesichts der ins Unendliche fliehenden Grenzen unseres Erkennens und unserer Strebungen?«[14]

So beginnt sich der Problemhorizont deutlicher abzuzeichnen. Es ist ein Horizont in wachsenden Kreisen. Das Erkenntnisproblem, das Problem der Beziehung zwischen Subjekt und Objekt ergibt sich erst daraus, dass die beiden weder voneinander getrennt sind, noch miteinander in Übereinstimmung gebracht werden können. Die Beziehung zwischen Erkennendem und Erkanntem kann jedoch erst in einem umfassenderen Horizont in den Blick kommen und problematisiert werden, und dieser Horizont ist das Denken, *proprium quid, scilicet singulare et universale simul* [etwas Einzigartiges, nämlich einzeln und allgemein zugleich].[15] Denn einerseits dehnt es sich über die

---

[11] Henri BERGSON, *Essai sur les données immédiates de la conscience.* Paris: Alcan, 1889.

[12] *Pensée*, Bd. 1, S. 329/342 f., Exkurs 21.

[13] So schon *Notes*, C. 14, f. 46, V nr. 96: »Nous n'égalons jamais nos idées. Tant Dieu a pris soin d'y marquer son infinité. (Bossuet)«.

[14] *Pensée*, Bd. 1, S. 331/344.

[15] Ebd., S. 247/245. Exkurs 2.

ganze Vielfalt des Erkannten aus, »endlos verwickelt in die erkennbaren und mehr oder minder verständlichen Dinge«, und andererseits muss es, um diese Vielfalt besitzen und überblicken zu können, einfach und geeint bei sich selbst sein, »in der außerhalb und über den erkannten Dingen sich selbst besitzenden Reflexion«.[16] Das Erkennen, dies mag ein erstes Resultat sein, »ist nur eine Zwischenphase des Denkens. Wollte man aus dem Erkenntnisproblem das *primum quaesitum* oder den *summum terminum* der Philosophie machen, würde man Wurzeln und Krone des Baumes abschneiden.«[17].

Weil jedoch das Denken, um dieses umgreifend Ermöglichende des Erkenntnisproblems sein zu können, »einzeln und allgemein zugleich« sein muss, erweist es sich als mit sich selbst nicht deckungsgleich. Die Suche nach dem Ausgleich dieses doppelgesichtigen Denkens mit sich selbst macht den Inhalt der beiden Bände von *La Pensée* aus. Dabei wird es sich zeigen, dass der Ausgleich für das menschliche Denken unerreichbar bleibt – allein schon deshalb, weil es sein Licht nicht aus sich selbst hat: »Überall und bei allen erhält das denkende, gedachte oder denkbare Denken sein Licht aus der selben und einzigen Quelle, *lux illuminans omnem venientem in hunc mundum*.[18] Es ist ein Irrtum, sich einzubilden, dass es mehrere Lichtherde gibt, dass jedes denkende Wesen oder jedes gedachte Objekt seine eigene Sonne hat, dass es Gedanken gibt, die ihre Klarheit, ihre Wärme, ihre Kraft und ihr Sein aus sich selbst nehmen. Nein, die mittelalterliche Lehre von der ›Einheit des Geistes‹ ist, richtig verstanden, die grundlegende Wahrheit, die die Lehre Augustins und aller großen christlichen Metaphysiker beseelt.«[19] Endziel des Denkens, in dem es sich vollendet und zu sich selbst findet, kann deshalb nur sein, »sich mit dem einzigartigen und universalen Denken des Logos zu vereinigen, ja zu verschmelzen, doch ohne in ihm aufzugehen.«[20]

Mit diesem Ziel ist auch der Gang von *La Pensée* angedeutet. Dieser muss hier nicht im Einzelnen nachgezeichnet werden. Drei kurze Hinweise können das Eigene der Überlegungen Blondels über das Den-

---

[16] Ebd.
[17] Ebd., S. 331/345. Exkurs 21.
[18] Joh. 1,9.
[19] *Penséee*, Bd. 1, S. 248/246. Exkurs 2.
[20] Ebd., S. 248 f./247. Exkurs 3.

ken deutlich machen, und daraus lässt dann auch ersehen, wie diese Lehre in Blondels früheren Werken vorbereitet wurde.

Eine erste Sonderlehre Blondels, die bei seinen Lesern Befremden hervorrief, ist die Annahme eines gleichsam materialisierten Denkens, der *pensée cosmique,* als der untersten Stufe und der Grundlage alles Denkens. Diese Lehre erscheint weniger befremdlich, wenn man bedenkt, dass das französische *pensée* nicht nur das subjektive Denken sondern auch den objektiven Gedanken bezeichnet. Dass die ganze, auch die unbelebte Schöpfung eine Reihe gleichsam materialisierter Gedanken darstellt, ist eine durchaus traditionelle, wenn auch nicht alltägliche Auffassung. Sie ergibt sich aus der Einsicht, dass Denkendes *(pensée pensante)* und Gedachtes *(pensée pensée)* auf einander bezogen sind und sich nicht voneinander trennen lassen.

Ein zweites Kennzeichen, das sich durch das ganze Werk durchhält, ist die Feststellung einer unaufhebbaren und untrennbaren Zweiheit im Denken, noch über die schon genannte Zweiheit von Subjekt und Objekt hinaus; denn sie findet sich schon in jedem dieser beiden Pole. Blondel bezeichnet sie mit dem Begriffspaar des »noetischen« (abstraktiven, verallgemeinernden) und des »pneumatischen« (dem Einzelnen in seiner Einzelheit zugewandten) Denkens. So interessant es wäre, diesen beiden Kennzeichen des Denkens nachzugehen, würde das hier auf einen Nebenweg führen. Für eine genetische Untersuchung der Erkenntnislehre Blondels ist nur festzuhalten, dass Blondel in allen diesbezüglichen Schriften von einer unaufhebbaren Zweiheit spricht, die durch verschiedene Stufen hindurch zur Deckung gebracht werden soll. Ihre Deckungsgleichheit *(adéquation)* erscheint jedoch umso unerreichbarer, je weiter die Untersuchung fortschreitet – bis sich die Einsicht durchsetzt, dass sie nur in einem unerreichbar transzendenten Einen zu finden wäre.

Damit ist als drittes Kennzeichen das Ziel der blondelschen Gedankengänge angedeutet: die Sehnsucht des menschlichen Denkens nach der Vereinigung mit diesem unerreichbaren, vollkommenen Denken. Eine solche Vereinigung wäre jedoch nur unter der doppelten Voraussetzung möglich, dass das Vollkommene sich aus eigener Initiative dem Denken schenken will, und dass das Denken seinerseits darin einwilligt, sich beschenken zu lassen. Auch dieses Thema findet sich als Zielpunkt in allen Werken Blondels.

II. Die Entwicklung der Überlegungen Blondels

Nach diesen Vorüberlegungen wird die Entwicklung der Überlegungen Blondels zum Erkenntnisproblem überschaubar. Erst vom Endergebnis aus kann deutlich werden, wie die früheren Überlegungen Blondels auf sein Spätwerk hingeführt haben oder es gar nötig machten. Erst in der Rückschau lassen sich Blondels frühe Gedanken als zielgerichtete Vorbereitungen auf das Spätwerk lesen. Das kann hier nur andeutungsweise nachgezeichnet werden, um zum persönlichen Weiterdenken und Weiterforschen anzuregen.

Die Kontinuität zwischen dem frühen und dem späten Denken Blondels zeigt sich am deutlichsten, dass es immer den gleichen Zielpunkt im Auge hat. Die Vorstellung einer notwendigen und zugleich unerreichbaren Vollendung des menschlichen Tuns, die den Menschen vor eine unabweisbare Grundentscheidung stellt, war schon in der *Action* die leitende Zielvorgabe – so sehr, dass man sich fragen mag, ob der Schluss von *La Pensée* nicht einfach eine, vielleicht ungebührliche Übertragung der Einsichten der *Action* auf das spätere Werk ist. Der Verdacht wird laut, dass das, was einer Philosophie des menschlichen Tuns wohl ansteht, einer Philosophie des Denkens nur äußerlich übergestülpt sein könnte.

Dass dem nicht so ist, ergibt sich aus einer zweiten, noch ausdrücklicheren Vorbereitung auf *La Pensée*. Zu Beginn des letzten Kapitel dieses Werkes fügt Blondel als Exkurs 57 die Mahnung ein: »Man fürchte hier nicht eine Nachbildung der christlichen Mystik.«[21]. Die Mahnung ist nicht unbegründet; denn im Lauf des entsprechenden Kapitels hat Blondel geschrieben: »So muss man festhalten, dass das analytische und diskursive Denken, so normal, so nützlich und so unentbehrlich es sein mag, nicht allein bleiben darf; es lebt durch und für ein ganz konkretes, universales Denken, dessen Ausdehnung die Grenzen aller unserer weittragendsten Perspektiven sprengt. Am Grund unserer Einsichten ist deshalb immer etwas zu finden, das wegen seiner undeutlich erkannten Möglichkeiten und der Zugänge zu göttlichen Berührungen und Zugriffen, die es eröffnet, den Namen ›Mystik‹ verdient. Dieses oft missbrauchte Wort darf nicht den vernünftigen, ja rationalen Charakter einer Erkenntnis verkennen lassen, die zwar eine nachtdunkle Erkenntnis zu sein scheint, die jedoch eine Ausweitung

---

[21] Ebd., Bd. 2, S. 526/433, Exkurs 57.

des Denkens darstellt bis zu jener unterirdischen Quelle, aus der seine unversiegliche Flut strömt.«[22]

Anfangs der zwanziger Jahre hatte sich Blondel eingehend mit dem Problem der Mystik beschäftigt und sein Mystikverständnis in einem umfangreichen Artikel *Le problème de la mystique* dargelegt. Wie Heiner WILMER aufzeigen konnte, sind diese Mystikstudien keineswegs ein zeitbedingtes Nebenprodukt in Blondels Schaffen, »sondern sie haben zwischen dem frühen und dem späten Werk Blondels eine Scharnierfunktion inne, in chronologischer wie in inhaltlicher Sicht.«[23] Sie bilden die Brücke zwischen der *Action*, die im abschließenden »C'est« den Ort der Mystik ausspart, und *La Pensée*, die sich nicht nur in ihrem Schlusskapital auf die Mystik bezieht, sondern, wie Wilmer zeigt, die Strukturen des Denkens Schritt für Schritt parallel zu den Strukturen des mystischen Erkennens analysiert. »In einem Vergleich lassen sich vorab drei Punkte festhalten: Erstens strebt der Mensch sowohl in der Mystik als auch im Denken ein und derselben Gegenwart zu. Zweitens ist das Denken vom ersten Moment an im Menschen grundgelegt und kommt nicht von außen hinzu, wie auch das mystische Streben nach Gegenwart schlechthin von Anfang an keimhaft im Menschen angelegt ist. Drittens liegen der Mystik wie dem Denken zwei Elemente zugrunde, die heterogen und solidarisch zugleich sind. Das eine ist rezeptiv, das andere konstruktiv: In der Mystik sind es die Elemente *contemplation infuse* und *contemplation acquise*, im Denken *pensée pneumatique* und *pensée noétique*.«[24]

Zur Rolle der Mystik in Blondels Überlegungen über das Erkenntnisproblem drängen sich zwei Anmerkungen auf. Einerseits ist hier der Ort, wo die Erkenntnismetaphysik Joseph Maréchals aus der gleichen Wurzel hervorgeht wie jene Blondels. Maréchals *Le point de départ de la métaphysique*, dessen Titel an Blondels Aufsatz *Le point de départ de la recherche philosophique* erinnert, begann lange vor *La Pensée* zu erscheinen und kann nicht von ihr beeinflusst sein. Doch gleichzeitig mit Blondel, und in Kenntnis seiner früheren Werke, arbeitete Maréchal an seinen *Études sur la psychologie des mystiques*.[25] Die mysti-

---

[22] Ebd., S. 364/294 f.
[23] WILMER, S. 213.
[24] WILMER, S. 223.
[25] Joseph MARÉCHAL, *Études sur la psychologie des mystiques*. Paris-Bruges: Alcan-Beyaert, 1926.

sche Erfahrung wurde für ihn, wie für Blondel, zum Zielpunkt der Erkenntnismetaphysik. Beide, Blondel wie Maréchal, ließen sich von der thomistischen Lehre der *cognitio per connaturalitatem* inspirieren, die sie durch Pierre Rousselots *L'intellectualisme de Saint Thomas d'Aquin* kennen gelernt hatten.

Zudem, und das ist noch wichtiger, stimmt es nur bedingt, dass die mystische Erkenntnis in der *Action* nur im Modus der Abwesenheit, als »Lücke« vorkommt. Im letzten Kapitel der *Action*, das sich schon durch seinen Titel »Das Band des Erkennens und des Tuns im Sein« als erkenntnistheoretisch ausgerichtet ausweist, unterscheidet Blondel zwischen der unabweislichen »Erkenntnis des Seins« *(connaissance de l'être)* und dem erkenntnismäßigen »Besitz des Seins« *(l'être dans la connaissance)*, der sich erst auf Grund einer ethisch-religiösen Lebensentscheidung ergibt: »Das Erkennen des Seins schließt die Notwendigkeit einer Wahl ein; das Sein in der Erkenntnis gibt es nicht vor, sondern erst nach der Freiheit der Wahl.«[26] Wie im Schlusskapital von *La Pensée* ist hier zwar nicht formell an eine mystische Erfahrung der Gegenwart des Seins zu denken; doch Blondels Betonung, das vollkommene Erkennen müsse letztlich ein Besitzen sein, weist unüberhörbar auf eine Verwandtschaft mit der Mystik hin. Auch eine Formulierung wie: »Der Logos leuchtet in allen, doch nicht alle haben ihn in sich«[27], und die Feststellung, dass erst die Liebe zur vollkommenen Erkenntnis führt, scheinen darauf hinzuweisen, dass der Blick auf die Mystik schon für die abschließenden erkenntnistheoretischen Überlegungen der *Action* wegleitend war.

Das führt zu einer ersten Schlussfolgerung: Blondels Überlegungen zum Erkenntnisproblem hatten von Anfang an die vollendete Gestalt der Erkenntnis in der Mystik im Auge. Alle anderen Erkenntnisweisen streben als unvollkommene Vorformen auf die Mystik zu. Entgegen dem Anschein, den die Anlage seiner Werke erwecken könnten, und entgegen der gängigen Vorgehensweise in der Erkenntnislehre, geht Blondel bei seinen Überlegungen nicht von unten, von den verschiedenen Elementen aus, aus denen sich das menschliche Erkennen aufbaut, um dann zuzusehen, was ein derart verfasstes Erkenntnisvermögen und ein in dieser Weise funktionierendes Erkennen alles zu leisten vermöge. Er bedient sich vielmehr auch hier der »hypotheti-

---

[26] *Action*, S. 436/461 f.
[27] Ebd., S. 429/455.

schen Methode«, »so wie es die Geometer tun, wenn sie ein Problem als gelöst voraussetzen und die angenommene Lösung auf dem Wege der Analyse nachprüfen.«[28] Mit dieser methodologischen Entscheidung, das Unvollkommene vom Vollkommenen aus zu erklären und das menschliche Erkennen von Anfang an so zu definieren, dass es im Grenzfall zur mystischen Erkenntnis fähig ist, trifft sich Blondel mit Joseph Maréchal und mit dem späten Bergson, und über diese hinaus mit Thomas von Aquin, wie ihn Maréchal, Rousselot und andere ausgelegt haben – nicht ohne von Blondel beeinflusst zu sein.

Wenn diese methodologische Vorentscheidung einmal geklärt ist, sind die aufeinander folgenden erkenntnistheoretischen Ansätze Blondels leicht zu verstehen. Gemeinsam ist ihnen das zweite Kennzeichen, die Feststellung einer unaufhebbaren Zweiheit in der Einheit des Erkennens und Denkens. Sie macht das Unvollkommene aller menschlichen Erkenntnis, auch noch der Mystik, deutlich.

Hier ist nochmals von der *Action* auszugehen. Entgegen dem Anschein, den die nachträgliche Hinzufügung des letzten Kapitels erwecken könnte, hat sich Blondel von Anfang an intensiv mit erkenntnistheoretischen Fragen befasst.[29] Die *Action* ist eingerahmt von zwei erkenntnistheoretischen Aufsätzen: der ersten philosophischen Veröffentlichung Blondels *Une association inséparable: l'agrandissement des astres à l'horizon* (Eine unvermeidliche Assoziation: die Vergrößerung der Gestirne am Horizont) von 1888 und dem Aufsatz *L'Illusion idéaliste* (Die idealistische Illusion) von 1896, wo Blondel den erkenntnistheoretischen Grundgedanken seines letzten Kapitels in einer, wie er hofft, weniger missverständlichen Form noch einmal darlegt. In der *Action* selbst befasst sich nicht erst das hinzugefügte letzte Kapitel, sondern schon die erste Etappe des Dritten Teils ausdrücklich mit dem Erkenntnisproblem. Neuere Arbeiten, wie jene von Dario CORNATI und von Simone D'AGOSTINO, haben deutlich gemacht, dass das zweite Kapitel dieser ersten Etappe, das sich mit der wissenschaftlichen Erkenntnis befasst, wegleitend ist für den ganzen späteren Gang der *Action*, deren Schlussfolgerungen es bereits vorzeichnet.

Im ersten Kapitel der ersten Etappe hat Blondel, durchaus tradi-

---

[28] Ebd., S. 391/417.
[29] Unter den ältesten Notizen zur Vorbereitung der *Action* findet sich eine Gruppe von Zetteln zur leibnizschen Erkenntnislehre und zum Problem der eingeborenen Ideen (*Notes*, nr. 14–37).

tionell, zunächst die sinnliche Wahrnehmung betrachtet, um festzustellen, »dass in ihr notwendigerweise jene beiden scheinbar unvereinbaren Aussagen eingeschlossen sind: ›Ich bin, was ich empfinde; ich empfinde, was ist‹.«[30] So ist schon von Anfang an das Schema einer unauflöslichen Zwei-Einheit gegeben. Das wissenschaftstheoretische zweite Kapitel dient dann dem Aufweis, dass auch jede wissenschaftliche Methode notwendigerweise zwei aufeinander nicht rückführbare Sichtweisen umfasst. Diese theoretisch nicht aufzulösende Aporie ist jedoch im tatsächlichen Vollzug wissenschaftlicher Arbeit je schon gelöst.

Die scheinbare Zweiheit ist also in der Tat eine Dreiheit, wie ich das schon früher als ein Kennzeichen der Dialektik Blondels aufgezeigt habe.[31] Blondel spricht von dieser Dreiheit in *La Pensée* unter dem Bild des »scheinbaren Diptychons des Denkens«, das tatsächlich ein Triptychon sei. Wenn das Altarretabel geschlossen ist, meine man, es handle sich um ein Diptychon, in dem zwei Bilder (die beiden Seiten der Erkenntnis) auf einander hingeordnet seien. Doch »wenn die Seitenflügel, die durch ein festes Schloss miteinander verbunden sind, sich als aufschließbar erweisen und sich in Scharnieren wenden lassen, um die Gemälde sichtbar werden zu lassen, die sie innen schmücken, enthüllen sie bei ihrer Entfaltung vor allem zwei zuerst verborgene Wahrheiten. Die erste ist, dass die äußeren Zeichnungen und Verzierungen schon deshalb nicht das sind, was den Anlass für das Werk gegeben hat, weil sie verschwinden, sobald die Seitenflügel sich öffnen, um die inneren Gemälde zu enthüllen. Trotz ihrer anfänglichen Nähe hängen sie nicht direkt miteinander zusammen. Wenn sie auseinandergefaltet werden, sind sie nur durch ein Mittelstück miteinander verbunden, an das sie durch einen unsichtbaren und beweglichen Mechanismus angehängt sind. Die zweite dieser Wahrheiten ist die, dass das, was ein Diptychon zu sein schien, in Wirklichkeit ein Triptychon ist [...], weil das Wichtigste des Werks, weswegen es existiert und worauf die Absicht des Künstlers und die Seitenbilder ausgerichtet waren, die Hauptansicht ist, das vielfarbige Gemälde, das die zentrale Thematik ausdrückt und alle Details mit seinem Licht erhellt.«[32].

Was an diesem Bild allzu sachhaft scheinen könnte, findet sich in

---

[30] Ebd., S. 46/70.
[31] HENRICI, *Hegel und Blondel*, S. 52 f., 121 u. ö.
[32] *Pensée*, Bd. 2, S. 58 f./41.

dieser Form in der *Action* und den darauf folgenden Werken nicht. Denn das Dritte, das das Diptychon des Erkennens zusammenhält, ist kein lebloses Gemälde, sondern ein Vinculum (*perceptionis, percipientis* und *percepti,* sagt Blondel[33]), das als Finalursache zu verstehen ist, als Vorwegnahme der Einheit von Erkennendem und Erkanntem. In diesem Sinne ist schon beim ersten Auftauchen des Erkenntnisproblems in der *Action* das angestrebte Ziel vollkommenen Erkennens wegleitend. Im Aufsatz über die scheinbare Vergrößerung des Mondes am Horizont (ein klassisches Problem in der neuzeitlichen Erkenntnistheorie, das Kant als Paradigma für den transzendentalen Schein anführt), konnte die Ausrichtung auf ein Endziel des Erkennens noch nicht angesprochen werden, weil es sich ausschließlich um eine Sinneswahrnehmung handelte. Ihre Analyse bot jedoch Blondel schon damals die Gelegenheit, auf eine in der Sinnesempfindung verborgene Logik hinzuweisen und auf die unlösbare Verflochtenheit aller ihrer Elemente. Dabei betonte er, dass eine tatsächlich vorliegende Empfindung, mag sie noch so unabweisbar erscheinen, noch kein Urteil über ihre Wahrheit zulässt.[34] Mit dieser Unterscheidung zwischen *fait* und *vérité*, Faktum und Wahrheit, Empfindung und Urteil, weist Blondel auf seine in der *Action* und vor allem in *La Pensée* breit ausgeführte Lehre von den verschiedenen Erkenntnisstufen hin.

In dem der *Action* nachgeschickten, zur Abwehr neuscholastischer Kritiken bestimmten Aufsatz *L'Illusion idéaliste* ist für unser Thema vor allem wichtig, dass Blondel erneut nachdrücklich betont, dass kein Teilaspekt des Erkennens losgelöst von den anderen betrachtet werden darf. Über den Wert und die Gültigkeit unserer Erkenntnisse könne man erst urteilen, wenn zuvor das ganze Inventar aufgenommen wurde, *was* wir tatsächlich erkennen.[35] Das unterstreicht nochmals, dass das Problem des Erkennens erst gelöst werden kann, wenn man sein Ziel ins Auge fasst. Dieses Ziel wird hier erstmals als »immanente Angleichung von uns selbst an uns selbst« *(adéquation immanente de nous-même avec nous-même)* definiert: »An die Stelle der Frage nach der Übereinkunft von Denken und Wirklichkeit, bzw. nach der objektiven Geltung des Subjektiven müssen wir das gleichwertige und doch ganz andere Problem der immanenten Angleichung von uns selbst an

---

[33] *Action,* S. 90/116; 96/122.
[34] *Agrandissement,* S. 11 f.; 17.
[35] *Illusion idéaliste,* S. 206/53.

uns selbst treten lassen.«[36] Im Aufsatz *Le point de départ de la recherche philosophique* von 1906 wird Blondel diese Angleichung als *adaequatio realis mentis et vitae* (wirkliche Übereinkunft des Denkens und des Lebens) von der in der Philosophie fast ausschließlich besprochenen *adaequatio speculativa rei et intellectus* (spekulativen Übereinkunft von Sache und Erkenntnisvermögen) unterscheiden.[37]

Dieser Aufsatz, den Blondel offenbar in kürzester Zeit für die von ihm übernommenen *Annales de Philosophie chrétienne* geschrieben hat, ist ein Meilenstein in Blondels Überlegungen zum Erkenntnisproblem. Blondel setzt sich darin erstmals ausdrücklich mit Bergson auseinander, und er fasst die unauflösbare Zwei-Einheit des Erkennens erstmals in zwei klare Begriffe, indem er zwischen der spontanen »Prospektion«, die auf das als Aufgabe vorliegende Tun vorausschaut, und der rückwärtsgewandten »Reflexion« unterscheidet, die auf das bereits Getane zurückblickt. Diese Unterscheidung hebt nicht nur zwei mögliche Blickrichtungen des menschlichen Erkennens hervor; auch das Objekt dieser beiden Erkenntnisweisen ist verschieden. »Während die Prospektion sich zum *individuum ineffabile* [dem unaussprechlichen Einzelnen] hin orientiert, zielt die Reflexion auf das *ens generalissimum* [das allgemeinste Sein].«[38] Das eine lässt sich jedoch nicht vom anderen trennen; deshalb darf sich die Philosophie nicht allein auf die Reflexion stützen, und als naturgemäß reflektierend kann sie auch nicht einfach der Prospektion zugeordnet werden. Sie muss vielmehr nach der *adaequatio mentis et vitae*, der Übereinkunft zwischen Denken und Leben suchen.

Diesem Modell der Zwei-Einheit des Erkennens geht Blondel in den folgenden Jahren weiter nach. Dass er dabei, auch noch in *La Pensée*, die Zweiheit mit immer neuen Namen benennt, zeugt wohl von einem gewissen Zögern. Ihm ist zwar klar, dass eine Zweiheit vorliegt; sie stellt sich ihm jedoch je nach der Problemstellung immer wieder etwas anders dar; deshalb vermag er sie irgendwie nicht recht zu fassen. Im Aufsatz von 1921, *Le procès de l'intelligence*, in dem er sich mit Jacques Maritain auseinandersetzt, unterscheidet Blondel, in Anlehnung an Newman, zwischen der *connaissance notionnelle*, dem notionalen, begrifflichen Erkennen, und der *connaissance réelle*, dem Wirk-

---

[36] Ebd., S. 207/54f.
[37] *Point de départ*, S. 556/108.
[38] Ebd., S. 535/79.

lichkeitserkennen.[39] Das letztere vergleicht er mit der thomistischen *cognitio per connaturalitatem*.[40] Im Aufsatz von 1925 über die Mystik unterscheidet Blondel dann in klassischer Manier zwischen der »erworbenen« und der »eingegossenen« Kontemplation. Drei Jahre später, im Interview mit Frédéric Lefèvre, nimmt er die von Maritain ins Gespräch gebrachte Zweiheit von *animus* und *anima* auf, wobei er vor allem auf die Unzulänglichkeit dieses Begriffspaares hinweist.[41]

III. Der Ertrag für *La Pensée*

La Pensée kennt alle diese Unterscheidungen und führt darüber hinaus das neue Begriffspaar *pensée noétique* und *pensée pneumatique* ein. Dieses war für die Leser offenbar so wenig selbstverständlich, dass Blondel dreimal zu seiner Erklärung ansetzt.[42] Die damit angezielte Zweiheit darf jedenfalls nicht mit der anderen verwechselt werden, die Blondel in *L'Illusion idéaliste* und in der Schrift gegen den *Monophorismus* angemahnt hatte, dass die Erkenntnis weder rein »afferent« noch rein »efferent« verstanden werden dürfe, weder ausschließlich von außen, vom Objekt und von der Sinneswahrnehmung bestimmt, noch allein vom Subjekt bestimmt. Über diese die grundlegende Feststellung hinaus, dass im Erkennen Subjekt und Objekt, Sinnlichkeit und Intellekt untrennbar miteinander verbunden sind, will das Begriffspaar *pensée noétique* und *pensée pneumatique* auf eine weitere untrennbare Zwei-Einheit im Denken hinweisen. Was Blondel dabei im Auge hat, ist nicht leicht zu sagen. Einleuchtend war die Unterscheidung zwischen Prospektion und Reflexion im Aufsatz von 1906, weil sie sich phänomenologisch aufzeigen ließ, und weil sie mit Begriffen beschrieben werden konnte, die auch sonst in der Philosophie gebräuchlich sind. Die Zweiheit zwischen »notionalem« und »realem« Erkennen konnte sich auf Newman berufen; die Unterscheidung zwischen *pensée noétique* und *pensée pneumatique* scheint dagegen auf Blondels Mystikstudien zurückzugehen, leuchtet jedoch nicht ohne weiteres ein.

---

[39] *Procès*, S. 236 f.
[40] Ebd., S. 253 ff.
[41] *Itinéraire*, S. 179–184/113–117/105–108.
[42] *Pensée*, Bd. 1, S. 272–240/267–271, Exkurs 7; ²1948, S. 45 Anm./52 f. Anm.; Bd. 2, S. 21–60/10–42.

Um mehr Licht in diese Frage zu bringen, müssten wohl die »mehr als 20 Kilogramm« an Zettelmaterial und anderen Vorbereitungsarbeiten für *La Pensée* chronologisch geordnet und quellenkritisch aufgearbeitet werden, die Blondel seinerzeit seinem Freund Wehrlé zukommen ließ[43], und die heute im Blondel-Archiv in Louvain-la-Neuve zugänglich sind.[44] Wie diese Aufzeichnungen zeigen, ist das Erkenntnisproblem für Blondel in der Zeit zwischen der *Action* und der *Pensée* zu einem Hauptproblem geworden. Eine dokumentarische Aufarbeitung dieser Entwicklung des Denkens Blondels bleibt deshalb vordringlich. Sie könnte zwar zu einem halben Lebenswerk werden; doch sie ist heute vielleicht das Einzige, was die Blondelforschung wirklich voranbringen kann. Erst eine dokumentarisch belegte Entwicklungsgeschichte der *Trilogie* würde es erlauben, diese in ihrer ganzen Tragweite und in ihrer philosophischen Originalität zu würdigen. Das würde wohl auch zeigen, wie weit das diktierte Werk hinter dem tatsächlich Angezielten zurückbleibt. Der Philosoph der *Action* könnte sich als ein ebenso bedeutender Philosoph der *Pensée* entpuppen.

Das für die *Pensée* gesammelte Material könnte zudem etwas mehr Licht in eine Frage bringen, die immer noch weitgehend im Dunkeln bleibt, die Frage nach der Herkunft und dem Stellenwert der Lehre von der *pensée cosmique*. Darüber lassen sich bisher nur Vermutungen anstellen. Man kann zunächst darauf hinweisen, dass Blondels *pensée cosmique* in manchem an das Denken Schellings erinnert. Schon während der Arbeit an der *Action* hat Blondel Texte von Schelling gelesen und exzerpiert, nämlich die ganzen *Vorlesungen über die Methode des Akademischen Studiums* und die ersten Seiten des *Transzendentalen Idealismus*.[45]

Einen zweiten und näherliegenden Hinweis kann der Begriff des *phénomène* geben, der in der *Action* eine zentrale Rolle spielt. Im Phänomen lässt sich der Anteil des Subjekts nicht von jenem des Objekts trennen; das Wort ›Phänomen‹ bezeichnet ebenso wohl einen Erkenntniszustand wie den Erkenntnisgegenstand. Wenn nun, wie Blondel im letzten Kapitel der *Action* betont, alles Denkbare ein Phänomen ist,

---

43 BLONDEL–VALENSIN, Bd. 3, S. 174; BLONDEL–BREMOND, Bd. 3, S. 380, 405; BLONDEL–WEHRLÉ, S. 667 f., Anm.
44 Vgl. den vorstehenden Beitrag über *Das Blondel-Archiv in Louvain-la-Neuve*.
45 Vgl. den vorstehenden Beitrag über *Deutsche Quellen der Philosophie Blondels*.

selbst Kants Noumena, ja selbst das erkannte Sein, und wenn anderseits alle Phänomene in der *possession de l'être* als solche ontologische Gültigkeit erhalten sollen, dann lässt sich daraus in einer philosophischen Betrachtung, die sich auf den ontologischen, nach der Option liegenden Standpunkt stellt, so etwas wie eine *pensée cosmique* erschließen.

Schließlich, und das war für Blondel wohl der entscheidende Anstoß: Wenn im Sinn des Panchristismus alles endliche Sein im inkarnierten Logos, und nur in ihm, seinen letzten Bestand hat, dann kann und muss alles Seiende als logosförmig im Sinne einer *pensée cosmique* aufgefasst werden.

Diese hier nur angedeuteten Überlegungen können wenigstens zeigen, dass auch Blondels Ausführungen über das Erkennen und das Denken zahlreiche noch unausgeschöpfte philosophische Anregungen enthält. Zugleich ist dazu etwas ähnliches zu sagen wie zur *Action*.[46] Obwohl sich in *La Pensée* einige nicht unwesentliche Neuerungen finden, wie die *pensée cosmique* und die Unterscheidung zwischen »noetisch« und »pneumatisch«, haben die Sondierungen im Entwicklungsgang Blondels, so summarisch sie bleiben mussten, doch gezeigt, dass Blondel schon erstaunlich früh zu seinen Grundeinsichten gekommen ist. Eine eingehendere Analyse des Aufsatzes über das *Agrandissement des astres* und der ersten Etappe des Dritten Teils der *Action* wäre hier zweifellos aufschlussreich. Auch hier musste Blondel offenbar jahrelang, ja jahrzehntelang um den adäquaten Ausdruck für seine Einsichten ringen. Vielleicht war dieses Ringen in einigen Punkten, etwa bezüglich der Zwei-Einheit des Denkens, auch am Ende seines Lebens noch nicht abgeschlossen. Gerade darin erweist sich Blondel als echter Philosoph, der auch den nachfolgenden Generationen noch zu denken gibt.

---

[46] Vgl. dazu den vorstehenden Beitrag über *Das philosophische Projekt Maurice Blondels,* namentlich Anm. 4.

Auf der Suche nach einer Ontologie des Konkreten

Blondels Schriften zwischen der *Action* und der Trilogie (2000)

Herzstück der Testis-Artikel waren die zwei Reihen von je drei Thesen, in denen Blondel die Grundanschauungen der Sozialkatholiken (und damit auch seine eigenen) jenen ihrer »monophoristischen« Gegner gegenüberstellt. Das erste Thesenpaar »betrifft den ganzen Vorgang unserer Erkenntnis, die Gültigkeit und die Funktion unserer Ideen und ihr Verhältnis zum Tun, aus dem sie hervorgehen und auf das sie zusteuern.« Das dritte Thesenpaar betrifft dagegen »die Einheit unserer Letztbestimmung, das Verhältnis zwischen natürlicher und übernatürlicher Ordnung, und folglich auch das ganze Verhalten des Menschen, des Bürgers, des Philosophen, des Theologen bei der Erfüllung ihrer jeweiligen Aufgaben.«[1] Etwas später macht Blondel darauf aufmerksam, dass »die erste These philosophisch die beiden folgenden bestimmt, während die letzte These die beiden vorangehenden theologisch rechtfertigt.«[2]

Im Licht dieser Hinweise lag es nahe, die zwischenzeitlichen Schriften Blondels, seine philosophische Produktion zwischen der *Action* von 1893 und der Trilogie von 1934–37 als Ausarbeitungen der ersten und der letzten dieser drei Thesen zu lesen. Als Beiträge zur Erkenntnistheorie lassen sich *L'illusion idéaliste, Le point de départ de la recherche philosophique, Le procès de l'intelligence, Le problème de la mystique* verstehen, die alle *La Pensée* vorbereiten.[3] Dem Problemkreis des Verhältnisses von Natur und Übernatürlichem wären dagegen die *Lettre sur l'apologétique*, der Artikel *A propos de la certitude religieuse, Histoire et Dogme, De la valeur historique du dogme, Le problème de la philosophie catholique,* und der 1928 diktierte pos-

---

[1] *Monophorisme*, S. 21
[2] Ebd., S. 39.
[3] Vgl. dazu den vorstehenden Beitrag über *Die Überlegungen Maurice Blondels zum Erkenntnisproblem.*

tume Band *Exigences philosophiques du christianisme* zuzuordnen, aber auch die philosophiegeschichtlichen Studien *Le christianisme de Descartes, Le cartésianisme et l'anticartésianisme de Malebranche, L'antijansénisme de Pascal* und mehrere Artikel über das Denken Augustins.

Aus dieser Einteilung der Schriften Blondels ergibt sich das Bild eines Denkens, das sich konsequent auf zwei Linien entfaltet, deren eine »die andere philosophisch bestimmt«, während diese andere »theologisch die erste rechtfertigt«. Diese Lesart würde jedoch übersehen, dass zwischen dem ersten und dem letzten Thesenpaar ein drittes eingeschoben ist, das »die Natur des Wirklichen betrifft und das Verhältnis der verschiedenen Ordnungen, welche die Welt ausmachen, untereinander.«[4] Blondel hat es nicht sozusagen aus Verlegenheit zwischen die zwei wichtigeren Thesenpaare eingeschoben; es ist vielmehr das unerlässliche Bindeglied zwischen dem grundlegenden epistemologischen und dem abschließenden theologischen Thesenpaar. In der soeben gegebenen Aufzählung der zwischenzeitlichen Schriften Blondels fehlen in der Tat einige andere, die sich in keine der beiden vorgenannten Gruppen einreihen lassen, und die doch zu Blondels wichtigsten Werken gehören. Dazu gehört die ausführliche anonyme Besprechung des Spinozabuches seines Freundes Victor Delbos, *Une des sources de la pensée moderne: l'évolution du Spinozisme,* dann das Interview mit Frédéric Lefèvre, *L'Itinéraire philosophique de Maurice Blondel,* und nicht zuletzt die Neubearbeitung seiner These über das *Vinculum: Une énigme historique, le ›vinculum substantiale‹ d'après Leibniz et l'ébauche d'un réalisme supérieur.* Was steuern diese Schriften zu einer vertieften Kenntnis des Denkens Blondels bei?

I. Die Auskunft von *L'Itinéraire philosophique*

Die Erkundung dieser Schriften beginnt man am besten mit *L'Itinéraire philosophique,* jenem Interview, von dem man heute weiß, dass Fragen und Antworten von Blondel selbst redigiert wurden. In dieser intellektuellen Autobiographie verrät Blondel, wie er sagt, »eines seiner Geheimnisse« und den »Grundton« *(note fondamentale)* seiner Werke, »der eine Art *Leitmotiv* in der künftigen Harmonie meiner

---

[4] *Monophorisme,* S. 21.

sehr verschiedenen Gedanken sein wird.«[5] Dieses Interview stößt somit zur Herzmitte des Denkens Blondels vor. Er erklärt seinen Grundgedanken so: »Man hat bisher fast immer allgemein *(général)* und allgemeingültig *(universel)*, individuell und einzeln *(singulier)* mit einander verwechselt, als würden sich diese Begriffe paarweise entsprechen oder als wären sie einander paarweise entgegengesetzt. So schwankte man zwischen einer angeblichen Wissenschaft vom Allgemeinen und einer angeblichen Wissenschaft vom Individuellen, die miteinander in Konkurrenz stehen oder sich gar bekämpfen sollten. Und doch kann es, genau gesagt, weder ein wirkliches Wissen vom Allgemeinen geben, noch eine eigentliche Wissenschaft vom Individuellen [...]. Der Grund dafür liegt darin, dass ›allgemein‹ und ›individuell‹ Worte aus einer abstrakten Sprache und einem bloß begrifflichen *(notional)* Erkennen sind, wo die logischen Definitionen zu einer ähnlichen Ausschließlichkeit führen, wie sich die Dingen im Raum ausschließen [...]. Ganz anders steht es mit dem ›Einzelnen‹ und dem ›Allgemeingültigen‹, die als Worte und als Gegebenheiten der Ordnung des Wirklichen angehören. Vorher war keine Übereinkunft möglich zwischen den beide starren, einander entgegengesetzten Begriffen. Jetzt ist es gerade umgekehrt. Das Einzelne ist der Widerhall der gesamten Weltordnung in einem eigengeprägten Einzelwesen, während umgekehrt das Allgemeingültige in jedem einzelnen Punkt gegenwärtig ist, der zur Harmonie des Ganzen beiträgt. Sie treffen sich somit und umarmen sich im Konkreten – dem Konkreten, das, wie schon sein Name sagt, zugleich eine sinnträchtige und von andern unterschiedene Einheit besagt und eine wirkliche synthetische Vielfalt.« Blondel schließt: »Können Sie jetzt den Sinn meines Bemühens um eine Wissenschaft vom Konkreten verstehen, die zugleich eine Wissenschaft vom Sein und vom Denken sein soll, und das durch die Vermittlung des Tuns, in dem das Allgemeingültige und das Einzelne zusammentreffen?«[6]

Dieser Text mit seinen Anklängen an Leibniz und einer verhaltenen Polemik gegen einen falsch verstandenen Aristotelismus kann zeigen, dass sich Blondels Denken weder eindeutig der Epistemologie noch der Ontologie zuordnen lässt. Die Originalität seiner »Wissenschaft vom Konkreten«, die sich auf eine Philosophie des Tuns stützt,

---

[5] *Itinéraire*, S. 71/39/47.
[6] Ebd., S. 75–79/42–46/50–52.

besteht vielmehr gerade darin, dass sie untrennbar sowohl Erkenntnistheorie wie Seinsphilosophie ist.

II. Die Ontologie in den Testis-Artikeln

Diese Erläuterungen von 1928 lassen das mittlere Thesenpaar in den Testis-Artikeln von 1911 über das Wirklichkeitsverständnis besser verstehen. Die Auffassung Blondels und der Sozialkatholiken könnte zunächst einen etwas schwammigen Eindruck machen, wenn man sie als Entwurf für eine Ontologie liest. Zwar lassen sich auch hier Anklänge an Leibniz finden; denn es handelt sich um eine »Auffassung der Wirklichkeit, die zwar die Unterschiedenheit der Seienden und die hierarchische Abstufung der verschiedenen Ordnungen nicht verkennt, welche die harmonische Einheit der Welt bilden; die sie aber dennoch als solidarisch miteinander verbunden sieht und als faktisch in kontinuierlichem Zusammenhang stehend [...].« Folglich, fährt Blondel fort, »braucht man die Dinge nicht voneinander zu trennen, um sie voneinander zu unterscheiden«; denn »die untern Seinsstufen bleiben zwar immer die unteren und unfähig, sich aus eigener Kraft zu etwas Höherem zu erheben; doch es sind echte Stufen, das heißt Stützpunkte und so etwas wie ein Sprungbrett« für die höheren Seinsstufen, welche »die wirkliche Zielursache der Welt [sind]. Die Welt ist kein Gemischtwarenladen aus aufgereihten Einzelereignissen, sondern ein geordneter Kosmos, in dem sich die Einheit des göttlichen Weltplans ausbreitet« und wo »dank der Herablassung und dem Wirken des Höheren das Untere für ein Mitwirken mit dem Höheren bereitet ist und damit gleichsam schwanger geht.«[7]

Diese Zeilen erinnern an die aufsteigende Bewegung der Phänomenologie im Dritten Teil der *Action*, und man ahnt, dass Ausdrücke wie »Einheit des göttlichen Weltplans« und »Herablassung und Wirken des Höheren« auf die christlich-übernatürliche Ordnung hinweisen wollen. Die Auseinandersetzung zwischen den Sozialkatholiken und ihren Gegnern betraf jedoch nicht direkt theologische Themen, sondern das gesellschaftliche und wirtschaftliche Leben. Folglich erklärt Blondel sein Wirklichkeitsverständnis mit Blick auf diese Phänomene: »Die materiellen Gegebenheiten werden zu Trägern der Wirt-

---

[7] *Monophorisme*, S. 30 f.

schaftsphänomene; die wirtschaftlichen Gegebenheiten, auch jene die zunächst nur auf die Befriedigung rein physischer Bedürfnisse ausgerichtet zu sein scheinen, enthalten bereits einen ethischen und gesellschaftlichen Bezug. Es ist unmöglich, seine Aufmerksamkeit ohne nachteilige Folgen und berechtigterweise auf eine einzige dieser Ordnungen einzuschränken; denn es gibt Wechselwirkungen von oben nach unten und von unten nach oben. Eine Wissenschaft, die nur von den materiellen Gütern handeln wollte, ohne auf die menschlichen Faktoren und auf die psychologischen und ethischen Einflüsse dieser Güter zu achten, würde in die Irre führen. In die Irre und ins Verderben führt auch jener wirtschaftliche Materialismus, der überall nur Sachgüter sieht, und der schließlich (so wie er auch entstanden ist) den Menschen nur noch als eine Maschine betrachtet.«[8]

Hier sind wir scheinbar meilenweit entfernt von einer Ontologie, einer Lehre vom Sein und vom Ganzen der Wirklichkeit. Die Ontologie erscheint hier bestenfalls als ideologischer Unterbau, der die Wirtschafts- und Gesellschaftsauffassung der Sozialkatholiken stützen soll. Doch wie so oft in den zwischenzeitlichen Schriften zeigt Blondel auch hier sein eigenes Denken vor allem durch das auf, was er kritisiert und verwirft. Deshalb ist vor allem zu beachten, wie er das Weltbild seiner Gegner beschreibt, die Antithese (b′) zu seiner These: »Weil die Ideen, die das Wesen und sozusagen das Beständige der Dinge ausdrücken, genau umschrieben sind und sich selbst genügen, bleiben die verschiedenen Seinsarten im Denken und in der Wirklichkeit von einander getrennt; jede Ordnung steht in sich, an ihrem Ort, in der Festigkeit ihres eigenen Seins. Man will beispielsweise nicht begreifen, dass die Ordnung des Physischen ihren eigenen, ordnungsgemäßen Bestand hat und zugleich in solidarischem Zusammenhang steht mit den denkenden Wesen; – dass die Wirtschaft Gegenstand einer eigenständigen Wissenschaft ist, und dass sie zugleich eng mit ethischen Problemen zusammenhängt; – dass die Gesellschaft auf einer natürlichen und vernünftigen Rechtsordnung aufruht, und dass sie dennoch in der Naturordnung kein endgültiges Gleichgewicht finden kann.«[9]

Einige Seiten später stellt Blondel fest, diese monophoristische Auffassung beruhe auf einem einseitigen Verständnis des Aristotelis-

---

[8] Ebd., S. 31, mit einer Anspielung auf Julien Offray de LA METTRIES, *L'homme machine* (1748).
[9] Ebd., S. 35.

mus, das in der Lehre des Aristoteles all das verwerfe, »was dynamistisch gedeutet werden könnte«, und »eine der Grundideen ausmerzt, die ihn inspiriert hat, die Idee einer aufsteigenden Bewegung der Seienden, die von unten nach oben gezogen werden, allerdings ohne die bewusste und gütige Beihilfe einer Zielursache«. Dagegen halte man vom Aristotelismus »all das fest, was in diesem großen und komplexen Lehrgebäude die Seienden in Begriffen und die Begriffe in Wörtern festschreibt, und so die Welt zu einem logisch geordneten Gemälde macht. Unter dem Einfluss dieses statischen Weltbilds, wo die Wirklichkeit in begriffliche und sprachliche Definitionen eingesperrt bleibt, hat Aristoteles erklärt, der Übergang von einer Ordnung zur andern, von einer Wissenschaft zu einer andern, τὸ μετάβαλλειν εἰς ἄλλο γένος, sei unerlaubt und unmöglich.«[10] Dagegen fällt es Blondel leicht zu zeigen, dass die moderne Wissenschaft gerade durch die Nichtbeachtung dieses aristotelischen Verbots möglich geworden ist, angefangen von der analytischen Geometrie des Descartes und der Infinitesimalrechnung eines Newton und Leibniz.

Daraus ergibt sich eine erste, dreifache Schlussfolgerung bezüglich der Ontologie Blondels.

1. Die Wirklichkeit, das Sein ist ein Ganzes, und die einzelnen Dinge haben ihr Sein nur in diesem Ganzen und durch dieses Ganze. In ontologischer Hinsicht können sie folglich nie ohne ihren Bezug zum Ganzen und folglich auch nicht ohne ihre wechselseitigen Beziehungen betrachtet werden.

Denn 2. stellt dieses Ganze eine hierarchische Ordnung dar, in der die verschiedenen Ebenen der Wirklichkeit in aufsteigender Kontinuität miteinander solidarisch sind. Sie reicht von den materiellen Gegebenheiten bis zu den höchsten geistigen und geistlichen Bereichen.

3. Diese Ordnung hat Bestand dank einer Zielursache, von der sie abhängt, und die Blondel als »göttlichen Weltplan« bezeichnet. Folglich hat jedes einzelne Seiende, jede Wirklichkeit auf ihrer Stufe nur dank dieser Zielursache Anteil am Sein und Festigkeit und Bestand.

Diese Schlussfolgerungen aus zwei zwischenzeitlichen Texten werden keinen Blondelkenner erstaunen. Die erste Schlussfolgerung wiederholt nur die ontologische Sichtweise des letzten Kapitels der *Action*, »Das Band des Erkennens und des Tuns im Sein«. Dort hatte sich Blondel zu zeigen bemüht, dass das Seins nur in der ganzen Kette

---

[10] Ebd., S. 52.

der Phänomene zu finden ist, so wie sie die Phänomenologie der *Action* nach und nach entrollt hat, und dass diese Kette nicht nur eine Aufreihung *(série)* ist, sondern auch ein zielgerichtetes System *(système)*. Die zweite Schlussfolgerung ist eine Kurzfassung der Grundstruktur der aufsteigenden Dialektik der *Action*, während die dritte an Blondels Lehre vom Vinculum erinnert und diese auslegt. Diese Lehre gipfelt in Blondels Panchristismus, demzufolge der menschgewordene und leidende göttliche Logos, der eucharistische Christus, Zielursache und Schlußstein des Universums ist, *in quo omnia constant.*[11] Auf diese spezifisch blondelschen Hintergedanken konnte der anonyme Testis von 1911 natürlich nicht anspielen; doch auch für den schreibenden Blondel wäre es unklug gewesen, sie im Klima der Kontroversen und Verdächtigungen, denen er damals ausgesetzt war, durchscheinen zu lassen. Umso bedeutsamer ist es, dass er trotzdem dreimal die »Zielursache« erwähnt und sie als »göttlichen Weltplan« und als »Herablassung des Höheren«[12] kennzeichnet und ihr, im Gegensatz zu Aristoteles, eine »bewusste und gütige Beihilfe« zuschreibt. Er tut es in einem Zusammenhang, der nicht von der übernatürlichen Ordnung handelt, sondern von der Konstitution der Weltwirklichkeit.

Das führt zur Frage, was sich in diesem Text denn Neues findet, abgesehen von einer anonymen Bestätigung der grundlegenden ontologischen Rolle Jesu Christi als Vinculum des Universums? Sie scheinen nur die ontologischen Aussagen zu wiederholen, die schon aus der *Action* bekannt sind, und das überdies weniger ausführlich und in argumentativ weniger begründeter Form.

Neu und bedeutsam in den drei Thesenpaaren ist zweifellos die zentrale Stellung der ontologischen These und Antithese. Sie kündet bereits die zentrale Stellung von *L'Être et les êtres* im dreigipfligen Massiv der Trilogie an, eine Stellung, die schon der Titel des letzten Kapitels der *Action* vorgezeichnet hatte: »Das Band des Erkennens und des Tuns im Sein.« In den Testis-Artikeln haben die ontologischen Thesen zwar nicht die Funktion eines »Bandes«; sie sind eher eine Art Begegnungsort, wo die erkenntnistheoretischen und die theologischen Anschauungen der Sozialkatholiken, aber auch jene ihrer Gegner, sich zusammenfinden, und wo sichtbar wird, wie sie sich wechselseitig be-

---

[11] Kol. 1, 17.

[12] Die Anspielung an den theologischen Begriff der göttlichen »Kondeszendenz« ist unüberhörbar.

dingen. Erst von diesem Begegnungsort aus ergeben sich die praktischen Folgerungen, denen das Hauptinteresse der Testis-Artikel gilt. Das Bild, das man sich von der Wirklichkeit macht, und das aus einer bestimmten Erkenntnistheorie folgt und von einer bestimmten theologischen Auffassung bedingt ist, bestimmt auch das soziale und politische Engagement. In diesem Sinn kann man sagen, dass das Sein auch hier das Band zwischen Denken und Tun bildet. Die Seinsphilosophie, will Blondel sagen, ist für die gesellschaftliche Praxis von entscheidendem Gewicht – während man die Ontologie gewöhnlich für den abstraktesten und praxisfernsten Teil der Philosophie hält.

Die praktischen Folgerungen, die die Sozialkatholiken und die Monophoristen aus ihrem jeweiligen Wirklichkeitsverständnis zogen, müssen hier nicht weiter erläutert werden. Ein Hinweis kann genügen: Ihre Meinung, die Wirklichkeit bestehe aus streng voneinander geschiedenen und gegen einander abgeschlossenen Seinsbereichen, erlaubte einigen Monophoristen im Gefolge ihres politischen Vorbilds, Charles Maurras, die unglückliche Inkonsequenz, in der Politik und Soziallehre Positionen zu vertreten, die sich mit ihrem zur Schau getragenen Katholizismus kaum vereinen ließen – eine Inkonsequenz, der man auch heute noch gelegentlich begegnen kann. Die Sozialkatholiken bemühten sich dagegen, die wirtschaftlichen, gesellschaftlichen und politischen Phänomene nicht nur mit Fachkompetenz zu analysieren und zu beurteilen, sondern auch im Licht ihres christlichen Glaubens.

Abgesehen von diesen praktischen Folgerungen enthält die zentrale Stellung des ontologischen Thesenpaars auch einen wichtigen theoretischen Hinweis. Das Wirklichkeitsverständnis ist nicht nur ein neutraler Begegnungsort zwischen Erkenntnistheorie und Theologie; es ist kausal mit beiden verbunden. Blondels Gegner verstehen diese Verbindung im Sinn einer Folgekausalität. Ihr Wirklichkeitsverständnis ergibt sich aus ihrer Erkenntnistheorie und ihre theologischen Auffassungen ergeben sich aus ihrem Wirklichkeitsverständnis und aus ihrer Erkenntnistheorie. Blondel dagegen, der seinen Gegnern vorwarf, sie übersähen die teleologische Dimension des Aristotelismus, sah die Thesen der Sozialkatholiken (und seine eigenen) zielursächlich miteinander verknüpft. Das Wirklichkeitsverständnis bestimmt die Erkenntnistheorie, und es ist seinerseits von einer theologischen Sicht bestimmt. So ist das Wirklichkeits- und Seinsverständnis eine Art Knotenpunkt, ja sogar der Ursprungsort des philosophischen Diskurses. Im Sinn eines aristotelischen Prinzips jedoch, das Blondel gerne zitiert, »wird, was als erstes beabsichtigt ist, als letztes verwirklicht« *(primum in intentione est ultimum in executione).* Deshalb konnte Blondel sein Wirklichkeits- und Seinsverständnis, das er von Anfang an angezielt hatte, erst im Verlauf seines späteren Schaffens ausdrücklich darlegen.

III. Ein wesentlich ontologisches Denken

Blondel hatte seine konkrete Ontologie es von Anfang an angezielt. Der erste Entwurf für die *Action,* der *Premier Brouillon,* setzt mit der lapidaren Aussage ein: »Alles hängt mit allem zusammen, alles besteht für sich allein« *(Tout est solidaire, tout est solitaire),* um dann eine Relecture der leibnizschen Monadologie vorzulegen. Dario CORNATI konnte zeigen, dass eine unausgesprochene Ontologie nicht nur die langwierige und mühsame Ausarbeitung der *Action* bestimmt hat, sondern auch den Gang ihrer Ausführungen, obwohl sie erst im letzten Kapitel ausdrücklich zur Sprache kommt.[13] Ein Großteil der nachfolgenden philosophischen Arbeiten Blondels bis hin zur Trilogie und zur Tetralogie galt dem Bemühen, das letzte Kapitel der *Action* auszulegen, zu ergänzen und zu vertiefen. Blondels Denken ist wesentlich ontologisch, eine Suche nach dem Sein, das geht aus der zentralen Stellung der ontologischen Thesen in den Testis-Artikeln hervor, so gut wie aus der zentralen Stellung von *L'Être et les êtres* in der Trilogie. Diese ist, genau besehen, ein Triptychon, dessen Mittelbild den Sinn des Ganzen bestimmt.

Eine Beobachtung bezüglich der Beziehung zwischen Seinsverständnis und Erkenntnistheorie Blondels kann dies nochmals bestätigen. Allen Blondelkennern ist die Entwicklung seiner Untersuchungen über das »zweifache Denken« vertraut. Das Binom scheint zum ersten Mal im letzten Kapitel der *Action* auf, das die »Erkenntnis des Seins« *(connaissance de l'être)* und »das Sein in der Erkenntnis« *(l'être dans la connaissance)* einander gegenüberstellt.[14] Diese beiden Stadien der Erkenntnis, sagt Blondel, unterscheiden sich durch ihren Seinsbezug, und das heißt zunächst durch ihren Bezug zum Ganzen der Phänomene,

---

[13] CORNATI, passim.
[14] *Action,* S. 436/461 f.

heute würden wir sagen zum Weltganzen. An die folgenden Schritte der blondelschen Erkenntnislehre muss hier nicht weiter erinnert werden.[15] Es ging letztlich immer um den Gegensatz zwischen einem abstrakt-begrifflichen und konkret-wirklichkeitsnahen Erkennen. Die Testis-Artikel haben die beiden Erkenntnisarten noch großzügig zwischen den beiden gegnerischen Lagern verteilt, indem sie den Sozialkatholiken eine »dynamische«, wirklichkeitsbezogene Erkenntnisart zuwiesen, ihren Gegnern dagegen ein abstraktes, fixistisches Denken.

L'Itinéraire philosophique unterscheidet wesentlich feiner. In Vorwegnahme von *La Pensée* entwickelt Blondel dort eine komplexe und paradoxe Theorie der Beziehung zwischen Denken und Sein. Zum Mythos von *animus* und *anima,* von »vernünftelnder Vernunft« *(raison raisonnante)* und der »Tiefe der Seele« *(l'âme profonde),* deren »Vermählung« Paul Claudel gefeiert habe,[16] macht Blondel drei kritische Anmerkungen. Zum einen ist »*Animus* keineswegs der Ehegatte, nicht einmal der Verlobte von *Anima*«; diese soll sich vielmehr mit dem Sein vermählen. »Welche Verirrung, wenn die arme Anima, die für das Ehebett des Königs bestimmt ist, sich in den Botschafter verliebt statt in ihren geheimnisvollen Geliebten, der sich ihr noch nicht gezeigt hat, ihn, den der Dichter vorausahnt ohne an ihn zu rühren, ihn, von dem der Mystiker angerührt wird ohne ihn schon zu sehen, ihn, den dieser anmaßende Animus von seinem Platz zu verdrängen droht.«[17]. Dennoch hat *Animus,* der vernünftig überlegende Verstand, zweitens, durchaus eine positive Rolle zu spielen. Er selbst ist zwar unfähig, das Sein zu erreichen; doch er bereitet die Erkenntnis des Seins vor, und wäre es auch nur dadurch, dass er davor schützt, das Sein mit einer unserer Ideen zu verwechseln, und dass er die Einsicht vermittelt, dass seine Art von Erkenntnis nicht das ganze Erkenntnisvermögen des Menschen ausschöpft. Blondel unterstreicht deshalb »die Bedeutung des fortschreitenden Bemühens der Menschheit um ein immer näher an das Konkrete heranreichendes Erkennen; [...] ich möchte zeigen, dass die begriffliche Erkenntnis nicht nur die Möglichkeiten unseres Denkens und den Reichtum des Seins nicht ausschöpft, sondern dass diese Art von Erkenntnis darüber hinaus nur dank der Anwesenheit,

---

[15] Vgl. den vorstehenden Beitrag *Die Überlegungen Maurice Blondels zum Erkenntnisproblem.*

[16] *Itinéraire,* S. 179/113/105.

[17] Ebd., S. 182 f./116/107 f.

der Mitwirkung und der Ergänzung durch eine Wirklichkeitserkenntnis *(connaissance réelle)* möglich und heilsam ist, in der es um mehr und anderes geht als um ein rein formelles und angeblich verstehbares Sein.«[18] Doch, drittens, bleibt es dabei, dass selbst die Wirklichkeitserkenntnis *(connaissance réelle)* das Sein nicht wirklich erreicht, und auch das vereinte Bemühen beider Erkenntnisarten vermag das nicht. Die Vermählung der Anima mit ihrem Bräutigam ist nicht von dieser Welt. »Das Wirkliche kann zwar erkannt werden; doch [...] das Erkannte ist nicht die ganze Wirklichkeit«;[19] denn »die abstrakte und diskursive Erkenntnis führt zwar zum Sein, genügt jedoch nicht« für eine Ontologie, und »die konkrete Erkenntnis, die das Sein zu erfassen sucht, schöpft es dennoch nicht aus«, sodass »beide Erkenntnisweisen zum Eingeständnis beitragen«, dass das Sein »unrückführbar einzigartig« ist.[20]

Diese Textbeispiele belegen zur Genüge, dass Blondels erkenntnistheoretische Überlegungen weitgehend von seinem seinsphilosophischen Interesse bestimmt waren. Er wollte nicht nur zeigen, dass das Sein erkennbar ist, sondern auch, wie und warum es dennoch immer jenseits aller möglichen Erkenntnis bleibt. Denn, erklärt Blondel bezüglich der Seinsfrage, »zwei Probleme, die man meist allzu selbstverständlich von einander trennt, kommen da zusammen: das Sein zu erreichen und unsere Bestimmung zu erfüllen; das Sein in uns zu begreifen und eine konkrete Ontologie zu begründen.«[21]

III. Ontologie und Apologetik

Das führt zum letzten Kapitel der *Action* zurück und zum dritten Thesenpaar der Testis-Artikel. Wenn man sie für sich allein betrachtet, ist in diesen Thesen kaum ein Zusammenhang zu erkennen zwischen dem Wirklichkeitsverständnis und der Sicht auf die übernatürliche Gnadenordnung. Bestenfalls lässt sich ein gewisser formaler Parallelismus zwischen beiden feststellen, insofern für die Sozialkatholiken alles mit allem in Verbindung steht, während ihre Gegner Unterscheidungen

---

[18] Ebd., S. 204 f./131/118.
[19] Ebd., S. 200/128/115.
[20] Ebd., S. 197/126/114.
[21] Ebd., S. 190/121/110.

und Gegensätze festmachen, die auch die ontologische und theologische Wirklichkeit betreffen. Die Frage nach der Beziehung der übernatürlichen Ordnung zur Seinswirklichkeit stellt sich jedoch zunächst gar nicht auf der theoretischen Ebene; sie ergibt sich aus der Praxis der Sozialkatholiken.

Als gläubige Katholiken »haben sie die doppelte Glaubensüberzeugung, dass – von oben betrachtet – nur das Christentum dem Menschen jenes Licht zu geben vermag, das er zur Beurteilung seines Verhältnisses zu den verschiedenen Aspekten der ganzen Wirklichkeit [d. h. für eine Ontologie] braucht, und auch die Kraft, ohne die er dieser Sichtweise in seinem Leben nicht zu entsprechen vermöchte[22], und dass – von unten gesehen – die verschiedenen Elemente, die sich dank der allgemeinen Berufung zur Gotteskindschaft in uns finden, von der Gnadenordnung gleichsam magnetisch angezogen und auf sie ausgerichtet sind, weshalb wir alle Gaben der Natur und alle in den Menschen eingesenkten Gnaden nicht wirksam nutzen können, ohne uns auf den Zielpunkt unserer Berufung und Bestimmung auszurichten, eine Bestimmung, die in der real existierenden Welt keine doppelte Bestimmung ist, sondern eine einzige, eine übernatürliche Bestimmung.«[23]

Das Problem der Beziehung zwischen der erlebten Wirklichkeit und der übernatürlichen Ordnung betrifft somit in erster Linie das Tun des Menschen, und dort ist auch der Ort, wo es *de facto* gelöst wird. Testis sagt: Dort, wo man »zunächst nach einer abstrakten und verstandesmäßig zu erfassenden Beziehung fragt, *ratione cognoscendi*, handelt es sich in Wirklichkeit um eine wirkliche und konkrete Beziehung, *ratione essendi et agendi*.«[24] Und während er den Verdacht zurückweist, »zwischen den ›Philosophen der *Action*‹ und den Gründern der Semaines Sociales bestehe eine Art stillschweigender Übereinkunft oder gar eine ausdrückliche Verschwörung«[25], gesteht er doch einige Seiten später: »Man kann unmöglich übersehen, dass diese Art, das Erkenntnisproblem und die Beziehung zwischen Denken und Sein an-

---

[22] Vgl. dazu die Pastoralkonstitution *Gaudium et Spes* (nr. 10): »Die Kirche glaubt, dass Christus, der für alle starb und auferstand, dem Menschen durch seinen Geist Licht und Kraft gewährt, damit er seiner höchsten Berufung nachkommen kann.«
[23] *Monophorisme*, S. 11.
[24] Ebd., S. 7.
[25] Ebd., S. 16.

zugehen und die ganze philosophische Vorgehensweise genau jener entspricht, welche man die ›Philosophie der *Action*‹ genannt hat.«[26]

Auch im letzten Kapitel der *Action* hatte Blondel die Verbindung der Ontologie mit der übernatürlichen Ordnung zunächst im Tun gesucht. Um zum Sein der Phänomene zu gelangen, hatte er gesagt, muss das Tun ihre ganze Abfolge durchschreiten; denn erst in ihrer ganzen Reihe stellt sich die Entscheidungsfrage, die Option angesichts des Übernatürlichen, und erst durch diese religiös-ethische Entscheidung gelangt zum »Besitz des Seins« *(possession de l'être)*. In den zwischenzeitlichen Schriften ist die unersetzliche Rolle der religiösen Entscheidung manchmal etwas verdunkelt; sie tritt erst in der Trilogie wieder klar hervor. Testis erwähnt die Option nur einmal im Vorübergehen: »Gebt deshalb acht; es gibt im Leben der Völker wie der Einzelnen Stunden des Nachdenkens und der endgültigen Entscheidung *(option décisive)*.«[27] Es fällt jedoch auf, dass diese Bemerkung unmittelbar auf eine andere folgt, die ebenfalls auf das letzte Kapitel der *Action* anspielt: »Weit davon entfernt, dass Ihr verleugnen müsstet, was sich in Eurem Streben nach dem Ideal einer umfassenderen, einigeren, hingebungsvolleren Menschheit an Großherzigkeit findet, verbirgt sich vielmehr in dem, was Ihr vor allem gewollt habt, vor allem geliebt habt, das Ja zur christlichen Ordnung als dem Schlussstein, der das ganze Gesellschaftsgebäude zusammenhält, jenes Ja, das Ihr erträumt – wenn Ihr nur bereit seid, es weiterhin zu wollen und zu lieben. Ihr selbst könnt nichts an seine Stelle setzen, in keiner Weise; denn je mehr Ihr mit Eurem ehrgeizigen Streben nach Glück und Gerechtigkeit die Strebebogen hochzieht, umso dringender braucht Ihr den göttlichen Schlußstein.«[28]

Blondel will damit die ontologische Bedeutung des christlichen Übernatürlichen bestätigen. Es ist unersetzlich, weil nur es den Werken des Menschen und damit dem Sein selbst endgültig Bestand und Halt gibt. Blondels Denken kreist um das Tun, weil es ein Denken ist, das um das Sein kreist, und weil sich das Sein seine letzte Beständigkeit erst im übernatürlichen Tun findet – zunächst im übernatürlichen Tun des Menschen, in letzter Instanz aber im Tun und Leiden Jesu Christi, dem *Vinculum vinculorum*.

---

[26] Ebd., S. 33 f., Anmerkung.
[27] Ebd., S. 25.
[28] Ebd.

Auch hier wird *L'Itinéraire philosophique* etwas ausdrücklicher, weil Blondel da in gewisser Weise die Trilogie und selbst die Tetralogie vorausnimmt. Von seinem Gesprächspartner gefragt, was er denn unter Sein verstehe, ergeht sich Blondel in einer langen Erklärung, die schließlich auf eine Vorwegnahme von *L'Esprit chrétien* und von dessen erstem Entwurf, den *Exigences philosophiques du Christianisme* hinausläuft. Die *Exigences* hat Blondel in der Tat im gleichen Jahr diktiert, in dem er *L'Itinéraire philosophique* redigierte.

Nachdem er gleich zu Anfang festgestellt hat, »dass das Sein in der Tat schön und sogar gut ist«[29], kommt er nochmals ausführlich auf das Erkennen des Seins zu sprechen. Das Seinserkennen kann nur »unser intellektuelles, aktives Leben sein, das nach und nach in sich, *ad modum recipientis* [in der vom Empfänger bedingten Weise], der Wirklichkeit wieder Bestand verleiht; denn es ist ja seine Aufgabe, mit dieser Wirklichkeit in Verbindung zu stehen und sie sich zu eigen zu machen.«[30] Das führt hinüber zu den ontologischen Aussagen: »Wenn das, was ist, sein soll, wenn es sein können soll, wenn es sich lohnen soll, dass es ist: muss dann nicht das, was ist, was sieht, was will, selbst gut sein, etwas Gutes sehen, etwas Gutes lieben, kurz gesagt: muss dann nicht die Wirklichkeit, um ganz verständlich zu sein, muss dann nicht die Wahrheit, um ganz wirklich zu sein, liebenswert und selbst liebend sein?«[31] Denn »von allem andern getrennt *(abstrait)* ist das nackte Einsehbare *(intelligible)* in einem gewissen Sinn ganz und gar uneinsichtig, so wie das reine Sein ein Nonsens, eine Nicht-Existenz, wie die ›reine Liebe‹ eine falsche Liebe ist, ein Unding ohne festes Fundament und ohne ethische Bedeutung, weswegen es weder gut sein kann noch festen Bestand hat.«[32] Das Sein hat deshalb notwendig die Struktur einer »geeinten Dreiheit« *(trinitarisme unitaire)*[33], die in der göttlichen Dreifaltigkeit nicht nur ein Gleichbild *(allégorie)* findet[34], sondern ihr Urbild, ihren Ursprung und ihre Vollendung.

Dieser Sprung von der Ontologie zur Trinitätstheologie mag verwirren, auch wenn er und vielleicht gerade weil er durch eine Erkenntnislehre eigener Art vermittelt ist. Diese Erkenntnislehre scheint allem

---

[29] *Itinéraire*, S. 196/125/113.
[30] Ebd., S. 222/143/128.
[31] Ebd., S. 234/151/135.
[32] Ebd., S. 240/155/138.
[33] Ebd., S. 226/146/131.
[34] Ebd., S. 239/154/138.

philosophisch Gewohnten zu widersprechen. Und doch nimmt sie nur die traditionelle Lehre von den Transzendentalien ernst, dass Sein, Wahrheit, Gutes und Schönheit in ihrem Wesen zusammenfallen. Folglich, meint Blondel, kann nichts als wirklich seiend und wahr bezeichnet werden, was sich nicht auch als gut und schön erweist. Blondel bleibt jedoch seinem philosophischen Diskurs treu und wagt sich nicht weiter in das Gebiet der Trinitätstheologie vor. Er hat, nach eigener Bezeugung, »erst spät und nachträglich« an den Vergleich mit der christlichen Dreifaltigkeit gedacht; »die Analyse, die ich skizziert habe, ist davon unabhängig.«[35] Auf bloß »notionale« theologische Vergleiche kann Blondel umso leichter verzichten, als sich das Problem des Seins erst im gelebten Leben stellt, und auch dort gelöst werden muss.

Das erinnert an die Thesen von Testis. Die Erklärungen, die Blondel am Schluss des *Itinéraire* gibt, lassen keinen Zweifel darüber aufkommen, dass für ihn erst die übernatürliche Bestimmung des Menschen, seine Berufung »vergöttlicht zu werden« *(déification)*[36], dem endlichen Seienden festen Bestand gibt. Diese »transnaturale« Bestimmung des Menschen, welche die einzige tatsächlich existierende ist, lässt sich zunächst nur negativ feststellen, als eine genau umschriebene Lücke, nach Art eines fehlenden Puzzlestücks.[37] Und der Mensch kann diese seine Bestimmung nur durch ein aktives Opfer, eine »Kenose« verwirklichen, ähnlich der Kenose Jesu Christi. »Wir müssen uns empfänglich machen für die Ausschließlichkeit jenes Seins, das nur es selbst ist, wenn es ganz und gar tätig *(Acte)*, durch-sich-selbst-Sein *(Ens a se)* ist. Wir müssen zulassen, dass es sich in uns verwirklicht; wir müssen Ihn, den Ungeschaffenen, sozusagen in uns Geschöpfen neu geboren werden lassen, nachdem Er uns dazu befähigt hat, einen Platz einzunehmen, von dem er sich nur deshalb zurückgezogen hat, damit Er es uns zu verdanken habe, wenn Er an diesen Platz zurückkehren darf, indem Er uns die Möglichkeit gibt ›gleichsam der Gott Gottes‹ *(tamquam Deus Dei)* zu sein wie der heilige Augustinus sagt.[38] Ihm, der die Gestalt eines Knechtes angenommen hat, um uns zu die-

---

[35] Ebd.

[36] Ebd., S. 252/163/145; 258/167/148.

[37] Ebd., S. 242/157/140.

[38] Dieses nicht nachweisbare Augustinuszitat, das Blondel gelegentlich auch Thomas von Aquin zuschreibt, findet sich der Sache nach erstmals in einer Novalis entlehnten Notiz: »Dieu veut des Dieux« (*Notes,* C. 16, f. 2, V nr. 105), wohl in Anlehnung an Joh. 10,34 f.

nen, und der nach seinem Tod am Kreuz um unser Herz bittet [...], damit er darin leben kann, können wir, seine Gnade nutzend, in göttlicher Weise antworten und ihn aus jener Entäußerung *(exinanitio)* herausführen, von der der heilige Paulus spricht[39], in einer gleichsam doppelten Auferstehung und Himmelfahrt. Doch Gott bleibt Gott, das heißt der Einzige, der Unvergleichliche, der souveräne Herr und Meister, der sich nur zu den Niedrigen und Demütigen hinabbeugt. Für diesen Triumph der vergöttlichenden Liebe kann deshalb Gott eine solche Erhebung nicht gnadenhaft eingießen, noch kann der Mensch sie erlangen, ohne dass Prüfungen auferlegt und durchlitten werden, die bis zu den erhabensten, kreuzigenden Läuterungen der umgestaltenden Vereinigung gehen können.«[40]

In diesen gedrängten Zeilen, in denen die Anklänge an die spanischen Mystik unüberhörbar sind, hat Blondel das Tiefste seines geistlichen Lebens und seines Mystikverständnisses zusammengefasst. Seine Aussage tönt echt, weil man spürt, dass sie aus durchlebter Erfahrung stammt. Für unsere ontologische Fragestellung aber interessiert vor allem, dass Blondel diese christologisch und mystisch geprägte Spiritualität im Zusammenhang mit der Frage nach dem Sein vorlegt. Erst ein echtes geistliches Leben, meint Blondel, kann das Sein in seiner vollen Dichte erkennen und damit auch der Ontologie Halt und Bestand geben. Blondel unterstreicht das, indem er nochmals auf das paulinische Bild vom Schlußstein zurückkommt:»Es sieht so aus, als käme alles von unten; doch alles stammt tatsächlich von oben, und nichts könnte erkannt werden, nichts wäre wirklich, wenn nicht alles von einem Hinauf-genommen-werden angezogen würde. Der Schlußstein [...] wird von oben eingesenkt.«[41]

* * * * *

Aus diesem abschließenden Bild wird deutlich, wie Blondel seine Ontologie des Konkreten versteht. Das Konkrete ist für ihn nicht nur, wie für Aristoteles, das Ganze (σύνολον) aus Materie und Form, oder wie für Hegel »das durch seine Entwicklung sich vollendende Wesen«.[42]

---

[39] Phil.2, 7.
[40] *Itinéraire*, S. 257 f./171/148.
[41] Ebd., S. 263/170 f./151, mit einer Anspielung auf Eph. 2, 20.
[42] G. W. F. HEGEL, *Die Phänomenologie des Geistes*, Vorrede (Gesammelte Werke, Bd. 9. Hamburg: Meiner, 1982, S. 19).

Das konkrete Sein, das notwendig auch seine transzendentalen Eigenschaften, die Wahrheit, das Gute und die Schönheit, umfasst und kundtut (das ist ein erster Aspekt jenes »Allgemeingültigen«, das sich im Einzelnen finden soll), kann nicht rein theoretisch (»notionell«) erkannt werden; man muss es im konkreten Tun des Lebens erfahren. Im religiösen Anruf, der sich in Gestalt einer Option kundtut, vor die das Tun und das Leben stellt, lässt sich dann auch erfahren, das dass Konkrete nur in einer übernatürlichen Vollendung seinen letzten Bestand haben kann. Geschichtlich konkret ist dies die christologisch-soteriologisch geprägte Heilsordnung.

Für Blondel ist das grundlegende Beispiel für die Befestigung des endlichen Seienden in der übernatürlichen Ordnung die im Sinn der Transsubstantiationslehre verstandene Eucharistie.[43] In den beiden hier untersuchten Schriften verweist er begreiflicherweise nicht auf dieses Beispiel. Die Testis-Artikel und *L'Itinéraire philosophique* können aber immer noch zeigen, dass Blondels Philosophie, nicht zuletzt seine Ontologie, nicht ohne seine Glaubenserfahrung zustande kommen konnte, und dass sie sich deshalb nur auf diesem Hintergrund ganz verstehen lässt. Zugleich dürfte deutlich geworden sein, dass die Trilogie Blondels von vornherein dazu bestimmt war, in die (leider unvollendet gebliebene) Tetralogie eingefügt zu werden. Erst in diesem Ganzen finden die drei Teile der Trilogie ihre letzte Begründung, und im Licht dieses Ganzen müssen sie gelesen werden.

Doch vorher noch sollte deutlich geworden sein, wie sehr Blondels Interesse auch in seiner Zwischenperiode einer Philosophie des Seins galt. Was seinem philosophischen Suchen, auch seinen Überlegungen über das christliche Übernatürliche immer wieder Auftrieb gab, war die Seinsfrage.

---

[43] Vgl. dazu neben ANTONELLI auch HENRICI, *Philosophie des Sinnlich-Konkreten.*

Maurice Blondels Philosophie der Liebe (1995)

In seinem postumen, aber schon 1928 diktierten Werk *Philosophische Ansprüche des Christentums* spricht sich Blondel zu Beginn seiner dritten und letzten Schaffensperiode über die Grundabsicht seines Philosophierens aus. Es gehe darum, mit den Augen und mit dem Werkzeug des Philosophen das Wesen und die innere Stimmigkeit des Christentums zu ergründen und dessen tiefen menschlichen Sinn auch den Nichtglaubenden einsichtig zu machen – kurz gesagt, es gehe um eine Philosophie des Christentums.

I. Der »Charitismus« Blondels

Einleitend unterscheidet Blondel drei Gottesvorstellungen, aus denen sich drei verschiedene Arten, das Christentum zu verstehen ergeben.

»Eine erste Vorstellung, die aus der hebräischen Überlieferung stammt, ist die eines *Gottes der Allmacht*, eines souveränen Herrn und Schöpfers aller Dinge, der in seinem Geheimnis unzugänglich ist, eines Gottes der Furcht und der Majestät, den man weder mit seinem wahren Namen nennen noch ihn unter einem der Bilder sich vorstellen kann, die das menschliche Denken erfindet.«[1] Aus diesem Gottesverständnis ergibt sich ein Christentum, das die Hierarchie, die Autorität und den Gehorsam betont.

Neben dieser hebräischen Gottesvorstellung hat sich eine zweite, griechische entwickelt, die weniger den Gott der Macht als den *Gott der Wahrheit* sieht, »einen Gott der Intelligibilität, ein transzendentes Prinzip der Wahrheit und Weisheit, den Logos, der alles nach Maß, Zahl und Gewicht geordnet hat. Und dieses göttliche Wort, dieses ungeschaffene Licht ist der Ursprung aller Geister, die an seiner Klarheit

---

[1] *Exigences*, S. 77/90.

teilhaben, und die sich von seinem Leben durchdringen lassen müssen, um zu ihm, dem einzigen Mittler und Heil zurückzukehren.«[2] Diese Sicht unterstreicht die Unveränderlichkeit Gottes, der ebenso unveränderlich ist wie die Wahrheit selbst. Auch die Güte Gottes wird als ein sozusagen notwendiger Ausfluss des göttlichen Wesens verstanden: *Bonum est diffusivum sui* (Das Gute breitet sich aus). Daraus ergibt sich ein Christentum, das vor allem das kontemplative Leben betont. In der Kontemplation nimmt der Mensch gleichsam Anteil an der Ewigkeit Gottes. Man unterstreicht die Unveränderlichkeit der Dogmen und die Unabänderlichkeit des Sittengesetzes, die als ein Ausdruck, ja ein Ausfluss der göttlichen Wahrheit betrachtet werden.

»Aber neben diesen beiden mächtigen Harmonien«, fährt Blondel fort, »erklingt eine neue, erhebendere Melodie, die der allerhöchsten Frohen Botschaft. Dass Gott die Allmacht und dass Gott die Wahrheit und die höchste Weisheit ist, das wussten wir; wie aber sollten wir zu glauben wagen, dass *Gott die Liebe* ist – nicht ein gleichsam neutraler Wert, nicht bloß ein wärmender Strahl ähnlich dem Feuer, das brennt und verbrennt, sondern unendlich selbstlose Güte, eine Liebe, die die kalte Weisheit der antiken Philosophen Lügen straft, für die schon die bloße Idee, dass Gott den Menschen lieben könnte, eine Gotteslästerung war? Wenn das Christentum etwas Neues in die Welt und in das Denken gebracht hat, dann war es dies.«[3]

Natürlich kommt jede dieser drei Auffassungen von Gott nie im Reinzustand vor. Ohne die beiden andern wäre sie ein Zerrbild Gottes und eine Karikatur der wahren Religion. Auch die Vorstellung eines Gottes der Liebe würde, für sich allein genommen, aus Gott einen gutmütigen Trottel machen, der im Namen eines falsch verstandenen »Liebe und tu, was du willst« alles und jedes gutheißt. Und doch, fährt Blondel fort, lässt nur die Vorstellung eines Gottes der Liebe das Christentum im rechten Licht sehen, ja überhaupt alle Wirklichkeit verstehen. Denn wenn es wahr ist, dass sich erst im Christentum der letzte Sinn des Menschenlebens und der ganzen Schöpfung erschließt, weil Christus »der Schlüssel, der Mittelpunkt und das Ziel der ganzen Menschheitsgeschichte« ist, wie das II. Vatikanische Konzil ausdrücklich bekräftigt hat[4], dann folgt daraus, dass der letzte Sinn von allem in

---

[2] Ebd., S. 78/90 f.
[3] Ebd., S. 78/91.
[4] *Gaudium et spes,* nr. 10.

der Liebe zu suchen ist. Erst aus dem Blickwinkel der Liebe wird auch für den Philosophen alles verständlich, einsichtig und wahr.

Einsichtig ist nur die Liebe, so ließe sich die Grundeinsicht Blondels formulieren. In seinen privaten Aufzeichnungen und Briefen hat er deshalb er seine Philosophie gerne als »Charitismus« bezeichnet. Sein Denken will alles, auch das Negative, auch das Leiden, ja selbst die Hölle vom Blickpunkt der Liebe aus begreiflich machen. Blondel beruft sich dafür auf die Inschrift, die Dante über das Höllentor gesetzt hat: »Ich bin ein Werk der Allmacht Gottes, der höchsten Weisheit und der ersten Liebe.«[5] Blondels Denken darf deshalb zu Recht als eine Philosophie der Liebe bezeichnet werden – wenn auch nicht im gleichen Sinn wie etwa bei Leone Ebreo. Blondel philosophiert nicht *über* die Liebe, ja selbst das Wort Liebe findet sich in den von ihm veröffentlichten Schriften relativ selten. In schamhafter Zurückhaltung spricht er nur in den *Carnets Intimes* etwas ausdrücklicher über die Liebe. Seine Philosophie ist jedoch ein Denken *aus* der Liebe; aus ihr lebt es, aus ihr gewinnt es seine tiefsten Einsichten, weil es jede Wirklichkeit *sub specie caritatis* betrachtet.

In der *Action* entwickelt Blondel diese »charitistische« Sicht der Wirklichkeit noch nicht ausdrücklich, weil er sich dort nicht auf den Standpunkt eines gläubigen, christlichen Philosophen stellt. Er will vielmehr seinen ganzen Denkweg Hand in Hand mit ungläubigen Denkern, ja mit ausdrücklichen Gegnern des Christentums gehen. Auf diesem Weg kann er sich noch nicht ausdrücklich auf den Gott der Liebe berufen, und er kann noch weniger die göttliche Liebe als die letzte und wahre Lösung der schwierigsten philosophischen Probleme aufzeigen. Dennoch leistet Blondel auf dem langen, gewundenen und nicht immer leicht verständlichen Weg, den dieses Werk geht, einen zwar bescheidenen, aber nicht unwichtigen Beitrag. Er führt seinen Leser Schritt für Schritt zur Erkenntnis, dass die Liebe tatsächlich der beste, ja der einzig wirklich gute Weg ist, der zu Erkenntnis, Einsicht und Verstehen führt. Das ist die heimliche Zielsetzung aller philosophischen Gedankengänge der *Action* – ein Ziel, auf das diese umso unwiderstehlicher hinführt als auf den fast 500 Seiten dieses Werks kaum je ausdrücklich von Liebe die Rede ist.

---

[5] ›Fecemi la Divina potestate, la somma Sapienza e'l primo Amore‹ (Dante Alighieri, *La Divina Commedia. Inferno,* Canto terzo, v. 5–6).

II.   Die Liebe in der *Action*

Von der Liebe handeln, in verhaltenem Ton, nur drei Stellen in der
zweiten Hälfte der *Action;* doch diese drei Stellen sind für den Ausgang
des blondelschen Denkwegs entscheidend. Gegen Ende der fünften und
letzten Etappe des zentralen Dritten Teil des Werkes finden sich einige
Aussagen über die Freundschaft und über die eheliche Liebe; im Vierten Teil, den Blondel noch in seinem vorletzten Entwurf als »Entscheidenden Teil« *(Partie décisive)* betitelt hatte, unterstreicht er, dass in der
positiven Grundentscheidung, der Offenheit für ein Gnadengeschenk
Gottes, Liebe und Leid unzertrennlich miteinander verbunden sind,
und schließlich stellt er im nachträglich eingefügten letzten Kapitel
die Liebe als den Ort der wahren Seinserkenntnis, als Vollendung der
positiven Grundentscheidung dar.

Der bekannteste dieser Texte, vielleicht der einzige, den jeder-
mann kennt, sind die Ausführungen über die eheliche Liebe im ersten
Kapitel der fünften Etappe des Dritten Teils. Dort findet sich die oft
zitierte Dialektik der Zeugung: »Nun ist es soweit. Die beiden Gatten,
im Leibe vereint, um nur noch eine Seele zu sein, in der Seele vereint,
um nur noch ein Leib zu sein, scheinen ihr Eins und Alles gefunden zu
haben. *Tenui eum nec dimittam.*[6] Dennoch: schließt sich bei diesem
geheimnisvollen Austausch, wo zwei Wesen nur noch ein einziges voll-
kommeneres sind, in ihrem wechselseitigen sich gegenwärtig Sein, in
ihrem ungeschiedenen Tun wirklich der Kreis ihres Wollens? Ist dies
der Vollbesitz, ist es die äußerste Grenze, wo der Aufschwung des Wollens haltmacht? Sicher nicht. Zwei Wesen sind nur noch eines, und
gerade, wenn sie eines sind, werden sie drei. Dieses Wunder der Zeugung macht mit einer Tatsache sichtbar, was die gleichen Menschen, die
sich von ihrem flüchtigen Einssein einen Augenblick der Ruhe, der
Sättigung und des Genügens erhofft hatten, in ihrem tiefsten Herzen
wollen müssen und auch tatsächlich wollen. Wer dem Gegenstand seiner Liebe nachjagt, sucht mehr als ihn; er sucht dessen Frucht, mit der
er, von Liebe befruchtet, seinerseits jene bereichert, die sich für ihn
verausgabt hat.«[7]

So sehr dieser Text mit der traditionellen katholischen Lehre über
den Zweck der Ehe übereinstimmt, so wenig vermag er philosophisch

---

[6] Hohelied 3,4.
[7] *Action,* S. 257 f./283 f.

zu befriedigen. Er klingt fast wie ein schlechter dialektischer Witz, wie ein Verzicht auf logische Stringenz, um einfach die Natur, ja die Biologie zu Wort kommen zu lassen. Diese soll die Dialektik vorantreiben. Dieses Vorgehen erscheint heute umso weniger stringent, als die Verknüpfung von Liebesakt und Zeugungsakt theoretisch wie praktisch grundsätzlich in Frage gestellt ist. Und doch ist dies nur ein erster, oberflächlicher Eindruck. Wer tiefer in den Text einzudringen sucht, wird verstehen, weshalb Blondel gerade hier auf den Zeugungsakt rekurriert.

Einen ersten Hinweis gibt der Stellenwert dieses Textes im Ganzen der *Action*. Im Gesamtaufbau des Werkes nehmen die Überlegungen über die eheliche Liebe eine wichtige Übergangsstellung ein. Sie vermitteln zwischen den Analysen der Einflussnahme und der Zusammenarbeit zu Ende der vierten Etappe und dem Ansichtigwerden eines Transzendenten in der fünften Etappe. Das wird verständlicher, wenn man sich den Gang der *Action* vor Augen hält. Auf den ersten Seiten seines Werks hat Blondel gegenüber allen, die bezweifeln oder leugnen, dass »das menschliche Leben einen Sinn und der Mensch eine Bestimmung« hat, gezeigt, dass wir notwendig und unumgänglich wollen, und zwar immer »etwas« wollen. Zur Antwort auf die Frage nach dem Sinn des Lebens muss deshalb erkundet werden, *was* wir wollen, und das notwendig und unausweichlich. Nur so kann das wahre und letzte Ziel des menschlichen Wollens ansichtig werden. Wo von der ehelichen Liebe die Rede ist, ist schon klar geworden, dass wir notwendig uns selbst wollen, dass wir unsere in konkrete Taten umgesetzte Freiheit wollen und auch die Zusammenarbeit mit Andern. Wir wollen unseren Einfluss auf sie und ihre Mitarbeit mit unserem Tun. Doch diese Andern sind noch unbestimmt und anonym geblieben; wir wollen einfach ›Jemand andern‹, und nicht schon ein Du.

In diesem Zusammenhang kommt Blondel auf den tiefsten und edelsten Einfluss zu sprechen, den ein Mensch auf andere Menschen ausüben kann, auf die Erziehung. Hier tut sich eine neue Beziehung zum Anderen auf, die Liebe: »Die Mühen des Lehrers sind nichts im Vergleich zur Wohltat, die er empfängt, wenn ihn seine Schülern mehr und mehr schätzen, wenn es ihm gelingt, sie ein wenig mehr zu interessieren, in ihnen ein neues Licht aufgehen zu lassen und eine höhere Lebensauffassung. Man glaube nicht, dieser Eifer, Jünger zu gewinnen, schicke sich nicht bei der Vermittlung der Wahrheit. Er ist im Gegenteil die Seele allen Lehrens; denn es ist ein und dasselbe, die Wahrheit zu lieben und den Verstand der Schüler zu lieben, die Wahrheit zu erkennen und sie weiterverbreiten zu wollen, sie in sich selbst zu entdecken und sie in Andern wachzurufen, aus der Wahrheit zu leben und den Geist anderer Menschen aus ihr leben zu lassen. So finden Meister und Schüler durch kommunikative Zeichen und in ihrer gemeinsamen Liebe zu der einen Wahrheit zur Einheit. Das Wissen lebt in jedem Menschenverstand auf ganz persönliche Weise, aber zugleich ist es in allen überpersönlich. Vom Wort des Lehrers angestoßen, beginnt es zu treiben und sich zu mehren. Ohne diese Treibhefe geschieht nichts; denn die Wahrheit lebt nur in einem lebendigen Geist, nur in ihm ist sie liebenswert und liebend, nur von einer Person wird sie uns als unsere persönliche Wahrheit vermittelt. Es hieße die Rolle des Lehrers herabmindern, wollte man in ihm nur einen unfruchtbaren Geburtshelfer für das eigene Denken sehen. Er schenkt das Leben und die Liebe. Die Vermittlung von Gedanken ist ein Bild jener Vereinigung, welche die Leiber befruchtet: *Eros*.«[8]

Die Liebe macht den Bezug zum Anderen konkret und persönlich, nicht zuletzt auch den Bezug zu jenem transzendenten Anderen, das sich unter dem Namen der Wahrheit verbirgt. Nur der je Einzelne, nur eine Person kann wirklich geliebt werden. So führt die Liebe des Lehrenden über das Unpersönliche der allgemeinen Wahrheit hinaus – und mit diesem Über-hinaus relativiert Blondel 2500 Jahre Philosophiegeschichte. Was die Philosophie anzielt, worin sie ihre Erfüllung findet, die Wahrheit, ist nicht einfach etwas Allgemeines, immer Gleiches, allzeit Gültiges; es ist etwas Konkretes, Einzelnes, die ebenso einmalige und unverwechselbare wie hinfällige und zufällige Person, die geliebt werden kann. Diese Einzigartigkeit des geliebten Menschen, jedes geliebten Menschen, erklärt den Zug der Liebe zur Intimität, dem zweiten Kennzeichen der echten Liebe: »Wie sollte man nicht wünschen, dass diese Intimität, schon sie allein, mehr ist als das ganze äußere Weltall? […] Durch eine maßlose Abstraktion, die die Liebe vollbringt, wird das geliebte Wesen zu etwas absolut Einmaligen, mit dem sich nichts anderes vergleichen lässt; es allein scheint in den Augen des Liebenden wirklich zu sein; es wird für ihn zum Maßstab all seiner Eindrücke und all seiner Urteile.«[9]

Eine Selbsttäuschung der Liebenden, wird man sagen. Doch nein,

---

[8] Ebd., S. 243 f./269.
[9] Ebd., S. 256/282.

erwidert Blondel, es ist der einzig realistische Blick auf das Wirkliche; denn in der Wirklichkeit ist alles einzigartig, alles einzig. Sogar die Liebe ist je wieder anders; sie gleicht nie einer anderen Liebe. Und doch erkühnt sich jede echte Liebe alle Liebesmöglichkeit auszuschöpfen. Die Liebe ist, so ließe sich dieser kurze phänomenologische Blick auf die Liebe zusammenfassen, ein echtes *Universale concretum:* »Selbst wer liebt, kann die Liebe in einem Anderen nicht verstehen. Zwischen zwei Liebesbeziehungen gibt es nichts Vergleichbares, weil es im Grunde genommen nur eine Liebe gibt. Jede Liebe glaubt, alles ausschöpfen zu können, ohne zu glauben, dass sie sich je erschöpfen könnte. In der Liebe gibt es nichts Allgemeines und nichts Gemeinsames; alles in ihr ist je eigen, es gehört nur dem, der es empfindet und der dazu Anlass gibt; es bleibt unvergleichlich und unendlich – ein Privileg des verliebten Herzens, das immer bereit ist, die armselige Wirklichkeit zu vergöttlichen, die es für sich allein und für alle Ewigkeit zu besitzen glaubt, und die sich ihm doch im gleichen Augenblick entzieht […].«[10] Hier hat nun der eingangs zitierte Text über das Wunder der Zeugung seinen Platz. Die Einheit, Einzigartigkeit und Dauer, die die Liebe sucht, lässt sich auf der Ebene der Gefühle nicht finden; im gezeugten Kind ist sie verwirklicht. Das ist nun kein Mangel an logischer Stringenz mehr, es ist auch nicht nur eine List der Natur. Die Zeugung enthüllt das tiefste Sehnen der Liebe, indem sie es verwirklicht.

So zeigt sich das eigentliche Wesen der Liebe. Sie ist jene Kraft, die zwar dem Wollen entspringt und im Wollen verwurzelt bleibt, die aber zugleich das Wollen weit über sich hinausführt. Sie zwingt es, etwas zu wollen, was nicht mehr in seiner Macht liegt, etwas Ganz-Anderes, Unendliches, Transzendentes. Wenige Zeilen zuvor hat Blondel die Liebe mit dem paradoxen Ausdruck eines »selbstlosen Egoismus« gekennzeichnet: »Das Kind, das mit naiver Zärtlichkeit von sich selbst spricht und sich darüber wundert, dass es sich nicht selbst umarmen kann, ist ein Bild jenes selbstlosen Egoismus, der auf den Kuss eines anderen Egoismus wartet und mit ihm in Austausch tritt. Jedes hat so das Verdienst, sich selbst ganz und auf angenehmste Art aufzugeben; und jedes kommt zugleich in den Genuss einer aufmerksamen Zärtlichkeit, die sich mehr um es kümmert als es der ausgeprägteste Egoismus tun könnte […]. Ist das nicht das Wunder der Liebe?«[11]

---

[10] Ebd.
[11] Ebd., S. 255/281.

Was hier mit leiser Ironie als wechselseitiger Egoismus vorgestellt wird, ist in Wahrheit das tiefste Wesen der Liebe. In ihrem Egoismus zu zweit täuschen sich die Liebenden nicht; sie täuschen sich nur, wenn sie glauben, darin ihre volle Befriedigung finden zu können. Die *Action* wird im weiteren Verlauf der Dialektik zeigen, dass der selbstlose Egoismus in einem weit tieferen und wahreren Sinn zu verstehen ist als unsere zwei naiven Liebenden meinen. Jede Liebe, ja jedes menschliche Sein zeigt immer beide Seiten in einem: die Selbstbezogenheit und die Selbstlosigkeit. Denn jeder Mensch muss an sich selbst und für sich selbst interessiert sein; doch dieses Interesse kann seine Erfüllung nur im Desinteresse finden, nur in der Selbstlosigkeit. So lautet die Grundthese der *Action*, die in der Dialektik der Zeugung zum ersten Mal deutlich zum Ausdruck kommt. Darum steht dieser scheinbar oberflächliche Text an so entscheidender Stelle.

Auf dem Hintergrund des bisher Gesagten lassen sich auch die beiden anderen Stellen verstehen, an denen Blondel in der *Action* von der Liebe spricht. Die eine findet sich im Vierten Teil, der von der Grundentscheidung handelt, der Option für oder wider das Eine Notwendige, d. h. für oder wider Gott. Wenn klar geworden ist, dass das menschliche Wollen darauf abzielt, wie Gott sein zu wollen, dann stellt sich die Entscheidungsfrage, ob der Mensch dieses Ziel aus eigener Kraft, ohne Gott und gegen Gott erreichen will, oder ob er es als ein Gnadengeschenk von Gott erhofft und damit bereit ist, seinem eigenen Willen zu entsagen. »Der Mensch sehnt sich, den Gott zu spielen. Gott sein ohne Gott und wider Gott – oder Gott sein durch Gott und mit Gott: das ist die Frage.«[12]

Es geht dabei, mit den Worten Augustins, den Blondel hier ohne Namensnennung zitiert, um die Wahl zwischen zweierlei Liebe: »Selbstliebe bis zur Gottesverachtung, Gottesliebe bis zur Selbstverachtung« *(Amor sui usque ad contemptum Dei, amor Dei usque ad contemptum sui).*[13] Blondel muss deshalb zur Beschreibung der zweiten Wahlmöglichkeit, der positiven Entscheidung für Gott, auch erklären, wie echte Liebe zum unsichtbaren Gott aussehen kann und aussehen muss. Es ist nicht leicht, diese Erklärung nachzuvollziehen; denn Blondel scheint die Echtheit einer Liebe vor allem an ihrer Fähigkeit zu bemessen, das Leiden, ja selbst den Tod auf sich zu nehmen: »Damit

---

[12] Ebd., S. 356/381.
[13] Aurelius Augustinus, *De Civitate Dei*, XIV, 28.

wird eine Art Wechselverhältnis zwischen wahrer Liebe und aktivem Leiden sichtbar. Ohne die Erziehungskunst des Schmerzes kommt einer nie zur selbstlosen, wagenden Tat. Die Liebe wirkt ähnlich auf die Seele wie der Tod auf den Leib: Sie versetzt den Liebenden in den Geliebten und den Geliebten in den Liebenden. Lieben heißt das Leiden lieben, weil es die Freude und das Tun eines Anderen in uns lieben heißt – ein Schmerz, der selbst liebenswert und geliebt ist, dem jeder zustimmt, der ihn empfindet, und den er nicht gegen alle Süße der Welt eintauschen möchte. Wenn es für den Menschen gut sein soll, zu leiden, dann nicht aus bloßer Konvention; es ergibt sich aus der Natur der Sache. Richtig verstehen, wie der Schmerz die grenzenlose, wahre Freude verschafft: könnte das nicht das schwerste Lebensproblem lösen und das größte Ärgernis für uns Menschen aus dem Weg räumen, weil es dem Wollen endlich die große Genugtuung verschafft, alles gutheißen zu können? Wer um das Geheimnis weiß, die Süßigkeit selbst in der Bitternis zu finden, für den ist alles süß.«[14]

Ist das überspitzte Dialektik, ist es Dolorismus oder gar Masochismus, oder ist es ungebührlicherweise in die Philosophie verpflanzte christliche Mystik? Eine erste Antwort auf diese Fragen können die Tagebücher Blondels geben. Die scheinbar gequältesten, übertriebenen Seiten der *Action*, die Leiden und Lieben ineins setzen, sind auch jene, die am unmittelbarsten Blondels persönliche Erfahrung wiedergeben. Es sind geradezu bekenntnishafte Seiten, die fast wörtlich aus dem Tagebuch entnommen sind. Doch lässt sich diese ganz persönliche Erfahrung für alle begreiflich und verständlich machen? Blondel hat es versucht, als er sein Tagebuch in einen philosophischen Diskurs umschrieb. Der positive Wert von Schmerz, Leiden und Tod wird einsehbar, wenn wir Blondels Dialektik nicht mehr als Begriffs- und Vernunftdialektik, sondern als eine Transkription der Dialektik der Liebe lesen. Dann können Leiden und Tod als Ausdruck und Ort jener Selbstlosigkeit, jenes Über-sich-hinaus verstanden werden, in dem das Wesen der Liebe besteht.

Der zitierte Text fährt denn auch fort: »Damit ist noch nicht einmal genug gesagt. Das Leid ist auch deshalb Prüfung und Bewährung eines hochherzigen, mutigen Wollens, weil es die Wirkung und sozusagen die Wirklichkeit der Liebe ist. Denn wenn es stimmt, dass einer mehr dort ist, wo er liebt, als dort, wo er ist; mehr dort, wo sein eigenes

---

[14] *Action*, S. 382/406.

Wollen von einem anderen Wollen, das ihm zuwiderläuft, überdeckt und verdrängt wird, dann, scheint es, ist jedes Aufflackern der Eigenliebe nicht mehr ein Gewinn, sondern ein Verlust, und jede scheinbare Bereicherung wird zur wirklichen Verarmung. Es schmerzt ein trauerndes Herz, Freuden und Feste ansehen zu müssen; es schmerzt einen Menschen, der ein Gut liebt, das besser ist als sein eigenes Bestes, einen Genuss allzu sehr zu verkosten. Befriedigung kann man in der Entsagung finden, aber niemals in der Befriedigung.«[15]

Deshalb ist das Leiden der Prüfstein für die Echtheit einer Liebe und der schmerzvolle Spiegel für die Selbsterkenntnis. Es wird aber auch zur erneuernden Kraft, die die Liebe noch einmal über sich hinausführt: »Der sicherste Maßstab für ein Menschenherz ist der Empfang, den es dem Leid bereitet; denn das Leid ist das Siegel eines Anderen in uns […]. So erwartet es kommen mag, so ergeben wir uns schon im voraus seinen Schlägen dargeboten haben, so fasziniert wir vor seiner herben, Leben verleihenden Größe stehen – es bleibt doch immer das Fremde und Unerwünschte, es kommt immer anders als wir es erwartet hatten, und gegenüber seinem Ansturm kann sich selbst der des Hasses nicht erwehren, der dem Leiden entgegengeht, es ersehnt und es liebt. Es tötet etwas in uns, um dafür etwas Anderes an seine Stelle zu setzen, das nicht von uns stammt. So reißt es den Schleier vom Skandal unserer Freiheit und unserer Vernunft: Wir sind nicht das, was wir wollen, und um all das zu wollen, was wir sind, müssen wir die Lehre und die Wohltat, die das Leid bringt, verstehen und annehmen.«[16]

Auch hier hat die Liebe wieder eine vermittelnde Funktion. Wie sie in der Dialektik der Zeugung zwischen dem egoistischen Verlangen nach dem Besitz des Geliebten und dem selbstlosen Über-sich-hinaus des Familienlebens vermittelt hat, so vermittelt sie hier zwischen dem unendlichen Streben des Menschen und der Anerkenntnis seiner Unfähigkeit, dieses Streben zu erfüllen. Das führt zur hoffenden Erwartung eines Gnadengeschenks.

Nicht nur um dieses Gnadengeschenk, sondern ganz allgemein um die Vollendung der Seinserkenntnis geht es im dritten und letzten Text, in dem die *Action* ausdrücklich von der Liebe spricht. Nur die Liebe, so lautet die These, kann wirklich erkennen. Der Texte steht im

---

[15] Ebd., S. 382/407.
[16] Ebd., S. 380/405.

letzten Kapitel der *Action*, das von den gnoseologischen und ontologischen Folgen der negativen, bzw. der positiven Option handelt. Wenn die positive Option in der »Gottesliebe bis zur Selbstverachtung« besteht, dann wird die neue Erkenntnis, die aus dieser Option folgt (und die nur aus dieser Option folgen kann), in erster Linie liebende Gotteserkenntnis sein. Blondel zitiert dafür Bernhard von Clairvaux: »Gott wirklich erkennen, heißt seinen Geist, seinen Willen und seine Liebe in sich tragen. *Nequaquam plene cognoscitur nisi cum perfecte diligitur.*«[17]

Zum Organ wahrer Erkenntnis wird die Liebe kraft ihrer Fähigkeit zur Selbstentäußerung. Sie versetzt den Liebenden in den Geliebten und damit auch den Erkennenden in das Erkannte. Das lässt sich ganz traditionell durch den Vergleich der verschiedenen Intentionalitäten von Erkennen und Wollen ausdrücken: »Das Wollen enteignet uns von uns selbst und gleicht uns seinem Ziel an; das Erkennen gleicht seinen Gegenstand uns an und erwirbt ihn für uns. Darum können wir in Gott erst dann mit unserem Blick tiefer eindringen, wenn wir uns Ihm in völliger Hingabe schenken. Die Reinheit innerer Selbstlosigkeit ist das Organ der vollkommenen Gottesschau.[18] Man kann Ihn nicht sehen, ohne Ihn zu besitzen, Ihn nicht besitzen, ohne Ihn zu lieben, Ihn nicht lieben, ohne Ihm alles, was nicht Er ist, als Huldigungsopfer darzubringen, indem wir in allem immer nur Seinen Willen und Seine Gegenwart finden. Was Er ist, das, wollen wir, dass Er es sei, so viel es uns auch kosten mag; erst so wird Er das, was Er in sich ist, auch in uns.«[19] Das Wort, das diesen ganzen Passus zusammenfasst, ist ein Schlüsselwort für das Denken Blondels: »Die wahre Philosophie ist die Heiligkeit der Vernunft.«[20]

Das alles wird nicht von jeder beliebigen Erkenntnis gesagt; es bezieht sich zunächst auf die wahre, die vollkommene Gotteserkenntnis. Die positive Option betrifft ursprünglich und grundlegend das Verhältnis und das Verhalten des Menschen zu Gott, nicht einfach zum Sein. Folglich betreffen auch die Ausführungen über die aus der posi-

---

[17] »Er wird nie vollständig erkannt, außer wenn Er vollkommen geliebt wird« (Bernhard von Clairvaux, *Sermones in Canticum Canticorum*, VIII, 9). *Action*, S. 441 f./ 467.

[18] Eine Anspielung auf Matth. 5, 8: »Selig, die ein reines Herz haben; denn sie werden Gott schauen.«

[19] *Action*, S. 442/468.

[20] Ebd.

tiven Option folgenden neuen und vollkommeneren Erkenntnisse in erster Linie die Gotteserkenntnis. Erst von der »besitzenden« Gotteserkenntnis aus ergibt sich eine ebenso »besitzende«, ontologisch vollkommene Erkenntnis der Geschöpfe in ihrer Abhängigkeit von Gott. »Zwar kommt man nur zu Gott, wenn man Ihm alles zum Opfer bringt, was nicht Er ist; doch man findet in Ihm die wahre Wirklichkeit all dessen wieder, was nicht Gott ist [...]. Man findet nie Gott allein; denn wenn man einmal dem Sein alle Seienden zum Opfer gebracht hat, die ohne das Sein nicht Seiende wären, dann erlangt man im Sein alle Seienden, die kraft des Seins sind.«[21]

III. Die philosophische Relevanz der Gottesliebe

Es ist entscheidend, dass Blondels Denken diesen, und keinen anderen Gang nimmt. Erst aus dem Weg über Gott ergibt sich der »Charitismus«, das Verstehen aller Wirklichkeit aus der Sicht der Liebe. Schon der Name will andeuten, dass nur die *caritas*, die Liebe zu Gott und die von Gott absteigende Liebe, Organ der wahren Seinserkenntnis ist. Erst vom Blickpunkt Gottes aus gelangt der Mensch zur wahren, tiefblickenden Erkenntnis der Seienden. Blondel umschreibt damit auf seine Weise das spinozistische *sub specie aeternitatis*.[22] Der Mensch ist zu einer solchen Erkenntnis erst deshalb fähig, weil ihm das Organ des wahren Erkennens, die Liebe, allererst von Gott geschenkt worden ist. Erst von dieser Voraussetzung aus lässt sich dann als zweites zeigen, dass es zur Natur der Liebe gehört, wahre Erkenntnis zu vermitteln, weil sie die Liebenden aus sich heraus in die Andern hineinführt, und vor allem, weil sich die Liebe immer auf das konkrete Einzelne und nicht auf das Allgemeine bezieht. Das Allgemeine als solches bleibt in einem gewissen Sinn immer unwirklich und ›unwahr‹; letzte Wahrheit besitzt immer nur das konkrete Einzelne.

Im Licht der ursprunghaften Liebe Gottes kann nun auch die volle Bedeutung der beiden letzten Texte, die hier anzuführen sind, verstanden werden. Es sind die ausdrücklichsten und zugleich eindrücklichsten Aussagen Blondels über den Erkenntniswert der Liebe: »Das Sein ist Liebe; man erkennt folglich nichts, wenn man nicht liebt. Deshalb ist

---

[21] Ebd., S. 443/468 f.
[22] Baruch SPINOZA, *Ethica*, Pars V, Prop. 36.

die Liebe das Organ der vollkommenen Erkenntnis: Was im Anderen ist, legt sie in uns hinein, und indem sie die Selbsttäuschung des Egoismus gleichsam umkehrt, enthüllt sie uns das Geheimnis eines jeden anderen Egoismus, der sich gegen uns kehrt [...]. Nur die Liebe, die sich in das Herz aller versetzt, bleibt nicht an der äußeren Erscheinung haften, sie schafft Gemeinschaft bis ins Innerste der Wesen hinein und löst damit das Problem des Erkennens und des Seins endgültig.«[23]

Aus dieser Einsicht ergibt sich unmittelbar die ethische Forderung: »Man darf sich deshalb nicht mit einer bloßen Gerechtigkeit zufrieden geben, die in einer Person nur ihren unpersönlichen Charakter und ihre abstrakte Menschenwürde sieht, so peinlich genau die Gerechtigkeit auch sein mag. Wir müssen uns vielmehr zum sozusagen unpersönlichen Objekt und zum hingebungsvollen Instrument im Dienst der Anderen machen und so bis zu jener Liebe vordringen, die auch die oft wehtuenden Eigenheiten der Individuen lieb gewinnt. Jeder in allen, außer in sich selbst, das ist das Leitwort der selbstlosen Liebe *(charité)*, die sich den Andern mit jener nachsichtigen Zärtlichkeit zuwendet, die sie sich selbst versagt, und die, nicht damit zufrieden, gut zu ihnen zu sein, auch ihren Undank hinnimmt [...] und ihre Wohltaten [...], indem sie sich in der Kunst des Entgegennehmens übt, die noch schwieriger ist und vielleicht noch wertvoller als die Fähigkeit, zu schenken.«[24]

Aus dieser Schlüsselstellung der Liebe, die das Einzelne in seiner Einzigartigkeit im Auge hat, ergibt sich für die Ontologie, dass nur die Einzelnen in ihrer Einzigartigkeit im vollen Sinne sind, womit sich Blondel in Gegensatz zur platonischen und zur aristotelischen Tradition stellt, für die das Überindividuelle das eigentlich Wahre war. Hier verknüpft sich Blondels Charitismus mit seinem Panchristismus. Weil sich echte Liebe im Leiden bewährt, sieht Blondel das Sein der sinnlich erfahrbaren konkreten Einzelnen, der *phénomènes*, im erleidenden Erfahren des menschgewordenen Gottessohnes begründet. So finden sie sich gleichsam umfangen von der Liebe Gottes, der sie in seiner Schöpferliebe will, und von der Liebe des menschgewordenen Logos, der ihre Einwirkung, ihre *action* erduldet und sie mit seiner leidenden Hinnahme göttlich bestätigt. So wird der zunächst befremdliche Gedanke verständlich, dass Blondel das Sein der Schöpfung nicht nur, wie die

---

[23] *Action*, S. 443 f./469.
[24] Ebd., S. 444/470.

meisten Theologen, an der Menschwerdung des Logos festmacht, sondern auch und in erster Linie an seinem Leiden. Man könnte Blondels Philosophie der Liebe, theologisch, als einen konsequent zu Ende gedachten Scotismus bezeichnen.

Das braucht hier nicht weiter ausgeführt zu werden. Mit den Grundlinien der Philosophie der Liebe, wie sie sich in Blondels Erstlings- und Hauptwerk darstellt, steht jedenfalls ein Schlüssel für sein Spätwerk bereit. Trilogie und Tetralogie sind wesentlich unverblümter aus der Perspektive des liebenden Gottes konzipiert und formuliert. Erst von der Gottesliebe aus, so hat der Schluss der *Action* gelautet, kann das Sein erkannt und der Sinn aller Wirklichkeit und des menschlichen Lebens verstanden werden. Von der damit erreichten Erkenntnisebene aus will das Spätwerk Blondels die ganze theoretische Philosophie neu aufrollen – eine Philosophie, die sich aus der praktischen Grundentscheidung für Gott ergibt und aus dem inneren Licht, das diese Entscheidung folgt, wie Blondel das in seinem langen Leben immer tiefer erkannt und erlitten hat. Zwar wird die Option in allen drei Teilen der Trilogie in je angepasster Weise nochmals thematisiert; doch der Leser spürt, dass dies so zu sagen im Rückblick geschieht, mit den Augen eines Denkers, der das Ziel schon erreicht hat und der weiß, welche Perspektiven die positive Option eröffnet.

E. Zur Wirkungsgeschichte

Blondels Nachkommenschaft bei den französischen Jesuiten (2004)

Wer sich fragt, ob Blondel schulbildend gewirkt hat, muss vor allem die französischen Jesuiten in den Blick nehmen, insbesondere jene, die in Lyon studiert oder gelehrt haben. Einen ersten Hinweis könnte die Zahl und die Häufigkeit von Publikationen geben, die sich mit Blondels Denken befassen. Eine entsprechende Nachforschung ergibt jedoch ein zweideutiges Bild. Anfangs sind nur wenige derartige Schriften zu finden, darauf folgen lange Zeiten des Schweigens, während nicht wenige Schriften gegen Blondel polemisieren, und schließlich besteht ein Großteil der Schriften, die man anführen könnte, aus Texten Blondels, die von Jesuiten herausgegeben wurden.

I. Bibliographischer Überblick

Die jesuitische Literatur über Blondel beginnt erst 1897 mit einer Besprechung der *Lettre sur l'apologétique* von Xavier Marie Le Bachelet in den *Études,* gefolgt von drei langen Artikeln des gleichen Autors über das gleiche Thema[1] und 1901 von einem Artikel von Xavier Moisant.[2] Dieser bemüht sich nicht ohne Erfolg, die philosophischen »Quellen der Dialektik M. Blondels« aufzudecken, während im gleichen Jahr Jean-Vincent Bainvel in einem Artikel *L'idée du surnaturel*[3] seine Sympathie für Blondel nicht verhehlt. Die ersten Jesuiten dagegen, die Blondel kritisierten, Christian Pesch, Heinrich Schaaf und

---

[1] Xavier Marie Le Bachelet, *Questions d'apologétique,* in: *Ètudes* 70 (1897) 381–391, und *De l'apologétique ›traditionnelle‹ et de l'apologétique ›moderne‹,* ebd., 72 (1897) 145–174; 369–385; 453–478.

[2] Xavier Moisant, *La Dialectique de M. Blondel. Les sources de la nouvelle méthode,* ebd., 88 (1901) 313–342.

[3] Jean-Vincent Bainvel, *L'idée du surnaturel. Histoire et théologie,* ebd., 89 (1901) 193–221.

Guido Mattiussi waren Deutsche und Italiener. Sie bezeugen immerhin, dass man Blondels Apologetik auch in den neuscholastischen Kreisen in Deutschland und in Rom zur Kenntnis nahm.

In Frankreich nimmt die Blondelliteratur aus jesuitischer Feder einen Aufschwung erst in der Modernismus-Krise, und zwar mit einer Reihe von Artikeln der Patres Adhémar D'ALÈS[4], Léonce DE GRAND-MAISON[5], Marcel CHOSSAT[6], Xavier LE BACHELET[7] und Henri PINARD DE LA BOULLAYE[8], die Blondel mehr oder weniger ausführlich erwähnen und würdigen. Den Höhepunkt dieser Arbeiten bildet 1912 ein Artikel der Brüder Albert und Auguste VALENSIN, der der Immanenzmethode Blondels gewidmet war.[9] Das Jahr darauf widerspricht ihnen Joseph DE TONQUÉDEC mit seinem *Immanence. Essai critique sur la pensée de M. Blondel*[10], einer klassisch gewordenen Summa des Antiblondelismus, der de Toncquédec eine lange Folge von polemischen Artikeln folgen ließ, die erst 1949 nach dem Tod Blondels abbrach. Besser informiert als sein kämpferischer Mitbruder und mit größerer Autorität verteidigte Pierre ROUSSELOT die Position Blondels in einem Artikel im gleichen *Dictionnaire Apologétique*.[11] Sein grundlegendes Werk über die Erkenntnismetaphysik Thomas von Aquins war schon erschienen[12], und bereitete seinen Artikel über *Die Augen des Glaubens* vor[13], auf den noch zurückzukommen ist.

Auf diese erste Reihe von Veröffentlichungen folgte ein langes Schweigen, erst spät unterbrochen durch zwei Auswahlausgaben aus

---

[4] Adhémar D'ALÈS, *La Tradition chrétienne dans l'histoire*, ebd., 111 (1907) 362–292.

[5] Léonce DE GRANDMAISON, *Le développement du dogme chrétien*, in: *Revue pratique d'Apologétique* 6 (1908) 81–104.

[6] Marcel CHOSSAT, *Dieu (connaissance de)*, in: *Dictionnaire de Théologie Chrétienne*, Bd. 4, Paris: Letouzey, 1909, col. 756–874.

[7] Xavier Marie LE BACHELET, *Apologétique*, in: *Dictionnaire Apologétique de la Foi Chrétienne*, Bd. 1, Paris: Beauchesne, 1909, col. 189–251.

[8] Henri PINARD DE LA BOULLAYE, *Dogme*, ebd., col. 1121–1184.

[9] Auguste und Albert VALENSIN, *Immanence (méthode d')*, ebd., Bd. 2, col. 579–612.

[10] Paris: Beauchesne, 1913. Vgl. dazu VAN RIET, S. 314–338, wo auch die eigene Position DE TONCQUÉDECs vorgestellt wird.

[11] Pierre ROUSSELOT, *Intellectualisme*, in: *Dictionnaire Apologétique de la Foi Chrétienne*, Bd. 2, 1914, col. 1066–1081.

[12] Pierre ROUSSELOT, *L'intellectualisme de Saint Thomas*. Paris: Beauchesne, 1908. Zu seinem Blondelismus, vgl. VAN RIET, S. 313.

[13] Pierre ROUSSELOT, *Les yeux de la foi*, in: *Recherches de Science Religieuse* 1 (1910) 241–259, 444–475; deutsch: *Die Augen des Glaubens*. Einsiedeln: Johannes, 1963.

der *Action,* herausgegeben und eingeleitet von Auguste VALENSIN und Yves DE MONTCHEUIL. Die eine erschien 1934 in der Sammlung *Les moralistes chrétiens*[14], die andere mitten im Krieg, 1942, unter dem Titel *Pages religieuses*[15], vorbereitet durch zwei wichtige Artikel Yves DE MONTCHEUILS.[16] Das Jahr darauf erschien dann eine philosophische Blondelmonographie aus der Feder von Blaise ROMEYER.[17]. Wenn es zu Lebzeiten Blondels einen Einfluss seines Denkens auf die französischen Jesuiten gegeben hat, ist dieser weitgehend unterirdisch geblieben.

Man muss bis nach dem Tod Blondels im Jahr 1949 warten, um eine neue Blüte jesuitischer Blondelliteratur zu finden. Als erster erschien ein langer und wichtiger Artikel von Henri BOUILLARD[18], den er gleichsam als Nachruf unmittelbar nach dem Tode Blondels veröffentlicht hat, und der zu einer jahrelangen Kontroverse mit Henry Duméry führte.[19] 1961 wollte er die Kontroverse abschließen mit seinem grundlegenden Band *Blondel et le christianisme*[20], der den ursprünglichen Artikel weiter ausführte, und der später in mehrere Sprachen übersetzt wurde.

Inzwischen waren auch die Mitbrüder P. Bouillards nicht untätig geblieben. 1955 erschien die Monographie von Albert CARTIER[21], die Blondels *Action* mit der Existenzphilosophie verglich, und die von mehreren Artikeln begleitet war.[22] Henri DE LUBAC veröffentlichte

---

[14] Auguste VALENSIN und Yves DE MONTCHEUIL, *Maurice Blondel.* Coll. »Les moralistes chrétiens«. Paris: Gabalda, 1934.

[15] Yves DE MONTCHEUIL, *Maurice Blondel. Pages religieuses.* Extraits reliés par un commentaire et précédés d'une introduction. Paris: Aubier, 1942.

[16] MONTCHEUIL, *Vinculum* (1931), und *Comment se pose le problème du surnaturel chez M. Blondel,* in: *Conférence Saint-Michel* 23 (Nov. 1937) 2–13. Wo nur ein Stichworte angegeben ist, finden sich die bibliographischen Angaben im Literaturverzeichnis.

[17] Blaise ROMEYER, *La philosophie religieuse de Blondel.* Paris: Aubier, 1943.

[18] BOUILLARD, *Intention.*

[19] Vgl. dazu meine Besprechungen in: *Philosophisches Jahrbuch* 71 (1964) 183–189; 72 (1965) 408–413.

[20] BOUILLARD, *Christianisme.*

[21] CARTIER, *Existence.*

[22] Albert CARTIER, *Le problème de Dieu dans la philosophie de Blondel,* in: *Giornale di Metafisica* 10 (1955) 833–848; *Condition de la présence à soi et aux autres d'après L'Action (1893) de Maurice Blondel,* in: *L'homme et son prochain.* Actes du VIIIe Congrès de la Société de Philosophie de Langue Française. Paris: PUF, 1956, S. 265–268; *L'intuition génératrice de l'oeuvre blondélienne,* in: *Les Études philosophiques* 12 (1957) 447–452.

1957 anonym die ersten beiden reich kommentierten Bände der *Correspondance Maurice Blondel – Auguste Valensin,* eine fast unerschöpflichen Fundgrube über die Zeit des Modernismus, denen 1965 ein abschließender dritter Band folgte.[23] Der unermüdlichen Arbeit P. de Lubacs ist auch das Dossier zu verdanken, das René MARLÉ 1960 zur modernistischen Krise veröffentlicht hat[24], sowie 1965 die von DE LUBAC kommentierte Ausgabe der *Correspondance Blondel et Teilhard de Chardin,* die ebenfalls in verschiedene Sprachen übersetzt wurde[25], und zu guter Letzt 1969 die kommentierte Auswahlausgabe der *Correspondance Blondel-Wehrlé* in zwei Bänden.[26] Die Herausgabe aufschlussreicher Korrespondenzen Blondels wurde 1970/71 durch die drei Bände der *Correspondance Henri Bremond – Maurice Blondel* abgeschlossen, die der Bremond-Spezialist André BLANCHET herausgegeben und kommentiert hat.[27]

Ein anderer französischer Jesuit, Raymond SAINT-JEAN, befasste sich in den gleichen Jahren mit den ersten Manuskripten Blondels. Frucht seiner unermüdlichen Forscherarbeit waren zwei Bände, 1965 einer über die Vorarbeiten zur *Action*[28] und 1966 ein anderer über die sechs unveröffentlichten Hefte zur Vorbereitung einer (nie vollendeten) Schrift zur Apologetik.[29] In diesem Zusammenhang erstaunt es nicht, dass die französische Jesuiten-Zeitschrift *Archives de Philosophie* zum hundertsten Geburtstag Blondels 1961 eine Sondernummer herausgab. In ihr findet sich unter anderem eine kritische Ausgabe des schwierigen und umstrittenen *Dernier chapitre de ›L'Action‹ (1893)* durch Henri BOUILLARD[30], sowie eine Würdigung der bis dahin veröffentlichten Korrespondenzen Blondels durch Xavier TILLIETTE.[31]

---

[23] BLONDEL – VALENSIN, Bd. 1–3.
[24] MARLÉ.
[25] BLONDEL – TEILHARD.
[26] BLONDEL – WEHRLÉ.
[27] BREMOND – BLONDEL.
[28] SAINT-JEAN, *Genèse.*
[29] SAINT-JEAN, *Apologétique.*
[30] *Éd. critique.*
[31] Xavier TILLIETTE, *Blondel et ses correspondants,* in: *Archives de Philosophie* 24 (1961) 157–181.

II. Der Einfluss Blondels in den französischen Jesuitenscholastikaten

Der bibliographische Überblick bestätigt den Eindruck, dass trotz einiger früher positiver Urteile über Blondels Apologetik und über *Histoire et Dogme*, die französischen Jesuiten während der Lebenszeit Blondels große Zurückhaltung übten. Sie sieht fast wie ein bewusstes Schweigen aus, das nach Blondels Tod in eine geradezu fieberhafte editorische Tätigkeit überging. Es wäre jedoch falsch, daraus zu schließen, dass Blondel zunächst keinen großen Einfluss auf das Denken der französischen Jesuiten ausgeübt hat. Es gab im Hintergrund mancherlei Einflüsse, die umso tiefer griffen als sie einem oberflächlichen Blick verborgen blieben. Jahrzehntelang war es nicht opportun, ja geradezu gefährlich, in kirchlichen Kreisen den Namen Blondels auszusprechen – ein Tabu, das offenbar auch heute noch nicht ganz gebrochen ist. Aus den inzwischen veröffentlichten Korrespondenzen geht jedenfalls hervor, dass es unter den französischen Jesuiten, namentlich in ihrer Theologischen Fakultät in Lyon-Fourvière, zwar nicht eine eigentliche Blondelschule, aber doch eine treue Anhängerschaft Blondels gab. Bevor hier Namen genannt werden, sind drei grundsätzliche Feststellungen über diese Einflüsse zu machen.

1. Zunächst: Es gab in Fourvière zweifellos eine Schule, aber nicht eine Blondelschule, sondern eine traditionell neuscholastische Schule. Alle jungen Jesuiten mussten durch eine solche Schule gehen, und nicht wenige blieben ihr Leben lang davon geprägt. P. de Tonquédec ist ein gutes Beispiel für diese tief sitzende und fast unauslöschliche Prägung bei etwas eng angelegten Geistern. Andere, die sich andersgearteten Einflüssen öffneten und sie sich zu eigen machten, wurden durch die Auseinandersetzung mit dieser Schule zu einer neuen Ausdeutung, einer Relecture der traditionellen Philosophie und Theologie geführt. Wer den Einfluss Blondels auf die französischen Jesuiten feststellen will, muss deshalb in erster Linie auf diese Relectures achten, und hier ist tatsächlich ein tief gehender und weitreichender Einfluss Blondels festzustellen, dessen Auswirkungen weit über den Kreis der Jesuiten hinaus spürbar wurden. Man übertreibt nicht, wenn man behauptet, dass Blondels Gedankengut vor allem durch die Relectures der Jesuiten zur Erneuerung der katholischen Philosophie und Theologie beigetragen hat.

2. Eine zweite Feststellung ist damit schon angedeutet. Alle Jesui-

ten waren von ihrer Ausbildung her gleicherweise Theologen wie Philosophen. Folglich galt ihr Interesse mindestens ebenso sehr den theologischen Aspekten im Denken Blondels wie seiner Philosophie und vor allem dem, was dieses Denken zur Erneuerung der katholischen Theologie beitragen konnte. Nicht zufällig betrafen die ersten Äußerungen zu Blondel seitens von Jesuiten die *Lettre sur l'apologétique* und *Histoire et Dogme*. Erst von da aus begann man sich für die *Action* als Quelle dieses Denkens zu interessieren, das sich in der Auseinandersetzung mit dem Modernismus so hilfreich erwies. Der Einfluss Blondels auf die französischen Jesuiten ist deshalb vor allem auf dem Gebiet der Theologie zu suchen. Das Beispiel Bondels hat da nicht wenig dazu beigetragen, dass man sich erinnerte, wie unlöslich philosophische Argumentation und theologisches Denken in der christlichen Tradition miteinander verbunden sind – eine Unauflöslichkeit, die anfangs der Dreißiger Jahre zur Debatte über die christliche Philosophie geführt hat. Auch heute flackert diese da und dort wieder auf.

3. Schließlich, und das ist die dritte Feststellung, waren die Scholastikate der Jesuiten traditionellerweise recht international besetzt, und es herrschte zwischen ihnen ein reger intellektueller Austausch. Man las sich nicht nur gegenseitig, man stand auch in Briefwechsel miteinander und machte gegenseitig Besuche. So konnte eine geistige Bewegung, die vielleicht nach außen kaum hervortrat, weit über die Grenzen ihres Ursprungslandes hinaus wirksam werden. Die Wirkungsgeschichte Blondels unter den Jesuiten lässt sich deshalb nicht auf die französischen Jesuiten beschränken. Auch Belgien müsste in Betracht gezogen werden, und ein Abstecher nach Deutschland wäre unerlässlich. Dazu können hier nur einige Andeutungen gemacht werden.

III. Blondelianer unter den französischen Jesuiten

Die Wirkungsgeschichte Blondels bei den französischen Jesuiten lässt sich in einer quasi biblischen Genealogie zusammenfassen: »Blondel zeugte Valensin, Valensin zeugte de Lubac, de Lubac zeugte Bouillard und seine Mitbrüder in der Zeit der Kontroverse um die *nouvelle théologie*.«

1. Die zentrale Gestalt in dieser Genealogie ist zweifellos Henri de Lubac (1896–1991). Er hat lange Jahre in Lyon (wenn auch nicht in Fourvière) gelehrt und einen entscheidenden Einfluss auf eine ganze

Generation von späteren Jesuitenprofessoren ausgeübt. Schließlich wurde ihm die Lehrtätigkeit im Zusammenhang mit den Auseinandersetzungen um die *nouvelle théologie* untersagt, und er konnte und musste sich in Paris der schriftstellerischen Tätigkeit widmen. Wie viel de Lubac Blondel verdankt, konnte er erst spät zum Ausdruck bringen. Die ersten Bände der von ihm vorbereiteten und kommentierten Korrespondenzen Blondels mussten anonym oder unter dem Namen eines Mitbruders erscheinen. Einem Schweigegebot, wie es den späteren Konzilstheologen und Kardinal de Lubac getroffen hat, hatte Blondel nur durch vorsichtige Zurückhaltung entgehen können und wohl auch deswegen, weil er kein Kleriker war. Die Geschichte des Blondelismus, gerade unter den französischen Jesuiten, gehört zu den dunklen Seiten der neueren Kirchengeschichte und ist von oft schmerzvollen persönlichen Schicksalen gezeichnet.

Der Einfluss Blondels auf das Denken de Lubacs zeigt sich schon in seinen ersten philosophischen Versuchen. Mit Bienenfleiß hat Antonio RUSSO in seiner unter der Leitung von Walter Kasper erarbeiteten Dissertation die Anzeichen eines solchen Einflusses in den ersten Schriften de Lubacs aufgespürt.[32] De Lubac hat diesen Einfluss in seinem *Mémoire sur l'occasion de mes écrits* bestätigt und auf seine geistigen Vorfahren hingewiesen: Maurice Blondel, Auguste Valensin, Pierre Rousselot (der früh Verstorbene, den de Lubac nicht mehr persönlich kennen lernen konnte), Joseph Maréchal und Joseph Huby.[33] De Lubac wollte nur Theologe, ja Dogmengeschichtler sein; doch wie Xavier TILLIETTE über ihn bemerkt, »Man kann nicht Theologe sein ohne auch ein wenig Philosoph zu sein; P. de Lubac war sich dessen mehr als jeder andere bewusst, und [...] er verfügte über gediegene philosophische Kenntnisse, die er sich am Rande des festgefahrenen, ja verknöcherten Philosophieunterrichts im Scholastikat [von Jersey] gleichsam nebenher erworben hatte [...]. Vor allem aber vergaß er nie, dass er durch die enge Pforte der Philosophie in die Theologie Eingang gefunden hatte, genauer gesagt durch die Philosophie Maurice Blondels. Die *Action*, die er schon 1921 mit Eifer, ja mit Begeisterung gelesen hatte, hat in seinem Geist eine unauslöschliche Spur hinterlassen.«[34]

---

[32] RUSSO, *de Lubac*.
[33] DE LUBAC, *Mémoire*, S. 15–18/24–28.
[34] Xavier TILLIETTE, *Le Père de Lubac et le débat de la philosophie chrétienne*, in: *Les Études philosophiques* 50 (1995) 193–203, hier 193.

Diese blondelsche Prägung hatte zur ersten Folge, dass sich der junge de Lubac in der durch und durch suarezianisch geprägten Umwelt des Scholastikats in Jersey (der Name Pedro Descoqs kann sie kennzeichnen[35]) öffentlich als Thomist bekannte und eine Erkenntnistheorie im Sinne Pierre Rousselots vertrat. Das geht aus einigen philosophischen Übungsstücken des Studenten hervor sowie aus einer *Esquisse,* die er zusammen mit seinem Mitstudenten Gaston FESSARD ausgearbeitet hat – ein von ihren Autoren vergessenes Schriftstück, das Antonio Russo wieder ausgraben konnte.[36] Etwas später hat Joseph Huby de Lubac den Vorschlag gemacht, durch eine Erkundung bei Thomas von Aquin die Thesen Blondels und Rousselots über das Übernatürliche historisch nachzuprüfen. So entstanden in den zwanziger Jahren die ersten Entwürfe für den späteren, zunächst so umstrittenen, aber heute weitgehend anerkannten Band *Surnaturel.*[37] Auch de Lubacs Studie über Baius und Jansenius, die er 1930 erstmals veröffentlichte[38] und die dann in das *Surnaturel* übernommen wurde, scheint auf eine Anregung durch Blondels Artikel über den Antijansenismus Pascals[39] zurückzugehen.

In das Studium Thomas von Aquins wie in jenes Blondels war de Lubac durch seinen Lehrer Auguste Valensin (1879–1953) eingeführt worden, der ein direkter Schüler Blondels war und einer seiner intimsten Korrespondenten. Dazu kamen die Schriften Pierre Rousselots, der 1915 auf dem gleichen Schlachtfeld von Éparges den Tod gefunden hatte, auf dem zwei Jahre später der junge de Lubac eine Kopfverletzung erhielt, die ihm zeitlebens zu schaffen machte. Zur gleichen Generation wie Valensin und Rousselot gehörte auch Pierre Teilhard de Chardin (1881–1955), Mitnovize und Freund von Auguste Valensin und in der Theologie Mitstudent von Pierre Rousselot. Henri Bremond (1863–1933), der nochmals eine Generation älter und ebenfalls ein Schüler und Familienfreund Blondels war, kann hier übergangen werden, weil er schon 1904 die Gesellschaft Jesu wieder verlassen hatte und sein Interesse weniger der Philosophie und Theologie galt als der Geschichte der Spiritualität.

---

[35] Zu Descoqs und der Situation in Jersey vgl. VAN RIET, S. 378–402.

[36] RUSSO, *de Lubac,* S. 137–153.

[37] DE LUBAC, *Mémoire,* S. 51/67.

[38] Henri DE LUBAC, *Deux Augustiniens fourvoyés: Baïus et Jansénius,* in: *Recherches de Science religieuse* 21 (1931) 422–443, 513–540.

[39] BLONDEL, *Antijansénisme.*

2.1 Von den drei genannten Jesuiten-Philosophen stand Auguste Valensin, der während fünfzehn Jahren am Institut Catholique in Lyon lehrte, Blondel zweifellos am nächsten. Vom Studium bei Blondel ebenso tief beeindruckt wie von seinen Schriften, die er jeweils unmittelbar nach ihrem Erscheinen las, und in ständigem Briefkontakt mit Blondel, war er es, der die andern Jesuiten mit dem Philosophen von Aix in Verbindung brachte. Doch abgesehen von einigen wenigen Schriften, die sich direkt mit Blondel befassen[40], bleibt die geistige Verwandtschaft mit Blondel im philosophischen und literarischen Schrifttum Valensins eher verborgen. Sie ist einerseits wahrnehmbar in seinem Bemühen, »die Auffassungen der *philosophia perennis* mit den Bestrebungen der neuzeitlichen Philosophie in Einklang zu bringen«[41], namentlich mit Leibniz und mit Kant, anderseits in seinem zurückhaltenden Urteil über die Wirklichkeit unserer Sinneswahrnehmungen.[42] Es scheint, dass vor allem diese Bestrebungen und Bedenken, sowie sein eingangs genannter Artikel *Immanence* zu Meinungsverschiedenheiten mit den andern Professoren in Jersey geführt haben, so dass er 1920 an das Institut Catholique in Lyon ›befördert‹ wurde.

Die meisten philosophischen Arbeiten Valensins sind jedoch alles andere als eine Auslegung oder Weiterführung des Denkens Blondels. Sie sind von seinem eigenen philosophischen Temperament geprägt und von seinen eigenen Interessen, und sie zeugen von einer grundlegenden intellektuellen Verschiedenheit der beiden Denker. Valensins Stil ist analytisch, deduktiv, weitgehend abstrakt und vielleicht vor allem literarisch; Blondel dagegen bemühte sich um Nähe zum Konkreten und zur Ganzheit, und er bekundete einige Mühe, seine intuitiv erfassten Gedanken analytisch auszufalten und darzustellen. Schon »die Anmerkungen Blondels zu den Aufsätzen seines Studenten heben deren ›Klarheit‹ hervor, aber auch ›etwas Trockenheit‹, ›scharfsinnige

---

[40] Ausser den in Anm. 9 und 14 genannten Werken: Auguste VALENSIN, *D'une Logique de l'action*, in: *Revue de Philosophie* 22 (1913) 278–285; *Maurice Blondel et la dialectique de l'action*, in: *Études* 263 (1949)145–163; *Le réalisme blondélien*, in: *Les Études philosophiques* 5 (1950) 95–99; *Témoignage*, in: *Les Études philosophiques* 7 (1952) 405–407. Alle jetzt in: *Regards*, Bd. 1: *Platon, Descartes, Pascal, Bergson, Blondel*. Paris: Aubier, 1955, S. 283–324.

[41] Brief des Provinzials Claude Chanteur, in: Auguste VALENSIN, *Textes et Documents inédits*, présentés par M[arie] R[ougier] et H[enri de]L[ubac]. Paris: Aubier, 1961, S. 137.

[42] Ebd., S. 135. Für die Position Blondels in dieser Frage vgl. das Schlusskapitel der *Action*, die Testis-Artikel und HENRICI, *Sinnlich-Konkretes*.

Analysen‹, aber auch ›allzu abstrakte Ableitungen‹, eine ›elegante Schreibweise‹, aber auch eine ›lebhaft, allzu lebhaft durchgeführte‹ Arbeit.«[43] Die Sorge des Jesuiten, sich bei aller Erneuerung im Rahmen der thomistischen Tradition zu bewegen, tat ein übriges. Der Thomismus war ihm von der kirchlichen Autorität vorgeschrieben, und er wollte ihr gehorchen.

2.2 Das Gleiche ist von Valensins allzu früh verstorbenen Freund Pierre Rousselot zu sagen. Mit einer noch ausgeprägteren Begabung für metaphysisches Denken und schon früh von der spekulativen Kraft des Thomas von Aquin fasziniert, wusste Rousselot Anregungen, die von Blondel stammten, in seine thomistische Synthese zu integrieren. Eigentlich müsste man von seinen thomistischen Synthesen im Plural sprechen; denn dieser scharfsinnige Denker hat sein Denken immer wieder einer ehrlichen Kritik unterzogen und es neu formuliert. In diesen teilweise unveröffentlichten Umformulierungen ist der Einfluss Blondels, mit dem Rousselot inzwischen in Briefverkehr stand, noch deutlicher zu spüren als in seinem grundlegenden Werk, *L'intellectualisme de saint Thomas*.[44] Doch schon dort erahnt man den Einfluss der *Action*, die Rousselot genau gelesen hat, hinter der Entdeckung eines Erkenntnisdynamismus bei Thomas von Aquin und hinter der Grundthese Rousselots, dass »der Intellekt für Thomas wesentlich der Sinn für das Wirkliche ist; doch er ist nur der Sinn für die Wirkliche, weil er der Sinn für das Göttliche ist.«[45] Den gleichen Einfluss erahnt man hinter seinen Überlegungen zur Erkenntnis des Einzelnen und zum Verständnis des menschlichen Tuns.

In seinem Artikel *Les yeux de la foi*[46] bekennt sich Rousselot dann ausdrücklich zu Blondel, den er ~~ihn~~ unter seinem damaligen Decknamen F. MALLET[47] zitiert. Rousselots Artikel, der eine Wende in der katholischen Fundamentaltheologie eingeleitet hat, hat Claude Troisfontaines zu Recht in die Blondelbibliographie aufgenommen. Auch Rousselots Spekulationen über den *Adam primordial*, die bis heute teilweise unveröffentlicht sind[48], stehen Blondel sehr nahe. Wie der

---

[43] Ebd., S. 18.
[44] Oben Anm. 12.
[45] *Intellectualisme*, S. V.
[46] Oben Anm. 13.
[47] F. MALLET [M. BLONDEL], *Qu'est-ce que la foi?* Paris: Bloud, 1907, bei ROUSSELOT, art.cit., S. 244 Note/17 Anm. 1.
[48] Schon 1908 entworfen in dem postum veröffentlichten Artikel Pierre ROUSSELOT,

Panchristismus Blondels sollten sie einen Ausweg aus der Problemstellung Kants und des Idealismus aufzeigen. Wer Rousselots Schriften sowohl als Geburtsort wie als Überwindung des transzendentalen Thomismus betrachtet, und das zu Recht, der muss auch die Patenschaft Blondels für diese doppelte Denkbewegung anerkennen.

Hier drängt sich ein Abstecher nach Löwen auf, zu den belgischen Jesuiten Pierre Scheuer, der Blondel gegen de Toncquédec verteidigte, Pierre Charles, einem Vertrauten und Brieffreund Rousselots, und vor allem Joseph Maréchal, auf den sich ihrerseits die deutschen Maréchalianer beziehen, Karl Rahner, Johann Baptist Lotz, Otto Muck und manche andere. Wie Rousselot wurde auch Maréchal nicht von Blondel zu seiner Relecture des Thomismus geführt, sondern von seinen Studien über die Psychologie der Mystiker und über die Aporien der Kritiken Kants, aber auch vom Werk Rousselots. Doch wie Rousselot hatte auch Maréchal schon seit langem die *Action* vertieft studiert, und auch er hat mit Blondel brieflichen Kontakt aufgenommen, weil ihn seine Ideen anregten.[49]

2.3 In Frankreich ist zu den Namen von Valensin und Rousselot noch ein dritter hinzuzufügen, der wohl bekannteste in dieser Trias, Pierre Teilhard de Chardin. Auch er hat die *Action* wenigstens zum Teil gelesen, und er gesteht, dass er sich von ihr für seinen energetischen Dynamismus anregen ließ. Später trat er durch Vermittlung von Valensin mit Blondel in brieflichen Kontakt und diskutierte mit ihm über seine Lehre vom kosmischen Christus, die eine gewisse Verwandtschaft mit Blondels Panchristismus zeigt. Nach diesem kurzen, aber intensiven Gedankenaustausch, den de Lubac herausgegeben und kommentiert hat[50], wäre zu fragen, wie weit die Einwände Blondels Teilhards Denken zu modifizieren vermochten. Hören wir Teilhard selbst: »Mit Blondel stand ich (durch August Valensin) etwa ein Jahr lang in Verbindung (kurz nach dem ersten Weltkrieg, gegen 1920). Einige Punkte seines Denkens haben zweifellos vielfach auf mich eingewirkt: der Wert der *action* (die bei mir eine quasi experimentelle Energetik der biologischen Kräfte der Evolution geworden ist) und der Begriff des

---

Idéalisme et Thomisme, in: *Archives de Philosophie* 42 (1979) 103–129. Vgl. dazu John A. Mc Dermott, *Love and Understanding. The Relation of Will and Intellect in Pierre Rousselot's Christological Vision.* Roma: Università Gregoriana, 1983, S. 51 ff. und passim.

[49] Vgl. zu Maréchal Van Riet, S. 263–360, namentlich S. 299 f.

[50] Blondel – Teilhard.

Panchristismus (auf den ich unabhängig von Blondel gekommen war, ihn aber damals nicht so zu benennen wagte).«[51]

In dieser Notiz scheint auch der grundlegende Unterschied zwischen dem Denken Teilhards und jenem Blondels auf. Die »Energetik [...] der biologischen Kräfte der Evolution« verweist auf die philosophische Tradition, die von Spencer und Bergson herkommt. Bergson, der die École Normale Supérieure gleichen Jahr verlassen hat, in dem Blondel in sie eintrat, informiert uns, dass es damals »an der Universität sozusagen zwei Lager« gab, das der Kantianer und das andere der Spencerianer. Bergson »gehörte zu dieser zweiten Gruppe«,[52] während Blondel zur ersten gehörte. So ist es kein Zufall, wenn die meisten Jesuiten, die sich von Blondel anregen ließen, Bewunderer Kants waren. Als einziger hat Teilhard die Anregungen Blondels in das Umfeld Spencers und Bergsons umgesetzt, und es bedurfte der guten Dienste Valensins und de Lubacs, um die zwei so verschiedenen Denker miteinander in Kontakt zu bringen.

3.1 De Lubac war nicht der einzige, der Auguste Valensin zum Lehrer gehabt hat und der sich von Rousselot anregen ließ. Aus seiner Generation sind noch zwei weitere Mitbrüder nennen, deren Denken ebenfalls von der *Action* entscheidend beeinflusst war. Yves de Montcheuil (1900–1944), ein Kriegsopfer im zweiten Weltkrieg wie Rousselot im ersten[53], hat sich in seinen bereits erwähnten Arbeiten[54] in doppelter Weise um Blondels Denken verdient gemacht. Er hat nachdrücklich daran erinnert, dass das philosophische Hauptwerk Blondels die damals fast unauffindbare *Action* ist und bleibt, namentlich mit ihrem letzten Kapitel, und er hat nach der Veröffentlichung der französischen Überarbeitung von Blondels These über das *Vinculum* (bei der die PP. Valensin und Fessard mitgeholfen hatten)[55] den ersten Kommentar zu diesem Grundthema Blondels geschrieben und dessen philosophische Bedeutung aufgezeigt. Von da aus ist das Vinculum zu

---

[51] Brief vom 15. Februar 1955, in: Claude Cuénot, *Pierre Teilhard de Chardin: les grandes étapes de son évolution.* Paris: Plon, 1958, S. 55 f.

[52] Brief Bergsons an Charles Du Bos, in: Henri Bergson, *Oeuvres,* éd. du Centenaire. Paris: PUF, 1959, S. 1541.

[53] Zum Leben und Gesamtwerk de Montcheuils vgl. Bernard Sesboüé, *Yves de Montcheuil (1900–1944). Précurseur en théologie.* Paris: Cerf, 2006.

[54] Oben Anm. 14–16.

[55] Blondel, *Énigme.* Zur Vorbereitung dieser Schrift vgl. Blondel – Valensin, Bd. 3, S. 142 f.; 151–161, 164 f., 167–171.

einer Hauptachse der Blondelforschung geworden. De Montcheuil war zweifellos einer der besten Interpreten des frühen Blondel, und wie dieser musste auch er das Gewicht des Verdachts spüren, der Jahrzehnte lang auf Blondel lastete.[56] Der Einfluss Blondels auf de Montcheuils eigene, leider Fragment gebliebene Theologie ist noch zu erforschen.

3.2. Umgekehrt ist die Sachlage bei dem wenig älteren Gaston Fessard (1897–1978). Er hat keinen Kommentar eines Blondeltextes hinterlassen; doch sein Denken, so persönlich geprägt es ist, bleibt tief beeinflusst durch Maurice Blondel. Giao Nguyen-Hong hat in seiner Arbeit über die »Philosophie der Geschichtlichkeit bei Gaston Fessard« die Grundinspiration Fessards bei Blondel gefunden; denn Fessard »hat die ignatianischen Exerzitien vor allem unter dem Einfluss Blondels studiert«[57] – eine Tatsache, die mir P. Fessard einige Jahre zuvor persönlich bestätigt hatte:»Im Grunde genommen habe ich mich für die *Dialektik der Exerzitien* vor allem von Blondel und nicht von Hegel inspirieren lassen.« In seinem Werk bekennt er, dass ihn »die *Phänomenologie des Geistes* […] schon bei der ersten Begegnung vor allem begeistert [hat], weil sie eine ähnliche Absicht verfolgt wie die *Action* Maurice Blondels.« In einer Fußnote fügt er hinzu:»Als ich diese Beobachtung Blondel einige Jahre bevor er starb mitteilte, antwortete er mir: ›Das ist genau das, worauf mich mein Freund Victor Delbos aufmerksam gemacht hat. Als er meine These zum ersten Mal las, sagte er mir: ›Du hast die *Phänomenologie des Geistes* neu geschrieben.‹«[58] Fessard hat dann Hegel in den Vordergrund gerückt, weil er durch eine Bezugnahme auf Hegel leichter mit seinen marxistischen Zeitgenossen ins Gespräch kommen konnte. Doch an der Struktur der Dialektik Fessards lässt sich ihre blondelsche Abkunft immer noch ablesen; denn sie spielt sich zwischen dem Vor und dem Nach der ignatianischen Wahl ab, analog zum Vor und Nach der Option Blondels. Wie Valensin, Rousselot und Teilhard war jedoch auch Fessard ein zu persönlicher und origineller Denker, als dass er sich einfach als Ausleger und Fortführer Blondels einstufen ließe. Ein echter Philosoph bringt nicht Schüler oder Epigonen hervor, sondern selbstständige Denker, wie er selbst einer ist.

---

[56] Ebd., S. 35–41 und passim.
[57] Giao Nguyen-Hong, *Le Verbe dans l'histoire. La philosophie de l'historicité chez G. Fessard.* Paris: Beauchesne, 1974, S. 62.
[58] Gaston Fessard, *La Dialectique des Exercices Spirituels de saint Ignace de Loyola.* Bd. 1, Paris: Aubier, 1956, S. 6 mit Anm.

4. Das Gleiche wäre von den Jesuiten zu sagen, die zur nächsten Generation gehören, die de Lubac, de Montcheuil und Fessard als Lehrer und Anreger hatte. Nur die zwei wichtigsten von ihnen sollen hier noch vorgestellt werden, Henri Bouillard und Xavier Tilliette. Andere, wie André Marc und Joseph de Finance, wären ebenfalls zu erwähnen. Bouillard und Tilliette sind jedoch besonders hervorzuheben, weil sie sich auch als sorgfältige und einfühlsame Interpreten Blondels einen Namen gemacht haben. Gestützt auf ihr Blondelverständnis haben sie ihre eigene Lehre entwickelt, Bouillard in der Fundamentaltheologie, Tilliette in der philosophischen Christologie.

4.1 Henri Bouillard (1908–1981) ist bekannt als unermüdlicher Verfechter einer orthodoxen Auslegung der Lehre Blondels vom Übernatürlichen, vor allem in Abgrenzung gegenüber der an Husserl sich anlehnenden Deutung Henry Dumérys.[59] Er hat die Idee des Übernatürlichen in die Denkgeschichte Blondels und in dessen Erkenntnislehre eingeordnet, und er konnte daraus Schlüsse ziehen für das Verhältnis einer christlichen Philosophie zur Theologie. Seine Monographie *Blondel et le christianisme* ist zu einem Markstein geworden, der für jede Arbeit mit dem Frühwerk Blondels maßgeblich bleibt. Das Gedankengut Blondels hat auch die Fundamentaltheologie Bouillards beeinflusst[60] und seine Antwort auf Karl Barths Kritik der natürlichen Gotteserkenntnis.[61]

4.2 Xavier Tilliette (geboren 1921) ist der einzige noch lebende Autor, der hier zu verzeichnen ist. Er hat sich insbesondere darum bemüht, den Panchristismus Blondels zu klären und bekannt zu machen. Er hob die eucharistische und passiologische Dimension des blondelschen Panchristismus hervor und hat ihn als Höhepunkt in eine lange geschichtliche Reihe philosophischer Christologien und christologischer Philosophien eingereiht.[62] Es ist in erster Linie Xavier Tilliette zu danken, wenn die philosophische Christologie ein achtbares, aktuel-

---

[59] Vgl. oben Anm. 19.

[60] Henri BOUILLARD, *Logique;* und *La tâche actuelle de la théologie fondamentale*, in: *Le Point théologique. Institut Catholique de Paris. Recherches actuelles II*. Paris: Beauchesne, 1972, S. 7–49.

[61] Henri BOUILLARD, *Connaissance de Dieu. Foi chrétienne et théologie naturelle*. Paris: Aubier, 1967.

[62] Vor allem in: Xavier TILLIETTE, *Philosophische Christologie. Eine Hinführung*. Aus dem Französischen übertragen von Jörg DISSE. Freiburg: Johannes Verlag Einsiedeln, 1998, namentlich S. 137–146, 214–220.

les und lebhaft diskutiertes Thema im heutigen philosophischen Gespräch geworden ist.

Der Panchristismus ist jedoch nur ein Aspekt einer umfassenderen Problematik, die Tilliette am Herzen liegt, und die auch ein zentrales Anliegen Blondels war: Das Problem einer Philosophie, die im Einklang mit dem Evangelium steht, ja sogar aus dem christlichen Glauben ihren Ursprung nimmt, das Problem einer ›christlichen Philosophie‹. Ohne auf die Kontroverse in den dreißiger Jahren zurückzugreifen[63], lässt sich das Programm einer solchen Philosophie mit Tilliette so umschreiben: »Eine methodisch entwickelte Dialektik, im Magnetfeld des Glaubens und der Dogmen, führt zu einer Philosophie mit ganz eigenen Gesichtszügen, einer ›Philosophie des Evangeliums‹, ›Heiligkeit der Vernunft‹, *obsequium rationale*, immanente Auslegung der Offenbarung. Blondel scheute sich, sie christliche Philosophie zu nennen, weil die Wortverbindung zu Missverständnissen Anlass geben kann; doch tatsächlich hat er sich noch provozierender ausgedrückt, als er ohne Umschweife von einer ›katholischen Philosophie‹ sprach.«[64]

IV. Schlussfolgerungen zur Wirkungsgeschichte

Dieser Überblick mag genügen, um einige Schlussfolgerungen aus dem Nachhall Blondels bei den französischen Jesuiten zu ziehen. Eine erste Folgerung liegt nahe: Zwar hat es unter den französischen Jesuiten keine eigentlich Blondelschule gegeben; doch findet sich bei ihnen eine ganze Generationenfolge von Denkern, die sich auf die eine oder andere Weise von der *Action,* der *Lettre* und anderen Schriften Blondels anregen ließen, und die oft auch in brieflicher Verbindung mit ihm standen. Sie haben mit ihren Werken manche andere Denker angeregt, so den allzu früh verstorbenen Claude Bruaire. Das Gedankengut Blondels ist damit lebendig geblieben und weiter vermittelt worden, wenn auch oft nur anonym. Joseph Maréchal konnte schon 1934 schreiben: »Der Einfluss Maurice Blondels auf das philosophische Geschehen die-

---

[63] Vgl. Maurice BLONDEL, *Philosophie catholique* und Henri DE LUBAC, *Sur la philosophie chrétienne. Réflexions à la suite d'un débat* in: *Nouvelle Revue Théologique* 63 (1936) 225–253.

[64] Xavier TILLIETTE, *Dalla teologia alla filosofia,* in: Giovanni FERRETTI (ed.), *Filosofia e teologia nel futuro dell'Europa.* Genova: Marietti, 1992, S. 179.

ser letzten vierzig Jahre reichte viel weiter und ging viel tiefer als die literarischen Zeugnisse es vermuten lassen.«[65]

Der Einfluss Blondels führte die französischen Jesuiten paradoxerweise zunächst zu einer Rückkehr zu Thomas von Aquin und zu einer historisch genaueren Auslegung seines Denkens als in den traditionellen thomistischen Schulen.[66] In der Folge dieser Relecture kamen sie dann dazu, das Verhältnis zwischen Natur und Gnade neu zu bestimmen und das wiederum schloss ein neues Verständnis der Beziehung zwischen Philosophie und Theologie ein. So wurde das Denken Blondels, der die *Action* als eine Apologie des christlichen Glaubens gegenüber seinen ungläubigen Zeitgenossen, gegenüber Dilettanten, Pessimisten und Positivisten, entworfen hatte, zu einem Jungbrunnen für die katholische Theologie und Philosophie.

In der Philosophie betraf diese Erneuerung vor allem drei Gebiete. In erster Linie die philosophische Anthropologie. Die Auffassung Blondels vom Übernatürlichen, das heißt seine Idee, dass der konkrete geschichtliche Mensch auf ein Ziel ausgerichtet ist, das »für den Menschen absolut notwendig und absolut unmöglich« ist[67], setzt eine Anthropologie voraus, die den konkreten, geschichtlich existierenden Menschen im Auge hat und nicht nur über sein abstraktes Wesen spekuliert. Von einer solchen Anthropologie aus ist der Schritt nicht weit zur Existenzialanalyse des frühen Heidegger. Dieser hat denn auch einmal gestanden, er habe die *Action* schon sehr früh »im Geheimen bei den Jesuiten« gelesen[68] – womit er wohl sagen wollte, dass er eine der geheimen Abschriften der Jesuiten von Fourvière in der Hand hatte.

Der konkrete geschichtliche Mensch, den Blondel im Auge hat, besitzt nun nicht nur eine unbestimmte *potentia oboedientialis* für die Hinordnung auf ein übernatürliches Ziel – was nur heißen würde, dass eine solche Hinordnung sein Wesen nicht zerstört – vielmehr ist

---

[65] Joseph Maréchal, *Compte-rendu de* La Pensée I, *et de* Valensin-Montcheuil, Maurice Blondel, in: *Nouvelle Revue Théologique* 61 (1934) 1094.

[66] Blondel selbst hat seit 1911/12 Thomas von Aquin als Autor in das Programm der Universität eingeführt und ihn dann auch mit Descartes verglichen (Blanchette, S. 267–272).

[67] *Action*, S. 388/412.

[68] Mündliche Mitteilung durch Prof. Marcel Méry, der Heidegger nach dem Ende des zweiten Weltkriegs in Freiburg besucht hat. Méry hatte in Fourvière studiert, bevor er als Philosophieprofessor in Aix Blondels Kollege wurde (was Heidegger unbekannt war).

er allererst durch diese Hinordnung zu definieren. Der Mensch ist dieses exzentrische Wesen, das seine Vollendung und die volle Sichselbstgleichheit nur durch ein gänzlich ungeschuldetes Gnadengeschenk Gottes finden kann.

Wie bei Rousselot und Maréchal zu sehen ist, zieht eine solche Anthropologie als zweites eine neue Auffassung des menschlichen Erkenntnisvermögens nach sich. Dieses muss nicht nur so verstanden werden, dass es von Natur aus *capax Dei* ist, d. h. dass es zur Anschauung Gottes erhoben werden kann ohne aufzuhören, ein menschliches Erkennen zu sein; es muss darüber hinaus gerade durch diese Hinordnung auf ein übernatürliches Ziel definiert werden. Daraus ergibt sich jene Dynamik des menschlichen Intellekts, die Rousselot und Maréchal thematisiert haben. Leider wurde das Thema der blondelschen Option, das eine notwendige Ergänzung zu dieser Erkenntnislehre bildet, von den Jesuitenphilosophen nicht weiter vertieft. Andeutungen in dieser Richtung finden sich nur bei Gaston Fessard.

Ein drittes Thema, das mehr als einmal aufscheint, ist der Panchristismus Blondels. Dieser ist keineswegs eine Marotte eines einsamen Denkers, der vielleicht allzu katholisch war, um wirklich Philosoph sein zu können. Er bietet vielmehr die vielleicht einzig mögliche Lösung an für die Aporie zwischen Sein und Sinnesgegebenheiten, jene Aporie, die seit den Vorsokratikern über Platon und Kant bis in die Gegenwart das philosophische Denken angespornt hat. Einerseits ist das menschliche Erkennen und Wollen dynamisch auf etwas überirdisch und ewig Wahres und Gutes hingeordnet, andererseits findet es in der sinnlich erfahrbaren Welt, die ihm als einzige gegeben ist, nur eine scheinbar unüberwindliche Vorläufigkeit und Hinfälligkeit. Zur Lösung dieser Aporie müsste man den flüchtigen Sinnesgegebenheiten absoluten Bestand, absolute Geltung und absoluten Wert, d. h. Sein im Vollsinn, zuschreiben können – was Blondels Panchristismus ihnen zuerkennt.[69]

Die genannten drei Themen, eine auf das Übernatürliche hingeordnete Anthropologie, der Dynamismus des Erkennens auf die Gottesschau hin und der Panchristismus, liegen alle im Grenzbereich zwischen Philosophie und Theologie. Sie strafen die allzu eifrigen, vom neuzeitlichen Denken beeinflussten Grenzziehungen der Neuscholastik Lügen. Von den jesuitischen Nachfahren Blondels kann man lernen,

---

[69] Vgl. dazu HENRICI, *Sinnlich-Konkretes.*

dass Philosophie und Theologie enger miteinander verbunden sind, als man gemeinhin meint. Es kann nicht nur keine Theologie ohne Philosophie geben; es gibt auch keine einigermaßen vertiefte Philosophie ohne Theologie. An allen Großen der Philosophiegeschichte lässt sich das ablesen.

Nicht zuletzt dank den Bemühungen einer Reihe französischer Jesuiten ist Blondels Durchbruch schließlich auch von der offiziellen Lehre der Kirche wahrgenommen worden. Man musste dafür nicht auf die Enzyklika *Fides et ratio* warten; schon das II. Vatikanische Konzil sprach vor allem in der Pastoralkonstitution *Gaudium et Spes* diesbezüglich eine klare Sprache. Einer der berufensten Beobachter des Konzils, P. Yves CONGAR, konnte Maurice Blondel mit seiner Ablehnung des »Monophorismus«, einer Einbahntheologie und Einbahnphilosophie, zum eigentlichen Philosophen des II. Vatikanums erklären.[70]

---

[70] Yves CONGAR, in: *Informations catholiques internationales,* nr. 255, 1ᵉʳ janvier 1966, S. 13: »Wenn wir die theologischen Denkweise des Konzils mit einem Wort kennzeichnen sollten, dann würden wir auf das Erkenntnisideal verweisen, das Maurice Blondel vorgelegt hat und das er gegenüber dem von ihm so benannten ›Monophorismus‹ verteidigte, d. h. einer verdinglichenden Auffassung des Erkennens.«

Der Ungenannte

Maurice Blondel in der Enzyklika Fides et ratio (1999)

Im Vergleich zu den früheren lehramtlichen Äußerungen zur Philosophie weist die Enzyklika *Fides et ratio* bemerkenswerte Änderungen auf. In den früheren Dokumenten ging es entweder darum, falsche (d. h. mit dem Glaubensgut unvereinbare) philosophische Auffassungen zurückzuweisen oder eine bestimmte Art von Philosophie, die Scholastik und Thomas von Aquin als zuverlässig *(tuta)* zu empfehlen. In *Fides et ratio* dagegen finden sich – zum Leidwesen der auf plakative Überschriften bedachten Journalisten – nur beiläufig einige Klagen über ungenügende philosophische Systeme, und Thomas von Aquin wird zwar lobend hervorgehoben, aber keineswegs zum verbindlichen Vorbild erklärt. Schon der zweimalige ausführliche Rückgriff auf Anselm von Canterbury (nr. 14 und 42) und die Erwähnung zahlreicher philosophierender Kirchenväter sowie einiger neuerer, nicht durchwegs thomistischer christlicher Philosophen könnten auf eine gewisse Relativierung der Monopolstellung des Thomismus und der Scholastik hinweisen.

Die Zielsetzung von *Fides et ratio* ist denn auch eine andere. Während sich die früheren Philosophie-Dokumente fast ausschließlich an kirchliche Kreise wandten, blickt *Fides et ratio* über diesen eingeschränkten Horizont hinaus und hat die Welt der Kultur und der Philosophie überhaupt im Auge. Zwar ist das päpstliche Rundschreiben nicht ausdrücklich, wie etwa *Humanae vitae*, an »alle Menschen guten Willens« adressiert – wohl nicht zuletzt deshalb, weil nicht alle Menschen guten Willens sich mit Philosophie befassen müssen. Es analysiert jedoch mehrmals ganz allgemein die heutige kulturelle und philosophische Situation, nicht nur jene an den kirchlichen Lehranstalten, und es appelliert zum Schluss ausdrücklich an alle Philosophen und Lehrer der Philosophie, ja auch an alle Vertreter der Wissenschaften (nr. 106), die sicher nicht zum kirchlichen Personal zählen. Die Adressierung »an die Bischöfe der katholischen Kirche« ist deshalb wohl so zu verstehen, dass die Bischöfe dieses Rundschreiben an die interessierten Kreise weiterreichen sollen.

Diesem weiteren Interessentenkreis innerhalb und außerhalb der Kirche will der Papst die Hochschätzung der Kirche für die philosophische Arbeit nahebringen und deren Unabdingbarkeit für das theologische Glaubensverständnis aufzeigen. Aus diesem Interesse des Papstes ergibt sich dann, mehr in Form einer Ermunterung als einer Ermahnung, die Forderung nach Förderung der Philosophie, und zwar als Frage nach dem Lebenssinn und in ihrer metaphysischen Dimension als Seinsphilosophie. Es ist, möchte man sagen, eine Liebeserklärung des Philosophenpapstes an die Philosophie und jedenfalls ein Mut machendes, aufmunterndes Dokument – wie man sich andere lehramtliche Texte auch wünschen möchte. Sätze wie:»Es ist der Glaube, der die Vernunft dazu herausfordert, aus jeder Isolation herauszutreten und etwas zu wagen für alles, was schön, gut und wahr ist. So wird der Glaube zum überzeugten und überzeugenden Anwalt der Vernunft« (nr. 56)[1], oder der Schlusssatz von Kapitel IV:»Der *parresia* (Freimütigkeit) des Glaubens muss der Wagemut *(audacia)* der Vernunft entsprechen« (nr. 48) – solche Sätze machen nicht nur Mut; sie zeugen auch von einer neuen Hochschätzung der Kirche für die menschliche Vernunft und für die menschlichen Werte.

I. Das Philosophieverständnis der Enzyklika

In dieser neuen Perspektive legt der Papst auch ein teilweise erneuertes Verständnis der Philosophie vor. Nicht so neu, dass es keinerlei Wurzeln in der Tradition hätte – ganz im Gegenteil –, aber doch mit neuer Akzentsetzung gegenüber dem, was gemeinhin als katholische Schulphilosophie galt und gilt. Drei Grundzüge kennzeichnen diese Akzentsetzung mit wachsendem Nachdruck. Sie werden vor allem in der Einleitung »Erkenne dich selbst« und im philosophisch systematischen Kapitel III »Intelligo ut credam« sichtbar.

1. Als erstes begründet der Papst die Philosophie anthropologisch, im Streben jedes Menschen nach Wahrheit:»»Alle Menschen streben

---

[1] Ich zitiere nach der offiziellen Vatikanischen Ausgabe (Città del Vaticano, 1998), deren Übersetzung ich gelegentlich dem italienischen Urtext angleiche.

nach Wissen.‹[2] Gegenstand dieses Strebens ist die Wahrheit. Selbst das Alltagsleben zeigt, wie sehr ein jeder daran interessiert ist, herauszufinden, wie über das bloß gehörte Wort hinaus die Dinge in Wahrheit stehen. Der Mensch ist das einzige Wesen in der ganzen sichtbaren Schöpfung, das nicht nur zu wissen fähig ist, sondern auch um dieses Wissen weiß; darum interessiert er sich für die wirkliche Wahrheit dessen, was ihm erscheint. […] Hier liegt der Grund für die vielen Forschungen, vor allem auf dem Gebiet der Naturwissenschaften, die in den letzten Jahrhunderten so bedeutende Ergebnisse erbracht haben und damit auch einen echten Fortschritt der ganzen Menschheit« (nr. 25).

Die Tragweite und Tiefe dieses Strebens reicht weit über die zitierte Feststellung des Aristoteles hinaus. Einerseits bezieht sich das Streben nicht bloß auf theoretische Wissensfindung, sondern auch, ja vor allem auf das ethische Urteil, wo der Mensch sich an den wahren Werten ausrichten will und soll, wie der Papst in Fortschreibung von *Veritatis splendor* feststellt (ebd.). Anderseits, und das ist das Wichtigste, strebt der Mensch letztlich nach einer letzten und absoluten Wahrheit, die seinem Fragen eine letztgültige Antwort geben kann: »Niemand, weder der Philosoph noch der Mann von der Straße, kann diesen Fragen entgehen. Von der Antwort darauf hängt eine entscheidende Etappe der Suche ab: ob es möglich sei, zu einer allgemeingültigen und absoluten Wahrheit zu gelangen oder nicht. An und für sich stellt sich jede Wahrheit, auch eine Teilwahrheit, wenn sie wirklich Wahrheit ist, als allgemeingültig vor. Was wahr ist, muss für alle und immer wahr sein. Doch über diese Allgemeingültigkeit hinaus sucht der Mensch immer nach einem Absoluten, das seinem ganzen Suchen und Forschen Antwort und Sinn geben kann: etwas Letztes, das als tragender Grund von Allem gesetzt ist. Mit andern Worten, er sucht nach einer endgültigen Erklärung, nach einem höchsten Wert, über den hinaus es weitere Fragen oder Verweise weder gibt noch geben kann« (nr. 27).

Schließlich ist dieses suchende Streben nicht nur Sache der Einzelnen, sondern ein Kulturfaktor, der außer der Philosophie auch verschiedene andere Weisheitslehren hervorgebracht hat: »Ein einfacher Blick auf die Geschichte des Altertums zeigt deutlich, wie in verschiedenen Weltgegenden, die von unterschiedlichen Kulturen geprägt sind, fast gleichzeitig die grundlegenden Fragen aufstiegen, die den Gang des

---

[2] Aristoteles, *Metaphysik*, I, 1.

menschlichen Lebens prägen: *Wer bin ich? Woher komme ich und wohin gehe ich? Warum gibt es das Böse? Was wird nach diesem Leben sein?* Diese Fragen finden sich in Israels heiligen Schriften, sie tauchen aber auch in den Veden und ebenso in der Awesta auf; wir finden sie in den Schriften des Konfuzius und Laotse sowie in der Verkündigung der Tirthankara und beim Buddha. Sie zeigen sich auch in den Dichtungen Homers und in den Tragödien des Euripides und Sophokles wie in den philosophischen Abhandlungen von Platon und Aristoteles. Es sind Fragen, die ihren gemeinsamen Ursprung in der Suche nach Sinn haben, die dem Menschen seit jeher auf der Seele brennt. Von der Antwort auf diese Fragen hängt in der Tat die Richtung ab, die einer seinem Leben geben will« (nr. 1).

2. Damit ist auch schon das zweite gesagt. Für den Papst ist die philosophische Grundfrage die Frage nach dem Lebenssinn. Die von ihm, zusammen mit allen Menschen, anvisierte Wahrheit ist die Wahrheit, die der menschlichen Existenz Sinn geben kann, und unter Philosophie versteht der Papst vor allem eine Art Existenzphilosophie. »Die Wahrheit zeigt sich dem Menschen zuerst in Form einer Frage: *Hat das Leben einen Sinn? Wohin führt es?* Auf den ersten Blick könnte das Dasein des Menschen als Person gänzlich sinnlos erscheinen. Man braucht nicht auf die Philosophen der Absurdität zu verweisen oder auf die provokanten Fragen im Buch Ijob, um am Sinn des Lebens zu zweifeln. Die alltägliche Erfahrung eigenen und fremden Leidens, der Anblick so vieler Dinge, die in den Augen der Vernunft unerklärlich scheinen, genügt, dass eine so dramatische Frage wie die Sinnfrage unausweichlich wird. Dazu kommt noch das andere, dass die erste absolut gewisse Wahrheit unserer Existenz, außer der Tatsache, dass wir überhaupt existieren, die Unvermeidbarkeit unseres Sterbens ist. Angesichts dieser bestürzenden Feststellung drängt sich die Suche nach einer erschöpfenden Antwort auf [...]« (nr. 26).

3. Diese erschöpfende Antwort auf die existenziellen Fragen des Menschen findet der Papst mit dem II. Vatikanischen Konzil in Jesus Christus. »Tatsächlich klärt sich nur im Geheimnis des fleischgewordenen Wortes das Geheimnis des Menschen wahrhaft auf«, diesen Satz aus der Pastoralkonstitution *Gaudium et Spes* (nr. 22) zitiert der Papst gleich zweimal, zu Beginn (nr. 12) und zu Ende der Enzyklika (nr. 104). Damit ist das Herzstück der Lehrverkündigung des Papstes umschrieben, die einerseits um die Wahrheit kreist und andererseits betont, dass sich die volle Wahrheit nur in Christus findet (nr. 34), ja dass Christus

selbst *die* Wahrheit ist (nr. 33). So lesen wir unter den Folgerungen der Enzyklika für die Theologie: »Die Wahrheit, die Christus ist, drängt sich als jene allumfassende Autorität auf, die die Theologie wie die Philosophie gleicherweise regiert, anspornt und wachsen lässt (vgl. Eph. 4, 15)« (nr. 92).

Das sind zunächst theologische, erst von der Offenbarung her mögliche Aussagen. Um sie den Philosophen zugänglich zu machen, die in erster Linie angesprochen werden sollen, müssen diese Aussagen philosophisch vermittelt werden. Eine solche Vermittlung kann keinen eigentlichen Beweis, sondern nur eine Erhellung der Offenbarungswahrheit bieten. Wenn ich recht sehe, vermittelt der Papst seine Auffassung, dass die Philosophie eine christologische Abzweckung habe, philosophisch in drei Schritten. Zunächst zeigt er, dass der Mensch als Antwort auf die Sinnfrage eine letzte, absolute Wahrheit sucht. Dann zeigt er auf (nr. 31), dass der Mensch die Wahrheit vor allem im zwischenmenschlichen Dialog, im gegenseitigen sich Anvertrauen (im Glauben) findet. »So sieht man, wie sich die Problemstellung fortlaufend präzisiert. Der Mensch sucht von Natur aus nach der Wahrheit. Diese Suche geht nicht nur auf die Feststellung faktischer oder wissenschaftlich erhärteter Einzelwahrheiten aus. Der Mensch sucht nicht nur das wahrhaft Gute für jede einzelne seiner Entscheidungen. Seine Suche richtet sich auf eine weitere Wahrheit, die den Sinn seines Lebens zu erhellen vermag; darum kann diese Suche erst im Absoluten enden. Dank der seinem Denken innewohnenden Fähigkeiten kann der Mensch eine solche Wahrheit finden und erkennen. Weil es sich um eine Lebenswahrheit handelt, die für sein Dasein entscheidend ist, erreicht er diese Wahrheit nicht allein mit seiner Vernunft, sondern auch indem er sich vertrauensvoll auf andere Menschen verlässt, die für die Gewissheit und Authentizität dieser Wahrheit geradestehen können. Die Fähigkeit und die Entscheidung, sich selbst und sein Leben einem anderen Menschen anzuvertrauen, stellt zweifellos eine Tat von höchster anthropologischer Bedeutung und Ausdruckskraft dar« (nr. 33). Daraus ergibt sich dann als Letztes die Suche nach der absoluten Wahrheit in einer Person, und diese Person ist, wie die Offenbarung zeigt, Jesus Christus. »So erkennt der Glaube in Jesus Christus, der die Wahrheit ist, den ultimativen Appell an die Menschheit, der sie die Erfüllung von all dem finden lässt, was sie als Streben und Sehnsucht erlebt« (ebd.).

4. Diese christologische Abzweckung oder, genauer gesagt, diese gottgeschenkte Antwort auf die philosophische Sinnsuche scheint

jedoch der Autonomie des philosophischen Denkens (und der Wissenschaften) zu widersprechen, welche die menschliche Vernunft wesensgemäß mit Recht verlangt ist. Der Papst sieht da offenbar keinen Widerspruch; sonst könnte er nicht immer wieder die Autonomie der Philosophie betonen (nr. 15, 16, 45, 48, 49, 67, 75, 77, 79, 85, 106). Man müsste die Forderung nach Autonomie des Denkens geradezu als den vierten kennzeichnenden Zug des Philosophieverständnisses von *Fides et ratio* bezeichnen. Sie stellt sich damit zwar nicht direkt gegen die Aussagen des I. Vatikanum; sie liest diese aber sozusagen gegen den Strich. War dort der *duplex cognitionis ordo*[3] angemahnt worden, um den Glauben vor den Übergriffen der Vernunft zu schützen, so soll hier mit dem gleichen Gedanken die Autonomie der Philosophie gegenüber dem Glauben herausgestellt werden (vgl. nr. 67), aber auch die Harmonie der Glaubenswahrheit mit der philosophischen Wahrheit (nr. 34–35).

II. Anklänge an Maurice Blondel

Dies alles trägt die Züge der Handschrift Johannes Pauls II. und des Philosophen Karol Wojtya. Doch angesichts des Themas, das sich die Enzyklika stellt – das Verhältnis von Glauben und Vernunft, von Philosophie und Theologie im modernen und postmodernen Kontext – fällt fast unwillkürlich der Name eines Philosophen ein, dessen philosophisches Bemühen großenteils diesem Verhältnis galt: Maurice Blondel. Blondels *L'Action* führt, genau wie die Enzyklika es vorzeichnet, von der Frage nach dem Lebenssinn zur gottgeschenkten Erfüllung des philosophischen Suchens in Jesus Christus. Schon in der Formulierung der philosophischen Einstiegsfrage in *Fides et ratio*: »Hat das Leben einen Sinn? Wohin führt es?« (nr. 26) ist der Anklang an Blondel unüberhörbar: »Ja oder nein, hat das menschliche Leben einen Sinn und hat der Mensch eine Bestimmung?«[4] Dazu kommt, dass sich auch Blondel trotz der christologischen Abzweckung seines Diskurses ganz entschieden für die Autonomie des philosophischen Denkens einge-

---

[3] »eine zweifache Ordnung der Erkenntnis« (DENZINGER, *Enchiridion symbolorum.* Lateinisch-Deutsch, hgg. von Peter HÜNERMANN, nr. 3015)
[4] *Action,* S. VII/9.

setzt hat, und dass auch er die Fachphilosophie auf ein natürliches Philosophieren eines jeden Menschen abgestützt sein lässt.

1. Diese strukturellen Konvergenzen zwischen dem Werk Blondels und *Fides et ratio* ergeben sich nicht einfach aus der gleichen Fragestellung. Diese ist vielmehr, wenn man genauer hinsieht, bei beiden Autoren recht verschieden; doch gerade diese ursprüngliche Divergenz macht die Konvergenzen umso bedeutungsvoller. Die Fragestellung des Papstes ist im Grunde genommen recht traditionell und, sagen wir einmal, lehrbuchhaft. Die durch die ganze Theologiegeschichte sich hindurchziehende, aber erst im Umfeld des I. Vatikanum vordringlich thematisierte Frage nach dem Zusammen von Vernunft und Glaubenserkenntnis wird auch in der neuen Enzyklika, wie bisher, vor allem als theoretische Frage und im Blick auf ihre Bedeutung für die Theologie angegangen. Diese Grundausrichtung wird durch die eingehenden geschichtlichen Ausführungen, den Blick auf die heutige kulturelle Situation und die zahlreichen anthropologischen Überlegungen nicht grundsätzlich in Frage gestellt. Die Enzyklika betrachtet das Verhältnis Vernunft und Glaube, trotz oder vielleicht gerade wegen ihres Standpunktes im Glauben, sozusagen von außen, objektivierend. Der Ausgangspunkt und die Grundeinstellung Blondels ist eine andere: »Ich übernehme oder konstruiere nicht zuerst eine Philosophie, um dann zu sehen, wie ich darin leben oder wie ich ihr die christliche Antwort überstülpen kann. Vielmehr lebe ich als Christ und frage mich dann, wie ich als Philosoph denken muss.«[5] Und wiederum: »Es schien mir, ich würde das leben. Es auch wissenschaftlich zu denken und es Anderen verständlich und annehmbar zu machen, das ist etwas ganz anderes: it is a long way, wie das Soldatenlied sagt.«[6] Das sind zwar späte Zeugnisse über sein Erstlingswerk. Doch gerade, weil hier keine philosophiepolitischen Rücksichten mehr mitspielen müssen, dürften sie die Sichtweise des jungen Blondel richtig wiedergeben. Diese unterscheidet sich in dreifacher Hinsicht von der Sichtweise des philosophierenden Papstes. Die Frage, die sich für Blondel stellt, ist nicht eine theoretische, lehrmäßige, sondern eine höchst persönliche Lebensfrage. Der

---

[5] »Je ne reçois, je ne bâtis pas d'abord une philosophie, sauf à voir ensuite comment je m'y installerai ou comment j'y imposerai la solution chrétienne. Mais, vivant en chrétien, je cherche comment je dois penser en philosophe.« (Blondel bei ARCHAMBAULT, S. 40 Anm.)

[6] *Itinéraire*, S. 46/22/33.

Ausgangspunkt des Fragens liegt bei Blondel wie in der Enzyklika im christlichen Glauben; doch handelt es sich bei Blondel nicht um den gewussten Glaubensinhalt oder um theologische Folgeansprüche des Glaubens, sondern um seinen gelebten und praktizierten Glauben – man würde heute nicht ganz zutreffend sagen: um sein Glaubenserlebnis. Schließlich ist, zweitens, die Philosophie, die Blondel mit seinem Glauben in Einklang bringen will, nicht eine der bestehenden Philosophien und auch nicht eine ihrer möglichen und vielleicht wünschbaren Verbesserungen, sondern sein eigenes philosophisches Denken, das sich im Einklang mit dem im Glaubensleben Erfahrenen entfalten soll, damit es so (das war Blondels apologetischer Hintergedanke) die Vernünftigkeit seiner Glaubenspraxis erweisen kann.

Blondels philosophisches Denken ist jedoch keine Urzeugung, und sein apologetischer Hintergedanke konfrontiert ihn mit ganz konkreten Gesprächspartnern. Darum ist für Blondel, drittens, die moderne und postmoderne[7] Philosophie nicht bloß eine geschichtlich gegebene, vielleicht fatale Deformation des Philosophierens, wie *Fides et ratio* das sieht: »Weil bei einigen Denkern ein übertrieben rationalistischer Geist vorherrschte, wurden die Denkpositionen radikaler, bis man bei einer tatsächlich getrennten und gegenüber den Glaubensinhalten absolut autonomen Philosophie anlangte« (nr. 45).[8] Für Blondel dagegen war das zeitgenössische Philosophieren das selbstverständliche Umfeld, ja die Matrix für sein eigenes Denkens – so selbstverständlich, dass er eine Rückkehr zu früheren Gestalten der Philosophie, etwa im Sinne der Neuscholastik, nie in Betracht gezogen hat. Es gab für ihn nur den Weg nach vorne.

2. Weil Blondel in seinem Denken von seinem gelebten Glauben ausging und die philosophische Vernünftigkeit dieser Glaubenspraxis erweisen wollte, ist seine Philosophie notwendigerweise existenziell, wenn auch nicht existenzialistisch, und sie muss sich zentral mit der Frage des Lebenssinnes befassen. Blondel war das nicht von Anfang an klar. Wenn er rückblickend erklärte, »*it is a long way*«, dann dachte er nicht zuletzt an die fünf aufeinanderfolgenden Redaktionen der

---

[7] Obwohl vor mehr als einem Jahrhundert geschrieben, kennt die *Action* die postmodernen Denkstrukturen. Die ersten zwei Teile des Werkes setzen sich mit einem essayistischen Ästhetizismus und einem pessimistischen Nihilismus auseinander, die die Postmoderne vorwegnehmen.

[8] Der Ausdruck »getrennte Philosophie« *(philosophie séparée)* wurde von Maurice Blondel eingeführt.

Action, in denen er langsam und tastend seinen Weg suchte musste. Diese Entwürfe blieben glücklicherweise erhalten, und so lässt sich Blondels allmähliche philosophische Konversion verfolgen, von einem objektbezogenen, zunächst an den Glaubenswahrheiten und dann an verschiedenen vorgegebenen Philosophien orientierten Denken zu seiner eigenen existenziellen Fragestellung. Der oben zitierte Anfangssatz der *Action:* »Ja oder nein, hat das menschliche Leben einen Sinn und hat der Mensch eine Bestimmung?« findet sich erst in einer der letzten Niederschriften.

Von jenem Zeitpunkt an stehen jedoch auch die scheinbar unpersönlichsten philosophischen Analysen und Argumentationen immer im Dienst einer Antwort auf die existenzielle Grundfrage, und diese Antwort kann, wie Blondel gleich zu Beginn anmahnt, letztlich nur von jedem Einzelnen ganz persönlich in seinem gelebten Leben gegeben werden. »Dass gefragt wird, ist unvermeidlich; unvermeidlich auch, dass der Mensch auf diese Frage eine Antwort gibt; und diese Antwort – mag sie nun richtig sein oder falsch, sie ist jedenfalls ebenso frei gewollt wie aufgenötigt – trägt jeder in seinem Tun […]. Im wirklichen Leben entkommt keiner dem Problem des wirklichen Lebens; ja, er muss dieses Problem nicht nur stellen, er muss es auch, jeder auf seine Weise, lösen.«[9] Konsequenterweise endet Blondels Werk nicht bei einem philosophischen *Quod erat demonstrandum* noch bei einer mehr oder weniger plausiblen philosophischen Meinungsäußerung, sondern in einem persönlichen Glaubensbekenntnis: »Doch wenn es gestattet ist, ein Wort hinzuzufügen, ein einziges, das den Bereich der menschlichen Wissenschaft und die Kompetenz der Philosophie überschreitet, das einzige Wort, das angesichts des Christentums fähig ist, jenen Anteil an Gewissheit, den besten, auszudrücken, der nicht mitgeteilt werden kann, weil er sich nur aus dem Innersten des ganz persönlichen Tuns ergibt, ein Wort, das selbst eine Tat ist, dann muss man es sagen: ›Es ist so‹ *(C'est)*«.[10]

3. Im Licht dieser Präzisierungen lässt sich nun das Verhältnis zwischen *Fides et ratio* und Maurice Blondels Philosophie näher bestimmen.

3.1. Weil sie von der gleichen Frage ausgeht und auf die grundsätzlich gleiche Antwort abzielt, kann Blondels *Action* zur Erhellung

---

[9] *Action,* S. VII/9, X/11.
[10] Ebd., S. 517/492.

des von *Fides et Ratio* Gemeinten dienen. Sie bietet eine existenzielle Philosophie des Lebenssinnes, ohne existenzialistisch zu sein und ohne sich auf eine vorgegebene theoretische Anthropologie abzustützen. Diese Philosophie des Lebenssinnes ist für die Antwort des christlichen Glaubens nicht nur offen, sondern eindeutig, wenn auch zunächst nicht ausdrücklich, darauf ausgerichtet. In dieser Hinsicht könnte *Fides et ratio* geradezu als lehramtliche Gutheißung des Philosophiekonzepts Blondels gelesen werden, während sich umgekehrt die philosophische Biographie des jungen Blondel, die ihn schrittweise und mit innerer Notwendigkeit an dieses Konzept herangeführt hat, als philosophische Rechtfertigung und Begründung der von *Fides et ratio* vertretenen Auffassung der (existenziellen) Aufgabe der Philosophie lesen lässt.

3.2. Es fällt auf, dass in *Fides et ratio* eine stringente philosophische Ableitung der zunächst metaphysischen und dann christologischen (nur aus dem Glauben zu erhebenden) Antwort auf die anthropologische Ausgangsfrage fehlt. Dieses Fehlen hat seinen guten Grund. Es kann nicht Aufgabe eines päpstlichen Lehrschreibens sein, eine lange und komplexe philosophische Argumentation vorzulegen. Im offenen Rahmen, den die Enzyklika absteckt, zeigt nun Blondels *Action* mit ihren nicht immer einfachen Gedankengängen, wie der in der Enzyklika fehlende philosophische Brückenschlag aussehen könnte. Blondels Brückenschlag ist zweifellos nicht der einzig mögliche; keine Philosophie kann einen Anspruch auf Ausschließlichkeit erheben. Doch er hat sich durch mehr als ein Jahrhundert gegenüber vielfachen Einwänden als tragfähig erwiesen, und er kann heute als philosophisch anerkannt gelten. Demnach könnte Blondels *Action* geradezu als ergänzender philosophischer Kommentar zu *Fides et ratio* gelesen werden.

3.3. Namentlich die philosophischen Schlussfolgerungen und Schlussforderungen der Enzyklika scheinen einer Erläuterung und einer argumentativen Untermauerung zu bedürfen. Wiederholt verweist der Papst für die endgültige Antwort auf die Sinnfrage auf etwas Absolutes und auf Jesus Christus, und er betont deshalb die Unabdingbarkeit der Metaphysik und einer Seinsphilosophie für die christliche Weltsicht. Diese Folgerung wird jedoch vorwiegend thesenhaft und postulatorisch vorgetragen, was ein Dokument des Lehramtes, das aus der Sicht des Glaubens spricht, mit gutem Recht tun kann. Für das, was die Enzyklika im Raum der Philosophie bewirken will, scheint jedoch eine philosophische Vermittlung dieser Einsichten unerlässlich. Eine solche Vermittlung ließe sich bei Blondel finden, zwar auf eine ziemlich ungewohnte und nicht gerade einfache Art, die jedoch die Ausgangsfrage konsequent weiterführt.

Blondels Suche nach einer befriedigenden Antwort auf die Frage nach dem Lebenssinn lässt ihn schon im vorletzten Kapitel des Dritten Teils die Ansprüche der traditionellen Metaphysik erkunden, und der ganze Vierte Teil der *Action* kreist um das Eine Notwendige, d.h. um Gott und um die lebenspraktische Entscheidungsfrage, vor die die Gotteserkenntnis stellt. Im letzten Kapitel des Fünften Teils, »Das Band des Erkennens und des Tuns im Sein«[11], übersteigt Blondel dann seine Phänomenologie auf eine Seinsphilosophie hin, eine »Metaphysik in zweiter Potenz«[12], und diese – das deuten die letzten Seiten mehr an als es ausdrücklich zu sagen – lässt sich philosophisch nicht zu Ende denken, ohne auf die seinsbegründende Rolle des menschgewordenen Logos zu rekurrieren.[13] Der Panchristismus Blondels, der die kosmologische, seinsbegründende Funktion Jesu Christi betont, ist gewiss nicht das, was *Fides et ratio* anzielt, wenn sie Jesus Christus als letzte Antwort auf die existenziellen Fragen des Menschen empfiehlt. Und doch: Es scheint gerade in der christozentrischen Sichtweise des Papstes wichtig, dass auch argumentierend, von der Philosophie her, eine Brücke zur Christologie geschlagen werden kann, wenigstens »bis zu dem Punkt, wo wir spüren, dass wir innerlich etwas Ähnliches ersehnen müssen, wie das, was uns die Dogmen von außen her vorlegen.«[14]

3.4. Hieraus ergibt sich eine letzte Konsequenz, und damit kann Blondels Denken die Lehren von *Fides et ratio* entscheidend verdeutlichen. Nicht nur die christologische Einsicht, sondern schon die Erkenntnis des Einen Notwendigen erweist sich als ihrem Objekt unangemessen. Das weist nicht auf eine Defizienz des menschlichen Erkenntnisvermögens hin; es ergibt sich vielmehr daraus, dass sich diese Einsichten einerseits aus einer philosophisch zwingenden Argumentation ergeben, während sie anderseits nicht nur die Vorstellung ihres Objektes anzielen, sondern dessen Seinswirklichkeit. Diese Seinswirklichkeit des absoluten Objekts bleibt jedoch für das Erkenntnisvermögen unerreichbar; nur durch eine auch den Willen, ja die ganze Lebenshaltung einbeziehende existenzielle Entscheidung kann der

---

[11] Ebd., S. 424–465/450–491.
[12] Ebd., S. 464/490.
[13] Ebd., S. 460f./486f.; 465/491.
[14] Ebd., S. 391/417.

Mensch sich ihr annähern. Alles Erkennen, so lässt sich Blondels umstrittenster Gedanke zusammenfassen, hat letztlich nur das eine Ziel, den Menschen zu einer existenziellen Entscheidung hinzuführen und ihn mit ihr zu konfrontieren. Diese Entscheidung, die blondelsche Option ist letztlich eine Glaubensentscheidung, das zeigt spätestens der Schlusssatz der *Action*, und wenn sie positiv ausfällt, ist die Entscheidung ein Glaubensakt.

Die Formulierung dieses Glaubensaktes ist bemerkenswert. Sie lautet nicht »Ich glaube« *(Je crois)*, sondern »Es ist so« *(C'est)*. Das will deutlich machen, dass es sich bei diesem Glauben nicht in erster Linie um einen subjektiven Akt handelt, sondern um die Anerkennung der Wirklichkeit, des Seins seines Objektes. Im Lauf der *Action* vollzieht sich so eine Wende vom Existenziellen zum Seinsmäßigen. Im Sinne des nachkartesianischen Philosophierens begann Blondels Werk im Ich-Stil: »Ja oder nein, hat das menschliche Leben einen Sinn und hat der Mensch eine Bestimmung. Ich finde mich vor am Tun – und weiß doch nicht einmal, was Tun eigentlich ist; ich habe mich nicht selbst zum Leben bestimmt; ich bin mir nicht einmal so recht im klaren, wer ich bin und ob ich überhaupt bin [...].«[15] Dieser Ich-Stil hält sich durch weite Strecken durch, um mit dem Fortschreiten der Dialektik mehr und mehr in ein Wir überzugehen und schließlich in die objektive dritte Person, die sich im abschließenden *C'est* endgültig etabliert – obwohl gerade diese Aussage nur »aus dem Innersten des ganz persönlichen Tuns hervorgehen« kann.[16]

Mit diesem Vorgehen stellt Blondel etwas klar, was in der Enzyklika *Fides et ratio* ungesagt bleibt: Das philosophische Fragen, wie die Enzyklika es auffasst, kann nur in einem Glaubensentscheid enden. Wenn der Papst wiederholt betont: »Tatsächlich klärt sich nur im Geheimnis des fleischgewordenen Wortes das Geheimnis des Menschen wahrhaft auf«[17], ist das zwar mitgesagt, weil dieses aufklärende Geheimnis nur im Glauben wahrgenommen werden kann. Dennoch hätte man sich einen ausdrücklichen Hinweis darauf wünschen können, dass nicht nur innerhalb des Glaubenshaltung (als *fides qua creditur*) Raum bleibt für ein autonomes, von der Vernunft allein bestimmtes

---

[15] Ebd., S. VII/9.
[16] Ebd., S. 492/517.
[17] *Fides et ratio*, nr. 12, 104, ein Zitat aus *Gaudium et spes*, nr. 22.

Philosophieren[18], sondern dass darüber hinaus das Philosophieren erst im Glauben jene Vollendung finden kann, zu der es fähig und bestimmt ist. Ein solcher Hinweis hätte das Verhältnis zwischen Glaube und Vernunft noch besser erklären und vertiefen können. Blondels Lehre von der Option könnte in dieser Hinsicht zu weiterem Nachdenken anregen.

III. Warum wird Blondel nicht genannt?

Mehr als zu weiterem Nachdenken anregen kann dieser Beitrag ohnehin nicht. Eine Frage steht jedoch zum Schluss im Raum: Warum wird Blondels Name in der Enzyklika nicht erwähnt? Ganz zufällig kann diese Auslassung nicht sein; denn an einigen Stellen ist die Anspielung auf Blondel evident. Nach dem schon angesprochenem impliziten Zitat der philosophischen Anfangsfrage (nr. 26) spricht der Papst einmal von der »Notwendigkeit, die Vernünftigkeit mancher von der Heiligen Schrift ausgesprochenen Wahrheiten zu erforschen, wie die Möglichkeit einer übernatürlichen Berufung des Menschen« (nr. 76), und ein andermal erwähnt er »noch andere, die eine Philosophie schufen, welche ausgehend von der Analyse der Immanenz den Weg zum Transzendenten eröffnete« (nr. 59) – sozusagen ein Steckbrief Blondels im Lehrbuchstil. Diese letzte Anspielung ist besonders aufschlussreich, weil sie sich in einer Reihe von vier Anspielungen befindet, die sich unverkennbar auf Rosmini, Newman, Blondel und Edith Stein beziehen. Die gleichen Denker werden dann etwas später, zusammen mit einigen andern, für ihr gläubiges Philosophieren gelobt. »Die fruchtbare Beziehung zwischen der Philosophie und dem Wort Gottes schlägt sich auch in der mutigen Forschung nieder, die von einigen jüngeren Denkern geleistet wurde. Unter ihnen möchte ich für den westlichen Bereich Persönlichkeiten nennen wie John Henry Newman, Antonio Rosmini, Jacques Maritain, Étienne Gilson, Edith Stein. Aus dem östlichen Bereich sind Gelehrte wie Vladimir S. Solov'ev, Pavel A. Florenskij, Petr J. Tschaadaev, Vladimir N. Lossky zu erwähnen« (nr. 74). Für Rosmini bedeutet diese Erwähnung geradezu eine Rehabilitierung gegenüber der Zensur von 1887; Blondels Name jedoch fehlt. Soll das heißen, dass der Verdacht, der zu Beginn des Jahrhunderts auf ihm

---

[18] Namentlich in nr. 74 und 76.

lastete – formell zensuriert wurde er nie – auch am Ende des Jahrhunderts noch nicht ganz ausgeräumt war?

Ich neige zu einer anderen Interpretation. Die Werke der andern aufgezählten Philosophen zeigen weniger innere Verwandtschaft mit den Gedankengängen von *Fides et ratio* als die *Action* Blondels. Seine ausdrückliche Nennung in diesem Kontext könnte als eine Approbation, ja geradezu als eine Empfehlung erscheinen. Im Gegensatz zu Leo XIII, der in *Aeterni Patris* die scholastische Philosophie, insbesondere die Lehre Thomas von Aquins, den katholischen Schulen verpflichtend auferlegt hat, will Johannes Paul II. auf keine spezifische Philosophie verpflichten. Die Offenheit für eine große Bandbreite christlichen Philosophierens – wie die angeführte Namensliste zeigt – ist einer der Vorzüge des päpstlichen Rundschreibens. Sie darf nicht dadurch eingeengt werden, dass man den päpstlichen Philsophieentwurf in die Richtung Blondels abdrängt, so wenig wie in die Richtung eines phänomenologischen Thomismus, der persönlichen Philosophie des Papstes. Ein solches Abdrängen war auch nicht die Absicht dieser Ausführungen. Sie wollten nur zeigen, wie aufschlussreich und anregend es für einen Kenner der Philosophie Blondels sein kann, die *Action* im Licht von *Fides et ratio* mit neuen Augen zu lesen.

Literaturverzeichnis

Eine vollständige kommentierte Bibliographie bis 1976 findet sich bei: René VIR-GOULAY – Claude TROISFONTAINES, *Maurice Blondel. Bibliographie analytique et critique*. 2 Bde. Louvain: Peeters, 1975–1976. Fortgeführt bis 1994 durch Albert RAFFELT, in: Albert RAFFELT – Peter REIFENBERG – Gotthard FUCHS, *Das Tun, der Glaube, die Vernunft. Studien zur Philosophie Maurice Blondels*. Würzburg: Echter, 1995, S. 207–238, und bis heute nachgeführt unter: www.ub.uni-freiburg.de/fileadmin/ub/referate/02/blondel/blondel5htm.

A. Werke Blondels

Die Werke Blondels werden in den Fussnoten mit einem Kurztitel und der Seitenzahl zitiert. Wo es eine französische Neuausgabe gibt, wird diese zitiert, nach einem Schrägstrich (/) die Seitenzahl in den (noch unvollständigen) *Oeuvres complètes* angefügt; dann folgt nach einem weiteren Schrägstrich (/) die Seitenzahl in einer allfälligen deutschen Übersetzung.

a. Von Blondel selbst veröffentlicht:

1882 (Henri RICAUD) (Mitarbeit), *De la part du libre arbitre dans la certitude*. Châtillon-sur-Seine: Imprimerie Gislame.
(zitiert: RICAUD)

1888 *Une association inséparable: L'agrandissement des astres à l'horizon*, in: *Revue philosophique de la France et de l'Étranger* 26 (1888) 489–497.
Jetzt in: *Oeuvres complètes*. Texte établi et présenté par Claude TROISFONTAINES. Tome II. Paris: PUF, 1997, S. 3–12.
(zitiert: *Agrandissement*)

1889 MAURICE DE MARIE, *Compte rendu* de A. SCHOPENHAUER, *Le Monde comme volonté et comme représentation*, trad. fr. de A. BURDEAU, T. II, Paris: Alcan, 1889, in: *Bibliographie catholique*, 80 (1889) 316–317.

1892 (Anon.) *L'unité intellectuelle et morale de la France*, in: *Annales de Philosophie chrétienne* 123 (1892) 421–443.
Jetzt in. *Oeuvres complètes*, Tome II, S. 21–41.
(zitiert: *Unité*)

1893 *L'Action. Essai d'une critique de la vie et d'une science de la pratique.* Paris: Alcan. Neuausgabe: Paris: PUF, 1949.
Jetzt mit Originalpagination in: *Oeuvres complètes*, Tome I, S. 15–530.
Deutsch: *Die Aktion (1893). Versuch einer Kritik des Lebens und einer Wissenschaft der Praktik.* Übersetzt von Robert SCHERER. Freiburg/München: Alber, 1965.
(zitiert: *Action*)
Eine Teilübersetzung bietet *Logik der Tat.* Aus der »Action« von 1893 ausgewählt und übertragen von Peter HENRICI. Einsiedeln: Johannes Verlag, [2]1986.

1893 *De Vinculo substantiali et de substantia composita apud Leibnitium.* Paris: Alcan. Neuausgabe mit Originalpagination: *Le lien substantiel et la substance composée d'après Leibniz*, texte latin (1893). Introduction et traduction par Claude TROISFONTAINES. Louvain/Paris: Nauwelaerts, 1972.
Jetzt mit Originalpagination in: *Oeuvres complètes*, Tome I, S. 546–685.
(zitiert: *Vinculum*)

1894 BERNARD AIMANT, *Une des sources de la pensées moderne: l'évolution du Spinozisme*, in: *Annales de Philosophie chrétienne* 128 (1894) 260–275, 324–341.
Jetzt in: *Dialogues avec les philosophes: Descartes, Spinoza, Malebranche, Pascal, saint Augustin.* Préface de Henri GOUHIER. Paris: Aubier, 1966, S. 11–40.
Und in: *Oeuvres complètes*, Tome II, 61–88.
Deutsch: *Eine Quelle des modernen Denkens: Die Entwicklung des Spinozismus*, in: *Der Ausgangspunkt des Philosophierens. Drei Aufsätze.* Übersetzt und herausgegeben von Albert RAFFELT und Hansjürgen VERWEYEN. Hamburg: Meiner, 1992, S. 3–39.
(zitiert: *Spinozismus*)

1894 *Lettre au Directeur de la Revue de Métaphysique et de Morale*, in: *Revue de Métaphysique et de Morale* 2 (1894) Supplément Janvier, S. 5–8.
Jetzt in: *Les Études blondéliennes* I, S. 100–104.
Und in: *Oeuvres complètes*, Tome II, S. 49–55.
(zitiert: *Ét.blond.* I)

1896 *Lettre sur les exigences de la pensée contemporaine en matière d'apologétique et sur la méthode de la philosophie dans l'étude du problème religieux*, in: *Annales de Philosophie chrétienne* 131 (1896) 337–347, 467–482, 599–616; 132 (1896) 131–147, 225–267, 337–350.
Jetzt in: *Les premiers écrits de Maurice Blondel. Lettre sur les exigences de la pensée contemporaine en matière d'apologétique (1896) – Histoire et Dogme.* Paris: PUF, 1956, S. 5–95.
Und in: *Oeuvres complètes*, Tome II, S. 101–172.

Deutsch: *Zur Methode der Religionsphilosophie.* Eingeleitet von Hansjürgen VERWEYEN. Einsiedeln: Johannes, 1974.
(zitiert: *Lettre*)

1896 *Le christianisme de Descartes,* in: *Revue de Métaphysique et de Morale* 4 (1896) 551–567.
Jetzt in: *Dialogues avec les philosophes,* S. 41–59.
Und in: *Oeuvres complètes,* Tome II, S. 177–193.
(zitiert: *Descartes*)

1898 *L'Illusion idéaliste,* in: *Revue de la Métaphysique et de Morale* 6 (1898) 726–745.
Jetzt in: *Les premiers écrits de Maurice Blondel.* S. 97–122.
Und in: *Oeuvres complètes,* Tome II, 197–216.
Deutsch: *Die idealistische Illusion,* in: *Der Ausgangspunkt des Philosophierens. Drei Aufsätze.* S. 41–67.
(zitiert: *Illusion*)

1902–1922: *Observations,* in: André LALANDE, *Vocabulaire technique et critique de la philosophie.* Paris: PUF, [18]1996.
Jetzt in: *Oeuvres complètes,* Tome II, S. 341–344, 355–364, 471–474, 581–583, 647–651, 681–683, 803–807 (bis »Prospection«).
(zitiert: LALANDE)

1903 *Principe élémentaire d'une logique de la vie morale,* in: *Bibliothèque du Congrès International de Philosophie.* T. II, S. 51–85.
Jetzt in: *Les premiers écrits de Maurice Blondel.* S. 123–147.
Und in: *Oeuvres complètes,* Tome II, S. 367–386.
Deutsch: *Elementarprinzip einer Logik des moralischen Lebens,* in: Peter REIFENBERG, *Verantwortung aus der Letzbestimmung. Maurice Blondels Ansatz zu einer Logik des sittlichen Lebens.* Freiburg: Herder, 2002, S. 524–537.
(zitiert: *Logique*)

1904 *Histoire et Dogme. Les lacunes philosophiques de l'exégèse moderne,* in: *La Quinzaine* 56 (1904) 145–167, 349–373, 435–458.
Jetzt in: *Les premiers écrits de Maurice Blondel.* S. 149–228.
Und in: *Oeuvres complètes,* Tome II, S. 390–453.
Deutsch: *Geschichte und Dogma.* Herausgegeben und eingeleitet von Albert RAFELT; Übersetzt und kommentiert von Hansjürgen VERWEYEN. Regensburg: Pustet, 2011.
(zitiert: *Histoire et Dogme*)

1905 (Anonym) *Notre Programme,* in: *Annales de Philosophie chrétienne* 151 (1905) 5–31.
(zitiert: *Notre Programme*)

1906 *Le point de départ de la recherche philosophique,* in: *Annales de Philosophie chrétienne* 151 (1906) 337–360; 152 (1906), 225–250.
Jetzt in: *Oeuvres complètes.* Tome II, S. 529–578.

Deutsch: *Der Ausgangspunkt des Philosophierens. Drei Aufsätze.* Übersetzt und herausgegeben von Alber Raffelt und Hansjürgen Verweyen, S. 69–127.
(zitiert: *Point de départ*)

1907 (J. Wehrlé) *Une soutenance de Thèse,* in: *Annales de Philosophie chrétienne* 154 (1907) 113–143.
Neuausgabe in: *Études Blondéliennes* I. Paris: PUF, 1951, S. 79–89.
Jetzt in: *Oeuvres complètes,* Tome I, S. 697–745.
(zitiert: *Soutenance*)

1907 (La Rédaction) *L'Encyclique »Pascendi Dominici Gregis«,* in: *Annales de Philosophie chrétienne* 155 (1907) 5–9.

1909/1910 Testis, *La Semaine Sociale de Bordeaux et le monophorisme,* in: *Annales de Philosophie chrétienne* 159 (1909) 5–22, 162–184, 245–278, 372–392, 449–472, 561–592; 160 (1910) 127–162.
Sonderdruck: *Catholicisme social et Monophorisme. Controverses sur les Méthodes et les Doctrines.* Paris: Bloud & Gay, 1910.
Neuausgabe mit Originalpagination: *Une alliance contre nature. Catholicisme social et intégrisme. La Semaine sociale de Bordeaux 1910.* Préface de Mgr Peter Henrici. Introduction historique de Michael Sutton. Bruxelles: Lessius, 2000.
(zitiert: *Monophorisme*)

1916 *L'Anti-cartésianisme de Malebranche,* in: *Revue de Métaphysique et de Morale* 23 (1916), 1–26.
Jetzt in: *Dialogues avec les Philosophes,* S. 61–89.
(zitiert. *Malebranche*)

1922 *Le procès de l'intelligence,* in: *Le procès de l'Intelligence.* Paris: Bloud & Gay, S. 217–306.
(zitiert: *Procès*)

1923 *Le jansénisme et l'antijansénisme de Pascal,* in: *Revue de Métaphysique et de Morale* 30 (1923) 131–163.
Jetzt in: *Dialogues avec les Philosophes,* S. 91–128.
(zitiert: *Antijansénisme*)

1925 *Le problème de la mystique,* in: *Qu'est-ce que la mystique? Cahiers de la nouvelle Journée,* n. 3. Paris: Bloud & Gay, S. 1–63.
(zitiert: *Mystique*)

1926: *Henri Joly 1839–1925,* in: *Annuaire des anciens élèves de l'École normale supérieure Paris* 1926, S. 13–18.
(zitiert: *Joly*)

1928 *L'itinéraire philosophique de M. Blondel.* Propos recueillis par Frédéric Lefèvre. Paris: Spes.
Neuausgabe: *L'itinéraire philosophique.* Réédition, avec un Avertissement de Henri Bouillard. Paris. Aubier, 1966.

Deutsch: *Der philosophische Weg*. Gesammelte Betrachtungen, herausgegeben von Frédéric LEFÈVRE. Eingeleitet und übersetzt von Patrizia REHM. Nachwort von Peter REIFENBERG. Freiburg: Alber 2010.
(zitiert: *Itinéraire*, zuerst Originalpagination, dann Seitenzahl der Neuausgabe und der deutschen Übersetzung)

1928 *Patrie et Humanité*. Cours professé à la XXe Semaine sociale de France, Paris 1928, in: *La Chronique Sociale de France*. Lyon, S. 363–403.
(zitiert: *Patrie et Humanité*)

1930 *Une énigme historique: Le »Vinculum Substantiale« d'après Leibniz et l'ébauche d'un réalisme supérieur*. Paris: Beauchesne.
(zitiert: *Énigme*)

1931 *Y a-t-il une philosophie chrétienne?*, in: *Revue de Métaphysique et de Morale* 38 (1931) 599–606.
(zitiert: *Philosophie chrétienne*)

1932 *Le problème de la philosophie catholique*. Paris: Bloud et Gay.
(zitiert: *Philosophie catholique*)

1932 *Léon Ollé-Laprune*. Paris: Bloud & Gay, ^{3}1932.
(zitiert: *Ollé*)

1934 *La Pensée, t. I. La genèse de la pensée et les paliers de son ascension spontanée*. Paris, Alcan. Neuausgabe: Paris: PUF, 1948.
Deutsch: *Das Denken. Bd. I: Die Genesis des Denkens und die Stufen seiner spontan aufsteigenden Bewegung*. Übersetzung und Einführung von Robert SCHERER. Freiburg-München: Alber, 1953.
La Pensée, t. II. La responsabilité de la pensée et la possibilité de son achèvement. Paris, Alcan.
Neuausgabe. Paris: PUF, 1954.
Deutsch: *Das Denken. Bd. II: Die Verantwortung des Denkens und die Möglichkeit seiner Vollendung*. Übersetzung von Robert SCHERER. Freiburg-München: Alber, 1956.
(zitiert: *Pensée*)

1935 *L'Être et les êtres. Essai d'ontologie concrète et intégrale*. Paris: Alcan.
Neuausgabe: Paris: PUF, 1963.
(zitiert: *Être*)

1939 *Lutte pour la civilisation et philosophie de la paix*. Paris: Flammarion.
(zitiert: *Lutte*)

1945 *À propos d'un livre de M. Blondel: »La Philosophie et l'Esprit chrétien«*, in: *La Documentation catholique* 42 (1945) 498–503.

1947 *La conception de l'ordre social*, in: *Le catholicisme social face aux grands courants contemporains*. Semaines sociale de France. XXXIVe session Paris 1947. Lyon: Chronique sociale de France, S. 215–229.
(zitiert: *Ordre social*)

b. Postum veröffentlicht:

1950 *Exigences philosophiques du christianisme.* Paris: PUF.
Deutsch: *Philosophische Ansprüche des Christentums.* Übersetzung und Einführung von Robert Scherer. Wien-München: Herold, 1954.
(zitiert: *Exigences*)

1951 *Note rédigée par Maurice Blondel et destinée à être insérée dans le volumes de »L'Action« de 1893*, in: *Les Études blondéliennes* I. Paris: PUF, S. 78.
(zitiert: *Ét.blond.* I)

1952 *Premier cahier: Notes pour la seconde édition de »L'Action«; Deuxième cahier: Projet d'une préface pour la seconde édition de »L'Action«*, in: *Les Études blondéliennes* II. Paris: PUF, S. 8–46.
(zitiert. *Ét.blond.* II)

1957 Maurice Blondel – Albert Valensin, *Correspondance (1899–1912).* 2 vol. Paris: Aubier.
T. III (1912–1947). Texte annoté par Henri De Lubac. Paris: Aubier, 1965.
(zitiert: Blondel-Valensin)

1960 René Marlé, *Au coeur de la crise moderniste. Le dossier inédit d'une controverse. Lettres de Maurice Blondel, Henri Bremond, Fr. von Hügel, Alfred Loisy, Fernand Mourret, J. Wehrlé ...* Paris: Aubier.
Deutsche Teilübersetzung (Briefwechsel Blondel-Loisy) in: Andreas Uwe Müller, *Christlicher Glaube und historische Kritik. Maurice Blondel und Alfred Loisy im Ringen um das Verhältnis von Schrift und Tradition.* Freiburg: Herder, 2008, S. 150–225.
(zitiert. Marlé)

1960 *Ébauche de logique générale. Essai de canonique générale* (datiert 10. Februar 1894), in: *Revue de Métaphysique et de Morale* 65 (1960) 7–18.
(zitiert: *Ébauche)*

1961 *Carnets intimes* (1883–1894). Paris. Cerf.
Deutsch: *Tagebuch vor Gott 1883–1894.* Übertragen von Hans Urs von Balthasar. Eingeleitet von Peter Henrici. Einsiedeln: Johannes Verlag, 1964.
T. II (1894–1949). Paris: Cerf, 1966.
(Zitiert: *C.I.*)

1961 *Lettres philosophiques de Maurice Blondel.* Lettres à É. Boutroux, V. Delbos, L. Brunschvicg, J. Wehrlé, Henri Bremond, Éd. Le Roy, etc. Paris: Aubier.
(zitiert: *Lettres philosophiques*)

1961 *Le dernier chapitre de »L'Action« (1893). Édition critique* établie par Henri Bouillard, in: *Archives de Philosophie* 24 (1961) 29–113.
(zitiert: *Éd. critique)*

1961 *Maurice Blondel et le Père Teilhard de Chardin. Mémoires échangés en décembre 1919*, présentés par Henri DE LUBAC, in: *Archives de Philosophie* 24 (1961) 123–156.
Neuausgabe: *Blondel et Teilhard de Chardin. Correspondance* commentée par Henri DE LUBAC. Paris: Beauchesne, 1965.
Jetzt auch in: Henri DE LUBAC, *Teilhard postume. Réflexions et souvenirs, précédé de Blondel-Teilhard. Correspondance 1919* (Oeuvres complètes. Vol. XXVI). Paris: Cerf, 2008, S. 43–49, 76–69.
Deutsch: *Maurice Blondel und Pierre Teilhard de Chardin. Briefwechsel*. Herausgegeben und kommentiert von Henri DE LUBAC. Übersetzung von Robert SCHERER. Freiburg-München. Alber, 1967.
(zitiert: BLONDEL-TEILHARD)

1965 Maurice BLONDEL – Lucien LABERTHONNIÈRE, *Correspondance philosophique*, présentée par Claude TRESMONTANT. Paris: Seuil.
(zitiert: BLONDEL-LABERTHONNIÈRE)

1969 Maurice BLONDEL – Joannès WEHRLÉ, *Correspondance*. Commentaires et notes per Henri DE LUBAC. 2 vol. Paris: Aubier-Montaigne.
(zitiert: BLONDEL-WEHRLÉ)

1970–1971 Henri BREMOND – Maurice BLONDEL, *Correspondance*. Établie, présentée et annotée par André BLANCHET: I. *Les commencements d'une amitié*, (1897–1904); II. *Le grand dessein de Henri Bremond*, (1905–1920); III. *Combats pour la prière et pour la poésie*, (1921–1933). Paris: Aubier-Montaigne.
(zitiert: BLONDEL-BREMOND)

1999 Maurice BLONDEL, *»Mémoire« à Monsieur Bieil. Discernement d'une vocation philosophique*, éd. E. TOURPE. Paris: CERP.
(zitiert: *Mémoire*)

c. *Die wichtigsten unveröffentlichten frühen Manuskripte*

Alle Manuskripte sind im »Centre d'archives Maurice Blondel« einzusehen. Sie werden mit dem hier angegebenen Namen, gegebenfalls ihrer Originalpagination und der Archivnummer [Archives Louvain, nr.] zitiert. Die unveröffentlichten Briefe werden mit Empfängernamen, Datum und Archivnummer zitiert.

1886–1890 *Notes-Semaille*.
Beschreibung im Beitrag *Die philosophischen Notizzettel*.
Teilveröffentlichung: http://www.ub.uni-freiburg.de/referate/02/blondel/notes/not-ser0–5.pdf. (zitiert: *Notes* und nr.)
Die nicht veröffentlichten *Notes* werden mit C[ahier], f[euille], und ursprünglicher nr. (V[alensin, rot] oder P[anis, Bleistift]) zitiert.

1888–1890 *Premier Brouillon*. 126 Seiten, geschrieben zwischen Oktober 1888 und Januar 1890.
(zitiert: *Brouillon*)

1890 *Dictée*. Auf 223 Heftseiten zwischen dem 12. März und dem 2. April 1890 dem fünfzehnjährigen Schüler Charles Despins diktiert.
(zitiert: *Dictée*)

1890 *Grands Plans*. Grosse Papierbogen mit Gliederungsentwürfen und Zahlenverweisen auf die *Carnets intimes* und die *Notes-Semaille*.
(zitiert: *Plans*)

1890–1891 *Projet de Thèse*. 200 Seiten, geschrieben zwischen Juni 1890 und April 1891.
(zitiert: *Projet*)

1891–1892 *Manuscrit Boutroux*. Das der Sorbonne zur Erlangung der Druckerlaubnis vorgelegte Manuskript von 409 Seiten, geschrieben zwischen November 1891 und Mai 1892.
(zitiert: *Manuscrit-Boutroux*)

1892–1893 *Druckmanuskript und Korrekturbogen*.
(Teilweise ediert in: *Éd. Critique*, S. 73–113)

B. Von Blondel benutzte Literatur

Verzeichnet sind nur Schriften, die für die hier veröffentlichten Beiträge wichtig sind. Sie werden mit dem Verfassernamen und gegebenenfalls einem Kurztitel zitiert. Eine vollständige Liste der von Blondel aus de Bibliothek der École Normale Supérieure ausgeliehenen Bücher, findet sich bei Simone D'AGOSTINO, *Dall'Atto all'Azione*. Rom: Università Gregoriana, 1999, S. 451–473.

a. Philosophische und psychologische Werke

Charles ADAM, *Études sur les principaux philosophes, rédigées conformément aux programmes de 1885*. Paris: Hachette, 1886.

Alexandre BAIN, *Les sens et l'intelligence*, trad. M. E. CAZELLES. Paris: Germer Baillière, 1874.

Alexandre BAIN, *Les émotions et la volonté*, trad. P. L. LE MONNIER. Paris: Alcan, 1885.

George BERKELEY, *Les principes de la connaissance humaine*, trad. Ch. RENOUVIER. Paris: Colin, 1920.

Julius BERNSTEIN, *Les sens*. Paris: Baillière, [3]1880.

Claude BERNARD, *Introduction à l'étude de la médecine expérimentale*. Paris. Germer Baillière, 1865.

Alexis BERTRAND, *L'aperception du corps humain par la conscience*. Paris: Germer Baillière, 1880.
(zitiert: *Aperception*)

Alexis BERTRAND, L'effort musculaire, in: Séances et travaux. Académie des Sciences Morales et Politiques. 130 (1887) 161–211.

Alexis BERTRAND, De immortalitate pantheistica. Paris. Germer Baillière, 1880.

Alexis BERTRAND, La psychologie de l'effort et les doctrines contemporaines. Paris. Alcan, 1889.

Leonardo BIANCHI-G. V. SOMMER, Sur la polarisation psychique dans la phase somnambulique de l'hypnotisme, in: Revue philosophique de la France et de l'Étranger 23 (1887) 143–149 (Rezension des Buches: La polarizzazione psichica nella fase somnambulica dell'ipnotismo. Torino 1886).

Alfred BINET, Le fétichisme de l'amour, in: Revue Philosophique de la France et de l'Étranger 24 (1887) 143–167, 252–274.

Alfred BINET, Études de psychologie expérimentale moderne (Blondel kennt das Werk aus einer Besprechung in: Revue Scientifique de la France et de l'Étranger 42 [25] II (1888).

Adolphe-Moïse BLOCH, Expériences sur les sensations musculaire, in: Revue Scientifique de la France et de l'étranger (1890).

Émile BOIRAC, Cours élémentaire de philosophie conforme au derniers programmes, suivi de Notions d'histoire de la philosophie. Paris: Alcan, 1891.

Émile BOUTROUX, De la contingence des lois de la nature. Paris: Germer Baillière, 1874.

Émile BOUTROUX, Les caractères de la philosophie moderne, in: Revue politique et littéraire (Revue Bleue) 26 (1888) 801–808.

Émile BOUTROUX, Le philosophe allemand Jacob Boehme, in: Compte-rendus de l'Académie des Sciences Morales et Politiques du 11, 18, et 25 févr. 1888. (zitiert: Boehme)

Émile BOUTROUX, Cours sur Kant 1888/1889 (manuscrit mis à disposition de Blondel), cf. Revue hebdomadaire des cours et conférences 3 (1894) 193.

Émile BOUTROUX, La philosophie de Kant. Cours professé à la Sorbonne en 1896–1897. Caen-Paris: Imprimerie caenaise, 1929.

Fernand BRUNETIÈRE, La philosophie de Schopenhauer, in: Revue des Deux Mondes 77 (1886) 694–706.

Léon BRUNSCHVICG, c.-r. de L'Action, in: Revue de Métaphysique et de Morale 1 (suppl. nov. 1893) 1.
Jetzt in: Maurice BLONDEL, Oeuvres complètes, Tome I, 49.

Émile CARO, La philosophie de Goethe. Paris: Hachette, 1866.

Edmund R. CLAY, L'alternative, contribution à la psychologie, trad. A. BURDEAU. Paris: Alcan, 1886. (Blondel kennt das Werk aus einer Besprechung durch A. DEBON, in: Revue Philosophique de la France et de l'Étranger 23 (1887) 635–639).

Edmond COLSENET, Études sur la vie inconsciente de l'esprit. Paris: Germer Baillière, 1880.

Auguste COMTE, *Cours de philosophie positive*, 6 vol. Paris: Germer Baillière, 1864–1894.

Victor COUSIN, *Cours d'histoire de la philosophie*. T. I: *Introduction à l'histoire de la philosophie*. Paris: Didier, 1841.

Alphonse DARLU, *La liberté et le déterminisme selon M. Fouillée*, in: *Revue philosophique de la France et de l'Étranger* 23 (1887) 561–581.

Lionel DAURIAC, *Le criticisme et les doctrines philosophiques*, in: *Revue philosophique de la France et de l'Étranger* 24 (1887) 225–251.
(zitiert: *Criticisme*)

Victor DELBOS, *Le problème moral dans la philosophie de Spinoza et dans l'histoire du spinozisme*. Paris: Alcan, 1893. (Neudruck: Paris: Presses de l'Université de Paris Sorbonne, 1990).
(zitiert. *Spinoza*)

René DESCARTES, *Les principes de la philosophie*, 1ère Partie, éd. Henri JOLY. Paris: Delalain, 1885.

Théodore DESDOUIT, *La philosophie de Kant d'après le trois critiques*. Paris: Thorin, 1876.

Léon DUMONT, *De l'habitude*, in: *Revue Philosophique de la France et de l'Étranger* 1 (1876) 321–366.

Émile DURKHEIM, *La science positive de la morale en Allemagne*, in: *Revue philosophique de la France et de l'Étranger* 24 (1887) 33–58, 113–142, 275–284.

Jacques-André ÉMÉRY, *Exposition de la doctrine de Leibnitz sur la religion, suivie de pensées extraites des ouvrages du même auteur*. Paris: Tournache, 1819.
Neuausgabe: *Esprit de Leibnitz, ou Recueil de pensées choisies sur la religion et la morale*, in: *Œuvres complètes*, Paris: Migne, 1857.

Alfred-Victor ESPINAS, *Des sociétés animales: étude de psychologie comparée*. Paris: Germer Baillière, 1877.

F. EVELLIN, *La pensée et le réel*, in: *Revue philosophique de la France et de l'Étranger* 27 (1889) 225–250.

Charles FÉRÉ, *Dégénérescence et criminalité*, in: *Revue philosophique de la France et de l'Étranger* 24 (1887) 337–377.
Charles FÉRÉ, *Note sur les conditions physiologiques des émotions*, in: *Revue philosophique de la France et de l'Étranger* 24 (1887) 561–581.
Charles FÉRÉ, *Sensation et mouvement: études expérimentales de psycho-mécanique*. Paris: Alcan, 1887. (Blondel kennt das Werk aus Besprechungen in: *Annales de philosophie chrétienne* 114 (1887) 315–317 und in: *Revue scientifique de la France et de l'Étranger* (1887)).

Johann Gottlieb FICHTE, *De la destination du savant et de l'homme*, trad. M. NICOLAS. Paris: Ladrange, 1838.

Johann Gottlieb FICHTE, *Méthode pour arriver à la vie bienheureuse*, trad. M. BOUILLIER. Paris: Ladrange, 1845.

George FONSEGRIVE, *L'homogénéité morale*, in: *Revue philosophique de la France et de l'Étranger* 30 (1890) 1–21.

Jules-Antoine-Émile FONTAN, *Éléments de médecine suggestive: hypnotisme et suggestion, faits cliniques*. Paris: Doin, 1887

Alfred FOUILLÉE, *Critique des systèmes de morale contemporaine*. Paris: Baillière, 1883.
Alfred FOUILLÉE, *La liberté et le déterminisme*. Paris. Alcan, ²1884.
Alfred FOUILLÉE, *La science sociale contemporaine*. Paris: Hachette, ²1885.
Alfred FOUILLÉE, *Philosophes français contemporains: J. M. Guyau*, in: *Revue philosophique de la France et de l'Étranger* 26 (1888) 417–445, 560–567.
Alfred FOUILLÉE, *La morale, l'art et la religion selon M. Guyau*. Paris: Alcan, 1889.
Alfred FOUILLÉE, *Le sentiment de l'effort et la conscience de l'action*, in: *Revue philosophique de la France et de l'Étranger* 28 (1889) 561–582.
(zitiert: *Sentiment de l'effort*)
Alfred FOUILLÉE, *L'évolutionisme des idées-forces. II. Les états de conscience comme facteurs de l'évolution*, in: *Revue philosophique de la France et de l'Étranger* 29 (1890) 113–137, 267–296, 337–346.
Buchausgabe: *L'évolutionnisme des idées-forces*. Paris: Alcan, 1890.

Charles A. François FRANCK, *Leçon sur les fonctions motrices du cerveau (réactions volontaires et organiques) et sur l'épilépsie cérébrale*. Paris: O. Doin, 1887. (Blondel kennt das Werk aus einer Besprechung durch E. GLEY in: *Revue philosophique de la France et de l'Étranger* 25(1888) 319–321).

Numa Denis FUSTEL DE COULANGES, *La cité antique. Étude sur le culte, le droit, les institutions de la Grèce et de Rome*. Paris: Durand, 1864.

Alphonse GRATRY, *De la connaissance de l'âme*. Paris: Douniol-Lecoffre, 1857.
Alphonse GRATRY, *De la connaissance de Dieu*. 2 vol. Paris: Douniol-Lecoffre, 1854.
Alphonse GRATRY, *Logique*. Paris: Douniol-Lecoffre, ²1858.

Jean-Marie GUYAU, *L'irréligion de l'avenir. Étude sociologique*. Paris: Alcan, 1887.

A. HANNEQUIN, *Introduction à l'étude de la psychologie*. Paris: Masson, 1890.

Georg Wilhelm Friedrich HEGEL, *Logique*. Vol. I–II, trad. A. VÉRA. Paris: Germer Baillière, 1859.

Pierre JAPPL, *Les actes inconscients et la mémoire pendant le somnambulisme*, in: *Revue philosophique de la France et de l'Étranger* 25 (1888) 238–279.

Paul JANET, *Les causes finales*. 2 vol. Paris: Germer Baillière, 1876.
Paul JANET, *Les problèmes du XIXᵉ siècle: La politique, la littérature, la science, la philosophie, la religion*. Paris: Lévy, ²1873.
(zitiert: *Problémes*)

Paul JANET, *Traité élémentaire de philosophie à l'usage des classes*. Paris: Delagrave, ⁴1884.

Rudolf von JHERING, *Der Zweck im Recht*. Bd. I–II. Leipzig: Breitkopf & Härtel, 1877–83 (Blondel kennt das Werk aus den Artikeln DURKHEIMS).

Henri JOLY, *L'instinct, ses rapports avec la vie et avec l'intelligence. Essai de psychologie comparée*. Paris: Thorin, 1869.

Henri JOLY, *L'imagination. Étude psychologique*. Paris: Hachette, 1877.

Henri JOLY, *Psychologie comparée. L'homme et l'animal*. Paris: Hachette, 1877.

Henri JOLY, *La sensibilité et le mouvement*, in: *Revue philosophique de la France et de l'Étranger* 22 (1886) 113–145, 225–259.

Emmanuel JOYAU, *De l'invention dans les arts, dans les sciences et dans la pratique des vertus*. Paris: Germer Baillière, 1879.

Emmanuel JOYAU, *Essai sur la liberté morale*. Paris: Alcan, 1888.

Emmanuel JOYAU, *Théorie d'Aristote sur le libre arbitre*, in: *Annales de la Faculté des Lettres de Bordeaux* 9 (1887) 257–269.

Auguste JUNDT, *Essai sur le mysticisme spéculatif de Maître Eckhart*. Strasbourg: Heitz, 1871.

Immanuel KANT, *Examen philosophique des ›Considérations sur le sentiment du sublime et du beau‹ par A. KERATRY*. Paris: Bossange, 1823.

Immanuel KANT, *Critique de la raison pure*, 2 vol., trad. J. TISSOT. Paris: Ladrange, 1835–1836.

Immanuel KANT, *Critique du jugement, suivie des Observations sur le sentiment du sublime du beau dans le rapport des caractères, des tempéraments, des sexes, des climats et des religions*, trad. J. BARNI. Paris: Ladrange, 1845.

Immanuel KANT, *Principes métaphysiques du droit*, suivi de *Projet de la paix perpétuelle*, trad. J. TISSOT. Paris: Ladrange, ²1853.

Immanuel KANT, *Prolégomènes à toute métaphysique future qui aura le droit de se présenter comme science*, trad. J. TISSOT. Paris: Ladrange, 1865.

Immanuel KANT, *Anthropologie, suivie de divers fragments relatifs aux Rapports du physique et du moral et au Commerce des esprits d'un monde à l'autre*, trad. J. TISSOT, Paris: Ladrange, 1867.

Immanuel KANT, *Critique de la raison pure*, trad. J. BARNI. Paris: Germer Baillière, 1869.

Immanuel KANT, *Critique de la raison pratique*, trad. F. PICAVET. Paris: Alcan, 1888.

Jules LACHELIER, *Du fondement de l'induction*. Paris: Ladrange, 1872.
Jetzt in: *Oeuvres*. Paris: Alcan, 1933, Bd. 1, 167–219.
Deutsch: *Psychologie und Metaphysik; Die Grundlage der Induktion*. Leipzig: Klinkhardt, 1908, 77–130.
(zitiert: *Induction*)

Jules LACHELIER, *Psychologie et métaphysique*, in: *Revue philosophique de la France et de l'Étranger* 19 (1885) 481–516.
Jetzt in: *Oeuvres*. Paris: Alcan, 1933. Bd. 1, 19–92.

Deutsch: *Psychologie und Metaphysik; Die Grundlage der Induktion*. Leipzig. Klinkhardt, 1908, 1–76.
(zitiert: *Psychologie*)

Henri LAURET, *La philosophie de Stuart Mill*. Paris: Alcan, 1886.

Gottfried Wilhelm LEIBNIZ, *Opera philosophica quae exstant, latina, gallica, germanica, omnia*, ed. J. E. ERDMANN, 2 Bde. Berlin: Eichler, 1839–1840.

Gottfried Wilhelm LEIBNIZ, *Nouveaux essais sur l'entendement humain*, in: *Œuvres philosophiques*, éd. Paul JANET, vol. 1. Paris: Ladrange 1866.

Gottfried Wilhelm LEIBNIZ, *Méditations sur la connaissance, la vérité et les idées*, in: ebd. vol. 2.

Gottfried Wilhelm LEIBNIZ, *Réflexions sur l'essai de l'entendement humain de M. Locke*, in: ebd. vol. 2.

Gottfried Wilhelm LEIBNIZ, *La Monadologie*. éd. Émile BOUTROUX. Paris: Delagrave, 1881.

Gottfried Wilhelm LEIBNIZ, *De primae philosophiae emendatione et de notione substantiae*, in: *Opera omnia*, éd. Ludovicus DUTENS. vol. 2. Genève: Tournes, 1768.

Gottfried Wilhelm LEIBNIZ, *Die philosophischen Schriften*, ed. C. J. GERHARDT, 7 Bde. Berlin: Weidmann, 1875–1890.
Bd. II: *Briefwechsel zwischen Leibniz und des Bosses*, S. 287–521, insbesondere 433–521.
Bd. VI: *Essais de Théodicée sur la bonté de Dieu, la liberté de l'homme et l'origine du mal*.
(zitiert: GERHARDT)

Alphonse LELONG, *La vérité sur l'hypnotisme*. Paris: Roger-Chernovic, 1890 (Sonderdruck aus: *Annales de philosophie chrétienne* 119–120 (1890) 67–79, 138–159, 254–280, 345–370, 548–577; 48–71, 158–187).

Jules LEMAÎTRE, *M. Paul Bourget*, in: *Revue littéraire et politique (Revue Bleue)* 39 (1887) 196–217.

Albert LEMOINE, *L'habitude et l'instinct: études de psychologie comparée*. Paris: Germer Baillière, 1875.

Frédérique LE PLAY, *Les Ouvriers européens*. 6 vol. Tours: Mame, ²1877–1879.

Frédérique LE PLAY, *Réforme sociale de la France déduite de l'étude comparée des peuples européens*. 4 vol. Tours: Mame; Paris: Dentu, ⁶1878.

Paul LESBAZAILLES, *Le fondement du savoir*. Paris: Cerf, 1883.

Auguste-Ambroise LIÉBAULT, *Thérapeutique suggestive, son mécanisme: Propriétés diverses du sommeil provoqué et des états analogues*. Paris: Dorin, 1891 (Blondel kennt das Werk aus einer Besprechung durch H. BEAUVAIS in: *Revue Philosophique de la France et de l'Étranger* 29 (1890) 73–80).

John LOCKE, *Essai philosophique concernant l'entendement humain*, trad. M. COSTE. Paris: Bossange, 1799.

Henri LORIN, *Idée individualiste ou idée chrétienne comme fondement du droit. Déclaration à l'ouverture de la ›Semaine Sociale‹ de Bordeaux*, in: *Semaine Sociale de France. Cours de Doctrine et Pratique Sociales* (VIᵉ Session, Bordeaux 1909). Lyon: Chronique Sociale de France, 1909, 53–80.

François-Pierre MAINE DE BIRAN, *Exposition de la doctrine philosophique de Leibniz*, in: *Nouvelles considérations sur les rapports du physique et du moral de l'homme*, éd. Victor COUSIN. Paris: Ladrange, 1834, 301–360.
François-Pierre MAINE DE BIRAN, *Influence de l'habitude sur la façon de penser. Œuvres philosophiques*, éd. Victor COUSIN, vol. I. Paris: Ladrange, 1841.
François-Pierre MAINE DE BIRAN, *Science et psychologie*. Paris: Laroux, 1887.

Nicolas MALEBRANCHE, *De la recherche de la vérité*, 4 vol. Paris: Durand, 1762.
Nicolas MALEBRANCHE, *Traité de morale*, éd. Henri JOLY, Paris: Thorin, 1882.

Henri MARION, *De la solidarité morale, essai de psychologie appliquée*. Paris: Germer Baillière, 1880.

Élie MÉRIC, *Le merveilleux et la science: Étude sur l'hypnotisme*. Paris. Letouzey, 1887.

Théodore MEYNERT, *Le Mécanisme de la mimique*, in: *Revue Scientifique de la France et de l'Étranger* 24 II (1887) 547.

Gaston MILHAUD, *La géométrie non euclidienne et la théorie de la connaissance*, in: *Revue philosophique de la France et de l'Étranger* 25 (1888) 620–632.

John Stuart MILL, *Système de logique déductive et inductive. Exposé des principes, de la preuve, et des méthodes de recherche scientifiques*. trad. L. PEISSE. 2 vol., Paris: Germer Baillière, ²1880.
John Suart MILL, *La philosophie de Hamilton*. trad. M. E. CAZELLES. Paris: Germer Baillière, 1869.

Jules-Ernest NAVILLE, *Maine de Biran: Sa vie et ses pensées*. Paris: Cherbuliez, 1857.

Georges NOËL, *La logique de Hegel*, in: *Revue de Métaphysique et de Morale* 2 (1894) 35–57, 270–298, 644–657; 3 (1895) 184–210, 503–526.

Désiré NOLEN, *La critique de Kant et la métaphysique de Leibniz, histoire et théorie de leurs rapports*. Paris: Germer Baillière, 1875.

Léon OLLÉ-LAPRUNE, *De la certitude morale*. Paris: Belin, 1880.
(zitiert: *Certitude*)
Léon OLLÉ-LAPRUNE, *Essai sur la morale d'Aristote* Paris: Belin, 1881.
Léon OLLÉ-LAPRUNE, *La philosophie et le temps présent*. Paris: Belin, 1891.
(zitiert: *Temps présent*)
Léon OLLÉ-LAPRUNE, *Le prix de la vie*. Avec un *Résumé analytique* de Maurice BLONDEL. Paris: Belin, 1894, ⁵⁶1944.
(zitiert: *Prix de la vie*)

Blaise Pascal, *Pensées, publiées dans leur texte authentique avec une introduction* par E. Havet. vol. I. Paris: Hachette, 1872.

Blaise Pascal, *Traité du vide*, ebd. vol. II, S. 158–162.

Frédéric Paulhan, *Croyance et volonté*, in: *Revue philosophique de la France et de l'Étranger* 18 (1884) 675–684.

Frédéric Paulhan, *Les phénomènes affectifs et les lois de leur apparition: Essai de psychologie générale.* Paris: Alcan, 1887 (Blondel kennt das Werk aus einer Besprechung in: *Revue Scientifique de la France et de l'Étranger* 25 II (1887))

Frédéric Paulhan, *L'amour du mal*, in: *Revue philosophique de la France et de l'Étranger* 23 (1887) 603–616.

Frédéric Paulhan, *La finalité comme propriété des éléments psychiques*, in: *Revue philosophique de la France et de l'Étranger* 26 (1888) 105–140.

Frédéric Paulhan, *Des phénomènes affectifs du point de vue de la psychologie générale*, in: *Revue philosophique de la France et de l'Étranger* 24 (1888) 532–539.

Frédéric Paulhan, *L'activité mentale et les éléments de l'esprit.* Paris: Alcan, 1889 (Blondel kennt das Werk aus einer Besprechung durch G. Rodier, in: *Revue philosophique de la France et de l'Étranger* 29 (1890) 81–87).

François Paulhan, *L'association par contraste.* in: *Revue Scientifique de la France et de l'Étranger* 25 II (1888) 263–269, 329–335.

Auguste Penjon, *Travaux récents sur Vico*, in: *Revue philosophique de la France et de l'Étranger* 25 (1888) 529–538.

Émile-Jacques Pérès, *Philosophie de l'humaine société ou cœnologie.* Paris: Guillaumin, ²1869.

Pierre-Joseph Proudhon, *Système des contradictions économiques ou Philosophie de la misère.* Paris: Librairie Internationale, ³1864.

Frédéric Rauh, *Essai sur le fondement métaphysique de la morale.* Paris: Alcan,1890.

Frédéric Rauh, *L'expérience morale.* Paris: Alcan, 1903.

Félix Ravaisson-Mollien, *De l'habitude.* Paris: Fournier, 1838.

Félix Ravaisson-Mollien, *Essai sur la métaphysique d'Aristote.* Paris: Joubert, ²1846.

Félix Ravaisson-Mollien, *La philosophie en France au XIXe siècle.* Paris: Imprimerie Impériale, 1867.

Deutsch: *Die französische Philosophie im 19. Jahrhundert.* Eisenach 1889. (zitiert: *XIXe siècle*)

Félix Ravaisson-Mollien, *Éducation*, in: *Revue littéraire et politique (Revue Bleue)* 24 (1887) 514.

Charles Renouvier, *Manuel de philosophie moderne.* Paris: Paulin, 1842

Charles Renouvier, *Manuel de philosophie ancienne*, vol. I. Paris: Paulin, 1844.

Charles Renouvier, *Science de la Morale*, 2 vol. Paris: Paulin,1862.

Charles RENOUVIER, *Essais de critique générale,* nouvelle édition. Vol. I–IV. Paris: Bureau de la Revue, [2]1875–1864.
Vol. I: *Traité de logique générale.*
Vol. II: *Traité de psychologie rationelle.*
Vol. III: *Les principes de la nature.*
Vol. IV: *Introduction à la philosophie analytique de la nature.*

Théodule RIBOT, *La psychologie anglaise contemporaine: école expérimentale.* Paris: Ladrange, 1870.
Théodule RIBOT, *La psychologie allemande contemporaine: école expérimentale.* Paris: Germer Baillière, 1879.
Théodule RIBOT, *Les maladies de la mémoire.* Paris: Germer Baillière, 1881.
Théodule RIBOT, *Le mécanisme de l'attention; l'attention spontanée,* in: *Revue philosophique de la France et de l'Étranger* 24 (1887) 378–394.
Théodule RIBOT, *Les maladies de la personnalité.* Paris: Alcan, 1889.

Clémence ROYER, *L'évolution mentale dans la série organique,* in: *Revue Scientifique de la France et de l'Étranger* (1887)

Friedrich Wilhelm SCHELLING, *Leçons sur la méthode des études académiques,* in: *Écrits philosophiques et morceaux propres à donner une idée générale de son système,* trad. Ch. BÉNARD. Paris: Joubert, 1847.
(zitiert: *Écrits philosophiques*)
Friedrich Wilhelm SCHELLING, *Système de l'idéalisme transcendental, suivi 1° d'un jugement sur la philosophie de M. Victor Cousin et sur l'état de la philosophie française et de la philosophie allemande, 2° du discours prononcé par M. Schelling à l'ouverture de son Cours à Berlin, le 15 novembre 1841,* trad. P. GRIMBLOT. Paris: Ladrange, 1852.

Gustav SCHMOLLER, *Über einige Grundfragen des Rechts und der Volkswirtschaft.* Jena: Mauke, 1875 (Blondel kennt das Werk aus den Artikeln DURKHEIMS).

Arthur SCHOPENHAUER, *Le monde comme volonté et comme représentation,* trad. A. BURDEAU. t. II. Paris: Alcan, 1889.
Arthur SCHOPENHAUER, *Le fondement de la morale,* trad. A. BURDEAU, Paris: Baillière, 1879.

Gabriel SÉAILLES, *Philosophes contemporains: M. J. Lachelier,* in: *Revue philosophique de la France et de l'Étranger* 15 (1883) 22–48, 282–314.
(zitiert: *Lachelier*).

Charles SECRÉTAN, *La philosophie de la liberté, cours de philosophie fait à Lausanne,* 2 vol. Paris: Hachette, 1848.
Charles SECRÉTAN, *La philosophie de la liberté,* nouvelle édition, vol. 2: *L'histoire.* Paris: Fischbacher, 1866.
(zitiert: *Liberté*).
Charles SECRÉTAN, *Discours laïques.* Paris: Sandoz-Fischbacher, 1877.
Charles SECRÉTAN, *Études sociales.* Paris, Alcan, 1889.

Paul Souriau, *La conscience de soi*, in: *Revue philosophique de la France et de l'Étranger* 22 (1886) 449–472.

Herbert Spencer, *Les premiers principes. L'inconnaissable*, trad. M. E. Cazelles. Paris: Alcan, 1885.

Hippolyte Adolphe Taine, *L'idéalisme anglais. Étude sur Carlyle*. Paris: Germer Baillière, 1864.

Hippolyte Adolphe Taine, *Histoire de la littérature anglaise*, vol. V: *Les contemporains*. Paris: Hachette, ²1871.

Hippolyte Adolphe Taine, *De l'Intelligence*, 2 vol. Paris: Hachette, 1870.

Gabriel de Tarde, *La criminalité comparée*. Paris: Alcan, 1886 (Blondel kennt das Werk aus einer Besprechung durch A. Espinas, in: *Revue philosophique de la France et de l'Étranger* 24 (1887) 81–91.

Adolph Wagner, *Lehr- und Handbuch der politischen Ökonomie*, Bd. I, 2. Leipzig: Winter, 1883 (Blondel kennt dasWerk aus den Artikeln Durkheims).

Wilhelm Wundt, *Ethik, eine Untersuchung der Thatsachen und Gesetze des sittlichen Lebens*. Stuttgart: Enke, 1886 (Blondel kennt das Werk aus den Artikeln Durkheims).

b.   Spirituelle und theologische Werke

Angeführt sind nur Werke, die Blondel sicher gelesen hat; in welcher Ausgabe ist oft nicht mehr festzustellen. Für nähere Angaben sei auf Mahame, *Spiritualité* verwiesen.

Aurelius Augustinus: *Confessiones*
Aurelius Augustinus, *De civitate Dei*
Aurelius Augustinus, *De natura et gratia*
Aurelius Augustinus, *Soliloquia*

Bernard de Clairvaux, *De consideratione libri V ad Eugenium III*, in: *Oeuvres complètes de Saint Bernard*. Trad. Charpentier-Dion. Paris: Vivès, ²1887.
Bernard de Clairvaux, *De diligendo Deo*, in: ed.cit., vol. II.
Bernard de Clairvaux, *De gradibus humilitatis et superbiae*, in: ed.cit.
Bernard de Clairvaux, *De gratia et libero arbitrio*, in: ed.cit.
Bernard de Clairvaux, *Epistulae*, in: ed.cit.,
Bernard de Clairvaux, *Sermones in Canticum canticorum*, in: ed.cit.

Jacques Bénigne Bossuet, *Élévations à Dieu sur tous les mystères de la religion chrétienne*. Paris: Le Mercier, 1753.
Jacques Bénigne Bossuet, *Choix de sermons de la jeunesse*. éd. E. Gandar. Paris: Didier, 1867.
Jacques Bénigne Bossuet, *Traité de l'amour de Dieu nécessaire dans le sacrement de la pénitence, suivant la doctrine du Concile de Trente*, in: *Œuvres complètes*, éd. F. Lachat. Paris: Vivès, 1864, vol. V, S. 403–461.

Jacques Bénigne Bossuet, *Discours sur l'acte d'abandon à Dieu. Ses caractères, ses conditions et ses effets*, in: ed.cit., vol. VII, S. 533–548.

Jacques Bénigne Bossuet, *Sur le parfait abandon*, in: ed.cit., vol. VII, S. 548–553.

Jacques Bénigne Bossuet, *Les sermons*, in: ed.cit., vol. IX–X.

Jacques Bénigne Bossuet, *Discours sur l'histoire universelle*, in: ed.cit., vol. XXIV, S. 260–656.

Jacques Bénigne Bossuet, *Instructions sur les états d'oraison. Second traité. Principes communes de l'oraison chrétienne*, ed. E. Levesque. Paris:Firmin-Didot, 1897.

Jacques Bénigne Bossuet, *De la connaissance de Dieu et de soi-même*, plus *Traité du libre arbitre-Logique-Traité des causes*, ed. L. de Lens. Paris: Hachette, 1863.

Jean-Pierre de Caussade, *L'abandon à la Providence divine*, ed. Henri Ramière. Paris, Lecoffre, ⁵1867.

François de Salignac de la Mothe Fénelon, *Manuel de piété*, in: *Œuvres spirituelles*, vol. XVIII, Paris: Gauthier, 1830.

François de Sales, *Traité de l'amour de Dieu*. Lyon: Rigaud, 1621.

François de Sales, *Introduction à la vie dévote*. Paris: Leroux-Jouby, 1856.

Charles-Louis Gay, *De la vie et des vertus chrétiennes considérées dans l'état religieux*, 2 vol. Paris-Poitiers: Oudin, 1875.

Charles-Louis Gay, *Instructions pour les personnes du monde*, 2 vol. Paris: Oudin, 1892.

Grégoire le Grand, *Homilia 36 in Evangelia*, in: Migne, *Patrologia latina*, vol. LXXVI.

François. Guilloré, *Conférences spirituelles pour bien mourir à soi-même et bien aimer Jésus-Christ*, vol. I. Paris: Albanel-Martin, 1841.

François Guilloré, *Maximes spirituelles pour la conduite des âmes, également utiles aux directeurs et aux pénitents*. Lyon: Périsse, 1859.

Henri-Dominique Lacordaire, *Conférences de Toulouse, suivis de divers opuscules*. Paris: Poussielgue-Rusand, 1857.

Jacques-Marie Monsabré, *Conférences de Notre-Dame de Paris: Exposition du dogme catholique. Carême de 1890*. Paris: Année dominicaine, 1890.

Ignace de Loyola, *Exercitia spiritualia*. Anvers 1689.
(zitiert: *Exerzitienbuch*)

Thomas a Kempis, *De Imitatione Christi*.

Alphonse Rodriguez, *Pratique de la perfection chrétienne à l'usage des personnes du monde*, éd. Charles Aubert. Paris: Palmé, s.d.

D. Schram, *Théologie mystique*, 2 vol. Paris: Vivès, ²1879.

Laurent Scupoli, *Le Combat spirituel dans lequel on trouve des moyens très-sûrs pour vaincre ses passions et triompher du vice.* Trad. J. Brignon. Clermont: Rioma, 1830.

Thérèse d'Avila, *Œuvres très-complètes.* 4 vol. Paris: Migne, 1840.

c. Literarisches

Louise Ackermann, *Oeuvres. Ma vie. Premières poésies. Poésies philosophiques.* Paris: Lemerre, 1885.

Paul Bourget, *Le disciple.* Paris: Lemerre, 1889.
(jetzt auch in: *Œuvres complètes.* Vol. III. Paris: Plon, 1901)
Deutsch: *Der Schüler.* Stuttgart 1893.
(zitiert: *Disciple*)
Paul Bourget, *André Cornélis.* Paris: Lemerre, 1887.

Geneviève Du Boys, *L'Abbé Hetsch.* Paris: Poussielgue, 1885.

Johann Wolfgang von Goethe, *Faust* I.

Albert Jounet, *L'étoile sainte.* Paris. Librairie des Bibliophiles, 1884.

Henri Michel, *Méditation symbolique.*

Ernest Renan, *Souvenirs d'enfance.* Paris: Calman-Lévy, 1893.

Sully Prud'homme, *Poésies 1865–1866. Stances et Poèmes.* Paris: Lemerre, 1872.

Léon Tolstoï, *Souvenirs: Enfance, Adolescence, Jeunesse,* trad. A. Barine. Paris: Hachette, 1887.
Léon Tolstoï, *Ma religion.* Paris: Fischbacher, 1885.

C. Literatur zu Blondel

Aufgeführt ist nur die Literatur, die hier benutzt wurde. Sie wird mit dem Verfassernamen und gegebenenfalls einem Kurztitel zitiert.

a. Tagungsakten und Sondernummern von Zeitschriften
(chronologisch geordnet)

1961 *Archives de Philosophie* 24 (1961) 5–201: *Centenaire de la naissance de Blondel.*

1962 *Teoresi. Rivista di cultura filosofica* 17 (1962) I–XVI, 1–320. *Numero dedicato alla celebrazione del centenario della nascita di Maurice Blondel.*
1962 *Hommage à Maurice Blondel* (Publications de l'Université de Dijon 27). Paris: Belles Lettres.

1963 *Le centenaire de Maurice Blondel 1861–1961 en sa Faculté des Lettres d'Aix-Marseille* (Publications des Annales de la Faculté des Lettres, Nouvelle série N° 35) Aix-en- Provence: Ophrys.

1973 *Centre d'Archives Maurice Blondel. Journées d'inauguration,* 30–31 mars 1973. *Textes des interventions.* Louvain: Éditions de l'Institut supérieur de Philosophie.

1976 *Attualità del pensiero di Maurice Blondel. Atti del I Convegno di studio sul pensiero di Maurice Blondel tenuto all'Aloisianum di Gallarate,* 21–22 marzo 1975. Milano: Massimo.

1986 *Revue philosophique de la France et de l'Étranger* 176 (1986) 425–483.

1990 *Maurice Blondel: Une Dramatique de la modernité. Actes du Colloque Maurice Blondel, Aix-en-Provence,* mars 1989. éd. Dominique FOLSCHEID. Paris: Éditions Universitaires.

1993 *La Scuola cattolica. Rivista teologica del Seminario Arcivescovile di Milano* 121 (1993) 733–874: *Il centenario de* L'Action *(1893–1993) di Maurice Blondel.*
1993 *Recherches de Science religieuse* 81 (1993) 331–478: *Maurice Blondel.* L'Action, 1893.
1993 *Revista Portuguesa de Filosofia* 49 (1993) 321–462: *Maurice Blondel.*

1994 *L'Action. Une Dialectique du Salut. Colloque du centenaire, Aix-en-Provence,* mars 1993. éd. Marie-Jeanne COUTAGNE. Paris: Beauchesne.

1998 *Maurice Blondel et la quête du sens. Actes du Colloque tenu à Aix-e-Provence,* 11–12 octobre 1997. éd. Marie-Jeanne COUTAGNE. Paris: Beauchesne.

2003 *Blondel entre* L'Action *et la Trilogie. Actes du Colloque international sur les* ›écrits intermédiaires‹ *de Maurice Blondel, à l'Université Grégorienne à Rome,* 16–18 novembre 2000. éd. Marc LECLERC. Bruxelles: Lessius.

2004 *Théophilyon. Revue desFacultés de Théologie et de Philosophie de l'Université catholique de Lyon* 9 (2004) 7–204: *Maurice Blondel,* ›Histoire et Dogme‹ 1904.

2005 *Tradition – Dynamik von Bewegtheit und ständiger Bewegung. 100 Jahre Maurice Blondels* »Histoire et Dogme« *(1904–2004).* ed. Peter REIFENBERG – Anton VAN HOOFF. Würzburg: Echter.

2006 *Logica della morale. Maurice Blondel e la sua recezione in Italia. Atti del I convegno blondeliano italiano* Logica e vita morale *organizzato a Roma,* 14–15 febbraio 2003. ed. Simone D'AGOSTINO. Roma: Istituto della Enciclopedia Italiana.

2007 *Maurice Blondel et la philosophie française. Colloque tenu à Lyon,* 24–26 janvier 2005. éd. Emmanuel GABELLIERI – Pierre DE COINTET. Paris: Parole et Silence.
2007 *Ausgangspunkt und Ziel des Philosophierens. Akademietagung zum 100jährigen Gedenken an* »Le Point de départ de la recherche philosophique« *(1906)*

von Maurice Blondel. ed. Stephan GRÄTZEL – Peter REIFENBERG. London: Turnshare.

b. *Einzelne Werke und Aufsätze*

Mario ANTONELLI, *L'Eucaristia nell'»Action« (1893) di Blondel. La chiave di volta di un'apologetica philosophica*. Milano: Glossa, 1993.

Paul ARCHAMBAULT, *Vers un réalisme intégral. L'œuvre philosophique de M. Blondel*. Paris: Bloud et Gay, 1928.
(Enthält eine Reihe unveröffentlicher Briefe Blondels)

Sante BABOLIN, *L'Estetica di Maurice Blondel. Una scienza normativa della sensibilità. Con estratti dei manoscritti sull'estetica di M. Blondel*. Roma: Università Gregoriana, 1974.
(zitiert: *Estetica*).

Henri BERNARD-MAÎTRE, *Un épisode significatif du modernisme. »Histoire et Dogme« de Maurice Blondel d'après le papiers inédits de Alfred Loisy (1897–1905)*, in: *Recherches de Science Religieuse* 57 (1969) 49–74.

Oliva BLANCHETTE, *Maurice Blondel. A Philosophical Life*. Grand Rapids, Michigan: Erdmans, 2010.
(Erste ausführliche, erzählende Biographie Blondels, gestützt auf sein Schrifttum und auf Mitteilungen seiner Sekretärin, Mlle. Nathalie Panis. Einige Angaben müssten überprüft werden.)

Henri BOUILLARD, *L'intention fondamentale de Maurice Blondel et la théologie*, in: *Recherches de Science religieuse* 36 (1949) 321–402.
Henri BOUILLARD, *Blondel et le christianisme*. Paris: Seuil, 1961.
Deutsch: *Blondel und das Christentum*, trad. M. SECKLER. Mainz: Grünewald, 1963.
(zitiert: *Christianisme*)
Henri BOUILLARD, *Logique de la foi*. Paris: Aubier, 1964, S. 196–192: *Philosophie et christianisme dans la pensée de Maurice Blondel*.
Deutsch: *Logik des Glaubens*, trad. W. SCHEIER. Freiburg: Herder, 1966.

Jean BRUN, *Leibniz et Blondel*, in: *Hommage à Maurice Blondel*. Paris: Belles Lettres, 1962, 25–37.

Léon-Paul BORDELEAU, *Action et vie sociale dans l'oeuvre de Maurice Blondel*. Ottawa: Université d'Ottawa, 1978.

Albert CARTIER, *Existence et vérité. Philosophie blondélienne de l'Action et problématique existentielle*. Paris: PUF, 1955.

Luigi CAVALIERE, *L'essenza del sopranaturale in Maurice Blondel* (unveröff. Diss.) Roma: Università Gregoriana, 1980.

Dario CORNATI, *L'Ontologia implicita nell'»Action«* (1893) di Maurice Blondel. Milano: Glossa, 1998.

Romeo CRIPPA, *Sul significato del Cristo blondeliano*, in: AA.VV., *Il Cristo dei filosofi. Atti del XXX Convegno del Centro di Studi filosofici tra Professori universitari*, Gallarate 1975. Brescia: Morcelliana, 1976, 299–303.

Simone D'AGOSTINO, *Dall'Atto all'Azione. Blondel e Aristotele nel progetto de »L'Action«* (1893). Roma: Università Gregoriana, 1999.

Henry DUMÉRY, *Blondel et la religion. Essai critique sur la »Lettre« de 1896.* Paris: PUF, 1954.

Henry DUMÉRY, *Raison et Religion dans la philosophie de l'action.* Paris: Seuil, 1963.
(zitiert: *Raison*)

Anna Vittoria FABRIZIANI, *Blondel e i neotomisti. Momenti di un dibattito epistemologico.* Soravia-Manelli: Rubettino, 2005.

Paul GILBERT, *Le phénomène, la médiation et la métaphysique. Le dernier chapitre de l'Action (1893) de Maurice Blondel,* in: *Gregorianum* 70 (1989) 93–117, 219–319.

André HAYEN, *Les Carnets intimes de Maurice Blondel,* in: *L'Ami du Clergé* 72 (1962) 289–297, 310–317.

Peter HENRICI, *Hegel und Blondel. Eine Untersuchung über Form und Sinn der Dialektik in der »Phänomenologie des Geistes« und der ersten »Action«.* Pullach b. München: Berchmannskolleg, 1958.
(zitiert: *Hegel*).

Peter HENRICI, *Für eine christliche Philosophie der Praxis,* in: ID., *Aufbrüche christlichen Denkens.* Einsiedeln: Johannes Verlag, 1978, S. 59–77.
(zitiert: *Praxis*).

Peter HENRICI, *Philosophische Christologie?* in: ebd., S. 93–109.
(zitiert: *Christologie*).

Peter HENRICI, *Maurice Blondel (1861–1949) und die »Philosophie der Aktion«,* in: E. CORETH – W. M. NEIDL – G. PFLIGERSDORFER, *Christliche Philosophie im katholischen Denken des 19. und 20. Jahrhunderts.* Bd. 1. Graz: Styria, 1987, S. 543–584.

Peter HENRICI, *Une vocation de laïque,* in: *Maurice Blondel. Une dramatique de la modernité.* Actes du Colloque, éd. D. FOLSCHEID. Paris: Éditions Universitaires, 1990.
(zitiert: *Vocation*)

Peter HENRICI, *Transzendent oder übernatürlich? Maurice Blondels Kritik des Religiösen,* in: *Weg und Weite. Festschrift für Karl Lehmann,* ed. Albert RAFFELT – Barbara NICHTWEISS. Freiburg: Herder, 2001, S. 269–279.
(zitiert: *Übernatürlich*).

Peter Henrici, *Maurice Blondels theologische Philosophie des Sinnlich-Konkreten*, in: *Zusammenklang. Festschrift für Albert Raffelt*, ed. Michael Becht – Peter Walter, Freiburg: Herder, 2009, S. 285–295.
(zitiert: *Sinnlich-Konkretes*)

Peter Henrici, *Ein philosophischer Kirchenlehrer? Zum 150. Geburtstag von Maurice Blondel*, in: *Stimmen der Zeit* 229 (2011) 723–731.

Ulrich Hommes, *Transzendenz und Personalität. Zum Begriff der Action bei Maurice Blondel*. Frankfurt a. M.: Klostermann,1972.

Anton E. van Hooff, *Die Vollendung des Menschen. Die Idee des Glaubensaktes und ihre philosophische Begründung im Frühwerk Maurice Blondels*. Freiburg: Herder, 1983.

Anton E. van Hoof, *Der Panchristismus. Innerer Bezugspunkt von Blondels L'Action*. in: *Zeitschrift für katholische Theologie* 109 (1987) 416–430.

Marcel Jouhaud, *Le problème de l'être et l'expérience morale chez Maurice Blondel*. Paris-Louvain: Nauwelaerts, 1970.

Otto König, *Dogma als Praxis und Theorie: Studien zum Begriff des Dogmas in der Religionsphilosophie M. Blondels vor und während der modernistischen Krise*. Graz: Institut für Ökumenische Theologie und Patrologie, 1983.

Dominique Lambert – Marc Leclerc, *Au coeur des sciences. Une métaphysique rigoureuse*. Paris: Beauchesne, 1996.

Gerhard Larcher, *Modernismus als theologischer Historismus. Ansätze zu seiner Überwindung im Frühwerk Maurice Blondels*. Frankfurt a. M.: Peter Lang, 1985.

Marc Leclerc, *L'union substantielle. I. Blondel et Leibniz*. Namur: Culture et Vérité, 1991.

Jean Leclercq, *Maurice Blondel – lecteur de Bernard de Clairvaux*. Bruxelles: Lessius, 2001.

Alain Létourneau, *Maurice Blondel et Paul Duhem: Leurs échanges et la relation entre leurs reflexions épistémologiques*, in: *Bulletin des Amis de Maurice Blondel* N.S. 9 (1995) 7–21.

Pierre André Liégé, *Saint Thomas d'Aquin et Blondel. Désir naturel de voir Dieu et appel au surcroît divin*, in: *Revue des Sciences philosophiques et théologiques* 34 (1950) 244–248.

Alfred Loisy, *Choses passées*. Paris: E. Nourry, 1913.

Henri de Lubac, *Mémoire sur l'occasion de mes écrits*. Namur: Culture et Vérité, 1989.
Deutsch (unvollständig): *Meine Schriften im Rückblick*. trad. Manfred Lochbrunner. Freiburg: Johannes Verlag, 1996.

Chrysologue Mahame, *Spiritualité et philosophie chez Maurice Blondel de 1883 à 1893*. Paris: Beauchesne, 1972.
(zitiert: *Spiritualité*).
Chrysologue Mahame, *Les auteurs spirituels dans l'élaboration de la philosophie blondélienne*, in: *Recherches de Sciences religieuses* 56 (1968) 225–240.

Daniela Murgia, *La filosofia dell'azione di Maurice Blondel*. Napoli: Luciano, 2008.

John J. McNeill, *The Blondelian Sythesis. A Study of the Influence of German philosophical Sources on the Formation of Blondel's Method and Thought*. Leiden: Brill, 1966.

Yves de Montcheuil, *Le problème du Vinculum leibnizien d'après M. Blondel*, in: *Mélanges théologiques*. Paris: Aubier, 1946, 289–295.

Jean Mouroux, *Maurice Blondel et la conscience du Christ*, in: AA.VV., *L'homme devant Dieu. Mélanges Henri de Lubac*, vol. III. Paris, Aubier, 1964, 185–207.

Andreas Uwe Müller, *Christlicher Glaube und historische Kritik. Maurice Blondel und Alfred Loisy im Ringen um das Verhältnis von Schrift und Tradition*. Freiburg: Herder, 2008.

Émile Poulat, *Histoire, dogme et critique dans la crise moderniste. Sixième Partie: Le dogme et l'histoire*. Paris: Albin Michel, ³1978, 513–609.

Paul Poupard, *Blondel et les catholiques sociaux*, in: Id., *XIXème siècle, siècle de grâces*. Paris: S.O.S., 1982, S. 181–201.

Albert Raffelt, *Spiritualität und Philosophie. Zur Vermittlung geistig-religiöser Erfahrung in Maurice Blondels »L'Action« (1893)*. Freiburg: Herder, 1978.

J.-P. Ranga, *L'eucharistie chez Maurice Blondel des »Carnets intimes« à »L'Action« 1882–1894. La vie eucharistique dans l'élaboration d'une pensée philosophique* (unveröff. Diss.) Lyon: Faculté de Théologie, 1979.

Peter Reifenberg, *Verantwortung aus Letztbestimmung. Maurice Blondels Ansatz zu einer Logik des sittlichen Lebens*. Freiburg: Herder, 2002.
Peter Reifenberg, *»Et–et?«: extrinsisch Jansenist – intrinsisch Antijansenist. Das Pascal-Bild von Maurice Blondel*, in: Albert Raffelt – Peter Reifenberg, *Universalgenie Blaise Pascal. Eine Einführung in sein Denken*. Würzburg: Echter, 2011, S. 133–166.

Antonio Russo, *Henri de Lubac. Teologia e dogma nella storia. L'influsso di Blondel*. Roma: Studium, 1990.

Raymond Saint-Jean, *Genèse de l'Action. Blondel 1882–1893*. Paris – Bruges: Desclée de Brouwer, 1965.
(zitiert: *Genèse*)
Raymond Saint-Jean, *L'Apologétique philosophique. Blondel 1893–1913*. Paris: Aubier, 1966.
(zitiert: *Apologétique*)

Juan Carlos SCANNONE, *Sein und Inkarnation. Zum ontologischen Hintergrund der Frühschriften Maurice Blondels.* Freiburg-München: Alber, 1968.

Georg SCHWIND, *Das Andere und das Unbedingte. Anstösse von Maurice Blondel und Emmanuel Levinas für die gegenwärtige theologische Diskussion.* Paderborn: Pustet, 2000.

Xavier TILLIETTE; *Problèmes de philosophie eucharistique,* in: *Gregorianum* 64 (1983) 273–305; 65 (1984) 606–634.

Xavier TILLIETTE, *Die Vielfalt der christologischen Ansätze im Frühwerk Maurice Blondels,* in: *Theologie und Philosophie* 64 (1989) 199–209.
(zitiert: *Ansätze*).

Xavier TILLIETTE, *Le Christ de la philosophie. Prolégomènes à une christologie philosophique.* Paris: Cerf, 1990.
Deutsch: *Philosophische Christologie. Eine Hinführung,* trad. J. DISSE. Freiburg: Johannes Verlag, 1998.
(zitiert: *Christologie*).

Xavier TILLIETTE, *Blondel et les théologiens jésuites (Henri de Lubac et quelques autres),* in: Jean FERRARI, *Recherches blondéliennes. A l'occasion du centième anniversaire de la soutenance de* L'Action. Dijon, le 7 juin 1993, S. 45–55.
(zitiert: *Jésuites*)

Xavier TILLIETTE, *Philosophies eucharistiques de Descartes à Blondel.* Paris: Cerf, 2006.
(zitiert: *Philosophies eucharistiques*)

Claude TRESMONTANT, *Introduction à la métaphysique de Maurice Blondel.* Paris: Seuil, 1963.

Georges VAN RIET, *L'épistémologie thomiste. Recherches sur le problème de la connaissance de l'école thomiste contemporaine.* Louvain: Institut Supérieur de Philosophie, 1946.

Joseph VIALATOUX, *Maurice Blondel et les Semaines Sociales,* in: *Chronique sociale de France* 58 (1950) 195–209.

René VIRGOULAY, *Blondel et le modernisme. La philosophie de l'action et les sciences religieuses (1896–1913).* Paris: Cerf, 1980.
(zitiert: *Modernisme*)

René VIRGOULAY, *La christologie philosophique de Maurice Blondel,* in: Pierre GISE, *Philosophies en quête du Christ.* Paris: Desclée, 1991, S. 209–223.
(zitiert: *Christologie philosophique*)

René VIRGOULAY (ed.), *Le Christ de Maurice Blondel.* Paris: Desclée, 2003.
(zitiert: *Christ*)

Heiner WILMER, *Mystik zwischen Tun und Denken. Ein neuer Zugang zur Philosophie Maurice Blondels.* Freiburg: Herder, 1992.

Joseph WOLINSKI, *Le Panchristisme de Maurice Blondel,* in: *Teoresi* 17 (1962) 97–120.

Nachweis der Erstveröffentlichung

Glaubensleben und kritische Vernunft als Grundkräfte der Metaphysik des jungen Blondel.
Gregorianum 45 (1964) 689–738.

Das philosophische Projekt Maurice Blondels.
(Italienisch) *Attualità del pensiero di Maurice Blondel.* Milano: Massimo, 1976, S. 9–28.

Die Tagebücher (Carnets intimes) Maurice Blondels.
(Französisch) *Gregorianum* 43 (1962) 769–775.

Maurice Blondel als Leibniz-Schüler.
Akten des Internationalen Leibniz-Kongresses. Hannover 1866. Bd. 5. Wiesbaden: Steiner, 1971, S. 156–168.

Deutsche Quellen der Philosophie Blondels?
Theologie und Philosophie 43 (1968) 542–561.

Blondels philosophische Notizzettel (Notes-Semaille).
(Französisch) *L'Action – une dialectique du salut. Colloque du centenaire Aix-en-Provence,* mars 1993. Paris: Beauchesne, 1994, S. 17–42.

Das Blondel-Archiv in Louvain-la-Neuve.
(Französisch) *La raison par quatre chemins. En hommage à Claude Troisfontaines.* Leuven: Peeters, 2007, S. 403–412.

Blondels Option und die ignatianische Wahl.
(Französisch) Unveröffentlicht.

Zwischen Transzendentalphilosophie und christlicher Praxis.
Philosophisches Jahrbuch 75 (1968) 332–346.

Struktur und Anliegen der Action – eine Auseinandersetzung mit dem deutschen Denken im Licht der französischen philosophischen Tradition.
Blondels »Action« im Lichte der klassischen deutschen Philosophie, in: *Theologie und Philosophie* 64 (1989) 161–178 und:
(Französisch) *Les structures de »L'Action« et la pensée française,* in: *Maurice Blondel. Une dramatique de la modernité. Actes du Colloque Maurice Blondel, Aix- en-Provence,* mars 1989. Paris: Éditions Universitaires, 1990, S. 32–43.

In der vorliegenden Form unveröffentlicht.

Ontologie und Religion – Von Anselm von Canterbury zu Maurice Blondel.
(Französisch) *L'argomento ontologico*. (Biblioteca dell'»Archivio di Filosofia« 5)
Padova: Cedam, 1990, S. 421–434.

Blondel und Loisy in der modernistischen Krise.
Internationale katholische Zeitschrift Communio 16 (1987) 513–530.

Die *Logik des sittlichen Lebens* damals und heute.
(Italienisch) *Logica della morale. Maurice Blondel e la sua recezione in Italia.*
Roma: Istituto della Enciclopedia Italiana, 2006, S. 21–34.

Von der Action zur Kritik des Monophorismus.
(Französisch) *Bulletin des Amis de Maurice Blondel* 3 (1991) 9–28.

Blondels Überlegungen zum Erkenntnisproblem in ihrer Entwicklung.
Unveröffentlicht.

Auf der Suche nach einer Ontologie des Konkreten.
(Französisch) *Blondel entre L'Action et la Trilogie. Actes du Colloque international sur les »écrits intermédiaires« de Maurice Blondel, tenu à l'Université Grégorienne.* 16–18 nov. 2000. Bruxelles: Lessius, 2003, S. 299–314.

Maurice Blondels Philosophie der Liebe.
Unveröffentlicht.

Blondels Nachkommenschaft bei den französischen Jesuiten.
(Französisch) *Maurice Blondel et la philosophie française. Colloque tenu à Lyon.* 25–26 janvier 2005. Lyon: Parole et Silence, 2007, S. 305–322.

Der Ungenannte – Maurice Blondel in der Enzyklika Fides et ratio.
(Englisch) *Communio: International Catholic Review* 26 (1999) 609–621.